Erika Mann

MEIN VATER, DER ZAUBERER

Herausgegeben
von Irmela von der Lühe
und Uwe Naumann

ROWOHLT

1.–17. Tausend Juni bis Oktober 1996
18.–19. Tausend April 1997
Copyright © 1996 by Rowohlt Verlag GmbH,
Reinbek bei Hamburg
Copyright für «Das letzte Jahr»
© 1956 by S. Fischer Verlag,
Frankfurt am Main
Weitere Angaben über Quellen und Rechteinhaber s. S. 485
Alle Rechte vorbehalten
Umschlaggestaltung Barbara Hanke
(Foto: Bilderdienst Süddeutscher Verlag)
Satz aus der Aldus (Linotronic 500)
Gesamtherstellung Clausen & Bosse, Leck
Printed in Germany
ISBN 3 498 04422 2

Inhalt

Statt einer Einleitung:
Mein Vater Thomas Mann 9
Erika Mann im Gespräch
mit Roswitha Schmalenbach
(1968)

Teil I
Aus dem Briefwechsel
mit Katia und Thomas Mann 61
(1919 – 1955)

Teil II
Essays, Statements, Kommentare 247
(1930) Rundfragen 249
(1930) Rundum das Haus 251
(1938) Gerüchte um Thomas Mann 252
(1939) Thomas Mann und seine Familie 256
(1945) Brief an meinen Vater 261
(1947) Speech im Familienkreis
re finis Doktor Faustus 265
(1952) Die heimische Stadt.
Thomas Mann und München 267
(1954) Thomas Mann verfilmt.
«Königliche Hoheit» uraufgeführt 269

(1954) Meine Mutter, Frau Thomas Mann   272
(1954) Professor Zauberer   278
(1955) Das Wort im Gebirge. Ein Sketch zum
       achtzigsten Geburtstag Thomas Manns   280
(1956) Einleitung zur Neuausgabe der
       «Betrachtungen eines Unpolitischen»   289
(1956) Erika Mann meint: Ja. Die Tochter des
       Schriftstellers zur Verfilmung seiner Werke   306
(1957) Ein Toter vor Gericht. Ein Plädoyer   309
(1959) Dorniger Weg zum Buddenbrooks-Film   312
(1959) Die Buddenbrooks im Film   314
(1961) Einleitung zum ersten Band
       der Briefe Thomas Manns   319
(1963) Einleitung und Nachwort zum zweiten Band
       der Briefe Thomas Manns   328
(1965) Einleitung zum dritten Band
       der Briefe Thomas Manns   334
(1965) Das Rätsel um Rudi   338
(1965) Die letzte Adresse   344
(1966) Wer läutet?   351
(1968) Unser Vater   359
(1968) Vorwort zu Thomas Mann,
       «Autobiographisches»   361
(1969) «Lotte in Weimar»   368
(1969) Ein Menschheitslied.
       Über den Joseph-Roman   373
(1969) Das schwierige Sonntagskind.
       Porträt meines Vaters   377

Teil III
Das letzte Jahr   **389**
Bericht über meinen Vater
(1956)

Nachwort der Herausgeber   **457**

Editorische Bemerkungen   483
Quellennachweis und rechtliche Hinweise   485
Anmerkungen   486
Namenregister   547
Lebensdaten Erika Mann   559

Statt einer Einleitung:

MEIN VATER
THOMAS MANN

**Erika Mann im Gespräch
mit Roswitha Schmalenbach
(1968)**

Roswitha Schmalenbach: Was wir uns für heute vorgenommen haben, Frau Erika Mann, das ist nicht das – ich glaube, da sind wir uns einig –, was man in vielen Biographien lesen kann, nämlich einfach eine Darstellung des Lebens von Thomas Mann, das wäre sicher ausgeschliffener in den Büchern; aber Sie als seine Tochter haben Thomas Mann erlebt, und ich möchte Sie bitten, aus Ihrem Erleben als Tochter und vielleicht auch ein bißchen noch als Mitarbeiterin zu erzählen, so, daß wir am Schluß Thomas Mann sehen, als was Sie ihn sehen.

Erika Mann: Ja, gern. Ich darf sagen, daß mein Gedächtnis sehr gut ist, besonders für die Frühzeit, und ich erinnere mich an meinen Vater sehr genau zu einem Zeitpunkt, wo ich kaum zwei Jahre alt war. Er bemühte sich damals, mich nicht nur sprechen zu lehren, sondern mich auch unterscheiden zu lehren, und trug mich auf dem Arm herum und führte mich, charakteristischer Weise, an einer Reihe von Büchern vorbei und sagte zu mir immer wieder, das ist das grüne Buch, und das ist das rote Buch. Und dann mußte ich wiederholen, grünes Buch und rotes Buch. Also das ist meine erste Kindheitserinnerung an ihn, die mir sehr, sehr deutlich geblieben ist, und eigentlich fast immer wenn ich Bücher sehe, sage ich mir, ist das das grüne oder das rote Buch. Ich erinnere mich natürlich auch, daß sein Schnurrbart, ein viel größerer als er später hatte, er hatte ja einen ‹Es-ist-vollendet›- oder ‹Es-ist-vollbracht›-Schnurrbart, daß der gekitzelt hat, wenn er mir einen Kuß gab. Ein bißchen später dann weiß ich, daß wir diesen Vater ja gar nicht oft gesehen haben, und zwar haben wir ihn zu sehen

12   Mein Vater Thomas Mann

bekommen während der Mahlzeiten, das heißt erst, als wir noch
klein waren, eigentlich nur während der Mittagsmahlzeit, etwas
später dann während der Mittags- und Abendmahlzeit, außerdem wenn er gelegentlich mit uns spazieren ging und außerdem,
und das war besonders feierlich, wenn er uns vorlas. Sein Arbeitszimmer, das für uns tabu war, es war für uns eine Art von
geheiligter Platz, wir hatten dort nichts zu suchen, in sein Arbeitszimmer hatten wir nicht einzudringen, es sei denn, wenn er
uns rief. Und gerufen hat er uns nur, wenn er uns vorlesen
wollte. Das war eine besondere Festlichkeit, die aber gar nicht
ganz selten sich zutrug. Dann rief er durchs ganze Haus: «Kinder» – das war nach dem Tee –, und wir wußten schon, was
bevorstand, wir eilten ins Arbeitszimmer, und er las uns vor.

Und was las er vor?

Nun zunächst, als wir noch kleine Kinder waren, las er uns
Märchen vor – seine Lieblingsmärchen. Vor allen Dingen Andersen, den er über alles liebte, aber auch Grimms Märchen
selbstverständlich, und auch, ich weiß noch sehr gut, aus einem
Band, der hieß «An französischen Kaminen», und das waren
französische Volksmärchen, die zu unserer Überraschung häufig mit den Grimm'schen Märchen irgendwie zu tun hatten, so
daß uns deutlich wurde, daß die französische und deutsche Kultur – das war nicht das Wort, das wir damals benutzten – aber
daß diese Kulturen miteinander zu tun hatten. Er las uns damals Märchen vor, und wir fanden, daß er sehr schön vorlas.

Aber kleine Kinder vor allem brauchen auch Erziehung, hat er
Sie nicht erzogen?

Ja, er hatte die Idee, daß eine direkte Erziehung vielleicht weni-
ger wirksam ist als eine Erziehung durch das Vorbild, durch das
Beispiel. Und er glaubte – nicht ganz zu Unrecht –, daß seine
Art zu leben, so wie wir sie sehr wohl beobachten konnten,

vielleicht einen gewissen Eindruck auf uns nicht verfehlen würde und daß er uns dadurch bis zum gewissen Grad erziehen könnte. Es gab allerdings Ausnahmen, und das ist eine Ausnahme, die ich jetzt im Sinne habe, die das sonst so geheiligte Arbeitszimmer betrifft. Ich persönlich, als ich vielleicht sieben Jahre alt war, ich log. Ich log sehr gern und sehr viel –

Ein phantasievolles Kind –

– nun, ein lügenhaftes Kind – also, ich log, wo es mir paßte, sei es, weil ich es spaßig fand, sei es auch als Notlüge, weil ich aus irgendetwas herauskommen konnte, und meine Mutter, die des übrigen unsere Erzieherin war, die sich sehr viel um unsere Erziehung kümmerte und bemühte, wurde mit mir nicht mehr fertig und hat sich infolgedessen an meinen Vater gewendet. Und plötzlich zu meinem Erstaunen und auch gewissermaßen Entsetzen, da ich ja wußte, hier kann es sich nicht um Vorlesen handeln, wurde ich in sein Arbeitszimmer gerufen, von ihm persönlich. Und dort sprach er zu mir ungefähr wie folgt: «Eri», sagte er, «Du bist ja jetzt schon sieben, Du bist ja kein kleines Kind mehr, und Du weißt ja im Grunde, was Du tust, jetzt lügst Du die ganze Zeit, schau, stell Dir bitte einmal vor, was passieren würde, wenn wir alle immerzu lögen. Wir könnten uns ja gegenseitig gar nichts mehr glauben, wir würden uns gegenseitig überhaupt nicht mehr zuhören, weil es ja viel zu langweilig wäre und es wäre gar kein Leben. Ich bin überzeugt davon, daß Du das einsiehst und daß Du dieses blödsinnige Lügen jetzt läßt.» Ich sagte gar nichts, sondern ging, da er nicht fortfuhr zu sprechen, hinaus und dachte mir zunächst: Ach, was der redet, lügen ist eine sehr gute Sache und ich mache das auch so weiter. Ich habe es aber nicht weiter gemacht; es hat mir den größten Eindruck gemacht, und ich habe von Stund ab, zunächst einmal, nicht mehr gelogen. Als wir größer waren, mit vierzehn, fünfzehn, logen wir wieder lustig – aber damals war das entscheidend für mich.

Ein erster Eindruck von der Macht des Wortes eigentlich, Frau Erika Mann, durch Ihren Vater.

Ja, von der Macht des Wortes, aber auch natürlich von der Macht der Ausnahmewirkung. Aber es war überhaupt komisch. Wann immer er nun persönlich in unsere Erziehung eingriff oder einzugreifen schien, haben wir Kinder – wir waren damals vier Kinder, die zwei Jüngeren kamen sehr viel später – haben wir Kinder daraus gleich eine kleine Legende oder einen kleinen Mythos gemacht. Gar nicht im Sinne von heilig heilig, sondern im Sinne von selten. Und mir ist völlig unvergeßlich – ich war eine Art von Liebling von ihm aus einem Grund, auf den ich wahrscheinlich später zurückkomme, nicht weil ich so prächtig war, aus einem ganz anderen Grunde – aber ich saß neben ihm bei Tisch, und er hatte mich sehr gern, und dies spielt während des Ersten Weltkrieges, wo wir nichts zu essen hatten, absolut nichts, und wo zwischen uns vier Kindern jede Winzigkeit, die es gab, genau und mathematisch geteilt wurde. Also es wurden quasi die Erbsen gezählt. Nun also eines schönen Tages war eine Feige übrig geblieben, und es war ganz klar, daß diese Feige zwischen uns vier Kindern geteilt werden mußte – meine Mutter war der Ansicht, und wir vier waren der Ansicht. Was tat mein Vater? Er gab mir allein diese Feige und sagte: «Da Eri, iß.» Ich natürlich fing sofort an zu fressen, die andern drei Geschwister staunten entsetzt, und mein Vater sagte sentenziös mit Betonung: «Man soll die Kinder früh an Ungerechtigkeit gewöhnen.» Dieser abenteuerliche Satz meines Vaters ist zwischen uns vieren besprochen worden und beraten worden, jahrelang, daß es leider notwendig ist, die Kinder früh an Ungerechtigkeit zu gewöhnen, und wir haben uns auch allmählich einen Reim darauf gemacht.

Aber was sagte Ihre Mutter dazu? Sie hatte ja eigentlich, wie Sie schon angedeutet haben, die Erziehung in den Händen.

Gespräch mit Roswitha Schmalenbach 15

Sie konnte in dem Augenblick weiter nichts dazu sagen, sie hat
gelacht, wir haben schließlich alle gelacht, weil wir zunächst
diesen Ausspruch nur komisch fanden, und daß Ungerechtigkeit naturgemäß in der Welt vorfällt und daß man die Kinder
daran gewöhnen muß, schien uns schließlich nicht mehr so
abenteuerlich wie ursprünglich. Aber weil Sie von meiner
Mutter reden. Meine Mutter nannte meinen Vater, der sanft
von Natur war, sie nannte ihn Reh; und sie nannte ihn auch ein
«rehartiges Gebilde von großer Sänfte». Sie sprach sehr komisch, und es hat zweifellos die beiden zusammengeführt
auch, daß sie beide diese Art von Sprechweise irgendwie von
Natur hatten. Sie waren einander ähnlich in dieser Sorte von
Humor und in dieser Art, man würde heute sagen: hochgesto-
chenen Art zu sprechen. Also kurzum, sie nannte ihn so. Nun
hat er versucht, ihr eine Freude zu machen zum Geburtstag,
oder wann immer das war, und eines schönen Tages – es fällt
mir ein, weil dies ein Gegenstand ist, einer der wenigen Gegenstände aus München, die wir heute noch haben – schenkte er
ihr ein kleines Bronzereh und schrieb dazu: «Unfähig eine
Überraschung zu ersinnen, bringt das Reh sich selbst zum
Opfer dar.»

*Das klingt fast so wie manche Passagen aus Büchern von
Thomas Mann, und es klingt sehr poetisch, sehr lyrisch, sehr
verträumt –*

Ja, verträumt war er überhaupt, er war ganz leicht zu verwirren
in praktischen Dingen, zum Beispiel, als meine Mutter sechsundzwanzig Jahre alt wurde, sagte sie zu ihm: «Jaja, jetzt werde
ich auch schon dreißig.» Und er, der natürlich genau wissen
mußte, wie alt sie war, sagte: «Sieh mal an, mein Katjulein» –
er war also ganz erfreut darüber, daß sie jetzt schon dreißig
wird, während sie in Wirklichkeit sechsundzwanzig war. Aber
so war er überhaupt. Wir haben immer gelacht gleichzeitig und
waren gleichzeitig ganz entsetzt, wenn er diese Dinge tat.

Während des Ersten Weltkrieges hatten meine Mutter und ich in aller Heimlichkeit ein bißchen Weihnachtsgebäck gemacht und hatten es natürlich weggetan, in einen Schrank ganz oben ins Bufett, damit es Weihnachten da ist und niemand ißt es vorher. Und plötzlich, eine Woche vor Weihnachten, sagt mein Vater zu uns: «Das wißt ihr wahrscheinlich gar nicht, da oben in dem Schrank sind so nette Kringelchen, ich esse ständig davon.» Also wir sind beinah umgefallen, denn weg war das Weihnachtsgebäck, – aber so war er. Noch absurder war die Sache mit dem Zucker, während dieser selben Zeit. Es gab also ganz wenig Zucker und er brauchte Zucker, er nahm auch Zucker in den Tee und in den Kaffee, und meine Mutter hatte beschlossen und es durchgeführt, daß weder sie noch wir vier Kinder überhaupt irgendwelchen Zucker bekommen, also mein Vater bekam sechs Portionen Zucker und wir gar nichts. Wir brauchten's auch nicht, für ihn war es wichtig, er hatte sowieso enorm abgenommen in der Zeit, und er brauchte es dringend, während es für uns nicht so wichtig war. Nun kam ein Gast zum Tee, und die Zuckerdose stand da, und diesem Gast wurde Zucker angeboten. Und der Gast sagte: «Ja, um Gottes willen, ich kann doch nicht hier Zucker nehmen, wo es doch gar keinen gibt.» Und mein Vater sagte: «Wieso? An Zucker hat bei uns nie irgendein Mangel geherrscht.»

Haben Sie denn manchmal Ihren Vater doch öfter gesehen als nur im Arbeitszimmer, haben Sie ihn zu Festen manchmal erlebt?

Er war der festlichste Mensch, der festfreudigste Mensch, den ich überhaupt gekannt habe, soviel ich weiß. Und das alte Wort, man muß die Feste feiern, wie sie fallen, hat in höchstem Grade auf ihn zugetroffen – er hat auch Feste gefeiert, die gar nicht fielen, er hat Feste veranstaltet. Und zwar lag ihm auch besonders daran, daß er uns, und zwar zunächst die beiden Ältesten, also den Klaus und mich, ins Theater einführte. Und

Theater, das hieß für ihn zunächst Oper. Und Oper, das hieß für ihn zunächst Richard Wagner. Es ist mir völlig unvergeßlich, wie er eines schönen Tages zu uns gesagt hat beim Mittagessen erst, so spät erst: «Kinder», sagte er, «ihr Großen, zieht euch eure Matrosenkleider an, wir gehen heute abend weg; und zwar», sagte er, «müssen wir am Promenadeplatz umsteigen.» Klaus und ich wußten ganz genau, daß man am Promenadeplatz überhaupt nicht umsteigt, es war keine Umsteigehaltestelle der Trambahn. Infolgedessen –

In München –

– in München war dies, natürlich, unsere ganze Kindheit spielte sich in München ab. Also Klaus und ich, die wir wußten, Promenadeplatz nicht umsteigen, wußten, wir gehen ins Theater. Wir gehen in die Oper. Und wir gingen in die Oper. Er war ein bißchen verärgert, weil wir das gemerkt hatten mit dem Promenadeplatz. Aber wir zogen uns die Matrosenanzüge an und gingen mit ihm in den «Fliegenden Holländer». Nun war die Sache die, wir waren ja viel zu arm, wir konnten gar keine Opernplätze kaufen. Aber Bruno Walter, unser Nachbar und sehr schnell der beinah nächste Freund unseres Vaters damals, Bruno Walter als Generalmusikdirektor der Münchner Oper hatte natürlich täglich seine zwei festen Freikarten, die waren in der ersten Reihe Parkett ganz links. Und mein Vater hatte es sich nicht verdrießen lassen, einen Platz dazuzukaufen. Denn, obwohl wir schon groß genug gewesen wären, um allenfalls allein dahinzugehen, er wollte mit uns erstmalig in diese Wagner-Oper gehen. Wir gingen dahin, es war über alle Maßen herrlich. Die Tragödie bestand allerdings darin, daß ich ganz links saß und daß ich infolgedessen zum Schluß die Apotheose, also die Erscheinung des Holländers und der Senta nach dem Tode, nicht sehen konnte und furchtbar weinte und daß mein Vater mich trösten mußte. Trotzdem war es herrlich. (Musik)

Wir kamen, Frau Erika Mann, zu dieser Einblendung aus dem «Fliegenden Holländer» von Wagner durch die Geschichte, die reizvolle Geschichte, die Sie erzählt haben von Ihrem und Ihres Bruders Klaus Opernbesuch im «Fliegenden Holländer», und man bekommt doch sehr den Eindruck, daß Thomas Mann eine besondere Zärtlichkeit für seine älteste Tochter, für Sie hatte. Sie haben darauf ja auch schon am Anfang einmal hingewiesen und uns eigentlich versprochen, Sie wollten uns noch erklären, warum er eine solche starke Beziehung, besonders starke Beziehung zu Ihnen hatte.

Ja, er hatte die Beziehung eigentlich für uns beide, für Klaus und mich, selbstverständlich liebte er die Kleinen auch, aber die waren halt noch sehr klein.

Wobei die Kleinen nicht die ganz Kleinen sind.

Nein, das waren dann die Mittleren. Die hießen die Kleinen, solange die ganz Kleinen noch nicht auf der Welt waren; später hießen sie die Mittleren. Aber er hat die Beziehung zu uns beiden gehabt, muß ich sagen, und ein bißchen später ist er dann mit uns in die «Walküre» gegangen, und ich habe da hier eine winzige Briefstelle aus einem Brief an Ernst Bertram, wo er schreibt: «Gestern von fünf Uhr nachmittags bis zehn hörte ich mit meinen beiden Ältesten, an denen meine Augen immer mehr Freude haben und mein Herz immer mehr teilnimmt, die ‹Walküre›, fühlte mich nicht wenig durchströmt, während die Kinder zuweilen mit feuchten Augen staunten.» Also er hatte uns beide furchtbar gern, er hatte uns alle furchtbar gern. Die gewisse Vorliebe, die er für mich hatte, lag daran, daß ich ein so großer Aff' war. Ich habe alle Leute nachgemacht, und nichts hatte er lieber als Darbietungen; ich konnte nach Hause kommen mit welchen Noten auch immer, wenn ich die Lehrer nachgemacht habe und offenbar gut nachgemacht habe, war er vollkommen versöhnt und die Sache war erledigt. Dann hat ihn noch eine Eigenschaft von mir gefreut, und das war eine, ich möchte sagen trocken-praktische Qualität, die ich hatte. So erinnere ich mich genau, das war auch während des Krieges –

In welchem Alter waren Sie?

Zehn – ich war acht, als der Krieg ausbrach, und ich dürfte damals zehn gewesen sein, als dies passierte; ich kam von der Schule nachhaus, immer etwas später als wir aßen, weil die Schule bis eins dauerte, ich kam zu spät zum Essen, und da saßen sie alle ganz verstört, weil das Hauptgericht, die gute Pilzsuppe, offenbar giftig war, und ich versuchte die Suppe und sagte: «Die giftig? Da ist überhaupt kein Salz dran, das ist alles!» Also die Suppe wurde gesalzen, und nunmehr war sie eßbar. Und seitdem bis an sein Ende, wenn irgendeine schwierige Situation sich auftat, dann sagte mein Vater, die Eri soll kommen und die Suppe salzen. Also das war die zweite Eigenschaft, die mich ihm irgendwie nahebrachte, daß ich ganz schlichte Lösungen – manchmal, nicht immer, manchmal – wußte für Situationen, die schwierig schienen.

Die erste Eigenschaft, wenn ich es so formulieren darf, Erika als Hofnarr; war Ihr Bruder Klaus kein Hofnarr?

Nein, das war der Klaus nicht. Der Klaus war seinerseits verträumt, Klaus war ein Dichter, von Anfang an, und dies entsprach natürlich nicht den Wünschen, die mein Vater für ihn hatte. Denn erstens wußte er, daß jedes Kind von ihm, wenn es denn schreiben wollte, es außerordentlich schwer haben würde, zweitens aber war er wirklich darauf bedacht, daß seine Kinder etwas tun sollten, was ihn später, wenn sie es denn täten, unterhalten und erfreuen würde. Und sein Lieblingswunsch war es, Klaus sollte Tenor werden. Ja, Klaus sollte ihm den Lohengrin vorsingen. Er hat schon früh erkennen müssen, daß da gar keine Aussicht war. Klaus schrieb, wie er atmete, der

Klaus fing an zu schreiben, als er fünf Jahre war und ich sechs, und Klaus konnte auch noch nicht schreiben und hat mir die Dinge diktiert. Und die Lohengrin-Hoffnung war eine geringe. Aber mein Vater hielt sie längere Zeit aufrecht.

Das ist aber wirklich eine sehr lustige Geschichte, eine geradezu komische Geschichte – ich hoffe, ich verletze Sie nicht, wenn ich darüber lache.

Nein, gar nicht, aber absolut nicht. Nein, das Seltsame ist, daß wir Kinder sehr oft über ihn gelacht haben, was unserem Respekt für ihn, um nicht ein steiles Wort wie Ehrfurcht zu gebrauchen, unserem Respekt für ihn nicht den geringsten Abbruch tat. Er war für uns sehr drollig. Zum Beispiel: Er fuhr Rad, und zwar besaß er ein Rad, das ihm geschenkt worden war von seinem Schwager, dem Gatten seiner Schwester, der griechischer Konsul war. Es war also ein Griechenrad. Dieses Rad war ungewöhnlich hoch, und er fuhr, obwohl er von jungauf radgefahren war, sehr vorsichtig. Und wenn er mit uns zusammen Rad fuhr, dann stieg er an jeder Straßenkreuzung ab. Also darüber haben wir enorm gelacht, Zauberer auf seinem Griechenrad absteigend an jeder Straßenecke, wir haben sehr gelacht, aber das hat unserem Respekt vor ihm gar keinen Abbruch getan.

Nun haben Sie, Frau Erika Mann, in dieser ebenfalls wieder reizenden und sehr amüsanten Geschichte zum ersten Mal einen Namen für Thomas Mann gebraucht, den ich auch aus der Literatur her, zum Beispiel auch von Klaus Mann her, kenne, Sie haben gesagt: «der Zauberer». Woher kommt dieser Ausdruck? War das Ihr Kosename für Ihren Vater?

Gewissermaßen ja. Und ich muß da vorausschicken, daß gerade der Klaus in seinen beiden Autobiographien, also in «Kind dieser Zeit» und in «Der Wendepunkt», daß ihn sein Gedächtnis da getrogen hat, – der Name Zauberer nämlich kam ganz harmlos und ganz natürlich. Zwar arbeitete er zu jenem Zeitpunkt am «Zauberberg», so daß es also denkbar gewesen wäre, daß wir ihn deshalb so nannten, aber es war nicht deshalb, sondern es war so. Wir waren halbwüchsige Kinder, die an sich natürlich nicht in erwachsene Gesellschaft gehen durften, wir waren aber trotz unserer Halbwüchsigkeit sehr befreundet mit der Christa von Hatvany, der Christa Winsloe, der Verfasserin von «Mädchen in Uniform», und Christa gab ein Faschingsfest. Und Klaus und ich, obwohl halbwüchsig, uns war erlaubt, dorthin zu gehen. Unsere Mutter war krank, sie war verreist in Arosa oder Davos oder sonst irgendwo, und ich hatte beschlossen, unser Vater muß mitgehen auf dieses Maskenfest. Nun ging er nie auf solche Feste, so gern er Festlichkeiten hatte, Maskenfeste waren an sich nicht eigentlich seine Sache, und er hat bis zum Schluß gesagt, er kann ja gar nicht mitkommen, er hat kein Kostüm. Und ich habe gesagt, Du, ich verkleide Dich schon. Und ich hatte irgendeine Sorte von Cape oder etwas, was ich ihm umgehängt habe, es sah ein bißchen aus wie ein Domino, und habe ihm eine Art von Turban aus Handtüchern gezimmert und habe gesagt, so, das ist es, Du gehst als Zauberer. Und er ging als Zauberer, von Stund an nannte ich ihn so, und das ging so weit, daß er sich in seinen Briefen Z. unterschrieb. Es war ganz offiziell, er war der Zauberer.

Da waren Sie und Ihr ein Jahr jüngerer Bruder Klaus also ungefähr schätzungsweise vierzehn, fünfzehn Jahre alt, halbwüchsig haben Sie gesagt.

Ja, so alt waren wir. Wenig später war Klaus dann fünfzehn, und in diesem Alter schrieb er seinen ersten Novellenband «Vor dem Leben», das heißt, er schrieb die erste Geschichte, als er fünfzehn war, und diese Geschichte hieß «Die Jungen» und spielte in dem Landerziehungsheim, in das wir inzwischen naturgemäß, auf Grund unserer Schandtaten auch, gekommen waren. Jetzt wurde die Sache für den Zauberer sehr schwierig. Denn als Klaus diese Novelle geschrieben hatte, wußte mein Vater, dies ist hochbegabt, dies ist außerordentlich schwierig, und wie werde ich nur damit fertig. Er ist so gut wie irgend möglich damit fertig geworden, das heißt, er hat ihn von Anfang an ernst genommen als Schriftsteller, er hat sich von ihm vorlesen lassen, er hat ihm Korrekturen vorgeschlagen, er hat ihm gesagt, was ihm gut gefällt und was ihm weniger gut gefällt, kurzum, er hat nie versucht, den Klaus von diesem tragischen Schicksal, und er wußte, daß es ein tragisches Schicksal war, abzubringen. Denn Schicksal ist Schicksal, und Klaus mußte sich darein ergeben, der auch schon früh wußte, wie schwer er es haben würde, und mein Vater hat das auch getan. Sehr schnell folgten weitere Werke – Werke, nun, es waren jugendliche Dinge, die er schrieb, aber es waren offenbar hochbegabte Dinge, es folgte das Stück «Anja und Esther», das andere Stück «Revue zu Vieren», was einen Theaterskandal in München auslöste, und der arme Zauberer war immer dabei und machte gute Miene zu einem Spiel, von dem er wußte, daß es nicht bös war, aber ein Spiel, das für ihn in jedem Fall nicht eben gut war. Das muß man sagen.

Inzwischen allerdings waren die Kleinen, das heißt, die Kleinsten geboren worden, direkt nach dem Krieg, Elisabeth und Michael; sie hatten eine schwäbische Kinderfrau, die nannte sie Medi und Bibi. Und diese Namen sind ihnen auch geblieben. Die Geburt von Elisabeth – «Medi» – war eine ganz besondere Freude für meinen Vater. Während er seine vier älteren Kinder sehr gern gehabt hatte, war er noch nicht reif genug gewesen, das Wunder eines so winzigen Kindchens zu erfassen. Das hat er eigentlich erstmals getan, als Elisabeth geboren wurde. Er hat dieses Kindchen über alle Maßen geliebt und dann auch gleich zwei dichterische Arbeiten an dieses Erlebnis gewendet, das war zunächst einmal der in Hexameter geschriebene «Gesang vom Kindchen» und dann die Novelle «Unordnung und frühes Leid». Nun, in «Unordnung und frühes Leid» kommen auch Klaus und ich vor, das heißt, es wird immer gesagt, wir kommen vor. In Wirklichkeit ist es die alte Geschichte von den Schlüsselgeschichten, es sind Figuren, die auch, in gewissem Sinne, an uns erinnern, aber die kleine Geschichte selbst, die Geschichte mit dem kleinen Mädchen, hat sich genau so zugetragen und war ein weiterer Beweis für die besondere Liebe meines Vaters für dieses kleine Kind, dieses Kindchen. Zur selben Zeit auch – ich erzähle einfach, wie es mir zeitlich gerade in den Kram paßt – zur selben Zeit auch spielte der sogenannte Giftschrank bei uns eine große Rolle. Denn natürlich, je älter wir wurden, desto gieriger waren wir, Erwachsenenliteratur zu lesen, Dinge zu lesen, die uns eigentlich nicht erlaubt waren. Und der Zauberer, wohl wissend, daß wir Verbote nicht ohne weiteres beherzigen würden, auch lügen taten wir ja inzwischen wieder – ich sagte es schon im Anfang – hat die Dinge weggesperrt, die er für besonders giftig hielt, und der Schrank, wo sie verwahrt waren, hieß also der Giftschrank. Im Giftschrank befand sich aber auch, nicht weil es giftig war, sondern weil es ein bißchen kostbar war, die einzige Gemeinschaftsarbeit, die Heinrich und Thomas Mann je zusammen vollbracht haben.

Also die beiden Brüder –

Die beiden Brüder, Thomas und Heinrich, die ja, wie bekannt ist, ganz verfeindet waren während des Krieges und unmittelbar danach, aus politischen Gründen –

Während des Ersten Weltkriegs –

– im Ersten Weltkrieg, die aber doch als junge Leute einander sehr nahe standen und die ein ganzes Jahr zusammen in Italien verbracht hatten, und während dieses Jahres – damals war Thomas Mann tätig an «Buddenbrooks» – während dieses Jahres machten sie zusammen ein Bilderbuch, das hieß «Bilderbuch für artige Kinder und solche, die es gerne werden wollen» –

24 Mein Vater Thomas Mann

Da hat es Sie beide noch nicht gegeben, Sie und Klaus –

Nein, aber es hätte sehr wohl für uns geschrieben sein können, es war aber für die jüngere Schwester Carla – die sich später das Leben nahm – geschrieben, die damals konfirmiert wurde ungefähr, und dieses Buch war wunderschön; es waren also Zeichnungen und Malereien von Heinrich, der ursprünglich Maler werden wollte, und Karikaturen von Thomas, die, ohne daß er Kubin damals kannte, entschieden an Kubin erinnerten, also reine Karikaturen, und ich erinnere mich besonders an ein Bild, was Thomas gezeichnet hatte, völlig grotesk, aber sehr farbig mit dem Bildtitel, der lautete «Raubmörder Bubenhand vom Sonnenuntergang überwältigt» – es war ein herrliches Bild.

Es ist ein herrlicher Titel. In welcher Zeit, Frau Erika, sind wir denn jetzt eigentlich?

Nun, wir sind in der Zeit nach dem Ersten Weltkrieg, also die beiden kleinen Geschwister, Elisabeth und Michael, Medi und Bibi, wurden geboren in den beiden Jahren, die dem Ersten Weltkrieg folgten, Michael wurde geboren während der Münchner Räterepublik, also unter Kanonendonner, die Brücke war gesperrt, der Arzt konnte nicht kommen, es war katastrophal, aber das ist die Zeit, in der wir uns augenblicklich befinden.

Haben Sie in diesem doch sehr gepflegten und bürgerlichen Haus eigentlich den Krieg gespürt?

O ja, wir haben ihn auf die verschiedensten Weisen gespürt natürlich, aber vielleicht der stärkste Einschnitt, den wir auf Grund des Krieges erlebten, war der Verkauf unseres lieben Tölzhauses. Unser Tölzhaus, das war ein kleines Landhaus in Bad Tölz in Oberbayern, das wir besaßen, so lange wir denken

Gespräch mit Roswitha Schmalenbach 25

konnten, und wo wir alle unsere Sommer verbrachten. Wir
hatten dort einen großen Garten, und wir konnten alles spielen, was uns paßte, wir liebten Tölz über alles, und daß es nun
plötzlich verkauft werden mußte, im Jahre 1917, weil mein Vater den dringenden Wunsch hatte, das schöne Tölzhaus für ein
bißchen Kriegsanleihe umzutauschen, war für uns sehr traurig. Dabei hatte Tölz auch noch sehr viel zu tun in unseren
Gedächtnissen gerade mit dem Kriegsausbruch. Damals bereiteten wir vor, wir Kinder mit ein paar Cousinen, die in der
Gegend wohnten, bereiteten wir vor eine große Theateraufführung «Die Büchse der Pandora» – natürlich nicht nach Wedekind, von dem wir damals keine Ahnung hatten, sondern
halt nach der Mythologie –, und wir hatten das sehr probiert,
und am Tage des Kriegsausbruches sollte es aufgeführt werden. Unser Kinderfräulein, das hatten wir damals noch – mit
Kriegsausbruch wurden wir sofort des Kinderfräuleins beraubt, was für uns das Schönste am Kriegsausbruch war – das
Kinderfräulein kam, mit gleichgültiger beziehungsweise höh-
nischer Miene und sagte, – wir hatten Generalprobe und waren
verkleidet – sagte: «Zieht euch nur wieder aus, ihr könnt heute
nicht Theater spielen, der Krieg ist ausgebrochen.» Wir wußten überhaupt nicht, was das zu bedeuten hatte, und zogen uns
nicht aus, sondern rannten verkleidet durch den ganzen großen
Garten ins Haus auf die Veranda, wo unsere Eltern beim Tee
saßen, und sagten: «Was soll das heißen: der Krieg ist ausgebrochen, wir können nicht Theater spielen?» Es wurde uns
keine eigentliche Antwort gegeben, sondern mein Vater stand
sehr sinnend und ungeheuer ernst da und schaute in die Luft,
schaute hinüber auf die verschneiten Gipfel des Karwendel-Ge-
birges und sagte: «Nun wird wohl auch gleich ein feuriges
Schwert am Himmel erscheinen.» Und nach dieser rätselhaften
und unheimlichen Äußerung wußten wir, daß wir definitiv an
diesem Tage nicht Theater spielen würden.

Aber es war in Tölz, wo wir soviel erlebt haben, auch übrigens viel, was im Grunde genommen in die frühen Kindheits-

erinnerungen gehört hätte. Der Zauberer ging sehr viel mit uns spazieren, und er achtete sehr darauf, er liebte sein Tölzhaus, sein erstes Haus über alle Maßen; er war auch sehr darauf bedacht, daß wir nichts kaputt machen, und wenn er mit uns im Garten, der sehr groß war, wie ich sagte, spazieren ging, dann sagte er immer: «Nicht auf der Rasenkante gehen!» Nun hatte er es an sich, und das war auch, was uns betraf, sehr richtig, daß er so gerne so metrisch sprach. Und wir hatten zufällig oder angeborener Weise alle sehr viel Sinn für metrische Dinge, und dieses «Nicht auf der Rasenkante gehen» hat sich uns sehr eingeprägt. Er war übrigens leichtsinnig oft mit seinen metrischen Dingen und mit seinen kleinen Gedichten. Als ich noch nicht ganz drei Jahre alt war, da hatte meine Großmutter mütterlicherseits ihren fünfzigsten Geburtstag. Sie war eine ungewöhnlich schöne Frau gewesen, eine wirkliche Schönheit, und hatte infolgedessen, als sie anfing, grau zu werden, ihre Haare gefärbt, und als sie fünfzig wurde, hatte sie soeben aufgehört, die Haare zu färben, so daß die Haare ein bißchen gescheckt waren. Nun hat mein Vater mir, die ich noch nicht drei war, ein kleines Gedichtchen eingelernt – das ich nicht mehr auswendig kann, typischer Weise, ich kann nur das andere – ein Gedicht also hat er mir beigebracht, das ich aufsagen sollte, und hat dann zu mir gesagt, sag aber nicht das folgende Gedichtchen – wir nannten unsere Großmutter aus irgendwelchen Gründen Offi – das Gedichtchen lautete:

> «Liebe Offi, fünfzig Jahre
> Bist du nun schon auf der Welt
> Und hast auch schon grüne Haare,
> Was mir gar nicht sehr gefällt.»

Ich habe mir das sofort gemerkt, und ich kann Ihnen sagen, die Versuchung, in der ich war, als ich das wirkliche Gedichtchen aufsagen sollte, nun dieses aufzusagen, war so furchtbar, ich habe kaum je die Last der Verantwortung so auf mir gefühlt

Gespräch mit Roswitha Schmalenbach   27

wie damals, als ich drei Jahre alt war. Aber das spielt alles hinein in die Zeit von Tölz.

Nun, dieses kleine Gedichtchen, Frau Erika Mann, das bringt mich zu einer Frage, die man wahrscheinlich auch in einer Biographie nachlesen könnte: hat Ihr Vater auch ernsthafter Weise Gedichte geschrieben, oder hat er nur, im Sinne von ausschließlich bitte, Romane und Novellen geschrieben?

Er hat nur in sehr früher Jugend Gedichte geschrieben, er hat nie gedacht, daß er ein Lyriker ist, und er hat später sogar oft dann gesagt, ich bin ja schließlich nicht Tom der Reimer, nicht? Also er stand nicht einmal so sehr positiv zur Lyrik, obwohl er viele Lyrik ungeheuer geliebt hat, aber seine Gedichte, die übrigens in den Erzählungen, den Gesammelten, drin sind, soweit er sie überhaupt verantwortete, waren ihm nicht wichtig. Was ihm dann plötzlich ungeheuer wichtig war, war eine Neuerung, die bei uns eingeführt wurde nach dem Verkauf von Tölz, ich möchte sagen, nach dem Kriegsende: wir hatten plötzlich ein Grammophon. Und dieses Grammophon spielte bei uns eine Rolle, die man sich gar nicht leicht vorstellen kann. Denn daß Thomas Mann, daß mein Vater, der in seiner Jugend hervorragend Geige gespielt hat, aber nicht genug Zeit hatte zu üben, der das aufgeben mußte, imstande war, selbst für sich und für uns Musik zu produzieren, gewissermaßen, war eine Neuerung gewaltiger Natur, die sich ja dann auch im «Zauberberg» sehr niedergeschlagen hat, in dem Kapitel, das betitelt ist «Fülle des Wohllauts» – ein sehr wichtiges Kapitel in diesem Roman. Eine besondere Rolle spielt darin auch die Blumenarie aus «Carmen»:

«‹Hier an dem Herzen treu geborgen› – José sang das wunderschön: Hans Castorp ließ die Scheibe auch einzeln, außer dem vertrauten Zusammenhange öfters laufen und lauschte stets in achtsamster Sympathie. Es war inhaltlich nicht weit her mit der Arie, aber ihr flehender Gefühlsausdruck war im höchsten Grade rührend. Der Soldat sang von der Blume, die Carmen ihm am Anfang ihrer Bekanntschaft zugeworfen und die im schweren Arrest, worein er um ihretwillen geraten, sein ein und alles gewesen sei. Er gestand tief erschüttert, er habe augenblicksweise dem Schicksal geflucht, weil es zugelassen hatte, daß er Carmen je mit Augen gesehen. Aber gleich habe er die Lästerung bitter bereut und auf den Knien zu Gott um ein Wiedersehen gebetet. *Da* – und dieses Da war der gleiche hohe Ton, mit dem er unmittelbar vorher sein ‹Ach, teures Mädchen› begonnen, – *da* – und nun war in der Begleitung aller Instrumentalzauber los, der nur irgend geeignet sein mochte, den Schmerz, die Sehnsucht, die verlorene Zärtlichkeit, die süße Verzweiflung des kleinen Soldaten zu malen, – *da* hatte sie vor seinen Blicken gestanden in all ihrem schlechthin verhängnishaften Reiz, so daß er klar und deutlich das eine gefühlt hatte, daß es ‹um ihn getan› (‹getan› mit einem schluchzenden ganztönigen Vorschlag auf der ersten Silbe), auf immer also um ihn getan sei. ‹Du meine Wonne, mein Entzücken!› sang er verzweifelt in einer wiederkehrenden und auch vom Orchester noch einmal auf eigene Hand geklagten Tonfolge, die vom Grundton zwei Stufen aufstieg und sich von dort mit Innigkeit zur tieferen Quinte wandte. ‹Dein ist mein Herz›, beteuerte er abgeschmackter, aber allerzärtlichster Weise zum Überfluß, indem er sich eben dieser Figur bediente, ging dann die Tonleiter bis zur sechsten Stufe durch, um hinzuzufügen: ‹Und ewig dir gehör' ich an!›, ließ danach die Stimme um zehn Töne sinken und bekannte erschüttert sein ‹Carmen, ich liebe dich!›, dessen Ausklang von einem wechselnd harmonisierten Vorhalt schmerzlich verzögert wurde, bevor das ‹dich› mit der vorhergehenden Silbe sich in den Grundakkord ergab.» (Musik: Bizet, «Carmen»)

Die zugleich sehr minuziöse und trotzdem auch sehr poetische und gefühlsbetonte Beschreibung der Blumenarie aus «Carmen», die wir vor der Musik gehört haben, die fanden wir auf Seite 900 des «Zauberberg» von Thomas Mann.

Ja, und zwar ist es ihm mit diesem Buch ergangen wie beinah mit allen seinen großen Romanen, seinen räumlich großen Romanen. Er wollte «Buddenbrooks» schreiben, eine Novelle über den kleinen Hanno, und konnte dann nicht umhin, ab ovo anzufangen und diese große Familiensaga zu schreiben; und was den «Zauberberg» anging, so wollte er eine kurze Novelle schreiben, humoristische Novelle, eine Art Satyrspiel zum «Tod in Venedig», hatte vor dem Krieg damit begonnen, hat, sobald der Krieg ausgebrochen war, absolut abgebrochen und ganz andere Dinge getrieben und erst nach dem Kriege, das heißt, auch nach einigen kleinen Fingerübungen, zu denen «Gesang vom Kindchen» gehörte, wieder in den «Zauberberg» zurückgefunden. Der «Zauberberg» wurde ein zweibändiger Roman – er ist mittlerweile auch einbändig erschienen –, aber es war halt ein sehr großes dickes Buch, aus dem er uns übrigens dann auch vorlas, uns Kindern; als wir den Märchen entwachsen waren, hat er uns ältere Dinge vorgelesen, aber der «Zauberberg» war das erste Buch, aus dem wir jeden Abschnitt, kaum war er beendet, vorgelesen bekommen haben.

Warum hat er das gemacht? Hat er Ihre Kritik haben wollen? Sie waren ja noch sehr jung damals, hat er Ihre Reaktionen trotzdem irgendwie gebraucht oder geschätzt?

Ja, ja, ja, so merkwürdig das sein mag, wir waren noch sehr jung, aber wir waren für ihn doch Publikum. Und was er gerne hatte, laufend während der Arbeit gerne hatte, war eine Publikumsreaktion. Wenn wir gelacht haben, es ist ja oft sehr komisch, dann hat er sich diebisch gefreut, und wenn wir Tränen in den Augen hatten, dann war er ganz glücklich. Des übrigen hat er sogar unsere Kritik gewollt. Er hat uns gefragt: Ist euch die und die Stelle lang vorgekommen, war sie langweilig? Oder ist euch das zu abstrakt gewesen, habt ihr irgendetwas nicht verstanden? Und er hat sich danach bis zum gewissen Grade auch gerichtet. Selbstverständlich war immer meine Mutter dabei, deren Urteil ihm unendlich wertvoll war, umso wertvoller in diesem Fall, «Zauberberg», als er ja eine Menge Details von meiner Mutter erfahren hatte. Er selbst war nur zu Besuch bei meiner Mutter auf drei Wochen in Davos gewesen, ganz wie der Held des «Zauberbergs», Hans Castorp, zunächst nur auf Besuch drei Wochen bei seinem Vetter ist, also, er war nur auf drei Wochen dagewesen, und sehr sehr viele Dinge, die im «Zauberberg» dann verwendet worden sind, stammen aus den Briefen meiner Mutter, die ihm in jedem Detail das ganze Leben dort schriftlich erzählt hat; also ihr Urteil war ihm in diesem Fall besonders wichtig. Aber auch das Urteil von uns Kindern spielte bei ihm eine gewisse Rolle, und er hat sogar schon kleine Änderungen oder irgendwelche Winzigkeiten, die wir ausgestellt hatten, dann angebracht.

Nun war es ja ganz merkwürdig mit ihm, und wir konnten das schon damals nicht verstehen, ich muß sagen, daß ich es bis zum heutigen Tage zur Not verstehe. Dieser Mensch, der Zauberer, hat eine Tageseinteilung gehabt, die etwa wie folgt war. Er hat nicht früh gefrühstückt, ungefähr um halb neun, manchmal war es neun, nur eine Viertelstunde lang. Dann ist er an den Schreibtisch gegangen und hat drei Stunden gearbeitet, drei Stunden an dem, was er die Hauptsache nannte, das heißt, das laufende Hauptwerk. Und diese drei Stunden waren alles, was er an dieses Hauptwerk gewendet hat. Es waren, wie er sagte, die besten, die würdigsten Stunden, die nüchternsten, die frischesten – die hat er an das Hauptwerk gewendet und nicht mehr. Aus diesen drei Stunden hat er täglich zwei Seiten, durchschnittlich, zwei Seiten Manuskript herausgeschlagen, nicht mehr. Allerdings hat er dies jeden Tag getan, – jeden Tag, den Gott wachsen ließ. Von Sonntagen ganz zu schweigen, aber auch wenn er krank war – wenn er nicht hohes Fieber hatte, dann ging er nicht ins Bett, und wenn er nicht ins Bett ging, dann hat er gearbeitet. Es konnte vorfallen, was wollte, er hat jeden Tag diese drei Stunden auf diese Arbeit verwendet, und es waren nur zwei Seiten täglich.

Gespräch mit Roswitha Schmalenbach   31

Und das Werk ist sehr groß, nicht nur der «Zauberberg», der aus der Novelle zu einem fast tausendseitigen Buch wurde, sondern vom «Joseph» bis zum «Faustus» dieses Riesenwerk und ein Werk, wo im Detail soviel so Spezielles drin erzählt wird, – Sie haben gesagt, Ihre Mutter hat aus Davos Einzelheiten geliefert, aber auch dann noch ist es völlig unbegreiflich, wie ein Mensch in einem Menschenleben so viel Details wissen konnte, wie Ihr Vater gewußt hat. Man hat das Gefühl, er sei Fachmann auf jedem Gebiet.

Ja, das war er natürlich gar nicht. Wenn er begonnen hatte, einen Roman zu schreiben, für den sehr viel Sachwissen nötig war, dann hat er ein enormes Quellenmaterial zusammengetragen, dieses Quellenmaterial studiert. Aber, er ist dabei folgendermaßen verfahren. Er hat, wie ich sagte, nur vormittags drei Stunden gearbeitet; dann hat er nachmittags und abends, soweit er nicht korrespondieren mußte, was er ja mußte, aber er hat die übrige Zeit des Tages zum Quellenstudium verwendet, hat aber dieses Quellenstudium dann in keiner Weise gleich ins Buch übertragen, sondern es so lange in sich selbst verarbeitet, daß es dann herauskam wie etwas, was ihm seit eh und je vertraut war. Kaum war das betreffende Buch beendet, fertig, hat er das Quellenmaterial wieder vergessen. Er war nicht ein Mensch mit einem enzyklopädischen Wissen etwa, sondern ein Mensch, der sich im Dienste der Kunst eine Fachkenntnis angeeignet hat jeweils, die er dann vollständig beherrschte, ohne daß sie ihm des übrigen verblieben wäre. Er hat sie wirklich vergessen. Und dann passiert dies, zum Beispiel, daß die Thomas-Mann-Forscher – es gibt deren sehr viele, es sind bis jetzt 260 Doktorarbeiten über ihn geschrieben worden, das ist mehr als über irgendeinen –

Das ist unheimlich –

Ja, mehr als über irgendeinen anderen zeitgenössischen Schriftsteller, und ich möchte etwas einfügen hier, weil es mir so gut gefallen hat. Neulich hat ein Doktorand mir geschrieben und einige Fragen gestellt und hat mir geschrieben, mit dem Werk von Thomas Mann gehe es ihm, wie es Stifter mit dem Nibelungenlied gegangen sei. Stifter habe vom Nibelungenlied gesagt, es sei «unausstaunbar». Das hat mir so gut gefallen, ich fand das so reizend – aber wie dem sei. Es ist dann passiert, daß das ganze Quellenmaterial zum «Zauberberg» in München zurückblieb, als wir emigrierten, und daß die armen Thomas-Mann-Forscher, auch mein Korrespondent, heute dasitzen ohne Quellenmaterial, alles ist weg, mein Vater hatte alles vergessen, er konnte niemandem mehr sagen, woher hatte ich mein Wissen im «Zauberberg», er wußte es nicht.

Was für die Wissenschaft vielleicht von großem und traurigem Belang ist. Immerhin ein Glück, daß nicht ein Werk von Thomas Mann verloren gegangen ist.

Das wäre aber auch beinahe passiert, wissen Sie. Es war so, der erste Band der Tetralogie «Joseph und seine Brüder», «Die Geschichten Jaakobs», waren im Jahre 1932 in Deutschland erschienen. Am zweiten Band arbeitete er, als das Dritte Reich ausbrach. Und als eben dieses Dritte Reich ausbrach, befanden sich meine Eltern außerhalb Deutschlands, zufällig, auf einer Vortragstournée, es war ein Wagner-Gedenkjahr, und Thomas Mann hielt einen Vortrag über «Leiden und Größe Richard Wagners», in verschiedenen europäischen Ländern. Er ist dann natürlich nach Deutschland nicht mehr zurückgekehrt und hatte vergessen, in der fürchterlichen Aufregung und in dem entsetzlichen Gram jener Tage und Wochen, hatte vergessen, daß er seine Handschrift vom «Joseph», den zweiten Band, «Der junge Joseph», in München gelassen hatte. Ich natürlich mußte auch dann sehr schnell weg, ich war ja auch politisch tätig gewesen mit meinem politischen Kabarett «Die Pfeffermühle», und als ich ihn in Arosa wieder fand, war meine erste Frage: «Wo ist das Manuskript?» Und er sagte: «In München!» Nun, es blieb mir nichts anderes übrig, als nach München zurückzufahren, was recht gefährlich war, und bei Nacht und Nebel aus dem schon konfiszierten und besetzten Haus dieses Manuskript zu retten. Er hat sich sehr gefreut, er wußte nicht, daß ich fuhr – er hätte mich nie gelassen –, aber als ich plötzlich kam mit dem Manuskript, war er erfreut. Wenn ich es aber nicht gebracht hätte, wenn ich es nicht gebracht hätte, so glaube ich, daß er das Ganze noch einmal geschrieben hätte. Wie er dies auch ganz früher einmal schon erwogen hatte.

Erwogen – vermutlich spielen Sie an auf eine Novelle, die mir auch in ganz besonders lebendiger Erinnerung ist, weil es sie, glücklicher Weise, von Thomas Mann gelesen auf einer Platte gibt, nämlich «Das Eisenbahnunglück», wo Thomas Mann unter anderem schildert, wie es wäre, wenn das köstliche Konvolut, wie er es nennt, sein Werk, in einem Eisenbahnunglück mitverloren und zerstört worden wäre. Und ich glaube, diese Stelle von Thomas Mann gesprochen, wollen wir uns schnell anhören.

Original-Ton Thomas Mann: «Da stand ich. Ganz für mich allein stand ich in der Nacht zwischen den Schienensträngen und prüfte mein Herz. Räumungsarbeiten. Es sollten Räumungsarbeiten mit meinem Manuskript vorgenommen werden. Zerstört also, zerfetzt, zerquetscht wahrscheinlich. Mein Bienenstock, mein Kunstgespinst, mein kluger Fuchsbau, mein Stolz und Mühsal, das Beste von mir. Was würde ich tun, wenn es sich so verhielt? Ich hatte keine Abschrift von dem, was schon dastand, schon fertig gefügt und geschmiedet war, schon lebte und klang, – zu schweigen von meinen Notizen und Studien, meinem ganzen in Jahren zusammengetragenen, erworbenen, erhorchten, erschlichenen, erlittenen Hamsterschatz von Material. Was würde ich also tun? Ich prüfte mich genau, und ich erkannte, daß ich von vorn beginnen würde. Ja, mit tierischer Geduld, mit der Zähigkeit eines tiefstehenden Lebewesens, dem man das wunderliche und komplizierte Werk seines kleinen Scharfsinnes und Fleißes zerstört hat, würde ich nach einem Augenblick der Verwirrung und Ratlosigkeit das Ganze wieder von vorn beginnen, und vielleicht würde es diesmal ein wenig leichter gehen ...»

Ja, es ist schade, Frau Erika Mann, daß wir diese Geschichte nicht von Anfang an und bis zum Schluß hören können, «Das Eisenbahnunglück», das Thomas Mann auf dieser Platte erzählt, wobei ich allerdings nun einen kleinen Einwand dagegen machen möchte, eine Frage vielmehr – es kommt mir etwas unwahrscheinlich vor, was bei Thomas Mann sehr selten ist, nämlich unwahrscheinlich, daß er sagt, ich glaube wörtlich sagt: «Ich habe keine Abschrift.» Man hat von jedem Manuskript einen Durchschlag.

Ja nein, er hatte nie einen. Das war sehr sonderbar bei ihm. Also er hat seine Manuskripte mit der Hand geschrieben, ziemlich unleserlich übrigens, wenig Korrekturen, aber eine schwer leserliche Schrift, und er hat buchstäblich bis zum «Joseph» seine sämtlichen Manuskripte nicht abschreiben lassen, sondern so wie sie waren an den Verlag geschickt, an den S. Fischer Verlag. Und das war unglaubwürdig, also zum Beispiel im Falle von «Buddenbrooks», da war er ein ganz unerfahrener junger Autor, hatte bis jetzt nur einen kleinen Novellenband, «Der kleine Herr Friedemann», herausgebracht, war ganz unerfahren, war außerdem auch noch beim Militär, zu dem Zeitpunkt, als «Buddenbrooks» fertig war, und hatte auf so einem linierten, kaufmännischen Papier zweiseitig dieses Riesenmanuskript geschrieben und lag im Militärlazarett und hat es nun ungeschickt verpackt und versiegelt, wobei er sich auch noch eine schwere Brandblase zugezogen hat, und humpelte auf die Post, um das Ding an S. Fischer abzuschicken. Und nun war er aber ganz dummstolz, wie er selber glaubte, und hat gesagt, er will das versichern lassen. Und der Postbeamte sagte wieviel, und er sagte tausend Mark. Und der Postbeamte sagte, was ist denn drin, und er sagte, etwas, was ich geschrieben habe. Und da sagte der Postbeamte: Das wollen Sie für tausend Mark versichern? Und Thomas Mann sagte stolz: Ja, das will ich. Das war also «Buddenbrooks».

Und es ist gut angekommen?

Es ist gut angekommen, aber es war nicht sehr glückhaft zunächst; Samuel Fischer hat es gelesen und schrieb meinem Vater einen Brief, das sei sehr interessant, aber Wälzer seien heutzutage nicht anzubringen, und er wäre bereit, das Buch zu bringen, wenn Thomas Mann es um die Hälfte kürzte. Der Brief, den mein Vater als Antwortschreiben an Fischer richtete, ist leider verloren gegangen. Der Zauberer hat mir immer wieder gesagt, es war der schönste Brief seines Lebens, in dem er also Fischer klar gemacht hat, daß Länge nicht gleich Langeweile ist, daß außerdem bei diesem Buch die Länge zu den Hauptcharakteristika, zu den essentiellen Dingen gehört, daß das Buch auf die Hälfte gekürzt einfach schlecht sein müßte, und wenn er denn die Hälfte wegstreichen sollte, dann würde er das Buch lieber in der Schublade liegen lassen oder verbrennen, kurzum, das erlaubt er nicht. Und der Brief war also so schön, offenbar wirklich, daß er Samuel Fischer überzeugt hat und das Buch erschien. – Ja, so war es bis zum «Joseph», zu welchem Zeitpunkt dann meine Mutter, die überhaupt eigentlich immer hinter diesen praktischen Entscheidungen stand bei ihm, meine Mutter also sagte, jetzt ist es aus, der «Joseph» muß abgeschrieben werden – wir werden schon jemanden finden, der diese Schrift lesen kann. Und der erste Band «Joseph» war also das erste Werk von Thomas Mann, das von einer Sekretärin abgetippt wurde. Es war auch das erste Werk meines Vaters, dem gegenüber er nun eine vox populi zu hören bekam, sonst waren ja immer nur wir Kinder diese vox populi, in diesem Fall war's diese sehr nette Münchner Sekretärin, die in der Altstadt wohnte und das abtippte und die immer sagte: «Also mir gfallts so guat, ich muas scho sagn, es is, daß mers endlich amal erfahrt, wies wirklich woar dorten. Dös is also wirklich was Schönes.» Da war er sehr stolz darauf. Nun war ja die Emigration mitten im «Joseph», mitten im zweiten Band des «Joseph», der vierbändig wurde, – war für ihn ein solches Entsetzen, der Entschluß selbstverständlich war unvermeidbar, es stand ihm fest, daß er in Nazideutschland nicht würde leben können, und obwohl er im ersten Augenblick, er befand sich ja, wie schon erwähnt, zufällig im Ausland, noch gedacht hatte, er geht vielleicht zurück, ist ihm sehr schnell klar geworden, daß das gar nicht in Frage kommt, also er blieb draußen. Und erstmalig in seinem ganzen Leben war er nicht mehr imstande zu arbeiten; er hat überhaupt nicht gearbeitet. Er befand sich auf einer Flucht von Ort zu Ort, er war zufällig in Arosa gewesen, als die Sache in diesem Stil ausbrach, nämlich nach den Wahlen, als die Diktatur, die Machtübernahme sich wirklich vollzogen hatte; dann ging er nach Lugano, dann war er an der Riviera in einem kleinen Hotel, bis schließlich im Sommer meine Mutter wiederum ein kleines Häuschen ausfindig machte, das zu vermieten war – es hieß hübscher Weise La Tranquille, also die Ruhige, in Sanary-sur-Mer, und da hatte er nun zum ersten Mal ein wenn auch gemietetes eigenes Dächlein über dem Kopf, und so hat er schließlich im Juli/August 1933 wieder angefangen zu arbeiten. Er kam also wieder in den «Joseph» hinein, was ein wahrer Segen war, denn für ihn war ein Leben ohne Arbeit Gift, es war schlimmer als der Tod bis zum gewissen Grade, soweit man das sagen kann. Es war für ihn gewiß schlimmer, als der Tod für ihn gewesen ist. Und daß er in La Tranquille zum «Joseph» zurückfand, war ein sehr großer Segen. Er hat sich um diese Zeit bis zum Herbst 1936, dem Spätherbst, Winter 1936, mit Politik öffentlich überhaupt nicht befaßt. Desto intensiver natürlich privat. Es entging ihm nichts, er hat das alles mit einer Leidenschaft verfolgt, die sehr an ihm zehrte, aber er hat nichts geäußert. Er hoffte immer noch, er könnte durch sein Schweigen es dahin bringen, daß seine Bücher in Deutschland weiter gelesen werden könnten und daß er seinen Kontakt mit den deutschen Lesern nicht verlieren würde. Das war der einzige Grund. Aber schließlich hielt es ihn nicht mehr, und er hat dann im Winter 1936/37 die berühmten Äußerungen getan – das war der Brief nach Bonn, das waren diese Dinge, die ihm prompt die Ausbürgerung eingebracht haben, und seitdem war er politisch wieder ungeheuer tätig; bis dahin gar nicht.

Sie sagen, wieder ungeheuer tätig, entsprechend der Tatsache, daß er im Ersten Weltkrieg sehr schnell und sehr unerwartet einen politischen Sinn entwickelt hat.

Genau das war es. Er war ja ein wirklich ganz unpolitischer Mensch bis zum Ersten Weltkrieg, hat sich dann in den berüchtigten «Betrachtungen eines Unpolitischen» politisch ungeheuer engagiert, und zwar auf sehr wirre, irrige Weise, wobei gerade dieses Buch Schönheiten enthält, die er auch später noch sehr wohl kannte – er ist nie im Ganzen von diesem Buch wirklich abgerückt –, aber es war politisch verwirrt, und er hat später diese Anschauungen, die nämlich die deutsche Romantik etwa gleichsetzten mit dem deutschen Krieg von 1914/18, von diesen Anschauungen ist er völlig, und zwar ganz schnell, abgerückt. Im Grunde genommen war schon das Vorwort zu den «Betrachtungen», das natürlich geschrieben wurde, als das Buch abgeschlossen war, also im Herbst 1918, dieses Vorwort war im Grunde schon ein Dementi der ganzen «Betrachtungen». Aber er hat es erlebt in diesem relativ hohen Alter, das heißt also mit über vierzig, daß er plötzlich aufgewacht ist als politischer Mensch, und er hat dieses Erlebnis auch später noch häufig erwähnt, daß es damals ihm eben so gegangen war, es gibt da im Vorwort zu dem Essayband «Altes und Neues», der im Jahre 1953 erschien, eine Äußerung, die für seine Geburt als Politiker sehr charakteristisch ist: «Es scheint, daß der politische Instinkt, ist er nur einmal aus seinem Schlummer in reiner Torheit gewaltsam erweckt worden, wie es mir durch die Erschütterungen der Jahre 1914 bis 1918 geschah, sich rasch mit der sonst gewährten persönlichen Intelligenz ins Gleiche setzt. Jedenfalls habe ich die grauenhaften Gefahren, mit denen das, was sich Nationalsozialismus nannte, Deutschland, Europa, die Welt bedrohte, früh schon, zu einer Zeit, als das Unwesen noch leicht hätte ausgetreten werden können, mit quälender Klarheit durchschaut und bin ihm auch da, und gerade da, so gut ich konnte, warnend und wissend entgegengetreten, wo es, als schöner Tiefenkult, ‹konservative Revolution› und geistiger Edel-Obskurantismus vermummt, dem Unheil den Weg bereitete. Sie waren keine ‹reinen Toren›, diese chthonischen Veruntreuer des Geistes, sie wußten, was sie taten und wem sie halfen, sie waren Politiker, und ich war es nun auch, – bis ins Exil hinein.»

Das Wort Exil umfaßt eine ganze Anzahl von wenig erfreulichen Assoziationen, und eine davon, wenn Sie erlauben, ist die Assoziation Geld, die Tatsache, daß man im Exil im allgemeinen zu den armen Menschen plötzlich gehört, auch jemand wie Thomas Mann –

Ja, und darüber herrschen im allgemeinen falsche Vorstellungen. De facto haben wir im Exil zu Anfang so gut oder schlecht wie gar kein Geld gehabt. Der Zauberer war ja ein ungeheuer braver Bürger, er hat infolgedessen nie daran gedacht, irgendwelches Geld ins Ausland zu schaffen. Alles, was er hatte – sein Haus, seine Dinge, seine Bücher, sein Geld, sein Nobelpreis – alles, was er hatte, wurde ja beschlagnahmt und wurde ihm weggenommen, und er mußte draußen von dem leben, was seine Übersetzungen, die Übersetzungshonorare ihm einbrachten. Es war sehr absurd, als wir uns schließlich, nach La

Tranquille in Sanary kam dann Zürich, ein gemietetes Haus in Küsnacht, ein sehr hübsches Haus, was wir sehr preiswert bekamen – aber kurz und gut, als meine Mutter uns in Zürich anmeldete, beziehungsweise in Küsnacht anmeldete, wurde sie natürlich auf gut schweizerisch sofort gefragt, wieviel Geld vorhanden sei, und sie sagte: keins. Dem Mann verschlug es die Sprache, und er sagte: Ja, irgendetwas müssen Sie doch haben. Und sie sagte: Wir müssen, aber wir haben es nicht. Also sie hat schließlich nachweisen können, daß alle Wahrscheinlichkeit dafür spräche, daß er genug haben würde, um nicht der öffentlichen Wohlfahrt zum Opfer zu fallen, wovor der Mann natürlich eine sehr berechtigte Todesangst hatte. Soweit konnte sie es treiben, aber weiter nicht. Wir hatten durchaus kein Geld. Dazu waren noch meine zwei kleinen Geschwister, unmündige Kinder, die also mit ernährt und erzogen werden mußten, wir vier Großen brachten uns selber durch, aber die finanziellen Sorgen waren sehr erheblich. Sie wurden aber wie immer leise von meiner Mutter getragen. Mein Vater wurde mit allen diesen Sorgen verschont. Seine Ahnungslosigkeit in diesen Dingen, die eine völlig echte Ahnungslosigkeit war – nicht, daß er Sachen auf meine Mutter schieben wollte, er wußte nur in aller Stille, er konnte sich auf sie verlassen – seine Ahnungslosigkeit war immer so weit gegangen, daß, als zum Beispiel längst vor dem Ersten Weltkrieg meine Mutter in einem Lungensanatorium in der Schweiz war und er hatte plötzlich zu Hause in München eine größere Rechnung zu begleichen, da ging er ganz entsetzt zu meinen Großeltern, den Eltern meiner Mutter, und sagte, ich bin in einer schweren Verlegenheit, ich muß gleich diese Rechnung bezahlen, und ich glaube sicher, wir haben etwas Geld, ich habe nur keine Ahnung wo, – also bitte leiht mir doch ein bißchen. Also so war er immer gewesen, und so verlief das auch im Exil; er wußte, es ist nichts da, aber irgendwie wird es schon gehen.

Mit Hilfe Ihrer Mutter –

Mit Hilfe meiner Mutter, die überhaupt für sein ganzes Leben völlig unentbehrlich war. Es ist schwer zu ersehen, und er selbst konnte es nicht ersehen – er hat das auch in seiner Rede zum siebzigsten Geburtstag meiner Mutter, die gedruckt worden ist, gesagt: Er wüßte nicht, wie sein Leben verlaufen oder wie sein Werk entstanden wäre ohne die stete Hilfe und die Stütze und den Schirm, den meine Mutter für ihn darstellte.

Hat er ihr auch entsprechend seine Bücher gewidmet?

Ja, – das heißt, im Druck hat er überhaupt seit «Buddenbrooks», einem Roman, in dem einzelne Abschnitte verschiedenen Leuten gewidmet waren in der ersten Auflage, hat er seine Bücher niemandem mehr gewidmet. Natürlich besitzt meine Mutter alle seine Bücher von ihm persönlich gewidmet, und das Nächste, was jetzt da zu widmen war, war der Goethe-Roman «Lotte in Weimar», in den er eine besonders hübsche kleine Widmung hineingeschrieben hat, ganz gegen seine Gewohnheiten und gegen seine Neigungen, in Reimen. Ich hab das grad da. Diese Widmung lautet:

> Angefangen an trautem Ort –
> Schrieb in der Fremde daran fort, –
> Einmal fehlt' ich, macht's einmal gut, –
> Es wurde fertig in Deiner Hut.
> Bleibe Du mir auf dieser Erden,
> So soll alles fertig werden!

Also der traute Ort, der da gemeint war, war nichts anderes als Zürich, es war Küsnacht, und die Fremde, die dann kam, war natürlich Amerika. Nun hat er also diese «Lotte in Weimar» eingeschaltet in die «Josephs»-Tetralogie. Nachdem der zweite Band fertig war, hatte er das Bedürfnis, eine Pause einzulegen; wieder einmal wollte er eine kleine Novelle schreiben, eine kleine Goethe-Novelle, und daraus wurde der Roman «Lotte in

Gespräch mit Roswitha Schmalenbach 41

Weimar». An diesem Buch schrieb er auch im Sommer 1939, als er sich mit meiner Mutter zusammen verwegener Weise nach Stockholm zum Internationalen PEN-Club-Kongreß begeben hatte. Ich hatte meinen Eltern gesagt, fahrt nicht nach Stockholm, der Krieg kommt. Sie sagten, ach vielleicht kommt er doch nicht, wir gehen da einmal hin. Also sie waren dort, natürlich brach der Krieg aus, und zwar brach er aus, wie man sich vielleicht noch erinnert, um zwölf Uhr mittags. Nun war das ja die Zeit, wo Thomas Mann an seiner Musik arbeitete.

Seiner Musik, seinem Werk –

– also seinem dichterischen Werk, das Politische und andere Dinge geschahen am Nachmittag, aber von neun bis halb eins, eins, bis eins im allgemeinen, schrieb er, oder halb zehn bis eins, schrieb er an seinem Hauptvorhaben, an seiner Hauptaufgabe, also an seinen Romanen. Und als der Krieg ausbrach um zwölf, war er an der Arbeit an «Lotte». Und meine Mutter und ich berieten uns: Sollen wir ihm sagen, der Krieg ist ausgebrochen? Und nach einigem Hin und Her beschlossen wir, das hat um eins auch noch Zeit, er soll ruhig sein Abschnittchen heute noch fertig machen.

Denn es war zu befürchten, der Krieg dauert länger als eine Stunde.

Das war sehr zu befürchten, ja.

Damit war es wohl auch schwierig, von Stockholm nach Amerika zurückzukommen.

Ja, das war sogar unendlich schwierig. Zunächst wollten wir mit einem Schiff fahren, dem letzten, was da noch gegangen wäre, dann stand das in allen Zeitungen, daß wir mit dem Schiff fahren würden, also schließlich ist es uns gelungen, noch drei Flugkarten zu bekommen, von Stockholm via Amsterdam nach London. Eine sehr schwierige und auch gefährliche Reise. Aber sie gelang, und nun stand uns bevor der Zoll in London auf einem kleinen camouflierten Kriegsflughafen, der sehr unheimlich aussah von oben, mit Gräben durchzogen, man dachte, man kann da gar nicht landen; also er war gut camoufliert, und wir waren eingetroffen, und nun kam der Zoll. Nun waren meine Eltern damals tschechische Staatsbürger, und das bedeutet auch, daß die Engländer, die allen Ausländern gegenüber natürlich mißtrauisch waren und vorsichtig sein mußten, meine Eltern besonders genau durchsuchten. Ich selbst war längst durch meine Heirat mit Wystan Auden englische Bürgerin, und für mich war es leicht; für die Eltern war es schwer. Im Gepäck meines Vaters aber befand sich ein Plan, und nichts ist schlimmer für Zollbehörden während eines soeben ausgebrochenen Krieges, als einen Plan zu finden bei einem Ausländer. Dieser Plan war nichts weiter als die Tischordnung bei Goethe; als Lotte ihn in Weimar besucht, gibt Goethe ein Essen, und diese Tischordnung hatte Thomas Mann sich genau aufgezeichnet. Und bis ich den Zöllnern klar gemacht hatte, daß es sich hier um nichts Strategisches handelt, sondern ausschließlich um eine kleine Tischordnung, das dauerte lange Zeit, wir versäumten den Bus und saßen dort stundenlang, hätten beinahe das Schiff versäumt, und das alles wegen «Lotte» – es war ein starkes Stück.

Aber er hatte den nötigen Humor, das zu ertragen und zu nehmen –

Den hat er immer gehabt, den hat er nie verloren. Es war auch sehr charakteristisch für ihn, daß während dieses schlimmen, schlimmsten Kriegsjahres, das folgte, also während des Jahres 1940, als England alleine stand, man zu jeder Zeit nach dem Fall von Frankreich die Invasion von England erwarten mußte und

Gespräch mit Roswitha Schmalenbach 43

auch ich mich noch dort befand, weil ich mich natürlich mutwillig dorthin begeben hatte, um auch nur ja dabei zu sein, wenn was passiert –

Die Eltern waren in Amerika –

Die Eltern waren in Princeton, mein Vater hatte diesen Ruf nach Princeton bekommen, schon im Jahre '38, und waren also in Princeton und ich war in London, aber wie dem sei – während dieses schlimmsten Kriegsjahres 1940 hatten wir eine kleine Trostplatte, und das war nun nicht etwa etwas Feierliches oder Kriegerisches, mitnichten. Es war eine Platte von Noël Coward, und die heißt «Mad Dogs and Englishmen». Es wäre glaube ich ganz hübsch, wenn wir sie spielten. Wir haben sie immer wieder, er hat sie selber immer wieder gespielt, diese Platte, weil sie für ihn auf irgendeine Weise charakteristisch war für die Zähigkeit der Engländer und für ihre humoristisch geprägte Art des Durchhaltens. «Mad Dogs and Englishmen», gedichtet, komponiert und gesungen von Noël Coward. (Musik)

Ja, das war also unsere Trostplatte. Und Trost natürlich hatten wir sehr nötig. Es war eine Kampfzeit, in der man ständig hoffte, und wie sich schließlich zeigte, mit einigem Recht hoffte, obwohl zunächst einmal die Zeichen nicht günstig standen. Während all der Zeit aber war T. M. neben seiner «Musik» sehr politisch tätig, und zwar weit deutlicher, als dies in der neutralen Schweiz möglich gewesen war. Dort mußte er sich immer eine gewisse Zurückhaltung natürlich auferlegen, es gab ja auch Herrn Rothmund, schließlich, aber in Amerika, im Roosevelt-Amerika, war dies nun durchaus nicht mehr nötig, und er war also sehr häufig, viel zu häufig für seine eigentliche Arbeit, auf Vortragsreisen. Diese Vortragsreisen nun stellten eine ganz enorme Anforderung an ihn. Denn während er schon die Heimat verloren hatte, sein ganzes Besitztum, alles verloren hatte, was er besessen hatte, nun war auch noch die Sprache ihm verloren gegangen. Das heißt, er befand sich wirklich in der Fremde, und alles, was er dort tun wollte, hatte auf englisch zu geschehen. Er hatte ganz nett Französisch gesprochen, Englisch sehr wenig, ein bißchen Schulenglisch, und seine Schulleistungen waren ja immer geringfügig gewesen, also er sprach es wirklich nicht gut, er hatte aber die ziemlich einzigartige Energie, sich in der Mitte seiner sechziger Jahre, er war dreiundsechzig, als er dort ursprünglich eintraf, und mit vier-, fünfundsechzig hat er angefangen, regelmäßig Vortragsreisen zu machen, er hatte diese enorme Entschlußkraft, sich in das Englische zu stürzen. Es war ihm nicht mehr möglich, es einfach so zu lernen, daß er frei Englisch hätte sprechen können. Übrigens hat er auch Deutsch nie frei gesprochen, und die Amerikaner verlangen eine Art von frei sprechen. Also der Prozeß war wie folgt. Er schrieb seine Vorträge auf deutsch, dann wurden sie übersetzt von einem Übersetzer, dann bearbeitete ich sie, indem ich sie für ihn mundgerecht machte –

Inzwischen waren Sie nach Amerika zurückgegangen?

Ich war zurückgekommen aus England, ich war immer nur einen Teil des Jahres sei es in England, sei es später als Kriegskorrespondent in Europa, aber ich war ja immer wieder drüben für eigene Lecture-Tours, also Vortragsreisen, und zu seiner Hilfe, kurz, ich habe dann diese Vorträge mit ihm geübt. Und zwar war das so: er sprach das Englische, ich habe ihn unterbrochen, ich habe ihm gesagt, was falsch ist und wie es gehört, er hat dann in seinem englischen Text lauter phonetische Zeichen angebracht, also wo der Akzent in diesem mehrsilbigen Wort liegt, welchen Laut dieser Vokal im Englischen hat, etc., es sah also aus wie eine närrische Partitur mit phonetischen Zeichen. Das haben wir geübt, später auf Tonband, ursprünglich gab's das noch nicht, und er war schließlich imstande, so zu tun, als spräche er frei. Er hat also hinter seiner kleinen Rampe an sei-

Gespräch mit Roswitha Schmalenbach 45

nem Pult abgelesen jeden Satz, aber immer wieder lebhaft auf-
geblickt und scheinbar absolut frei gesprochen. Das war eine
gewaltige Leistung und für einen Mann Mitte sechzig, Ende
sechzig etwas, was ich nie gesehen habe. Diese kleinen Übungen habe ich leider, wie man so ist, gedankenlos natürlich und
abgesehen davon, es würde einem ja abscheulich vorkommen,
daran zu denken, daß ein noch nicht so sehr alter Mann eines
schönen Tages nicht mehr lebt, – ich habe diese Dinge gar nicht
aufgehoben, es waren ja nur Übungen. Ich habe zufällig hier
ein Schnipselchen aus einer kleinen Sache, die er für den Rundfunk gemacht hat, das hieß auf deutsch «Lob der Vergänglichkeit», war aber für ein Programm, das auf englisch «This I
Believe» hieß. Diese Sendung, ich muß sagen, Sendung in Anführungszeichen, sie durfte nur 3 Minuten und 27 Sekunden
dauern. Also, ich mußte diese Arbeit, die eine Viertelstunde
gedauert hätte, auf genau 3 Minuten und 27 Sekunden zusam-
menstreichen und dann mit ihm auf englisch einüben. Ich
möchte hinzufügen, daß vor ihm der große amerikanische
Baseballspieler Babe Ruth in dieser Sendung «This I Believe»
tätig war. Und Babe Ruth, ich höre ihn noch, sagte, der hatte
reichlich Zeit mit seinen 3 Minuten 27 Sekunden, der sprach
wie folgt: «I am Babe Ruth, you all know me of course, well
now, this is an easy thing for me to do – to say what I believe in.
Now, I believe in God, in the United States of America and in
Baseball. I thank you.» Also das war die Leistung von Babe
Ruth.

Das hat in drei Minuten wohl Platz.

Ja, das hatte gut Platz, es war eine triumphale Musik vorher
und nachher, das war die Leistung von Babe Ruth. Und danach
in der nächsten Sendung kam also Thomas Mann mit seinem
kleinen Ding, und ich möchte gern ein paar Worte, ich habe gar
nicht viel, von diesem Übungsbändchen hier zum Besten geben, wenn ich darf – ist das recht?

Sehr gern, ja.

Original-Ton Thomas Mann: «Deep down I believe – and I deem such belief natural to every human soul – that in the universe prime significance must be attributed to this earth of ours. Deep down I believe that the creation of the universe out of nothingness and that of life out of the inorganic state ultimately aimed at the creation of man. I believe that man is meant as a great experiment whose possible failure by man's own guilt would be paramount to the failure of creation itself. Whether this belief be true or not, man would be well advised if he behaved as though it were. – [Erika Mann:] Ja, das ist in Ordnung, Du kannst sogar etwas langsamer sprechen, Du hast ein bißchen gehetzt jetzt, aber so kann es durchaus bleiben in der Länge. Kannst es natürlich sprechen, Du hast jetzt viel schneller gesprochen als neulich. [T. M.:] So? [E. M.:] Ja – [T. M.:] Ich habe mich versprochen –»

Wie schön, daß Sie dieses Schnipselchen, wie Sie diese kleine Aufnahme genannt haben, noch besitzen, diese kleine gemeinsame Arbeit an einer englischen Lecture Ihres Vaters. Aber der Inhalt dieses Vorträgleins ist ja eher weltanschaulicher, ist gar nicht politischer Natur.

Er ist nicht direkt politischer Natur natürlich, aber das war ja für einen ganz bestimmten, eigentlich nicht politischen Zweck, siehe Babe Ruth. Hingegen seine Vorträge – er hat gelegentlich in Briefen gesagt: Ich war ja zeitweise so etwas wie ein Wanderprediger der Demokratie, und das hat mir gar nicht so sehr gut zu Gesicht gestanden. Nun, er war also unablässig bemüht, den Amerikanern den Sinn und Zweck und die – leider Gottes – Notwendigkeit dieses Krieges zu erklären. Und zwar war das besonders nötig, ehe Amerika im Krieg war, in dieser langen Zeit, aber auch nachher, denn die Amerikaner wußten nicht genau, warum sie eigentlich gegen Deutschland, gegen Hitler-

Deutschland im Kriege waren. Sie wußten dies genau im Falle Japan, Japan hatte ja auch Pearl Harbor angegriffen, außerdem hatten die Amerikaner, haben es eine Art von Anti-Japanismus, so wie andere Leute Antisemitismus haben, das ist denen irgendwie eingeboren, und der Krieg gegen Japan hat ihnen von Anfang an eingeleuchtet. Der gegen Nazideutschland längst nicht so. Und Thomas Mann war nun bemüht, den Hitlerismus den Leuten auf dem Lande, in den kleinen Städten, in den großen verlorenen Städten des Mittelwestens etc. zu erklären, ihnen zu erklären, was Hitler wirklich bedeutet, was es bedeuten würde, wenn Hitler die Welt eroberte, und die Gefahr bestand ja, also kurz, er hat wirklich politische Vorträge gehalten mit verschiedenen Titeln, die hießen «Der kommende Sieg der Demokratie» oder «Warum wir im Kriege sind», lauter solche Dinge, und diese Vorträge waren sehr nötig, weil die Amerikaner von ihm, der er also in ihren Augen ein anderes, ein besseres Deutschland repräsentierte, er war ihnen glaubwürdig, was er sagte, das galt ihnen, und infolgedessen waren diese Vorträge wirklich von einiger Wichtigkeit. Ich habe schon gesagt, daß er es also gut konnte, er konnte diese Vorträge brillant leisten. Das, was er nicht gekonnt hätte, war die in Amerika unentbehrliche, von den Amerikanern eisern geforderte question period. Das heißt, die Periode, in der das Publikum Fragen stellt, die vom Vortragenden spontan beantwortet werden müssen. Soweit reichte sein Englisch nicht, und wir sind da auf einen Ausweg verfallen: ich saß während seines Vortrages schön geputzt in einem Lehnstuhl auf dem Podium, hörte gespannt zu, ich hatte diesen Vortrag nie gehört offenbar, und das gefiel ihnen schon, es war eine Abwechslung, es war was anderes; und als der Vortrag zu Ende war und er sich verbeugt hatte, nahm er meinen Platz im Lehnstuhl ein, ich ging ans Mikrophon und sagte, wenn Sie nun Fragen stellen wollen, dann tun Sie das bitte, ich werde das meinem Vater auf deutsch vermitteln, und er wird mir zumurmeln, was ich antworten soll, und das werde ich auch tun. In erstaunlicher

Geschwindigkeit, die Leute waren starr vor Staunen und Freude, haben dann mein Vater und ich uns darüber verständigt, wie die Frage lautete und wie die Antwort zu lauten hätte. Es war keinerlei Fälschung im Spiel in Wahrheit, denn merkwürdiger Weise waren die Fragen zu jeder Zeit ziemlich gleichbleibend; das heißt, ob man nun vor einem Woman's Club oder einem Town-Hall-Forum oder vor Studenten sprach, die Leute fragten ungefähr dieselben Dinge, ich wußte genau, was mein Vater darauf antworten würde, und es war also nur nötig, daß wir die kleine Kabarett-Vorstellung mit dem Gewisper gaben und daß ich anschließend antwortete, wobei er dann zustimmend nickte. Es war sehr eindrucksvoll und hat uns allen den größten Spaß gemacht – dem Publikum, dem Zauberer, der eine Riesenfreude an Theater hatte, besonders wenn er selbst mitwirken durfte, und mir; es war eine sehr lustige Sache.

Und wieder zeigt sich, er hat auch in diesen sicher für ihn schlimmsten Jahren, in dieser schlimmsten Zeit den Humor nicht verloren.

Nie. Also wirklich beinah fast nie.

Und hatte ihn nötig.

Er hatte ihn sehr nötig, denn schauen Sie, es kam der Sommer 1940. Und dieser Sommer brachte nun neue schreckliche Gefahren für alle unsere Freunde, auch für unsere nächsten Verwandten in dem früher unbesetzten Teil Frankreichs. Dort saß mein Onkel Heinrich Mann, dort saß mein Bruder Golo, in einem Konzentrationslager, in einem französischen übrigens zunächst noch, dort saßen alle unsere Freunde, sehr viele von ihnen, dort saß Werfel, es saß dort Feuchtwanger, Alfred Neumann, die verschiedensten, und es galt nun in diesem Sommer 1940, diese Leute zu retten, sie hinüberzubekommen nach

Amerika, dort für sie zu sorgen, das heißt also Geld aufzutreiben, sehr viel Geld aufzutreiben, und die nötigen amtlichen Möglichkeiten aufzutreiben. Wir haben damals gegründet am Tage des Einmarsches der Deutschen ins unbesetzte, ins Vichy-Frankreich, das war ein Tag, an dem zufällig ohnedies ein Diner stattfand in New York für Flüchtlinge, und wir hatten einen hervorragenden Mitarbeiter, Dr. Frank Kingdon, der damals Präsident der University of Newark, New Jersey war, und er und ich waren an diesem Diner aktiv beteiligt, und es war dieser Tag. Und nach diesem Diner ging ich zu Frank Kingdon und sagte: Um Gotteswillen, Frank, wir müssen sofort etwas tun, wir müssen ein Komitee ins Leben rufen, mit dessen Hilfe diese ganzen Menschen aus Südfrankreich und Vichy-Frankreich gerettet werden können. Und wir haben noch in dieser Nacht das sogenannte Emergency Rescue Committee gegründet, mein Vater wurde sofort telegraphisch zugezogen, Roosevelt hat sich dieser Sache angenommen. Wir haben es fertig gebracht, daß Roosevelt unter Umgehung des State Departments direkt diese Emergency-Visen für unsere Freunde ausstellte, wir haben Riesenlisten angefertigt mit allen Namen und Adressen, deren wir irgend habhaft werden konnten. Dieser ganze Sommer 1940 war eine einzige Hilfeleistungsaktion, das riß nicht ab.

Eine Rettungsaktion, an der auch Thomas Mann innerlich, also wirklich beteiligt war dann —

Ja, je schlimmer die Lage war und je mehr Freunde in Todesgefahr gewesen waren, desto menschlich weicher wurde eigentlich T. M.; das heißt, er hat die Geretteten dann weit mehr geliebt, als er dies unter normalen Umständen vermutlich getan hätte. Das waren lauter Leute, die er gern hatte und die er gut kannte, aber es hat sich dort in Kalifornien, wohin sie nicht zufällig alle kamen, sondern wir hatten diesen ganzen Leuten für je ein Jahr Minimum-Verträge mit dem Film verschafft.

Das waren auch wieder Emergency-, also Notverträge, die von den großen Filmgesellschaften abgeschlossen wurden, obwohl diese Gesellschaften sehr wohl wußten, daß wahrscheinlich wenig für sie dabei herausschauen würde. Also für ein Jahr war die Existenz aller dieser Leute gesichert. Nun hat diese Freundschaft wirklich einen sehr innigen Charakter bekommen in dieser doch allen gemeinsamen Not, und die Leute haben sich gegenseitig vorgelesen, alle diese haben eine Kameradschaftlichkeit entwickelt, wie das gerade unter deutschen Schriftstellern in Deutschland leider eigentlich nie üblich gewesen ist. Den in Frankreich so sehr stark vorhandenen Typus des confrère im literarischen Leben, einen Typus, den es sogar in Österreich gegeben hat, wie zwischen Schnitzler, Beer-Hofmann, Hofmannsthal etc., hat es ja in Deutschland nicht gegeben. Dort im kalifornischen Exil gab es das plötzlich; diese Art von Kameradschaftlichkeit, Schicksalskameradschaft, aber auch literarischer Kameradschaftlichkeit – eine neue Sache im Leben von Thomas Mann, der zwar in seiner Jugend, wie aus den Briefen hervorgeht, ein paar nicht sehr hochstehende Kameraden hatte, aber nun plötzlich sich in einer Gruppe von guten Schriftstellern, von sehr erstklassigen Schriftstellern befand und sich in dieser Gruppe sehr wohl befand.

Nun, Frau Erika Mann, unsere Sendung heißt ja «Mein Vater Thomas Mann», und ich glaube, man hat schon sehr gespürt, daß diese Kameradschaftlichkeit von Anfang an zwischen Thomas Mann einerseits und seinen Kindern andererseits, Ihnen vielleicht besonders, existiert hat. Haben Sie auch manchmal diese Kameradschaftlichkeit außer bei den Lectures in Zusammenarbeit getätigt?

Ja nun, Schreiben, Dichten ist ein sehr einsames Geschäft. Der Schriftsteller, der Dichter sitzt allein vor seinem Schreibtisch und leistet. Aber gerade in Amerika ergab sich nicht nur die

Sprachschwierigkeit, wo ich also ein bißchen behilflich sein konnte, sondern es verhielt sich auch so, daß er in Schwierigkeiten geriet dadurch, daß alles, was er machte, seine Vorträge besonders, viel zu lang gedieh und daß also ganz erheblich gekürzt werden mußte. Und ich habe mich allmählich zu einem wahren Artisten auf diesem bescheidenen Gebiet entwickelt, ein Artist insofern, als es bei ihm sehr schwer war zu kürzen. Er hat ja ein Gewebe, er hat einen Teppich hergestellt, wo man nicht einfach größere Teile daraus entfernen konnte, sondern Fädchen, viele, viele Fädchen, so daß der Zusammenhang gewahrt blieb, und ich habe also sehr viel damit zu tun gehabt. Darüber hinaus hat er schließlich in Amerika am «Doktor Faustus» gearbeitet, den es nun dringend ein wenig zu erleichtern galt. Der «Faustus» ist und bleibt ein schweres Buch, ein Buch mit sehr vielen Dingen behaftet, die nicht unmittelbar erzählerisch sind, die aber absolut dazugehören. Aber in diesen Dingen nun ein bißchen zu streichen, das Ganze ein wenig zu erleichtern, schien doch geraten, und ich habe mich dann auf seine freundliche Bitte hin, sein Vertrauen war rührend, ich weiß nicht, ob ich es verdient habe, jedenfalls habe ich mich daran gemacht, da nun auch ein bißchen tätig zu sein. Er erzählt das in seiner Bekennerart, er hat ja immer alles erklärt, er war ein Protestant, er hat immer alles erzählt und gestanden, und er erzählt also auch von dieser Phase unserer kleinen Zusammenarbeit, das heißt also meiner kleinen Mitarbeit, in dem Buch «Die Entstehung des Doktor Faustus», es ist nur ein kleiner Abschnitt darin:

«Nach Mitte August spielten jene Ratssitzungen mit Erika, die sich viel mit dem Maschinen-Manuskript beschäftigt hatte und liebevoll darauf bedacht war, es von schleppenden Längen, unnötigen Schwierigkeiten für die Übersetzer, lastenden Pedanterien zu befreien, die auszumerzen ich allein nicht die Entschlußkraft gefunden hatte. Nun ging es, in verschiedenen Teilen des Buches, besonders den früheren, der Arbeitsleistung so manches Vormittags zu Leibe, – mit Zagen immer auf seiten der sorgenden Antragstellerin, die alles so schön geschrieben, es um alles so schade fand und eben nur meinte, das Ganze werde durch dies und jenes Opfer gewinnen. Wahrscheinlich hatte sie erwartet, daß ich um jede Zeile kämpfen würde, und war überrascht von meiner Bereitwilligkeit, – die alten Datums war und nur aufgerufen zu werden brauchte. Kaum je gab es ein Dingen und Feilschen. ‹Aber ja! Bewilligt! Hinaus damit! Wir streichen anderthalb, wir streichen drei Seiten! Es wird leserlicher, *etwas* leserlicher sein.› Gewisse Eingriffe galten noch wieder dem Kapitel von Kretzschmar-Vorträgen; Musik-Theoretisches ging über Bord; die Studentengespräche wurden gekappt, das Schwelgen in Brentano-Liedern eingedämmt, aus der Halle-Theologie ein ganzer Professor mitsamt seinem Kolleg hinausgeworfen. Schließlich, nach mancher Wiederkehr der klugen Mahnerin, waren es einige vierzig Blätter, um die sich das Manuskript erleichtert fand, – und genau die rechten. Sie fehlen niemandem, sie fehlen auch mir nicht; sie herauszunehmen, sie zu beseitigen, war eine Herzensentlastung.»

Da haben Sie also eigentlich die Funktion ausgeübt, die er von Ihnen als größerem Kind schon erbeten und erwartet hat, nämlich die Funktion des Kontrollierenden, wo er gefragt hat: Ist es zu lang?

Ja.

Aber so, wie ich Sie nun kennen gelernt habe, Frau Erika Mann, haben Sie sicher mit Ihrer Munterkeit auch beigetragen zu aufbauender Arbeit, oder nicht?

Ja, wie gesagt, so weit das möglich war. Ich habe zwei Chancen gehabt in dieser Beziehung; eine war schon relativ früh, als ich noch nicht erwachsen war, da kam er aus Italien zurück und erzählte mir mehr oder weniger die Geschichte von «Mario und

Gespräch mit Roswitha Schmalenbach   53

der Zauberer», das war ja ein persönliches Erlebnis dort; und er hatte das erzählt, und ich sagte, so, jetzt müßte aber der kleine Kellner, also der von diesem Hypnotiseur entsetzlich gequälte kleine Kellner, müßte diesen Zauberer erschießen, diesen Hypnotiseur, diesen faschistischen. Und dann ist es eine Novelle und Du schreibst sie. Und siehe da, er hat sich hingesetzt und die Geschichte geschrieben. Kurzum, ohne mein kindisches Zutun wäre diese Erzählung sicher gar nicht entstanden. Viel später dann, sehr viel später, als er den ersten Band der Memoiren des Hochstaplers Felix Krull schrieb, war da eine Sache, die nicht recht so bleiben konnte, und da habe ich wieder mal einen kleinen Beitrag liefern können insofern, als ich eine Figur, die er einmal drin hatte, nämlich den Lord Kilmarnock, der dann eine nicht unwesentliche Rolle spielt, den hatte er wieder rausgestrichen, der war auch nur skizziert gewesen, das ist das einzig homoerotische Erlebnis, was der Krull gehabt hatte, und der Lord war wieder weg. Und ich habe nun sehr geraten, eine andere Sache herauszunehmen, die den Schluß gefährdete, und statt dessen in sehr erweiterter Form, einer Form, die ich auch vorschlug, den Lord wieder hineinzunehmen. Das hat er getan, er hat ganz zum Schluß, als die Arbeit abgeschlossen war, hat er ein ganz neues Kapitel geschrieben, das heute zu den Glanzkapiteln des Buches gehört – übrigens auch des Films gehörte, der dann entstand, wo ich das Drehbuch schrieb, nach seinem Tode – diesen Lord also, den «verdankt» – in Anführungszeichen! – er bis zum gewissen Grade mir, und ich muß sagen, ich bin sehr froh über diese kleinen Tätigkeiten, was der Karl Valentin eine kurze Tätigkeit nannte, diese kurzen Tätigkeiten; dieses Streichen, so nötig es war, empfand ich doch sehr als destruktive Qual, und ich war also sehr sehr froh, wenn ich alle Jubelzeiten mal eine Winzigkeit, etwas Positives auch tun konnte. Es war aber so, er hatte ja unendlich gerne Musik. Die Musik war wirklich ein wesentlicher Teil seines Wesens, und nichts hatte er lieber, als wenn abends spät er in seinem Zimmer saß und las und ich die Tür offen ließ in Kalifornien zu unserem großen Living-Room, also dem großen Raum, in dem wir lebten, wohnten, und ich ein Plattenkonzert veranstaltete. Ich tat das sehr oft, und ich merkte dann immer, er las, saß auf seinem Sofa und las, und wenn er aufhörte zu lesen, den Kopf zurücklehnte, dann hatte ich es getroffen, dann war mein Konzert richtig zusammengestellt, und er hörte also wirklich zu wie im Konzert. Mir ist unvergeßlich eine so sonderbare kleine Szene. Ich spielte, und er hörte nicht nur auf zu lesen, sondern stand auf und kam durch den kleinen Korridor, der die beiden Räume verband, zu mir herüber und sagte träumerisch – es war während des Krieges – er sagte träumerisch: «Du spielst deutsche Lieder? Gott segne unsere Waffen.» Er meinte natürlich die alliierten Waffen. Und was er meinte, war, daß man diese romantischen deutschen Lieder mit wirklich gutem Gewissen erst wieder würde spielen können, wenn der Hitlerismus beseitigt sein würde. Aber die Zusammenstellung von deutschen Liedern und Gott segne unsere Waffen war sehr seltsam. (Musik: Brahms, O wüßt ich doch den Weg zurück)

Ein sehr schönes Lied, ein sehr europäisches Lied, und für einen Menschen, der im Exil lebt, für einen Thomas Mann, der in Amerika lebt, ein Ausdruck der Sehnsucht.

Ja, zweifellos. Diese Europa-Sehnsucht hat ihn, bei aller Freundschaft, mit der Amerika ihn aufgenommen hatte, eigentlich nie verlassen. Und wenn er Europa dachte, so dachte er eigentlich fast in erster Linie Schweiz. Denn in der Schweiz war er gewesen, als er von Europa Abschied nahm, und in die Schweiz wollte er sehr gerne wieder zurück. Dazu kam allerdings noch, nach dem Ende des Krieges, daß in Amerika die McCarthy-Zeit eingesetzt hatte, also die Zeit dieses grauenhaften Senators McCarthy mit seinen Hexenverbrennungen bezüglich aller Menschen, die er als Kommunisten bezeichnete, obwohl sie das fast nie waren, und auch Thomas Mann hatte sehr darunter zu leiden, er war ständig gefährdet, er konnte ständig auch eingesperrt werden, es war alles mit drin, so daß unsere Heimkehr nach Europa, unsere Heimkehr in die Schweiz de facto einer zweiten Emigration gleichkam. Zunächst haben wir allerdings zwei Erkundungsreisen nach Europa unternommen, erstmals nach dem Kriege im Jahre 1947. Der Anlaß war damals der erste internationale PEN-Club-Congress in Zürich, bei dem der Zauberer Ehrenpräsident war, und wir waren erst in London, dann in Stockholm und dann in Zürich. Bei dieser Gelegenheit gingen wir noch nicht nach Deutschland, es schien meinem Vater zu früh zu sein. Der nächste Anlaß war dann im Jahre 1949, und zwar war das das Goethejahr, und mein Vater war eingeladen worden, in Frankfurt in der Paulskirche die Festansprache zu halten, aber auch in Weimar dieselbe Rede zu halten. Er hatte beide Einladungen angenommen, was man ihm sehr verübelt hat in Westdeutschland, er wurde aufs heftigste angegriffen.

Weil Weimar eben im Osten liegt.

Weil Weimar in der Tat im Osten liegt. Da er nun aber genau dieselbe humanistisch gestimmte Rede hielt, empfand er selbst dies als eine gute Sache und nahm die Anwürfe gelassen hin. Leider allerdings erwies sich das Jahr 1949 als ein sehr schlimmes Schattenjahr für ihn. Er verlor in diesem Jahr, beziehungsweise der zweiten Hälfte dieses Jahres und in der ersten Hälfte des Jahres 1950, meinen Bruder Klaus, der im Mai 1949 aus dem Leben ging; kurz vorher hatte er einen jungen Bruder, seinen jüngsten bei weitem, Viktor verloren; und früh im Jahre 1950 starb Heinrich. Klaus starb, während wir in Stockholm waren, 21. Mai 1949, und es erhob sich sehr dringlich die Frage, ob wir nun gleich heimreisen sollten nach Amerika oder aber die Reise, die ganze Tournee fortführen sollten, und wir entschlossen uns für das letztere. Das war außerordentlich schwierig, die erstmalige Rückkehr seit 1933 nach Deutschland mit all den Anforderungen des Goethejahres, ganz kurze Zeit nach dem Tode von Klaus, aber er hat es durchgestanden, und es ist unter solchen Umständen wohl immer besser, man steht so etwas durch. Im nächsten Jahr 1950 gingen wir wieder, besuchsweise, nach Europa, wiederum gab es dort Vorträge zu leisten und Freunde wiederzusehen, und außerdem war das das Jahr seines 75. Geburtstags. Dieser 75. Geburtstag wurde in Zürich begangen, es gab eine reizende Feier, veranstaltet von den Schweizer Freunden, und er hat eine kleine Dankesrede gehalten bei dieser Feier, von der wir vielleicht ein Absätzchen hier wiedergeben können, es hat sie damals jemand auf Band aufgenommen.

Original-Ton Thomas Mann: «Ich glaube, daß der Josephroman doch wohl das höchste mir Erreichbare darstellt, obgleich der ‹Faustus› das Werk ist, das mir am nächsten am Herzen liegen geblieben ist wegen all des Persönlichen, was ich hineingelegt habe. Aber ich bin ins Schwatzen gekommen über mein eigenes Werk und möchte nur noch einmal sagen, nicht wahr, wie froh und dankbar ich bin, daß mein lange gehegter Traum, diesen Tag in der Schweiz und im geliebten Zürich zu verbringen, sich hat verwirklichen lassen. Ich fühle mich so sehr unter Freunden hier, daß das alte Herz mir warm wird und daß ich momentweise an diesem Abend wirklich den Tränen nahe war bei den wunderbaren, tiefen, zarten Worten, die über meine Existenz gesprochen worden sind. Lassen Sie mich den Veranstaltern dieses Abends, ich weiß nicht, ob ich sie jetzt bei Namen nennen soll, also den Oprechts und meinem Freund Richard Schweizer, von Herzen danken für ihre liebenswerte Tat, und lassen Sie uns hoffen, daß wir nicht zum letzten Mal beisammen sind. Ganz besonders möchte ich noch einmal der Freude darüber Ausdruck geben und der Genugtuung, daß meine Vaterstadt, oder doch die Freunde, die mir in meiner Vaterstadt leben, eine Delegation in den drei würdigen Persönlichkeiten, die unter uns sind, zu uns entstandt hat, um mir ihre guten Wünsche darzubringen. Lieber Herr Senator und Herr Marty und Frau Dr. Vermehren, ich erwidere diese guten

Wünsche von ganzem Herzen für unsere Vaterstadt; ich bitte Sie, das auszurichten, all denen, die es hören wollen. Und nun noch einmal: herzlichen Dank für alles.»

Der 75. Geburtstag, dem wir diese reizende Einblendung von der Rede von Thomas Mann verdanken, wurde, wie Sie sagten, Frau Erika Mann, in Zürich gefeiert, aber damals hat er noch nicht in Zürich gewohnt?

Nein, nein. Wir wohnten noch in Pacific Palisades in dem hübschen Haus, das er sich gebaut hatte und das er bezogen hatte am Vorabend des Eintritts Amerikas in den Krieg – es war alles immer so dramatisch bei ihm, ich weiß nicht, bei anderen Leuten war es anders, aber bei ihm war es immer so. Es wetterleuchtete um sein Haupt von Anfang an. Nein, wir wohnten noch dort, aber seine Sehnsucht nahm zu, seine Gefährdung dort nahm zu, er wollte weg und ist im Jahre 1952 dann endgültig weg. Vorher stand noch immer nicht fest, wohin er denn nun wirklich gehen würde. Es gab eine Reihe von deutschen Stimmen, die ziemlich grell gefordert haben, er müsse nun schleunigst nach Deutschland zurückkehren. Er hat sich damit sehr auseinandergesetzt und hat darunter sehr gelitten, es waren nicht freundliche Stimmen, sie waren, wie ich sagte, gellend. Er hat darauf geantwortet, auf jeden dieser Angriffe und auf jede dieser Forderungen hat er geantwortet und hat den Leuten gesagt, schaut, ich bin jetzt 76, ich bin 77 Jahre alt, meine physische Anwesenheit in Deutschland kann euch doch nicht mehr viel bedeuten, vorausgesetzt sie hätte euch je sehr viel bedeutet. Was ich, wie ich hoffe, noch zu geben habe, das werden meine Bücher, das werden meine Schriften sein, und die können ja nun, Gott sei es gesegnet, auch wieder zu euch hinein, außerdem werde ich immer wieder dorthin gehen, ich werde euch immer wieder besuchen, ich werde tun, was ich kann, aber laßt mich nun in Frieden in der Schweiz meinen Lebensabend verbringen. Die Schweiz hat dann auch reizender

Weise in seine Niederlassung – zu seiner Rührung hat er gleich
die Niederlassung bekommen – geschrieben in dem Papier:
«Zweck der Niederlassung: Verbringung des Lebensabends».
Darüber hat er sich sehr gefreut. Nun kurz, im Jahre '52 kamen
wir in die Schweiz zurück, wir waren wiederum bettelarm,
denn das hübsche Haus in Kalifornien war zunächst unverkäuflich; es war für arme Leute zu teuer und für reiche Leute
nicht chic genug, also es war unverkäuflich, wir hatten wieder
gar nichts. Und zogen in eine mesquine Wohnung in Erlenbach, wo er sehr unglücklich war, denn während er sonst keinerlei Luxusbedürfnis hatte und mit ganz Geringem auskam,
wenn es ans Wohnen ging, so wollte er's gerne ein bißchen nett
haben; wenn es mesquin war, dann litt er sehr darunter. Dann
kam der «Krull» heraus und brachte einen ganz unerwarteten
Erfolg. Der «Krull» verkaufte sich schneller, die Auflagen waren schneller höher als in irgendeinem Fall, der vorangegangen
war. Und während er in seiner depressiven Art also wieder mal
gar nichts erwartet hatte, fiel er aus allen Wolken, wir hatten
plötzlich genug Geld, um uns, wenn auch mit sehr hohen Hy-
potheken darauf, dieses Haus in Kilchberg zuzulegen, wovon er
sofort sagte, das ist nun die letzte Adresse. Das hatte ein bißchen einen melancholischen Klang, er meinte es aber ganz
ernst, er dachte nicht an einen schnellen Tod, er sagte nur, nach
so vielen Wanderungen bin ich angekommen, ich bin am Ziele.
Und es war wirklich immer ein Ziel für ihn gewesen, ein Haus
überm Zürichsee zu haben, das war also ein Traum von ihm,
und nun plötzlich war dieser Traum in Erfüllung gegangen.
Wie überhaupt sein letztes Jahr – ein Jahr, über das ich eine
kleine Schrift geschrieben habe, «Das letzte Jahr. Bericht über
meinen Vater» – dieses letzte Jahr hatte von Wunscherfüllung
und Traumerfüllung vieles an sich, es war sein Ernte- und Todesjahr. Es brachte endlich – weitgehend – ein Ende der Anfeindungen, es brachte die Versöhnung mit Deutschland, es
brachte sogar die Versöhnung, die überfällige Versöhnung mit
seiner Vaterstadt Lübeck, die ihm ja gram gewesen war schon

Gespräch mit Roswitha Schmalenbach 59

wegen der «Buddenbrooks» und auch später noch politisch besonders gram gewesen war. Er wurde Ehrenbürger in diesem Jahre 1955, die Anfeindungen in Deutschland hörten auf, er hielt die große repräsentative Schiller-Rede in Stuttgart und diesmal mit Genehmigung des deutschen Bundespräsidenten Heuss auch in Weimar, diesmal gab es keine Anfeindungen deshalb, kurzum, es herrschte Friede. Es herrschte das in seinem Leben, was er zeitlebens angestrebt hatte und was er höhere Heiterkeit nannte: «All mein Tun und Streben, all meine Bücher und Schriften und all mein Sein erweisen mich als unablässig bemüht, nach meinen Kräften beizutragen zum großen kulturellen Erbe des Westens: ein wenig mehr Freude, Erkenntnis und höhere Heiterkeit zu verbreiten unter meinen Mitmenschen, ihnen so zu dienen und so meine Existenz zu rechtfertigen durch mein Werk.»

Und wenn man allzu sehr den Philosophen, den Denker, den gelehrten Schreiber in Thomas Mann gesehen hat, so war das jedenfalls gegen seine Intentionen, und man wird außerdem zugeben müssen, daß es kein Buch von ihm gibt, in dem nicht sehr Komisches, außerordentlich Humoristisches, nicht etwa nur Ironisches – er war nicht hauptsächlich ein Ironiker, er war in seinen guten Augenblicken weitgehend auch ein Humorist, und die höhere Heiterkeit, an der war ihm sehr viel, es war ihm daran beinahe alles gelegen. Sie wurde ihm noch in einem ganz besonderen Grade zuteil, als er schließlich – im Todesjahr – seinen achtzigsten Geburtstag begehen durfte, wiederum in Zürich. Zu diesem Anlaß nun, am 6. Juni 1955, kam sein lieber Freund Bruno Walter eigens aus Amerika herüber, um ihn zu ehren. Und zwar ehrte er ihn, indem er im Zürcher Schauspielhaus – ein Platz, der Thomas Mann besonders lieb war, er war dort häufig selber aufgetreten, hatte dort vorgelesen, und außerdem verdankte er diesem Schauspielhaus große und schöne Eindrücke während der Zeit, während der er hier lebte – in diesem Schauspielhaus fand eine Feier statt zum achtzigsten Geburtstag, und Bruno Walter dirigierte Mozarts «Kleine

Nachtmusik». Nun, etwas Schöneres an höherer Heiterkeit kann man sich wohl nicht vorstellen, und ich würde vorschlagen, daß wir aus dieser «Kleinen Nachtmusik» vielleicht den letzten Satz jetzt noch spielen. (Musik)

Erstdruck. Als Rundfunk-Interview erstmals gesendet
vom Schweizer Radio DRS am 24. April 1968.
Gedruckt nach einer Abschrift, die als Typoskript
im Erika-Mann-Archiv der Monacensia München vorliegt.

Teil I

AUS DEM BRIEFWECHSEL MIT KATIA UND THOMAS MANN

(1919–1955)

VON THOMAS MANN   Glücksburg, 26. 7. 1919

Liebe Eri!

Für Dein forsches Briefchen danke ich Dir recht vielmals. Es hat mir großen Spaß gemacht. Hoffentlich ist eure Fahrt nach Starnberg recht schön verlaufen und ist niemand dabei in den Graben gefallen, denn dabei verletzt man sich leicht das Höschen, wie es auch mir einmal geschah. Aber vor dem Ausflug war ja noch Mieleins Geburtstag, über den ich von den Buben gewiß noch einiges erfahre. Die Vorbereitungen schilderst Du mir ja sehr spannend. Aber daß Du schreibst, «leider» werde Tante Lula kommen, hat mich doch stutzen lassen. Eine so feine Dame, noch feiner als das Pielein selbst, und Du sagst «leider» dazu? – Das achthändige Arcissi-Konzert hätte ich auch wohl gern gehört. – Wäret ihr doch alle hier, ihr würdet tanzen und jubilieren von wegen des vielen, vielen guten Essens! Gestern Abend gab es wieder so herrliches festes norddeutsches Rührei und Bratkartoffeln, die von Butter glänzten. Nachher noch kalten Aufschnitt von der besten Sorte. Es ist als wie im himmlischen Paradiese. Und vorher war ich schon in Herrn Schellbergs Obstgarten gewesen und hatte von Büschen und Bäumen gegessen soviel mein Herz begehrte: Rote, schwarze und gelbe Johannisbeeren, Kirschen und Himbeeren, so groß wie Gartenerdbeeren. Aber nun schließe ich, sonst läuft Dir das Mäunchen über. Der Moni schreibe ich noch extra und besonders.

Sei nur der Mama recht dienlich und nützlich!

Dein
Pielein

64 Briefwechsel mit den Eltern

AN THOMAS MANN   Bergschule Hochwaldhausen
                                  [Poststempel: 6. 6. 1922]

Lieber Zauberer!
Meinen allerschönsten Glückwunsch zum Geburtstag.
Wundre Dich nicht, wenn der Briefchen klein und häßlich
wird: ich schreibe auf der Bahnfahrt nach Frankfurt. Denn wir
sind mit einigen «Bergkindern» nach dorthin über Pfingsten
abgereist. Die allgemeine Tour ist doch abgesagt worden und
jetzt hat Steche uns erlaubt das zu machen. Wir werden 2 Tage
dort bleiben und bei der Großmutter vom dicken Wandervogel
wohnen. Vielleicht lassen wir uns hinreißen und besuchen
kurzer Hand Liefmanns, von wegen irgend einer Mahlzeit oder
so. Kann ma sagen, daß es frech ist? – Ja von hier wäre in so fern
Gutes zu melden, als K und ich neulich eine umfassende Aussprache mit Steche hatten und wir uns recht gut mit ihm verstanden. Außerdem war heute Schlußschulgemeinde (ja, wir
sind tatsächlich schon sechs Wochen hier!) und auch die hat
recht erfreuliche Erfolge für uns gezeitigt.
So sind wir zum Beispiel im Latein Mahrs Lichtblick in seiner ganzen Lehrtätigkeit und ich nicht minder der von Ackermann in Mathematik. Nicht verschweigen kann ich nun zwar,
daß der Gent den Klaus im Laufe der Unterhaltung von neulich
einmal «übertünchten Greis» genannt hat. Sähr drohlig! – Es
ist *so* schade, daß wir zu Deinem Wiegenfeste nicht in München sind. Hier haben fast alle ihre Elterlein in Frankfurt und
die Angesehenen, zu denen wir uns doch wohl rechnen dürfen,
erhalten ab und zu Erlaubnis zu Geburtstagen u. dgl. nach
Haus zu fahren. Wir Armen! – Ob der Ofei Dir wohl Wein
geschenkt hat? *Bitte sei* nicht pikabel, wenn ich jetzt aufhöre,
aber es schottert fast so «gottsjämmerlich», wie das Leichlein
aussieht.

                                          Viele Grüße
                                          Erika

Bitte sage dem Mielein folgendes: Der Alex Leroi, der mich, Gott strafe England, abgöttisch liebt, möchte gern im Sommer eine 8tägige Tour mit uns und noch einem machen und zwar auf seinem kleinen Motorboot auf irgend einem stillen Fluß. Nun möchte ich das aber *keinesfalls*, eben wegen Alex. Ich kenne das schon von Karl Geffcken her und, kurzum es *paßt* mir nicht. Nun bitte ich das Mielein sehr, daß sie aus irgend einem triftigen Grund (gefährlich wäre es leider *gar* nicht) die Sache verbietet. Und so, daß ich es ihm vorlesen kann.

Nochmals herzlichst
E.

VON THOMAS MANN   München, 19. 9. 1924

Liebe Eri!
    Treu gesinnt
    heißt mein Kind.

Es war eine bitreffliche Idee, mal einfach, unbekümmert um Tradition und Vorurteile, geradeswegs an mich zu schreiben, ein kecker, einfacher, origineller Gedanke, das Ei des Columbus. Ne, ne, sage was Du willst; zu sowas gehört Mutterwitz.

    Eben telephoniert Mielein aus der Klinik von Prof. Ach. Denke Dir, lieber Biber hatte Fieber und gar kein Stühlchen trotz aller Mittel und war recht jämmerlich. Heiermanns wußte zunächst nichts Rechtes mit ihm anzufangen, da er gegen Druck in der Blinddarmgegend ganz unempfindlich war, aber schließlich blieb doch keine andere Diagnose übrig. Um 4 fuhr Mielein mit dem Armen im Auto zu Ach, und eben, halb 6 Uhr, meldet sie schon, daß die Operation geschehen und gut verlaufen ist und sich wirklich als ganz angezeigt erwiesen hat. Es war eine richtige Entzündung mit Exsudat. Aber in 8 bis 10 Tagen wird der Biber wohl wieder gesund sein.

    Was habe ich denn an Rosen für einen liebenswürdigen Brief geschrieben? Weiß garnichts davon. Dagegen an Daniel habe

66 Briefwechsel mit den Eltern

ich tatsächlich geschrieben und ihm vorgeschlagen, aus Gründen der künstlerischen Kameradschaft etwas herunterzugehen, denn 15 M pro Lektion ist wirklich bitter. Schriftliche Antwort habe ich ihm erlassen. Er wird Dir Bescheid sagen.

Freut mich, daß Du so fleißig bist. Das mit der Johanna war an sich gar keine schlechte Idee, aber natürlich etwas verfrüht. Persönlich wärst Du, glaube ich, ganz richtig, und wenn Du immer sorgsam, doch gar boshaft Deine Verse übst, so wird Dir all dieses zufallen.

Daß der Fackelkraus mich grüßen läßt, ist generös. Eigentlich herzlich meint er es nicht mit mir, da ich mich nicht in den gebotenen unbedingten Tönen über ihn geäußert habe. Gewiß unterscheidet er scharf zwischen einer gesellschaftlichen Empfehlung und irgend welcher höheren Achtung. Übrigens halte ich ihn für den Anständigsten seiner Art (Harden, Kerr). So eitel wie sie ist er auch, aber reiner, und mit seiner Allesverneinung ist es auch nicht so schlimm, glaube ich, im Grunde wird er weich und dankbar sein.

Heute hat doch des Teufels Sau, der R. Hoffmann die Stirn, mir zu schreiben und mich nach Ansbach einzuladen. Was soll man dazu sagen. Mielein meint, ich darf ihm überhaupt nicht antworten, aber hat er sich denn wirklich so benohmen?

Das Duell ist wohl fertig, und ich bin am allerletzten Schluß, aber der macht mir ganz unerwartete Schwierigkeiten, und das Köpfchen ist wie gelähmt. Es ist die reine Nervosität. Ende nächster Woche muß und werde ich jedenfalls fertig sein.

Nun müssen wir am Ende den Bibi zur Erholung mit nach Territet nehmen, statt der Mädi? Da soll doch gleich das Hagelwetter.

Der alte Yeats schreibt im Dial sehr drollig über Stockholm und wie zuerst im November «a journalist called to show me a Reuter paragraph that the Nobel Prize would probably be conferred upon Herr Mann, the distinguished novellist, or upon myself.» Der Gute hat es darauf für sehr unwahrscheinlich gehalten, daß er den Preis bekommen würde. For Herr

Mann is in every way fitted for such an honour etc. Kurz üsis. Auf Wiedersehen. Gruß an jenen bekannten hauptstädtischen Kritiker.

Z.

VON THOMAS MANN   München, 6. 11. 1925

Liebes Erikind,
nimm viele herzliche Glückwünsche zu Deinem Wiegenfeste und verzeih auch vielmals, daß wir Dich in bodenlosem Leichtsinn auf die Welt gesetzt! Es soll dergleichen nicht wieder vorkommen, und schließlich ist es uns ja auch nicht besser ergangen.

Daß Mielein nicht bei dem Hamburger Fest zugegen war, wird ja immer schade bleiben. Andererseits hätte ich es unmöglich billigen können, wenn sie, kaum zurück, schon wieder hinauf hätte fahren wollen. Alles in allem hast Du ja wohl bei der Sache am besten abgeschnitten, soweit die Presse in Frage kommt. Mehrfach fand ich dort die Meinung geäußert, daß Du Deinen Weg als Schauspielerin wohl machen würdest. Was das Dramolett selbst betrifft, so habe ich persönlich Glück damit gehabt, indem ich die hiesige 2. Aufführung sah, bei der eine relativ reine, angenehme und wohlwollende Stimmung herrschte, sodaß ich die Möglichkeit hatte, den gewissen jugendlich-überjugendlichen Charme auf mich wirken zu lassen, den das Stück jedenfalls besitzt, und den ich seitdem gegen jedermann verteidige. Die Ablehnung in der Presse, mehr oder weniger sanft, kann man ja wohl als allgemein bezeichnen und hinzufügen, daß sie oft recht unverständigen Charakter hat. Gewiß läßt sich allerlei dagegen einwenden, daß Timm Klein, sozusagen, junge Literatur unter dem Gesichtspunkt der Jugend-Ertüchtigung zum Revanchekrieg beurteilt. Natürlich bin auch ich tüchtig mitgenommen worden, sowohl gedruckt wie in Form von rempelnden und unqualifizierbaren anonymen Zuschriften. Ich mache mir aber nichts daraus und meine, wenn man das Stück auch nicht unbedingt hätte aufführen müssen, so ist es als erster Anfang doch keineswegs so schlecht, wie die meisten Leute tun. Auch werde ich in dieser Anschauung gelegentlich bestätigt, so heute durch eine Karte von Wilhelm Michel (dem Hölderlin-Michel) in Darmstadt, worin er mir mitteilt, es werde am Samstag von ihm ein Aufsatz über «A. u. E.» erscheinen, den er mir schicken werde, damit ich ihn an Klaus weitergäbe. Er habe an Stück und Aufführung *große Freude* (unterstrichen) gehabt und gegenüber der meist verständnislosen Kritik im Reich ein Stück echter Dichtung verteidigen wollen. Nun also. Den Fürsprecher kann Klaus sich gefallen lassen. Unzweifelhaft wiegt er schwerer, als alle Timm Kleins, der im Grunde ein roher Mucker ist.

Mielein hat Dir schöne Geschenke gekauft und das Beutelchen weit aufgetan. Im Januar wird sie wohl mit mir nach Paris gehen, denn es ist die Rede davon, daß ich dort für das Carnegie-Institut einen Vortrag halten soll.

Alles Gute, mein Kindchen! Wird Dir die Jessica und die Käthi auch nicht ausgekommen sein unterdessen?

Dein Dich liebender
Z.

VON THOMAS MANN   München, 23. 12. 1926

Liebes Erikind,
für all Deine Lieb' und Treu' muß ich Dir doch danken und Dir einen Weihnachtsbrief schreiben, auch für die Negerplatte, als Zeichen der Treuherzigkeit, obgleich sie, wie ich Dir leider, leider gestehen muß, mittendurchgebrochen angekommen ist. Aber die Kinderplättchen sind heil und die Süßigkeiten sehr erquicklich, Ingwerschokolade wie Feigen.

Wir wollen nur hoffen, daß es mit unserm Schnaps nicht gegangen ist wie mit eurer Platte; denn dann hätte es übel auch um die anderen Sächelchen in Mieleins Paket ausgesehen. Die rohen Transporteure werfen so schnöde mit den Sendungen herum. Deinen Dankesbrief für die Ges. Werke habe ich kaum verdient, denn es war Mielein, die sie bei Fischer für Dich bestellt hat, und natürlich waren auch sie als Weihnachtsgabe gedacht, so daß der G. G. (ich hoffe, er hat Augen gemacht angesichts seines Schlafrocks!) sie Dir eigentlich vorläufig hätte sperren und Dir erst morgen Abend aufbauen sollen. Und nun hast Du schon im Voraus Tränen darüber gelacht. Was mir ja aber nun auch wieder nicht unlieb ist.

Für Mielein habe ich eine schöne Handtasche, eine Armbanduhr aus weißem Golde, Murano-Vasen, warm gefütterte Handschuhe und eine Taschenlaterne zum Beleuchten der Kleinen zu später Stunde, ohne daß Kürzl erwacht. Die Empfängerin dieser Gaben hetzt seit einigen Tagen rastlos durch Straßen und Geschäfte, denn für Viele gibt es Vieles zu besorgen, was sie ja auch genau im Voraus wußte, ohne sich dadurch zu rechtzeitigem Beginn der Arbeit bestimmen zu lassen. Sie wird morgen Abend wohl erschöpft bis aufs Letzte sein, aber wir freuen uns doch alle sehr auf das Fest, das sogar besonders geselligen Charakter anzunehmen verspricht. Außer alten Fays und Babüschleins werden auch wohl Fränkchens zum Essen (mit Truthahn und Sekt) kommen, noch dazu mit ihrem Freunde Speyer, der sonst einsam wäre.

Ich bin recht froh, daß ich wieder schreibe. Man fühlt sich eigentlich doch nur und weiß nur etwas von sich, wenn man etwas macht. Die Zwischenzeiten sind greulich. Der Joseph wächst Blatt für Blatt, wenn es vorläufig auch nur eine Art von essayistischer oder humoristisch-pseudowissenschaftlicher Fundamentlegung ist, womit ich mich amüsiere. Denn Spaß macht mir die Sache mehr, als je etwas anderes. Es ist einmal etwas Neues und auch geistig Merkwürdiges, indem Bedeuten und Sein, Mythus und Wirklichkeit diesen Leuten beständig in einander gehen und Joseph eine Art von mythischem Hochstapler ist.

Auch tue ich etwas für meine Jahre und empfange jeden
zweiten Morgen in der Frühe Herrn Silberhorn, den Masseur
und Turnmeister (von Lampé empfohlen), der mich unter anderem 40 mal hüpfen läßt und mich schließlich mit Kölnischem
Wasser abreibt. Im Auto fährt er vor und nimmt 8 Mark für
sein jedesmaliges Werk; der Spitzbube. Aber er war ja Hauptmann im Kriege, und Gustl Waldau massiert er auch.

Nun genug, meine Kleine. Wir sollen uns heute Abend den
«Gneisenau» betrachten, ein lächerliches Ansinnen, dem wir
aber nachkommen. Dir, Deinem braven Mann und dem Eissi-
knaben recht frohe Festtage!

Z.

THOMAS MANN   München, 19. 10. 1927
AN KLAUS UND ERIKA MANN

Liebe Kinder!
Euere gutgelaunte Kabelung, gestern, hat recht erheiternd und
beruhigend gewirkt, denn etwas besorgt waren wir doch gewesen, sowohl unter dem Eindruck von Nachrichten, die von
Stürmen auf dem Atlantic meldeten und zwar keine ernsten
Besorgnisse, aber doch Vorstellungen mesquiner Qual erweckten, – wie auch in Betreff Eurer Landung und ersten Eindrücke.
Nun, es scheint ja, daß alles sich freundlich angelassen hat, und
ich denke jetzt, ihr habt eine amüsante Überfahrt gehabt, Be-
kanntschaften gemacht, vielleicht gar einen «Abend» gegeben
und seid mit Auszeichnung behandelt worden. Ich fände das in
der Ordnung, denn junge Leute sind überhaupt reizend, und
ihr seid es, bei vielen und schweren Fehlern, noch besonders,
und über Frau Bassermann (Albert) habe ich mich neulich ge-
ärgert. Wir saßen im Theater zusammen («Zinsen» von Shaw),
und sie sagte wohl drei oder viermal: «Ja, die Kinder, Pamela,
Klaus, Erika, sie sündigen auf die Namen ihrer Väter! Ich sage
immer zu meinem Mann: Da sündigen sie nun unausge-

setzt –». Ich versuchte naheliegende Einwendungen, wie, daß es damit allein vielleicht ein Weilchen hätte gehen können, aber heute doch wohl schon nicht mehr gehen würde; aber sie blieb hartnäckig dabei, mir Complimente zu sagen und wiederholte: «Ja, ja, so ist es, auf die Namen der Väter sündigen sie!» Es war nichts zu machen. Der große Albert war rührend, mit seinen einzigartigen Augen von einem pupillenlosen, metallischen Dunkelblau, wie es sonst bloß bei Hunden vorkommt. «Eine himmlische Aufführung!» sagte er ein übers andere Mal. «Dieser Dohm hat mich ganz überwältigt!» Als ich ihn bewundernswert dankbar nannte, verbat er sich das. «Ich bin nicht dankbar! Es ist eine himmlische Aufführung.» –

Diesen Brief verdankt ihr, abgesehen von der Sentimentalität erregenden Weitläufigkeit eurer Abenteuer, zwei Umständen. Erstens habe ich meinen großen Amphitryon-Aufsatz abgeschlossen und kann ihn morgen Abend nach Berlin tragen, um ihn nutzbringend zu verhandeln (nicht an die Rundschau; da soll im Dezember die Einleitung zum Joseph erscheinen, von der Kayser begeistert ist); und zweitens habe ich gestern so ausführlich an Kläuschen Heuser geschrieben, der nun schon wieder seit acht Tagen von hier fort ist, daß ein schlechtes väterliches Gewissen unausbleiblich wäre, wenn ihr leer ausginget. «Dieser Klaus», wie er sich zum Unterschied von «jenem Klaus», also Eissi, zu nennen pflegt, ist als Angelegenheit gewiß zu überschätzen. Ich nenne ihn Du und habe ihn beim Abschied mit seiner ausdrücklichen Zustimmung an mein Herz gedrückt. Eissi ist aufgefordert, freiwillig zurückzutreten und meine Kreise nicht zu stören. Ich bin schon alt und berühmt, und warum solltet ihr allein darauf sündigen? Ich habe es schriftlich von ihm, daß diese zwei Wochen zu den schönsten Zeiten seines Lebens gehören und daß er «sehr schwer zurückgekehrt» ist. Das will ich glauben, und die Sprödigkeit seines Ausdrucks ist dabei in Anrechnung zu bringen, denn er ist hier mit Amüsement und Besserem überschüttet worden, und ein kleiner Höhepunkt war es, als ich im Schauspielhaus, bei der

Kleistfeier, in seiner Gegenwart aus der Amphitryon-Analyse Stellen zum besten gab, auf die «er», wenn man so sagen kann, nicht ohne Einfluß gewesen ist. Die geheimen und fast lautlosen Abenteuer des Lebens sind die größten. Aber ich möchte natürlich nach Amerika gehen.

Möge dort alles recht glücklich und ohne Enttäuschung für euch verlaufen! Aber daß ihr Weihnachten zurückwäret, wünschte ich doch. Wir fahren nun also morgen nach Berlin, auf 8 Tage nur, aber eben darum wird es wohl hoch hergehen, und zwischendurch muß ich noch nach Stettin und Frankfurt a/Oder zu Vorlesungen, da sie hoch bezahlt werden. Mit auffallender Hartnäckigkeit erhält sich dies Jahr, von der schwedischen Presse ausgegangen, das Gerücht, daß ich den Nobelpreis bekommen soll. Ich glaube es nicht und Mielein auch nicht, und wenn ich mir ein Abenteuer wünsche, zu schallend eigentlich für meinen Geschmack, so nur, weil man denen, die man liebt, nie Grund genug wünschen kann, stolz darauf zu sein.

Euer Z.

VON THOMAS MANN   Gastein, 6. 6. 1929

Liebes Erikind,

ich kann nicht allen Kindern einzeln schreiben, ich kann es nicht. So schreibe ich Dir als der Kronprinzessin, die schon das rote und das grüne Buch unterscheiden konnte, als die anderen überhaupt noch null und nichtig waren, und Du mußt jedem das Seine weitersagen, dem Eissi, der Medi und dem Bibi, und der guten Pudelmoni laß ich für ihr stilles Gedenken danken.

Ihr habt alle sehr lieb geschrieben und viel Wissenswertes mitgeteilt. Namentlich euer Brief, Deiner und Eissi's, hat etwas höchst Solemnes und Staatsbullenhaftes im äußeren Aspekt, aber in sich ist er traulich. Auf «Tumult» war ich wirklich etwas neugierig, denn ich halte etwas von Vergesset-Reffisch, er hat komischen Sinn. Nun schreibt aber W. Süskind, der seit wenigen Augenblicken als weiteres Briefkind sehr herzlich in Betracht kommt, es sei kläglich gewesen, und so bin ich schon ruhig. – Warum fürchtetst Du Dich denn vor dem Gespräch mit Papen? Hast ja bestanden und kannst ihn Dir mit Propositionen näher kommen lassen. – Auf «Fiesta», das schon eintraf, zusammen mit Süskinds Zierlichkeiten, freue ich mich, dagegen garnicht auf den polnischen Aufsatz. – Das Essen bei Fränkls muß ja trübe gewesen sein. Ihm ist in der Seele nicht wohl und zwar fundamental, das ist schlimm. Die Un-Ausbalanciertheit seiner Urteile, z. B. über den Don Carlos, ist auch nur ein Zeichen dafür. Aber wie es nun erst dem armen Sternheim gehen soll, meinen Blättern zufolge, das ist ja grausig. Pamela hat allen Grund, gefaßt zu sein. Du solltest mal neuerdings mit ihr telephonieren. – Eissi schreibt schlicht und gut, wie es in seiner einfachen, gesunden erdnahen Natur liegt. Daß der Alexander nicht so schnell fertig wurde, scheint mir eher vertrauenserweckend. Ich dachte nur, er sei in Berlin gewesen, um ihn abzuliefern. W. Süskind schreibt, daß er mit dem Seinen fertig sein wird, bis wir kommen. Dann wollen wir nur gleich wieder einen Jung Deutschland-Abend an meinem Schreibtisch veranstalten.

Den guten Kleinen innigen Dank für ihre Briefe! Der Stahlhelmtag war ja wohl nichts besonders Verständiges, aber Medi hat so lieb und verständig davon erzählt, meine Goldamsel. Bibis Gedicht ist freilich durch und durch problematisch. Daß er mich «liebes Tobbilein» anredet, möchte hingehen, gewinnt mich sogar. Aber was für einen gesunden Sinn soll es haben, wenn er sagt: «Gratoliert Dir n'ganze Schar, nur auf Deine Ehr'»? Und daß er mir so ins Gesicht hinein dichtet: «Ist nicht jung gar mehr»! Er soll nur zusehen, ehe ers gedacht ist er auch 54, und dann bin ich schon lange ein Englein im Himmel, gaukle um silberne Lilien und esse leichte Malve, während er sich hienieden plagen mag.

Reizende Bilder von den Beiden in silbernen Rahmen hat Mielein mir vorhin in tiefhängend wolkiger Morgenfrühe auf-

74 Briefwechsel mit den Eltern

gebaut nebst einer Anzahl anderer eleganter und erfreulicher Dinge. Schöne Blumen kamen von Ilse D. und Herzchen, ein Telegramm von Fränkchens und ein rührend sentimentaler Brief von der alten Offi mit dem ganz ernst gemeinten Schluß: «Ich bin Dir gut.» Gott, sollte trotz Lorgnettengeklapper ein menschlicher Kern vorhanden sein? Die Alten scheinen ihren Aufenthalt ähnlich zu finden, wie wir den unsrigen, nämlich recht öde und ärgerlich. Der neugierige Badepöbel auf der Promenade bringt mich um, und das Ganze ist beengend. Aber das Wasser ist entschieden von Wirkung, denn es macht mich auffallend müde und schlafarm, und so ist das Beste zu hoffen. Wir hatten schöne, sommerliche Tage, jetzt sitzen wir tief in kalten Wolken. Zum Arbeiten komme ich garnicht, die Korrespondenz verzehrt die etwa dafür in Betracht kommenden Morgenstunden. Aber ich lese viel, habe wirkliche Freude an den beiden Stracheys gehabt, bin jetzt bei einem Roman des Isländers Gunnarsson und will dann zu Fiesta übergehen.

Von Heidelberg hörte ich Deinetwegen noch nichts. Würde es denn nicht überhaupt mit eurer Sommer-Tournee kollidieren?

Lebt alle recht wohl und laßt uns der Zukunft, dem Leben und dem Tode vertrauensvoll entgegensehen.

Euer Zauberer

VON THOMAS MANN   München, 25. 5. 1932

Liebes Erikind,
nach dem «Bains» will ich euch doch einen Brief schreiben, weil mir der Ort so bedeutend ist und ich euch gern dort weiß und im Geiste mit euch das sonst nie vorkommende Leben zwischen dem warmen Meer am Morgen und der «zweideutigen» Stadt am Nachmittag führe. Zweideutig ist wirklich das bescheidenste Beiwort, das man ihr geben kann (Simmel hat es ihr gegeben), aber es paßt in allen seinen Bedeutungslagen ganz wun-

derbar auf sie, und bei aller Albernheit und Verderbtheit, die sich ihrer bemächtigt hat, und an der auch ihr euch ärgert, bleibt dieser musikalische Zweideutigkeitszauber eben doch lebendig oder hat wenigstens Stunden, wo er obsiegt. Du sagst: Mitte des vorigen Jahrhunderts wär's schön gewesen. Aber schon Platen sagte: «Venedig liegt nur noch im Land der Träume.» Trotzdem hat er es, wie es schon damals war, grenzenlos geliebt, ganz wie Byron, wie später Nietzsche, wie noch später und sehr gering das Herrpapale. Es ist eine schwebende Beziehungsmelancholie ohnegleichen, die sich für gewisse Gemüter mit dem Namen Venedig verbindet, voller Heimatlichkeit, – einer heute auch geistig ziemlich verdorbenen und verdumpften Heimatlichkeit, das gebe ich zu (Pate Bertram ist nicht darüber hinausgekommen), aber ich hätte doch starkes Herzklopfen, wenn ich wieder einmal dort wäre.

Ihr habt es recht klug gemacht, daß ihr nur halbe Pension genommen habt am Lido und abends in Venedig eßt. Wir mußten immer zum Diner zurücksein und nahmen dann oft noch einmal den Vaporetto. Spielt denn ein Theater zur Zeit? Es ist so hübsch, in Venedig ins Theater zu gehen. Seht ihr Kirchen, Bilder? Reizende Bellini-Madonnen gibt es. –

Nicht allein Venedigs wegen schreibe ich, sondern weil es mir nahe ging, liebe Eri, was Du an Mielein von Deinen Skrupeln und quälenden Nachtgedanken wegen Rikki's großer Ungezogenheit schriebst, und daß Dir die «Chancen» keine Ruhe lassen, die bestanden hätten, ihn am Leben zu halten, und nicht genutzt worden seien. Meiner Überzeugung nach bestanden sie nicht, und Du hast getan, was in Freundeskraft steht (und nicht in jeder), ihn zu stützen und ihm die Todespuschel zu nehmen. Ohne Dich und Deine Autorität über ihn hätte er gewiß schon längst seiner verwirrten Laune nachgegeben und von der Freiheit zu sterben Gebrauch gemacht, die Du ihm nun einmal nicht entziehen konntest. In diesem Sinn habe ich auch dem armen, dummen Hündchen geschrieben, das furchtbar gekränkt war, weil wir alle uns nicht um sie gekümmert haben, und ihren Zorn und Schmerz in einem langen Brief an mich äußerte. Ich habe ihr offen geantwortet, daß in den ersten Tagen meine Sorge und Teilnahme mehr euch, Rikki's Freunden, gegolten habe. Und dann habe ich sie versöhnt.

Überwerfen dagegen werden wir uns wohl mit der abscheulichen Litz, die, um die Herterich zu rächen, Papen um die Ecke gebracht hat, nämlich durch die Denunziation, die am Ende einer längeren, geheimen, von ihr veranstalteten Überwachung durch Privatdetektive stand. Sie hat sich dessen offen gerühmt, und alles ist voller Abscheu gegen sie. Den Waldau hat sie schon verklagt, weil sie es jetzt nicht mehr haben will, daß sie eine niederträchtige Nebenregierung vorstellt, und mir stellte sie gestern, da sie meine Ablehnung spürte, einen etwa 20 Seiten langen Rechtfertigungsbrief in Aussicht. Aber vorher will Gustl Waldau noch kommen und uns alles in anderem, im wahren Lichte zeigen. Kurzum, es ist sehr schmutzig und spannend.

Seit vorgestern ist der Keke hier und wird mit Theater, Joseph-Vorlesungen und Radio unterhalten.

Die Kleinen sind glücklich, weil ich ihnen ihre Knappi-Photographien im Klub von ihm habe signieren lassen. Und seinen Taktstock haben sie ja auch, da er ihm im «Siegfried» in weitem Bogen aus der Hand gefahren und genau zwischen sie gefallen ist. Aber das war vielleicht noch zu eurer Zeit.

Von Dir, Klaus Heinrich, las ich ein sehr gewandtes Feuilleton über Pariser Filme in der «N. Fr. P.». In journalistischer Hinsicht habe ich auch L. Schwarzschild auf Dich hingewiesen, der mich neulich besuchte, weil er hier den Boden sondierte und, denkt euch, die Verpflanzung des «Tagebuchs» nach München plant. Wir haben uns lange über die Frage unterhalten, die ja eine große und interessante Frage ist. Natürlich muß er fürchten, von den Generälen verboten zu werden. Aber ob er in der Münchner Luft gedeihen kann?

Eben höre ich, daß es im Preußischen Landtag eine furchtbare Schlägerei mit vielen Bewußtlosen und Verwundeten gegeben hat. Die Nazis haben allein, Lieder singend, den Saal behauptet. Hier ist heute die Fronleichnamsprozession unterblieben, weil man Unruhen erwartete. Das war auch noch nicht da und spricht nicht Schwarzschilds Plan zugunsten.

Lebt recht wohl und auf Wiedersehen.

Z.

AN THOMAS MANN   Venedig, 28. 5. 1932
                                          Hotel Des Bains

Lieber Zauberer, –
Es ist nicht Unart, daß ich Dir mit dem Bleistift danke, – sondern ich kann nun einmal mit Tinte nicht schreiben, besudele mich gräßlich und bringe nur Unleserliches zustande. – Ich sitze sehr erfreut da mit Deinem schönen Brief, der uns in seinen Venedig-Teilen ergötzt und belehrt hat. Wir gehen viel zu Fuß in der Stadt herum über die vielen Brückchen und an den kleinen Kanälen entlang, sodaß uns manches Unverdorbene zuteil wird. Bellini-Madonnen haben wir, scheint mir, noch keine gesehen. Wo mögen sie sich aufhalten? –

Ach, was den Ricki und seine tödliche Ungezogenheit angeht, ist es natürlich etwas tröstlich und ziemlich richtig zu lesen, was Du sagst. Aber eben doch nicht ganz. Denn erstens war mir *für den Augenblick* eine Kenntnis seiner und ein Scharfblick in Bezug auf ihn versagt, den ich sonst, als es noch nicht so entscheidend war, doch *immer* hatte, – und zweitens hat, auf die längere Sicht, meine Kraft, die ich doch *gar selten* voll zur Verfügung stellen mag, – eben doch einfach nicht hingereicht und das ist traurig. – Hier übrigens hätte es dem Ricki ungemein gefallen müssen. – Ach, eine von den tausend Freuden, deren er sich beraubte. Vielfaches und Zärtliches für Mieleinwert. Ich schreibe ihr nun wohl nicht mehr, denn heute ist Donnerstag und wir bleiben nicht mehr lang, – am 3.ten abends möchte ich spätestens in München sein. Zudem hat Babs Euch wohl inzwischen über alles Sachliche informiert. Gruß auch dem Kecke.

Und mach', *bitte*, Ernst mit der herzzerreißend ekelhaften Litzsau. Sie hat es längst verdient und dies, daß sie den herrlichen Pape dergestalt tötete, ründet alles, und ist es voll. Ob sie es mittels des Staatsrates Korn geschafft hat? Wahrscheinlich doch. –

Ich arbeite viel am Oberon, – auch an der Thekla aus dem Wallenstein, die mich angenehmer fesselt, als ich es von ihr erwartet hatte. Daß aber der zweite Aktschluß «Sturm im Wasserglas» so rasend aus dem «Wallenstein» gestohlen ist, ist wohl noch niemandem (außer Brunon selber) so recht ins Bewußtsein gerückt.

Adieu und sei bedankt von
E.

Wie aufregend: Schwarzschilds Plan!

AN THOMAS MANN   Paris, 4. 6. 1933

Zaubererlieb, – da kann man wohl nur Glück wünschen und das gesamte Element der Süßigkeit auf Dich herab und eine neue Weltordnung und ein angenehmes Innenleben, ganz abgesehen von den Wohltaten, von denen ich immer noch viel zu wenig höre, sodaß ich anfange zu fürchten, sie haben noch nicht im rechten Maße eingesetzt. Was tut Ihr am Geburtstag? Gibt es Asti und wird der Heiner eine Ansprache halten? Herr Münzenberg und Herr Katz sind, was Dich angeht, ja völlig unbesorgt; sie wissen, daß man Dir nur ein wenig Zeit lassen muß und schon bist Du der Gorki des deutschen Kommunismus. Die dumme Anpflaumung neulich ist ja ganz ohne ihr Wissen und Zutun erfolgt, – mein Gott, ein Zeitungsleiter kann nicht immer all seine Leitartikel so genau im Kopf haben.

Hier ist es ja schrecklich heiß nachgerade. Das ist eine Stadt, die in ihren engen Straßen die Hitze die ganze Nacht durch aufbewahrt, sodaß sie am nächsten Morgen summiert mit der neuen Sonnenhitze, ganz erklecklich gewachsen, weitermacht. *Und* die vielen Deutschen! Jetzt geht es ihnen ja noch soweit ganz ärmlich, – aber was sie alle machen, wenn ihre 190 Mark zu Ende sind? Es wird noch ganz schrecklich werden. Die Schweiz, da habt Ihr recht, wird toller von Tag zu Tag. Eben hat Annemarie von ihrem Papa einen Brief bekommen, in welchem er schreibt, keiner dürfe so kleinlich sein, über den unbedeutenden und gewiß überflüssigen Exzessen, die die Hitlerbewegung mit sich bringe, das Große, Reinigende, Aufbauende, Notwendige der prächtigen Sache zu vergessen. Sie solle (sie, Annemarie) doch umgehend nach Deutschland fahren und am Aufbau dieses neuen geistigen Deutschlands mithelfen, und nicht etwa eine Zeitschrift machen, die «farblos internationalistisch» wie sie sei, glatt weggespült werden *müßte* von den Kräften, die erfreulicherweise am Werk seien, um ihm, wie er meint, der Depp, seine Fabriken zu erhalten. Und diese Rinder sehen immer noch nicht, was mit ihren Deutschnationalen passiert ist, – solange, bis sie selber daran glauben müssen, die vor Interessenbefangenheit blindtauben Kapitalistenratzen.

Die neuen Dramatiker, lernt man aus der Weltbühne, heißen Griese und Ziese. Die Giehse leugnet standhaft, mit ihnen identisch zu sein.

Unsere Pläne gehen, vaguement, dahin, (ich spreche nicht von K.'s, der selbst berichten mag), daß wir im Herbst hier was aufmachen, nachts in einem sehr reizenden und gutplacierten Kino, und bis dahin, seis in Wien, seis doch vorübergehend in Kotz-Zürich, gastieren, teils; teils Besuche machen, etwa bei Euch in Eurem Sanary, wo wir ja dann, ganz weihnachtlich, alle sechs einmal wären, was ganz der Festlichkeit aller Umstände entspräche. Mein Carnet ist in Ordnung. Der Deutsche Touring-Club hat meinem und dem Drängen des französischen Schwester-Clubs nachgegeben und es verlängert. Er hätte tatsächlich den Zoll zahlen müssen und damals wußte er noch

nicht, daß unser Münchener Sach gewiß zu solch gutem Zweck
von den Braunen zur Verfügung gestellt worden wäre.
Verwirrung herrscht betreffs der spärlichen Reste. Laß mich
hoffen, daß sie gelöst und geklärt sein wird, ehe Du den Brief
hast. Pierre behauptet, Gölchen hätte alles machen können,
mit Tutt und einer Mittelsperson, solange er in B. gewesen. Er,
Pierre, dagegen könne gar nichts tun, sintemalen Tutt und der
Mittler von B. abwesend, und kurz das Ding sei noch nicht mal
dort, wo es hingehöre, um rauszukommen. *Ich* kann mich da
nicht auskennen. Wäre ja *ungeheuer* widerwärtig, wenn da
neuerdings was verbatzt würde. Schreibt doch gleich noch einmal hierher und erzählt etwas, wir sind sicher noch bis gegen
Ende der Woche da.

Levy und Müller kann und mag sich unter gar keinen Umständen von mir trennen. Lieber zahlt er jetzt drei Auflagen
voraus, unter der Gefahr selbst, es nachher, wenn er mich verboten kriegt, zu verlieren, als daß ich woanders hingehe mit
meinem kleinen Muck. Mir solls recht sein und ich will nur
hoffen, Annemarie hat genug Schulden im neuen geistigen
Deutschland, – damit er sie bezahlen und ich das Sümmchen
von ihrem albernen Vater einziehen könne. Adieu, ich weiß
von meiner Mutter, daß Du Briefe nie zu Ende liesest. Wie
ärgerlich, wenn ich mir nun mit diesem so viel Mühe gebe, um
ihn zumindest ausführlich zu gestalten. Grüße meine Geschwister, Deine Frau namens Katulein, meinen Ohm und
Dich selber sehr. Tust Du denn arbeiten, das freut einen dann
doch wieder. K. wird Dir von Landshoff berichtet haben, der,
im Auftrag seines Amsterdamers, schon in der Bahn *sitzt, sobald* er die leiseste Möglichkeit riecht an T. M. seinen Seppl
ranzukommen. Ich schreibe es aber noch einmal, weil ich allzugerne möchte, daß Du Dich der Fischerschen Gleichschaltung
nun bald entzögest und zwischen Hohenzollerngruft und Hitlers Sprachgewalt nichts aber rein gar nichts mehr zu suchen
hättest, – ja, der Suhrkamp ist ein Tausendsassa.

Ich *muß* jetzt Mittagessen, die Hitze wird mich *schlagen,* wenn ich aus dem Hause trete, – gewiß weht bei Euch wenigstens ein giftiger Wind.

Daß der nächste Geburtstag in der Poschinger statthätte! Oder auf einem netten englischen Landsitz, oder in einem schönen holländischen Häuschen, – holländisch erinnert doch so an lübeckisch, – aber vielleicht so sehr, daß es auch schon an nationalsozialistisch erinnert, – was kann man denn wissen.

Unsinn, – die Schreibmaschine verleitet, wenn man so sehr Meister auf ihr ist, gern zum Uferlosen.

Glückwunsch, Gruß, große Anhänglichkeit
von E.

AN KATIA UND THOMAS MANN   Zürich, 11. 9. 1933

Schnellschnell, meine Lieben, dem untröstlichen Telegramm den entsprechenden Luftbrief nachwerfen. O, wie bin ich doch betrübt und ärgerlich. Plötzlich, aus heiterm Himmel, meldeten sich so kapriziöse wie schwerreiche Holländerinnen, welche das Idealhäuschen gleich kaufen und noch obendrein für teuerstes Geld von der architektlichen Besitzerin eine teure Reitbahn auf dem Grundstück wollen herbauen lassen, – da konnte sie nicht widerstehn, so wohltätig wiederum konnte sie nicht sein. Nun ist sie wohltätig genug, das andere Haus (in das sie ziehn wollte, für den Fall, daß Ihr das ihre nähmt), welches etwas größer ist als ihrs, für 600 Franken monatlich herzugeben (auch mit Garage, versteht sich). Die 50 Franken Unterschied nun wären es gewiß nicht, die die Sache in nicht ganz so strahlendem Licht erscheinen ließen, wie das Architektinnenhäuschen. Der eigentliche Unterschied liegt vielmehr darin, daß dies andere Haus wohl auch möbliert (sehr schön, neu und geschmackvoll), nicht aber in der vollständigen und herrlich kompletten Art wirklich *eingerichtet* ist, wie das gemütlich bewohnte erste. Wäsche und Silber also fehlen. Nun weiß ich ja nicht, wieviel Zeugs eigentlich in unsern hiesigen Kisten ist, –

ich denke, man würde schon ziemlich weit kommen damit. Aber Küchenwäsche und so Lastsachen? Ich weiß nicht. Jedenfalls wäre der Einzug nicht gleich am ersten Tag so gemütlich und gar manches müßte wohl doch angeschafft werden, an Töpflichem und Tüchlichem. Im übrigen ist das Haus aber *bildschön*, in, ich drahtete es schon, feiner Lage überm See, 10 km von Zürich bei Küsnacht. Autobus- und Bahnverbindung führt in die Stadt und jeder Gast hat Platz in Stuben und vier Badezimmern. Daß es, außerdem, von laufenden Wassern wimmelt, brauche ich nicht zu erwähnen, – ebensowenig all die eingebauten Schränke, Bücherregale und den wenn auch ungepflegten, so doch freundlichen Garten. Ich fahre ja nur so hin und her zwischen Küsnacht und hier, – daß ichs gesteh, ich bin schon ganz mitgenommen. Denn

ich muß eine neue Zeile anfangen, um von all dem überlebensgroßen Ärger zu berichten, der mittlerweile über mir zusammenschlug. Nun stand doch alles zum besten: die Züricher Geschäfts-, Rundfunk- und Cabaret-Welt hatte eingesehn, daß sie in mir ein freundliches und brauchbares Ding gefunden. Da regen sich die Neider. Allzugroße Inserate meines Warenhauses Globi, die mich in fetten Lettern und allen Gazetten als den Regisseur und Star der Modenschau priesen, brachten die Intriganten zur Weißglut (ich kenne sie, der schlimmste ist ein völlig halt- und talentloser schweizerischer Klavierspieler, – il se pique und kennt sich nicht wieder vor göringscher Bosheit), – kurz man denunziert mich und die kleinen Meinen bei Fremdenpolizei und Arbeitsamt, – verbreitet, wir wollten uns einnisten und den (nicht vorhandenen) Schweizer Künstlern das Brot wegessen (sie sind wirklich nicht vorhanden, – nur so erklärt sich ja die Bereitwilligkeit, mit der die Unternehmer uns aufnahmen), und die Arbeitsbewilligung, die schon so gut wie erteilt war, ist aufs härteste in Frage gestellt. Denn gegen Denunziation ist auch hier kein Kraut gewachsen, und was ein Schweizer lügt, ist immer noch besser, als das was ich Wahres sage. Nun muß ich immer arbeiten und probieren, – diese drei anstrengenden Sachen durcheinander und muß dabei fast annehmen, daß nichts davon je wird stattfinden können. Meine schweizerischen Freundchen sind alle sehr üsis empört und hilfsbereit, aber ob sie was durchsetzen ist fraglich, und solche Bursche, wie etwa der Korrodi, möchten natürlich keinen Finger rühren.

Das wäre dies. Und, im Anschluß daran, möchte ich – wie Ihr erkennt, nicht etwa aus augenblicklicher Trauer über dies Ländchen, sondern eher aus Erwägungen, denen ich früher schon Ausdruck gegeben – nocheinmal fragen: Ist es nicht doch *noch* klüger, Ihr bleibt in Nizza? Verzeiht, wenn der Entschluß feststeht; und dann möchte ich den mühsam errungenen nicht wankend machen (und an der Hausfrage braucht er nicht zu straucheln, – die ist, immer noch, sehr gut gelöst, wenn auch nicht so überirdisch, wie es zuerst schien). Aber man kennzeichnet das, was etwa nachteilig hier ist, und was die Schweiz in Gegensatz zu allen andern Ländern stellt, am besten damit, daß es hier im allgemeinen – etwas degradierend und entwertend ist, in Deutschland nicht mehr leben zu können oder auch nur zu wollen. Selbstverständlich genießt der liebe Z. hier eines hohen unbeschädigten Ruhmes. Und ihm würde das nichts anhaben. Aber die allgemeine und von der Züricher Zeitung (die sich immer völliger auf M.N.N. hinauswächst) angegebene Stimmung ist *gegen* «Emigranten» und nicht etwa, weil es deren zu viele gäbe, sondern mit einem andern Accent, den das sonst nirgend hat, und der einfach den Unfrieden mit der Naziregierung meint. Mit einer *Regierung* ist man nicht in Unfrieden, – da könnte man ja ebensogut das Mütterliche angreifen.

Und die Franzosen sind so nett.

Ich bin müde, wie Affa nach gewonnenem Prozeß und muß jetzt in die Betten, – auf den Federball; in unserm neuen Engematthof ist es recht schön und neu mit Duschräumchen und Modernität. Kilchberg wurde zu weit auf die Dauer.

Lebt wohl. Ich bin neugierig, was Ihr nun tut. Wenn ich hier

84 Briefwechsel mit den Eltern

endgültig alles verboten kriege, kann ich natürlich nicht mehr
lang hier bleiben, der Ärger möchte mich umbringen. Wenn
aber nicht, fürchte ich um den 24. so viel zu tun zu haben, daß
ich mich den Vorbereitungen nicht in dem Maße würde widmen können, wie ich es wohl wollte (den Vorbereitungen bei
Euch in Küsnacht, wohlverstanden), und für diesen Fall, ich
weiß nicht, aber irgendwer müßte wohl doch vorausfahren, um
ein bißchen nach dem Rechten zu sehn, vorher, – damit das
Tüchliche und Töpfliche bereitet ist beim Einzug.

Adieu, – alle lassen grüßen
ich bin die Eure
E.

Laßt Euch nicht von mir diktieren, und freilich tut Ihr ohnedies,
was Ihr wollt, gebt gleich Bescheid, – alles hat Vor- und Nachteile und Einstein seinerseits kreuzt ja nun auf den Meeren.

AN THOMAS MANN   28. 9. 1933

Lieber Z.,
Ich würde mir *über Dich* von *niemandem* (vom Intimsten und
Liebsten nicht!) in dem Ton schreiben lassen, den Bermann
gegen K. bei Dir riskieren kann. Wenn Du Dir, – vom Politischen völlig abgesehen, – diese *Unverschämtheit* nicht eindeutig und rundweg verbittest, dann tust Du nicht recht, einem
Gesellen wie K. gegenüber, der Dir (wiederum von allem anderen loyaler Weise abgesehen) treuer ist, als Bermann, lachen
muß ich, weil es über diesen Schleimfrosch noch zu so ernst-
haftem Kummer kommen soll, wie dies einer ist, den Du mir
mit Deiner unerklärlichen Haltung (der rein menschlichen) in
dieser Sache verursachst.

Bekümmert und zu später Stunde
Kind E.

P. S. Das was Bermann sich gegen Heinrich erlaubt, ist ja wirklich tolldreist, – und daß er es sich bei Dir herausnimmt, ist abenteuerlich. Aber das ist weniger meine Angelegenheit.

AN THOMAS MANN   Ascona, San Materno, 16. 8. 1934

Sehr lieber Z., –
der Landshoff schreibt mir, daß er nun nicht länger Ruhe hat, und daß Querido *gar* nicht länger Ruhe hat, und daß er Dir ein «Angebot» machen will und muß, – für den Essayband und für den dritten Joseph, und für alles, was etwa vorher herauskommen sollte. Er bemerkt dazu, daß die Bücher von Döblin, Roth, Wassermann, auch in Deutschland, sehr ordentlich gegangen seien, und daß er sich auf seinem Krankenlager, nach den Erfahrungen dieses Jahres, gar nicht auszudenken vermöge, was Dich etwa davon abhalten könnte, einmal frei von Fischer, zu Querido zu gehen, der eindeutig der größte, best eingeführte und vertretene deutsche Verlag im Ausland sei. Seine, Landshoffs, persönliche und ungemein leidenschaftliche Beziehung zu Deinem Werk, so meint er, könne und dürfe er dabei nicht geltend machen und sie gehe Dich ja auch nichts an. Tatsächlich kann er das meiste von Dir auswendig hersagen, hat sich zeitlebens nichts dringlicher gewünscht, als Dir verlegerisch dienlich zu sein und wäre bestimmt der beste Vertreter, der *beteiligtste*, den Du je gehabt hast.

Dies alles schreibe ich hin, weil es sachliche kleine Wahrheiten sind. Den eigentlichen Grund, aus dem ich *überhaupt* schreibe, errätst Du.

Ich halte nämlich für möglich, daß Du nicht daran denkst, – und Dir (aus Geschäftsfernheit) nicht klar machst, wie wichtig es für einen Verlag heute ist, ob das erste Buch von Dir, das nicht mehr in Deutschland erscheint, bei ihm herauskommt, ob nicht, – und daß es dabei ziemlich gleichgültig bleibt, ob es sich um einen Essayband handelt, oder um was immer. Die Wichtigkeit aber, die eine an sich schon wichtige Verlagsangelegenheit im Kopfe eines Verlegers annehmen kann, ist *immens*. Ich weiß, und Landshoff schreibt es mir, daß Querido eben einfach *alles* daran gelegen ist.

«Die Sammlung» dagegen, wie Du weißt, geht mäßig (besser nebenbei, als etwa die «Deutschen Blätter», die eingehen werden, und nicht schlechter, als zu erwarten ist für eine literarische Zeitschrift heutzutage, – aber mäßig immerhin). Klausens Existenz bei Querido ist an sich nicht die Unbedrohteste. Ich glaube und Landshoff bestätigt mir das, – wenn Du heute dem Querido verloren und etwa zu Rascher gehst, – wird das alles ins Schlimme und Negative wenden und entscheiden. Das wäre nicht schön.

Dieser Brief, lieber Z., – ist mir peinlich, – ich fürchte auch, er ist nicht, was man «gut» nennt, – ich bin schrecklich müde von der Reise. Nun braucht er ja aber nicht «gut» zu sein, – er muß nicht versuchen, Dich zu *überreden*. Was ich mit ihm möchte, ist bloß, diese Sache, deren relative Unwichtigkeit für Dich ich kenne, in ihrer Wichtigkeit für den K. beleuchten und auch für den freundlichen Landshoff, dessen Verehrung für Dich (zweimal «für», Du siehst, wie müde ich bin) grenzenlos ist.

Was aber Raschern angeht und die halben Versprechungen, die Du ihm gemacht hast, so sollte ich denken, eine loyale halbe Stunde, in der zu sagen wäre, Dein lieber Sohn K. sei in der Zwischenzeit dem Querido-Verlag so stark liiert, daß es eine bedeutende Unfreundlichkeit und ein schädliches Mißtrauen darstellte, gingest Du anderswohin, müßte alles erklären. Das Versprechen liegt ein Weilchen zurück und die Umstände haben sich geändert. Darauf, daß Medi, düster-freundlich, gelegentlich dort speist, ist er stolz, mit und ohne Essayband, und er wird Deine Gründe verstehn.

Ade, – unsere Korrespondenz hat einen spaßigen Charakter in der letzten Zeit, – bitte, erinnere Dich aber: ich habe Dich nie zu etwas «überreden» wollen, – auch in politicis nicht, – ich bin

nicht dreist und nicht einmischerisch und nichts dergleichen.
Ich bitte Dich auch nicht um diesen Entschluß. Nur, wie wichtig er für uns wäre, und wie wenig er Dir bedeuten kann, bei
allem, was sachlich *für* ihn spricht, – das habe ich schreiben
wollen.
Mein Engelberg-Abend war überfüllt und wohlgeraten,
trotz übergroßer Komik des amtierenden Sängers. Die Fahrt
hierher über den Gotthard herrlich, aber staubig. Hier sind wir,
in *San Materno,* anmutig untergebracht und haben gleich alle
Hände voll zu tun.

Küsse für alle, – ich bleibe die Deine

E.

AN THOMAS MANN   Prag, 6. 2. 1935

Lieber Z., – s :hönen Dank auch, – wer mag denn der Rolf sein?
Vielleicht Rolf Marti, – dann ist er sehr niedlich. Wie hat
Medi die Verlobung meines Gatten Serkin hingenommen?
Und daß er nun die wenigfarbene und schieläugige Irene
heimführen muß, ist gewiß nicht einmal ganz nach seinem
Begehr. Die alten Buschs haben es ja auch gar nicht erwarten
können und zeigen es «voller Freude» schon an, obwohl sie
doch erst 16 oder 17 ist. Alle Familienverhältnisse liegen bei
jenen etwas *pervers,* – ein bißchen *sonderbar,* – damit muß
man sich abfinden, denn eigentlich ist es doch auch wieder
Adolf, der den Serkin liebt, – ich will diesem nur gleich gratulieren.

Wie geht es unserer Mutter Mielein? Daß sich die totale Hei-
serkeit, die mir aus dem Wiener Thelephon so erschreckend
entgegenkrächzte, so lange halten würde, hätte ich freilich
nicht fürchten mögen. Ich habe mittlerweile auch eine Bron-
chialgrippe hinter mir, – die einen Tag hohes Fieber, drei Tage
etwas Fieber, 8 Tage fürchterliches Gerassel und Gepfauche
und jetzt, allmählich, Besserung gebracht hat. Ich trat aber täg-

lich auf, ohne die Gelbsucht zu bekommen, was doch auch wieder sehr für die Erstarkung meiner Galle spricht. Sonst geht immernoch alles gut, – wir haben die Sääle voll, obwohl wir von der Aufführung eines weiteren Programmes aus verschiedenen Gründen Abstand nahmen, – und nur einige wenige Nummern austauschten. Daß mir zum Beispiel amtlich verboten wurde, jenen Gottfried Keller (das schöne Gedicht, Du weißt schon) zum Vortrag zu bringen, weil es zu aktuell sei, wirft ein trauriges Licht auf die Verhältnisse, wie sie im Grunde sind, darf von mir aber nur ganz nebenher und *sehr geheim* erwähnt werden, damit nichts davon nach Holland dringt und uns dorten Schwierigkeiten bereitet. (Auch nichts davon in die *Schweiz*!)

Bitte sage Deiner Frau, daß ich ihr dankbar wäre, wenn sie alsbald an Klausheinrichthomas aus meinem Guthaben 52 Franken nach Paris schickt (Adresse Hotel Villa des Fleurs, 134 rue d'alsace, Paris VI). Es handelt sich um eine milde Gabe meinerseits, wie ich mich überhaupt der Wohltätigkeit in größerem Stile in die Arme werfen mußte. So findet morgen eine Vorstellung zu Gunsten der Emigranten statt (und nun gerade die Prager Emigranten sind wirklich nicht so besonders.)

Wir bleiben hier bis zum 9. Dann kommt, vom 10. bis 12., Stadttheater Tĕplitz-Schönau, – 13. Stadttheater Brüx, – 15. Deutsches Theater Mährisch-Ostrau, 16. mit 19. per Adresse Ferry Rosen Nova 42. Brünn. Vermutlich wird am 20 und 21. noch Bratislava sich hinzugesellen, – aber bis dahin habt Ihr noch eine Nachricht. In Zürich hoffe ich am 23. Mittag zu sein, um am 25. früh nach Luxemburg weiter zu fahren, wo wir zwei Abende für den Volksbildungsverein abgeschlossen haben. Alles war sehr mühsam und ich glaube, daß es trotzalledem der letzte Europäische Winter ist, den man in der Lebensform «Pfeffermühle» wird verbringen dürfen. Man wird sehn.

Brief nicht verlieren, da im Grunde tausend Wichtlingsdinge drin verzeichnet.

Arbeitest Du am Joseph? Dann möchte ich aber am 23. abends etwas zum Besten gegeben haben.

Immerdar und treulich
E.

Herr Nielden quält mich erheblich wegen seines Exposes. War halt sein einziges, – und die Adresse soll draufgestanden sein. Vielleicht kannst Du es ermöglichen, es zurückzuschicken.

AN THOMAS MANN   Den Haag, 20. 4. 1935

Lieber Z., – über «Leiden und Größe» habe ich mich, nun da es da ist, doch sehr gefreut, – des gehaßten Firmenschildes ungeachtet, – freilich hat das Widmungsverslein besonders aufputzend wirken müssen und ich danke aufrichtig. Wahr ist auch, daß, nicht bloß für die Leserin, mancher Spaß darin ist, – sondern *wirklich* unglaublich viel Späße für die bei uns daheim und daß es *wirklich* das Mirakel streift, wie dergleichen erscheinen darf. An Stelle des jungen Wolf Frank hätte ich die Antwort auf den Olden mehr noch auf diese Dinge gestellt, – denn, wenn es glückt, wirkliche Pillen ins Land zu rollen, – so ist das am Ende tatsächlich der Mühe (im übrigen zu schweigen) beinahe wert. Zum Überfluß ist es einfach ein ganz besonders schönes Buch, – sicher seit «Rede und Antwort» (das ja doch aber ein viel größeres Sammelsurium aus viel längerer Zeit darstellt) das schönste *, – und *jeder* Aufsatz ein Riesenspaß. Ich kenne sie ja nun alle besonders intim, – vom ausführlichen Streichen her, – und trotzdem, oder eben deshalb haben sie mir wieder große Lust gegeben, – am meisten vielleicht der kleine Platen, – der mir besonders kühn und reizend vorkommt.

* Essay-Buch, natürlich

90   Briefwechsel mit den Eltern

Natürlich liege ich, halb-bis-zweidrittelskrank, im Bett, – sonst würde ich auch nicht so daher schreiben. Ich war doch in Luxemburg, zwischendrin, – es war ganz und gar, aber auch gleich über und über, – gräulich. Wir spielten in einem Bräuhaus, das, normaler Weise, gegen 1000 Leute faßte; es waren aber gegen 1500 drin (wobei noch gegen 300 weggeschickt werden mußten). Glücklicherweise hatten wir feste Gage ausgemacht, sodaß wir dann doch bloß 220 Franken bekamen von all dem. Die Kritik aber fängt ganz unverblümt an «Kinder, – dat warn Jeschäft!» So geht es immer. Erkältet war ich schon vorher, dann mußte ich noch schrecklich schreien, – (nutzlos!), – dann war die Bühne heiß, die Garderobe eisig, dann kam der zugige Zug, – kurzum: unnatürlich wäre, ich wäre gesund geblieben. Jetzt ist die Stimme weg, ich huste wie ein Spittelweib, die Temperatur ist nicht völlig o. k., – und dabei finden doch nun in drei Tagen 5 Vorstellungen statt, – zu viel, zu viel! Dafür denke ich aber jetzt auch daran, die Saison am 5. oder 6. Mai zu beschließen. Die nordische Sache ist doch wieder eine Riesenanstrengung, – dazu kommt, daß sie financiell riskant ist, – mindestens die Reisen müssen von mir riskiert werden, – und ich werde die lieben kleinen Kröten dringend brauchen, um die nächste Spielzeit zu starten, – kurzum, – es mag sein, daß ich es ganz einfach lasse, – umsomehr, als die tschechische Saison doch Mitte Juli schon beginnen soll. In diesem Fall käme ich gegen den 7. Mai für ein Kurzes nach Küsnacht (aber da seid Ihr ja wohl in Nizza?), führe anschließend auf ein ähnliches nach Wien (neue Leute anschaun) und wäre Mitte Ende Mai wieder in Küs. Das wird alles noch detailliert bestätigt und mitgeteilt. Küsse für die Mutter*. Heut schicke ich noch eine Osterbotschaft, denn, warum, es gehört sich so.

Treulichst:
E.

* und Dank für den Lieben Langen!

AN THOMAS MANN   Biel, 19. 1. 1936

Lieber Z., –
daß Dein «Protest» in der N.Z.Z. mir traurig und schrecklich
vorkommen mußte, hast du natürlich gewußt, – falls Du einen
Gedanken in dieser Richtung gedacht haben solltest. Ich meinerseits weiß immer, daß ich kein Recht habe, Dir «Vorhaltungen zu machen» und mich sonstwie «einzumischen». Immerhin möchte ich Dir erklären, warum Deine Handlungsweise
mir dermaßen traurig und schrecklich vorkommt, daß es mir
schwierig scheint, Dir in näherer Zukunft überhaupt unter die
Augen zu treten.
    Zur Sache: Die Tagebuchglosse gegen Bermann mag zu
«scharf» gewesen sein, – Schwarzschild mag sich vor allem ins
Unrecht gesetzt haben, – man soll einen Juden, der nun also
emigrieren will, wohl draußen nicht «denuncieren», – sei der
Jude sonst beschaffen, – wie Bermann. Richtig bleibt trotzdem,
daß die Beziehungen von Bermann zu Göbbels ungewöhnlich
gut sein *müssen*, – nie hätte er es sonst so lange drinnen treiben
dürfen, – ja, daß sie ganz vorzüglich sein müssen, – nie hätte
Bermann sonst die Erlaubnis erhalten, mit Maus und Verlag
auszuwandern. Was für Bassessen und Versprechungen der
Bermann dem Göbbels gemacht hat während all der Zeit und
heute, das wissen wir nicht und Du bist der letzte, dem er es
unter die Nase reiben wird (Hesse und Annette sind die vor-
letzten). Sicher ist, daß Bermann feste Zusagen gegeben haben
muß, nichts Emigrantenfreundliches draußen zu unternehmen. Mir genügt das, um einem Vorkämpfer dieser Emigration das Recht einzuräumen, Unkundige vor dem «falschen
Emigranten» zu warnen. Gleichviel. Dir genügt es nicht, Du
hattest im Gegenteil den Wunsch, für Bermann einzutreten, –
mit der Kolb und Hermann Hesse gemeinsam einzutreten, –
öffentlich einzutreten, – in der N.Z.Z. einzutreten und Du
weißt, daß dieser Satz drei Steigerungen enthält. Du hast Dir
Deinen Wunsch in vollem Maße erfüllt, obwohl die Tatsache

des Erscheinens Deiner Bücher im Bermann-Verlag ohnedies verraten haben würde, daß Du seinem Inhaber nichts Arges zutrauen magst. (Ebenso, wie etwa Deine Abwesenheit von Deutschland genügen muß, um der Öffentlichkeit Deine Abneigung gegen die Nazis zu demonstrieren, ohne daß Du ihr, der Abneigung, noch eigens Ausdruck zu verleihen brauchst.)

Doktor Bermann ist, soviel ich weiß, die erste Persönlichkeit, der, seit Ausbruch des dritten Reiches, Deiner Auffassung nach, Unrecht geschieht, zu deren Gunsten Du Dich öffentlich äußerst. Für niemanden sonst hast Du es bisher getan. Dein Appell für Ossietzky durfte nicht veröffentlicht werden, – Du schwiegst, als Hamsun denselben Ossietzky öffentlich anpöbelte, und als der kleine Kesser den «Henry Quatre» erledigte, schriebst Du einen (wunderbaren) Privatbrief. Besonders empörend nanntest Du übrigens gesprächsweise die Tatsache, daß der Kesser den Verriß in der N.Z.Z. placiert hatte. Jedes andere Blatt schien Dir für unsereinen geeigneter, um Angriffe gegen einen verdienten Emigranten anzubringen. Schwarzschild nun ist ganz zweifellos, auch in Deinen Augen, ein hochverdienter Emigrant, – er ist einer der ganz wenigen, der etwas wirkt und sachlich zuwege bringt. Du selbst hast dieser Einsicht (privat!) oft genug Ausdruck gegeben. Auf der andern Seite war klar, daß weder Hesse, noch Annette, – beide Mitarbeiter an deutschen Tageszeitungen, – es sich würden leisten mögen und können, den Detail-Angriff gegen Schwarzschild durch die General-Verbeugung vor seiner Arbeit zu mildern, die bei dieser Gelegenheit wohl fällig gewesen wäre. Wolltest Du also mit diesen beiden «protestieren», so mußte es vorbehaltlos gegen Schwarzschild gehn.

Als Resumée bleibt: das erste Wort «für» aus Deinem Munde fällt für Doktor Bermann, – das erste Wort «gegen», – Dein erster officieller «Protest» seit Beginn des dritten Reiches richtet sich gegen Schwarzschild und das «Tagebuch» (in der N.Z.Z.!!!).

Meine persönliche Freundschaft für Schwarzschild ist gleich

null. Meine Feindschaft für Bermann ist nicht persönlich. Ich habe für ihn den Haß, der nach meinem Dafürhalten der Rolle gebührt, die er spielt. Er selbst ist unbedeutend bis zum Rührenden. Sein Einfluß allein ist bedeutend, – der Einfluß eines gesichtslosen Geschäftsjuden, der gerade schlau genug ist, sich Deine Anhänglichkeit an Deine eigene Vergangenheit und mit dieser Vergangenheit an Sami Fischer, seinen verstorbenen Schwiegervater, zunutze zu machen und Kapital aus ihr zu schlagen, wo er kann und so oft er kann.

Er bringt es nun zum zweiten Male fertig (das erste Mal anläßlich des «Eröffnungsheftes» der «Sammlung»), daß Du der gesamten Emigration und ihren Bemühungen in den Rücken fällst, – ich kanns nicht anders sagen.

Du wirst mir diesen Brief wahrscheinlich sehr übel nehmen, – ich bin darauf gefaßt und weiß, was ich tue. Diese freundliche Zeit ist so sehr geeignet, Menschen auseinanderzubringen – in wievielen Fällen hat sie es schon getan. Deine Beziehung zu Doktor Bermann und seinem Haus ist unverwüstlich, – Du scheinst bereit, ihr alle Opfer zu bringen. Falls es ein Opfer für Dich bedeutet, daß ich Dir mählich, aber sicher, abhanden komme, –: leg es zu dem übrigen. Für mich ist es traurig und schrecklich.

Ich bin
Dein Kind E.

VON KATIA MANN   Arosa, 21. 1. 1936

Liebe Frau Schatz:

Von Ärger ist natürlich gar keine Rede, auch von Kränkung nicht, aber ich bedaure es freilich sehr, daß Du es nicht unterlassen konntest, so zu schreiben. Daß der Zauberer wußte, was er tat und mit der unvermeidlichen Konsequenz rechnete, ist natürlich ganz und gar nicht der Fall: mit *dieser* Konsequenz hat er im Geringsten nicht gerechnet, und ich muß sagen, daß auch ich wohl eine schwere Verstimmung Deinerseits, aber nicht mehr erwartet hatte. Daß ich gegen diese Erklärung war, brauche ich nicht zu sagen, und zwar hauptsächlich aus zwei Gründen: wegen der bisher geübten völligen Zurückhaltung und wegen der Mitunterzeichner, aber ich konnte sie, wie so Manches andere, nicht verhindern. Daß Du die Dinge ganz richtig siehst, finde ich trotzdem nicht, vor allem stehe ich ja auf dem Standpunkt, daß man einem Menschen, den man hoch schätzt, Dinge, die man mißbilligt, nachsehen muß, so lange es sich nicht um eine Niedertracht handelt, und niederträchtig war auch diese Erklärung schließlich nicht. Da war schon eher der Angriff im Tagebuch etwas niederträchtig: er ging ganz bewußt darauf aus, dem Bermann die Niederlassung in der Schweiz oder Österreich unmöglich zu machen und benutzte dazu jedes wirksam scheinende Mittel, in dem vollen Bewußtsein, daß eine Widerlegung von Seiten des Angegriffenen unmöglich ist. Schon der immer wieder gemachte Gebrauch der einen nun mehr als zwei Jahre alten Göring-Widmung, die B. doch damals, wie die Dinge lagen, nicht verhindern *konnte*, ist hochgradig unfair, und daß man immer wieder auf diese Sache zurückkommt, erinnert wirklich an die mageren Korruptions-Fälle während des Systems, er hat sich offenbar in diesen drei Jahren wirklich weiter nichts zu schulden kommen lassen. Daß der Verlag besonders begünstigt wird, ist auch nicht wahr, die anderen jüdischen Verlage: Bruno Kassierer, Rütten und Loening, Peters (sie haben beide jüdische Inhaber, Bermann nannte sie uns) arbeiten genauso ungestört, und gerade in der letzten Zeit hat man ihm ja verschiedene Autoren (Schickele, Harry Kessler) verboten. Daß er ungeschoren mit Sack und Pack herauskommt, steht in keiner Weise fest, die Devisen-Genehmigung, von der im Tagebuch die Rede ist, hat er keineswegs. Die Abwicklung scheint überhaupt außerordentlich schwierig und das neue Geschäft soll nur mit dem Kapital, was er draußen hat, und fremdem Auslandskapital finanziert werden. Ich habe wirklich für Bermann nichts übrig, aber daß man ihm mit der Andeutung, er käme als Göbbels-Emissär, draußen den Boden unter den Füßen entziehen wollte, war reichlich perfid. Nun rief Klöti Z. an, das sei ja schrecklich, er habe sich so für den Fischer-Verlag eingesetzt und nun höre man, er komme im Auftrag des Propaganda-Ministeriums, ob das denn wirklich der Fall sei? Und da Z. ihm seine Ansicht über den Fall auseinandersetzte, meinte er, ja dann müsse er aber unbedingt gegen den Tagebuch-Artikel protestieren, denn sonst könne er nichts machen. Dann rief, kaum waren wir hier angekommen, der Betroffene von London ganz verzweifelt an, dieser unerhörte und ungerechte Angriff mache alle seine Pläne zunichte und Z. möchte doch um Gottes Willen etwas dagegen tun (und zwar schlug er die von den drei Verlagsautoren zu unterzeichnende Erklärung vor). Ich war, wie gesagt, unbedingt dagegen, daß Z. sich nun vor Bermann stelle, aber er war nicht davon abzubringen. Du kannst doch aber nicht sagen, daß er damit der Emigration in den Rücken gefallen sei. Der aggressive Teil war doch zunächst Schwarzschild, der dem Verleger und damit, wenn Du willst, auch Z., dessen Verbundenheit mit dem Verlage ja bekannt ist, in nach meiner Ansicht sehr unschöner Weise in den Rücken fiel. Die Erklärung richtet sich ja nicht *gegen* das Tagebuch, die eine politisch hochangesehene Zeitschrift ist und der ein Protest in einem so nebensächlichen Punkt bestimmt nicht das geringste schadet, sondern sie wollte Bermann schützen vor den Folgen eines Angriffs, der nach Ansicht billig Denkender wirklich über das Ziel schoß und offenbar für ihn die katastrophale Wirkung hatte, die beabsichtigt war. – Nun habe ich in aller Ausführlichkeit den Fall dargelegt; ich weiß, daß ich eine duldsamere Natur bin, als Du, man kann es natürlich auch Schwäche nennen. Aber wäre es für Dich nicht möglich, einen solchen Fall etwas nachsichtiger zu betrachten? Eben schickt Aissi einen Artikel von Georg Bernhard, der doch Z.s Verhalten ganz anders beurteilt als Du. (Zum Teil natürlich auch aus taktischen Gründen, aber seine Haltung ist doch tatsächlich viel eindeutiger, als Du es in Deinem Brief wahrhaben willst.) Du bist, außer mir und Medi, der einzige Mensch, an dem Z.s Herz ganz wirklich hängt, und Dein Brief hat ihn sehr gekränkt und geschmerzt. Daß er viel Ärger und Unannehmlichkeiten von diesem Schritt haben werde, habe ich ihm vorausgesagt; es mag auch immer sein, daß Franks deswegen mit ihm brechen, aber das wird er schließlich zu tragen wissen. Daß aber Deine mir selbstverständliche Mißbilligung so weit gehen würde, quasi mit ihm zu brechen, hatte ich wirklich nicht erwartet. Und für mich, die ich doch nun einmal sein Zubehör bin, ist es auch recht hart. Dein Brief ist ja natürlich kein Abschiedsbrief für immer, und ich nehme an, daß sich in absehbarer Zeit ein Weg finden wird. Jetzt nach Olten kommen, kann ich nicht gut. Wir hatten bestimmt vor, am 27. nach Zürich zu fahren. Um diese Zeit wirst Du, wie mir scheint, ja auch dort sein. Es wäre natürlich sehr traurig, wenn Du nicht zu Hause wohnen wolltest, aber ich könnte Dich ja jedenfalls dann sehen. Adieu, meine Schätzin; es ist natürlich nicht gut, alles herunterzuschlucken, und ich sehe vollkommen ein, daß man es bei Menschen, an denen einem gelegen ist, nicht immer tun kann und darf. Aber vielleicht hättest Du es doch noch einmal probieren sollen?

Es segnet und umarmt Dich

Dein Mielein

AN KATIA MANN   Solothurn, 23. 1. 1936

Danke sehr für Deinen Ausführlichen, liebste Süsi. Ich bin noch immer sehr niedergeschlagen über Z.'s Protest und kann meinen Brief auch nicht als uneinsichtig bereuen.

Ich glaube ganz gut zu verstehen, wie das zustande gekommen ist (sicher beinah so gut wie der Georg Bernhardt), – trotzdem scheint Z. mir jetzt genau den Schritt getan zu haben, der zu weit führt. Er wird auch merken, daß man diesen «Protest» allgemein als ein Sich-Abwenden von uns allen, – als ein Sichnun-endlich-Entscheiden ansehen wird. Man hatte es ihm «verziehen», daß er, um in Deutschland gelesen werden zu können, seine Bücher drinnen ließ. Man fand diesen Standpunkt, ohne ihn zu teilen, menschenmöglich. Jetzt ist es Schluß mit Fischers inländischer Herrlichkeit. Ich frage Dich: hat Bermann eine andere Wahl, als «emigrantenfreundlich», «echt-emigrantisch», will sagen, fürder in Deutschland unmöglich zu sein, – oder aber einen «falschen Emigrantenverlag», einen drinnen möglichen, einen Unleidlichen, aufzumachen? Hat er diese Wahl überhaupt, da doch Hedwig mit Suhrkamp drinnen hockt? Und wenn er sie hätte, will Z. also seine ganze Haltung, all sein Tun und Lassen davon abhängig machen, wofür Doktor Bermann sich zu entscheiden gedenkt? Will er also die Maske fallen lassen, wenn der Verlag emigrantisch ist, – und tarnen helfen, wenn er das Gegenteil ist? Nein, er *weiß* im Grunde, daß er weit eher das Gegenteil sein wird, – er muß es wissen, und schon hilft er tarnen, in der N.Z.Z., – und gegen Schwarzschild (was heißt da eigentlich «Infamie»? Niemand von uns kann wollen, daß dieser Verlag zustande kommt, – Schwarzschild *muß* versuchen, es zu verhindern, auf die Gefahr hin, Hesse und Annette in ihren Verlagsplänen zu stören, – denn daß Z. mitmachen würde, stand doch keineswegs fest).

Es ist gewiß auch Bescheidenheit, daß Z. die Wichtigkeit unterschätzt, die jedem seiner Worte in der Öffentlichkeit zukommt. Natürlich wird sein Angriff «in einem so nebensächlichen Punkt» das Tagebuch nicht vernichten. Aber nur der Punkt Bermann-persönlich ist nebensächlich (und niemand ist ihm besondere Rücksicht schuldig). Der Punkt: Welchen Verlag vertritt Th. M., mit wem zusammen, an welcher Stelle und in Front gegen wen, – ist alles andere als nebensächlich. Er enthält die Entscheidung, – Fluch über sie.

Hesse und Annette, zwei ausgehaltene Spinnurscheln am Rande einer versinkenden Welt, sollen sich ruhig mit Kugelspiel und Hofmemoiren die Zeit vertreiben, – Nazibodmer zahlt ja und auch Annettli wird als mal wieder eingeladen. Aber Z. fühlt sich wohl in ihrer Gesellschaft, – wohler als etwa in der von Emil Ludwig, oder Feuchtwanger, die doch wenigstens Arbeiter von Format und Verantwortungsbewußtsein sind, – nein, – es ist sehr viel Hochmut in seiner Bescheidenheit, – er will nicht zu uns gehören, so wenig, wie zu jenen in Deutschland; (gewiß, «wir» sind nichts besonderes, – aber er vergißt, daß wir gleich viel besser wirkten, wäre er nur wirklich bei uns!), – er will über den Wassern schweben und das kann nicht erlaubt sein, auf die Dauer, weder «höheren Ortes» noch unten bei uns.

Ich spiele am 27. und 28. in Olten, – am 29. fahre ich durch Zürich direkt nach Prag, – ich benachrichtige Dich noch, wann genau.

Sei umhalst

[Unterschrift fehlt]

P.S. Der arme Klöti natürlich ist hereingefallen. Er vertritt da etwas, was er, unbeeinflußten Blickes, nicht vertreten könnte. Sehr verständlich, daß er bei dem Schutz sucht, der ihm, selber unklaren Auges, das seine trübte.

Zeig dem Z. diesen Brief nicht. Ich möchte ihn nicht weiterkränken. Zu hoffen bleibt nur, daß die Angriffe, denen er sich nun ausgesetzt hat, ihn nicht völlig wegtreiben in eine trotzige und feindliche Ferne.

VON THOMAS MANN   Arosa, 23. 1. 1936

Liebe Eri,

Dein Brief hat mir natürlich weh getan und das sollte er ja als Revanche für den Schmerz, den ich Dir zugefügt – nicht gern und nicht recht wissentlich; denn ich bilde mir immer wieder ein, daß Du mein Verhalten, das seinen persönlich bestimmten Anfang und seine Konsequenzen hat, neben dem

Deinen gelten läßt. Du tust es arg kindlicher Weise zwischendurch; aber wenn dies Verhalten wieder einmal in einer Einzelheit akut wird, wie jetzt, geht die Leidenschaft mit Dir
durch. Leidenschaft ist schön; blinder Haß, vorsätzliche Ungerechtigkeit sind es nicht. *Ich* habe Entschuldigungen auch für
diese. Schön ist das Ganze nicht, und so ist es kein Wunder, daß
heftig Unschönes mit unterläuft in der Reaktion darauf. Eins
der Hauptmerkmale für die idiotische Roheit des gegenwärtigen Deutschtums war für mich von Anfang an, schon vor seiner «Machtergreifung», sein Verhältnis – nicht zu mir, sondern zu meinen Kindern, zu Dir und Klaus. Du bist nicht die
Erste, der ich das sage.

Zum Tage-Buch verhalte ich mich weniger zärtlich. Sein Artikel gegen Bermann war eine Gemeinheit. Es ist einfach nazi-
haft, mit solchen Methoden über Einen herzufallen, der sich
nicht wehren, nicht antworten kann. (Antworten konnten ja
auch wir drei Protestierenden nicht, sondern nur allgemein ab-
wehren.) Daß es ein Unglück war, daß Bermann sich nicht entschließen konnte, sofort nach Ausbruch des Irrsinns das Land
zu verlassen, darüber ist kein Streit. Er hat es nicht fertig gebracht. Infamieen hat er nicht begangen; keine einzige ist
nachweisbar. Die Widmung an Goering, oder wie das Schwein
sich schreibt, war ein vereinzelter Unglücksfall, entstanden
durch die einseitige Bindung an einen Verlagsautor (Hauser),
der sich seinerseits dann sofort lossagte. Mit Leuten wie er hat
der Verlag seitdem nichts mehr zu schaffen gehabt. Dagegen
hat er, entgegen ständig verschärfter Gesetzgebung, bis in die
jüngste Zeit Bücher von Juden herausgebracht, Broch, Gumpert, hat meinen in jedem Satz herausfordernden Essayband
gebracht und bei sonst unvermeidlicher Blässe seiner Produktion in ständigem Kampf mit der nach Unterwerfung brüllen-
den Gewalt dem Verlag leidliche geistige Würde zu wahren
versucht. Er ist *nicht* protegiert worden, hat *nicht* die Bevorzu-
gung genossen, aus denen das Tage-Buch seine Verdächtigun-
gen ableitet. Er war kein Sonderfall. Firmen mit jüdischen

Inhabern, Cassirer, Ruetten u. Loening, Peters und manche andere arbeiten bis heute in Deutschland genau wie er es getan hat. Warum, das lassen wir die elende Sache der Machthaber sein. Genug, es ist so, und daß gerade Bermann sich deshalb dem Göbbels verschworen haben müßte und nun als sein Spitzel und als Agent des Dritten Reiches ins Ausland geschickt würde, ist aufgeregter und aufgelegter Unsinn. Woher weiß Schwarzschild, daß Bermann die Devisen bewilligt worden sind? Er weiß es falsch; sie sind ihm – bisher wenigstens – *nicht* bewilligt worden; alles ist bis heute unentschieden, und ob er überhaupt loskommt und wenn, mit einem wie blauen Auge, weiß niemand. Es sind leichtfertige Haßphantasieen, was das Tage-Buch darüber schreibt.

Daß Bermann hinauswill – wie sollte ich es nicht begrüßen? Es ist nicht sein Verdienst, daß er nun innerlich so weit ist; aber er ist so weit, und durchaus Gutes und Günstiges kann daraus entstehen. Du darfst das Folgende *niemandem* weiter sagen, ich selbst dürfte es nicht weitersagen, B. will die in Berlin damit überraschen, wenn er draußen ist. Er hat sich für den Fall seines Loskommens mit W. Heinemann, London, verbunden als selbständiger Leiter der deutschen Abteilung einer neuen Firma, die «Fischer-W. Heinemann Verlag, London-Zürich (Wien)» heißen soll – mit großem Kapital, englisch-amerikanisch-schweizerisch, politisch dadurch sehr gesichert und literarisch ein freies Welt-Unternehmen, in dem meine Bücher an ihrem Platze sein werden wie sonst nirgends. Läßt Deutschland sie auch ferner zu, trotz dem, was ich den Machthabern zu schlucken gebe, – desto besser. Schließt es sie aus, soll es mir auch recht sein. Auf jeden Fall würde das Zustandekommen dieses Unternehmens für mich einen großen und wichtigen Schritt vorwärts bedeuten.

Und da soll ich mich nicht zur Wehr setzen, wenn Schwarzschild in dieser Weise dazwischenfunkt? Er weiß nicht, was er tut. Ich habe ihm geschrieben: Wenn Sie wüßten, in welchem Zeichen die Widerstände stehen, denen B. in Zürich begegnet, so würden Sie sich besinnen, den Gegnern seiner Niederlassung in die Hände zu arbeiten. Diese argumentieren durchaus nicht damit, daß er es zu sehr mit den Nazis gehalten habe, sondern damit: es werde, wenn man ihn zulasse, in der Schweiz ein «Aufflammen des Antisemitismus» geben wie in Deutschland, wo auch die «kulturelle Vorherrschaft der Juden» dazu geführt habe. So stand es in dem Gutachten der Schweizer Verleger, das ich gelesen habe, einem hahnebüchenen Machwerk. Wer sich für die Arbeitsbewilligung an B. einsetzt, das sind natürlich die liberalen, kulturfreundlichen Elemente, die antifrontistischen, von den Verlegern etwa Oprecht und Niehans, von städtischer Seite namentlich der Stadtpräsident; und sie werden von dem Tage-Buch-Artikel verwirrt, gelähmt und bloßgestellt. Klöti rief mich sofort ganz bestürzt an und fragte, was das denn sei und ob da nicht etwas geschehen könne, – zu schweigen von Bermann, der außer sich aus London telephonierte und um Hilfe bat. Schwarzschild ist eben kein zartes Blümchen, das man schonen muß, und dem man nicht «in den Rücken fallen» darf, sondern (was ich auch wohl noch zu spüren bekommen werde) ein ganz gefährlicher Gegner und ein Publizist, der zwar sein Blatt etwas weniger emigrantencliquenhaft und weltoffener gestalten könnte, der aber großen Einfluß hat, eifrig gelesen wird und mit drei Worten eine Sache hintertreiben kann, an der mir gelegen ist. Ich bin, weiß Gott, nicht ausfallend gegen ihn geworden, sondern habe nur von unserem «besseren Wissen» gesprochen, das eine Tatsache ist.

Das ist dieser Fall. Er ist nur ein Teilstück und nur die Manifestation eines größeren Ganzen, das weiß ich; Dein Kummer über mein Gesamtverhalten dazu, der immer latent ist, ist anläßlich ihrer wieder einmal zum Ausbruch gekommen und hat mir Deinen Brief eingetragen mit seinen dunklen Drohungen, Du werdest mir noch Deine Liebe entziehen. Ich bin deswegen ziemlich getrost. Zum Sich überwerfen gehören gewissermaßen Zwei, und mir scheint, mein Gefühl für Dich läßt dergleichen garnicht zu. Wenn ich denke, wie Du manchmal gelacht

102   Briefwechsel mit den Eltern

und Thränen in den Augen gehabt hast, wenn ich euch vorlas, so scheint mir Deine Ankündigung auch wieder unwahrscheinlich. Du bist viel zu sehr mein Kind Eri, auch noch in Deinem Zorn auf mich, als daß sie sich so recht erfüllen könnte. Meine Ergriffenheit bei Deiner Pfeffermühlen-Produktion beruht immer zum guten Teil auf dem väterlichen Gefühl, daß das alles eine kindliche Verlängerung meines eigenen Wesens ist, – ich bin es nicht gerade selbst, es ist nicht meine Sache, das zu machen, aber es kommt von mir her. So kommt im Grunde auch Dein Zorn auf mich kindlich von mir her; er ist sozusagen die Objektivierung meiner eigenen Skrupel und Zweifel.

G. Bernhardt hat ja neulich von dem Komplex recht loyal und schonend gehandelt und gezeigt, was – vielleicht – anders hätte sein können, wenn ich anders gewesen wäre. Ich bin nicht ganz seiner Meinung. Hätte ich es von Anfang an wie Heinrich, Schwarzschild, Feuchtwanger gemacht, so wäre meine «Stimme» viel mehr im allgemein Emigrantischen untergegangen, meine Möglichkeiten moralischer Einflußnahme wären heute schon abgenutzt. So, wie ich es gehalten habe, bilde ich eine Reserve, die eines Tages noch nützlich werden kann. Auch glaube ich an die natürliche Notwendigkeit einer gewissen Rollenverteilung: Heinrichs Sache war niemals genau auch meine, und warum sollte ich heute, was er unübertrefflich tut, daneben weniger gut noch einmal tun? Hier spielt das Bruderproblem in die Angelegenheit hinein, von dessen mühsam geordneter Schwierigkeit Du Dir kaum eine Vorstellung machst.

Eines ist ganz gewiß falsch in dem Artikel des Pariser Tageblatts: die Vermutung, irgend jemand in der Welt könne glauben, ich hielte es mit den Nazis, ist absurd. Die ganze Welt weiß, daß ich in zurückhaltendem, aber radikalem Protest gegen das Dritte Reich, zu Hause beraubt, beschimpft und verpönten Namens, im Auslande lebe. Genützt hat das den Berliner Schurken nicht. Was ich, teils durch Mielein, teils direkt, dem amerikanischen Präsidenten über sie gesagt habe, hat ihnen auch nicht genützt. Überhaupt bringe ich es ja garnicht fertig, ganz inaktiv zu bleiben. Den Brief nach Oslo habe ich für das Werbe-Zirkular freigegeben. Die für Nizza bestimmte Rede erscheint nächstens französisch in den Mitteilungen der Coopération. Das Wassermann-Vorwort ist da. Und davon, daß ich (statt ihnen «in den Rücken zu fallen») alle Augenblicke für die Emigranten Vorlesungen halte, obgleich ich das Geld selber brauchen könnte, sollte ich wohl schweigen.

Hilft alles nichts, die Gewissensmahnung, die in Dir zum Zorn wird, bleibt, und beständig habe ich das heiter-großartige Spiel, das ich in Gestalt des «Joseph» treibe, und das an und für sich schwierig genug ist, dagegen durchzusetzen. Monate lang habe ich es schon einmal unterbrochen, um Entwürfe zu einer Kampf- und Zeit-Schrift von der Art der «Betrachtungen» aufzuhäufen. Aber merkwürdig – während vorher das Dichten mir müßig erschienen war, kam nun das Reden mir so quälend müßig vor, daß ich abließ und zum Roman zurückkehrte. Es ging nicht, es sollte nicht sein – vielleicht *noch* nicht. Man muß Geduld mit mir haben, ich selbst muß sie haben, meine eigentliche moralische Leistung bestand immer in ihr. Der Tag mag kommen, möge kommen, wo ich, ungehemmt von Vollständigkeitswahn, die Welt und die Deutschen selbst aufrufe und sage: Es ist genug, macht Schluß, fort mit dem Gesindel. Vielleicht durfte das nicht zu früh geschehen – vor allem der Deutschen wegen nicht, die erst durch Erfahrung reif dafür gemacht sein und von sich aus danach *verlangen* müssen. Es nützt wenig, die Welt gegen den Greuel aufzurufen, solange die Deutschen selbst nicht innerlich und gründlich mit ihm fertig sind – und wenn nicht alles täuscht, sind sie nicht mehr weit davon.

Ich bin froh, daß ich zum Frühjahr den dritten Josephband abschließe und herausgebe; denn zu dem, was ich um meines Gewissens und Deines Zornes willen wohl werde tun müssen, gehört bei mir eine große, fast tötliche *Bereitschaft*.

Ich stecke bis zum Hals in Korrekturen und schreibe dabei am siebten und letzten «Hauptstück» des Bandes – bei 1800 m etwas viel und kaum der «Erholung» dienlich. Aber ich fand

104 Briefwechsel mit den Eltern

immer, daß nur die Leute sich immerfort «erholen», bei denen
garnichts daran gelegen ist. Darin bist Du auch mein Kind, daß
Du Dich auf Erholung nicht sehr verstehst.

Herzlich

Z.

AN THOMAS MANN   St. Gallen, 26. 1. 1936

Lieber Z. – Dein Brief hat mich sehr aufgeregt und er ist mir
sehr nahe gegangen. Aber das, was Du meinen «Zorn» nennst
und das, was ihn heraufbeschworen hat, siehst Du, – verzeih
mir, nicht richtig. Wenn ich es, (sogar Dir gegenüber) so hin-
stelle, als glaubte ich, daß Du aus purer Gutmütigkeit gegen
Bermann, aus reiner Anhänglichkeit, in der N.Z.Z. den Ritter
gemacht hättest, so ging *mein* «besseres» Wissen, schon vor
Lektüre Deines Briefes, durchaus dahin, daß Dir aus Gründen,
die Du für gut und egoistisch hältst, an dem Zustandekommen
des Bermannverlages, wo auch immer er sich etabliere, gelegen
sei und daß Du Dir von keinem Schwarzschild, oder durch wen
vertreten die «Emigrantenschaft» sich sonst zum Worte melde,
etwas dreinpfuschen lassen wolltest. (Das Wort «Emigrantenschaft» stammt von Dir, Du hast es in einem Brief an Rudolf
Olden benutzt, der mir ob der Geringschätzung, die es ausdrückt, betrübt, in London davon sprach.) Nein, Deine Beziehungen zum Tagebuch und seiner weiteren Umgebung sind
nicht «zärtlich», – da sind die zu Annettli und Hessi schon viel
zärtlicher und der Gedanke, (wie Stefan Zweig, nur viel groß-
stiliger) einen feinen, exquisiten Extraverlag zu haben, statt
mit Ludwig und Pleti in einem eindeutigen Emigrantenverlag
aufzutreten, ist Dir durchaus genehm. Ich verkenne nicht das
kotelettbrötchenhafte Deiner Einstellung, nur daß ich, – a, –
nicht sehe, welch höheren Nutzen Du Dir von der Konstella-
tion, sogar mit Heinemann, versprichst, – und, – b, – nicht
glaube, daß Du Dir über die große *Häßlichkeit*, die große Ge-

fährlichkeit und die große Tragweite Deines Entschlusses ganz im Klaren sein magst. Was den höheren Nutzen angeht: soweit Deine Bücher in deutscher Sprache erscheinen, – in einer «deutschen Abteilung» also doch eines im übrigen noch so weltoffenen Verlages, verfügen sie über einen bestimmten begrenzten Markt. Kardinalfrage bleibt immer: rechnet Deutschland zu diesem Markt. Bei Bermann (ob mit oder ohne Heinemann) scheint das wohl gesichert, und, neben der geplanten Exquisitheit des Verlages, – *vor* ihr, ist das sein Haupt-Plus für Dich. Wo aber der prinzipielle Unterschied liegt zwischen einem Verlag, der in Deutschland genehm (und also von drinnen abhängig) sein will und einem, der dort geradezu angenehm wäre (wie Schwarzschild meint, daß er sein müßte), das sehe ich nicht, – einen graduellen Unterschied zugegeben. Es ist weder «blinder Haß», noch «vorsetzliche Ungerechtigkeit», wenn ich Dir sage, daß mir Deine Bücher bei der «Insel» lieber wären, als im «Heinemann-Fischer-Verlag London-Zürich-Wien». Wenn du denn an Deinem Wunsch und Vorsatz festhalten willst, in Deutschland gelesen zu werden, warum erscheinst Du nicht dort und vermeidest es, das Zwei-Stühle-System, das für Dich und Deine Person vermöge verschiedener Eigenschaften und Möglichkeiten, die ihr innewohnen, vielleicht vertretbar erscheint, auf ein großes Geschäftswesen mit vielen Autoren und ganz andern Eigenschaften und Möglichkeiten zu übertragen? Denn nicht um das «Durchschlüpfen» allein Deiner Bücher handelt es sich doch, sondern um das durchschlüpfende Wesen, oder Unwesen eines ganzen neuen Verlages! – Daß ein «großes Kapital», wie Du es dem neuen Verlage zutraust, Dich entscheidend zu locken vermag, glaube ich nicht, – und in allen Fremdsprachen ist Dein Werk ohnedies erstklassig placiert, – wo also könnte, außerhalb Deutschlands, der höhere Nutzen liegen?

Was aber die Häßlichkeit und die Gefährlichkeit angeht, so liegt sie in der schrecklichen Spaltung der Emigration, die Du heraufbeschwörst, indem sie nun also unter Deiner Schirmherrschaft in eine echte, ganze und in eine unechte, halbe (der Du angehören willst) geteilt werden soll.

Ach, mein Brief (der letzte) sollte keine «Revanche» darstellen, – wie könnte ich Dir wehtun wollen? Nur für möglich hatte ich gehalten, daß Du Dich meinen Vorstellungen ein wenig zugängig würdest erweisen mögen. Nicht um Schwarzschilds Heil ging es mir, den persönlich auch ich nicht für «zart» halte, sondern um Deines und um das unsere. Denn *wir sind* «zart», – die gesamte Emigration, Du und Schwarzschild inbegriffen, – unsere Lage macht uns zart, – wir können es uns nicht leisten, auf Dich zu verzichten und Du darfst es Dir nicht leisten, uns zu verraten.

«Eines der Hauptmerkmale für die idiotische Roheit des gegenwärtigen Deutschtums» sei von Anfang an sein Verhältnis zu uns gewesen, – zu Klaus und zu mir, – Du berufst Dich darauf. Für mich, – darauf darf ich mich berufen, – ist es von Anfang an höchstens schmerzlich gewesen, – nie hat es meinen «Zorn» erregt, wenn die freundlich-interessierte Anerkennung, die Du Deinerseits manchen unserer Bemühungen zolltest, so sehr privat blieb, – wenn Du, wie etwa im Falle «Pfeffermühle-N. Z. Z.» nicht einen Finger rührtest, um das Blatt, das mir und meiner Sache in der infamsten Weise ans Leben wollte, wenigstens als Privatmann «abzubestellen», – von der Aufrechterhaltung Deiner officiellen Freundschaft für Korrodi, der, ohne die kleine Mühle überhaupt zu kennen, als von etwas schlechtem und dreckigem von ihr spricht, – ganz zu schweigen. Daß Du dem Klaus und der «Sammlung» in den Rücken gefallen bist (oder wie sonst willst Du, daß ich es nenne?) und ihm mehr damit verdorben hast, als je ein Nazi in «idiotischer Roheit» es konnte, – ich bin darüber hinweggekommen, – ich hätte mich geschämt, «pro domo» «zornig» zu sein (obgleich ich mir darüber hätte klar sein dürfen, oder sollen, daß Du ja nicht nur dem engeren Haus, sondern dem weiteren, schweren Schaden zugefügt hattest!)

Die Emigration ist nicht Bermann, – weder so unbegabt,

noch so unverschämt wie er. So angewiesen also weder auf Dein protestierendes Bekenntnis zu ihr, noch so dummdreist, es von Dir zu verlangen. Es hatte denn auch niemand von Dir gefordert, Du solltest auf den Markt gehen und tun, was Heinrich tut. Und wenn das Reden Dir quälend müßig vorkommt, so hat das sicher seinen guten Grund, – niemand will Dir die Worte abringen, die Dir so schwer fallen. Was aber man, – nicht verlangen, – wohl aber wünschen, hoffen und ersehnen durfte, das war, daß Deine Gestalt (Du selber also *und* Deine Bücher) an ihrem Platze wären, – draußen, fern vom Schmutz, – und daß nicht Du in Küsnacht säßest, Dir nichts Genaues zu wissen machend, und Deine Bücher im Beinahe-Schmutz eines halbgleichgeschalteten Pseudo-Emigrantenverlages.

Dieser Brief ist zu lang, es ist drei in der Nacht und ich fürchte, die Töne nicht gefunden zu haben, die zu Dir dringen. Laß mich noch einmal bitten: Überlege es Dir. Vernichte nicht den unzarten Schwarzschild mit einer fürcherlichen Erwiderung in der N.Z.Z., – denk an die Verantwortung, die Dich trifft, wenn Du, nach dreijähriger Zurückhaltung, als erstes Aktivum die Zertrümmerung der Emigration und ihrer bescheidenen Einheit auf Dein Conto buchst, – und an das Schauspiel, das wir «drinnen» bieten. Ich bitte Dich sehr, –

Recht sehr:
E.

Du hast recht: dies alles tut meiner Zugehörigkeit zu Dir im Grunde keinen Abbruch, das aber eben macht das Ganze nur unleidlicher.

108   Briefwechsel mit den Eltern

AN THOMAS MANN   29. 1. 1936
                                                    Im Zug

Lieber Z.

hältst Du mich jetzt für fanatisiert und lieblos? Aber ich bin es
nicht, – weder das eine, noch gar das andere. Im Dahinfahren
kommt mir, im Gegenteil, alles ganz sinnlos und verkehrt vor.
Wie kann ich Dir gegenüber sitzen und jedem Wort von Dir so
leidenschaftlich widersprechen? Lohnt sich das überhaupt?
Sollte man Dich nicht ruhig «machen lassen» und gar nicht
daran denken, daß Unholde wie Bermann das ja eben auch nicht
tun?

Aber *was soll* mir am Herzen liegen, wenn nicht die Würde
und Unbescholtenheit dessen, was Emigration heißt und Deine
Würde und Unbescholtenheit in ihr?

Verzeih, wenn ich Dich gekränkt habe, – ich wollte das gewiß
nicht, – auch nicht mit meinen «Vorwürfen» in unsern persönlichen Dingen. Ich freue mich immer, wenn ich merke, daß Du,
außer an mir, sogar auch an der Mühle etwas hängst, – und
wenn ich auf Korrodi und die N.Z.Z. hingewiesen habe, im
Zusammenhang damit, und auf Deine Beziehungen zu diesen
beiden elenden Institutionen, – so doch nur, um Dir zu sagen,
daß ich Dir diese Beziehungen *nicht* verdacht habe. Nur nicht
gerade dort und an der Stelle, die Dir schon durch ihr Verhalten
zu mir ein wenig hätte verleidet sein können, (zu schweigen
von andern und wichtigeren Bedenken) hätte der «Protest» erscheinen müssen.

Schluß. Ich bete zu all unsern Göttern, daß Deine «Antwort»
schön wird. Willst Du auf Schwarzschild nicht an *einer andern
Stelle* «eingehn»? (In der *National-Zeitung*!!?)

Und vergiß die alte Lasker-Schüler nicht, die, obgleich Ghet-
tojüdin, sogar von der Korrodischen geschätzt wird, – und
sicher eine «Dichterin» ist, – keinesfalls der schmutzigen Ro-
man-Industrie zugehörig.

                                        Ich bin die Deine:
                                        E.

TELEGRAMM   Prag, 6. 2. 1936
AN THOMAS MANN

dank glueckwunsch segenswunsch

kind e.

AN KATIA MANN   Prag, 11. 2. 1936
                                        Hotel Esplanade

Frau Süsi, – Frau Oberlieb, – ich mag es selber kaum glauben,
daß dies der erste Brief ist, den ich aus der Fremde an Dich
schreibe und nun ist auch die Maschine noch defekt. Ich bin
doch aber wieder ein so überbeschäftigt Gehetztes, – die lausige
kleine Tschechentournee zu arrangieren macht mehr Mühe als
Einnahme, – auch gibt es (ich sehe zu meinem Entsetzen, daß es
gar nicht geht mit der Maschine, muß also malen), – auch gibt
es so sehr viel *Leute* in dieser Stadt, von Mimis zeitraubender
Figur ganz zu schweigen. Nun soll ich in einem ungeheuer ehrenvollen tschechischen Club übermorgen auch noch einen
Vortrag halten (über Tolstoi natürlich), was ich doch überhaupt nicht kann!! Die peinigende Erkältung ist auch schon
wieder los, – es ist, um *gehässig* zu werden, daß die kleinste
Überanstrengung oder Müdigkeit sich einfach in Erkältung
verwandelt (wie geht es der Deinen, – o?)
     Kurz, – man muß Spaß verstehen! Im übrigen aber steht
alles zum Besten. Wir haben ein großes und nettes Publikum,
eine vorzügliche Presse (die scheußliche Zwergin hatte einen
Spezial-Erfolg, worüber Goslarmäuschen immerhin zersprin-
gen möchte) und *sehen* auch täglich unser *Geld*! Stroh läßt
grüßen.
     Hab doch Dank für die liebe liebe Post. Ich muß nicht sagen,
wie sehr ich mich über Zauberers *Großartiges* gefreut habe, –
nun hat er alles gut gemacht und steht klar und richtig da. Ich
hoffe sehr, es geht ihm gut und er hat sich von der Aufregung

erholt. Jetzt, während der Olympiade, wird man in D. wahrscheinlich gar nicht reagieren, und wenn man es später dann tut, – einmal hat es doch sein müssen und der Augenblick war ritterlich und ehrenvoll gewählt.

Ich hoffe gegen den 26. in Z. (will sagen K. zu sein), um, nach kurzer Rast, für eine Woche nach Sils zu fahren. Die Erkältung will das so.

Ja, – D. wird eingekreist, aber die Olympiade verläuft königlich und wird schon ein wenig nützen.

Wie steht man in Deinen Kreisen zu Davidle Frankfurter? War doch eine rechte Idiotie, – wenngleich die ausländische Presse ja ganz verständig reagiert hat.

Adieu, Jungfer Goldeswert, Frau Unbezahlbar, – auf Wiedersehn,

ich bin Deine

liebe liebe

E.

(vernünftig + im Bett!)

Z.'s Äußerung hat hier allgemein große Freude erregt, wurde auch mehrfach in extenso abgedruckt.

Arbeitet er jetzt wieder am schönen und hübschen?

AN THOMAS MANN   Spanien, 2. 6. 1936

Viellieber Z., –

Gruß und Kuß und Glückwunsch, denn Du wirst einundsechzig. Wo sind die Zeiten, da Du sechzig wurdest und wir die hübschen Kerzentörtchen hielten, wobei die düstere Gollette, aus nackter Angst vor dem Feuer, das ganze Gedicht versaute? Dahin sind sie, und scheinen sorglos und idyllisch, verglichen mit den augenblicklichen, man hatte es nicht gemeint, damals,

als sie an der Reihe waren. Habt Ihr jemanden eingeladen? Herzchen, oder doch Brentano? Welch ein großer Jammer, daß Wien nun immer unbedenkbarer wird, – wieviel netter könntet ihr dort leben und mit wieviel netteren Leuten am Geburtstag. Aber das geht doch wohl endgültig schief, – und schon, ob Salzburg diesen Festspielsommer unangefochten überstehen wird, steht dahin.

Hier ist es sehr schön, bis wunderbar. Man könnte eben so gut sagen, daß es ganz herrlich ist, – denn man hat alles, Sand, Felsen, Bucht, offenes Meer und ein schönes weites Hinterland mit Getreidefeldern, sowohl als mit Ölbäumen. Es ist gut warm, ohne daß es heiß werden könnte, da ja ständig ein leichter Wind geht, die Gäste im Hotel sind farblos und englisch, bis auf jenen bayrischen Grafen Treuberg, mit dem gemeinsam ich häufig donaumonarchistischen Träumereien nachhänge und der ähnlich verwöhnt spricht wie der Hergesell, was ihn mir natürlich lieb macht. «Eine kleine, – eine ganz kleine Revolution nur in Bayern sollte man machen», sagt er, – alles andere käme dann schon von selbst. Und wenn wir vom Pariser Tageblatt reden, klagt er darüber, daß dort immer soviel Ratschläge erteilt werden, wie man am besten nach Zion kommen kann. – «Aber wir *wollen* nicht nach Zion, – wir wollen eher nach *München*!» ruft er und Du kannst Dir denken, wie sehr er mir aus dem Herzen ruft.

Leb wohl und hab Dank. Ich denke, daß wir am 11. oder 12. in Küsnacht eintreffen. Seid Ihr dort? Seid Ihr zurück? Wenn Ihr nicht da seid und in diesen Tagen, sagen wir, vor dem 14. oder 15. auch nicht *kommt*, dann telegraphiert es doch bitte nach Nizza, an des Heiners Adresse. Dann nämlich führe ich erst und direkt nach Sils und besuchte Euch nach Eurer Rückkehr von dort aus. Gellja?!

Auf Wiedersehen und sei es ein sanftes Jahr, welches bevorsteht, eines, das den Joseph zu Ende bringt und zugleich den Anfang einer hübschen, mühelos zu schreibenden kleinen Novelle, – über Zwergerln, oder sonst ein erheiterndes Thema

(wobei der Gatte der Giehse gut als Modell herhalten könnte!),
– ich schwätze, – Schluß mit mir, – Küsse für Mielein, –

Kind E.

P.S. Die Fahrt, hierher, war doch sehr weit, – und auch etwas abenteuerlich, besonders, solang sie über die wilden, verschneiten und ganz ungeschützten Pyrenäenpässe ging, die obendrein im Nebel lagen. Für mich freilich wird alles leicht und kurzweilig, durch mein liebes Radio. Es spielt aus allen Ländern an mein Ohr beim Fahren und voller Melodieen und Neuigkeiten komme ich abends im Gasthaus an. Zuhause hat man doch immer andere Dinge zu tun, als Radio zu spielen, auch geht man leicht mal ins Konzert, oder spielt Grammophon. Während einsamer Autofahrten ist es aber wirklich ganz prächtig, – und das Wunder des Fahrens wird durch das Wunder des Aus-der-Ferne-Musizierens noch erhöht, – ich habe sehr viel Spaß, auch hier, wenn ich abends in den Park gehe, um die Schubertlieder vom Reichssender Stuttgart und das Tristanvorspiel aus Paris zu hören, während ich den Motor anspringen lasse, damit er nicht einrostet. Ihr solltet auch ein Radio im Auto haben, – eigentlich ist es der einzige Ort, wo ein Radio so recht von Herzen hingehört.

TELEGRAMM AN   New York, 8. 11. 1936
KATIA UND THOMAS MANN

bestuerztest und beschaemt ueber bericht an k ausserstand taeglich wechselnde situation brieflich zu schildern tat bestes drahtend stop ist mit welchem schiff bitte truppe abgereist langbrief an euch unterwegs

tendresse

AN THOMAS MANN   [New York, Ende November 1936]

Liebster Z., – nun habe ich ein so Langes an Frau Mieleinlieb
hingeschrieben, daß mir zu tun fast nichts mehr übrigbleibt.
Nur für den *ungewöhnlich guten Band* möchte ich gedankt
wissen, – ich studiere zwischen all den Besprechungen, Qualen
und Torturen immer wieder drin herum und es scheint sich zu
bestätigen, daß er schöner ist als alles bisher Dagewesene.
Schreibst Du schon? Oder liest Du noch? Wie lange soll es werden und welche Anekdote ist es denn überhaupt? Bin doch
neugierig, wann man sich wiedersieht, und das dritte Weih-
nachtsfest meines Lebens außerhalb des Kinderhauses wird mir
spaßig vorkommen. Seit der Weltreise (vor acht Jahren) hat es
das nimmer gegeben. Thomas Wolfe («Look Homeward, Angel»), ein sehr irrer und betrunkener Riese, hat uns eingeladen,
den Abend mit ihm zu verbringen. Das möchte mir aber zu
fremdartig scheinen und ich denke, wir werden uns schon selber irgend einen Besen schmücken und im dunklen Badezim-
mer ein wenig zu singen wissen, damit es leidlich in Ordnung
geht. Bist Du denn ganz gesund? Kein Rest der Krankheiten
mehr zu spüren? Du wirst viel verehrt in diesem Lande und
vielleicht solltet ihr einmal auf ein Längeres herkommen, – ein,
zwei Monate wenigstens, um auszuprobieren, ob es sich nicht
doch hier leben ließe. O, über die verstunkene Schweiz! Nun
haben sie wieder diese Frankfurter Broschüre ihres eigenen
Landeskindes verboten. Spaßig: aber in Europen habe ich nie
versehentlich von Deutschland gesprochen, – etwa München
gesagt, wenn ich Zürich meinte. Hier aber bringe ich dies alles
durcheinander, – sage meistens Deutschland, wenn ich Europa
sagen möchte, *immer* München statt Zürich, *immer* Poschinger statt Schiedhaldi. Alles schiebt sich beunruhigend zusammen von hier aus und stellt sich dem erschreckten Blick als ein
einziger Sauhaufen dar, – der ja vorübergehend ebensogut
Deutschland heißen könnte, – wenn es erst schief gegangen
sein wird.

An Mielein schrieb ich optimistisch, scheint mir, – was mag mir inzwischen über die Leber gelaufen sein?

Sei, bitte, sehr artig geherzt, – ich denke Eurer häufig und liebevollst, – wann denn erscheint Dein neuer Aufsatz in der Weltpresse und was ist unter Weltpresse zu verstehn? Ein bestimmter Vertrieb? Oder wie, oder he? Wie kann man des Papieres habhaft werden? Würdest Du es mir, etwa gar, schicken?

Ganz und gar:
Kind E.

AN THOMAS MANN   New York, 1. 2. 1937
                                           Hotel Astor

Viellieber Z., – ach, auch Dich muß ich zunächst um Verzeihung, Vergebung und Nachsicht angehn, – es ist ja ganz beispiellos, wie ich mich betrug und daß ich nicht einmal für das *reizende* Geschenk, das so liebevolle Mühlen-Aufsätzchen gedankt habe, macht mich zur Selbstverächterin (so wie Herr Mollier einst zum Selbstbeneider wurde, – Mielein erinnert sich daran gewiß). Sei, noch heute, sehrsehrsehr bedankt. Es hat uns manch gute Dienste geleistet und mich zudem persönlich aufs innigste erfreut. Erscheinen tat es in Auszügen an mehreren Stellen und, in extenso, im «Daily Worker», – sowie in einem von uns zu tausenden versandten Prospektchen und es hat sehr dazu beigetragen, unsere letzten drei Galavorstellungen so triumpfal zu gestalten, wie sie in der Tat verliefen. Du reste muß ich auf meine Nachrichten an Frau Mieleinlieb hinweisen, in denen ich mich ausgab. Warum aber habe ich denn all Deine schönen Publikationen nicht bekommen (warum wohl, – ich habe es nicht um sie verdient, – ich weiß schon, – aber das Stümpfchen tut bekanntermaßen auch weh!), – in der Nationalzeitung soll doch so was Feines gestanden haben, «Achtung Europa» oder so, – und nun wieder der Briefwechsel mit Bonn, – der hoffentlich in unserer «Nation» (sie, zum Beispiel, *gehört* meinem unermeßlichen Reichen, – ach, es ist ein Jammer, daß man einen gewissen Grad von Reichtum nicht mit ansehn kann, – ohne vom Gewissen und von der Unruhe geplagt zu werden), – in der «Nation» also erscheinen soll.

Und wie die Goethenovelle gedeiht, – Serkins wußten sehr animiert und entzückt davon zu erzählen, – und wie es in Arosa gewesen ist? Und ob Ihr herkommt? Ach, es wäre sehr reizend und das New-School-Auditorium (in welchem auch wir unsere Triümpfchen feierten, – sie waren wirklich sehr nett, ganz wie in Bern und wie im Haag!) kann ich nur empfehlen, – wenngleich 6 neue englische speaches kein Spaß sind und ich von leichtem Nesselfieber ergriffen werde, denke ich nur an ihre Ausarbeitung. Wie ist die Schiedhalde mit nur Medidulala? Wie mag Michael sich im Frack und in Paris ausnehmen? Aus der sturen Schwyz bin ich nun seit schon fast einem halben Jahr emigriert, – es ist erstaunlich und wird zudem an der Zeit, daß man sich wiedersieht.

Sei sehr geherzt, – ich denke Deiner häufig und zärtlich, – auch lese ich immer wieder im dritten Joseph, den ich von Herzen liebhabe; – neulich, im «Eternal Road», dem Werfel-Stück, das nicht zu Unrecht «das jüdische Oberammergau» genannt wird, – habe ich sehr weinen müssen, da Joseph die Brüder in Ägypten empfängt und sich ihnen schließlich zu erkennen gibt, – *nur* weil ich daran dachte, wie rührend und großartig die Szene bei Dir aussehn wird (beim Werfel *war* sie es *gar nicht*, sondern vielmehr eher dumm und opernhaft!).

Leb wohl, – komm doch, – trotz der englischen speaches, – und hoffentlich bin dann ich noch hier, ich meine aber schon.

Sehr Dein altes und liebes
Kind E.

116 Briefwechsel mit den Eltern

TELEGRAMM
VON THOMAS MANN   Küsnacht, 9. 3. 1937

ZU DEINEM AUFTRETEN VOR AMERICAN JEWISH
KONGRESS BEGLUECKWUENSCHE ICH DICH
HERZLICH STOP DU SPRICHST DORT ALS
SELBSTAENDIGE PERSOENLICHKEIT ZUGLEICH
ABER TUST DU ES GEWISSERMASSEN AN
MEINERSTATT ALS MEINE TOCHTER UND ALS
MEINES GEISTES KIND STOP ES IST EINE SCHOENE
GELEGENHEIT FUER DAS GUTE UND RECHTE FUER
WAHRHEIT UND MENSCHENWUERDE ZU ZEUGEN
GEGEN GEWALT UND LUEGE DIE HEUTE VIELFACH
SO SIEGREICH SCHEINEN UND VIELE VERFUEHREN
STOP DU SPRICHST ZU AMERIKANERN UND
MAGST IHNEN SAGEN DASS DIE GANZE WELT AUF
DAS GROSSE AMERIKA DAS LAND LINCOLNS
WHITMANS UND FRANKLIN ROOSEVELTS BLICKT
UND AN SEINE SENDUNG GLAUBT DER
MENSCHHEIT AUF DEM WEGE DES FRIEDENS
UND DER SOZIALEN GERECHTIGKEIT
VORANZUGEHEN IN EINE ZUKUNFT DEREN SIE
SICH NICHT ZU SCHAEMEN HAT STOP
LIEBEVOLLEN GRUSS
                                        THOMAS MANN

AN THOMAS MANN   New York, 15. 5. 1937
                                        Hotel Bedford

Liebster Z., – danke*ganz*herzlich, Dir persönlich, für den von
Dir persönlich so schön geschriebenen Check! Ich war sehr gerührt und sehr erfreut und er war *grad* in der richtigen Größe.

Weißt Du zu was? Zum ausgeben! (Siehe Monniles fingiertes Gespräch mit Glöckner)

Geht es Dir denn nun besser? Es betrübt mich lebhaft, daß dem nicht gleich so war und ich kann mir denken, wie *zermürbend* es ist. Greifst Du nicht, gelegentlich wenigstens, zum guten, heilsamen *Morphium*? Aber das würde Dir, wahrscheinlich, auch nicht bekommen?

Was den «Freud» angeht, – so habe ich ihn tagelang mit mir herumgetragen, um dann zu folgendem Beschlusse zu kommen. Sieh einmal: der Aufsatz ist doch ein Vortrag und der Vortrag ist doch eine Geburtstagsrede, – der ganzen Anlage nach, will mir scheinen. Vor allem aber ist der Anfang, – das mit den vorläufig anklingenden Motiven und dem Künstler als Feierer von Lebensfesten (and so on) sehr hübsch. Klar, daß Du ihn ändern mußtest, bei Gelegenheit eines Vortrages, in welchem es doch zu pretendieren galt, er sei für die (neue) Gelegenheit geschrieben. Im Buche aber ist es doch ganz gleich und weshalb sollte ein Essayband, der «Goethe, Freud, Wagner» betitelt ist, – nicht «Freud und die Zukunft», – Vortrag gehalten, erstmalig, in Wien zu Freuds 80. Geburtstag, – enthalten? Die große Ausführlichkeit, mit der in dieser Rede von Deinen Büchern die Rede ist, rechtfertigt sich sehr überzeugend dadurch, daß eben der Feiernde seine Beziehungen zu dem zu Feiernden darlegt. Wäre das ganze nicht ein Geburtstagsspeech, sondern eine objektive Betrachtung des Freudschen Werkes, – es könnte eher Wunder nehmen, daß so viel abgeschweift wird, – und kurz: mir kommt es besser, hübscher und überzeugender vor, man läßt es wie es ist. Mit Alfred und Blanche habe ich Rücksprach genommen, – sie überlassen das ganze meiner Urteilskraft und ich hoffe sehr, es ärgert Dich nicht. Versteh mich recht, – nicht, daß es mir zuviel Arbeit gewesen wäre, – es hätte mich *geehrt*, in Deinem Werk herumzupfuschen, – aber eingeleuchtet hätte es mir nicht.

Habe Langbrief an Mieleinle abgefaßt und bin nun am Ende der Möglichkeiten. Hoffentlich komme ich bald. Die böse, böse

Dorothy hat neulich in einer Versammlung, in der ich, gemeinsam mit ihr, auftreten durfte, – die ganze Arie des Posa vorgetragen, – so sehr hattest Du sie inspirieret.

Ich bin die Deine

Kind

E.

AN THOMAS MANN [New York, November 1937]

Allerliebster Z. *Willst* Du gütig sein und eine kleine Message spenden? Es handelt sich um die Künstler, deren einen Du sahst, als wir in seinem Atelier das Anti-Nazi-Modellchen anschauten. Ein paar Sätze genügen und es sind brave Menschen.

Ich bin *froh* zu hören, daß es Dir besser geht, – es muß ja abscheulich gewesen sein und wir wollten schon telegraphieren, um Beileid auszudrücken, ein Plänchen, das dann an übergroßer *Armut* zu Grunde ging.

Den Rest schrieb ich an Fraumamale. Leb wohl und sei für die Geburtstagszeilen sehr bedankt. Den Wagnervortrag hörte ich gern, – auch sonst wünschte ich manchmal, ich wäre in der Schiedhaldi, wenn freilich *dies* Land immer noch das *einzige* ist, dessen Presse und Öffentlichkeit *halbwegs* adäquat auf die deutschen und englischen Scheußlichkeiten reagiert, – und, gründlich überlegt, mir wäre lieber, Ihr wäret hier.

Treulich:
Kind E.

Fränkels haben mich an meinem Geburtstag reizend gefeiert und waren sehr üsis. So überreichten sie mir einen schönen Siegelring, den Clemens Brentano am Finger getragen, taten Strümpfe, Duftgewässer, Wodka und dies und das dazu und somit will ich ihnen verzeihen, daß sie so übermäßig geschickt sind. *Gumpert* wurde 40!

AN KATIA   New York, 14. 12. 1937
UND THOMAS MANN   The Bedford

Herzallerliebste Elterlein, – dies wird ein ganz gehetztes Weih-
nachtsgetippe, – was um so garstiger ist, als ich soeben, –
gestern spät in der Nacht des Zauberers Liebes und Hochdan-
kenswertes und, heut am morgen, Fraumamales Element der
Süßigkeit erhalten. Aber nun fährt die alberne «Queen» doch
gleich und nicht nur daß sie fährt, alle fahren wir, Klaus, wie er
gewiß darlegte, in den Süden und nach Californien, ich bloß
ganz modest aufs Land, – in einen Ort, genannt Puddingstone
in New Jersey. Dort will ich 10 Tage hinbringen, um mich,
a) doch von New York City ein wenig zu erholen und um mich
zweitens dem Endspurt an meiner Edelpamphlete, dem Buch
über die armen deutschen Kindchen, zu weihen. Annemarie
(Herr Zauberle sieht ihr Köpfchen gar zu gern!) wird mich begleiten und es soll, so hoffen wir, geruhsam sein.
   Die Message, lieber Z. kam genau zur Zeit, und ist *ganz* das
Rechte, wenngleich wir uns natürlich schon beunruhigt hatten
und uns mit dem Gedanken trugen, eine ganz ähnliche selber
herzustellen und als von Dir gesandt auszugeben. Schade, daß
wir es nicht schon getan hatten, es wäre lustig gewesen, festzustellen, bis zu welchem Grade es uns gelungen wäre. Die
Artists sind unbeschreiblich aufgeregt wegen ihres großen
Abends. Desunbeschadet könnten sie ruhig ein paar Cents hin-
zahlen für die Auftretenden und auch für jene, welche Messa-
gen sandten, – aber daran dachte wieder niemand. Ach, Z. daß
es mit den Zähnen (die sich gewiß wenigstens herumgespro-
chen haben in Deiner Heimat Züri) noch immer der wahre
Glanz nicht zu sein scheint, geht mir recht nach, – und überhaupt kann es einen doch grenzenlos *gehässig* stimmen, wenn
dann, – zu allem Überfluß, auch mit der Gesundheit noch irgendetwas nicht in der Ordnig ist. Wenn Du Dich nur und bloß
nicht überanstrengen wolltest, hierzulande; – ich möchte Dich
eigens auf einen Tag hinweisen, den ich aus Deiner Liste ersah,

und der mir unerträglich scheint. Ist es doch derselbe, an welchem Du erst, morgens in aller Frühe, hier in der Columbia den großen Vortrag absolvieren, dann ein Lunch hinessen, und anschließend nach Washington fahren sollst, um dort den ganzen Vortrag abends wiederum zu halten. Magst Du denn das tun? Wenn nicht, sag es schnell Herrn Peat, denn sonst ist es definitiv zu spät. 1000 Dollars, – Mieleinle fragt danach, ist nicht zu viel, – *unsere Größten* bekommen es alle und natürlich zahlen viele Veranstalter es *nicht*, – freilich könnte man auch statt 11 à tausend leicht 40 à 500 haben, was dann zwar die doppelte Summe ausmachen, Dich, lieber Herr, aber wohl eben erledigen würde. Ich glaube im übrigen, daß PeatiPeati zwar natürlich sehr nett verdient, – daß es aber nicht übermäßig sein wird, denn seine Spesen sind sehr sehr sehr. Ihr besteht selbstverständlich auf Compartements in den Zügen, welche vermittels ihrer Preise zum Himmel schreien; auch ist alles, was man im Zusammenhang mit Propaganda hier nur *anfaßt*, sündhaft teuer. Was die *Schopenhauer-Einleitung* angeht, so sei doch, bester Z. bitterechtsehr, vorsichtig, – if you please. Der Mann, um den es sich da handelt und von dem ich weiß, scheint mir *suspect*; – er gehört zu jenen, die sich, unter Nennung großer Summen, großer Namen vergewissern, ohne selber Geld zu haben, – die aber, gleichzeitig, unter Vorgabe, sie *hätten* die großen Namen alle bereits, an Verleger herantreten, von denen dann nicht gewiß ist, ob sie entsprechend zahlen möchten. Mein Zwergenrat ginge also dahin, *nicht* zur Feder zu greifen, ehe eine beträchtliche Anzahlung (500 Dollars, oder so) zur Stelle, – *denn*, warum: man *ärgert* sich sonst grauenhaft.

Mein Gott, ich sollte weg, ehe es ganz dunkel wird, – mit A.'s Fortesse und nun dämmert es schon; – gepackt ist auch noch nicht. Was werde ich denn bloß Weihnachten tun, – ich sentimentales uraltes Häuschen. Von Frau Jakobi erhielt ich aus heiterm Himmel zwei sehr gute, ähnliche und ernsthafte Photographieen von den lieben Elterlein, die schmücken mir jetzt die Kommode. Frau Bucki schrieb ja wohl. Falls, aus irgendwelchen Gründen aus ihrem Vorschlag, den ich nur telephonisch und ungenau kenne, – nichts werden, – ich meine, falls er unannehmbar sein sollte, – laßt es mich gleich wissen, damit ich weiter mit der Sache spielen kann.

Wegen Gölchen gedenke ich gleich nach Neujahr einen Schritt zu tun, der Chancen haben könnte. Von ihm später. Seid alle umhalst, – auch Reisi, was kostet es aus der Ferne, – ich hätte ihm schreiben *müssen*, – sagt, ich tät es nun bald!

Ganz und gar:
Kind E.

(Ich freue mich *sehr* auf Euch, – aber *nur*, wenn es Euch dann auch bekömmt!)
Danke für die «Ring»-Besprechung, – sie schien mir merkwürdig intelligent, – und sicher ist es sehr schön gewesen. Kann ich den *Vortrag* nicht *geschickt* erhalten?!?

An *Medi* schreibe ich mit *nächstem*!

TELEGRAMM   Atlantic City
AN KATIA UND THOMAS MANN   [Februar 1938]

THANKS ONCE MORE FOR DELIGHTFUL FESTIVITY ENCHANTING GIFTS ADORABLE CHECK AND FOR ALLOWING ME TO BE YOUR BELOVED CHILD

MRS KLEMKE

AN THOMAS MANN   New York, 4. 2. 1938
The Bedford

Allerliebster Z. – habe soeben ein nur zu Langes an Mieleinle hingetippt; so bleibt mir nur, Dir für Deinen Wunderbarschönen zu danken, schriftlich, denn drahtlos habe ich es bereits getan und mündlich hoffe ich es beinahe gleich zu bekräftigen. Ich habe ja *sehr* gelacht, und wie Du alles so frisch aus dem Ärmel schütteltest, war ungemein glaubwürdig und überzeugend, sodaß auch keiner auf die Idee verfallen ist, mich der garstigen Intrige zu bezichtigen, deren ich de facto schuldig bin. Ob ich nun general Secretary *werde*, liegt, teils, an mir. Wir müssen das besprechen. Heute möchte ich folgendes fragen: wäre es Dir, im Prinzip, recht, oder unrecht, wenn ich Euch, gelegentlich (etwa nach Washington, Chicago und California) begleitete, um für die Guild, der unter meiner Führung zu neuem Glanz verholfen werden müßte, ein wenig zu sammeln? In Washington möchte Mrs. Meyer mich dabei unterstützen, in Hollywood die guten Fränkels, und für Chicago und San Francisco habe ich andere brave Menschen, die sich bereit finden. Ich glaube, daß man sehr wohl einiges ausrichten könnte, und wenn Du Dich selber nicht darum zu kümmern brauchst, macht es Dir am Ende nichts, – besonders, wenn alles schon fein vorbereitet und von mir mit elegantestem Herzenstakt durchgeführt würde. Wie meinst Du? Willst Du mir telegraphieren, wenn Du decidiert *nichts* dergleichen haben willst? (Wohlgemerkt, es handelt sich *nicht* um zusätzliche Unternehmungen, die man Dir aufzubürden wünschte, sondern bloß darum, bei ein paar Dinners, die *ohnedies* abgesessen werden müssen, Erimaus mit dem Teller herumzuschicken?!)

Ach, mein Gott, der Brief *muß* ja weg, laß Dir von Fraumamale sagen, wie sehr ich mich auf Euch freue, und nimm die ganze zärtlich-treue Anhänglichkeit

des Kindes
E.

1919–1955 123

AN KATIA UND THOMAS MANN   25. 5. 1938

Liebe und geliebte Elterlein, – ach, wie habe ich mich doch so
ungern von Euch getrennt, und Europen, schon letztes Jahr ein
beklemmender Ort, um dahin heimzukehren, war doch durch
Euere Anwesenheit dorten als Heimathafen gestempelt. Nun
auch dies wegfällt, ist mir die Ankunft auf dem Kriegs-Schau-
platz kein lieber Gedanke. Wie, – und *wie* es Euch denn nun
ergehen mag? Wenn ich nur ein Wirelesschen, ein Cablechen,
ein Nightletterchen (reicht Reisi reichlich!) vorfinden wollte, –
oder gar schnell einen «Queen-Mary»-Brief. Ob Ihr in Frieden
gelassen werdet und denselben genießet wie Frau Hesse seinerzeit die Crème? Und jetzt kommen gleich die Ehren-Doktoren-
Toren! Der Entschluß aber, im Amerikanischen zu bleiben,
scheint mir richtiger, je ausführlicher und eindringlicher ich
ihn mir in den Schlaflosen überdenke. Nun wieder hat Henlein
zum zweiten mal alles hingeworfen, – und das «so-nah-wie-
heute-warn-wir-noch-nie-am-Krieg-Spiel» gewinnt doch jeden Tag bedrohlicheren Charakter. Hitler, unser Bruder, *ist*
zwar nicht völlig wahnsinnig, – *so* wahnsinnig aber, daß er
nicht mehr genau weiß, wann es zu bremsen gälte, ist er wohl
nachgerade doch, mit Englands Hilfe, geworden. Schluß des
politischen Nachrichtendienstes, der keinen Sinn hat. Ihr wißt
alles höchst genau, während ich bloß die vorsichtigen Andeu-
tungen der «Ocean-Post» zu schlucken kriege und den Verdacht habe, auch wenn schon Krieg wäre, wüßt ich es nicht,
denn wir werden wie die blödsinnigen Kinder behandelt und
uns sagt man nichts, um nicht eine so aufgeregte Masse auf
hoher See zu haben.
    Daß es nun gerade heute so *abscheulich* stürmen muß, da ich
Briefe schreiben will und wir gleich da sind. Hiesiger Swim-
mingpool, schon bei spiegelblanker See ein mißglücktes Unternehmen, – eine failure, – ein Mißerfolg, wird wohl ganz einfach geschlossen sein. Als das Meer noch ruhig war, tobte es so,
daß außer mir kaum einer sich hineintraute, auf der Hinfahrt

mußte es gleich ausgelassen werden. Ja, wie kann denn einem guten Ingenieur sowas passieren?! Auch sonst ist das Boot eine *Enttäuschig*! Hübsch gebaut, aber schlecht bedient. Da wird mit dem Kaviar *geknausert*, da kommt keiner, wenn man schellt, da ist das Essen doch nur mittelmäßig. Falls die leidige Uniformfrage auf der French-Line bis dahin zur Zufriedenheit der Stuarts geregelt sein sollte, möchte ich am 3. August mit der Champlain «heim» kommen, – während ich mir für Puppe Döl die «Aquitania» denke, die, scheint mir, am siebenten Juni fährt («wenn kein Krieg ist», – Refrain). Wer meinen Champagner, meine Zigaretten und meinen Schnaps zahlt, darüber wenigstens kann Gott sei Dank keinerlei Zweifel herrschen. Ist es doch der homosexuelle und unermeßliche reiche junge Mr. Kelly, – Freund eines Freundes von mir, der die Erlaubnis hiezu wohl zu schätzen weiß. Für den Sommer hat er ein castle in Irland gemietet und Butler, wie «Chef» schon hingeschickt, – jetzt will aber mein Freund (der ursprüngliche, der bloß ein Schriftsteller ist) lieber zu den «Squash»-Meisterschaften nach Frankreich und nun ist alles umsonst gewesen, – too bad.

Freudig erwartungsvoll habe ich auf den Nervenzusammenbruch gewartet, er kam aber nicht. Mußte, statt daß ich mich an seinen interessanten Erscheinungen hätte weiden können, an die Arbeit gehen und ein «Nachspiel» für das «Kinder»-Buch schreiben, jetzt ist es auch schon fertig und ganz nüdlich, kömmt mir vor. An zwei Stellen weine ich beim Lesen und an einer wird etwas gelacht, – das ist nicht schlecht für 10 Seiten.

Friederich telegraphiert mir von Board der «Mary», er finde das Buch «ungewöhnlich eindrucksvoll». Das freut einen ja denn auch, der Mensch ist an sich schon streng und seinen Freunden gegenüber unleidlich, da er immer voreingenommen zu sein fürchtet. (Onkel Muck hat er doch einfach nicht gebracht, – war so ein süßes Bücherl!)

Will von Boulogne aus (wo wir *skandalös* spät eintreffen, – sieben volle Tage, – after all, – Omama auf ihrer Segelkiste pflegte das im Mittelalter hurtiger abzumachen!) von Boulogne aus also will an Schwarzschilden drahten, um eins mit ihm auszumachen. Hier ist Onkel Fleischmann's Einschreibe-Zettul und den Rest will ich gewiß säuberlich einrichten und besorgen (Refrain!). Ich erhielt Telegramme von aller Welt, was den Nachteil hat, daß nun Karten geschrieben werden müssen. Ach, der *Kontakt* mit den *Menschen* kostet so viel *Zeit* und ob er dann der *Mühe wert ist?*

Bitte, Frau Süsi, sei guten Mutes, – *bitte*, liebster Z., hege, pflege, halte und verwalte Dich gut. Der reiche Mr. Kelly liest «Royal Highness», – aber «Joseph» ist «definitely the last word», und der beste «essay in *this* world» ist Friedrich und die große Koalition. Für *so* reich gar nicht so dumm, – (Schwulheit veredelt!)

Seid umhalst. Es schwankt zum Stein-Erweichen; da werde ich wohl allein im Dining-room sein und aufmerksam bedient werden. Gestern abend war Konzert. Es war aber nicht besonders. Lebt wohl, lebt wohl, – ich bin Euch treu und hoffe der fröhlichen Wiedervereinigung entgegen.

E.

Liebe Lieblinge, – auf diesem schwach-, stumpf- und blödsinnigen Schiff *kann* man keine Briefe registrieren lassen. Ich muß also meine ganze schöne Einschreibepost dem «Agent» der Linie anvertrauen, der in Plymouth an Board kommt, und der mir receipts zu schicken versprechen wird. Inliegend 50 Gold-Dollars.

AN KATIA UND THOMAS MANN   1. 6. 1938

Allerliebste Leute, – nun habe ich doch zwei Tage verstreichen lassen, ohne zur Berichterstattung überzugehen, – aber ich wollte, wie sich verstehen läßt, – erst mal ordentlich Eindrücke zusammenkommen lassen, damit ich Stoff zum Wintermäntelchen hätt. Als ich ankam, hat es ungemein heftig geregnet, auch war es so kalt, daß Europa mir nicht gefiel. In Paris mußte ich als erstes im «Tagebuch» ein ebenso schlechtes, wie ungezogenes Gedicht von Herrn Wolfenstein lesen, betitelt «Europa-Flucht», das ich beilege. Ich nahm mit Schwarzschild Rücksprache, tadelte ihn herb und zeigte Z.s Brief an Fleischmann her, den ich schon auf dem Boot noch einem eingehenden Studium unterzogen hatte, und der mir, *gelesen* (und nicht vorgelesen) nicht so sehr glücklich zum Veröffentlichen erschien. War er doch erstens schnell diktiert und ergel stilistisch des Meisters nicht ganz würdig, zweitens schien er ein wenig lang und dabei nicht bestimmt genug, da er nämlich des Factums, daß «in diesem Augenblick» opferfreudiger Weise die «first Papers» *nicht* «genommen» wurden, nicht gedachte. Und eben diese Handlungsweise, – «die Herausnahme» der first papers, wäre sie vorgenommen worden, stellte Schwarzschild mir in unserm langen Gespräch als so besonders kränkend, ja, als das einzig Kränkende für die C.S.R. hin, – «in diesem und einem solchen Moment!». Kurz, *er* war der Ansicht, der Brief sei nicht glücklich (wohl für Fleischmann, nicht aber für den Druck) und *ich* war der Ansicht, man müsse den Schwätzern eins aufs Dach geben und zwar in einer Weise, die Dir selber nicht zugänglig gewesen wäre, weil es galt, Dich und Deine für Europa so nützliche Tätigkeit in den Staaten *herauszustreichen*. Und so nahm ich Schwarzschilds Angebot, meinerseits eine Kleinigkeit verlauten zu lassen, an. Das nun Erschienene deckt sich nicht genau mit dem von mir Verfaßten. Ich hatte Wolfenstein ein wenig ausführlicher angegriffen. Außerdem war meine Einteilung eine andere gewesen. Ich hatte die «First papers»-Sache ganz nebenher erwähnt, – aber der Redactor bestand darauf, sie an den Anfang zu stellen, weil gerade sie jedem Gerede ein Ende machen und den Dümmsten zufrieden stellen müsse. Gut. Ich hoffe *von Herzen*, in Deinem Sinne gekritzelt zu haben, gab mir *große* Mühe und denke, sie wird sich gelohnt haben, wenn Du nur einverstanden bist. Auch einen Satz über und gegen die «gestrenge Emigration» hat man mir gestrichen. Wolfenstein, im übrigen, wie ich nachträglich erfahre, bemüht sich *händeringend* und seit Geraumem um ein Affidavit! Das *ründet* das Bild, welches ich mir von ihm mache.

Hier, wie K. berichtete, ist Konsul Laschka ganz glücklich über Deinen Brief, (der seltsamer weise sehr viel besser ist, als der an Fleischmann war und wenn ich *ihn* gehabt hätte, wäre er vielleicht meinem Selbstgemachten vorzuziehen gewesen. Wiewohl ich auch wieder nicht weiß, – von wegen des Lobes Deiner Taten, das dort mangeln mußte.) Laschka im übrigen hat aus Deinem Briefe, mit feinen Anspielungen aus seiner eigenen Feder umrankt, Auszüge in «Lidove Novini» erscheinen lassen und ist der Ansicht, nun sei alles aufs *allerbeste* geregelt und niemand könne mehr eine Miene verziehn.

Ich bin sehr betrübt, weil die «Mary» heute keine Nachricht brachte. Zu, – *allzugern* wüßte ich doch nun, wie es geht. Die vielen Geschwister hier traf ich in Gesundheit und harmonischem Zusammenleben. Gölchen als Hausvater, Medi ganz verständig und der Sahl ist überhaupt bis auf weiteres in Paris, Möndle (ihr Gesicht ist *wirklich* ziemlich klein, wenn auch freilich ein wenig unjung) scheu, Lanyi ängstlich. Ich sah ihn heute zum ersten mal, er wird aber zum Abend bleiben. Auf die Fragen in meiner Liste «hat Lanyi zu leben? Wovon lebt Lanyi? Besitzt Lanyi Geld?» habe ich noch keine definitive Antwort. Fest scheint zu stehen, daß die jungen Menschen heiraten, – auch daß seine Gönner die Rente verlängern wollen und sie sogar zu erhöhen beabsichtigen, falls er nach den Staaten verzieht, wird zumindest behauptet. «Aussprache» hat noch keine stattgefunden, – ich gedenke das Schnellfeuer in den nächsten Tagen zu eröffnen. (Mit Dulala *habe* ich schon ein wenig gesprochen, – sie gibt vor, alles einzusehen und beruft sich immer wieder auf die unheilbare Liebe zum Frieder, – die natürlich zum Teil auf nervöser Einbildung beruht, aber natürlich deswegen nicht weniger leidig zu sein braucht.)

War doch schon bei Doktor Ulrich, – der sehr gerührt über

den Anblick seiner Salbe war und schönstens grüßen läßt. War doch auch schon beim Kettchenmacher, Frau Süsi, – es kommt ein feines Schlößchen hin und Knötchen zwischen die Perlchen. War doch auch schon bei Tenni, – der alles erledigen will (sich heut einen genauen Überblick über die Bestände verschaffen wollte) und mit dem ich morgen wieder konferiere. Auch Riesern sehe ich morgen. Habe doch auch schon mit den Tames eine Sitzig abgehalten, bat sie zu diesem Zweck zum Niedersitzen in Medis Stube (hätte auch gut ein Kapitelchen aus der Bibel vortragen können!) Mir scheint, sie wollen gerne, ich stellte alles so hin, wie es ist, sagte, sie *sollten* nicht nur nicht, sondern *dürften* sich gar nicht gleich entscheiden, müßten mit den bridegrooms sprechen, – niemand wollte ihnen zureden und im Gegenteil: es sei eine Chance, die man ihnen zeigen wollte, nichts weiter. Ich bin schier sicher, daß sie ja sagen werden. Und nun fragt sich, wie bald Ihr die eine oder die andere dorthaben wollt. Ich werde deshalb wohl innerhalb des Geburtstagstelegramms Anfrage halten. Gölchen, wie vermerkt, hofft am 15. zu fahren. Leider ist die Militärsache noch nicht ganz geregelt, wiewohl der Laschka sehr sehr willig ist (der Kehricht auf dem Estrich besteht darin, daß Angèle, die scheue Person, damals in Praha dem Militärarzt von seinen Leiden nicht gesprochen, und daß nur von dort aus die endgültige Befreiung zu erlangen wäre). Mag sein, daß seine *Immigration* an diesem Versäumnis *für den Augenblick* scheitert. Wir hoffen aber *bestimmt*, die Sache für das Besuchervisum bis zum 15. zu erledigen. Ja und sonst? Ein sehr reicher Schweizer am Orte hat seinen ganzen Weinkeller vergiftet, damit die deutschen Soldaten sterben, wenn sie einmarschieren und einen guten Tropfen möchten. Die National-Zitig soll definitiv «umgestellt» werden (noch merkt man es ihr aber eigentlich nicht allzusehr an!), – fest steht, daß Berens deshalb gehn mußte und der Besitzer in einer großen Redaktions-Sitzung einen völlig neuen Kurs angekündigt hat. Oprechts, die sehr schwarz sehen in Bezug auf ihren Absatz, atmen, wie jedermann, auf, wegen der einstweiligen Beilegung der tschechischen Krise, die so *ungeheuer* beigelegt seit gestern ja schon wieder nicht mehr ist. (Unterbrach ich doch an dieser Stelle den Briefchen, da ich a.) jählings nach Malans bei Chur mußte, wo Annemarie ungut tut, und da ich b.) einsehen lernte, daß ohnedies vor dem *achten* kein acceptables Schiff geht (dann freilich die Normandie), nachdem man die New Amsterdam am 2.) nicht erreicht hat. Ein trauriger Skandal.)

Inzwischen sprach ich den Rieser, und, abermals, den Tenni. Eine Übersicht Eurer kleinen Reichtümer ergibt bei dem augenblicklichen (und Verkäufen im Durchschnitt günstigen) Stand der Papierchen ein Ungefähr von 233 000 Schweizerfranken. (inclusive der 5000, die als Pfand in Küsnacht liegen). Tenni ist dem Goldkaufe durchaus hold und möchte ein Viertel der Gesammtsache in Gold verwandeln. (Das ergibt dann einen schönen Barren). Zu diesem Zwecke empfiehlt er vor allem, von den Schweizer Papieren zu verkaufen, da dieselben sehr hoch stehen und gewiß nur fallen können. Er überlegt sich, was mit den tschechischen zu tun sei (die von Frankreich garantiert sind) und mit den französischen (von deren Verkauf er aber eher abrät) (es bestehe die Chance, daß sie von 20 000, – was sie augenblicklich wert sind, – einerseits auf bis zu 26 000 steigen, andererseits kaum unter 18 000 fallen möchten). Nun, er wird es sich noch überlegen, und da der flotte Bengel über Pfingsten nach Bratislava fliegt, um seine Großmama zu besuchen, werde ich am Dienstag nach dem Fest seine endgültigen Entschlüsse zu hören kriegen und in die Zeit umgesetzt sehen. Mit der Steuer ist uns ein Wunder gelungen, insofern ich Dulala, mit allen Zeichen des Entsetzens auf ihren Mienen ins Hus sandte: sie sollte sagen, es sei ihr Scheußliches geschehn und am 10. Feber schon hätte sie Euch abmelden sollen und hätte es, wie Kinder sind, einfach vergessen, – nun würde sie wohl geschlagen werden, wenn nicht das Hus ein Einsehen hätte und die Küsnacht-notorische Tatsache Eurer Abreise damals steuertechnisch verwertete. Der Anschlag gelang und die Steuer muß bloß bis zum 10. Zwoten erlegt werden, – eine nicht unbeträchtliche Ersparnis, auf welche hin Medi und ich uns heute Nacht vielleicht einen Schnaps gönnen werden. Kahler hat Euch geschrieben? Nur zu sehr geht er mit dem Gedanken um, «hinüber»-zu fahren (nicht zu sehr, denn er ist ja wirklich nett!), – mit Mutter, Kegel und allem. Ich habe gestern mit ihm gespeist, sein Kopf-Tick ist wieder besser geworden, aber die Wiener Vorkommnisse haben auch ihm die Freude am Erdteil vergällt. Dem Oprecht gab ich «The coming victory», – er freute sich *herzlich* damit und nun wird es, scheint mir, *sowohl* in Heft 1 des 2. Jahrgangs *als* in einem Sonderheftchen kommen. Der Mann fuhr gleich ins Tessin und abrechnen werde ich erst nach Pfingsten mit ihm können.

Hier sind auch Schickeles Schecks, deren Gegenwert ich mittlerweile von Tenni für ihn auslegen ließ. Vielleicht schickt Ihr die Unterschriebenen also an Tennin retour. Von dem Hundert-Dollar-Check, den ich hatte (Krull-Nizer) habe ich 50 an Hardekopf, dem es hündisch gehen soll, – und, – auf vieler Menschen Betreiben, – 50 an Mynona gegeben, – widerstrebend, wie sich versteht, aber er soll am Verhungern sein, war einmal nicht unbegabt, wennschon unleidlich wohl immer, ist von der «Guild», weil von uns nicht empfohlen, abgelehnt worden und kurz: mein goldenes Herz hieß mich handeln. Ferner wurden (aus meiner Meyerschen Privatschatulle) unterstützt: Walter Mehring und Harry Kahn (letzterer freilich bloß mit 15 Dollars), während die Martha 200 Franken von Tenni geliehen erhielt, die sie innerhalb von sechs Monaten zurückzahlen soll; – fehlt sie, bürgt der Th. M.-Fonds und so wird es denn wohl auch werden.

Habt Ihr *an Van Loon geschrieben?* Das ist gut und gewiß herrscht nun schon die *dickste* Freundschaft!

Ich höre nichts von Friederich, – wiewohl die Beri-Konferenz vorgestern schon gewesen sein muß. Wie mag es nun alles stehn? Opi's möchten so schrecklich gern in jedwede Kombination hineingenommen werden. Über die Unsinnigkeit des Bonnier-Planes herrscht völlige Einstimmigkeit bei allen; (inclusive etwa Golette, welchem der Bermann zugegeben, daß er den Plan selber nicht für so gut hält, – «ach, wenn der dumme Ehrgeiz nicht wäre, hätte ich wirklich eine Farm in Neuseeland», –) Ich bin neugierig.

Seite sieben dieses Grotesk-Manuskriptes soll nur noch dazu dienen, das beiliegende von Christa Eurer Aufmerksamkeit zu ampfehlen, enthält es doch viel Köstlich-Tröstliches über die lieben O-Eltern.

Ob denn nun der Mirchael unterwegs ist? Auch von Gumperten hörte ich kein Wort, wie beunruhigend all dies. Serkins Ursel ist so schrecklich krank, hat beiderseitige Mittel-Ohrentzündung und mußte schon aufgemeißelt werden. Das ist arg. Aber die Giehssky ist eher obenauf, weil zwar der Rieser geht, aber eine andere und günstigere Kombination vor der Tür zu stehn scheint. Im Ganzen herrscht eine merkwürdig föhnige Stille vor dem Sturm. Die Schwyzer sind, seit Österreich, im Ganzen zweifellos noch anti-nazizistischer geworden, trauen der Lage aber natürlich selber nicht und niemand kann sich vorstellen, was werden soll, da a) Hitler nicht still bleiben *kann*, – b) Tschechen sowohl als Schweizer nicht still *halten wollen*, c) keiner einen Krieg möchte und d) die Westmächte nicht wissen, was sie wollen.

Seid umhalst. Und *bitte* laßt von Euch hören, – ich kann es im Grunde gar nicht fassen, daß noch nichts da ist und will nur hoffen, daß Ihr so wohl wie schweigsam seid.

In großer Treu
E.

Frau Süsilein, gewiß bist Du viel munterer, seit Du ein Häuschen um Dich herum hast und seit ich Dir nicht mehr so viel ins Handwerk pfusche. Das war aber überhaupt nur so für die erste Zeit, in der Du Dich noch nicht so auskennen konntest, und geschah gewiß bloß aus Pflichteifer und in feinster Absicht, – und nicht, weil ich mich hätte wichtig machen wollen.

AN THOMAS MANN   New York, 8. 2. 1939
                                          The Bedford

Liebster Z., – der Stampfer hat mir geschrieben und ich werde
ehetunlichst in touch mit ihm treten. Ich bin, however, etwas
unruhig über dies ganze. Das Gerede von wegen Deines Miß-
brauchtseins durch die Roten entbehrt doch nicht nur sachlich
jeder Grundlage, – es ist auch nebenher und hauptsächlich
völlig sinnvergessen. Ganz abgesehen also davon, daß das
Geld, aller Wahrscheinlichkeit nach, *nicht* kommunistischen
Ursprungs ist, wie stünde der Fall, *wenn es wäre?*: die Kommunisten, der richtigen und moralisch hochstehenden Auffassung, daß *Einigung* vor allem nottäte, hätten versucht, durch
Dich, den sie als einen großen und unbescholtenen Neutralen
verehren, diese Einigung im Kampf vollziehen zu lassen. Sie
wären selbst vor finanziellen Opfern nicht zurückgescheut. Sie
haben *nicht* den Versuch gemacht, *irgendeinen* ihrer Punkte
durchzusetzen mit Deiner Hilfe, oder mit Hilfe der glücklich
vollzogenen «Einigung». Alles, was sie erhoffen, ist, daß eine
bescheidene Art des Zusammenwirkens zustande käme, – eine
wirklich sehr bescheidene, – denn es sollte ja sogar getrennte
Arbeit gemacht werden; nur daß man sich gegenseitig ein wenig Rechenschaft ablegte und also nicht völlig zersplittert, ne-
ben- und gegeneinander kämpfte, war die Hoffnung und das
Ziel, – wenn denn kommunistische Hoffnungen und Ziele
irgendwie zugrunde lagen. Was ist bisher geschehen? Man hat
von den Geldmitteln, deren Existenz man anzweifelt, keinen
Gebrauch gemacht. Der sicherste Weg, ihr *Dasein* wenigstens
zu ergründen, wäre gewesen, Forderungen zu stellen. Dein
Angebot, sofort 150 000 Francs zur Verfügung zu stellen, hat
man nicht beantwortet, – vielleicht weil man überrascht war
und mit den 150 000 nichts anzufangen weiß, – weil spätere
Geschlechter feststellen könnten, daß man, «unmoralischer
Weise», – die «Köpfe zusammengesteckt» habe. Dies alles ist
betrüblich und dumm. Nun aber Stampfer, – ein ziemlich ver-

kalkter Vertreter derjenigen Partei, die sich in Deutschland am ärgsten und in nie wieder gutzumachender Weise blamiert hat. Er versucht Dich mit Gerüchten zu schrecken, nach denen Du «in ganz Paris» als Kommunisten-Liebchen verschrieen seist, – um seinerseits was zu tun? Um Dich vor die *sozialdemokratische* Parteimaschine zu spannen, – um Dich auszunützen für den uralten Vorwärts, – um genau das zu veranstalten, was er, völlig zu Unrecht den Kommunisten vorwirft (denen Du viel zu kostbar und verehrungswürdig bist, als daß sie jemals den Versuch machen würden, Dich für ihre Parteizwecke zu mißbrauchen. Sie wissen, daß Dein großer Wert im praktisch-Politischen in Deiner integeren Un- und Überparteilichkeit liegt und daß in Deutschland Protestanten und Katholiken, Offiziere und Arbeiter Dir zuhören, wenn Du sprichst. Jede Anti-Hitler-Aktivität ist wichtig und wertvoll und es wäre zu beklagen, wenn die sozialdemokratische einginge. Ganz sicher aber bist Du der Mann nicht, diesen Karren aus dem Feuer zu holen, oder die Kastanien aus dem Schmutz. Es ist meine wohlfundierte Überzeugung, daß nur Überparteiliches Dir zu Gesichte steht und Deinem Namen für den Kampf nutzen kann. Allenfalls mit der Niemöller-Gruppe könntest Du Dich gesondert einlassen (schon mit den Katholiken nicht, deren Rolle in Spanien denn doch zu tierisch ist), – ganz gewiß nicht mit den Kommunisten und ganz gewiß nicht mit der verschimmelten S.P.D. Was aber unsern Freund Simon angeht, so ist es mir äußerst arg, es *wäre* mir äußerst arg, wenn Du fändest, ich hätte Dich in troubles gebracht. Mir scheint, es ist ziemlich aufrichtig verfahren worden in dieser Sache, – der Mensch hat aus der Tatsache seiner kommunistischen Bindungen kein Hehl gemacht, – er hat übrigens nicht einmal gesagt, daß jene Engländer solche Bindungen *nicht* hätten. Ich persönlich *glaube* nur nicht, daß sie sie haben, – ich weiß zu gut, wie wenig Geld die Kommunisten für Propaganda zur Verfügung stellen und Stampfer weiß das übrigens auch. Ich schicke heute noch einmal ein Cabel an Simon, um wegen der Existenz des Geldes mich beruhigen zu lassen. Auch in dem letzten Brief von Simon, – den ich heute Frau Süsi'n mitgab, steht ja aber kein Wort davon, daß es schwierig sein könnte, die 150000 einzuzahlen. Das «M. und W.»-Geld stammte *zugegebener* Maßen *nicht* aus diesem Fonds und hatte wahrscheinlich spanische Hintergründe, die *natürlich* jetzt verbaut sind.

C'est ça, – entschuldige das lange Schreiben, – aber ich möchte, daß Du davon überzeugt seiest, daß ich niemals leichtfertig sein werde, wenn es sich um Dich handelt. Frau Süsi sprach in diesem Zusammenhang auch von Meisel und Colin, die ich fahrlässig eingebrockt hätte. Colin, der als Pirandellos «Representativ» äußerst tüchtig und fähig war, hat sich garstig entwickelt; übrigens hast Du ja etwas übrig für ihn und verstießest ihn nicht, nachdem seine Hallodri-Qualitäten schon erwiesen waren, – obwohl Du durch keinerlei Abmachungen an ihn gebunden warst. Und wenn Meisel nicht so flink ist, wie er sein sollte, – so war auch er ein *Versuch*, – und man kann ihn ganz leicht wegschicken. Es wird nicht leicht sein, einen wirklich befriedigenden Sekretär zu finden; der job setzt sehr viel voraus, – und wer hat schon sehr viel, heutzutage?

Finis. Ich werde dem Stampfer meine Ansicht auseinandersetzen; wenn Du Dich trotz ihrer mit ihm einlassen willst: warum nicht. Es ist, immer, mehr als möglich, daß ich mich irre. Nur wollte ich Dir meine Motive darlegen, damit Du nicht meinst, ich schwatze unmotiviert.

Wie stets und von je:
Kind E.

AN THOMAS MANN   Zürich, 17. 7. 1939

Liebster Z., – danke für Briefchen wie Fränkchen, – letzteres ist schön saftig, wenngleich vom «Bruder» in gar keiner, aber auch in *gar* keiner Weise unbeeinflußt. Wie der Mensch Dir immer alles fein säuberlich einträgt und einen Pennbruder heißt, was andere Leute einen Dauerasylisten nennen. Soit. Es wird gute

Wirkung tun. Anbei ein Gelungenes von meinem Martin. Sehr glänzend dokumentiert, – ein wenig lang, – ich werde es, vor Drucklegung, noch um ein Geringes umredigieren. Schickst es halt zurück? Aber lies es auch, – man muß wissen, *wie weit* die Verlotterung geht. Falls wir bis Frühling den lieben Krieg noch nicht haben, an den ich mit soviel Zärtlichkeit denke, wie an einen fernen Retter, – sollte man wirklich einen Band machen aus den Sachen, – er könnte stattlich sein und Aufsehen erregen. Hier ist auch etwas von unserm *Renn*, das ich ganz einfach für *unbrauchbar* halte, – so leid es mir tut für den kindlichen Idealisten. Alles, was recht ist: aber sich vorzustellen, daß Leute ihr Leben riskieren sollen, um eine dermaßen törichte Abhandlung zu lesen, in welcher gar keine Neuigkeiten stecken und auch sonst nichts Auffallendes, außer dem schlechten Stil, – das geht nicht. Ich setze ein Schreiben für Dich auf, das ihn («man spricht vergebens viel . . .») auf jeden Fall verletzen muß. Immerhin schreibt er vielleicht was Besseres und, wenn nein, kriegt er ein bißchen Güldenklee, – o, daß wir ihn erst hätten! Von Kingdon traf ein Herzliches ein, – die Vorbereitungen, meint er, gehen gut und er hofft, daß ich *all* meine Zeit nunmehr dieser Sache zur Verfügung stelle, – da sie zu einem unserer wichtigsten Instrumente und strategischen Stützpunkte zu werden geeignet sei. Und meiner 1,5 Bücher? Mir schwindelt. Dein Reisi. Willert traf mit heutigem auf der «Normandie» in Europlingen ein, – ich hoffe sehr, ihn irgendwo zu sehen, – auch, um ihn (den, wie Du weißt, «Treasurer» der Broschüren-gistchens) in manchem zu befragen und umzustimmen. Ich hatte dieserhalb eine Aussprache mit Rauschningerl, der die folgende Richtigkeit äußerte: den Gegensatz zwischen der bisherigen, illegalen, namenlosen Literatur und diesem neuen Unterfangen könne man gar nicht deutlich genug machen. So solle man, par exemple, von «Tarnungen» nach Möglichkeit absehen, alles mit offenem Visier kundtun, – die *Post* nach Kräften benutzen, – und, – dies sagte nicht unser Führer, sondern ich sage es mir selbst, – wenn irgendtunlich, – nicht einmal den Vertriebs-Apparat der Roten benutzen. Es wird dies nicht ganz leicht sein, – denn sie haben, die Unholde, – nun mal den besten, – außerdem ist Willert darauf aus, ihnen einträgliche Jobs zuzuschanzen. Ich will aber nicht, daß Leute, wie Schrödinger, oder Rauschning, oder wer auch immer, die mit Dir zusammengehn wollen, – nie und nimmer aber mit jenen, – sich von jenen vertrieben finden; – zu schweigen von dem fürchterlichen Stunk und Klatsch, den es wieder anrichten müßte.

Vielleicht schreibst Du mir ein paar Zeilen in diesem Sinne (äußerst vorsichtig und respektvoll gegen die K.'s, – und unser Wille zur Zusammenarbeit mit ihnen sei ja durch die Wahl Renns ins representative Kommittee mehr als dokumentiert!!), aber doch so, daß ich es verwenden kann, im Streite. Daß Du aber dem Teufel Münzenberg geschrieben hast, Du seiest ganz *froh* über den Angriff in der «Runa», weil Du Deinen Antikommunismus an Hand seiner «unter Beweis stellen» könntest, war vertauensselig. Er treibt unbeschreiblich viel Ungedeih damit. K. meldet, in den Staaten herrschte bei Links größte Beunruhigung (auch bei den Writern, deren Ehrenpresident Du bist), weil Du irgendetwas sollst unterschrieben haben, was schlimmer und anti-linkser sei als selbst Dorothy, – es könne doch gar nicht stimmen und müsse, in diesem Falle, schnellschnell dementiert werden, meint der Bruder. Er drückt sich unklar aus, was genau es ist: irgendeine Erklärung, oder ein Manifest, oder was-weiß ich, – zur Erhaltung von «American Democracy» und zu ihrer destruction, de facto. Kannst Du Dich besinnen?

Vier Tage Pause, – Arosa, Hotel Hohenfels, am 20. Juli.
Verzeih, verzeih, daß ich dies liegen ließ, – es kam irgendwie nicht zur Absendung. Inzwischen wurde hergefahren, – mit Giehsky und Altford, – sag Mielein, daß letzterer mich 650 Schweizerfranken gekostet hat und daß ich mir für dies Geld ebensogut den Spaß hätte leisten können, eine Anwältin nach München zu schicken. Ist ja ganz fürchterlich. Sag ihr, außerdem, daß *Frau Göldel gestorben* ist, nähend und nachts. Hier

ist es hübsch und entgegenkommend (12,50 mit Pension und Balkon), Aroslingen zwar beileibe nicht so schön wie Sils, aber doch auch sehr gebirgig. Ich mag weiter nicht in beschreibende Details gehen, um Euch nicht neidisch zu machen. Auf der andern Seite hat es mich sehr lustig gestimmt zu hören, daß es gut bei Euch geht, – das Karenina-Vorwörtchen beendet ist und Lotte sich mit frischen Stiften bearbeitet findet. Wenn alles weiter freundlich bleibt, wäre am Ende, bei noch gefährdeten Greisen, das Verbleiben nicht töricht, um so mehr, als die *politische Lage* doch *eher* wieder zur Zuspitzung neigt. Polen scheint den feinen echten Pilsudsky-Geist noch nicht ganz verhaucht zu haben, und jedenfalls hat der Marschall ein sehr grobes Interview gegeben, – allen Versuchsballons der kriminellen «Times» zum Tort. *Benesch* hat *nie* gesagt, daß *gekämpft* werden würde, – auch ganz ohne Verbündete. Und daß der Abhub einfach auf Danzlingen Verzicht leistet, ist doch auch wieder nicht anzunehmen. Ach, über das Gerate und Gerede.

Aber *beruhigt*, so viel ist zu sagen, hat sich nichts. Eher umgekehrt, – will sagen, im Gegenteil. Heute traf Frau Mieleins Besorgtes (der Urgreise halber) ein. Ich will gleich mit den Opi's telephonieren und den Briefchen nicht eher abschicken, als daß ich sie gesprochen hab. Ist bekannt, daß niemand Geringerer als Winifried Wagner sich ihretwegen viel bemüht hat und daß auch das Bleibendürfen der Mädchen auf sie zurückzuführen ist? Man meint in Zürich, daß die Alten, sind sie erst dort, besser in einer Wohnung (mit Mariechen etwa), als im Hotel aufgehoben wären und daß sie also gut daran täten, ihr Mobiliar nicht restlos zu veräußern. Mag viel Schlaues dran sein. Will auch dieses gleich nochmal bereden und den Versuch machen, Valeska Hirsch hineinzuschicken (von der Bartschen hält man bei Oprechts nicht viel, – weiß nicht, warum). Ich telephoniere nunmehr.

Zu Dysing geschickt habend, bin ich nunmehr in der Lage, das Folgende zu mölden: Frau Opi sagt, daß Herr Opi sagt (letzterer war nicht daheim), daß morgen ohnedies ein intelligenter Schweizer (wußte nicht, welcher) nach München fährt. Ich diktierte für ihn die folgenden drei Punkte: 1.) wegfahren, sofort nach Paß-Erhalt (wird, so leicht, nicht möglich sein, da Giehses *Irma,* welche heute eintraf, mitteilt, daß nach neuester Bestimmung der Auswanderer noch *nach* Empfang des Passes *wiederum* zu Finanzamte muß, um dort einen letzten Stempel zu erlangen). 2.) Sich auf Schluß-Erpressung gefaßt machen und ihr, womöglich schleunig begegnen, statt sich vom Schlage rühren zu lassen. 3.) womöglich eruieren, wie lange, *nach* der «Versteigerung», das Ding sich hinziehen kann. Opmaus wird dem Intelligenten dies alles einschärfen und, falls er es nicht klug genug aufnimmt, die Marie schicken. Mariechen, nochmals befragt, teilt mit: Winifried hat von sich aus geschrieben, ob sie irgendwie behilflich sein könne. Da haben denn die Alten geantwortet, ihr einziger Herzenswunsch sei die schleunige Reise-Erlaubnis. Die zu besorgen habe Wini sich verpflichtet. Ist hoffentlich wahr. Morgen abend soll ich Nachricht darüber kriegen, *wer gefahren* ist. Ich drahte hierauf sogleich. Im übrigen scheint mir, daß, nach all der holländischen Presse-Propaganda, Eurer stillen Herreise nicht viel im Wege stehen möchte, um so mehr, als die Greise schließlich gar nichts davon zu wissen brauchten, und die Briefe weiterhin ins Huis Ter Duin gehn könnten, das sie nachsenden würde, während Mieleins Schreiben via Friederich reisen möchten. Bei den Verängstigten dieserhalb *anzufragen,* schien mir nicht weise. Sie haben nun mal die Antipathie und würden nur unter Martern zustimmen, ohne überzeugt zu sein. Seid außerordentlich geherzt. Hier sehnt man sich nach Winter und Vergangenheit, – besonders, Frau Süsi, nach einem Damenaufenthalt von so erlesener Güte, wie der vor der Rheinlandbesetzung es war. Giehsky unterläßt es vorläufig, das Bockbein zu stellen und ist soweit ganz guter Dinge. Von Lanyi's weiß sie, leiderleider, nur das Freundlichste zu berichten. Der Friederich ist vollends verstummt, – etwas Gutes kann das nicht bedeuten. Da aber auch von Klausheinrich nichts kommt, muß ich mich wohl als vereinsamt betrachten. Selbst Gumpi schreibt selten.

Nun heißt es noch, den Absagebrief an Renn hinlegen.

Adieu und lebt wohl.

E.

AN KATIA UND THOMAS MANN   15. 10. 1939

Frau Süsi und Herr Z., – wie dumm, falsch und kränkend ist doch meine Handhabung der l. Privat-Korrespondenz, – und wie sehr schwebt es mir alleweil als Muster vor, wie Du, Frau S. überall sogleich niedersitzest (ach, nieder*saßest*) um das Zettulein an Offi-München auszufüllen. Hier, wie leicht vorstellbar, ergeben Arbeit plus Geselligkeit, mit Radio gemingt starkes Beschäftigtsein. Auf das Radio ist man beinahe ebensosehr angewiesen, wie in Saltsjöbaden, – denn die Zitigen enthalten *nichts*. Es ist sinnlos heiß, – nun erst leide ich unter dem Verlust all meiner Höschen, Badeanzüge und Strand-Schmonzetten. Die Politik, wie Ihr sehr wohl wißt, kann einen leicht zu Tode quälen und manchmal werde ich die traurige Vorstellung nicht los, es möchte mir ergehen, wie damals, als ich den Keuchhusten hatte und, nachdem ich mit großer Mühe all das häßliche Ersatz-Essen treu hineingewürgt, dann, am Schluß, mein Schinkenbrötchen nimmer genießen konnte. So, – fürchte ich, – möchte es kommen: und weinend werden wir am Ende vor unseren Schinkenbrötchen sitzen, – außerstande, sie noch zu enjoyen. Praktisch komme ich immer mehr zu der Einsicht, daß es doch ein langes Kriegel geben soll. Rußland ist entschlossen, es nach Kräften auszudehnen und wird gewiß den Nazis (mit U-Booten) helfen, sobald diese erschöpft scheinen. Trotzdem sind die kranken Tiere fertig. Nur steht, – außer der Frage, ob wir das Brötchen noch zu genießen imstande sein werden, die andere offen, wie es endlich beschaffen sein wird. Vielleicht ohnedies ungenießbar?

Fränkels treu und lieb, – wirklich anhänglich von ganzem Herzen und verbringe ich vielerlei pflegliche Mahlzeiten im Häuschen. Mit Dorothy, welche hier war, ohne noch das Gering*ste* unternommen zu haben, haben wir abermals gesprochen. Ihr auch allerlei Material eingeschickt und gefleht, sie möge, – a.) die in Aussicht gestellten *100000 Francs* schicken (an Landshoff-Landauer), – b.) Euch von vollzogener Großtat in Kenntnis setzen. Falls dies bis dato nicht geschehen, – sollte man doch nochmals telephonisch vorstellig werden! Ich werde am Montag hier einen collection-speech aufs Parkett legen, – niemand wird geben mögen.

Brünschens Krach mit Dieterle steht in voller Blüte, – trotzdem habe ich schon allerlei gemütliche Stunden dort verbracht, – trotzdem, – und wiewohl nunmehr feststeht, daß der biedere Schwabe (der Brünschen freilich ebenfalls ist) sich ganz erstklassig schlecht benommen hat, – lacht freilich nicht dazu, – sondern leidet *wie* ein Tier unter der Feindschaft. Bodo Uhse soll nach Mexico verschickt werden und so gibt es immer was zu lachen. Above all ist es ja extraordinarily funny, – daß mein Vetter Aschermann hier seine Juwelen zum Kauf bietet, – freilich unter dem Namen Dr. Thomas! Er *ist* es aber selbst, – irgendwem hat er sich als Z.'s Neffe decouvriert und gesagt, er heiße Asch. Will ihn ehetunlichst anzeigen, – weiß auch schon die Adresse. Den K. fand ich in ganz gutem Zustand, – werdets ja selber bald erkennen können. Quant à moi, – so bin ich ein wenig heiser und zerschlagen, – sonst aber, – bis auf die Schinken-Brötchen-Sorge, nicht unguter Dinge. Habe auch, scheint mir, an die 3,5 Pfund zugenommen. Dagegen mußte ich mir ja *leider* schreiben lahn, – daß Du, Frau S., im Bett gewesen bist und gekränkelt hast?! Das ist vorbei, – laß hoffen! – Willst, Vater, bald ein Broschürchen schreiben? Dir so recht die ganze Politik vom Herzen kritzeln, damit dann, von ihr befreit, wieder ganz Künstler (und Mensch!) sein kannst? Wystan, so hoffe ich, fährt nun bald nach W., – ist wohl auch schon gefahren. Dann sollten wir, – «with the next raid», – unsere Literatur verteilen. Ihr *wißt, daß* einer der englischen Flieger, vom Deutschland-Fluge zurückkehrend, zugegeben hat, daß es nicht immer möglich war, in der Eile die Papier-Bündel auseinander zu nehmen und daß er manche von ihnen Paketchenweise abwerfen mußte. «*My* Lord, –» sagte da der Oberkommandierende, – «man, – *do you realize*: you might have *hurt* somebody!!!».

Krieg ist Krieg.

Sehr die Euere:
E.

Habt Ihr auch dem *Prinzen gekündet?*

AN THOMAS MANN   26. 11. 1939

am 26. November und enroute, – in einem feinen Drawingroom, – den man mir anwies, – nur weil ich die Menschen vermittels Getippe störte.

Lieber Z., – ich höre (durch meinen weltumspannenden Nachrichtendienst) Du seist «ein wenig zart und traurig» gewesen, – neulich abend, als unsere Prinzess Dulala den munteren Greis (der sich mir gegenüber ja selber als sommerliche Abendsonne bezeichnet hat, – stark, schön und golden, – aber eben doch abendlich!) heimgeführt hatte und er sie wegführte aus der Stocki. Ich habe sehr an Euch gedacht, in diesen Tagen, – denn natürlich ist es, – a) melancholisch im allgemeinen, – wenn das Kindchen fortgeht, – und, b) ist es natürlich ein bißchen schreckhaft, daß es gerade *dahin*geht, das trotzige Sonderlingl. On the other hand es wird ihr gewiß mindestens ebensogut (wenn nicht gar besser) tun, als der Frausüsi damals die Blinddarmentzündung und ich glaube ihren Briefen zu entnehmen, daß sie recht vergnügt und guten Willens ist. Ich lege, in alter,

142 Briefwechsel mit den Eltern

erprobter Indiskretion, ein Gekritzel bei, – nur damit Ihr seht, wie sie ihr Fest genossen hat und doch auch wieder das «Traurige» des Augenblicks nicht verkannte. Es *ist* ja ein *Elend*, daß amazing family an so verschiedenen Orten und Kampfabschnitten tätig zu sein hat und mir hängt das fürchterlich Gereise auch schon meterlang zum Hälschen hinaus. Nun spreche ich wieder 5 mal hintereinander an 5 verschiedenen Orten, nur, um dann zwei Tage lang allein in Omaha zu sitzen (wohin ich fliehe, weil dort *keine* lecture ist!) What a life! Wieviel lieber tränke ich da Thee mit Euch und Meiseli, der doch gewiß noch hochbezahlt der Euere ist, und säße des Abends in der library, um die englischen Verluste mit Euch zu beklagen. Wenn bloß die Russen nicht auch noch U-Boote liefern, – die destruktiven Säue! Die englische Idee, alles ausschließlich auf «starvation» abzustellen und sich auf den «inneren Zusammenbruch» zu verlassen, rechnet denn doch nicht genug mit der Intaktheit des Terrors drinnen, der nur durch militärische Niederlagen, – nicht aber durch elende Verhältnisse gebrochen werden kann. Freilich: die Niederlagen, die nötig sein werden, werden immer geringer, angesichts des Elends, – aber nötig bleiben sie deswegen doch, – und zu viel von unsern Schiffchen gehen unter, während wir abwarten. Je nun, – all dies ist als, wie der Westerwald, – aber deshalb nicht weniger urgent. Ich lege einen Brief bei (außer Durrrrli's), – nicht weil er (der Schreiber) meint, ich sei «perfect», – sondern weil er gar so typisch ist, für die Confusion over here. Weil Hitler, erwiesener Maßen, hier nicht «einmarschieren» kann, halten diese Löli's sich für ungefährdet und glauben allen Ernstes, daß sie seinen Sieg würden zulassen können. Gleichzeitig aber hängen sie doch mit echter Leidenschaft an Democracy, auch an der Monroe-Doctrin hängen sie und meinen, beide Goldschätze würden beibehalten werden können, wenn jene drüben die Herren wären. Wenn wir *nur* Franklin D. nicht einbüßen. Jener Garner (ein Elender) scheint gute republikanische Chancen zu haben (von den demokratischen abgesehen) und ich *zittere am Leib* (wie mein Manager,

Herr Drössler zu sagen pflegte, wenn er unsere Pfeffermühlen-Gagen nicht auszahlen konnte) bei dem Gedanken, daß er das Rennen machen könnte, nächstes Jahr.

Wir haben hübsches, wenngleich kaltes Wetter und viele Tiere auf den kahlen Weiden. Ich wollte, – Ihr wäret leidlich vergnügt, Frau Süsi könnte bald ihren Bib ans Herz drücken, Pudel Niko ergötzte Euch durch die anhänglichste Possierlichkeit und der Bermann schickte ein Geld. (Der Arme, – was treibt er denn?) Hat man, – im übrigen, – je von *Brüll* gehört und ob er noch am Leben ist?

Hat das Dörmchen gemundet? (mir vom eigenen Schlummer abgespart! Nein, – ich nehme ja Blaue und Gelbe in rauhen Mengen!) Quant à *unsere* Tour: man muß da sehen. Natürlich wäre es zynisch, blasphemisch, gegen jedes gentleman-agreement, und ganz gegen den Geist von Locarno, – wenn ich da diesmal nicht mittäte und der Gedanke widerstrebt mir äußerst. Auf der andern Seite türmen die eigenen Dinger sich mir in allen Albträumen zum finstersten Himmel und ich weiß wahrhaftig noch nicht, wie ich, wenn die 28 Vor-Weihnachts-Städte, – die 22 Januar-Plätze und die drei Februar-Marktflekken (bis zum 5.) erst hinter mir liegen, physisch und mental beschaffen sein werde. Je nun, – das entscheidet sich und ich will gewiß alles tun, um meine innere Entwicklung in positivem Sinne zu beeinflussen.

Seid umhalst, – heut sprech ich bei den Judensäuen und sie wollen auch noch, daß ich ihrem verfluchten Zionismus zum Munde rede. Will ihn aber nur als highly humanitarian preisen.

In Lieb und Treu
Kind E.

P.S. Kann Medis Briefchen soeben nicht finden. War ja aber weiter auch nichts, als eine kindliche Schilderung des schönen Festes, – mit aufgezeichneter Tischordnung sogar, – und zwei könne man eben nicht heiraten (nämlich nicht jenen *und*

Broch) und sie sei gewiß, den *bei weitem* netteren erwischt zu haben. Was aber das «Traurige» angehe, – so sei sie ja Weihnachten daheim und überdies habe sie es im Trouble gar nicht so ganz zu seinem Rechte kommen lassen.

Ade, – nochmal.
E.

TELEGRAMM AN KATIA   Charleston, 24. 1. 1940
UND THOMAS MANN

KEINE FOLTER SONDERN NUR EINE SCHOENE
LECTURETOUR ACH ES LIEGT MIR STETS IM SINN
DASS ICH FERN UND TREULOS BIN TAUSEND
GRUESSE UND WUENSCHE VON MISSIONAR ZU
MISSIONAR

E.

AN THOMAS MANN   New York, 19. 8. 1940

Allerliebster Z. –
nun heißt es also, Abschieds-Briefchen kritzeln und der an Dich ist, – in a way, – der ärgste, weil mein Gewissen in Bezug auf Dich am dunkelsten ist. Du wirfst nicht gern *noch* ein Kind in den Abgrund, hast Du gesagt, als zum ersten Mal von dieser Reise die Rede war, und ich habe es mir auch gewiß gesagt sein lassen. As a matter of fact, ich wäre ganz *außer mir*, wenn mir etwas zustoßen sollte, weil ich weiß, daß ich Dich im Grunde durch *nichts* wirklich kränken und verletzen könnte, als eben durch mein Ausbleiben.

Alle Eulen der Welt waren mir seit Kindertagen gestattet und ich habe mich ausführlich gefragt, ob ich nun gerade die eine haben muß, die großen Jammer anstiften könnte. Mir scheint aber, ich muß sie haben. Man kann nicht sieben Jahre lang den Soldaten spielen, der, wie der Bürstenbinder in Tölz, auf den geheimen Marschbefehl wartet, um zu desertieren, wenn, schließlich, die Trompete bläst. Und überdies: die Eule wird so bösartig nicht sein. Daß ich fliege, statt zu segeln, ist ein Schritt ins Ungefährlichere; – ich bin, a), ziemlich lucky, b), ziemlich clever, – und, c), eisern entschlossen, mir nichts zuzustoßen zu *lassen*. All dies sollte helfen und im November sieht man sich wieder. –

Hier ist jedermann hilfreich und warmherzig gewesen, – es ist nett, bei Anlässen wie diesem zu entdecken, wieviel Freunde man hat. Ich habe 100 nützliche Briefe für Engelland, – mein Verleger vor allem (hingerissen von meinem ur-*mäßigen* Machwerkchen) hat mich ausstaffiert, – ein junger englischer Lord, – Geheimpropagandist von Duff Cooper over here, – hat mir zahllose verständige Ratschläge erteilt und mir übrigens, durch unerschütterlichen, dabei intelligenten Optimismus das Herz gestärkt, – sodaß es mir an garnichts fehlen kann. Am Donnerstag bin ich schon in Lissabon, – wo ich den amerikanischen Konsul besuchen und Erkundigungen über Heinrich und Golo einziehen will. Und am Samstag hoffe ich, in London zu sein. Leb wohl, – ich tu es ungern und vor allem ungern Deinetwegen.

Sehrsehrsehr:
Kind E.

AN KATIA,   Lissabon, 26. 8. 1940
THOMAS UND KLAUS MANN

Amazing family, –
sehr viele tausende von Grüßen zuerst. Es ist ja so *verwirrend*, hier zu sein und die Clipper-Erfindung doch wirklich des Teufels. Schon per Schiff hat man es nicht leicht, zu begreifen, wo man plötzlich wieder ist, aber auf diese Manier kann es einen ganz leicht um den Verstand bringen. Dabei hat uns ja der rin-

146 Briefwechsel mit den Eltern

nende Motor um ganze 24 Stunden gebracht, von denen wir 18 auf der Insel Horta verbringen mußten. Im übrigen war der Flug aber märchenhaft angenehm und hier herrscht der mulmige Scheinfrieden, den man kennt. Die englische Botschaft macht sich nicht sehr viel aus der englischen Regierung, wie es scheint, – und sabotiert meine Abreise, – sodaß ich mich schon ganz *entsetzlich* habe ärgern müssen. Morgen endlich ist es aber so weit, – ich darf mitfliegen, – und werde in London alsbald den hiesigen Luft-Attaché, – Chamberlain mit Namen und gewiß ein Geschwisterkind des Abhubs, – zu stürzen wissen.

Die Emigranten (mich, sehr natürlich, *durchaus* mit Hull verwechselnd!) umschwirrn mich, wie Motten *um* das Licht. Es war ein großer Spaß, Schwarzschild, das alte Haus, ganz gesund und munter zu finden. Wally schon sehr besorgt, ob in New York schicke Kleidchen preiswert zu haben. Grab gesehn, Babette Gross gesehn, Toni Kesten und Adrienne Thomas gesehn, Döblin gesehen, der sehr einleuchtend erzählt und recht üsis und hilflos (auch *pudelarm!*) ist. Zwei seiner Söhne sind verloren gegangen, – getötet, oder gefangen, – oder weg, jedenfalls, – die Frau hat halb den Verstand verloren und besitzt überdies nur ein Hemd, sowie, in leichtem Wanderschweiße, ein paar zerfetzter Schühlein. Den Golo und den Heinrich hat keiner getroffen. Das Rätseltelegramm, damals, war von einem braven Unitarier namens Sharp, der morgen nach Marseille fährt und 250 Dollars für die beiden mitnimmt. Sie sollten etwas Geld haben, haben wir gefunden (und zwanzig kosten die Unkosten hier!). Da wirklich nur irgend ein illegaler Exit übrigzubleiben scheint (wir haben ein paar Möglichkeiten ausgearbeitet), ist Geld dringend notwendig. Speyer und Neumann müßten ihre Exit-Visas beantragen und kriegen (sogar Schwarzschild hatte es, rätselvoller Weise, – mit Hilfe irgendwelcher Generalstäbler!). Aber für die unseren erscheint es unwahrscheinlich, weil sie ebenso unbeliebt sind und keine Generalstäbler kennen.

Es ist heiß, – und der Herr, den ich mir für den Champagner

angelacht hatte, ist heute weggefahren (zu meiner ohnmächtigen Wut, – er ist ein sehr törichter amerikanischer Colonel mit guten Beziehungen und hat Captain Chamberlain mehr eingeleuchtet, als ich.)

Ich bin wohlgemut, weil jeder Tag, den wir aushalten (und «wir» geben, scheint mir, nicht die leisesten Anzeichen von Nicht-mehr-aushalten-Können) uns dem Endsiege näher bringt. So viel von mir selber; meinen Sohn Wolfgang betreffend, so bin ich auch diesbezüglich unbesorgt. Ich meine: mir stößt gewiß nichts zu und wenn, dann mit dem Auto, denn die Portugiesen driven wie die Narren und töten täglich mehr Menschen, als die Stukas in Great Britain. Seid sehr umhalst, – ich cable und schreibe aus England. Die Entkommenen sind nicht allzu pessimistisch für die unseren in Frankreich. Die Franzosen seien im allgemeinen freundlich und ich bin froh, daß dieser Sharp nun hinfährt mit brauchbaren Flucht-Plänen. Er wird sich ganz speziell um Gollette und Heiner bemühen. (Das Geld solltet Ihr an *Schwarz* schicken, – das ist kein Irrtum!)

Ganz und gar:
E.

Küsse für Fränkchens, Walters, die Tamen, Nico, und Master Fridolin. Auch für Konni, natürlich, selbstverständlich!

TELEGRAMM   London, 16. 9. 1940
AN KATIA UND THOMAS MANN

ALWAYS OKAY IN JOYFUL ANTICIPATION
ERIKA MANN

148 Briefwechsel mit den Eltern

TELEGRAMM   London, 24. 9. 1940
AN KATIA UND THOMAS MANN

SHIP SUNK MONI SAVED LANYI LOST LEAVING
TUESDAY FOR SMITHTON HOSPITAL GREENOCK
SCOTLAND TO FETCH MONI PLEASE CABLE
SEVENTYFIVE POUNDS MAYFAIR LOVE
                                             ERIKA AUDEN

TELEGRAMM   London, 27. 9. 1940
AN KATIA UND THOMAS MANN

MONI PHYSICALLY WELL RELATIVELY GOOD
SPIRITS WITHOUT PAPERS UNWILLING RISK BOAT
AGAIN STOP SENT HER AND GIRLFRIEND OUT
TOWN BECAUSE RAIDS TRYING DESPERATELY
SECURE PASSAGE LISBON STOP MYSELF HOPING
ARRIVE SCHEDULE TAKING HER ALONG LETTER
ENROUTE
                                             ERIKA MANN

TELEGRAMM   London, 30. 9. 1940
AN KATIA UND THOMAS MANN

HOPING CONTINENTAL RELATIVES NOT TAKING
BOAT EARLY OCTOBER AS PUBLISHED HERE
CANNOT WILLIAM B PROVIDE CLIPPERPASSAGE
STOP CABLING WHEN MONIS AND MY
DEPARTURE SETTLED LOVE
                                             ERIKA MANN

AN THOMAS MANN   New York, 13. 4. 1941
The Bedford

Ostersonntag

Viellieber Z., –
vorhin habe ich dem Gumpert sein weiches Frühstücksei so
recht heimtückisch versteckt, als er gerade nicht hinschaute;
das ist aber auch die einzige Feierhandlung, die ich anläßlich
des Osterfestes begehen werde. Noch sind die Griechen ja nicht
geschlagen, die Engländer weder gefangen, noch *abgereist*, und
so ist am Ende zum Verzagen noch immer kein Anlaß. Dill und
Eden *müssen* sich in Ankara haben anschwindeln lassen, denn
ohne die türkische Zusage *konnten* sie das Ganze doch wohl
niemals anzetteln. In Washington, so höre ich, rechnet man,
ganz bluntly, mit dem Fall von Suez, – hält aber auch dann die
Sache für *gar keineswegs* verloren. Mein Gott, es ist ja wahr:
wenn wir nur *überhaupt weitermachen* können, mag das Monstrum so lange auf- und ab- und einmarschieren wie es ihm und
uns behagt. Dann wird der Gar ihm ausgemacht. Denn wir
werden weitermachen, – davon bin ich denn doch aus Herzens-
grund überzeugt.

Anlaß dieses Zettuls ist freilich der Aissiklaus und die erhebliche Sorge, in der ich mich seinetwegen weiß. Gibt es für ihn
doch nur zwei Möglichkeiten und ist die eine wirklich ziemlich
katastrophal von Charakter, während die andere zu nahe der
Unmöglichkeit ist, um so recht ermutigend zu sein. Wenn er
jetzt von einem Tag auf den andern die Bude zumachen muß,
hätte das, im Psychischen wie im Finanziellen ganz *abscheuliche* Folgen für ihn. Die Jahres-Abonnenten hätten ihr Geld
verloren (was unser aller Ruf nicht zuträglich wäre), – er hätte
überdies nicht unerhebliche Schulden zu begleichen und hätte
mit einer *an sich erfolgreichen* Unternehmung, in der sehr viel
Arbeit, Hoffnung, Herzblut und «sso viel Müh'» investiert ist,
einen vernichtenden Schiffbruch erlitten. Bei all dem Pech, das
vorausging, wäre das wirklich kaum tragbar für den Bemüh-

ten. Die Summe, die er braucht, um weiterzumachen, ist zwar sehr viel erheblicher als die, die er benötigte, um «möglichst bald Schluß» zu machen. Immerhin dürfte es leichter (wenn auch immer noch tausendschwer) sein, für «Decision» viel Geld aufzutreiben, als für die Beerdigung von «Decision» wenig. Wie dem sei: den Herrn Strelsin mit *größtem Eifer* zu bedienen, möchte ich flehentlich anraten. Bei allem Eifer kann aber sehr wohl sein, daß er beinah gar nichts tut, – denn seine fixe Idee ist Deine Editor-in-Chief-schaft, und wenn er die nicht erfüllt kriegt, weiß man nicht, was er unternimmt. Ob man sich sonst in aller Eile etwas ausdenken kann? Dorothy, so höre ich, verfügt seit kurzem über einen Fond ($ 25000), der ausdrücklich *nicht* für die leidige Wohltätigkeit, sondern für «antifaschistische Zwecke und Aktivitäten» verwandt werden soll. Vielleicht, daß ein leidenschaftlicher Brief von Dir da etwas ausrichten könnte? Ich will es noch mit K'n besprechen, ehe ich Dich bitte, einen solchen abzufassen. Was sonst, denn, könnte man tun? Wenn Du *persönlich* mit *Lubitsch* sprächest, – oder mit Walter Wanger (Hut bürstetest und hingingest?) würde das zweifellos Großes zeitigen können. Das sind freilich harte und *abstoßende* Zumutungen, oder Anregungen. Ich weiß mir nur wirklich keinen rechten Rat ohne Deine sehr aktive Hilfe und glaube nicht, daß wir hier das nötige in der nötigen Eile *possibly* zusammenkriegen können.

Wahr bleibt, daß es allzu-optimistisch und in seiner Art, wie Onkel Richters Abschneideweg, ein Stück aus der Tollkiste gewesen ist, daß der Bursch das Ganze angefangen und nicht genug Geld gehabt hat, um es ein Jährlein am Leben zu halten. Auch muß er schlecht und allzu-optimistisch beraten worden sein von seinen Geschäftspartnern, die gerne mitspielen wollten. Ihm jetzt Vorwürfe zu machen, ist aber natürlich, bei der sehr verdüsterten Seelenlage, in der er sich zu Recht befindet, gänzlich unratsam und kann nur dazu führen, daß er die Nerven verliert.

Laß mich, *bitte*, hoffen, daß, was Deine Zähne angeht, das

Schlimmste wenigstens hinter Dir liegt. Falls Du auch noch
Zahnschmerzen hast, wäre es ja wirklich *unverantwortlich*, Dir
den Strelsin und andere Ferkeleien zuzumuten.

Ich trete morgen, im Waldorf, als *Brasilianerin* auf, um, als
Omamas Enkelin, drei südamerikanische Roman-Preisträger
zu begrüßen. Ist ja komisch.

Tausend Grüße, – ich denke doch, ich komme bald.

Annemarie hat Deine Message (die deutsche nach London)
in Switzerland gehört und es soll sehr klar, aufregend und
schön gewesen sein. Nun fährt sie nach dem Kongo, weil die
Mamma ihr ihr Geld nur gibt, wenn sie *ganz* weit weg fährt, –
sagt sie.

Immerdar
Kind E.

Denke auch schon viel darüber nach, was man mit *Moni* tun
könnte. Ist ja auch ein ganz *unseliges* Problemata!

Küsse für die *liebe* Frausüsi!

Grüße für Lotte, falls sie noch die Eure! Bitte aber über
den Brief und die Sache so wenig wie tunlich sprechen!

P.S.

Mit K.'n gesprochen, der, schüchtern, das folgende meint:

1.) *Wenn* Du an Dorothy zwar sehr leidenschaftlich, aber nur
kurz schriebest, Klaus habe etwas zu besprechen, was Dir
GANZ UNGEMEIN am Herzen liege, – da es von *essentieller*
Bedeutung für das *Verschiedenste* sei, – und sie möge ihn doch
baldigst zugeneigten Sinnes empfangen – dann wäre das relativ
nicht so mühevoll für Dich und er könnte hinspringen und persönlich den Rest zu erledigen trachten.

2.) Wenn Dir, den Hut zu bürsten und Lubitsch'n, oder Wanger'n zu besuchen, denn *doch* zu ekelhaft sein sollte (was *leicht*
zu begreifen!), – dann könntet Ihr vielleicht den Lubitsch und
den *Cukor* (beide durch Liesulam spielend zu erreichen und
DEUTSCH sprechend!) zu Tisch bitten, – gleich mit dem Ver-

152   Briefwechsel mit den Eltern

merk, daß es was zu besprechen gibt. Wenn man den Onkels, vermittels hochpersönlicher Schmeichelei und hoch-politischen, sowohl wie kulturellen Getues, je eine Zweitausenderin aus den Juden-Nasen ziehen könnte, wäre damit nicht nur an sich viel getan, – sondern es wäre vor allem überdies der Teufel Strelsin aufs äußer*ste* zu beeindrucken, – und am Ende wäre es der elenden Mühe wert. Oder nein? Sondern he?

ICH BIN UNSCHULDIG!
UND HÜLFLOS!
E.

AN THOMAS MANN   New York, 22. 4. 1941

The Bedford

Lieber Z., – danke so recht herzensgründlich für Deinen Brief. Es ist schön und gut und gibt dem K. in *jedem Falle* große Lust, – daß Ihr Euch so freundlich bemüht und ihn, zumindest moralisch, deckt. Praktisch und financiell stehen die Dinge freilich recht schlimm und ich weiß gar nicht recht, was noch aus ihnen werden soll. Dorothy, zu allem Unheil, befindet sich auf einer Lecture-Tour. Auch, wenn sie nur wenig Geld und ein paar starke Worte gegeben hätte, jetzt, – SOFORT ein Sümmchen, das man hätte herzeigen und ein Briefchen, das man hätte verlesen können, wenn man die *Reichen* der Nachbarschaft zusammengebeten haben würde, – es würde geholfen haben. Ebenso wird jedes Sümmchen, das Ihr etwa aufbringen könnt, helfen, – weil es ein Sümmchen ist, – weil es von Euch kommt und weil es von jenem kommt (wer immer es sei), der es Euch gegeben. Strelsin scheint vor die Hunde gegangen zu sein, vor die er, bestenfalls, gehört und hätte sich ganz genau so gut auf mein Bett übergeben können, wie sich so benehmen.

Morgen esse ich bei Wieners und werde auch wegen des Häuschens vorstellig werden. Freilich bezweifle ich, daß der zwar gute, aber doch sehr Reichen-verwöhnte Baumeister *imstande* sein wird, derlei Überlandhäuschen (im Sinne von Überland-Wägelchen) herzustellen. Man muß sehn. Im Grunde, – und wiewohl ich, – das weiß man, – immer *für* das Bau-Projekt gewesen bin, – leuchtet Euer Entschluß, es aufzugeben, mir augenblicklich sehr wohl ein. Und zwar ganz *abgesehen* von den allzugroßen Unkosten. Wird doch immer klarer, daß sich Englands Schicksal und das unserer Sache in sehr naher Zukunft entscheiden muß, – daß die Entscheidung auf schwindelerregende Weise bei this country liegt und daß, Hausbesitzer in this country zu sein, wenn es England hat untergehen lassen, wenig Verlockendes an sich hat. Denn das muß man zugeben und sich rechtzeitig eingestehn: nie und in keinem Fall, – bei keinem der europäischen Ausverkäufe, – traurig und schmutzig, wie gewiß auch diese waren, – hat ein *Volk*, – ein großes, reiches, starkes, wissendes, ja, vorzüglich unterrichtetes Volk, – sich so schuldig gemacht, wie die hier sich gemacht haben werden (würden). Denn keineswegs sind es «kriminelle Interessentengruppen» hierzulande, die das Richtige sabotieren, – oder vielmehr, ihr Einfluß (der Einfluß all der Kriminellen) würde hier nicht hin und nicht herreichen. Es sind die *Leute*, – es sind jene 68 Prozent des Volkes, die sich erst gestern wieder (and as *late* as yesterday!) gegen Convoys ausgesprochen haben. Und da soll man sich, vom letzten Spargroschen, unter sie setzen und sich festlegen auf ein Leben in einer so ehrlosen Nation, – einer Nation, die schon nach 150 Jahren so feige und securité-lüstern ist, wie Frankreich es am Ende war und wo es *obendrein* keine Dörfer und schlecht zu essen gibt?

Abwarten muß man. Das Grundstück ist eine gute Anlage (die beste, höre ich); wenden die sich hier zum Guten, kann man noch immer baun und handeln. Lassen sie uns versinken, dann geschieht es ihnen ganz recht, wenn wir kein Haus haben.

Ich reise am 4. Mai nach Cincinnati; anschließend zu Euch; mir ist angst und bang, den K. mit seinen troubles hier allein zu lassen; wie leicht möchte er plötzlich vollends verzweifeln. Um

so leichter, als er zwischendurch immer wieder zu einem kind-
lich-irresponsiblen Optimismus neigt.

Anbei ein Narrenbrief vom armen Zerbombten und meine
Antwort, – fein herausgegeben. Ist ja doch wirklich zu dumm!
Sei aber bitte freundlich und heb das Ganze auf, damit ich, bei
Gelegenheit, den Damen Georg Herrmann ein Geld schicken
kann. Annettli rührt mich eher und ist besser als all die Juden
zusammengenommen. Vor allem ist sie leidenschaftlich an den
Vorkommnissen interessiert und dies mehr, als an der eigenen
Person. Die Juden hingegen? Vater omei!

Küsse der liebsten Süsi (an Bibi'n wurde telegraphiert).

Je vous embrasse:

E.

P. S. Ührchen ist weggeschafft, – wegen Checkchen ist geschrieben worden.

AN THOMAS MANN   8. 6. 1941

Liebster Z., –
nach feiner, echter Gumpert-Art schreibe ich, wo ich gerade so
gut (oder schlecht) reden könnte. Mit Frausüsi, – wie Du wohl
weißt, – *habe* ich geredet, wiederholt und resultatlos; aber Du
bist, wo er auftauchte, immer hinweggegangen über den leidigen Gegenstand, und mir kommt vor, als ob Du ihn ungern mit
mir diskutiertest. Mit Recht sagst Du Dir wohl, daß ich selber
wissen muß, was ich tue und daß man nicht «beraten» werden
kann, in solchen Stücken. However, – ich möchte *doch* eine *Art*
Rat und muß Dir die Lage schildern, damit Du ihn erteilen
kannst. Sie ist so:
1.) Ich ginge (gehe?) *ungern* nach *Britain*. Von «Abenteuer-
lust» und «Vergnügungssucht» kann im entferntesten nicht
die Rede sein, diesmal. Es ist *scheußlich* dort, – ich bin allein, –
schon die Reise, allein, ist scheußlich, Lissabon ist scheußlich

und am scheußlichsten ist die Einsicht in die Beunruhigung und den Kummer, den ich Euch zufügte (zufüge?). Ganz als ob die «Zeiten» nicht genug Beunruhigung und Kummer lieferten und als ob man nicht gut daran täte, sich gegenseitig *äußerst* freundlich und pfleglich zu begegnen.

2.) Da ich *wußte*, daß ich ungern nach Britain ginge, habe ich den ganzen Winter über keinerlei Schritt getan in Richtung auf die Reise. Seit meinem Wegflug von dort habe ich nie wieder von mir hören lassen. Ich habe die «reports» nicht geschickt, die ich versprochen hatte, ich habe keinen Brief geschrieben, – ich habe den ganzen guten Kontakt verloren gehen lassen. Schließlich, im März, kam mir mein Betragen doch gar zu bettelhaft vor; – man hatte mich unter Segnungen entlassen, im Oktober, und nicht nur hatte man mich aufgefordert, im Frühling wiederzukommen, man hatte mir zudem bessere und wichtigere jobs verheißen, und nun sollte ich einfach verstummen, – oder sollte absagen, – unter welchem Vorwand? Ich beschloß, dem Cooper goldene Brücken zu bauen, sodaß *er* verstummen, oder absagen konnte, – und zwar konnte letzteres auf die freundlichste, einleuchtendste, ja, schmeichelhafteste Manier geschehn. Ich schickte das folgende Telegramm: «Vast lecturetour and series of articles for Toronto star completed by end of March should be glad to continue work London if desirable otherwise happy to go on with missionary job here». Nichts wäre leichter gewesen, für ihn, als mir für mein «fine work» hier zu danken, mich zu ermutigen, nur so weiterzumachen und, auf die Transport-Schwierigkeiten zwischen Lissabon und England hinweisend, von der Fahrt abzuraten, – oder aber eben gar nicht zu antworten. Der Bursche antwortete: «Delighted to have you London again convinced you will do useful work». Das war dumm, – ich gab aber die Hoffnung, alles möchte sich zerschlagen, noch lange nicht auf. Im Gegenteil zog ich aus Duff's Nicht-Erwähnung der Reisespesen den (sicher falschen) Schluß, er wollte nicht bezahlen und sagte mir, daß ich ja gar nicht fahren *könnte*, wenn nicht viele und gut honorierte Zeitungsaufträge hier das Geld brächten.

Um solche Aufträge *nicht* zu erhalten, wandte ich mich an den landfremden Horch, der kaum je etwas zuwege bringt, gar keine amerikanischen Konnektionen hat und wenig angesehen ist (während ich weiß Gott gute, große und bodenständige Agenten in rauhen Mengen kenne). Als dann die Aufträge *eintrafen* (Liberty! P.M.! Permaneder! Grünlich!) begann ich, etwas verwirrt zu sein. Immerhin baute ich auf die Aussichtslosigkeit, im Clipper unterzukommen. Vice-President Smith hat das Unmögliche möglich gemacht und mir für den 26. Juni einen Platz reserviert. Dem Cooper habe ich nicht geantwortet, – mein Re-entry-permit habe ich nicht beantragt, mein portugiesisches Visum auch nicht. Und noch heute weiß ich nicht, ob ich fahren soll, oder bleiben, – ob es *richtig* (recht) ist, zu fahren, oder zu bleiben. *Wichtig* und *wirklich* nützlich kann ich nicht sein, weder dort noch hier, sodaß ich mir kaum zu überlegen brauche, wo ich mehr ausrichten könnte, dort, oder hier. Wahr ist aber, daß ich im Sommer hier so gut wie *nichts* ausrichte, und im Winter auch dann nur *irgend*was, wenn ich im Sommer Neues und Erzählenswertes mitgemacht. Es ist mein *Beruf*, im Winter zu schwatzen und im Sommer das zu Beschwatzende für die zu Beschwatzenden mitanzusehen. Und überdies: da die Dinge sich nun einmal so gefügt haben, daß ich fahren soll, *schickt* es sich, Geschichten zu machen, krank zu werden, oder nach England mitzuteilen, ich hielte mich zur Zeit für in Washington ganz einfach unentbehrlich? Es geht mir, – sehr natürlich, – *ungemein gegen den Strich*, das bißchen, was ich tun kann und was zu tun man mir erlaubt, *nicht* zu tun, weil es mir zu gefährlich ist.

Auf der andern Seite und on the other hand: da seid Ihr und seid die lieben Elterlein und nicht nur eben irgendwelche Herrn Eltern. Schon, Euch monatelang zu ängstigen, erscheint mir falsch und unerlaubt, und gar Euch wirklichen Schaden zuzufügen durch something irreparable beyond my control, ist wahrscheinlich verboten. Da man mit Bomben nicht reden kann, wie mit dem Vorstand der Speisekammern, wäre es am Ende unverzeihlich, wollte ich mich im Lande der Entrücktheit wiederum in die Grube bringen.

Was soll ich aber tun? Möchtest Du mir nicht, bitte, einen *Rat* erteilen und mir sagen, was Du *richtig* findest? Fränkchens und der Rest machen es sich zu leicht mit ihrem glatten Abraten und Schimpfen. So einfach ist es doch wirklich nicht, sondern vielmehr über und über kompliziert, – ein *Konflikt*, ein *Dilemma*, ein *Problem*, eine *Bredouille* und ein *Jammer*.

Für den Fall, daß ich fahre, ist noch zu sagen, was im vorigen Jahr schon gesagt wurde: daß ich nämlich *alles andere* bin als ein *Pechvogel*, daß die Chance, heil davonzukommen, für jedermann beträchtlich und für mich recht sehr beträchtlich ist, daß ich nicht die *Absicht* habe, mir etwas zustoßen zu lassen, daß auf der *Reise* noch *nie* einem ein Haar gekrümmt worden ist, und daß ich, sogar im Falle der «Invasion», *gewiß* Mittel und Wege finden würde, zu entkommen.

Genug. Zu dem Ärger darüber, daß ich, – vielleicht zum ersten Mal hinieden, *nicht weiß*, was ich tun soll und was zu tun sich *ziemt*, – gesellt sich der andere darüber, daß ich genötigt bin, innerlich und äußerlich so viel Unwesens von meinen kleinen Entscheidungen zu machen; – ganz, als wäre ich die Moni und kennte nichts Wichtigeres und Interessanteres als mich selber. O weh. (So betrinken hätte ich mich auch nicht sollen, – aber «schlecht in die Kurve gefahren» bin ich gewiß nicht, – will sagen, – nicht technisch schlecht und nicht gefährlich, – nur zu schnell, halt, für den nicht-betrunkenen Passagier. Schlimm genug.)

Zum Schluß und weil ich nun schon einmal im närrischen Zuge bin: Mielein sagt, Du ärgerst Dich über die herabstimmenden Reden, die ich gelegentlich führe. Das tut mir aufrichtig leid und ich werde mir keine mehr entwischen lassen. Sie waren aber (die herabstimmenden) nie bös, will sagen, defaitistisch gemeint. Im Grunde baue und rechne ich felsenfest auf

158 Briefwechsel mit den Eltern

unsern Sieg, der umso gründlicher und richtigstellender sein wird, je länger der Krieg dauert. Aber, wiewohl man sicher die Seinen nicht verstimmen und bei der Arbeit stören soll durch zu viel beunruhigte Kritik an augenblicklich Unabänderlichem, glaube ich doch, daß sehr viel beunruhigte Kritik gestattet, ja, daß sie nötig ist. Gestattet, freilich, ist sie nur solchen, die, trotz allem und Allen, des Sieges gewiß sind.

Zu ihnen rechne, bitterechtseh,
Dein allzeit getreues
Kind E.

(reimt sich versehentlich!)

TELEGRAMM AN KATIA   New York, 22. 6. 1941
UND THOMAS MANN

TRIP AGREEABLE FOUND FRIENDLY YOUNG LADY
PAYING FOR ALL MY CONTINENTAL MEALS AND
DRINKS STOP AISSIKLAUS IN BRAVE SPIRITS
CONSIDERING SITUATION AND MOST MOVED
AND GRATEFUL BY AND FOR YOUR EFFORTS STOP
MYSELF TRYING TO SELL MY PSYCHLI TO
MARSHALL FIELD STOP PORTUGESE VISA
DIFFICULT BUT PROBABLY OBTAINABLE STOP
HEAT DISGUSTING GUMPI SENSIBLE FRIEDERICH
DITTO EVERYTHING ELSE IN ORDER STOP
ALREADY LONGING FOR YOU SHALL CUT TRIP AS
SHORT AS POSSIBLE STOP LETTER FOLLOWING
STOP SHOULDNT I CALL YOU AFTER ALL YOURS
COMPLETELY =

CHILD E.

AN KATIA UND THOMAS MANN   London, 25. 8. 1941
Savoy-Hotel

Meine sehr sehr feinen Goldinen, – rief mich doch eben die Ida
an, um mit beliebter Stimme mitzuteilen, der Ofei sei verstor-
ben, und ich möchte rauskommen zu ihr aufs Land. Sachen
gibts. Ich habe einem jeden von Euch für einen Schönen Langen zu danken und sollte es wohl eigentlich in zwo enveloppen
tun; dazu reicht es aber wieder nicht hin und nicht her, um so
weniger, als es gar nicht so ungemein viel zu berichten gibt. Die
Nachrichten über Klausheinrich haben mich in große, wenn
auch nicht überraschte Bestürzung versetzt. Ich *könnt* Euch
aber *nicht* denken (wiewohl Angèle es bis zum gewissen Grade
ahnt), was schon ich zu meiner Zeit und in meiner Heimat mit
dem Verblendeten durchgestanden. So ein arms Verwundts ist
völlig unberatbar und hat mich während der hektischen Ab-
schiedswoche in New Yorklingen um die letzten Reste meines
Verstandes sowie um *jedwede* Nachtruhe gebracht. *Wie* hab
ich ihn nicht gebeten, Schluß zu machen! Das dreimal ver-
fluchte «Meyergeld», allerliebster Z., war ja auch *mit nichten*
«meine Erfindung», sondern vielmehr von eh und je *seine*
Wahnidee. Er war auf dem Punkt, nach Washington zu fahren,
als ich meinen Ersatz-Anschlag, der mir *relativ* sinnvoll schien,
suggestierte. Euere Briefe sind ja nun auch schon wieder drei
Wochen alt und irgendetwas muß sich wohl entschieden haben, unterdessen. Was ein Ölend es aber, in jedem Falle, ist!
Und daß Ihr Z.'s sauer Geerntetes in so rauhen Mengen in
striving venture buttern mußtet, treibt einem doch die Tränen
in die Augen.

Liesuli ist, für meine Begriffe, schon lange taub gewesen und
wird es gewiß bleiben, poor thing. Dafür ist der alte Kaula,
wenn auch nicht völlig, so doch hinreichend blind. Sie wohnen
nun in einem Hause, das zwar nicht ganz nach ihren Bedürfnissen gebaut ist, aber denselben genügt. Frau Kaula fragte in fast
sinnlicher Weise nach Moni, – die doch das *Süßeste* und ganz

einfach *toll* begabt sei. Daß Jane den Pentmann geheiratet war mir neu und indresant. Es ist *nicht zu sagen*, wieviel ich über Herrn Sternfeld lache, der mich ganz regelmäßig und so, als sei ich die Vogerl-Regierung in den Staaten und er mein Botschafter hier, über *alle* Vorfälle im Trust-Fond unterrichtet. Er erscheint dann mit Mappe und spricht sämtliche Fälle mit mir durch. Was für eine *geisterhaft* klägliche und *fürchterlich komische* Welt! Am Donnerstag kommen Hatvanys, – a schad. Ich treffe alle Vorbereitungen, um am 15. zu fliegen. Hoffe, es wird sich machen lahn. Dabei will man mich nun à tout prix hierbehalten, bietet an, mich zu «draften» und Exit-Permit zu verweigern, damit ich meiner Verträge drüben los und ledig werden könne und macht mir das Leben und die Entschlüsse schwer. Es ist keine Frage, daß das Geschwätz nach drüben anfängt von einiger Wichtigkeit zu sein und aussichtsreicher als das Gerede in den Staaten, wo, wie Baby weiß, doch offenbar *nichts* zu holen ist. Man erfährt so wenig, hier, ich habe aber das dumpf-empörte Gefühl, alles stehe zum Verdrießlichsten bei Euch und der Film von dramatic meeting hat mich abscheulich berührt: wie die U.S. Sailors winkend in ihre Neutralität zurückruderten, während die unsern in den Krieg zurückfuhren, der zugegebenermaßen for the American way of life geführt wird, war sehr häßlich zu sehn. Es ist immer, als ob ein unheilbares körperliches Gebrechen those boys daran hinderte, sich zu beteiligen. Pfuii Teuiifel. Ich war idiotisch fleißig die ganze Zeit über, habe aber alles in den Abgrund geworfen und keine Ahnung, ob es, a) auch nur erschienen, b) entsprechend gewesen ist. Es gibt so wenig zu berichten, augenblicklich und ich habe mich auf schlichte Reportagen beschränkt, was ich um so mehr tun zu sollen glaubte, als die politische Stellungnahme, die ich mir sehr wohl erlaube, wenn ich selber dastehe und schwätze, mir für schriftliche Schularbeiten unziemlich vorkömmt. Das müssen die Amerikaner machen und selbst die wissen nicht mehr, was sie sagen sollen.

Natürlich will ich versuchen, für K. etwas zu finden, hege

aber geringe Hoffnung auf Erfolg. Beim Radio kann man ihn nicht brauchen, – a) schon weil er keine Britte, b) und besonders aber, weil alles in einem Grade schwerfällig, involved und kompliziert, daß erst wenn man ihnen viele Stückchen erfolgreich hingelegt an feste Kommission zu denken ist.

Den süßen B. will ich approachen, um die Grinde zu hören, die ihn verhindern ... Brian ist nicht ganz so powerful und überdies geradezu lachhaft unzuverlässig. On verra und an mir solls nicht fehlen. Paul will dem K. nicht wohl, ist überdies ungemein emsig in der R.A.F. Es ist alles sehr uuumständlich. Louis Fischer läßt Dich, Frausüsi, grüßen, mit Wells werde ich mich demnächst sehen lassen; es gilt dem international PEN-Congress. Der Alte ist immer wieder schlauer als man denkt und sein «Guide to the new World» zu Teilen sehr enlightening.

Spitze mich schon auf die neuen Joseph-chapters und die herzliche Hetzschrift. Muß doch wohl gleich angebraust kommen, falls Ihr nicht bald in den Osten fahrt? Knixe und bosour für Bebé. Ich will den Káffe schon senden lassen.

Seid umhalst.
Zur innigsten Gänze:
E.

TELEGRAMM AN KATIA UND THOMAS MANN   Memphis, 8. 12. 1941

NOT ACCUSTOMED TO FACE OUTBREAK OF HOSTILITIES WITHOUT ELTERLEIN QUITE LONELY BUT CONFIDENT AND RATHER FOR IT. GOD SAVE OUR LITTLE HOUSE. A THOUSAND THANKS FOR LETTER AND NOBLE GIFT. LOVE AND KISSES JEFFERSON HOTEL STLOUIS

WEBSTER

AN THOMAS MANN   New York, 15. 2. 1942
                                        The Bedford

Liebster Z., –
wie ein garstigstes Rabenkind komme ich mir vor! Euch in die
Neu-Poschi einziehen zu lassen und weder nach dem Rechten
zu sehn, noch auch nur Glückwünsche zu kritzeln oder zu
drahten, das geht denn doch über Hutschnur, wie Schellenkö-
nig! Dabei habe ich mehr denn je, oder doch gewiß häufiger
denn je, das Gefühl, man sollte mehr *beisammen* sein und die
törichten Anstrengungen, Leuten den Krieg gewinnen zu helfen, die ihn, vorläufig, gar nicht gewinnen *wollen*, seien Mühe
wie Trennung nicht wert. Man hat ja sssso viel Müh! Du, als
Consultant der Library, kriegst zwar (kriegst Du?) etwas *Geld*,
hast aber sonst mit dem Humbug wenig zu schaffen. *Ich* kriege
nichts (soll erst kriegen, wenn ich duly investigiert bin, und das
wird *dauern* bis Pfingsten übers Jahr!), habe *viel* zu schaffen
und schaffe doch beinah nichts. Wäre ich nicht, wie Toni, eine
erfahrene Frau, die das Leben kennt, ich hätte das Gewehr
längst ins Getreide geschleudert. Wie alles steht, will ich mir
und der U.S. Propaganda noch ein wenig Zeit geben und lasse
mich geduldig dazu mißbrauchen, dem Coordinator täglich
einige «women's items» zu liefern, die allenfalls ins «Blatt der
Hausfrau», nicht aber vors kriegführende Mikrophon gehören.
Never mind.
    Eine Belohnung, immerhin, ist mir kürzlich zuteile gewor-
den und hätte auch Dir gewiß Spaß gemacht. Wagners En-
keltöchterchen, die kleine Friedelind, ein braves und zum Äu-
ßersten entschlossenes Ding, hat sich dazu hergegeben, an
Großvatis 59. Todestag für uns tätig zu sein. Die Dreiund-
zwanzigjährige sieht Dir genau, aber *heruntergerissen*, aus wie
der Alte; des ungeachtet hat sie D., kaum war sie mündig, hinterrücks verlassen und ist nach England entflohen, wo man sie
ein Jahr lang interniert hielt, genialisch wie man ist. Monstre
hat sie auf den Knien gewiegt, all ihr Kinderleben lang und sie,

die Wagnerverklärung und Teilengländerin, *vergöttert*, wiewohl sie nie anders als störrisch gewesen. Nun ist sie entwischt und steckt *voller* Neuigkeiten und Melodien. Mutter Winifried nebst zahllosen Nazikindchen gelten ihr wenig, die herzlichste Hatz gegen die Unwesen alles. In der Metropolitan gab man den Tannhäuser, zu Ehren des Sterbetages, mit Kipnis, Jannssen und Melchior, als welche sämtlich aus Bayreuth entsprungen. So habe ich denn ein wonnig Stückchen hingelegt, für Friedelind, die, unter schwellenden Tannhäuserklängen, ein äußerst angenehmes Stimmchen hören ließ. Wie Alberich-Hitler Großvatis Andenken schändete, da er ihn zu seinem Liebling erkor, wie kein Nazistiefel die Landschaft je betreten, in denen des Meisters fein-fein-christlicher Erlöserkomplex daheim und wie dem Raub der Macht durch Lug und List die Götterdämmerung noch allemal gefolgt. Die Darbietung, wiewohl unwahrhaftig, war *übscher als Shakespeare*, da wahrhaftig gemacht, von Seiten des lieben Wagnerblutes (das seinen Shawl, ein buntes Tuch aus Triebschen und bestem Material, um den Hals trug), und dürfte den Tieren zu *gehörigem* Verdruß gereicht haben. I was very pleased.

Im übrigen aber (und *wie vieles* ist übrig!), oh mei! So Britain, wie God's own country, erscheinen zuweilen gedoomed. Pearl Harbor! Die Normandie! Singapore! Die Schiffchen Gneisenau, Scharnhorst und Prinz Eugen! Vichy und Lybien; Rommel und unsere Sendungen an denselben! Changheicheck(?), Ghandi nicht gesehen habend, da Britain Konzessionen nur machen will, wo sie fehl am Platze! Ja, um *Gottes* Willen und Du *liebe* Güte! Wenn die Russen nicht wären, wir könnten einander gute Nacht wünschen und nicht kriegen.

Kläuschen hofft noch immer, – irgendwie, – ist aber im übrigen reizbar und unleicht zu haben. Martin ist in stillere Wasser eingefahren, Friederich und Bermaus sind äußerst emsig und vielleicht nicht ohne solide Chancen. Ich, wie vermerkt, muß mich plagen und ärgern, für die Katz und das Propaganda-Amt, das alles will, nur keine Propaganda machen und nur, um Got-

164   Briefwechsel mit den Eltern

tes Willen, keinen Nutzen ziehn aus den Lehren, die dem *einzigen eigentlichen* Feinde, dem B.B.C., mählich zuteile geworden. Je nun.

Sei, mit Frau Süsi'n, zärtlichst umarmt. Wie sie nur alles überstanden haben mag? Und ob man Euch wenigstens unbehelligt lassen wird auf dem Hügel? Enemy Aliens, immerhin, seid Ihr ja nun nicht mehr. Ich aber werde es demnächst werden (wenn auch mehr innerlich).

Irrevocably:
E.

VON THOMAS MANN   Pacific Palisades, 24. 2. 1942

Teures Erikind,

mußte gerade das Monatliche für B.B.C. (über die geblähten Hungerleichen in Polen) und außerdem 1500 Worte für Deinen Coordinator machen (die übrigens noch nicht fertig sind), sonst hätte ich Dir stehenden Fußes für Dein liebes langes Getipp vom 15. gedankt, das mir und uns allen nicht wenig Spaß gemacht und uns erfrischt hat in unserer Beklommenheit, die aus dem inneren Widerspruch zwischen der an sich schon enervierenden Tätigkeit des Sich-Installierens und den Zeit-Umständen unausbleiblich erwächst. Es geht sehr langsam vorwärts mit der Komplettierung unseres letzten Nestes, das wir doch wohl anders gemacht hätten, wenn das alles so vorauszusehen gewesen wäre. Denn wozu eigentlich der weite livingroom (der noch eine Wüste ist) und die vielen Kinderzimmer? Die Geselligkeit wird zurückgehen, Kinder kommen nicht, müssen ihr eigenes Leben führen, und wenn Golo einen Job bekommt, was man ihm herzlich wünschen muß, werden wir ganz allein mit dem armen Mönchen in der mühsam hergestellten Pracht vergreisen und verseufzen. Bisher in der Emigration haben wir uns ja eigentlich immer in gemachte Betten gelegt und eben nur unsere Wanderhabe ausgepackt. Gerade jetzt, mit schlechtem Gewissen und minderen Handwerkern, die einen beständig sitzen lassen, haben wir die zähe Plage des eigenen Settlements, bei dem es unter den gegebenen Umständen zu keiner rechten Freudigkeit kommen kann. Mielein ist auch schon recht überreizt und zu akuter Verzweiflung geneigt, hält sich aber trotzdem natürlich höchst wacker, obgleich das deutsch-jüdische Couple, das wir in der Eile nahmen, ein Alpdruck von dummer Halbbildung und grundsätzlichem Beleidigtsein ist – nicht damit zu leben und nichts wie Rückkehr zum freundlichen Negerstamme, sage ich, und so wird es zum 15ten denn wohl auch geschehen.

Bei alldem ist garnicht zu leugnen, daß es hier bildhübsch sein wird, so Garten wie Haus, wenn einmal alles fertig sein wird. Am fertigsten ist mein Arbeitszimmer, wohl das schönste, das ich je hatte. Die Bibliothek nimmt sich unvergleichlich besser darin aus, als in Princeton, und bei der strahlenden Doppel-Aussicht durch die Venetian blinds, sollte der Joseph mir eigentlich von der Hand gehen, aber man ist halt bedrückt und zerstreut, und was man schreibt, ist «von ungleichem Wert», wie schon Muncker sagte. Immerhin, durch die Thamar-Novelle ist der Band einigermaßen aufgestutzt. Du solltest die zweite Hälfte hören, sie ist vielleicht das Sonderbarste und Besterzählte, was ich gemacht habe.

Der Bericht über Dein Wagnerkind hat mich sehr angezogen. Schon die zweite oppositionelle Blüte, die Wahnfried getrieben, nach Jungele, oppositionell nicht gegen Wagner, aber gegen Wahnfried, was aber bei dem Kind schließlich wohl auf einige Kritik am Opapa selbst hinauslaufen wird. Hat sie den Ring-Aufsatz in Decision gelesen? Die Meyerin lobte ihn sehr, aber ich stehe doch auf gespanntem Fuße mit ihr wegen eines exaltierten Briefes, mit dem sie auf ein paar sorgenvoll-skeptische Bemerkungen von mir über unseren guten Willen zum Siege reagierte, und der von amerikanischem Patriotismus, Härte gegen die Emigranten und Verachtung Englands strotzte. Ich fürchte, meine Antwort ist etwas

166 Briefwechsel mit den Eltern

poignant ausgefallen. Immer bin ich in Versuchung, gegen diese königliche Gouvernante, die mich pädagogisch tyrannisiert, ausfällig zu werden. Und doch ist das ganz unschicklich, da wir ohne Archie's genialen Einfall fast übel daran wären zur Zeit.

Ja, und der Zweig Stefan? Aus Gram kann er sich nicht getötet haben, auch nicht aus Not. Sein hinterlassener Brief ist ganz unzulänglich. Was heißt in seinem Fall reconstruction of life, die ihm zu schwer gefallen sei? Es muß wohl das liebe Geschlecht dahinterstecken, irgend ein Skandal gedroht haben. Große Erschütterung kann man nicht empfinden, aber es ist doch wieder ein Untergang, der nach dem Triumph jener unwiderstehlichen Geschichtsmächte aussieht.

Klaus Heinrich schrieb drollig-melancholisch und gescheit. Tu' das auch wieder, wenn Du Zeit hast.

Liebevoll
Z.

AN KATIA UND THOMAS MANN 11. 1. 1943
Enroute

Dear ones!
Außerstande, die Sorte von Wintermunterlein zu fertigen, die Euch zukäme, will ich doch wenigstens vermittels zittrigen Gekritzels meinem guten und zärtlichen Willen Ausdruck verleihn. Unsere Regierig hat einem Canadischen Leigh-Lecturer sein Visum nicht verlängert und Erimaus muß nur so einspringen, was, da der Mann sich mäßiger Honorare erfreute, noch nicht einmal einträglich ist.

Von K. ward, außer einem wenigsagenden Ankunftstelegram, nichts gehört, und man muß weiterhin gespannt sein. Von seiner Attitude kann aber gar nicht genug Rühmens gemacht werden. Habe ihn seit Jahren nicht so freundlich, geduldig, einsichtig und willig gesehn. Dabei arbeitete er in der letzten Woche 15 Stunden am Tage und hat dann doch das Stück nicht ganz dahin gebracht, wo er es haben wollte.

Neulich mußte ich, auf einen Tag in New York, doch buchstäblich, mit Weißfuchs und allem das Opernhaus vor Beginn der «Macht des Schicksals»-Premiere wieder verlassen, weil man Unfrieda'n in die Loge gebeten, der ich dann doch ein paar wohlgezielte ins Watschige hätte schlagen müssen, wäre ich geblieben. Too bad!

Sonst wenig. Des Müllers Lust, das lecturern, ist die meine nicht, wiewohl es nach wie vor triumphalen Characters. Wäre es das *nicht*, ich spuckte es aus und es wäre nichts für mich.

Thamar, l. Z., ist ja *ganz reizend* aufgemacht, ich habe mich so *richtig* gefreut damit, und das Kapitel, zu größter Bereicherung, gleich zweimal gelesen. Nämlich, weil, – von der eigentlichen Erzählung abgesehen, – so *sehr* viel *Vorzügliches* darin zu finden, – zahllose Anmerkungen von *größter* Komik und Weisheit, if you please.

Meine Reisepläne, – die großen, – machen, da sie im Augenblick L. B. Fischers Sache (er möchte ein Buch und sucht einen Syndikats-Vertrag für mich zu erwirken), rein *gar* keine Fortschritte. Am 15. künde ich ihm aber und werde selber nach dem Rechten sehn. «Gang of Ten» ist ja auch lautlos unter den Tisch gepurzelt. Ich hätte es ebensogut in ein paar Tipp-Exemplaren an meine Freunde schicken können, – der Effect wäre der selbe gewesen. Pfui Teufel!

Nächstens, Z., schreibe ich Dir noch ein Wort bezüglich Pearl's, der «Macht» und des Imperialism. Es kann dies aber nur auf dem Maschinchen geschehn. Das Weib hat stark querulantische Züge, ist etwas puschelhaft und nicht sehr *nett*!. Dies ist umso eher zu bedauern, als sie im Grunde fast immer recht hat. Je, nun, – auf ein Späteres und Baldiges.

Wie mag es zugehn und gehn, bei Euch? Oft denke ich, ich sollte mich around halten, anstatt mich für (wenig) Geld sehen zu lassen, vor den Unwissenden und Unbelehrbaren.

Frausüsi, Du takest gewiß *überhaupt* nicht *care* of yourself, noch weniger, meine ich, als die Um- und Mißstände vorschreiben, – und man muß sich *sorgen*!!!

Seid vielfach geherzt von
E.

P.S. Moni beinah so lange nis desehn wie Bodensee. Sie will NICHTS tun, übt bei Ach-Ohm's Francoise und bleibt wohl am besten *ungeschoren*, bis sie Zicken macht, pekuniär oder sonst. Urmimchens Putzvasen, – soviel ist richtig, – *können* nicht nutzloser gewesen sein als diese, meine Schwester.

Erneut:
E.

(Morgen 2 lectures, dann täglich nur eine, diese fesche Woche lang! Und immer in Bummelzügen, – coaches only, no dinner, thank you *very* much!)

AN THOMAS MANN   New York, 29. 1. 1943
Hotel Bedford

Lieber Vater, –
was bin ich doch für ein garstig, schweigsam Ding; wortbrüchig obendrein, und drohe drahtlich mit Botschaften, die dann gar nicht kommen. Dabei ist schier gar nichts Stichhaltiges anzuführen zu meiner Verteidigung. Denn daß ich stets auf Reisen, entschuldigt mich ebenso wenig wie ein beser Husten es tut, den ich nun schon seit 11 Tagen mit mir herumführe und der zwischendrin einmal ins Grippliche ausartete, sodaß, in Chicaglingen, ein Doktor kam. Jetzt ist es aber ein wenig besser; nur dumm bin ich halt, – weil geschwächt. Gestern bin ich von einer Reise heimgekehrt, deren letzter Stop Olivet gewesen. Puppe Doel hatte so sehr um eine Visite gebeten und so habe ich sie ihm denn gezollt. War ganz gemütlich, soweit und

Dr. Männ erfreut sich größter Hochachtung bei Schülern, Kollegen und Vorgesetzten. Eine Discussion und question period, bei der ich mich erstmalig mit diesem Bruder der Menge zeigte, erntete viel Beifall für uns beide und wenn bébé nicht, a) so unan*ständig* viel zu arbeiten hätte, während er, b) überhaupt unbedingt zur army möchte, wäre gegen sein Verbleiben im Schülchen nichts einzuwenden. K. hatte, während eines Week-End-Besuches in meiner Abwesenheit, einen wahren Sensationserfolg bei allen Freunden. So gut habe er seit einem Dezennium nicht ausgesehn, und so prächtig sei mit ihm lange nicht Kirschen essen gewesen. Er schmaust weder Schlafpillen, noch Heiterlein, trinkt nicht, führt keinerlei hadernde Gespräche, und, – o, unberufen, – scheint buchstäblich alles zum besten überstehen zu wollen. Welch Lichtblick! Und wie duster der Rest! Daß doch immer wieder der Augenblick kommen muß, da es sich *verbietet*, noch von Dummheit, falscher Schläue, halber, unzugegebener Sympathie mit dem Feinde, Verworrenheit, Rückständigkeit, Mangel an Voraussicht, – und so, – zu reden, der Augenblick, in welchem die *böse Absicht* klar und unwidersprechbar deutlich zu Tage tritt. In Europe kam er, als man Österreich fallen ließ. Hier dämmerte er aller-aller-spätestens mit Darlan und mit Peyrouton war er vollends da. Mag schon sein, daß Harmosan selber noch immer glaubt, den Feind *benützen* zu sollen und zu können, wiewohl ein erwachsener Mensch seiner Statur dergleichen gewiß nicht glauben sollte, der Rest aber, die Army, die Reichen und das State Department, und, freilich, natürlich, selbstredend, die Kirche, – treffen mit sicherer Mörderhand ihre Vorbereitungen für die Etablierung ihres Welt-Faschismi und sind entschlossen, in keinem der von uns «befreiten» Länder irgendetwas oder wen zu dulden, das, oder der, nur *von weitem* nach *ein wenig* Anti-Faschismus aussieht (von Sozialismus zu schweigen!). In einer gesäuberten Welt mit Welt-Polizei verlören die Herrn Generale ihre jobs fast ebenso gründlich, wie in einem besiegten Lande; die Reichen verlören gleichfalls das meiste infolge eines peoples' victory, und das State Department, williger Knecht von der General und das Gold, überdies pro-faschistisch von Instinkt und Anlage, ist ganz begeistert von den Dingen wie sie gehn und sich gängeln lassen. Für unsereinen gibt es nur zwei Hoffnungen, – eine große und eine kleine. Die große birgt aber große Gefahren, während die kleine eben klein ist. England, – so spricht die große, – ist *ärgerlich* und wird es täglich mehr. Wohl vorstellbar, daß es im Grunde plant, mit Uncle Sam *möglichst bald Schluß* zu machen und sich, nach dem Kriege, weit kräftiger auf sein russisches Bündnis zu stützen, als auf die, seinen Handel abscheulich bedrohenden, Lend Lease Abmachungen mit Onkelchen. Wohl vorstellbar, daß Oheim Samuel, von allen *daneben geschätzt*, ganz *allein* faschistisch wird (autarkisch, fast unfreiwillig isolationistisch, etc.) und *allein* zum Kriege gegen Rußland rüstet, den er aber dann vielleicht gar nicht führen könnte, der elende Prahl- und Schinder-Hannes, whose reservoir is *leaking like hell!* (Unanständig!) *Schön* wäre das bei einem so großen Mann freilich nicht und *gar nicht* gut für die Juden, will sagen für uns, die wir, immer mal wieder aufs Falsche Pferd gesetzt hätten.

> «O Jesu, Jesu, hetze
> Mich weiter um die Erd, –
> Wohin ich immer setze,
> Setz' ich aufs falsche Pferd!»

Sagte ich, beim Frühstück vorhin, zu Maisach Me. Die *kleine* Hoffnung liegt in dem Fact, daß die *Leute* ja brav sind, hierzulande, und daß, wüßten sie nur Bescheid, der Ausverkauf ihnen *zuwider* wäre. Man muß ihnen Bescheid *sagen*. Daß meinte auch die Buck und darin hat sie recht. Nur, daß gerade Du es tun sollst, ist widersinnig. Überhaupt ist mit «opposition as usual» und betrieben von ein paar braven Individuen, nichts mehr zu wollen. Eine *all out offensive* muß her, großes, wildes, schönes Kriegsgeschrei, ausgestoßen, zunächst, in ganzseitigen Annoncen und allen Gazetten, von, sagen wir, 200 unserer Größten und Besten (AMERIKANER!) aus allen *antifaschistischen* Lagern; und selbst in der Industrie und beim Gelde, selbst bei den Generalen und der Geistlichkeit ließen sich Combattanten finden. Anschließend müßten Millionen von Unterschriften sich sammlen, Massen-meetings sich halten und eine pressure-campaign, die sich gewaschen hat und «von» schreibt, müßte in Schuß kommen. Wie Du mich hier nicht siehst, mühe ich mich ja auch, sie in Schuß zu bringen und habe schon allerlei Menschen zusammengebeten und Vorschläge unterbreitet, wohlwissend, daß die Hoffnung *klein* ist, – tiny *und* teeny, – sowohl betreffs des Zustandekommens der Offensive, als auch in Bezug auf ihren schlußendlichen Erfolg. Ich *mag* aber nicht *zuschaun,* wie der ganze Schnee verbrennt, und, *schon wieder,* und *immer wieder,* alles versaut, verraten und verkauft wird. O weh!

Ich bleibe hier, bis zum 6., scheint mir; dann muß ich nach Texas und anderen Gebieten. Ende März, oder so, gedenke ich zu Euch zu stoßen, – if you please, –; sei es, um gleich dazubleiben, sei es, um anschließend zu verreisen. Dem Fischer habe ich gekündet und verhandle nun mit Houghton Mifflin, die nicht nur sehr interessiert zu sein scheinen, sondern, wenn sie ja sagen, den Zeitungen und Syndikaten gegenüber freilich ein ganz anderer Rückhalt sind als Popel-L.B.

Frausüsi, all dieser small talk ist ja *natürlich* auch für Dich berechnet und auf Dich *gemünzt!* Nur, weil ich neulich, anläßlich Pearls, dem lieben Z. was Getipptes verheißen, wende ich mich an ihn. Wie *sehr* froh bin ich, daß Du Hilfe fandest (mein Gott, sie wird doch noch im Hause sein!?) und wie viele von meinen besseren Gedanken (fast alle, as a matter of fact) gehören überhaupt dem San Remi! Daß ich sie so selten niederschreibe, hat rein gar nichts zu bedeuten.

Lebt wohl; muß nun mit der Lazare'schen speisen. Der nasse

Schneeschmutz liegt bis zum ersten Stock, alles bleibt stecken und niemand schaufelt.

De tout mon coeur plein de vous
E.

Und der Joseph! Wie mag es sich fühlen, ihn vollendet zu wissen? Und Sklaven-Novelettchen? Schreitet es fort? Was, genau, ist es denn nun geworden, – oder wird es denn nun werden?

Moni, so höre ich, soll es *doch* mit Appeli haben; wäre ja vollends entzöckend, wenn er sie heimführte! Am Ende tut ers noch, in Unkenntnis der Tatsache, daß er damit *nicht* so recht eigentlich T.M.'s Schwiegersohn würde. Ich meinerseits habe des Undinges Nummer verkramt und begehre im Grunde auch gar nicht, sie zu sehn.

Daß Schickel nun *gar* nichts sagen mag, zum jubilee, morgen, ist immerhin *nett*! Überhaupt ist *durchaus* möglich, daß die Russen ganz einfach *siegen*, im Frühling, während wir uns noch um Tunis schlagen. Dann aber wird Europa doch «bolschewistisch», und was DANN?

Dem Konrad 1000 Grüße und den Ausdruck meines *nachtschwarzen* Gewissens! Ich schreibe ihm BALD!

AN KATIA   New York, 24. 3. 1943
UND THOMAS MANN   Hotel Bedford

Oh, Element der Süßigkeit und liebster Z., –
dankerechtesehr, – both of you, – für freundlichste Zusendungen und Zuwendungen, – Heiteres und Weiteres. Dein Ag, – Z., – muß, ehe denn sie sich den schönen Nachtbrief abrang, demzufolge ich hätte schlafen dürfen im Palazzo, – eine ordre sehr gegenteiliger Natur an Eugene haben ergehen lassen (und zwar wohl *vor* Erhalt *Deines* Befehles!). Die Gesammt-Farce rollte ab, wie folgt: als Antwort auf meinen Brief an Royal

Governess traf ein Getippe von Kate ein, – die Mamma sei abwesend, der Pa aber da; sie habe mit ihm gesprochen und ich sei aufs äußerste willkommen. Kaum war ich wohlig im Besitz dieses Schreibens, traf mich ein straight telegram von Eugene, das lautete: «For various reasons it seems better that you don't stop at our house at this time!» Da Onkel zunächst spontan hatte zusagen lassen, konnte der ekle Drahtspruch nur das Resultat eines Ferngespräches mit Madame darstellen. Wie dem sei, – Madame revozierte *zu spät* und das Tollhaus, die Scheusalsbleibe, der wimmlichte Pfuidian, – Washington, – schluckte mich, ohne daß ich gewußt hätte, wohin mein besorgtes Häuptchen betten. Sprach in 17 (siebenzehn) Häusern vor, nur, um im achtzehnten schließlich so grundlegend von Wanzen zernagt zu werden, daß es noch heute, – eine Woche später, – seine arge Art hat. Aber so geht es mit Freunden, wenn sie reich sind: sind sie aber arm, ist es ja auch meistens nicht das wahre.

Auch sonst habe ich viel mitmachen wellen. Und, wäre ich nicht in allen Stücken und unter allen Umständen entschlossen, jedes Ungemach, das mich betrifft, mir selber zuzuschreiben und Selbsteingebrocktes gefälligst auszulöffeln, – es möchte das Verschiedenste mich geradzu *verdrießen*.

To begin with, – (und bei Euch, wo es keine Zeitungen gibt, blieb dies vielleicht unbekannt) hat ein Korrespondent dem F.D.R. auf seiner Press-Conference neulich mitgeteilt, ich (E. mausi) gehe umher und versichere meine audiences, Stalin sei in Casablanca gewesen und ob er denn wirklich dagewesen sei, wolle er, correspondent, nunmehr wissen. Roosevelt hat gelacht und gesagt, wenn er da war, muß er unterm Tisch gesessen sein, denn weder er, F. D., – noch Winnie, – haben ihn gesehn. (Mein Glück noch, daß Harmosan mir offenbar wirklich freundlich gesinnt! Hätte er mich doch *vernichten* können, mit irgendeiner kleinen schnellen garstigen Bemerkung, wie er sie in solchen Fällen gern und häufig macht!) Wie dem auch sei, – und wiewohl ich, – *Emil*, – *das* natürlich *nicht* gesagt hatte, –

auch nichts ähnliches (ein *völlig* idiotisches, – schier *unbegreif-lich* dummes Mißverständnis lag zugrunde), – mußte doch dies gräuliche evenemang mich peinlichst schädigen, – genau in dem Augenblick, in welchem ich um Litvinov's Gunst und ein Gespräch mit ihm rang. Ich telegraphierte dem Präsidenten die Wahrheit, – drang auch schließlich zu Maxim vor und erklärte ihm nonsensical mixup. Half aber alles nicht viel, – um so weniger, als wohl *ohnedies* die Stimmung unserer Russen, unserer größten, als *haßerfüllt* bezeichnet werden muß, – as far as we are concerned, – we democrates, – *all of us!* Davon mündlich mehr! Und zu verargen ist es ihnen auch nicht! Aber, daß sie uns hassen und verachten, scheint mir, nach meiner Unterhaltung mit dem äußerst bleichen, wilden und äußerst buchenswerten Botschafter, denn doch festzustehn.

Weiterer Kummer folgte. Der «Monitor», – wie ich gestern in Boston erkennen mußte, – hatte mich vor allem vorgeschickt, um herauszufinden, ob gegen ihn, als publication, Entscheidendes bei den Soviets vorläge. Sie hatten sich schon zweimal bemüht und waren abgewiesen worden. (Und zu L. selber waren sie niemals vorgedrungen!) Ich hatte den Eindruck erweckt, als *würde* ich vordringen und kam mit der (von den Sphinxen schwer erhältlichen) Kunde wieder, die «refusals» hätten den einreichenden «individuals» gegolten und das Blatt als solches habe, zumindest, eine Chance. Wenn dem so sei, – sagten erfreut der Foreign Editor *und* der Chef-Redakteur, die mich ganz aufgeregt empfingen, – dann wäre es wohl das beste, man schickte den guten X. nach Rußland. Denn, – warum, – der sei ohnedies schon in Afrika und man spare sich, wenn *er* ginge, die leidigen Kämpfe mit den Departments of State und War, betreffend transatlantische priorities. Werde X. zurückgewiesen (von den Roten), wolle man neuerdings an mich herantreten. Ja, – zum Donnerwetter nochmal!

Die Kaiserin, runter von der Elektrischen und zum «Boston Globe» getrabt, war natürlich eins. Mag sein, daß dort was zustande kommt. In jedem Falle aber scheinen die in Washington aufgetürmten Hindernisse *schier* unüberwindbar. Frederik Prokosch, der Weihnachten fahren sollte, ist noch nicht weg und ist doch ein so berühmtes, wie amerikanisches, wie auch diplomatisches Geschöpf, – und, – kurz, es möchte *sehr* wohl vorkommen, daß ich den Fuß nicht auf fremde Erde setze und hübsch bleibe, wo ich bin und wo Ihr seid und wo so vieles nicht ist, wie es sein sollte. Falls der «Globe» *anbeißt*, muß ich abermals in die Hauptstadt. In demm Fall würde ich *unbarmherzig* auf Ag's spontane Einladig zurückkommen.

In demm und jedem andern Falle, aber, bin ich wohl am *14.* die Eure. (Die Buelletten sind schon bestellt!)

Gar viel gäbe es zu berichten. Will mich darauf beschränken, anzudeuten, daß Doel Mittel und Wege fand, mich hier so gut wie zu *verpassen*; – unzerverlässiger Schusselkönig, der er ist, traf er ein, als ich abfuhr, blieb hier, während ich weg war, fuhr nach Princeton, genau, als ich wiederkam und wird wiederkommen, genau, wenn ich wegfahre. K. schreibt auch mir herabgestimmt, weil Washington zaudert. Dabei dauert basic training immer an die drei Monate (und seines hat am 4. Feber erst begonnen!), – dabei werden einem *immer* 10 Versprechungen gemacht, ehe eines gehalten wird, – und dabei will ich persönlich noch sehr froh sein, wenn die Sache sich nur *hinzieht* und nicht in aller Stille längst abgelehnt ist. Denn schließlich fanden sich zwischen den dem T. vorgelegten Scheusalsakten nicht nur unfundierte Degoutanzen, sondern es war auch die gesammte Johnny-Affaire nach Strich und Faden dargelegt und nur größte *Schlamperei* könnte dazu führen, daß man der Deserteurswitwe zu Amt und Würden verhülfe.

Morniga sieht jämmerlich aus, geradezu so, daß man ihr «helfen» möchte, – wenn ihr doch nur zu helfen *wäre!*

Seid umhalst und sei, Z., nochmals (oder ist es gar zum ersten mal?) bedankt für den schnellen Befehl an das schmutzige Lamm.

Inniglich E.

176 Briefwechsel mit den Eltern

P.S. *Zimmer* ist ja *gestorben*, – an Lungenentzündung, – mir-nichts, dir-nichts, – aber Christianen vermutlich viel. (Mir so-gar auch, wo nicht viel, so doch ein wenig; war ja nicht weiter unnett und *was sollen* die Hinterbliebenen denn nun *tun?*)

AN THOMAS MANN   20. 1. 1944

Ja, – Z., – da gratuliere ich denn doch aus entzücktem Herzens-grund und hasten to add daß die profunde Deutschfreundlich-keit des Book of the Month uns schließlich *einmal* zum Guten ausschlagen *mußte*. Denn soviel Nazi Autoren *gibt* es nicht, daß sie ohne weiteres allmonatlich einen fänden, um ihn zu bekränzen. Letzthin war es der Heiden, – nun müssen sie sich zu Deinereinem versteigen und verklettern. Ernsthaft, aber, –: dies ist doch *schön* und in jedweder Beziehig ein rechter Spaß.

Unermeßlich reich, wie ich Dich weiß, brauchte ich mir am Ende die Mühe nicht zu machen, weiterzuerzählen, was der Herr Abramowitch(?) zu mir gesagt hat. Ich habe mich aber erkundigt, sein Projekt ist hochserios, und gar nicht schünzel-haft. Auch spricht für dasselbe, daß Du gewiß nicht arbeiten sollst, – keinen Strich, ehe nicht alles im Lot. Dies ist der Witz: Bromfield hat unterzeichnet und Dich als zweiten, wo nicht verlangt, so doch dringlich vorgeschlagen. Das ganze soll ein Film werden, in welchem es sich (*wie* ich mich langweile!) etwa um das folgende handelt: Ein Millionär stirbt (bin ich *natürlich* eingeschlafen!) und hinterläßt eine Sammlung von hundert Bildern, alle dasselbe Mädel darstellend, aber gemalt von den hundert größten Malern der Zeit. Niemand kennt das Mädel, da selbst die Maler nie mit ihr sprechen durften, sondern, vom Millionär überwacht, ganz still zu pinseln hatten. Zwei große Schriftsteller wohnen der Testamentseröffnung bei; hinter-drein laufen sie ins Kaffeehaus. Dort sagt der eine: «Ich weiß, was es auf sich hat mit dem Mädel, dem Millionär, den Bildern, dem Geheimnis und dem Ganzen. Die Sache war so: (wie ohne

weiteres vorstellbar, spielt nun die Sache, wie Dichterling eins
sie sieht, sich auf der Leinwand ab).» Kaum ist das vorbei, sagt
der zweite Dichter. «Hm. Nicht übel. Hätte leicht so sein können. War aber nicht. Denn, warum, ich weiß wie es wirklich
war. *Nämlich*, so: (Und *seine* Version geht von statten).» Ist
sie vorbeigehuscht, erhebt sich am Nebentisch eine Hutzel. Sie
habe zugehört, sagt sie und alles sei sehr eindrucksvoll gewesen. In Wahrheit, freilich, habe es sich weder so, noch so, sondern vielmehr wie folgt abgespielt. Sie, Hutzel, müsse es wissen, sei doch sie und niemand sonst das Mädel gewesen.

Ist ihr nonsense vorüber, meint der eine, die Hutzel sei eine
Imposterin, während der andere geneigt ist, ihr zu glauben.
«Wer weiß?» sagen sie am Ende beide, – «*wer kann* es wissen?
Nur wer sich selbst heutzutage den Luxus von tausend Spritz-
brunnen leisten kann, – nämlich: NIEMAND!»

Was sie nun allzugerne hätten, und weswegen der Herr von
der Morris Agency Dich heimsuchen wird, dieser Tage, wäre
Deine Zusage, den einen Dichter abzugeben. Nicht notwendi-
gerweise physisch (wiewohl Bromfield auch hiezu bereit), sondern in Bezug auf den Ausdach der einen Version. Für den Fall,
daß Du überhaupt daran denken magst, derlei ins Auge zu fassen, wäre dies zu beachten: 1.) Dein Vertrag müßte wörtlich
lauten wie der von Bromfield unterschriebene. In diesem heißt
es, daß mit keinem Studio und zu keinem Preise abgeschlossen
werden darf, es sei denn, er stimme zu. (100 000 Dollars, etwa,
sollen gefordert werden, die zu dritteln wären. Ein Drittel B. –
eines Du, eines der Macher Abramowitch. 2.) Kein Silblein
wird geschrieben, ehe nicht bindend abgeschlossen ist. Will sagen, Genörgel am Hergestellten wird nicht berücksichtigt. Und
die (zwerghaft kleine) Novelette (5 bis sechs Seiten), welche Du
lieferst, muß *bezahlt* werden, wie sie ist!

Genug, – ich meine ja nur, habe mich erkundigt, den Fall
seriös befunden und ihn daher unterbreitet. *Könnte* ja am Ende
ganz lustig sein. Oder, wie?

Frau Süsi, bin im Fluge zu Peck und Peck gelangt, wo ein

Ausverkauf wütete, sodaß der Aufenthalt dort mir gar nicht sehr gefiel. Dafür war der Tee aber auch — —

Hier unterbrachen mich die Tiere mit dem telephonischen Ansinnen, ich meinerseits möchte die San Remi anrufen. Dies nun tat ich und bin betrübt, weil man so arg schlecht verstand. Wenn man schon mal und hat a Hündla . . .

WER hat denn gesagt, ich sei so nervios? BIN ja gar nicht, – nur, natürlich, ein wenig angewidert und hergenommen. Die Russen, zum Beispiel, hätten sich GENAU so gut auf mein Bett übergeben können, wie sagen, Britain talke separate peace. Hübsch traurig, daß sie so gar nicht mensch-erkennbar, und wiewohl wir unsererseits gewiß keine Ehrenleute, derlei Traumhaftes (traum- und *Nazi*-haftes!) würden wir denn doch officiös über einen Alliierten nicht verlauten lassen. Wie soll man mit solchen Buschmännern auskommen?

Den Ofbo will ich gleich besorgen. Laset Ihr, daß Kuzi auf ein Jahr (aber wieviele verbleiben ihm?) dem Dirigieren adieu gesagt, um ganz, – wie er der Presse mitteilte, – «den Freuden des Privatmannes» zu leben. Der ARME!

Mein reicher Sheridan aus Cairo traf ein. Morgen gebe ich ihm ein Fest, zu welchem auch das polnische Herrschaftskind, Mademoiselle l'Attachée, gebeten.

Der Unhold ist einsichtig und recht lieb, – der Hold, mich in England wähnend, schweigsam in Algiers. Der Schlag soll alle meine Feinde treffen und trifft doch bestenfalls meine Freunde. Kennt Ihr a.) one of next year's war communiqués: «Reds enter Toulon. Fierce fighting continues near Cassino.»? b.) to-day's German communiqué: «Another R.A.F. nuisance raid, – heavy enemy losses, – one of our cities is missing!»? —

Lebt denn ewig wohl.

War doch nett, Eure Stimmchen zu hören. Bin nun müde und ist es ja auch 2.30 a.m.

Martin wartet noch immer auf die army, die vor 6 Wochen wissen ließ, *nun* sei es so gut wie so weit. Lottes amant ist in die Türkei verreist, um dort etwas für die Juden zu tun, die ihrer-

seits, wegen des *unendlich philo*semitischen Aufsatzes, den
ich bei Liberty einrücken ließ, ebendort so *ruinös* gegen mich
stänkern, daß mein *Anti*semitismus demnächst in den *Himmel* wachsen wird. Das *ungeheuerliche* Pack gerät außer sich
über und gegen jeden, der den geringsten Zweifel daran aufkommen läßt, daß die Araber eine bösartige Erfindung der
Engländer seien und sie, die Juden, die master race und *genau*
und ausschließlich what we are fighting for. Buchstäblich
werden sie mich noch um meinen Job bei Liberty bringen, und
so wird ihnen glücken, – was den Nazis mißriet, – mir wirklichen schweren Schaden zuzufügen. Oh, Saujuden, SAUJU-
DEN!
   (Und *da* soll man dann nicht nervös wirken!?)

Küsse!
E.

VON THOMAS MANN   Pacific Palisades, 6. 3. 1945

Liebes Erikind,
hab ich Dir doch wirklich noch garnicht gedankt für dein teil-
nehmendes Geplauder aus Boston. Ist ja häßlich. Dabei kann
ich auch heute nur kürzlich zurückplaudern, denn ich war selten so geschäftig. Der Roman ist freilich nach Abschluß des
Teufelsgesprächs unterbrochen, und ich schreibe nun an dem
Vortrag, bei dem ich diesmal, da er nur für Washington und
Hunter College ist, wenigstens auf kein Town Hall-Publikum
Rücksicht zu nehmen habe und was Feineres hinlegen kann. Es
wird, wie so manchmal, ein essayistischer Ableger des Romans,
nur natürlich ohne Syphilis. Aber dazwischen muß ich ja immer deutsche Ansprachen machen, fast so unentwegt wie Golo,
– die letzte war ein Trost-Zuspruch, worin ich den Deutschen
sage, daß sie mit der Zeit noch ganz glücklich werden können.
Hättest sehr gelacht. Und Free World wollte plötzlich einen
Nekrolog auf den Nationalsozialismus haben, weil ich es doch

immer gesagt hätte, und ich schrieb einen Artikel «The End», damit habe ich Glück gehabt, es ist eine Art von Sensationserfolg; nicht nur Zeitungen haben ihn übernommen, sondern auch Readers Digest (600 Dollars), und gebroadcastet wird er auch von großen stations. Ich habe Tagebuch-Aufzeichnungen von 1933/34 darin benützt.

Ach, danke, es geht ja schon wieder besser mit der alten Gesundheit, traf sich nur schlecht, daß in die Nachwehen der Grippe die Zahngeschichte fiel, die mir physisch und stimmungsmäßig zusetzte. Aber das ist nun geordnet, das Gemüt ruhiger, der Blutdruck gehoben, und mit Hilfe von Salzsäure und Vitamin wird auch das verlorene Gewicht wieder eingebracht werden, wenn es mit dem Kauen noch besser geht. Hormon-Injektionen bekomme ich jetzt auch.

An Walter habe ich geschrieben. Er *hat etwas* gegen das Buch und kann nichts als Bedenken äußern, – alsob ich davon nicht selbst genug hätte. Er ist mißtrauisch, daß ich Atonales, Schönberg'sches, kurz Kritisches und der Krise Zugehöriges hineinbringe, was ich natürlich auch tue, aber das nicht in dem völlig harmlosen Kapitelchen, das er gelesen hat – mit soviel Mißtrauen, daß er schon darin etwas findet. Ich kann mir noch garnicht denken, was Unrechtes an diesen Kindlichkeiten sein könnte oder eine Sache der «Überzeugung», wie Du ihn citierst. Ist es der oft behauptete und oft bestrittene koloristische Individual-Charakter der Tonarten? Oder die primitive Entdeckung der Tonarten selbst? Oder das Ausfindigmachen der enharmonischen Verwechslung? Denn weiter kommt ja nichts vor! Wie man dabei eine Einflüsterung Schönbergs argwöhnen kann, ist garnicht zu verstehen.

Nun, ich habe ihn gefragt und ihm nicht nur das gedruckte Stück, sondern den ganzen Anfang des Romans bis dahin geschickt, damit er etwas Atmosphäre hat und sich überhaupt einen Begriff machen kann, was los ist.

Schon genug damit. Es heißt auch noch an die Fürstin schreiben. Die Jacke hat sie mir schneidern lassen, weil Toscanini eines Abends nach dem Dirigieren eine solche angehabt hat, mit einem weißseidenen Tuch im Ausschnitt. Da hat sie gedacht: Das muß Tonio auch haben. Und hat sie viel zu eng machen lassen. Es ist zum Heulen.

Lebe wohl, liebes, mutiges Kind! Ich freue mich auf Dein Hiersein und die gemeinsame Reise.

Wie Liesls Lawemang ausgeartet ist, weißt du Doch wohl.

Herzlich
Z.

AN KATIA   4. 11. 1945
UND THOMAS MANN   War Correspondent Erika Mann
                        US ARMY HEADQUARTERS

Dear and dear*est* Elterlein, –
no sooner had I been elected Senior and had returned from Rome, than I hurried out to Third Army Press Camp to collect my MAIL. You know that I've never been at Wiesbaden and may imagine that I never intended to go there. Nevertheless (and this is the second event of this type) they had seen fit to forward all my letters to that dismal place where they are left to rot. For, to expect the army *ever* to forward anything to any place where you actually *are*, would be unmitigated lunacy. I am very sad, mad and offended. Of course you have written and of course I'll never know, what.

Much has happened since I last approached you. K. – as you may have heard, flew back to Rome, the very moment I had received my orders to fly to Berlin. I cancelled everything and applied for Rome. A fine and sociable five days were spent there – a trifle too sociable, I felt and not *quite* as fine as I had sillily anticipated. That people might seriously and irreparably resent my inability to write, had not occured to me. Thus the reproaches with which K. received and dismissed my well meant visit, made me feel a little like poor Undine when she fished the bracelet out of the river and earns nothing but reproof.

Enfin. The enclosed certificate corresponds roughly with the truth. If I were eager like hell to go on that tour, I *might possibly be* able to force it. But then, that's what I did last year and nobody can say that it's done me even a tiny bit of good. Colston has made enough money so as not to go bancrupt, if one seasons's profits go to the dogs. I am planning to stay on the continent until, say, March and to spend the rest of the year writing, rather than travelling. Would I be welcome as a spring-guest in the San Remi?

As for Valentin, I am convinced he is lying and that the manuscripts had been surrendered to the Gestapo long before Rolf Nuernberg turned up in Munich. That he (Heinsel) cannot remember, whether or not the messenger carried a letter – which of course, he did – is in itself proof of his impertinent dishonesty. His financial claims, too, whistle to high heaven. I've turned the case over to C.I.C. (Counter Intelligence Corps) who may or may not arrest him «for questioning». Some kind of civilian representation will soon be established here to safeguard the interests of U.S. citizens. That is why C.I.C. are hesitant to go into action. I'd much prefer *them* to any civilian counsel who, I am afraid, won't be frightening enough. If the papers have been surrendered, they may yet be found. If not, – let me be the first to convey my heartfelt regrets. What a bitter shame! And in every respect!

I've had a lot of hilarious, if time-devouring fun with dear uncle Vikkof, who, as it happens, was a contributing member of the N.S.K.K. (Nazi Kraftwagen Korps), a Gruppenfuehrer in the Arbeitsfront and had been found worthy to join the party proper, though his being in the army prevented uncle from taking advantage of his worthiness. Needless to say that according to all denazification rules old sweety had to be – and was – fired. He swears – and I even believe him, – that he couldn't help any of these mis-conditions (much like Trebitsch he hated the idea of going «runter von sei'm Standard») and that most people behaved infinitely worse. But most people have been dismissed and many have been jailed – although some of the worst were too sly to join anything and are still splendidly off. I did my tiny utmost to save foolish old Benjamin and actually got him re-instated. If and when «Law number eight» (an even more sweeping denazification ruling) becomes effective for banks, he will have to go, nevertheless. However, as he points out, practically everybody will be hit then and his personal honour has at least been saved.

I am working busily (mostly for London, but also for Liberty for which choosy publication a major piece dealing with the discovery of the Nazi party membership file for the entire world has just been completed). My stay here draws to a close. Next is Vienna, Budapest and Prague. In between, perhaps, Nuernberg – for some of the trials.

All my love. How, oh, how may you be? As soon as I have any address at all, I shall send a cable requesting a cabled reply. It is positively heartrending not to have the faintest notion of what is going on.

Yours profoundly
E.

AN KATIA
UND THOMAS MANN

Zürich, 10. 1. 1946
Privat Sanatorium Eos

Süsis, –
GLÜCK IM UNGLÜCK – dies der Titel unseres heutigen Tatsachenberichtes. Traf ich doch am Weihnachtsabend wohlgemut, (wenngleich stimmlos) und genau gleichzeitig mit K. (unsere Autos, sein Taxi und mein Libby – liberated one – stießen vor der Tür des Hotel Urban aufeinander!) in Zueritown ein, nur um mich bald darauf mit einer Anzahl ärgerlicher und undurchsichtiger Leiden zu Bett zu schlagen. Alle besseren Dok-

toren befanden sich in den Ferien und ein junger Ersatzonkel
erklärte, genau wissen könne er es freilich nicht, er sei aber
ziemlich gewiß, es handele sich hier um die gute Syphilis. Bei
geradezu lächerlich reinem Gewissen erschreckte mich sein
unzarter Befund weniger als er annehmen konnte und nach
kurzem stellte er (der Befund) sich denn auch als völlig ab-
wegig heraus. Nunmehr, all meine sonstigen Symptome in
den Wind schlagend, erklärte der Kleine, es sei das Pfeifersche
Drüsenfieber, das mich plage, ein harmlos Leiden, welches
mich an der Abreise gewiß nicht zu hindern brauche, stellte
eine hohe Rechnig und empfahl sich. Da ich mich aber garstig
fühlte und zudem den Mund voll äußerst schmerzhafter und
verunzierender Geschwürlein hatte, berief ich eine inzwischen heimgekehrte Autorität, der denn auch das folgende
herausfand: Ich hatte 1.) ein toxisches Blutbild (irgendeine
Vergiftung) 2.) eine Sorte von Maul und Klaun Seuche
(rather prevalent in the American Zone, da wir die Deutschen
alles Frische essen lassen und selber auf eine völlig der Vitamine bloßen, abscheuliche Büchsenkost beschränkt sind), 3.)
einen kleinen Leberschaden (von der Vergiftung herrührend)
und schließlich einen ganz besonders stattlichen Bronchial-
katarrh. Während bei guter Pflege Leiden 1, 2 und 3 sich
schon sehr wesentlich gebessert, scheint Nummer 4 sich Zeit
lassen zu wollen und nun verlangt die Autorität, daß ich mich,
nach meiner Entlassig aus hiesigem Spittel, auf vier Wochen,
oder so, ins Hochgebürg begebe. Denn warum? Kehrte ich in
ein wohlgeheiztes und gutgenährtes Dasein normaler Art zurück, so möchte meine gute Natur mir weiterhelfen. Wogegen das Leben in Nürnberg und auf andern Misthaufen, sowie
das Reisen in der eiskalten Kaula (Libby) das Wahre nicht
wäre und nur bei völlig geheiltem Lüngerl gefaced werden
sollte. Hochnotärgerlich wie das Ganze ist, muß man zugeben, daß ich nirgends annähernd so gut wie in Switzerland
aufgehoben wäre. Wenn es nun einmal auftreten sollte, (das
Ganze!) konnte es sich einen besseren Schauplatz nicht aussu-

chen. Und überdies: während das Schweizerpsycherl es dahin gebracht hat, daß keine unserer feinen Währungen (Dollar oder Pfunde) mehr als ein viertel ihres Wertes in Fränkli einbringt und man infolgedessen am Bettelstabe durch die reichbestellte Bahnhofstraße wankt, habe ich ja doch mein Erbteil hier vorgefunden, welches, sehr zu meiner Verwunderung, alsbald zur Gänze herausgerückt ward (die Nazifamilie fürchtet sich vor mir, – or so it seems!) und kann daher, – wenngleich ungern, hätte ich es doch lieber gesehn, wenn die Vorräte nicht *dermaßen* abgenommen hätten – Arosen am Ende darstellen. Schlimmer ist der berufliche Ausfall, von dem ich noch nicht weiß, ob er mich meine kleine Stellung kosten wird. On verra, gegen force majeur ist kein Kraut gewachsen. Die Eule befindet sich an meiner Seite und erfreut sich ähnlicher Krankheiten, wenngleich in milderer Form. Ob sie mich in die Höh begleiten wird, steht noch dahin. K., mag sein, wird auf eine Woche oder so hinaufkommen. Droben werden wir Lion sehen, haben aber den lieben Brentano versäumt. Der Freundeskreis hier bewährt sich aufs goldigste. Opis, deren Guttaten an den Alten mir erst jetzt in vollem Licht erscheinen, tun mir alles und jedes zu Liebe; die Giehse (Irma verschied an einem abscheulichen Nierenleiden, soll aber zum Schluß so bes gewesen sein, daß ihr schließlicher Hintritt, ähnlich demjenigen von Frl. Möhls Tante, eher erleichternd gewirkt zu haben scheint), lebt mit einer äußerst ansehnlichen Britischen Agentin und hat sich wenig verändert; auch Katzis kümmern sich; Harry Kahn ist aufgetaucht und muß als einer, dem mein Kommer wohlwollte, freundlich acceptiert werden; die U.S. Press Attachée hat Blumen gespendet; und ein Herr Moser, der mit Z. bei Tennenbaum (in den U.S.) zusammengetroffen sein will, pflegt seine kranke Frau in hiesigem Institut und läßt sich nicht davon abhalten, dann und wann inzudroppen.

Was denn nun eure Plänchen sein mögen? *Ich* bin ja (und die KLUGEN Gockeles – Opis – stimmen mit mir überein) *gegen* eine Europareise im kommenden Frühling. Die Schweiz wäre schon recht. Ihr wißt doch aber natürlich, daß dann D. über Euch hereinbricht und D. ist *nicht* recht, *noch* nicht, – *vorläufig* auch besuchsmäßig nicht. Abgesehen von den Trümmern und Strapazen, ist die politische Lage doch so *unangenehm*. Selbst bei feinstem Takt und intimster Kenntnis der involvierten Situation würdet Ihr nicht umhin können, Euch zwischen alle Stühle zu setzen, würdet von den Russen gegen die Yanks und von letzteren gegen die Tommies und Franzmänner ausgespielt werden und am Ende nur Ärger und Schaden heimbringen. Es ist nicht schön – auch im übrigen Europa nicht, wiewohl ein Besuch auf dem Hradschin zweifelsohne sein Gemütliches hätte. Es ist traurig, arm, demoralisiert, korrupt und deprimierend und WARUM, so frage ich mich und Euch, solltet Ihr Euch mutwillig und unter unsäglichen Mühen (denn das Reisen, selbst für *priviligierte* Zivilisten, ist eine lange Kette von armeebureaukratischen Grausbirnen) solch freudloser Anstrengung aussetzen? Wenn Ihr aber doch kommt, laßt es balde wissen. Mag sein, daß ich bliebe, Euch zu geleiten. Denn ein elternloses California ist das Wahre nicht und ich möchte hier von klein-feinem Nutzen sein. Der Briefchen wird ja zu schwer. Als Adresse, – es sei denn ich cable (falls man Euch strikeumtobten kabeln *kann*) etwas gegenteiliges, – kommt das Haus Hohenfels, Arosa, in Frage. Eine Woche etwa soll ich noch im Bett liegen, dann, so hoffen wir, bin ich reisefertig. Man gibt mir zahllose Spritzen, – Insulin, drei verschiedene Vitamine, Calcium und, bis vor kurzem, Pennicilin. Zur Sorge ist nicht der *kleinste* Anlaß. Ich bin vortrefflich aufgehoben und entschlossen, vorschriftsgemäß zu leben (trinke *Nechts*, rauche nur nach den Mahlzeiten, esse strengste Diät und bin a recht a brav's Mädl.)

Seid umhalst. K. will eigenen tausendschönen Brief vom Muatterl erhalten haben, den er heut abend zur Lecture vorlegen wird.

Ich habe viel üsises aus Offis Nachlaß gegraben (Tagebücher, etc.) welches ich gelegentlich zu schicken gedenke.

Muß inhalieren, Ricinus nehmen und ergo nun wirklich schließen.

Semper
Kind E.

AN KATIA   24. 3. 1946
UND THOMAS MANN   War Correspondent Erika Mann
                              I. M. T. Press Camp, Nürnberg

Suesis, –

for reasons entirely their own, the Press Camp authorities have seen fit to send my entire mail (the harvest of two months, if you please!) to Paris (of all places!), thereby throwing the liebe liebe post clear into the abyss. There is no APO whatsoever left in the French capital. In fact, I suspect that somebody, attracted by the sight of that *parcel*, kept the precious thing and simply disposed of the remaining bissimoneh. At any rate, however, I received nothing except you last letter, Frau Ohnegleich, which – datelined March 5th – informed me, much to my relief, about the definite cancellation of your European adventure. Thank God. It wouldn't have been much fun and might have been a lot of bad bad trouble.

As for myself, I've just returned from Unterdeufstetten, where I journeyed to have good old Freddow look at my ribbs. I had, once again been caughing a great deal and hurt all over the place. The local nurse, listening to my noises, insisted that it was Pleurasy (?) – (Rippenfellentzündig) I was suffering from, a diagnosis most incredible to me, since neither my temperature, nor my general condition harmonized with so dreary a finding. So I went to see the Doktorin who found my Diafragm (Zwerchfell) to be inflamed and strained by the caugh – quite a harmless, though painful occurence – ordered heat and mustard plaster and said that, for the rest, I was in satisfactory shape. See?

Upon my return from Switzerland (to Munich) I wrote you a letter which was never mailed. It concerned Vikkof, das Herrschaftskind, and the odd dishonesty of his letters to you, a dishonesty of which he is obviously unaware, as he showed me all the carbons. Never mind though. Self-defense and self-deception are one in today's Germany and V. – quite a typical little Teuton – just doesn't know the truth from a bar of soap. I merely mention that thrown-away letter, because I've been so industrious a correspondent, lately, and don't wish you to think that I failed to write since I left Zueritown.

Things here are getting spookier by the hour. Goering's cross examination left me in a state of helpless fury. Shortly before the end, I couldn't stand it any longer and told Sir David (the British Prosecutor in Chief) what I thought ought to be done. He did it, too. And it was the first and only little victory we won over the Reichsmarshal. What a bunch of crazy sweeties we are!

Tomorrow I'll go to Weissenburg to witness the opening of the first war crimes trial under German jurisdiction. It can't possibly be worse than Nurnberg and will probably be better – if only for the purpose of showing us «how». Then, as formerly stated, I'll proceed to Berlin, Hamburg, Vienna, Prague, perhaps Budapest. Since the Russians won't let us go from here to Berlin, except via Frankfurt, I may see Angèle, though, more likely than not, I'll somehow manage to miss her. Just as I am bound to arrive in Vienna, when Frau Klaus has just left. Happen what may, however, I shall go home sometime in May. The trial will go on for ever, or at least till the middle of July and I know what it is all about. Once I've seen a bit more of Eastern Europe, I may tell myself and others that I am revoltingly well informed and may face my lecture crowds in good cheer. W. Colston, his threats having been unsuccessful, is only too happy to take me back. I'll chatter for him during the months of October, November, January, February, so as to give my voice a wholesome Christmas-rest.

Instead of opening this distrait note by talking about my own little health, I should, dearest Z., have inquired about yours which is much on my mind. I was angry to learn that you haven't been well and am anxious to hear how you are doing now. The mail situation is and remains a disaster. Before leaving here, I shall have a long and urgent talk with the sergeant in charge and implore him to forward my letters to whereever he may know me to be. Thus the IMT Press Camp, Nurnberg, is apt to be the safest address until further notice. I don't intend to stay anywhere for any length of time, but shall write or cable whenever I can.

Biddel sends his regards. One of the judges, he speaks up but rarely and never to the point (how could he?), so that my comment «too biddel and too late» has earned general acclaim.

Many kisses, I am eagerly looking forward to embracing you. You'll find me a pensive, white-haired lady, who shows the strain of defeat in victory, but who promises herewith *not* to participate in *any* wars to come. The Germans, that much is certain, cherish only one hope: our war against the Russians, and they feel confident that it will start any moment now. Quoting the De Gaulle of 1940, they say: «Germany has lost a battle, but not the war». (One of them actually said so in a letter to the «Neue Zeitung»).

More kisses. I am utterly yours
E.

P. S. – March 28th.
Back from Weissenburg, where judges behaved just as they did in last war's war crimes trials. What a ludicrous farce! My little diaphragm is much better and I consider myself in number one condition. All the more so since the approaching spring makes traveling – and living – a comparative joy. The food, incidentally, has improved greatly since I last tasted it. There are eggs now, a measure of fresh meat and fruit and once in a while even a bit of salad. Sending a cable today with my Berlin address. Though mail is traveling snail's pace these days – your letter

took a whole month – you might just make it, if you write after receipt of cable. Many caresses and please tell me all about Z.'s recuperation!

VON THOMAS MANN   Pacific Palisades, 26. 10. 1946

Liebes Erikind,
gerade hat die unselige Ines den armen Rudi in der Trambahn totgeschossen, womit der vorletzte Teil unseres schlank gekürzten Büchleins abgeschlossen ist. Ein paar Tage tu ich nun nichts als Briefe schreiben, und davon sollst Du doch profitieren, treues Kind, in Deiner turbulenten Einsamkeit. Du fehlst uns sehr, das wisse! Es ist ein guter, belebender Geist im Hause, mehr vigor, wenn Du da bist. Aber wie die Zeit dahinfliegt (jeden Abend ist man abgekämpft, aber sie fliegt), wirst Du ja «bald» wieder da sein, – obgleich ich an Weihnachten nicht recht glauben kann. Genug, daß Du im Frühjahr kommst, wenn ich mit Adri fertig bin und den Nietzsche-Vortrag mache. Mit dem reisen wir dann im Mai nach Osten, vielleicht sogar nach dem fernen Osten, wozu ich allerdings nur in Deiner Gesellschaft knappen Mut fassen könnte, trotz Hohenberg, der wieder schreibt, das Leben dort sei völlig normal und komfortabel.

Gestern war Abschied von den San Francisco-Leutchen. Die Eltern waren ja fast die ganze Zeit in Mexico und haben uns die Bübchen gelassen, die auch das Beste sind. Sie haben mich so manchesmal gestört, mit Uhr, Weltkugel, Elephantenzahn und Music box, wenn ich ruhig sitzen wollte, aber nun ist mir doch ganz weh, da sie weg sind, und mit Segensküssen habe ich sie entlassen. Dafür stehen ja die Mittleren vor der Tür. Moni, haben wir beschlossen, soll sich in der Schweiz niederlassen, wo das Arbeiten untersagt ist und sie also ein ehrenwertes Leben führen kann. Vor der Tür aber stehen, entsetzlich, auch die Kläuse. Was soll aus uns werden? Das heißt: aus ihnen? Aber es heißt ja, daß, wenn die Not am größten ist.

Die Beilagen sind nicht gerade wichtig. Daß man heute, Goethen citierend, nur noch «L.i.W.» citiert, ist kein gesunder Zustand. Ich habe den «German American» «auf seinen Irrtum aufmerksam gemacht», wie es von dem Herrn mit der Hummer-Mayonese heißt. – Und was für ein verschüttet Gäßchen in Dresden es wohl sein mag, das nach mir benannt ist. Pieckfein wird es schon nicht sein.

Aus dem Osten sind gegenwärtig Alfred Knopf und Henry Wallace hier. Mit jenem hatten wir schon dinner bei Eddi's, wo er viel von dem pocket money sprach, das er der Lowe-Porter gegeben, 2400 Dollars genau. «Since she took the money, Tommy, I am sure, she will do her best.» Or-di-när. – Henry hat hier *kolossalen* Zulauf. Hulle und Hertlog wollten das Mass-Meeting besuchen, aber es war ganz aussichtslos: 11 000 drin und 5000 draußen. Wir wollten ihn wenigstens bei der «Privat» cocktail Party begrüßen, die bei Ciro, Sunset Blvd., stattfand, gaben aber auf, da wir nie herangekommen und noch weniger wieder weggekommen wären. Sachlich ist das ja sehr erfreulich. Am Ende steht es garnicht so schlimm um die Democrats.

Lebe recht wohl, liebes Kind, und mache überall der amazing family Ehre! In Washington solltest Du einmal sprechen, um Ag zu ärgern. An diese hat L. Hardt sich hinter meinem Rükken bettelnder Weise gewandt. Er scheint ganz am Ende, seine Frau ist hier, sie haben ihr Haus in Great Neck aufgeben müssen, alle seine falschen Hoffnungen

[Briefschluß fehlt]

VON THOMAS MANN   Pacific Palisades, 11. 12. 1946

Liebes Erikind,
Deinen l. Brief haben wir recht sehr genossen. Was nun Deinen Weihnachtsbesuch betrifft, ach, so muß ich verständigerweise sagen: unterlaß ihn lieber! Ich habe mich bei Deinem

Scheiden von vornherein erst auf März oder selbst April eingerichtet, und wie die Dinge jetzt liegen, und wie vorauszusehen
war, daß sie sich lagern würden, bin ich dafür, daß wir es dabei
lassen. Es wäre ja auch kaum Platz für Dich zu schaffen, wo
Gölchen und Mönchen da sind, und das Schwägerle nebst seinem Sprossen (?) es garnicht anders wissen und imaginieren,
als daß sie über das Fest und den Jahreswechsel noch da sind.
Golo sagt zwar, so sieht es jetzt überall aus, und alles zieht
zusammen und schläft in den Wohnstuben (was Golo auch
schon getan hat, auf dem Sofa, als er einem Kriegskameraden
sein Bett abtrat). Und das möge so sein. Aber die aus Tokyo
hätten ja *nie* kommen sollen, wie wir immer wußten, und weniger die Hausbelastung bei unsicheren und wohl auch schon
wieder in Auflösung begriffenen Bedienungsverhältnissen
geht mir auf die Nerven, als eine gewisse scherzhafte und illu-
sionsvolle Unseligkeit, spitzfindig, besserwissend und töricht,
für die man die Verantwortung mit auf dem Halse hat, oder
über deren schwer vorstellbare Zukunft man sich doch mit Gedanken macht. Nun könnte man ja gerade wünschen, daß Du
kämest, um die Suppe zu salzen, aber, von der Platzfrage ganz
abgesehen, finde ich, es wäre einfach schade drum, und Du
bleibst besser außen, bis sich die Szene geändert hat. Es würde
sich für Dich die weite Reise ja auch kaum lohnen.

Des Büchleins halber und von wegen seiner supervision wär
Deine Anwesenheit freilich wichtig und gut, sonst ganz zu
sweigen. Ich bin Dir sehr dankbar für Dein Anerbieten, da auch
in der Entfernung nach dem Rechten zu sehen und der Pedanterie zu wehren. Die späteren Kapitel, einschließlich Rudi's
Tod, sind z. T. noch in Abschrift, aber ich bekomme das Feh-
lende bald und korrigiere schon unterdessen das andere. Gern
würde ich Dir freilich auch die eben beendeten Abschnitte über
Nepomuk Schneidewein und wie er «genommen» wird, mit-
schicken. Aber bis das abgeschrieben und korrigiert ist, vergeht
wohl zu viel Zeit. Wieviel Zeit hast Du denn überhaupt? Wie
lange bleibst Du in New York?

Lebe wohl und hab' Danch! Ich bin sehr dafür, daß Du dem scheffelnden Colston seinen Dreck hinwirfst, wenn er Dich nicht besser bezahlt. – A propos, Agenten. Der in Brüssel hat wieder geschrieben und schildert, wie seine Geschäftsfreunde in Skandinavien, Holland, London, Paris, der Schweiz, schlechthin hysterisch werden, wenn er die Möglichkeit meines Kommens blicken läßt. Er schwört, für jede Bequemlichkeit werde gesorgt sein, jede Überbeanspruchung vermieden werden, und eine schöne Erholungszeit in der Schweiz könne sich anschließen. Mir scheint, Mielein, der hiesigen Tretmühle müde, hat *Lust* zu der Sache, besonders da ich so dick bin. Das Problem bliebe D.. Ich glaube, Vikkoffs müßten in die Schweiz kommen.

Dein Z.

TELEGRAMM New York, 1. 1. 1947
AN THOMAS MANN

READ ALL NIGHT SHALL GO INTO NEWYEAR
REDDENED EYES BUT HAPPY HEART WONDERING
ONLY HOW ON EARTH YOU DO IT STOP THANKS
CONGRATULATIONS LOVE AND ALL GOOD
WISHES FOR EVERYBODY STOP LETTER
FOLLOWING

E.

AN THOMAS MANN New York City, 1. 1. 1947
Hotel Sevilla

Viellieber Z., –
ja, Du *liebe* Güte, – das wird ja immer schöner und erstaunlicher und erreicht, wie Dir zweifellos bekannt, in Echo ein noch kaum geschautes Hoch. Aber schon vorher – die drei mir

neuen Kapituln (Rudi bei Adrian; Rudi bei Marien und Rudis Tod und das sich Ankündigen des Doktor Faust) lesend, war ich aufs *äußerste* und erschrockenste gefesselt und ganz wie von Sereni Aufregung angesteckt. Sehr sehr sonderbar, wie gewissermaßen verständig Adri klingt, während er seinen unsinnigen Plan entwickelt, sodaß der Leser, dem Geiger und Pfeifer gleich, dazu neigt, ihn *gar* so unsinnig am Ende nicht zu finden, bis die wirklich verständige Reaktion des Mädchens ihn eines Schlechteren belehrt. Und der Tod des Werbers, der umso schrecklicher anmutet, als diesmal Serenus davon absieht, auf das Bevorstehende kommentierend hinzuweisen, sodaß – während man doch *weiß*, welche Art von Ende es mit dem Armen nehmen muß – Ines' Schüsse einen mit unfaßlicher Plötzlichkeit treffen und man, ganz wie die Zeugen jeder solchen schwer begreifbaren Katastrophe, gar nicht weiß, wie einem geschieht. Was folgt, – das musikalische Kapitel, steht – verzeih mir die Keckheit – glücklich wie nur eines an seinem Platz (kein Wörtchen möchte ich gestrichen sehn; daß Du mir nur nicht hingehst und hinter meinem Rücken eins ausmerzest), wie denn überhaupt, rein kompositorisch, diese neuen Stücke eine Freude und ein Erstaunen sind. Und nun gar Echo, das Kind. Ich müßte mich gründlich irren, gäbe es in der Literatur aller Zeiten und Länder etwas Ähnliches und ähnlich Ergreifendes. Und wie verwunderlich es ist, daß Dir da, immer mal wieder, ein Modell erwachsen, wie Du es Dir unheimlich passender nicht hättest träumen lassen können. Allein, daß es – das Modell – auf seine Art gut kumpfisch (himmels-kumpfisch) spricht, ist eine Fügung. Daß ich geweint habe wie nicht gescheut, sodaß mir die soeben vom Friseur für Silvester fein aufgepinselte Augentusche in schwarzen Bächen die Wangen hinunterlief, deutete ich drahtlich an und hätte es wohl nicht einmal anzudeuten brauchen.

Wieviel man, – wieviel sogar ich – sagen könnte! Bin ja aber kein großer Schreiber, drücke mich besser mündlich aus und möchte nur anmerken, daß alles immer großartiger wird und so zwingend zum Ende hinführt, daß man sich kaum vorstellen kann, daß dieses noch nicht aufgeschrieben und dingfest gemacht sein sollte. *Wirkliche* Sorgen, jedenfalls, meine ich, brauchst Du Dir nun nicht mehr zu machen.

Meine sehr geringen Vorschläge folgen auf gesondertem Papier. Großenteils handelt es sich um Tippfehler und dergleichen. Einen kleinwünzigen Strich stelle ich anheim, – mit mittlerem Elan. Was ich freilich von Herzen befürworte – von ganzem Herzen sogar – sind drei minime Änderungen, die Du, wenn überhaupt, gewiß sehr ungern in Betracht ziehen wirst. Bedenke aber, wenn mir, wie ich annehme, von Seiten Deiner Zuhörer widersprochen wird, daß diese ja eben zugehört und nicht gelesen haben und daß es Leser sind, auf die Du es abgesehen hast. Ich schließe und erzähle, was es allenfalls zu berichten gibt, morgen oder übermorgen, dem Element der Süßigkeit. Sei umhalst und sehr bedankt.

[...]

C'est tout. Gern wüßte ich bald, was Du denkst und, besonders, daß Du mir nichts verübelst. Könnten wir dies alles besprechen, ich wäre Deiner Duldsamkeit gewiß. Schriftlich nimmt dergleichen sich vielleicht frecher aus, – Du weißt ja doch aber genaues*tens,* wie durchaus unfrech es gemeint ist. Fahren wir denn nach Europen? Wie stehen denn die Verhandligen? Nur nicht *zu viele* Engagements, – Peter, Du? – sondern höchstens eine Lecture in Amsterdam, ein Empfang mit Tischredchen in Paris und eine Ansprache in Züritown. That's all. Es *muß* diese Reise *nicht für sich selber zahlen,* – ganz gewiß nicht. Einen «Zweck» soll sie haben und «Vorwände» müssen sein; aber ihrer drei sind genug, bei aller Dicke Deinerseits, und wenn es, alles in allem, ihrer viere waren, dann wird dies mehr als genug gewesen sein. Je vous le jure!

Die Deine:
E.

196 Briefwechsel mit den Eltern

TELEGRAMM   Pacific Palisades, 29. 1. 1947
VON THOMAS MANN

KEEN GLORIOUS CHILD MUST KNOW THAT
ADRIANS SAD STORY WAS DEFINITELY BROUGHT
TO A HAPPY END TODAY

UNSIGNED

TELEGRAMM   New York, 31. 1. 1947
AN THOMAS MANN

YOUR NEWS TRULY SENSATIONAL AND BOTH
HAPPY AND PENSIVE MAKING STOP A THOUSAND
LOVING CONGRATULATIONS PLEASE REST
CONVINCED THAT POOR ADRIAN HAS NO PEER

YOURS VERILY

E.

AN THOMAS MANN   Zürich, 26. 6. 1947

Allerliebster Z.

Wie es mich kränkt, wurmt und in der Seele erbittert, daß die
Kranken Dir nun den hoch-verdienten Ferienaufenthalt –
wenn auch hoffentlich nur augenblicksweise – zu vergällen imstande waren! Wo irgend möglich, aber, bitte – FORGET
ABOUT IT, – es und sie sind der Aufregung nicht wert. Und
nun gar zu glauben, auf Grund einer Stippvisite nebst Eiertänz-
chen wäre den Geiferern die Spucke weggeblieben, hieße sich
völlig sinnlos quälen. Während es den wenigen Gutgesinnten
gewiß wohl getan hätte, Dich zu sehen, bestätigt sich immer
wieder, daß gerade diese für Dein Fernbleiben alles Verständnis
aufbringen. Wie *fürchterlich* aber hätten die vielen Schlechtgesinnten sich fuchsen müssen, wenn und da man Dich officiell

gefeiert hätte? Der Du Dich dem deutschen Schicksal mem-
menhaft entzogen, mit dem Erschriebenen auf und davon gegangen, um, derweil D. sich verblutete, weitere Reichtümer
aufzuhäufen, von einem Geisteserbe zehrend, das Du ihnen
persönlich verdankst, – wenn Du nun gekommen wärest, auf
flüchtigen Besuch, aus Glanz und Wonne und Dich hättest
hochleben lassen – *was* meinst Du hätten die gesagt und geschrieben, denen Deine bloße weltbeliebte Existenz ein schwä-
render Dorn ist im verseuchten Fleische?

Daß für die bösen Irren ein Emigrant per se etwas durchaus
Verwerfliches, ja, Verächtliches ist, ging erst heute wieder aus
einem Briefe hervor, den Opi mir schickte und den ich seines
häßlichen Idiotentums wegen nicht beilege. Ein deutscher
Schriftsteller schreibt an einen deutschen Verleger, der das
Schreiben zur gefälligen Kenntnisnahme an Opi weiterleitet
und empört sich, weil Du *«sage und schreibe* DREI EMI-
GRANTEN» für den PEN-Club vorgeschlagen. Von wegen
der *Deutschen* (die braven Heimkehrer, Becher, Unruh,
Seghers, sind also keine) empört er sich auch, da Du diese ja
gar nicht kennen könnest und, kurzum: Was *erlaubst* Du Dir
eigentlich? Wenn aber schön gewöhnliche, arme, knapp mittel-
große Emigranten, die, vom patritismo gepeitscht, for good
nachhause kamen, dort nur das Garstigste ernten, was hätte der
reiche Riese zu gewärtigen, ein Emigrant, der a) den Neid erweckt, b) das Nest beschmutzt und c) nur besuchsweise heim-
gefunden hat?

Was ich sagen möchte und wovon ich so sehr wünschte, daß
Du es mir *glaubtest*, ist dies: es *ist* zur Zeit – völlig gleichgültig,
wie man es macht – mit den Menschen nicht auszukommen,
und je weniger man sich abgibt mit ihnen, desto besser, schon-
samer (für alle) und, à la longue, aussichtsreicher.

Meinst Du wirklich (der Gedanke verfolgt mich!), der Besuch, von welchem ich Dir abgeraten (ohne ihn freilich, als es
ernst wurde, irgend sabotieren zu wollen) hätte alles, alles zum
Besseren und Guten wenden können? Nie und nimmer hätte er

dies gekonnt. Ach, wäre es nicht – potentiell zumindest – so unverhältnismäßig kostspielig gewesen, ich hätte wünschen müssen, das Experiment und mit ihm die Probe aufs Exempel endlich gemacht zu sehen.

Fälscher H. betreffend, so erwarte ich die Kopie Deines Briefes als Unterlage für Opis Ding an die Britten.

Der Schlag soll alle unsere Feinde treffen! Und nun willst Du, Armer, wirklich nach St. Gallen? Geh wenigstens und schau Dir die unermeßlich hübsche Stiftsbibliothek dort an.

Seid beide umhalst und, belatedly, für die fein-feine Gastfreundschaft bedankt, deren ich mich so lange von Herzen erfreute.

Ich lasse hören, sobald das Datum meines Abfluges feststeht. Wieviel lieber wäre ich bei Euch, als draußen in der bösen Welt. Daß ich nach D. nicht darf, hat, bei aller gerechten Wut, die Washington mir erregt, immerhin sein Gutes.

Inniglich:
Kind E.

AN THOMAS MANN   Beverly Hills, 26. 8. 1948

Allerliebster Z.

Irre ich mich (aber Dich betreffend irre ich mich nicht so leicht!), oder bist Du allen Ernstes ein wenig verstimmt, oder betrübt, oder «enttäuscht» (wie damals von der Dulala), meines augenblicklichen Fernseins wegen? Falls ich mich täusche, brauchst Du nicht weiterzulesen und nur zu gern will ich Nachstehendes für nichts zu Papier gebracht haben. Steckt aber auch nur ein Bröselein Wahrheit in meiner Vermutig – schau:

Wie seit Beginn der Invasion die Dinge zuhause lagen, hätte man – und hat man zwischen meinen beiden Gastspielen hier – wenig, bis beinahe gar nichts von einander gehabt. So nett und auf mancherlei Weise erfreulich die Anwesenheit der Vielen (mit Ausnahme derjenigen der Einen) ist, sie schafft viel Durcheinander und Troubel und ein stetes Stimmengewirr, das zu verstärken, mir nicht wichtig erschien. Hätte ich im Hause, oder sonst in Mieleins Gefilden, irgend von Nutzen sein können, ich hätte Golon gebeten, doch nur ja zur Gemme zu verziehen, obwohl der Gute sich dazu nur sehr ungern verstanden haben würde (und über mein Angebot to the contrary hat er sich kindisch gefreut!). Nun weißt Du doch aber, wie es ist: Frausüsi läßt sich teils gar nicht, teils äußerst ungern helfen und hat es nachgerade dahin gebracht (in aller Unschuld, versteht sich, und aus liebenswertesten Motiven!), daß ich nicht mehr recht wüßte, welche Sorte von Hilfe ihr etwa anzubieten wäre. «Heinrichs Wohnung», dieser Hauptfluch des Augenblickes, ist mir verschlossen, – nicht nur, weil Frau Süsi meint, daß ich «das nicht kann», sondern auch und vor allem, weil der durch Kommunismus klug Gewordene in ein von mir gemietetes oder empfohlenes apartment im Leben nicht zöge. – Und sonst? Was es an Briefen, statements und anderen Kinkerlitzchen allenfalls für Dich zu erledigen gäbe, bin ich, wie Dir sehr bekannt, immer und gern*st* bereit, zu übernehmen. Und nicht, als ob derlei geringe Arbeiten mir je etwas anderes bedeutet hätten, als einen Spaß und eine Annehmlichkeit; denn, warum?: es freut mich, Dir doch gelegentlich ein wenig an die Hand gehn zu dürfen.

Umso inniger müßte es mich kränken und verwirren, wolltest Du Dich durch meinen hiesigen Aufenthalt at this particular time, auch nur im Geringsten und im Traume nur, vernachlässigt oder benachteiligt fühlen. Natürlich scherztest Du, als Du meintest, man müsse zwischen seinen Vätern wählen; aber irgend eine (Ver-) Stimmung hat dem Scherze ja wohl zu Grunde gelegen und über eben diese kann ich nicht umhin, mich ein wenig zu grämen.

Steht es doch so, daß ich nicht nur der Ansicht war, jetzt daheim nicht viel ausrichten und bedeuten zu können, sondern überdies glaubte, hier gewissermaßen von Nöten zu sein. Die brave L. ist der Aufgabe, den alten Wucherer teils zu erheitern, teils in seine gesundheitlichen Schranken zu weisen, durchaus nicht gewachsen. Ihn zu den gebotenen Schritten zu veranlassen und doch psychisch halbwegs in Form zu halten, oder zu bringen, war von größter Wichtigkeit (soweit a. W. selbst dies ist) und, überheblich, wie dies leider klingen mag, glaube ich, dem lieben und hochverschmierten Meister einen wirklichen Dienst geleistet zu haben und zu leisten, einfach indem ich ein wenig sunshine spreade. – Wie an allen Göttern meiner Kindheit (Reinhardt, etc.) hänge ich an Kuzin. Sein Hintritt müßte mir gewaltig nahe gehen und schon seine augenblickliche Lage betrübt mich. Dazu kommt, daß er seinerseits – und Lotte dazu – sich ganz ungewöhnlich reizend verhielten, als wir mit unserem K. in der Tinte saßen, sodaß ich mich den beiden leidlich verpflichtet fühle. Und, obendrein: es ist hübsch hier; das swimming-pool, die Nähe meiner Ärzte, welch letztere Herren ich an den kommenden 10 bis 14 Tagen wieder häufiger sehen sollte, – all dies macht mir den Aufenthalt auf ein limitiertes Weilchen lieb und agreabel.

Müßte ich freilich fürchten, Dich durch mein Fernsein (so fern bin ich doch gar nicht!) verstimmt oder befremdet zu haben, – ich *gäbe* nichts mehr auf sämtliche oben angeführte «Grinde» und zöge auf der Stelle aus. Denn wissen sollst Du, daß Deine «Belange» mir wichtiger sind als die meisten anderen zusammengenommen. Aber Du weißt es ja und ich tue Überflüssiges!

In Treuen die Deine:
Kind E.

VON THOMAS MANN   Pacific Palisades,
                                        6. 11. 1948

Liebes Erikind,
recht herzliche Wünsche zu Deinem 43sten, geradeaus und
ohne Winkelzüge gesprochen. Mein Gott, ein Alter ist es ja
nicht. Wie dumm und unfertig war ich in den Jahren! Nicht so
Faßbender!
   Das schönste Geburtstagsgeschenk lege ich Dir bei, das ich
erdenken konnte.
   Die Münchener Affaire ist ja disgusting und wohl wirklich
auch nicht gefährlich. Man muß zunächst abwarten, ob das
Drecksblatt selbst Eissi's Erwiderung bringt. Wenn nicht, und
wenn dann die Neue Zeitung sie bringt, so hat es ja wenig Sinn,
daß ich auch noch protestiere. Zumal da Klaus sich auf die
Klage festgelegt hat, an deren Erfolg ich zweifle. Wenn diese
Leute von Agententum sprechen, so fügen sie hinzu: «im Effekt» und sind dadurch wahrscheinlich juristisch gedeckt. Immerhin hast Du ja von einem deutschen Blatt selbst die Bestätigung, daß Deine Äußerungen über Polen verdreht worden
sind. Was ich tun könnte, ist doch vielleicht, daß ich in der
Neuen Zeitung meinem Erstaunen darüber Ausdruck gäbe,
daß deutsche Zeitungen heute schon britische und amerikanische Staatsangehörige bei ihren Regierungen denunzieren dürfen. Ich könnte das einen frechen Mißbrauch ihrer Lizenz nennen. –
   Einige Tage war ich recht deprimiert über die Trostlosigkeit
der amerikanischen Faustus-Besprechungen, die ich zu sehen
bekam. Den tiefsten Punkt erreichte Hamilton Basso im «New
Yorker». Aber N.Y. Herald Tribune war sehr anständig,
Atlantic ist jetzt auch heraus und dazu eine groß aufgemachte
Nummer von Sat. Review of Literature. Es sieht doch nicht so
schlimm aus. Nur daß alle die d-eu-t-sche Allegorie so fürchterlich hervorkehren. Bin ja selber schuld. Weiß es.
   Wenn ich lebe und bei Kräften bleibe, lege ich ihnen noch

den Felix Krull hin, der aus nichts als Streichen besteht, damit sie endlich aufhören einen ponderous philosopher in mir zu sehen. Möchten Dir doch auf Deiner Campaign alle Herzen zufallen! Eine gewisse Klärung der Atmosphäre hat der Wahlausgang ja doch mit sich gebracht. Er ist doch gut für die Juden.

Von den Confessions würde ich am liebsten garnichts mehr hören und sie bis zu unbestimmter Stunde liegen lassen. Wird aber kaum tunlich sein und wäre ungerecht, da ich Schönberg hinten soviel Credit gegeben. Aber im Detail habe ich Adorno'n zuviel gegeben. Da läßt sich kürzen, tilgen und verallgemeinern, denke ich.

Warum soll ich nicht wissen, daß Frido an Till geschrieben hat? Das stört doch das Traumgebilde nicht.

Alles Liebe, Gute, Herzliche fürs neue Jahr und immerdar.

Z.

VON THOMAS MANN   Pacific Palisades, 8. 2. 1949

Liebes Erikind,
heute Abend will der Eissi Dich anrufen, und ich werde dann wissen, ob ihr wechselt oder bleibt, und wohin ich die gestern erhaltene Goethe-Abschrift zu schicken habe. Jedenfalls lohnt es wohl noch, sie Dir, wenn auch nur zu vorläufiger Durchsicht und Überprüfung, in die Winterfrische zu mailen. Ganz so schlimm, wie mit dem Nietzsche, ist es der Ausdehnung nach und als Kürzungsaufgabe nicht geworden: Die Abschrift ist ziemlich weitläufig, in der Handschrift waren es nur 29½ Seiten – viel zu viele natürlich, aber ich glaube, die Striche, kleine und große, bieten sich ziemlich gefällig an und werden Dir nicht allzuviel Kopfzerbrechen machen. So hoffe ich wenigstens.

Ob Du es gut findest, mag ich garnicht fragen. Es ist halt der obligate Vortrag, olle Kamellen im Wesentlichen, mit etwas neuer Zutat und unter einem für das Publikum zweier Welten vielleicht nicht uninteressanten Gesichtspunkt neu geordnet. Zeitweise wurde mir angst und bange, ob ich den Alten nach soviel aristokratischer Kompromittierung noch wieder würde demokratisch heraushauen können. Aber ich denke, es ist gegangen, und am besten gefällt mir das «to make a success of things» als demokratisches Symbol.

Wie denkst Du über die Rußland-Hypothese? Golo war strikt dagegen, aber Kläuschen auch so halb und halb und Mielein desgleichen. Es ist so versuchsweise ganz hübsch, aber wenn ich es einmal irgendwo mitspreche, so ist es in der Welt, auch wenn ich es später weglasse, und ich glaube selbst, ich hätte nichts als überflüssigen Ärger davon. Auch könnte die Library die Passage kaum, oder sicher nicht, drucken. Das wäre also wohl der erste Strich. –

Bin recht betrübt, daß ihr vom Wetter so maltraitiert wurdet und dazu schlecht zu essen bekamt. Was wird da aus Deiner Erholung? Es sieht nicht aus, als wollte es sich zum Besseren wenden. Wir sind gestern Abend auch bei unnatürlich eisigem Wind zum Konzert der Närr gefahren: Die Siebente von Bruckner, halb unsinnig, halb großartig, Adorno sprach von «Urgestein», und Horkheimer behauptete, wenn er Komponist wäre, würde er so komponieren. Ich sagte, ich glaubte nicht, daß er an Urgestein leide. Ich glaube, er hat es übelgenommen.

Toni hat gesagt, beim wish-bone habe er sich gewünscht, daß es schneit *und alles verwelkt, ganz braun*!

Man mußte ja immer erwarten, daß bei Humm die Tücke einmal ausbrechen werde. Jetzt hat er in seinem Blatt den «Faustus» mit solcher Wut demoliert, daß ich doch erstaunt war. Er trampelt nur so darin herum, und als einem Ehrenempfänger der Zeitschrift schickt er es mir dann zu. Wird mich noch mehrere Tage beschäftigen.

Gruß an Deine Lebensgefährtin!
Z.

AN THOMAS MANN   Mount Hood, Oregon, 13. 2. 1949

Liebster Z., –
hab' das gute Stück nun schon dreimal durchstudiert und mich
sehr gefreut. Bin auch der Ansicht, daß sich dies alles durchaus
vertreten läßt und überdies: wäre der Menschen Aufnahmefä-
higkeit nicht so shamefully limited, so fänd' ich's nicht einmal
zu lang. Was Dir ein Nachteil schien und Dir – scheinbar – die
Aufgabe erschwert haben mag: Dein so-viel-schon-über-den-
Mann-gesagt-Haben, ist, glaube ich, zum Vorteil ausgeschla-
gen, insofern, als das Gespinst nicht gar zu dicht geriet und
nicht ein schwieriger Gedanke dem andern – und andersartigen
– unmittelbar auf dem Fuße folgt. Die Beschränkung auf des
Alten Beziehung zu «democracy» – oder doch auf das, was es
einem ermöglicht, ihn «demokratisch herauszuhauen», –
scheint mir glücklich, nicht bloß, weil sie einen neuartigen
«angle» bietet und indresant für alle Engländer, Kühe und
andere Demokraten sein wird, sondern auch, weil sie einen Gegenstand, den während einer einzigen Stunde rundum zu behandeln, *gar* zu unmöglich wäre, recht handlich und übersichtlich erscheinen läßt.

Ehe denn ich fortfahre, will gesagt sein, daß ich miserabel zu
schreiben gedenke und wohl weiß, daß ich bereits in vollem
Zuge bin. Während mir leidlich klar ist, was ich sagen will, bin
ich doch ganz außerstande, es zierlich auszudrücken und zwar
einfach von wegen die Müde, der die Älte zu Hilfe kommt. Sind
gestern zum ersten mal im Ernste Ski gefahren und heute wieder, trotz immer noch mehr als mäßigem Wetter (Sturmwind
und keine Sonne, aber, wenigstens, bis kürzlich, kein neuer
Blizzard. Eben setzt er wieder ein) und, sehr natürlich, hat
mich das, auf angenehme und, wie ich glaube, zuträgliche
Weise verdummend mitgenommen. Schluß der Einfügung.

Am besten gefällt auch mir das «to make a success of things»
als demokratischer Zug. Aber die von zarter Erbitterung
vibrierenden Stimmen der poetisch-aristokratisch am Leben

leidenden Onkels und seine Lebensfreundlichkeit, an der sie sich ärgern müssen, sind mir – wie das meiste andere (wie das Barrès Zitat, etwa, oder der Barker Fairly) gleichfalls sehr überzeugend. *Gelacht* habe ich *überdies häufig* und weiß daher jedenfalls schon, was *nicht* streichen.

Ob nicht aber an irgendeiner Stelle einmal von einer gewissen herrischen und launenhaften Manier die Rede sein sollte, die ihm zu eignen scheint und ihn so häufig morgen das nackte Gegenteil von dem sagen heißt, was er heute geäußert? Geschieht dies nicht, – läßt Du ihn also etwa auf Seite 17 gegen Luthern herauskommen, nur, um auf Seite 25 festzustellen, wie sehr er jenem (und keineswegs nur «literarisch»!) zugetan war, so könnte man beinahe meinen, der Mann habe es nicht geliebt, seinen Äußerungen auf den Grund zu gehen. Bei Erwähnung der «Wenigen», für die ausschließlich er schrieb, wiewohl einer, der nicht auf eine Million Leser zählen könne, lieber gleich gar nicht anfangen sollte, erwähnst Du ja wohl, daß es sich hier um seltsam widerspruchsvolle Äußerungen handele. Nirgends aber findet sich ein *allgemeiner* Hinweis auf diese gewisse elbische (oder wie?) Unzuverlässigkeit mancher seiner Anmerkungen. Wie denn überhaupt (vielleicht?) trotz der Beschränkung im und durch den Titel, *einmal* gesagt sein *könnte* (?), daß nichts Dir ferner liegt, als ein *Gesamt*bild zu geben, obgleich jeder Gesichtspunkt, unter dem man sich – kennt man den Alten nur ganz – dem Gegenstand nähert, ein Lichtchen werfen sollte, auf die ganze Figur. – Etwas dieser Art, – oder nicht? Auch recht.

Aber sowohl das «Löblich», als auch die Kindsmörderin hat unser Schnun Dir doch abgestritten; – nein, die Kindsmörderin war wohl eine andere, – die, unter deren Todesurteil er «auch ich» gesetzt haben soll.

Sehrsehr schön und selbstrührend der Schluß (aber wie vieles könnte sogar ich und sogar jetzt zum Preise von Früherem sagen!). Und was nun die Rußlandstelle angeht, so hasse ich die Vorstellung, sie ganz zu streichen. Vielleicht, daß ein Dreh sich finden ließe, vermittels dessen das «mitwirkende sich-Verlieren in der geregelt-tätigen Masse, das zuletzt wenn nicht sein Ideal, so doch seine Vision war», erhalten bliebe. – Mal sehn. Mal überhaupt sehn. Habe bisher nur Winzigkeiten angemerkt (im Manuskript), von denen hier zu handeln zu umständlich wäre – und überflüssig ist – und mich um Striche noch nicht gekümmert. Was ich aber eingangs vom nicht allzu dichten Gespinst schwatzte, wird nicht nur den Leuten beim Zuhören, sondern auch mir beim Streichen helfen, und mir ist da nicht sehr ängstlich zumute.

Congratulations, denn, – noch einmal und von Herzen. Vielleicht, daß ich doch, trotz ursprünglich gegenteiligem Plan, meine Vorschläglein parat habe, wenn wir niedersitzen. Bleibt das Wetter, wie's jetzt wieder ist, wird dem wohl so werden.

Sonst nicht viel. Ein wie reizender Sport ist doch das Skifahren! Erlaubt die Witterung es nur irgend, will ich mich noch immer erholen, – glaube übrigens, es – bis zum gewissen Grade – trotz allem schon getan zu haben. Wobei anzumerken ist, daß die Gemme sich als durchaus bekömmlicher Umgang erweist, – freundlich, zurückhaltend und ausgeglichen (der Geisterglaube, sagt sie, bewirkt dies letztere!) – und wir lachen viel über unseren Haushalt, den zu vervollkommnen wir ständig aufs kindischste bemüht sind.

Nun aber mal schleunigst Schluß! Mag sein, ich telephoniere heut abend, nach Jack Benny, – falls, nämlich, der Zustand meines kleinen weißen Aparates eben während der show mich nicht allzu rasend macht, sodaß ich Frausüsi *hasse* und *nie wieder* von mir hören lassen mag.

Seid gehalst. Heut in 8 Tagen wäre unser départ fällig. Scheint aber dann jählings die Sonne, verschieben wirs am Ende um ein Geringes.

Zur Gänze: E.

Ja, Herr Oberst, – unser armes Vaterland! Vergaß ganz, für Deinen Brief zu danken und Herrn Budenzauberer Humm meine Verachtung auszudrücken. Ja, was *erlaubt* sich der mal-adjustierte Knirps denn eigentlich und inwiefern wird es Dich denn «mehrere Tage» beschäftigen? *Lohnt* sich das?

VON KATIA MANN   Amsterdam, 4. 8. 1949

Liebste Schatz:

Da wären wir denn geborgen im guten Amstel, und eine Er-leichterung ist es ja, dem Boden D.s entronnen zu sein. Im Übrigen verlief der Aufenthalt, äußerlich und persönlich, ja durchaus erfolgreich bis triumphal. Über München hat ja Theres berichten mögen. Daß der Beifall dort zum Teil auf-richtig und spontan war, steht mir fest, daß das Meiste dort garstig und bedrohlich ist, weiß ich ebenfalls, wenn wir eben auch persönlich nichts davon merken konnten. Die ganze Zeit waren wir schwer bewacht, ich glaube ohne Not, denn gerade in dieser Hinsicht war auch nicht das Mindeste zu spüren. Im Übrigen hatte gerade dieser Aufenthalt, mit all den gealterten, aber unveränderten Gesichtern und den zertrümmerten Stät-ten, etwas besonders Gespenstisches. Heinzchens sind ab-scheulich, auch die P. konnte mir nicht gefallen, unsere Nelly ist die Beste. Von München also fuhren wir, in Bayreuth übernachtend, nach Weimar. Die Beschaffung der Inter-Zo-nen-Pässe machte unendliche Mühe, zahllose Telegramme mußten hin und her gehen, aber schließlich brachte die Wei-marer Delegation sie uns nach Bayreuth und die Fahrt ins Öst-liche konnte angetreten werden. Die gesamte thüringische Re-gierung war auf der Landstraße, da wir in Warta bei Eisenach feierlich eingeholt und durch das in festlichem Aufruhr befindliche Land nach Weimar geleitet werden sollten. Da dies aber ein Umweg von etwa 200 km und wirklich eine *zu* große Strapaze gewesen wäre, so zwangen wir Becher zur direkten Route, die Regierung wurde telephonisch verständigt und irgendwo hinter Plauen kam es dann zum feierlichen

Begrüßungsakt. Was von diesem Augenblick an aufgestellt wurde, spottet jeder Beschreibung. Wenn Du sagst, die Deutschen könnten einen solchen Ruhm nicht ungenützt lassen, so ist das jedenfalls in dieser Zone verzehnfacht der Fall, vom Moment der Einreise bis zur Abfahrt, die diesmal doch erbarmungslos, in einer Cortège von zehn Wagen, mit reportierenden Radiowagen, mit Blechmusik, Schulkinder Chören, Spruchbändern, Bürgermeister-Reden, Girlanden von Ort zu Ort ging. Besonders die FDJ (Freie Deutsche Jugend), die von Morgen bis Abend ihr Friedens-Horst Wessel Lied grölte und dazwischen im Chor schrie: «Wir grüßen unseren Thomas Mann» erregte recht fatale Assoziationen, wie sogar von dem guten Becher, der überhaupt einen äußerst bedrückten Eindruck machte, ausdrücklich festgestellt wurde. Ob es richtig war, der dortigen Propaganda als so überaus fetter Bissen zu dienen, bleibt mir zweifelhaft, aber natürlich läßt sich auch Manches dafür sagen. Ungeheuer strapaziös war das Ganze, und daß der Vater es wirklich recht leidlich überstanden hat, kann man nur als deutsches Wunder bezeichnen. Ohne unseren guten Motschan hätten wir es wohl kaum geschafft, man kann den guten Jüngling, der uns ständig mit sorgender Aufmerksamkeit umgab und, bis wir in Frankfurt den Amsterdamer Zug bestiegen (das Flugzeug war ausverkauft und zudem das Wetter schauderhaft) alles abnahm, nicht genug loben. Gölchen wollte ja eigentlich auch mitfahren und wir hatten seine Papiere eingegeben, er blieb aber in Heidelberg hängen. (Feiernder Weise?)

Nun sind wir recht froh, wie gesagt, auf freundlichem Boden zu sein, und in Ermanglio von Friedrich tragen uns ja auch die guten Hirschs auf Händen. Wehmütig ist mir dieser Aufenthalt, denn vor zwei Jahren waren wir hier ständig mit Kläuschen zusammen.

Morgen früh denn fahren wir gen Rotterdam. Natürlich kannst Du so wenig von Ehrwald aus anrufen als ich von Frankfurt aus ein Telegramm nach Österreich schicken konnte. Vielleicht finde ich auf dem Schiff eine Zeile von Dir vor oder sonst in St. Regis, wo wir ja am 12. sein sollen. Und dann kommst Du ja auch bald angeflogen. Möchte es doch nett und erholsam in Ehrwald sein und möchtest Du ein wenig schlafen. Vor allem ist Betsy hoffentlich nicht eingetroffen und, wenn eingetroffen, dann ohne zu stören, bald wieder abgereist.

Mein Bestes für Theres.

Immerdein
das arme Mielein

[Nachschrift von Thomas Mann:]
Das arme Herrzauberle ist auch imstande sich anzuschließen. Hat alles brav überstanden, obgleich es oft nicht wußte, ob es lachen oder weinen sollte. Von dem Volksfest in Thüringen wirst Du Dir nie eine Vorstellung machen. Verrückt, aber einmütig, weil auch die Malkontenten sich unsinnig freuten. Es ist nichts zu bereuen. Alle Besseren loben mich, weil ich es auf mich nahm. – Auf bald!

AN THOMAS MANN   Chicago, 26. 5. 1951
                                   Billings Hospital

Allerliebster Z.
Dies war nun einmal Wartewoche, – Hautonkel verreist, seine halbschwachsinnige Assistentin, die ALTE weißrussische Assistentin, *ausschließlich* damit befaßt, die Doktoren Hesselteen (den Gynäkologen) und Baker (den Urologen) davon abzuhalten, das Gering*ste* – und Dringlichste – zu unternehmen, – und Dein Brief pausenlos unterwegs, ohne einzutreffen. – Heute nun kam er und hat mich *ganz ungemein* erfreut, trotz einem gewissen liebevollen Mißtrauen, das aus ihm spricht und das schleunigst zu zerstreuen Du mich umso bemühter siehst, als schon Frausüsi in ihrer letzten Kommunikation sowohl, wie gestern fernmündlich, nicht viel Vertrauen in mich, meine

Urteilskraft, meine Disziplin und Vernunft zu setzen schien.
Daß sie selbst mir dabei nicht gesündlich erschien, sondern
sehr schwach, traurig und mitgenommen, stimmt mich nicht
heiterer.

Zwei Punkte nur wollen behandelt sein:

1.) Sollte, nach Rückkehr, morgen (Sonntag) der ungarischen Primadonna, des Hautarztes, zwingende Zwill sagen:
wirklich überzeugende Gründe erkennbar werden, die weiteres Ausharren hier geboten erscheinen lassen, so bliebe ich
weiter, – *obwohl* (ich muß es sagen) ich *innerlich*, nach mehr
als zwei grusig vertanen Wochen, nicht an die Ratsamkeit solches Ausharrens zu glauben vermag. 2.) Wo denn denkst Du
hin? «Poor people's stuff»? Ganz Deiner Ansicht, und bräv-
sten Willens voll, habe ich *keinerlei Versuch* unternommen,
mir derlei anzulachen, obgleich die kleinen von den meinen
mir gerade jetzt und hier wahrhaftig zupasse gekommen wären. Da ich mich aber nun einmal in diese für Euch so kost-
spielige Unannehmlichkeit gestürzt, wollte ich ihr *jedwede*
Chance geben und habe mich, – je te le jure – in allen Stücken
betragen, wie ein leidender Erzengel.

Sollte ich also am Montag kommen, so tue ich dies, weil
keinerlei Sinn in einer weiteren Verlängerung des Aufenthaltes liegt. Komme ich noch nicht, so hat man mich in etwas
hineingeredet, woran ich im Grunde nicht glauben *kann*, wovon ich aber fürchte, daß Ihr es möchtet (in meinem Interesse,
versteht sich!).

Nun hab' ich all meine Kraft vertan mit Narreteien, – und
kann auf das so viele *Schöne* und *Erheiternde* in Deiner Epi-
stul gar nicht mehr eingehen. Bin ja aber jedenfalls, sei's diesen Montag, sei's nicht *sehr* lang nach diesem, daheim, – und
wollte nur, daß es, – a) *Euch* leidlich ginge, und daß Ihr Euch,
– b) meinetwegen keine falschen Sorgen machtet. Es ist dies
Ganze äußerst ärgerlich und *nicht MEHR*. Und ich bin durchaus Manns genug, damit fertig zu werden, – sei's hier, sei's
anderswo.

Kopie meines Briefes an Angell ruht an. Nur, damit Du siehst, daß ich nicht müßig.

Seid beide umhalst von
treulichst der Eueren:
E.

AN THOMAS MANN   Arosa, 28. 1. 1953
                                  Hotel Obersee

Daddy, dear –
gut denn, – es ist vollbracht. Ohne Wörterbuch, zwar, und unter Mühen, aufgeboten nicht so sehr, damit die Übersetzung gelinge, sondern damit nicht gezweifelt werden könne an meinem Eifer, und meine Einwände nicht möchten verwechselt werden mit Vorwänden.

Schau aber mal: Wie Du – nicht ungern – voraussiehst, schickt unser Hoffman Deinen gerechten Ausbruch seinen editors. Diese veröffentlichen ihn *nicht*. Wohl aber finden sie ihn allzu interessant, «startling», «sensational», and what not, – als daß sie Abstand davon nehmen könnten, ihn zu vervielfältigen und ihn herumzuzeigen, – «strictly off the record» and «highly confidentially». Sulzberger, having lunch with a trustworthy Senator, gibt Letzterem das Ding zu lesen, der wieder spricht einem andern davon und plötzlich hat man in Washington, D. C. soviel von dem «outrage» munkeln hören, daß Mc. Carran oder sonstwer den Brief *anfordert* und die Times ihn ausliefern muß. Sollte aber (überraschender Weise) dies oder etwas Ähnliches *jetzt nicht* geschehen, – *wissen* wir denn nicht (und hast Du es nicht eben geschrieben?), daß der Augenblick kommen wird, da die Times, sich «auf den Boden der Tatsachen» stellend, es sehr nötig haben wird, Fleißaufgaben zu machen? Ihren späten und geringen Versuch, die Machthaber zu bekämpfen, könnte sie dann nicht mehr leugnen. Wohl aber könnte – und würde sie gewiß – «droben» aufwarten mit einem

Dokument, das Dich als einen gefährlichen Hasser des «Neuen Amerika» vor aller Augen definitiv entlarvte.

Wie dem übrigens sei: *was willst* Du mit dem Schreiben? Dein Schweigen «erklären»? Aber das erklärt sich weitgehend selbst (in Verbindung mit Deinem Fortzug). Und soweit es dies nicht tut, hat es unerklärt zu bleiben, oder es hört auf, ein Schweigen zu sein. Die Redaktion der N.Y. Times ist kein Beichtstuhl. Weder ist man dort willens und imstande, hochinteressante Geheimnisse zu wahren, noch wird man schließlich sicher sein vor Razzias, «warrants» und dergleichen.

Ich sehe, verzeih mir, den guten Zweck nicht, dem der Brief bestenfalls dienen könnte – sehe nichts als Weiterungen und Gefahren. Protestant, der Du bist, möchtest Du sehr natürlich alles bei Namen nennen. Aber wem gegenüber? Cui bono? Überleg's, ich bitt', noch einmal genau. Im Grunde denk' ich, Du wirst meinen Vorstellungen zugänglich sein.

Die Übersetzung – dreimal geschrieben – scheint mir nicht schlecht. Das Wort condemm (condemn?) für «verwünschen» ist zu stark. Ohne Thesaurus weiß ich kein schwächeres. Vereinfacht habe ich nur, wo ich mußte. Geändert ward gar nichts; *das Ganze* ist gefährlich und so «anstößig» von a bis z, daß im Einzelnen gewisse Milderungen es (in meinen Augen) nicht retten konnten.

Was nicht heißen will, daß es mir nicht glänzend gefiele! Sehr im Gegenteil! Genau so wäre genau dies zu sagen! Könnte man's aber noch sagen, man brauchte es kaum zu tun. Ecco!

Wetter schlecht, – natürlich. Auch in Gastein war es so auffallend schön gewesen, ehe wir kamen. Und dann hatten wir 4 schöne Tage, out of 21. Mag aber dennoch die Hoffnung nicht sinken lassen – selbst die auf bessere Unterkunft nicht. War schon in verschiedenen Häusern, wo zum gleichen Preis unvergleichlich Netteres geboten wird. Vielleicht, daß doch noch jemand absagt, sich ein Bein bricht und was derlei Glücksfälle mehr wären. – Gestern machte ich Notizen, heut die translation, wenn auch nicht für Readers. Morgen, so

Gott will, beginne ich mit blutische Finger wirklich zu werkeln.

Mieleins Erkältung klang häßlich vertraut. Möchte sie doch *ein wenig* geschwinder weichen als üblich. Wird maman bettlägerig – Du hast es gesagt –, so komme ich *sofort*.

Seid beide umhalst.
Treulichst
E.

P. S. Nach so langem Fackeln kommt es auf ein paar Tage – dem Hoffman gegenüber – nicht mehr an. Auf ein Wort von Dir (brieflich oder telegraphisch) entwerfe ich Dir ein Briefchen, das ihm, ohne irgendwas zu verraten, Bescheid sagt.

P. P. S. Nota*bene*: in den Augen der Giehse und ihrer festen Überzeugung gemäß, hat unsere Emmy nach dem Kriege nicht aufgehört, eine bestallte Agentin zu sein (wie sie's zugegebener Weise während des Krieges war). Nun aber Allen Dulles, ihr wartime boss in *die* führende einschlägige Position als chieftain einzurücken scheint, kann ihr «officialdom» kaum mehr einem Zweifel unterliegen. Oh, danke, sehr inderesand!

P. P. P. S. Fand doch noch das rechte Wort für «verwünschen»: «to confound».

VON THOMAS MANN   Erlenbach-Zürich, 3. 2. 1953

Liebe Eri,
recht vielen Dank. Ist ganz richtig so, und ich schicke es in Abschrift ohne Veränderung nach Genf. Medi beklagt die Absage zwar, aber ich lasse es doch dabei, hauptsächlich, weil ich nicht weiß, wohin es mich führt, wenn ich über «all das» einmal zu schreiben anfange. Es könnten ja «Betrachtungen eines Unpolitischen» werden.

Übersetzung und Brief rechne ich Dir umso höher an, als Du

ja alle Hände voll zu tun hast. Wird schon alles hübsch und schön werden. Du hast jetzt doch Post bekommen?

Der Schnee-Orkan war ja grauenerregend hier, etwas für Stifter zum Beschreiben. Aber in England, Holland, Belgien muß es noch viel ärger zugegangen sein. Jetzt ist es friedlich, dick verschneit bei leichter Kälte.

Arztens sind noch nicht da, weil auf der Hochzeitsreise. Werden dann wohl guter Hoffnung einziehen.

Frisierte Schnauz, kühl in die Schranken gewiesen, ist bescheidener und schlichter geworden, kocht nicht schlecht und möchte offenbar gern bleiben. Mielein hat ihr für diesmal noch nicht gekündet. Dieser geht es ganz entschieden besser. Der Katarrh hat sich nicht gesenkt und sich sehr gelockert, gottlob.

Peters haben noch einiges ausgerichtet, wofür ich ihnen allerdings ein neues Statement über ihre synchronoptische, als kommunistisch verdächtigte Weltgeschichte schreiben mußte. Tat es so schön, daß beide weinten.

Heute war Silone da, netter, manchmal ganz drolliger Mann. Fand aber am Korea-Krieg einiges Gute. Hast Du über den Schau-Angriff vor geladenen Gästen mit gedrucktem Programm gelesen, der dann mit dem schimpflichen Rückzug der alliierten Infanterie endete? Heiter!

Wünsche Dir Sonne und Stimmung.
Herzlich Z.

VON THOMAS MANN   Erlenbach-Zürich, 6. 8. 1953

Liebe Eri,
dieser Zitter-Brief vom Pree kam gestern. Ich wollte ihn Dir nicht vorenthalten. Da scheint es wirklich schlimm zu stehen. Ich sage es ja: immer ist Einer da, dem es «noch schlechter» geht. Und dabei bloße siebzig alt! Da stand ich im «Faustus», ließ mir frischweg die Lunge operieren und war noch ganz kregel.

Der Schurke Muhl wird vertragsbrüchig und verlangt durch das Finanzamt den gesetzlichen Höchstpreis für die beiden Wohnungen, mit rückwirkender Kraft, um ca 1500 Franken mehr als vereinbart. Es wird ja etwas dagegen zu tun sein, aber ich habe mich sehr aufgeregt über soviel gemeine Unrechtlichkeit. Auch das Treiben des Burschen drüben, der das Haus durchaus für nichts an sich bringen will, nagt an mir. Unsere Lage ist sehr schwierig, denn bevor die Kinder weggehen, muß die Sache ja bereinigt sein.

Kann man denn unter dem heutigen Menschengeschlecht noch leben? Ist ja nur noch Gesindel.

Zwei sonnige Tage hatten wir. Jetzt hangen des Himmels wieder schwer herab auf Ilion. Hoffentlich nicht ganz so bei Dir. Innig wünsche ich Dir Balkonwetter, gute Arbeit und gute Erholung.

Z.

AN THOMAS MANN   Arosa, 8. 8. 1953
                                Hotel Streiff Juventas

Vielliebster Z., –
dem Emil habe ich gleich geschrieben. Das sieht ja wirklich bös aus, und keinesfalls möchte ich, daß er sich zu allem Überfluß auch noch von meinem Grimm gezwackt meint. Der Arme!

Auch sonst enthielt Dein Freundliches des Erfreulichen nicht eben viel. Dieser Muhl! Und gibt es denn gar keinen Rekurs? Emmi und Hans, j'en suis sure, wurden bereits involviert. Und im übrigen wißt Ihr selbst und die anwesenden Mittleren gewiß so viel wie ich, die ich mir nutzlos das Köpfchen zerbreche. Alle werden wir es aber noch erleben, daß *ich* wegen «Tätlichkeit» zu Gott-weiß-was verurteilt werde. Dabei habe ich gerade vorhin noch dem Lion den blauen Flecken an meinem rechten Handgelenk gezeigt, der freilich jetzt ins Bräunlich-Violette spielt, den ich aber fraglos jenem irren Zugriff der «Dame» verdanke.

«Mit geht's immer dankeschön» hieß ein deutscher Schlager. Heut war das Wetter idealisch, und sofort erhellen sich meine Lebensgeister. Regnet es freilich, und ich muß, der Bärenkälte wegen, im Bett kritzeln, bin ich wieder weniger luschtig. Jedenfalls aber ist alles schon wieder *zu lang* (das Gekritzelte nämlich!), und was nützt mir dann die Wahrscheinlichkeit, daß es «an sich» recht nett ist? Der Satan hole die Restriktionen!

Nochmals Muhlen betreffend, so gibt es doch wohl, wenn wir den Kürzeren ziehen, nur eine Möglichkeit: sich auf der Stelle nach etwas Anderem umsehen. Und da hat am Tage meiner Abreise der Erich Katzenstein mir telephoniert, sein Sohn Ello habe in Herliberg so hübsche Grundstücke gesehen, – erschwinglich und ungefähr gelegen, wie die Glärnisch-Bude. Vielleicht wollt Ihr rückfragen?

Es «tamt», – umgezogen bin ich eh nicht, und so frankiere ich denn eilends dies ungenügende kleine Dink. Kann ja bald wieder mal eins hinhetzen.

Inniglichst
E.

P.S. Habe das schon versiegelte Dink nach dem Abendmahl wieder geöffnet und bin fünf Stockwerke hinaufgestiegen, – die es nun gleich neuerdings hinab- und hinaufzuklettern gilt, – nur, um Dich *herzlich* zu bitten, Du möchtest Dich doch von Muhls Schurkischkeit nicht weiter anfechten lassen. Denn, – warum?

1.) and if it comes to the worst, was sind 1500 Franken, zu Recht auch «Stutz» genannt? 370 Dollars sind es, – und ausziehen wollten wir ohnedies.

2.) aber, und vor allem: «Gesindel»? Ja, was dachtest denn Du?

«Natürlich hab ich leider recht, –

Der Mensch ist dumm, die Welt ist schlecht ...», dichtete schon in den zwanziger Jahren unser kluges Gockele, der Bert-

hold Brecht. Und daß es um Treu auf Erden getan ist, wußte der
Hollaender auch schon. Wobei mir wieder unser Emil einfällt,
hinter dem (wie hinter dem Gründgens, – nur andersartig und
aus weniger vortrefflichen Gründen, –) gewiß die *Erynnien* her
sind. Nicht versehentlich schrieb er schon so bitter aus dem
schwedischen Königsschloß. Und in D. hängt ihm keineswegs
vornehmlich der Kridwies (spelling?) nach, sondern es haben
ihm, der doch weißgott aufs freundlichste mit dem Führer
stand, *nun* die *Nazis* den Wagner weggenommen (Wieland
und Wolfgang, vor allem); – Bayreuth (spelling?) ist *hin* für
ihn, – den Hertlog mußte er anflehen, ihn in den «Club 1952»,
nebbich, aufzunehmen, und all das, weswegen er angeblich
seine sämtlichen bassessen begangen, erweist sich als häßlicher
Schall und stinkender Rauch. Der Arme!

Und nochmals: gräme Dich nicht! Ça ne vaut pas la peine!

E.

VON THOMAS MANN   Erlenbach-Zürich, 27. 1. 1954

Geliebtes Kind,
ich schicke Dir die Abschriften von Kapitel 10 und 11 des III.
Buches. Habe an Zouzous Kruditäten zu Anfang eine Dämp-
fung vorgenommen, das Weitere aber stehen lassen. Ich
meine, es ist auf ihre sonderbare Direktheit im Voraus genug
hingewiesen und darauf vorbereitet worden. Im Übrigen sehe
ich das Ganze mit trüben Augen an, freudlos und mehr als
gleichgültig. Es quält mich, daß die Leute sich so darauf spitzen. Ist ja doch dummes Zeug, und gefallen daran tut mir eigentlich nur Felixens Rede im Kreuzgang. Das hat eine gewisse
eindringliche Komik.

Wenn ich dann freilich so anderes lese, z. B. «Der letzte
Sommer» von der Meisterin Ricarda –, mein Gott, als Kriminalgeschichte ist es doch recht schwach. *Den* Mörder soll die
Polizei nicht ausfindig machen? Und dann das Sprachliche. Da
werden «Fugen» «eingerenkt», und eine «Brühe» soll etwas

«verkleistern». «Er sprach so liebenswürdig gegen Papa, daß er ganz angeregt wurde.» Soll heißen, daß *der* ganz angeregt wurde. «Gegen» ist auch nicht gut. Und daß die Universitäts-*schließung* Ungerechtigkeiten ein*schließt*, würdest Du mir nicht durchgehen lassen.

Nimm es aber nur nicht zu genau mit dem Manuskript und mach Dir nicht zuviel Mühe. Wer kümmert sich schon drum, wenn wirklich die 40 Jahre eine oder die andere kleine Vergeß-lichkeit gezeitigt haben? Kommen nicht übrigens die Paten-hemden doch bei der Einkleidung zum Kellner noch einmal vor? Ich bin zu träge, um nachzusehen. Bin überhaupt sehr träge und habe seit Abschluß von Krull I. Teil eigentlich nichts geschrieben, als einige Seiten über den neuen Band Fontane-Briefe für die «Weltwoche». Wurde sehr aufgenommen und der Abdruck um eine Woche verschoben, weil er erst in einem «Brief an die Leser» angekündigt werden soll. Ist aber nichts daran.

In wenigen Tagen sollen wir ja gen Sizilien reisen – warum und wozu, sehe ich nicht recht ein. In Marokko liegt Schnee, und in Taormina wird es auch hundekalt sein, wenn auch wohl nicht so wie hier, wo – 12° ins Gebein dringen. Gehe immer nur 20 Minuten, vermummt, so gut es ohne Nerzmantel eben geht. Geordnet ist eigentlich noch nichts, weder die Verlänge-rung der Miete hier, noch der Hauskauf, noch das am Hause Vorzunehmende. Aber wir erwarten heute den Besuch des Be-sitzers mit dem Agenten zur Viererkonferenz auf höchster Ebene.

Unsere Hauptsorge ist Dein Befinden, das sich so garnicht recht heben zu wollen scheint. Ich frage mich oft, ob die Hö-henluft, die Dir freilich sonst immer gut tat, bei Deinem gegen-wärtigen gebrechlichen Zustand überhaupt das Richtige für Dich ist. Vielleicht wäre wirklich etwas wie Kissingen und eine Sanatoriumspflege förderlicher. Du mußt Dir Ruhe und Zeit zur völligen Wiederherstellung Deiner Kräfte gönnen. Hier muß und wird es auch ohne Dich gehen, möge die Ermutigung durch Deine Anwesenheit auch ausfallen. Zur Zeit des Umzugs wird Golo uns schon beistehen und auch sein Schwerinchen zuziehen.

Von dem Musik-Apparat mag ich garnichts mehr wissen. Der Radio-Empfang, um dessentwillen die Neuerung doch vorgenommen wurde, ist miserabel und der Grammophonklang unter dem früheren. Wir haben heftig reklamiert und zum Alten zurückverlangt, gern bereit, die Arbeitskosten zu tragen. Nach Bollag (der mit meinem Auge zufrieden ist) hat uns nur so ein Telephon-Anschluß-Kästchen gefehlt, für das freilich in Erlenbach die technischen Bedingungen nicht erfüllt zu sein scheinen. In Kilchberg werden sie es sein.

Mielein hat gottlob ihre kleine Vergiftung, oder was es war, rasch überwunden und regt sich wie immer. Aber ein bißchen alt sind wir beide. Das muß so sein und ist nichts dagegen zu sagen. Ich muß nur achtgeben, daß ich mich etwas vorwärts gerichtet halte und nicht zu sehr der Neigung nachgebe, mir nur im Zurückliegenden, «Stechlin» und «Lohengrin» zu gefallen. – Neulich haben wir uns «Moulin Rouge» angesehen: Zu lang, sodaß sogar eine Erholungspause eingelegt wird. Aber die Figur des Toulouse Lautrec ist vorzüglich und nur rätselhaft wie der (mit englischem Akzent sprechende) Darsteller die verkümmerten Beine zustande bringt. Der Film, obgleich «Film» genug, ist schon was Besonderes, und ich mußte mir eingestehen, daß er besser ist, als «K. H.». Übrigens nichts gegen den! Ich würde ihn gern noch einmal mit Publikum sehen. Aber wir werden wohl wegsein, wenn er herkommt.

*
*   *

Die Viererkonferenz hat also heut Mittag stattgefunden. Man hat sich geeinigt auf 255 000 zuzüglich des noch zu vereinbarenden Preises für einiges, was im Hause bleibt, wie vorrätiges Heizöl, Eisschrank etc. Von der Hypothek, die 140 000 beträgt, ist ein Teil mit jährlichen 1000 Franken zu amortisieren. Der

Verkäufer, Brunner, ist ein netter, anständiger Mann. Weniger der Agent, der alles Mögliche im Hause Vorhandene, wie Vorhänge, Perser Treppenläufer u.s.f. teuer mitverkaufen will, wogegen wir uns aber sträuben. Prinzipiell ist die Sache perfekt. Die Notariatskosten gehen zu gleichen Teilen. Und so denn – mit Gott. Ich glaube, wir tun das Rechte, und jedenfalls ist mir wohler, als wenn wir uns die Feste Zel aufgeladen hätten.

Dein
Z.

Dr. Hirsch habe ich gefragt, ob er bis September mit der Herstellung fertig wird, wenn er das Manuskript Mitte März bekommt.

AN THOMAS MANN   Arosa, 31. 1. 1954
                                   Hotel Streiff Juventas

Herzliebster Z., –
merci *viel*mal für Dein so freundlich ausführliches, neuigkeitenreiches und besorgtes Geplauder. Auf die Unbegründetheit ernstlicher Sorge gedenke ich weiter unten die Rede zu bringen. Zunächst zu dem von Dir – augenblicklich – so trübäugig beschauten Felix, dem Du ein mir gar nicht recht verständliches Unrecht zufügst, – zu schweigen von meiner totalen Unfähigkeit, Deine merkwürdigen Ansichten zu teilen! Es quält Dich, sagst Du, daß die Leute sich darauf «spitzen». Warum und auf Grund wovon denn aber spitzen sie sich denn? Sie haben Dich vorlesen hören (gut, das mag so ganz voll nicht zählen), – vor allem aber haben sie in der Rundschau wichtige Kostproben genossen, – ohne daß es die Perlen allerersten Ranges gewesen wären, die man da vor sie geworfen. Was immer sie gehört und gelesen, hat ihren Appetit geschärft (sagt man das? Im Englischen heißt es «to wet one's appetite»), – und, kurz, das Pack

«spitzt» sich nicht von ungefähr, sondern weil es eine leidlich zutreffende Vorstellung hat von dem, was ihm bevorsteht. Zudem aber: ich lese auf der einen Seite systematisch und unter ständigem Rückblättern und Vergleichen, auf der anderen lese ich aber (zum Vergnügen) nur so herum. Und wohin ich auch blicke, die Lektüre ist (zum mindesten) reizend. Jedes Kapitel, ja jeder Abschnitt hat *seine* kleine oder größere Perle, – ob es da nun um die Geschwister auf dem Balkon geht; um die höchst sonderbare und unvergeßliche Episode mit den «Totenvögeln» und «Leichenhühnchen»; um die Betrachtungen, die da angestellt werden bezüglich des Verhältnisses der Gesellschaft zur Armut; um Stanko oder le maître Jean-Pierre; um die kleine Ekelgrimasse des Generaldirektors, – gleichviel: Du lässest Dir Deinen «Schelmenroman» als Gerüst dienen, daran alles aufgehängt werden kann und wird, was Du weißt und noch nicht gesagt hast – oder vielmehr früher noch gar nicht wußtest. Und das «Doppelbild», das dem Felix allein Genüge zu tun vermag, der Roman selbst stellt es insofern dar, als er zwar die Abenteuer und Entwicklung des Helden zum Gegenstand hat, aber gleichzeitig und wie nebenbei Dein eigen «Weltbild» (nicht also nur eine andere Variante und Maskerade des Künstlertums) in zahllosen, durchaus neuartigen Zügen gibt und spiegelt. Im übrigen aber: *Du* bist *gut*, – um nicht zu sagen köstlich! «Eigentlich gefallen», meinst Du, tue Dir nur Felixens Rede im Kreuzgang. – «Wo will sie denn hinaus, meine Kostbare?» heißt es in «Kabale», und wenn Du Dir natürlich gleich *diese Ansprache* zum Maßstab setzest, die zum schlichthin *allerbesten* gehört, was Du überhaupt und je gemacht hast, dann muß der Rest Dir ja fade schmecken! In Wahrheit tut er dies weder (je!), noch stehen gewisse andere Höhepunkte etwa meilenweit hinter dem genannten zurück. «Kuckuck», wie Du weißt, ist keineswegs von Pappe, – der «Circus» ist ein Edelstein, die Houpflé von äußerster Originalität, – muß ich sie Dir alle aufzählen, die leckeren Vortrefflichkeiten? Ich muß nicht! Kennst Du selbst sie doch gut genug und läßt Dich nur herabstimmen von der natürlichen Abspannung, die dem «Finis» (wenn es auch nur ein vorläufiges ist) zu folgen pflegt, – und einer Reihe von zusätzlichen, ja aber in der Lösung begriffenen Grämlichkeiten, – sagte sie altklug.

Hier unterbrach ich, weil die Sonne herauskommen zu wollen schien und, – siehe, sie wollte wirklich und handelte entsprechend. Ich fuhr rüstig auf einen ziemlich hohen Berg, wo es hübsch war, kaum zum beschreiben. Auch verteilt sich (heut ist Sonntag) in diesem unvergleichlichen Arosa die größte Menschenmenge auf eine Manier, daß man lange Streckenweise allein scheint in der Weiße und Seidenbläue. Aber ich schweife ab, vermutlich, weil die liebe Sonne gar so rar ist (auch jetzt, zwei Stunden, nachdem sie gekommen, hat sie sich schon wieder davon gemacht!), und man also kaum umhin kann, eines Sonnenausflugs als einer Denkwürdigkeit zu erwähnen.

Zurück zu Felix, will sagen, hin zu meinen kleinen Vorschlägen und Ausstellungen. Ich hoffe, Ende der Woche, oder doch gewiß Anfang der nächsten, fertig zu sein, – wäre es übrigens natürlich schon, hätte ich nicht damit rechnen müssen, daß ich Dich in nächster Bälde nicht zu Gesicht bekommen würde, weshalb denn alles, was, *gesagt*, fast keine Zeit in Anspruch nähme, schriftlich niedergelegt und *begründet* sein wollte und (vorläufig) will. Kämet Ihr freilich herauf, – das wäre ein ander Ding! Aber man wird ja sehen und in jedem Falle werde ich mich in genannter Frist zum Wörtchen melden. Nein, – *gar zu* genau will ich's gewiß nicht nehmen. Nur irrst Du (glaub' ich), wenn Du meinst, um Unstimmigkeiten zwischen «Fragment» und «Neuem» kümmere sich kein Mensch. Genau um derlei Quisquilien kümmern sich die Lumpe, und da es Dir im Ganzen so bewundernswert gelungen, den Anschluß zu finden, und so mählich den Ton zu wechseln, daß keinerlei *Bruch* entstanden ist, wär's doch schad', wenn ein paar Flüchtigkeiten der Illusion etwas anhätten.

Ja, – die Huchin! Mag sein, ich überschätze die Novelle, – vermutlich, weil ja überhaupt niemand auch nur eine solche zu schreiben vermag. Den Stil angehend, so gestehe ich, daß mir immer zumute war, als läse ich etwas aus dem Russischen Übersetztes, bei welcher Selbsttäuschung ich mir's wohl sein ließ. Eine «Kriminalgeschichte» ist das Ding doch aber wirklich nicht, da man nicht nur den Verbrecher, sondern auch das Wie seiner Tat von Anfang an kennt. Und daß die Polizei ihn ohne weiteres schnappen würde, glaube ich auch nicht. Ist doch jener Gouverneur aufs berühmteste bedroht, kommt doch die Maschine aus der *Fabrik*, und ist doch überdies Madame (die einzige, die dem «Schutzengel» gewissermaßen mißtraute) gleichfalls in die Luft geflogen. Was mir gefiel, war der scheinbar völlige Mangel an Parteinahme, der Ricarda'n gleichwohl nicht hindert, dem Mörder recht zu geben, so lieb die ganze Familie ihr ist und so lieb sie sie uns macht, – und, anyway, I liked it. Alle Figuren sind hübsch gezeichnet, deucht mich, – und in jedem Fall habe ich so ungemein viele *größere* Zwerge gesehen, daß ich für diesen doch relativ zirrlichen dankbar war.

Regarding «Moulin Rouge»: Das gilt als der mit Abstand beste Film, den die «Amis» in vielen Jahren zubereitet. Gemacht ist das Ding nach einem sensationellen Reißer von einem «biographischen» Roman, der, von einem seit Jahrzehnten in Santa Barbara auf die Filmchance hin laborierenden Franzosen, in starrem Hinblick auf eben diese und unter wüster Fälschung der «facts» fabriziert worden ist. «Technicolor», to boot, das deutsche, von den Invaders beschlagnahmte Farbfilmpatent, ist von den Bestohlenen noch immer zur Gänze nicht wieder ersetzt, – ganz abgesehen davon, daß es in den Staaten so manchen guten Film gegeben hat, während in D. die *Wüste* sich breitete. Ganz zweifellos und sehr natürlich, also, ist «Moulin Rouge» *besser* als «K. H.». Daß die beiden Dir aber wenigstens commensurabel scheinen, spricht schon Ganzlederbände für letzteres Elaborätlein.

Ich nehme füglich davon Abstand, von meinem Befinden noch irgend Wesens zu machen. Ist doch dies Schreiben schon

224   Briefwechsel mit den Eltern

von unnatürlicher Länge, und werde ich doch außerdem heut' abig telephonisch mein bulletin durchgeben.

Nur, daß 1.) der Stand der Kilchi-Angelegenheit mich zutiefst befriedigt, will ich noch anmerken. Ist ein hübsches, verständiges Haus in bequemster Lage und – in Anbetracht eben der Bequemlichkeit, – *recht* hübsch situiert. Einige kleine Verbesserungen, den Garten und die Aussicht nach rechts betreffend, lassen sich unschwer vornehmen, zu erfreulichem Resultat. 2.) Bin ich *angewidert* vom Betragen unseres Musikinstruments (ich *weiß* es ja, daß ein Radio-Grammophon als ein solches nicht zu bezeichnen ist!) und meine, man sollte sich *nicht* darauf einlassen, unser altes Sach, wie von Heri vorgeschlagen, so einzubauen, daß es um 50 % an Resonanz-Raum verlöre. Vielmehr denke ich, man sollte alles genau so wieder herstellen, wie es war, wobei Radio Lips den teueren Weihnachts-Ankauf (das Radio, eben) zum halben Preise, oder so, abzunehmen hätte und dies beinahe sicher täte. Mit Heri muß man *langsam* und *sehr-sehr deutlich* reden, damit es keine Mißverständnisse setzt! Vor allem, wie schon vermerkt, ist er davon abzuhalten, seine faule Kompromißlösung, seinen Eventualplan, vielmehr, der auf sie hinauslief, in die Tat umzusetzen. Wir wollen *heim* durch «Gateway to Music», – und *nichts anderes*!

Mehr als übergenug! – Vielleicht solltest Du *drei ganz* kurze Noveletten schreiben – so zwischendurch und zur Erholig? Zwei weiß ich schon – die dritte kömmt Dir, wenn Du niedersitzest. (Spaß beiseite!).

Dank auch für die lepphafte Photographie. Mieleinhold ist sehr nüdlich getroffen, – Du wieder mehr drollig, – und durchaus siehst Du «im Leben» so zügig nicht aus!

Adieu, adieu, – vielleicht kommt Ihr wirklich?

Zur langen, prünetten und, mag sein, schon nicht mehr *ganz* so hageren Gänze («ganze Gänze» ist auch eher was für die Huch)

die Euere:

E.

Ob du dem *goldischen* alten Orlowski, dem *seltenen Rührei,*
entsprechend schriebest? Antwort? Und habt Ihr den *Nerzmantel* denn auch *bestellt?*

AN THOMAS MANN   Arosa, 10. 2. 1954
                                  Hotel Streiff Juventas

Beloved Dad, –
here, then, we go, – und ich darf sagen, daß ich selten einer so
absorbierenden Sisyphus-Arbeit oblegen. Leider, wie Du sogleich bemerkst, ist die Liste *lang.* Sehr großenteils handelt es
sich um Quisquilien klein-stilistischer Art (Wiederholungen
von «auch», «schon» und dergleichen). Zu viel kleineren Teilen geht es um Wichtigeres, um Strichvorschläge, – seltener
der Länge halber, als weil gewisse Dinge sich – meiner Überzeugung nach – zu häufig wiederholen, um wirksam zu bleiben. Auch «Vorwegnahmen» laufen unter, – wie etwa F.s.
Nachplapperei einer Kuckuckschen Weisheit auf S. 237 und
seine Verwertung *derselben* Weisheit im Brief an die Eltern (S.
294). Meine Empfehlungen, die Beziehung zwischen «Fragment» und «Manuskript» angehend, basieren auf gewissenhaf-
testem «research». Und ich meine wirklich, daß einige wenige
«Rückweise» (will sagen, einige *mehr,* als schon vorhanden)
vortreffliche Dienste tun würden. *Widersprüche,* dagegen,
scheinen mir *sehr* «undesirable». Im Grunde handelt es sich
hier übrigens in erster Linie um die Paten-Hemden, und mich
deucht, daß die minime Änderung, wie vorgeschlagen, das in
Ordnung brächte. Oder aber man könnte natürlich auf Seite
131 («Fragment») die Gabe streichen, um erst zu gegebener
Stelle auf Seite 159 («Fragment») zu erwähnen, daß Schimmeli
ihm Hemden geschenkt, deren eines er angelegt hat. Ein paar
mal mag ich Dir insofern «pedantisch» vorkommen, als ich
Kleinigkeiten als «unmöglich» oder «unglaubwürdig» oder
doch «unerklärt» beanstande, während das Ganze, – die Fik-

tion, es habe ein Krull genau dieses Buch geschrieben, doch keinerlei Anspruch erhebt auf Realismus und Glaubwürdigkeit. *Ich* glaube aber, daß, gerade auf Grund und angesichts der quasi Irrealität in der Gesamtanlage, die Kleinigkeiten, das Detail stimmig sein müssen, – sachlich stimmig und nicht offenbar «unmöglich».

Daß der Frankfurter Lungerer all die Steine und Halbedelsteine kennt und richtig bezeichnet, bedarf der Erläuterung, – oder aber man verdrießt den Leser. Auch sein wirklich *gekonntes* Französisch, schon bei der Douane, will justificiert sein, oder aber der Leser wundert sich verärgert. Aber ich rede, – und dabei ist die «Liste» ja dermaßen übersichtlich und akkurat, daß man ganz weg ist. Tu mir nur, Lieber, die Freundlichkeit und Ehre und «check on *every item* listed». Du mußt dies ja leider schon deshalb tun, weil ein jedes im Text feinfein mit Bleistift angestrichen ist, und Du zumindest diese Strichlein entfernen mußt, wenn Du schon meine Vorhaltungen (teilweise) in den Wind schlagen solltest. Mörderisch langweilig, wie die Berücksichtigung all meiner Winke übrigens gewiß wäre, – sie brauchte Dich, wenn Du nur mit frischem Mute ans Werk gingest, nicht mehr als drei Tage zu kosten, während, bedenke dies, ich drei volle Wochen an die Arbeit gewendet.

So far so good. Aber jetzt kommt etwas nicht so Gutes: ich bin in harten inneren Kämpfen zu der Überzeugung gelangt, daß Twentymans *fallen* müssen. Dies, ich weiß, ist eine *scheußliche* Überzeugung, wenn ich Dir aber gesagt haben werde, worauf sie beruht, wirst Du sie mir – zumindest – verzeihen.

Schaumal:

1., erinnert, bei aller kompletten Unähnlichkeit im Äußeren, *sowie* «Inneren», «mein Zicklein» insofern an die Houplé, als Ausrufe wie «you heavenly boy» und Geständnisse wie «I want to suffer», in a rather more sophisticated way auch von Diane herrühren könnten. Ach, aber nicht dies ist es, was mir die schöne Episode (nicht ganz acht Seiten, übrigens, nimmt sie nur ein!) als untragbar erscheinen läßt. Vielmehr, – und nun weißt Du es selber schon, – ist es, 2., die Art, in der hier Frau Mama dazwischenfährt, das Töchterchen wegschickt, angeblich strafweise, nur um dann selber, reife Frau, die sie ist und an deren Busen gen Himmel zu fahren Felix' Jugend viel gescheuter tue, – etc., – die mir diesen Abschnitt so äußerst untunlich vorkommen läßt. In hohem, unzulässig hohem Grade gefährdet er die Wirksamkeit des *ganzen Schlusses*, der, insbesondere, da er dem unüberbietbaren «Kreuzgang» nachfolgt, *keinerlei* Gefährdung *verträgt*. Hinzu, – aber eben nur hinzu, – kömmt, daß in diesen Hotelkapiteln, auch ohne Twentymans, Felix genug Triumpfe feiert; willst Du aber noch einen hinzufügen, so wäre ein *nur* gleichgeschlechtlicher wohl vorzuziehen. Worauf ich hinaus will, das ist der «gestrichene» Lord (seinen Namen habe ich vergessen), den Du doch neuerdings zuziehen könntest, wenngleich ich ihn kaum in der «Liftphase» unterbrächte, da «dieselbe» durch Dianen erotisch «bedient» ist. Mit leichter Mühe, aber, könnte man Onkel (vorschlagsweise) in die Halle versetzen, wo er, – etwa, indem er Zigarren aussucht und sich durchaus nicht entschließen zu können scheint, den F. an seinem Tischchen festhält, um am Ende mit seinem propos herauszurücken, – zitternden Kinnes und Tränen in den Augen. *Dies* wäre etwas *anderes*, könnte keinerlei Houpflé-Anklänge enthalten, durchaus den Schluß nicht gefährden und hätte obendrein den Vorteil, daß es jene Anspielung auf die Schimmelpreesterschen «Seitenpfade» brächte, die, wie jedes Heranziehen des «Alten», mir so wünschenswert scheint. Kurz, – der Band wäre mir *lieber mit* «Lord» als ohne. («Twentymans» könnte, ja *sollte* man *gesondert* verwerten, – als «Olten»-Bändchen, – oder sonstwie!)

So, – das war das Schlimmste!

Kuckuck betreffend, so habe ich nur einige wenige und kleine Strichvorschläge gemacht, ohne ganz sicher zu sein, daß sie genügen. Die Oltener Ausgabe war mir keine Hilfe. Ohne *sie genau* studiert zu haben, bin ich der Anschauung, sie sei so ziemlich identisch mit dem Manuskript in der mir übergebenen Form. Nun habe ich freilich die «Vorlese-Version» nicht zur Hand gehabt, und während ich gewiß mehr hätte stehen lassen als dort vorrätig, hätte sie mich vielleicht auf gute Ideen gebracht. Ob Du Deinerseits sie Dir nochmals vornehmen magst? Aber fast sicher hast Du sie nicht bei Dir. Gern hätte ich dort gestrichen, wo zum *zweiten* mal, wenn auch in etwas anderen Worten, von all dem «Ineinander und Umeinander Kreisen und Wirbeln, . . . Sich Ballen, . . . Brennen, Flammen, Erkalten, Zerplatzen, Stürzen und Jagen . . .» (S. 221) die Rede geht, dessen schon auf Seite 219 recht ausführlich gedacht ist. Ich unterließ es mit Rücksicht auf das unmittelbar folgende «erzeugt aus dem Nichts und das Nichts erweckend, das vielleicht besser, lieber vielleicht im Schlaf geblieben wäre und auf seinen Schlaf wieder warte . . .». Und vorher, – auf Seiten 219 unten und 220, wo es, mag sein, auch ein wenig «overabundantly» zugeht, unternahm ich fast nichts (nur eine winzige «Erleichterung»), weil ich annehme, daß Dir an der dort demonstrierten kosmischen Nichtigkeit unserer Zeit- und Gewicht-Begriffe gelegen ist.

Ja, – noch eins, – oder vielmehr, noch zwei. Das eine findest Du in der «Liste» kurz vermerkt, das andere ließ sich dort – da zu vage – nicht unterbringen.

a), also: natürlich hatte ich es ganz vergessen, daß mir beim Vorlesen diese «Hotelstellen» (Seiten 138 und 139) größerenteiles als «Längen» erschienen. Auch ist man ja als Zuhörer nicht immer gleich «gut» und sehr neige ich dazu, derlei Eindrücke auf eigene Müdigkeit und Insuffizienz zu schieben. Da aber genau diese Abschnitte mir jetzt, ganz spontan und ohne daß ich mich sofort meiner früheren Reaktion erinnert hätte, ermüdend schienen, so ist gewiß etwas daran. Und außerdem, – es ist seltsam: die latente Gefahr, es möchte dieser Felix seinem Bruder Joseph gelegentlich gar zu ähnlich sehen, wird, soweit mein Auge reicht, hier und *nur* hier plötzlich akut.

Wenn es Dir also möglich wäre, hier scharf zusammenzuziehen, es wäre sicher von Nutzen.

b) (*nicht* in der «Liste» zu finden): auch dies war mir beim Zuhören bereits aufgefallen und tat es, wie a), jetzt aufs durchaus Neue: In Lissabon, kommt mir vor, gibt es zuviele Schilderungen von «Interieurs». Schon diejenige von F.s. Hotel-Appartement ist reichlich lang und detailliert. Doch hat er noch nie so gewohnt und seiner kindischen Freude an all der Feinheit mag die Ausführlichkeit zugute zu halten sein. Aber es folgen (nach dem rein schildernden Museumskapitel!) die Beschreibungen von Kuckucks Wohnung (ganz knapp, das ist wahr), von derjenigen des Gesandten und, besonders «gewissenhaft», vom Königsschloß. Da auch der botanische Garten noch bedacht sein will, gibt es auf diesen Seiten sicher der Schilderungen zu viele, – und, wie vermerkt, besonders der Interieur-Wiedergaben. Der Band ist reichlich lang genug (selbst ohne Twentymans, – falls Du denn, was ich nicht hoffen will, dem Lord nicht erlauben willst, jene zu ersetzen!), – auch reichen ja meistens geringe Kürzungen hin, um den Eindruck der Insistenz, des auf-einer-Sache-Sitzenbleibens und nicht recht Vorwärtskommens zu vermeiden.

Ich weiß *alles!* Weiß, wie *sehr* zum Verdruß Dir Brief und «Liste» gereichen *müssen* und bin *sehr* betrübt bei dem Gedanken, daß soviel Liebesmüh von meiner kleinen Seite geeignet sei, Dich (vorübergehend, Dieu merci!) herabzustimmen. Nachdem aber die Arbeit getan war, habe ich *jedes* «item» nochmals auf seine größere und kleinere Wichtigkeit hin geprüft, einiges nicht wirklich *Nötige* eliminiert und nur stehen lassen, was mir noch immer erwähnenswert schien. Die Winzigkeiten, sehr natürlich, sind samt und sonders winzig. Da aber Deine Mühewaltung bei ihrer Betreuung gleichfalls minim, habe ich an *ihnen* umso weniger gerüttelt, als sie ja eben doch, so einzeln, wie besonders in ihrer Gesamtheit, ein wenig stören. Und warum sollte ihnen gestattet sein, dies zu tun?

Im übrigen und nochmals meine Glückwünsche! Das ist ein reicher, bunter, tief unterhaltender, niemals langweiliger, offen und untergrundig komischer, von neuartigen Einfällen, Beobachtungen und Einsichten (Weisheiten, meine ich wohl) *strotzender* Band. *Jede* seiner Figuren *lebt, jede* ist «originell», mit Dichteraugen gesehen, und aufs natürlichste ordnet die Fülle der Gesichte sich im Bei- und Nacheinander der Erzählig. Sei mir also, *bitte*, nicht griesgrämig und wolle bedenken, daß (kleine Ursache, große Wirkung!) die Quisquilien, mit denen ich Dich behellige, nicht ganz unwichtig sind der so wichtigen Sache!

Und nun, – kurz und schleunigst abschließend, – zu meinem Sohn Wolfgang!: Man kann, denke ich, mich als genesen bezeichnen. Ich nehme *nichts* mehr, – keinerlei Mittel, bis auf die Schlafdinger, versteht sich, – esse alles, was ich früher aß, bin, wo nicht sehr, so doch leidlich leistungsfähig und ziemlich guter Dinge. Zuzunehmen, freilich, ist mir vorläufig nicht möglich, – teils weil es immer schwer hält, teils, weil das Essen gar zu bettelhaft, teils auch, weil ich zu beschäftigt bin. Denn nunmehr muß ich ans Kinderbuch heran, und die Korrespondenz, ich weiß nicht, wieso, ist allein schon zum Närrisch-werden. Der Schorchtfilmverleih habe ich, wie telephonisch erwähnt, mit Klage gedroht, weil sie bei weitem zu unverschämt und ausgeschamt sind. Sollte ich wirklich klagbar werden müssen, so sagte ich, so würdest *Du* Dich *anschließen*, und zwar auf Grund der konsequenten Sabotage, die diese Firma an Deinem rechtmäßig stipulierten «frei nach ...» begeht. («Filmaufbau bavv, – Schorchtfilm bäbä!»). Es ist nur, damit Du Bescheid weißt, und natürlich *denke* ich garnicht daran, zu klagen, – habe aber 1500 DM verlangt und hoffe, mit 1000 abgefunden zu werden.

Wetter seit Tagen wieder tierisch. Einmal hatten wir drei Himmelstage hintereinander, – aber das ist lange her. Falls Ihr wirklich nach Nizza geht, käme ich vermutlich, – gesetzt, natürlich, Ihr bliebet dort lange genug. Geht Ihr nicht, seid Ihr wohl Anfang März spätestens wieder daheim, und bis dahin bliebe ich dann hier. Wird sich ja alles abhaspeln. Tausende von Wünschen für eine gute Zeit und eine womöglich noch bessere Erholung!

Las «Die Judenbuche». Ist *gar* nicht besonders und eher schlechter als «Der letzte Sommer». Nun nehme ich mir «Herrn Arnes Schatz» vor und den «Fuhrmann des Todes». Oh, – richtig, – Deine Fontanepièce: hat mir doch *sehr* gefallen, – alles so locker und so hübsch gesagt. Und mir, jedenfalls, hat das Stücklein die größte Lust erregt auf die Lektüre des Bandes.

BERLIN!!! Ha, – rasend! Und dann *doch* immer *noch* widriger, als man's, gebrannt, verbrüht und von oben bis unten angekohlt, wie man ist, vorausgewußt.

Schluß.

Küsse.

E.

Der Brief geht ab, – uneingeschrieben, wie er ist. Mit dem *Tippen* der Teufelsliste noch nicht ganz fertig, Post überdies zu, – sodaß jene plus Ms., – auf drei Envelopen verteilt, denke ich, morgen früh (wie drahtlich angezeigt!) zu Amte soll! Adé!

AN THOMAS MANN   Arosa, 11. 2. 1954

Liebst Vaterleben –
zu meiner gramvollen Erleichterung und tristen Freude gehen nun so Manuskript, wie 2 Pappbändchen, wie Höllenliste mit gleicher Post an Dich ab.

Habe aber *noch* ein Geringes zu der Sendung zu vermelden.

1.) Bezüglich der «Interieurs» in Lisboa scheine ich mich (mir nicht ganz verständlicher Weise!) «damals» *und* jetzt geirrt zu haben. Da ich es Dir noch *nie* aufer- oder nahegelegt, selbst dem schweren und prekären Geschäft des Streichens und

«Zusammenziehens» zu obliegen, machte ich mich, – *nach* Fertigstellung der «Liste» meinerseits – an diesen job, nur um erkennen zu müssen, daß in Wahrheit bei Kuckucks nichts erwähnt ist als ein Buffet, und bei Hüon nichts als (denk' ich) lederne Clubsessel. F.s Hotel-Appartement geht (aus früher erwähnten «Grinden») gewiß hin, – und daß er den Seinen auf Monrefuge des Königs Wohnstatt in einiger Ausführlichkeit schildere, ist nichts als seine Pflicht und Schuldigkeit. Sei also bitte so gut und vergiß die fraglichen Einwände. In der «Liste» sind sie eh nicht verzeichnet.

2.) Den obigen identische Motive bewegten mich, die vage angeregten Striche (Seiten 138/39) selbst vorschlagsweise auszuführen. So, meine ich, könnte es gehen, und es böte sich gleichwohl eine glatte Übergangs-Möglichkeit zum «Lord»! Diesen einzuführen hätte – unter anderem – auch *das* Gute, daß man hier Bezug nehmen könnte auf F.s früher (Ms. S. 4) gemachte Mitteilung, daß es ihm «allzeit ausgesprochen unbequem war, sich mit Herren zur Ruhe zu begeben». Man hätte also den Vorteil, gleich *zwei* Fäden zum «Frühen» knüpfen zu können (die «Seitenpfade» des Paten *und* das eben Ausgeführte!), – eine sehr angenehme Chance!

«Twentymans», übrigens, sind *an sich* eine so reizend runde kleine Sache, – ein so gelungenes Lustspielszenchen, daß ich sie *unbedingt* irgendwie gesondert publizieren würde. Da sie, – à fond, besonders von *Mr.* Twentyman, auch eines gewissen *Unanstandes* ja nicht ermangeln, eignen sie sich speziell für einen «Sonder-» oder «Privatdruck» of sorts. – –

Wetter unverwüstlich schaurig. Ein Staatsjammer!: Föhn, Regenschnee, – kaum, daß man überhaupt das Haus verlassen mag. Gestern tat ich's gar nicht, – heut' – gleich! – wird zur Post geschritten.

Nochmal, sehr und immer:
E.

P.S. Der gute Sternfeld teilt mit, die frechen Tanten hätten diesmal *je* 50 Pfund bewilligt erhalten, – was uns doch gewiß interessieren und freuen werde. – Möchte *auch* mal 50 Pfund kriegen, – für nichts und *wieder* garnichts!

AN THOMAS MANN   Arosa, 12. 2. 1954

L. l. Z.

nicht, als ob ich beabsichtigte, Dir von nun an *täglich* zu schreiben. Aber der «Felix» läßt mir – bis heute – keine Ruhe, und
sagen wollte ich nur noch (was Du vermutlich selbst schon bedacht), daß – zieht man «the Lord» zu, – es natürlich viel besser
wäre, man *ließe* die Regie, *wie sie war* und den Lord dem F. ins
leere Lesezimmer nacheilen, wo er, angeblich, die «Times»
sucht, – oder so. Auch sein (statt des «Zickleins») aus Verfal-
lenheit schließlich schon zum ersten Frühstück Erscheinen
könnte und sollte wohl «bleiben». Nur, daß der alte Britisher
sich selbstredend nicht so gehen läßt, wie der Kleine. – Ach, ich
Schwätzerin!

Sehr zu meiner Freude (und Empörung) traf vorhin, allerliebste F. S., Dein Gekrakel ein. Ja, die europäischen Züge sind
– und bleiben offenbar – ein lodernder Skandal! Und wenn ich
mich Angele's und meiner Fahrt im Zuschlagzug nach «Chez
Perris» erinner, so kann ich mich, rückblickend, *nur* «von der
Qualen» nennen. In Anbetracht des Wetters, übrigens, muß
ich dies sowieso tun, und hat man eine derartige *Ferkelei* zu
Arosa noch nie erlebt. Der erste Bäckermeister des Ortes, mit
dem ich gestern einen Pernod trank (von unserem Bar-Neger
im Felde «Penroad Fills» genannt!), sagte das auch. Außerdem
sagte er aber, mit der Schweiz gehe es bergab, ihre Bürger hätten alles Maß verloren, seien geldgierig, flüchtig in der Arbeit
und mißzufrieden geworden, und es werde das Ganze ein Ende
mit Schrecken nehmen. Je nun, – wo wird es das schließlich
nicht?

Heut' nehme ich den Thee bei Herrn und Frau Kurdirektor Grob, und ersterer, zumindest, ist weder flüchtig noch mißzufrieden, – vielmehr tüchtig und luschtig.

De tout mon cœur: E.

VON THOMAS MANN   Taormina, 15. 2. 1954

Teuerste Eri,
eben kam alles an, 3 Briefe und 3 Pakete. Bin ergriffen von der treuen Riesenarbeit, die Du getan, auch verwirrt, weil schwach von Kopf und Beinen. Habe alles nur erst überflogen und will mich dahintersetzen. Bei 20man's war mir nie recht wohl, und ungern habe ich ihnen damals den schottischen Aristokraten geopfert. Er *kann* in Erlenbach sein, aber die Gefahr besteht, daß ich ihn vernichtet habe, und dann weiß ich garnicht, was tun. Muß mit dieser Hauptänderung jedenfalls bis nach unserer Rückkehr warten und werde dem Verlag von hier oder von Florenz aus vielleicht nur erst einmal die Anfänge schicken, damit mit dem Satz begonnen werden kann.

Wie dem werde, bin ich Dir jedenfalls herzlich dankbar für Deine gewissenhafte Mühewaltung.

Acht hiesige Tage sind herum, angefüllt hauptsächlich mit Krankheit, bei wenig erscheinender Sonne. Acht weitere sind hier noch, klapprig, vielleicht langsam weniger klapprig, hinzubringen. Dann möchte ich nach Rom und etwas noch nach Florenz. Bin jetzt nur ungeduldig und besorgt, mich in Erlenbach nach dem Schotten umsehen zu können. Will doch hoffen, daß ich die Blätter aufbewahrt habe.

Sind mehr als froh, daß es Dir besser geht. Auf Wiedersehn Anfang März!

Feuchtwanger schreibt, Dieterle habe sich alle Mühe gegeben, Columbia zu überreden, den Film auf den Roman zu gründen, vergebens. Das wäre ja aber nicht nötig gewesen, sondern die Benutzung einiger Motive und Figuren (Mai-Sachme,

Mont-Kaw, Pharao Amenophis IV) hätte genügt, den Film mit dem Buch und mir in Verbindung zu bringen, ohne vollen Kauf, nur bei Zahlung von 20, 30000 Dollars. Frage mich immer, ob das nicht heute noch zu machen wäre.

An Deinen Keller-Doktor in Berlin habe ich vor Wochen einen längeren Brief über sex geschrieben, aber keine Antwort erhalten.

Marcusen im Aufbau großartig gratuliert. Tue ja alles.

Z.

AN THOMAS MANN   Höllriegelskreuth, 4. 6. 1954

Geliebter Dad, –

was soll *das* nun werden? Dümmlich, wie ich ohnedies bin (nicht *immer*, aber doch zur Zeit), liege ich überdies mit dem nassen Heublumenwickel darnieder, der zu den mannigfachen Riten des Hauses gehört. Vorher, andererseits, gab es andere Abhaltungen; weitere folgen auf dem Fuße, und so laß mich Dir denn mehr schlecht als recht zum Fest gratulieren und zu allem, wozu Du es kürzlich gebracht, – als da sind: Krull, Haus, Pelz und eine nicht abreißende Kette unverhoffter Glücksfällchen, von denen Du sicher sein magst, daß sie Dir treu bleiben werden: ES STRÖMT DIR ZU!

Sei *gesund*, je t'en prie, – erkälte Dich nicht, überanstrenge Dich nicht und tu' auch sonst nichts Böses, – *mich*, Du weißt es, träfe die Verantwortung, und nimmer würde mir verziehen von Seiten sämtlicher «Kollegen».

Daß ich meinerseits nun beinahe sicher demnächst *heilig* gesprochen werde, weißt Du schon? Solange ich denken kann, –: *so* hab ich's noch *nie* getrieben und muß mich wundern über das Übermaß meiner Bravheit. Bisher, – soviel ist richtig, – hat sie mir noch *keinerlei* Früchte getragen. Weit eher das Gegenteil, – was ich auf den Nervenaufwand schiebe, den das Nichtrauchertum zweifellos verursacht. Möchte die Zuversicht meines Arztes schließlich recht behalten. Vorläufig, jedenfalls, für weitere 12 Tage, oder so, heißt es abwarten.

Gestern war überraschend Michael da, – des Bräunchens *Sohn*, der *kleine* Braun, – sehr nüdlich, sonnenverbrannt und hübscher als je. Kennt «Kabale» nicht (auch sonst nichts vom Schillinger), – ein *Student!*, – aber so ist das heute.

Von hier, trotz größter Eintönigkeit, gäbe es viel zu erzählen. Sobald einem Institut dieser Art «weltanschaulich» vorgestanden wird, herrscht ein eigener Hochmut dem «Flachland» gegenüber. Und daß in jedem Gespräch der «Chef» starren Blauauges erklärt, er sei «*durchaus nicht* fanatisch», bewiese nur seinen Fanatismus, auch wenn der sich sonst nicht überall spürbar machte.

Bei allem, was mir an Widrigkeiten laufend zugefügt wird, bleiben die 3 Nächte des geplanten «Heilschlafes» einzigartig und unerreichbar in ihrer wahren *Schrecklichkeit*. Dabei, – und dies hört nicht auf, mich zu aigrieren, – wäre es *so leicht* gewesen, mich zu mir selber zu bringen, und ich werde den Verdacht nicht los, daß die Ärzte (zwei, und zeitweise ihrer gar *drei*!) in jener 3. Nacht dies gar nicht *wollten*, – vielmehr ihre helle Freude hatten an der «Klassizität», mit der ich halluzinierte. Einer von ihnen, der erste Assistent, hat mir seither häufig von diesem Erlebnis gesprochen, nie ohne seiner Begeisterung Ausdruck zu geben und zu erklären, – so, – *genau so* «lerne» man, daß halluziniert *werde*, aber nie noch habe er den Vorgang auch nur annähernd in dieser Vollkommenheit beobachten können. – Ich selbst erinnere mich mit abscheulicher Deutlichkeit an *alles*. Auch daran, etwa (um vom harmlosesten etwas anzuführen!), daß eine Schweizer Nurse, die, soviel ich wußte und sah, unten in der Halle am «desk» saß, Dir wegen des Interviews für «Unita» (auf *züridütsch*) widrig am Zeug flickte. Woraufhin ich, – oben, auf der Treppe stehend, mit *Donner*stimme hinunterbrüllte: «*Halten* Sie den *Mund*, Sie GOTTVERFLUCHTE DRECKSAU!!» Wie sehr mußte dies die arme Nachtschwester erschrecken, die zitternd neben mir stand, nicht ahnend, wodurch eine von mir frei erfundene Figur mich so gräßlich in Harnisch gejagt.

Gleichviel. Es ist vorbei. Aber NIE WIEDER möchte ich dergleichen zu durchleben haben.

Mit der Arbeit, sehr natürlich, hapert es auch. Und täglich kommen Briefe und keiner wird bedankt. Nun, – kommt Zeit, kommt Rat, und mich in Schafsgeduld zu fassen, ist alles, was mir vorläufig bleibt.

Lebt wohl. Wie *inniglich* gedenke ich Euer, jetzt und immer, und wie lepphaft werden meine wenigen Gedanken am Sonntag bei Euch weilen. Grüße für tout le monde

von der arm-lieben
E.

VON THOMAS MANN   Kilchberg, 7. 6. 1954
                                              Pfingstsonntag

Arm-liebes Erikind,

Dank, tausend Dank! Dein schrecklich rührend zu Herzen gehender Brief wurde doch gestern noch, zusammen mit einem Nachschub von einem Dutzend Telegrammen, als Extra-Lieferung überbracht, und ich habe etwas geweint, unter Lachen, darüber. Zu der Bangigkeit, den Zweifeln, der Melancholie, die über meinem späten Leben liegen, kam, wie gesagt, einige Tage lang der Gram über das, was Du Dir dort antun lassen mußt, die Zumutung des Magentest's, die gräßliche Erfahrung des «Heilschlafes» und all das. Auch war ich wütend auf den Doktor, der Dich kommen ließ beinahe in dem Augenblick, wo er gerade in der Abreise begriffen war, wobei ich die Situation wohl nicht ganz richtig überblickte. Jedenfalls bin ich jetzt ruhiger und zuversichtlicher Deinetwegen, denn wenn Du auch zur Zeit ein recht klägliches Dasein führst, so sehe ich zu meinem Trost Deinen guten, geduldigen, tapferen Willen und fasse mir ein Herz zum Vertrauen in Deine Zukunft, wenn das Nächste,

Gröbste einmal überstanden ist und Du irgendwo in hoher Luft Deine im Grunde gute Natur wieder ganz die Oberhand gewinnen lassen kannst. Geschehen mußte ja etwas, wir fühlten alle, daß Du ziemlich weit abgetrieben warst und es *so* nicht weiter ging und mußten auch wissen, daß es mit dem Zurechtrücken keine Kleinigkeit sein werde. Zum Erstaunen ist ja und berechtigt zu jeder Hoffnung, wie Liebes, Anmutiges, Gewinnendes Du noch in der letzten Zeit vor dem Entschluß zu radikalem Einschreiten mit Deinen Zugvogel-Erzählungen hervorbringen konntest! Die Fähigkeit, noch aus der Trübsal heraus, Freude zu machen, kann doch wohl immer als Gewähr dafür gelten, daß man selber noch die ressourcen in sich hat, um zu eigener Freudigkeit zurückzufinden.

Ich sehe da eine väterlich-töchterliche Verwandtschaft der Naturen, denn ich war ja auch ganz kürzlich noch imstande, dem «Krull» ein paar amüsante Lichter aufzusetzen, die aussehen, alsob sie guter Laune entstammten, was doch nicht der Fall ist – oder jedenfalls, die Laune ist der Übellaune abgewonnen. Freilich ist mir nur zu deutlich, daß nach der «originellen» Rede über die Liebe nichts Rechtes mehr kommt und der Ausgang des Bandes eher flau und flüchtig ist. Mein Blick auf das Ganze ist denn auch recht mißmutig, und ich sehe dem Erscheinen des Bandes mit einiger Geniertheit entgegen. Sehr würdig steht es doch nicht darum. Begeht man mit solchen kompromittierenden Scherzen sein 80stes Wiegenfest? Müder Übermut – tut nicht gut, sprichwörtlich geredet. Oft muß ich denken, daß es besser gewesen wäre, wenn ich nach dem Faustus das Zeitliche gesegnet hätte. Das war doch ein Buch von Ernst und einer gewissen Gewalt und hätte als Abschluß ein rundes, in sich geschlossenes Lebenswerk ergeben, während nun mit dem «Erwählten», den ich übrigens liebe, ein überhängendes Nach-Werk beginnt, das wohl besser fehlte. An dem «Krull» weiterzuspinnen fehlt mir, wenigstens vorderhand, jeder Antrieb, obgleich das Weiterspinnen relativ leichter wäre, als ein neues Unternehmen in Gang zu setzen, wie ich es jetzt versuche – eigentlich kann man nur sagen: ich versuche, es zu versuchen. Mir schwebt etwas vor wie eine kleine Charakter-Galerie aus der Reformationsepoche, Momentbilder von Luther, Hutten, Erasmus, Karl V., Leo X., Zwingli, Münzer, Tilman Riemenschneider, und wie da das Verbindende der Zeitgenossenschaft und die völlige Verschiedenheit der persönlichen Stand- und Blickpunkte, des individuellen Schicksals, bis zur Komik gegen einanderstehen. Aber von einer eigentlichen Konzeption kann (noch) garnicht die Rede sein, ich studiere manches, weiß aber nur undeutlich, was ich will, und denke manchmal, ich habe überhaupt vergessen, wie man etwas angreift und zustande bringt, mit anderen Worten: das Talent oder doch die Energie, es spielen zu lassen, sei mir ausgegangen – ein scheußliches Gefühl, denn ohne Arbeit, d.h. ohne tätige Hoffnung, wüßte ich nicht zu leben. Da bleibt denn immer nur die Berufung darauf, daß ich doch noch kürzlich ganz Begabtes und Geglücktes gemacht habe, und daß nur Zerstreutheit und Müdigkeit, die nicht zu dauern brauchen, an meiner gegenwärtigen Ratlosigkeit schuld sind.

Ach, überhaupt, ich sollte Dich nicht mit meinen Grillen plagen und bedrücken, Du kannst das garnicht brauchen. Der gestrige Tag ist unter Blumen und einem süßen Regen von Briefen und Telegrammen aufs freundlichste vergangen – ein schwacher Vorgeschmack doch nur des närrischen Trubels, der sich nächstes Jahr erheben wird, und dem ich mit einigem Bangen entgegensehe. Vormittags war ein Sendbote Mondadoris, Sign. Federici, aus Mailand da, der eine kostbare Stickerei überbrachte. Nachmittags führten Vater Bib und Frido zusammen sehr hübsch und sauber eine garnicht leichte Violinsonate von Mozart auf, und abends hatten wir kleine Fest-Party mit den von Salis, Lotte Walter, der Emmy, dazu Golo, Bibi und Gret. Präsidierte zwischen der de Salis, einer netten, natürlichen Frau, und Lottchen, das arg ramponiert und übermalt aussieht, erschreckend gealtet bei lauter, vordringlicher Sprechweise. Mielein vermutet hinter ihrer Mitgenommen-

heit neu sich regende Heiratsabsichten Kuzis, der die ganze
Zeit in Basel steckt, wo die Goldische für einige Wochen Aufenthalt zu nehmen gelaunt war, und der für uns nur ein knap-
pes Theestündchen übrig hat. Werden natürlich sein Konzert
besuchen. Man kann sich freuen auf die Brahms'schen Haydn-
Variationen, die er in Florenz geradezu bezaubernd dirigiert
haben soll. Freue mich aber doch mehr auf die «Natürliche
Tochter» im Schauspielhaus am Freitag, dritte Aufführung.
Bin sicher, daß ich auf jedes Wort dieses ennui gespannt lauschen werde. – Lottchen erzählte beglückt, was ich schon
wußte, daß Kuzi von Adenower das Große Verdienstkreuz mit
Stern erhalten hat. Ich fürchte, ich habe etwas geantwortet,
was einem «Da hat er einen Dreck» sehr nahe stand, denn sie
war ziemlich beschnieen. Meinerseits hielt ich zurück mit dem
bogenlangen, von humanistischer Rhetorik hallenden Glückwunsch-Telegramm, das ich vom rot-deutschen Kulturmini-
sterium bekam, dazu ein Gleiches vom «Deutschen Sender»,
der von einer Feierstunde mit Lesung des Militär-Kapitels aus
«Krull» Meldung macht. Es stimmt nicht, es stimmt nicht, weder mit Goethen noch mit mir, aber sie halten krampfhaft an
mir fest und werden auch den nichtsnutzigen Krull als Manifest zugunsten eines in Freiheit und Humanität geeinten Frie-
dens-Deutschland schlucken. Was soll man da machen. Es wird
peinlich sein nächstes Jahr, wenn der Osten sich in hochamtli-
chen Ehrungen (einschließlich der großen Gesamtausgabe)
überschlägt und der Westen sich in eisiges Schweigen hüllt, so
weit er nicht schimpft, weil ich die östlichen Huldigungen annehme. Übrigens kann ich mir kaum denken, daß Bermann die
östliche Gesamtausgabe so einfach wird geschehen lassen. Wenigstens wird er sich irgendwie einschalten wollen, etwa durch
Übernahme eines Teiles der Auflage, die aber dafür doch zu
klein ist. Lauter Fragen und Beklemmungen.
  Theres hat uns neulich zum Essen nach *Zug* eingeladen, in
ein gediegenes Wirtshaus mit Metzgerei, wo wir einen guten
Seefisch in Kräutersauce und Kirschtorte hatten. Sehr guten

Himbeergeist zum Kaffee, wovon Mielein mir gleich eine
Flasche zum Geburtstag geschenkt hat, nebst einem schönen
weichen Kaschmir-Schlafrock und anderen lieben Dingen.
Bermann spendete einen Gesamt-Tristan unter Furtwängler.
Prächtig ist auch das Tschaikowsky Violinkonzert, von I. Stern
mit leichtester Fäder absolut meisterhaft gespielt.

Nun höre ich auf. Man kann doch nicht alles schreiben. Das
Haus ist eine tägliche Genugtuung, einen schönen, reich ver-
chromten Plymouth bekommen wir auch in den nächsten
Tagen, und kurz, man sollte den Kopf nicht hängen lassen.
Ende Juli oder Anfang August fahren wir zusammen nach
St. Moritz, Suvretta-Haus, wo Du wandern kannst und noch
gesünder werden, als Du dann schon sein wirst.

Liebevoll
Z.

AN THOMAS MANN   Höllriegelskreuth, 23. 6. 1954

Teuerster Z., –
wiewohl quasi ein Dank für mein Ungenügendes vom 4. Juni,
war Dein Lieb-Langes vom 7. nicht nur seinerseits äußerst
dankenswert, sondern durchaus erwiderungspflichtig (könnte
in seiner Schiefheit ein neudeutsches Wort sein!) to boot. Und
believe you me: wär' ich nicht so *gar* dumm – dabei leider nicht
einmal leer, vielmehr zornig und bewölkt – im Kopfe, ich wäre
längst zu Briefe gekommen.

Anruhendes fand ich, wie es ist, unter Heinrichs Papieren
und hob es – gleich damals, Anfang Mai, – für Dich auf, nur,
um es in der Folge zu vergessen. Das Zitat mag Dir geläufig
sein. Dennoch scheint es mir passend, daß doppelt ein «Doppelbild» («an sich» Ahne und Enkelin, – Dein bezüglich aber
Mutter und Kind!) Dir die *Grillen vorführe*, die selbst der
Götterliebling sich da züchtete und hielt.

Und sonst? Wie *sehr* wünsch ich, es wäre die felsenfeste

242 Briefwechsel mit den Eltern

Überzeugtheit geschwind übertragbar, die ich hinsichtlich Deiner hege! – Ganz als ob übrigens die Unlust und das scheinbare Unvermögen des Augenblicks Dir nicht *hübsch* vertraut wären, und als ob irgend Grund bestünde, sie nun gerade jetzt, gerade diesmal als definitiv zu empfinden! Was zu tun Du freilich noch keinmal umhin konntest. Außerdem, aber, und *abgesehen* sogar von allem, was Dir noch so kürzlich so wohl geriet: hat es denn nicht so offenbarlich seine *Richtigkeit* mit Deinem Leben und Werk, und verhielte man sich «höheren Ortes» denn wohl wie die Fischer von St. Dunstan und widerspräche sich lächerlich?

Nach dem «Faustus», – meinst Du, – hättest Du reisen sollen? Aber geh! Vom «Erwählten» sagst Du selbst (und sagst selbst Du), daß Du ihn liebst. Doch ist da kürzlich – außer und nach ihm – *nichts*, was fehlen dürfte, – keinerlei «Lebensabriß» oder so. Leidigste «Minima» (das für Hesse, etwa, zum 75.) sind Dir zu zirrlichsten bijoux geworden, und wie ganz ist – kürz*lichst*, im großkleinen – der «Kleist» Dir gelungen, – wie zweckdienlich, auf persönlichste Manier!

Ärgere ich Dich? Ach, es liegt an der *assiette sowohl, wie* an der *bredouille*, in der ich mich finde! Auf die Gefahr (hin?), Dich noch mehr zu verdrießen, gestatte ich mir schlußendlich, an «Die drei Gewaltigen» zu erinnern – ein post-Faustum-Werklein, sie gleichfalls! – und zu meinen, daß ein wenig in dieser Art auch das neue Projekt gedeihen müßte, – wobei manch andere Art gewiß zur Verfügung steht, und ich gewis*ser* die Figur nicht bin, Ratschläge zu erteilen. Noch weniger – womöglich – bin ich der Raimund Hofmannsthal, und wenn ich trotzdem der Herzenshoffnung Ausdruck gebe, Du möchtest «es» doch, bitte, *etwas* «easier taken», so nur, weil ich denke und glaube, dies und *nichts weiter* tue Dir not.

Verzeih all das Geschreibsel

(«es schad't ja nichts, – aber was soll es?»), da es so deutlich best und ehrlichst gemeint.

Muß gleich zur «Darm-Massage», einer so schmerzhaften,

wie unnützen Prozedur. Und morgen sollen die Bakterien eintreffen, – «lauter frische, kräftige Stämme» – denen aufgetragen ist, die Giftbazillen zu verdrängen und Ruhe und Ordnung herzustellen. On verra.

Leb wohl. Meine *Absicht* geht dahin, am Montag oder Dienstag wegzufahren, den Abend und die Nacht bei Euch zu verbringen und mich tags darauf ins Luzerner Sanatorium zu begeben. Die nahe Zeit wird zeigen, ob dies Plänchen ausführbar.

Sei mit Deiner *lieben* Frau geherzt
von
E.

VON THOMAS MANN   Kilchberg, 7. 11. 1954

Mein liebes, teueres Kind,
heute habe ich meinen guten neuen Maßanzug angelegt, um Dir zu gratulieren. Ich wünsche Dir Glück zum Geburtstag, recht herzlich. Aber Dir Glück wünschen, das tue ich eigentlich jeden Tag, immer mit gleicher Dringlichkeit. Ich wünsche Dir Gesundheit und Erfolg und Freude, immer angemessenere und befriedigendere Möglichkeit, Deinem Aktivitätsbedürfnis zu genügen, und daß Deiner belebenden Persönlichkeit sich in der Welt ein immer breiteres Wirkungsfeld eröffnen möge. Natürlich vermisse ich Dich im Hause, aber ich tue es gern, weil ich weiß, daß Du Arbeit hast, wenn auch nicht die edelste, und den armen Filmmenschen, die Dich zu Hilfe riefen, auf ihrem Gebiete zeigen kannst, wie man es gut macht. Es gibt da freilich wohl vieles, was nur zur Not «gutzumachen» ist, und in dem Gefühl, daß es ratsam ist, diesmal noch mit Deinem Namen zurückzuhalten, stimmen wir beide, Mielein und ich ganz mit Dir überein. Auch sind wir etwas besorgt, daß der jagende Arbeitsbetrieb dort Dein glücklich gebessertes Befinden wieder gefährden könnte. Wenn Du mit dem Drehbuch Deine Sache

244 Briefwechsel mit den Eltern

so gut gemacht hast, wie es eben möglich ist, und wir Weihnachten zusammen verbracht haben, so mußt Du in die Berge gehen und Dich am Besseren, den Zugvögeln, ausruhen. Dabei ist Dein Talent freilich auch von lächerlichen Bedingungen eingeengt, was mich unausgesetzt ärgert. Aber, wie beim Film, bist Du doch auch damit auf dem Wege ins Freie, wo es dann endlich ganz nach Deinem Kopf gehen kann und nicht nach minderen Köpfen.

Der Film «Buddenbrooks» – ich schicke Dir den neuesten Brief von Ophuls und einen, den er an Rodenberg geschrieben hat. Klingt ja alles ganz gut und verheißungsvoll. In meiner erfreuten Antwort habe ich ihn darauf hingewiesen, daß Du in der ganzen Angelegenheit meine Vertrauensperson und glücklicherweise gerade in München bist, wo also die Begegnung mit Rodenberg, unter Deiner Beteiligung, am besten stattfinde, – unbeschadet natürlich des Vergnügens, das mir sein Besuch hier in Kilchberg machen werde.

Seit einer Reihe von Tagen schon schreibe ich wieder, nach etwelchem Gekritzel, am regulären, komponierten Schiller-Manuskript. Ich habe, Gott sei's geklagt, schon 20 Seiten, und es werden sicher noch einmal soviele. Es quält mich natürlich, daß es so viel wird, – zur energischen Konzeption einer gedrängten Festrede hat es bei mir nun einmal nicht gelangt. Aber sei es darum, ich schütte nun erst einmal rücksichtslos das Ganze aus, und Deine Sache wird es dann sein, ich kann Dir nicht helfen, aus der Masse die Rede zu destillieren. Wir verschonen Dich schon mit dem Tschechow-Aufsatz, nach dem Miss Kallin ruft, um ihn übersetzen zu lassen. Aber vorher muß er doch stark gekürzt werden! Und wir Alten fragen einander von Zeit zu Zeit, wer das tun soll. Am Ende bin ich der Nächste dazu.

Der fast stürmische Erfolg des «Krull» amüsiert mich sehr, bei all meinen Nöten und Sorgen von wegen Weimars, des «Nationalpreises» und all der Klippen. Der Verlag hat schon keine Exemplare mehr, und man kann nur hoffen, daß die Sortimenter noch Vorrat haben, sonst kann das Buch ein paar Wochen lang nicht geliefert werden. Die Besprechung von Sieburg war übrigens wirklich hervorragend. Ein sonderbarer Kopf. Ich habe ein Buch von ihm gelesen: «Die Lust am Untergang», worin sich äußerst gescheite und stilistisch hochstehende Dinge finden, alles unter seiner undeutschen Devise: «Literatur ist Kritik». Er muß an sich selbst viel Kritik geübt haben und spricht auch garnicht liebevoll von der Bundesrepublik.

So bin ich zum Schluß auch auf *den* noch zu sprechen gekommen. Lebe wohl, lebe wohl, sagte die kleine Schwalbe. Ein gutes neues Lebensjahr! Und dann kommt Stevenson, und die N.Z.Z. wird verboten, und wir werden alle noch sehr glücklich.

Z.

VON THOMAS MANN   Kilchberg, 21. 2. 1955

Liebes Kind,

für alle Fälle schicke ich Dir doch die Einschaltung von 2 Seiten über den «ätherischen» Werkplan. Ich habe sie dort eingefügt, wo Goethe in Faust II von Schiller als Herkules spricht, obgleich auch eine andere Unterkunft dafür denkbar gewesen wäre, vielleicht näher bei Goethes «Ihr seid alle zu irdisch für ihn» oder in direktem Gegensatz zu dem, was über Schillers Realismus und Erdentüchtigkeit, seine Berufenheit zu vornehmstem Erfolg gesagt ist.

Nicht um Dich mit noch mehr Material zu belasten schicke ich Dir den Zusatz, sondern weil ich für möglich halte, daß gerade er bei der Zusammendrängung sich als nützlich erweisen könnte. Ich stelle mir manchmal vor, daß man mit der Bestattung beginnen und dann seine erstandene Gestalt so behandeln könnte, daß man von seiner natürlichen Großheit, dem kindlichen Element in ihr, dem Spekulativen, dem Bühnenerschütterer spricht, wobei man die Werke streift, dann auf die

Sehnsucht nach Entkleidung vom Irdischen, nach dem Himmlischen kommt, von da auf die Verklärung, die er nach seinem Tode in Goethes Vorstellung erfährt, auf das Wort «Ihr seid alle zu armselig und irdisch für ihn» und dann auf den Schlußteil.

Wie denkst Du über solche Anordnung? Ich glaube freilich, ich müßte den ganzen Mittelteil wohl neu schreiben, was ich aus Erbarmen mit Deiner Mühe und Qual gern täte. Bin ich mir doch bewußt, Dir so etwas denn doch noch nie aufgehalst zu haben, und daß es nicht recht von mir ist. –

Der Pudel haßt den Briefträger und bellt jeden Morgen um 8 Uhr laut, wenn er kommt, was uns Deinetwegen Sorge macht. Dagegen Maria sagt: «Grad *lachen* tät ich, wenns die Frau Erika mit dem Niko macht wie mit dem Boris. Recht *geduscht* hats den mit der Leine.»

Der Winter tobt sich aus. Immer Schneetreiben und solcher Sturm, daß es mir die Pelzmütze vom Kopf reißen will. Ausgehen ist kein Vergnügen, man muß aber doch.

Herzlich
Z.

Teil II

ESSAYS, STATEMENTS, KOMMENTARE

Rundfragen

Rundfragen müssen sein, das ist ja ganz selbstverständlich. Sie müssen sein, weil die Leute ihre Beantwortung gerne lesen. Nichts lernen sie lieber kennen als die Ansichten ihrer großen Lieblinge über allerlei kleine Dinge des Lebens, Dinge, die auch ihnen passieren und die sie von Stund an in verklärtem Lichte sehen. Es ist einfach schön, Schmeling, Einstein, Greta Garbo und den Gerhart Hauptmann miteinander über das Kino plaudern zu hören, oder alle diese erzählen zu lassen: «Was bedeutet mir der Sport?» (Bloß wird man hier allemal versuchen, Bernard Shaw der Rundfrage zu gewinnen und statt Einstein, vielleicht, auch einen anderen, – ohne der sportlichen Fixigkeit Einsteins zu nahe treten zu wollen.) Ich selber bin ganz begeistert für Rundfragen, besonders für solche, die recht ins Private gehen. Wenn Menschen, die es nicht gewohnt sind zu schreiben, über freie Liebe rundantworten, so kommt dabei immer etwas sehr Lesenswertes heraus; auch die Sache mit der Kameradschaftsehe lese ich immer wieder gern ins Runde beantwortet.

Wenn es etwas gibt, was mir an den Rundfragen zuwider ist, so sind es zwei Sachen. Erstens ist es doch scheußlich, daß solch eine Rundfrage nicht honoriert wird. Wie darf einer sich unterstehen, vom Richard Tauber, dessen Zeit doch nach Sekunden bezahlt wird, zu verlangen, daß er niedersitze, zur Feder greife (schon eine besonders hoch zu honorierende Sache bei ihm eigentlich, wenn es sich nicht um Autogramme handelt) und «Was gehört dazu, ein perfekter Kavalier zu sein» abhandele? Zugegeben, daß er es leicht hat in diesem Fall. Er schildert sich selber, wie er leibt, und fertig ist die Rundfrage. Trotzdem: soll er es für nichts und wieder nichts getan haben? Mich wurmt

250   Essays, Statements, Kommentare

es. – Zweitens aber muß ich finden, daß man mit den Rundfragen nicht mehr exklusiv genug ist. Da werden Leutchen zugezogen, an deren Antwort doch keinem etwas liegen kann. Man versucht, Rubriken zu bilden, fragt die «Neffen berühmter Tanten» um ihre Meinung; diese, plötzlich ans Licht gescheucht, antworten so ausführlich sie halt können. Mich selber hat man schon befragt, als ich fünfzehn Jahre alt war. Rubrik «Töchter». Und grade der Papa war es, über den man es von mir wissen wollte. Ich habe gleich geantwortet, unter der Schulbank schrieb ich meine Lügen.

«Mein Vater», hieß es da ungefähr, «geht zu Haus im Sammetanzug mit großem gelben Spitzenkragen. Er ist ein guter Mensch, Lastern abhold, – nur des Suppenessens tut er häufig allzuviel, sodaß es zwischen Mama und ihm oft zu unnetten Szenen kommt. Täglich kämmt und frisiert er uns, seine Kinder, mit eigener Hand, das sind die schönsten Stunden des Tages. Mein Vater schläft viel, kann aber auch lustig sein. Er spielt dann auf seiner Gebirgszither mit herzlicher Hingabe.» – Da ich mich geehrt fühlte, wurde meine Antwort ein bißchen langstilig. Ich weiß noch ihren Schluß: «Daß mein Vater, in seinen guten Augenblicken, sowohl bellen als flattern kann, ist offenes Geheimnis.»

Einer sonderbaren Empfindsamkeit meines Vaters, deren ich im Aufsatz zu erwähnen vergessen hatte, mußte ich es zuschreiben, daß er mir die Einsendung meiner Arbeit an die Zeitung schlicht verbot. Erst war ich traurig darüber, die erste Autorentrauer meines Lebens beschlich mich, aber dann sah ich ein: von ihm bekam ich Geld für Nichterscheinenlassen; die Zeitung hätte mir für das Erscheinen nichts bezahlt. Aber, soviel ist doch sicher: ich gehöre nicht zu denen, die man mit Rundfragen ehren sollte. Weil ich erstens zu albern bin und zweitens zu unberühmt und drittens zu geldgierig. Leider.

> Typoskript im Erika-Mann-Archiv, Monacensia München;
> vermutlich bisher ungedruckt. Entstanden ca. 1930.

Rundum das Haus

Das Haus steht in München, an der Isar, in der Poschingerstraße. Es ist schwer zu finden, das Haus. Wegen der vielen
Bäume und dann auch, weil die Nummer nicht ganz stimmt.
Wenn einer uns besuchen will, müssen wir erst ziemlich lang
reden: ja, Nr. 1, aber Sie müssen aufpassen, der Eingang ist
nicht, – nein an der Isar, – das letzte Haus! – Leider hören die
hochmütigen Menschen nicht zu, wenn man so zu ihnen
spricht, – und daher kommt es, daß wir so oft in Nacht und
Nebel auf die Straße müssen, um die Leute aufzufischen, irrende Taxis auf den rechten Weg zu bringen und die Freunde
zu uns, ins Haus.

Während der wilden Zeit, während der Räterepublik, da die
Väter als Bürgerwehr vermummt an der Brücke standen, wenn
wir zur Schule gingen, war es gut zu wissen, daß unser Haus
keiner fand. Die Lastautos ratterten bewaffnet durch unser
Viertel, Schmalz und Eier wurden gewaltsam in den Gärten
ausgegraben, die ängstlichen Freunde telephonierten, ratlos
kamen ihre Stimmen, aber wir hatten das versteckte Haus und
die Bäume, – außerdem weder Eier noch Butter im Garten, –
wovor uns fürchten? Lieber gingen wir auf den Balkon und
warfen mit Wasser gefüllte Pappeier vom Osterfest in Nach-
bars Stuben. Sollten die sich ängstigen.

Wir waren eine böse und einfallsreiche Horde damals, die
Kinder unserer Kolonie, alle bis aufs Blut befreundet miteinander, alle ein bißchen verwahrlost, wie die Zeit es mit sich
brachte, alle begeistert für diese Zeit, in der es täglich Neues
und Gefährliches zu bestehen gab. Wir mystifizierten, logen,
täuschten mit Glanz und mit einer Leichtigkeit, die beneidens-
wert war, wir waren eingespielt aufeinander, ein tolldreistes
Ensemble, nie klaffte ein Riß in unseren Netzen, unsere
Scherze hatten hochpolitischen Charakter, wir meldeten Maximilian Harden beim Rektor der Universität zum Tee an und
entschuldigten ihn bald darauf mit einem von der Trambahn

252 Essays, Statements, Kommentare

überfahrenen Arm; um alles auszuhecken, trafen wir uns, aus Gründen der Keßheit, in den Hall's der großen Hotels. Komisch ausgeschaut muß es haben: Viele Kinder in wilden Lodenmänteln, so intensiv diskutierend, in so erwachsen-eleganter Umgebung.

Hort und Schutz war das Haus. Wenn wir am Abend heimkamen, von Straße, Wind und Aufregung mitgenommen, saßen wir in den Zimmern der Eltern und konnten uns einbilden, ganz brave Kinder zu sein. Man las uns vor, schöne Geschichten von Tieck und Brentano, Gäste fanden das Haus, Bruno Walter kam und wir blickten ihm besorgt entgegen, weil seine Kinder unsere Haupt-Mitverschworenen waren. Da wir merkten, daß er nicht böse war, blieben auch wir innerlich brav, und es gab friedliche Abende. Er spielte Klavier, – Johann-Strauß-Walzer, ganze Opern, er sang alle Chöre und Partien, nie wieder haben Opern uns so gefallen.

Zur bürgerlichen Kinderzeit wurden wir ins Bett geschickt. Wir schliefen oben, ganz allein, darauf waren wir stolz. Es war hübsch, so einzuschlafen, der Klang der Musik in den Ohren und das Rauschen der Isar, die fast tut wie das Meer. Das Haus war gut bei Nacht.

> Typoskript im Erika-Mann-Archiv, Monacensia München;
> vermutlich bisher ungedruckt. Entstanden ca. 1930.

Gerüchte um Thomas Mann

Paris, am 28. 5. 1938

Lieber Herr Schwarzschild,

Ich komme heute aus Amerika hier an und höre als erstes, daß man in manchen Kreisen (und nicht nur bei den Nazis) meinem Vater «Untreue gegen Europa» oder gar «Verrat an der Tschechoslowakei» zum Vorwurf macht. Dies erstens, weil er, angeblich, die *tschechoslowakische Staatsbürgerschaft aufgeben* wolle. Zweitens, weil er überhaupt nach *Amerika übergesiedelt* ist. Auch ein Gedicht von A. Wolfenstein, das Sie im «Neuen Tage-Buch» zum Abdruck brachten, enthält, adressiert an die «Europa-Flüchtigen», anscheinend Vorwürfe dieser Art.

Was den ersten Vorwurf angeht, so ist er einfach substanzlos. Mein Vater ist in Amerika eingewandert, er wird dort leben, und die Amerikaner haben ihn mit der ergreifendsten Herzlichkeit aufgenommen. Niemals aber würden sie, die einen besonders starken und natürlichen Sinn für Fairness und Loyalität haben, es ihm verzeihen, wenn er, in einem Augenblick, in dem es gilt, die Idee der Tschechischen Republik hochzuhalten, der CSR «die Treue brechen» wollte. Mein Vater ist *nicht* «Amerikaner geworden»; er hat *jede Geste* vermieden, die von Allzueifrigen als «Treubruch» ausgelegt werden könnte; er hat sich also nicht einmal das Options-Recht auf die amerikanische Staatsbürgerschaft (das er durch Beantragung der sogenannten «First Papers» hätte erlangen können) gesichert.

Zu der Übersiedlung selbst – wenn es denn schon nötig sein soll, sie zu erläutern – wäre das Folgende zu sagen:

1.) Mein Vater besucht Amerika seit vier Jahren. Seit vier Jahren ist es sein Wunsch, den Kontakt mit diesem Lande und vor allem mit der Jugend dieses Landes, die seinen Arbeiten das förderndste Interesse entgegenbringt, zu vertiefen.

2.) In diesem Jahre sind zum erstenmal Einladungen von mehreren großen amerikanischen Universitäten an ihn ergangen, sich dort niederzulassen und regelmäßig Vorträge dort zu halten.

3.) Mein Vater lebte seit fünf Jahren in der Schweiz. Er war nicht Schweizer Bürger, der Bundesstaat hat ihm niemals eine Möglichkeit gezeigt, es zu werden. Ich weiß, daß er die Schweiz schätzt und achtet und daß er sich ihrer Gastfreundschaft immer dankbar erinnern wird. Er spürt aber, daß für seinesgleichen seit der Untat an Österreich Lebensraum und Wirkungsmöglichkeit im deutschsprachigen Europa mehr und mehr

254 Essays, Statements, Kommentare

schwinden. Von der Tschechoslowakei, die er regelmäßig zu besuchen pflegte und wo, wie in Österreich, ein großer Kreis von Gleichgesinnten und Freunden ihm offenstand, weiß er sich physisch so gut wie abgeschnitten.

4.) Mein Vater ist tschechoslowakischer Staatsbürger. Das Wohl und Wehe der Tschechoslowakei liegt ihm also nicht nur von allgemein-menschlichen, demokratischen, europäischen Gesichtspunkten her, sondern besonders und persönlich am Herzen. Er bewundert und liebt die tapfere und entschlossene kleine Republik, er bewundert und liebt ihren Präsidenten, den Doktor Eduard Benesch. Nichts läge ihm ferner, als in einem Augenblick wie diesem von der CSR «abzurücken».

5.) Mein Vater hat in siebzehn Städten Amerikas Vorträge gehalten, die von mehr als 70 000 Amerikanern gehört wurden. Diese Vorträge waren politischer Natur, sie beschäftigten sich mit dem «zukünftigen Sieg der Demokratie», – sprachen von seinem Glauben an ihn und von den Bedingungen, an welche dieser Sieg gebunden sein würde. Sie beschäftigten sich mit *Europa*. Und denjenigen, die meinem Vater «Untreue gegen Europa» zum Vorwurf machen möchten, sei gesagt, daß der Zweiundsechzigjährige auf dieser ungeheuer strapaziösen und angreifenden Reise (auf der ich ihn begleitet habe) Europa keinen so schlechten Dienst geleistet hat. Er hat das Glück, die Aufmerksamkeit des amerikanischen Publikums zu besitzen, genutzt, um dem bedeutenden Lande unsere Sorgen und Nöte nahezubringen. Was aber im besonderen die Tschechoslowakei angeht, so hat er keine Gelegenheit vergehen lassen, ohne von seiner tiefen Verbundenheit mit diesem Lande, von seiner dankbaren Liebe zu ihm öffentlich Zeugnis abzulegen. In seiner großen Rede in der New Yorker «Carnegie-Hall» kam es zu einem massendemonstrativen Sonder-Applaus des Publikums für die CSR im Anschluß an seine Worte.

Summa summarum: mein Vater glaubt, seinen persönlich-künstlerischen Angelegenheiten, den demokratischen und sogar denjenigen der CSR im großen und freien Amerika am besten dienen zu können. An Europa weiß er sich mit tausend Fäden der Geburt und Überlieferung gebunden. Er wird, solange die Umstände es irgend erlauben, immer einen Teil des Jahres hier verbringen, und nichts wäre ihm schmerzlicher, nichts enttäuschender, als zu erfahren, wie falsch hier mancherorts sein Tun bewertet wird. Möge die schöne Behendigkeit, mit der in diesen überreizten Zeiten Menschen als «treulos» und «verräterisch» verurteilt werden, sich bewähren, wenn ein Augenblick sie fordert. Der gegenwärtige, soweit er den «Fall Thomas Mann» betrifft, fordert Einsicht und jenes Gefühl für die Freiheit des Individuums und für sein Recht, zu tun, was er für das Gute hält, das im Deutschland von heute abhanden gekommen ist und dessen wir uns draußen so gern erfreuten.

Ich schreibe Ihnen all dies, lieber Herr Schwarzschild, am ersten Tage meiner Anwesenheit in unserm Erdteil. Mein Vater, der auf dem Lande in Amerika an seinem Goethe-Roman arbeitet, während er gleichzeitig der Zürcher Zeitschrift «Maß und Wert» ein guter Mit-Herausgeber zu sein versucht, weiß nichts – oder beinahe nichts – von dem Rumoren um seine Entschlüsse, und natürlich nichts von meiner Antwort auf dies Rumoren. Ich bin aber überzeugt und sicher, daß ich in seinem Sinne spreche, und möchte Sie daher bitten, diesen Brief im NTB abdrucken zu lassen.

Mit den besten Grüßen und in aufrichtiger Freundschaft für Sie und Ihre Arbeit

immer Ihre
Erika Mann

Aus: «Das Neue Tage-Buch»,
Paris / Amsterdam, 4. Juni 1938.

256 Essays, Statements, Kommentare

Thomas Mann und seine Familie

Natürlich war es eine feine Sache für mich, meinen Eltern
Amerika zu zeigen, als ich sie auf einer Vortragsreise im März
1938 begleitete. Alles, was sie von Amerika kannten, war New
York und Washington, und gleich nach ihrer Ankunft konnte
ich ihnen im Stil einer Eingeweihten mitteilen: «Wißt ihr,
New York ist nicht Amerika, und Washington auch nicht.» Sie
nickten eifrig. «Ist Tulsa in Oklahoma Amerika?», fragten sie.
Ich erwiderte: Ja, von Tulsa werde dies gesagt, und meiner Ansicht nach gelte dasselbe für Kansas City und Salt Lake City, wo
wir noch hinfahren sollten.

So begannen wir die Vortragsreise, und die ersten Tage
waren wundervoll. Meine Eltern zeigten sich an allem Neuen
interessiert, ganz wie aufgeweckte Kinder. Sie sind sehr wiß-
begierig und außerordentlich aufnahmefähig. Beide begegnen
Fremden mit bereitwilliger Verbindlichkeit. Im Zug teilten sie
sich ein Abteil, und ich übernachtete in der unteren Koje eines
Etagenbettes hinter einem grünen Vorhang. Sie genossen die
Annehmlichkeiten der amerikanischen Eisenbahn mit kindlicher Freude. Und als wir, als Höhepunkt, im Clubwagen aus
Philadelphia kommend ein wundervolles Wagner-Konzert
hörten (wir fuhren gerade gottweißwo durch die Wüste),
kannte ihre Begeisterung keine Grenzen.

Am 11. März 1938 annektierte Deutschland Österreich. Und
plötzlich wurde unsere Reise, die so fröhlich begonnen hatte,
schwierig. Zu dieser Zeit sprach mein Vater noch wenig Englisch, und so war ich es, die seine leise gesprochenen Antworten
bei Pressekonferenzen und Fragestunden der Presse und der
Öffentlichkeit mitteilte. Ich versuchte ihn aufzumuntern und
erzählte ihm etwas über ein wichtiges Footballspiel, das ich im
Herbst gesehen hatte. «Ich verstehe nicht viel vom Baseball»,
meinte er traurig, und ich unterließ es, ihn über den geringfü-
gigen Unterschied zwischen den beiden Sportarten aufzuklä-
ren. Sein Vorrat an Schweizer Zigaretten war aufgebraucht,

Thomas Mann und seine Familie   257

und er glaubte, die amerikanischen nicht rauchen zu können. Er bekam Briefe, in denen er gebeten wurde, als Sponsor für dieses oder jenes aufzutreten. «Was ist ein Sponsor?», fragte er mich mit verzweifelter Miene.

Dann meinte er, daß er so nicht arbeiten könne, wenn er dauernd herumreiste, und daß er für solch ein Leben nicht geschaffen sei. «Ich brauche ein kleines Haus», sagte er, «wo mein großer und verläßlicher Schreibtisch steht, aber wo soll ich es finden?» Meine Mutter sagte: «Wir werden wieder ein kleines Haus finden, du sollst sehen! Wir werden hier in Amerika leben und uns zuhause fühlen, überlaß' das nur mir.» Ich sah sie an – ihre Stimme klang zuversichtlich, aber ihre Augen hatten einen traurigen Blick.

Im Herbst 1938 kam ich von einer Reise nach Sudetendeutschland zurück und blinzelte in die Sonne, die über Princeton, New Jersey schien.

Das niedrige, ansehnliche Backsteinhaus, das da vor mir lag, Stockton Street Nr. 65, war unser neues Heim in Amerika. Hier lebten meine Eltern jetzt mit vier meiner fünf Geschwister (eins war noch in London und sollte bald ankommen). Wunderschöne, herrlich gefärbte Herbstblumen blühten im Garten, die Bäume trugen ebenso vielfarbiges Laub – der Herbst in München hatte dasselbe Bild geboten, und auch in Südfrankreich, wo wir 1933 «zuhause» gewesen waren, und in Küsnacht bei Zürich, das ebenfalls für ein paar Jahre unser Heim war, war es ähnlich.

Ich kam genau zur Teezeit ins Wohnzimmer. Das Bild, das sich mir bot, war zugleich vertraut und fremd. Meine Eltern und meine Geschwister saßen um den runden Teetisch herum, Vater mit der «New York Times» auf den Knien, laut und etwas stockend, aber mit guter Aussprache daraus vorlesend. Ein schwarzer Diener in weißem Jackett bot Cracker an; auf dem Grammophon (es war das Gerät aus München, unsere gute alte Victrola – ich erkannte sie sofort) lagen ein paar amerikanische Zeitschriften. Die schönen Empire-Bücherregale, Schätze aus dem Haus unserer Großeltern in Lübeck, standen schlank und ehrwürdig im Hintergrund dieses großen Zimmers, das unverkennbar vom würzigen und leicht süßlichen Rauch amerikanischer Zigaretten durchzogen wurde.

Für einen Moment stand ich in der Tür, bevor ich mit einem ziemlich amerikanischen «Hello» einen Sturm von Begrüßungen entfesselte. Sie sprangen alle auf und sprachen wild durcheinander. «Wie gefällt es dir?», fragten sie. «Ist es nicht großartig hier? Und so amerikanisch? Und ganz wie zuhause?» Auf den schwarzen Diener deutend, sagte Vater: «Das ist John; er erinnert einen zwar nicht sehr an unsere Marie in München, aber er macht seine Arbeit sehr gut.» Meine Mutter fügte hinzu: «Und dann ist da noch Lucy. Heute abend wird sie zum ersten mal Knödel («dumplings») machen. Wir sind alle sehr gespannt, und Lucy natürlich am meisten.»

Ich bekomme Tee serviert, aber Vater besteht darauf, daß ich mir sein Arbeitszimmer ansehe, «my studio», wie er auf Englisch sagt, und ich stimme zu, daß das wichtiger ist als der Tee. Dort steht sein Schreibtisch, «groß und verläßlich», denke ich bei mir, als wir beide vor ihm stehen. «Es ist schon seltsam», sagt mein Vater, «hier steht er nun, und all die kleinen Dinge sind in alter Weise auf ihm angeordnet: der große Brieföffner aus Elfenbein, die Münzen und die Photographien. Der Diener staubt sie ab, und ich habe ihn auf Englisch gebeten, nichts durcheinanderzubringen. Er versteht mich mindestens so gut wie unsere Marie, die auch ihren Ärger mit mir hatte, weil sie wirklich nur Münchner Dialekt verstand, wo ich doch Hochdeutsch mit norddeutschem Einschlag spreche.»

Mutter kommt herein und erinnert uns, daß der Tee kalt wird. Der Blick, den mein Vater ihr zuwirft, zeugt von tiefer Dankbarkeit. «Einmal mehr hat sie es geschafft», meint er. «Sie hat dieses Haus gefunden, das wie für uns gemacht ist, und sie hat den Umzug arrangiert, so daß ich fast nichts davon gemerkt habe. Das Essen schmeckt fast so gut wie zuhause, und wenn ich morgens am Schreibtisch sitze und in die Köpfe und

Thomas Mann und seine Familie 259

die Herzen der Figuren eindringe, die ich zum Leben erwecken will, weiß ich manchmal tatsächlich nicht, wo ich bin – in München? In Küsnacht? Wie dem auch sei: Ich bin offensichtlich zuhause, und das ist die Hauptsache.»

Abends beim Dinner besteht der erste Gang aus Tomatensaft («Die schwarzen Diener haben uns das beigebracht», sagt Vater. «Wir haben uns schon ganz daran gewöhnt!»), Sauerbraten («pickled beef») und Knödeln. Die bayerischen Gerichte sind vorzüglich geworden, aber Mutter sagt: «Die Semmeln waren noch nicht alt genug. Lucy muß lernen, daß nur alte Semmeln gut für Knödel sind.»

Nach dem Dinner trinken wir Whiskey, offensichtlich auch ein Resultat der «schwarzen Schule» – zuhause gab es früher nie Whiskey. Vater hat ein schönes Programm auf dem Grammophon zusammengestellt. Wir hören Beethoven, Brahms und Schubert und als Finale ein paar Lieder von Hugo Wolf – es ist ein sehr deutsches Konzert. Zwischen den Stücken plaudern wir. Das große Spiel steht bevor, Princeton gegen Yale. «Wir haben gute Chancen», meint Vater. «Wir werden zweifellos gegen Yale gewinnen.» «Im Baseball?», frage ich, und Vater mustert mich mit einem verächtlichen Blick. «Im Football», sagt er lakonisch, aber ich werde den Verdacht nicht los, daß er bis heute den genauen Unterschied zwischen beidem nicht erklären könnte.

Später am Abend liest er uns vor. Er sitzt bei der Lampe, wie er es immer getan hat, wie vor zwanzig Jahren in unserem Haus an der Isar, als wir klein waren. Er liest aus einem maschinengeschriebenen Manuskript, aber ich weiß, daß er nur mit der Hand schreibt, ordentlich und sehr unleserlich, in deutscher Schrift.

Unsere Mutter hat alles abgeschrieben; sie ist die einzige, die seine Handschrift ohne Schwierigkeiten entziffern kann. Sie kümmert sich auch um Vaters Korrespondenz; er diktiert ihr, und sie ist es, die mit seinen Verlegern verhandelt. Sie weiß, daß ihm Tantiemen zustehen (er selbst weiß das nicht), sie

260 Essays, Statements, Kommentare

fährt den Wagen, sie macht alle Einkäufe (geht zum Super-markt, wo alles ein bißchen billiger ist, und sucht das Gemüse selbst aus, wofür sie einen der kleinen Einkaufswagen benutzt, die dort bereitstehen), sie tröstet uns, wenn wir niedergeschla-gen sind, und berät uns alle bei unserer Arbeit.

«Michaels Lehrer und seine Schüler sind sehr mit seiner Ar-beit zufrieden», sagt sie, als Vater seine Lesung unterbricht, um seinen Jüngsten, den neunzehnjährigen Michael, zu fra-gen, ob er alles verstanden hat. «Michael hat Schüler?», frage ich. Ja, er mache von seinem Schweizer Lehrerdiplom Ge-brauch und gebe kleinen amerikanischen Jungen Geigenunter-richt. «Michael und Elisabeth spielen jetzt sehr schön zusam-men», meint Vater. «Morgen müßt ihr ein Konzert geben, Kinder. Hast du dich an den neuen Flügel gewöhnt, Elisabeth? Und übermorgen muß Klaus uns vorlesen, oder Eri. Ist ‹Escape to Life› schon fertig?» Wir sagen ihm, daß es fertig ist, aber daß uns lieber Golo vorlesen soll – um etwas für unsere geistige Bildung zu tun. Golo ist Philosoph und Historiker und hätte Professor in Heidelberg werden können.

«Übermorgen?», fragt er jetzt. «Aber übermorgen sehen wir uns einen Film an!» Vater liebt es, ins Kino zu gehen. «Ich verstehe schon alles», sagt er und lacht, stolz wie ein Kind. «Ich habe fast keine Schwierigkeiten beim Verstehen der Sprache; wenn ich in einer amerikanischen Familie leben würde, dann spräche ich bald wie ein amerikanischer Wasserfall.» Aber er sieht uns so freundlich an, als er das sagt, daß wir fühlen: Als Familie sind wir ihm gerade recht, genau so wie wir sind.

Zuhause, obwohl im Exil – ja, wir sind zuhause, einmal mehr zuhause. Tomatensaft und Knödel auf dem Tisch, Hemingway und Goethe im Bücherregal, Brahms in der Schallplatten-sammlung und Jazz im Radio, deutsche Lesungen unter der Lampe und gute Chancen für «uns» gegen Yale. Deutschland ist weit weg, und das Land liegt in Dunkelheit gehüllt. Aber wo wir sind, da ist Deutschland, und wir sind da zuhause, wo der Schreibtisch steht.

«Man wird uns erlauben, in Amerika zu bleiben», sagt Vater. «Hier ist die Demokratie stark und ehrlich.» Wir nicken alle zustimmend. Und der kleine Michael, der noch nichts von Politik versteht, obwohl er schon Schüler hat, sagt: «Und wenn wir wieder fortmüssen, diesmal vielleicht zum Mond, dann wird es auch nicht anders sein. Mutter wird den Mondengeln zeigen, wie man Knödel macht, und sie wird aufpassen, daß sie nichts auf dem Schreibtisch in Unordnung bringen. Und das wäre eigentlich schon alles.»

Deutsche Erstveröffentlichung.
In englischer Sprache erschienen in:
«Vogue», Boulder / Colorado, 15. März 1939.
Übersetzung ins Deutsche: Ernst-Georg Richter.

Brief an meinen Vater

Lieber Zauberer –
Daß Du siebzig bist! Und hast mich doch eben noch gelehrt, das grüne Buch vom roten Buch zu unterscheiden, in der Münchener Franz Joseph-Straße. Damals warst Du jünger, als ich es heute bin. Aber Dein Gesicht – die hellen, sinnend-aufmerksamen Augen unter den dunklen, zackigen Brauen, deren eine Du nachdenklich oder erstaunt hochzuziehen liebst; die gerade und stark vorspringende Nase, Erbteil aller Deiner Söhne und Rettungsanker aller Deiner Karikaturisten; die lange Oberlippe mit dem korrekt gestutzten Bärtchen und das lange, ovale Kinn – hat sich mir kaum verändert. Mag es weich und jung und empfindlich gewesen sein, das Vatergesicht der frühesten Erinnerung, es ist eines mit dem strengeren, schmaleren, dessen ich jetzt beim Schreiben zärtlich gedenke. Und nun gar die Stimme! Sie ist so sehr dieselbe geblieben, daß sie mich oft genug zurückzaubert in die entlegenste Vergangenheit. Du brauchst nur vorzulesen mit ihr – im halbdunklen Arbeitszimmer nahe dem Schreibtisch bei der Stehlampe sitzend, während

wir andern es uns ringsum bequem gemacht haben (und wie eh und je sind Stühle und Sopha mit Büchern, Zeitschriften, Druckwaren aller Art bedeckt gewesen und mußten gesäubert werden, ehe wir Platz fanden!) – Du brauchst nur vorzulesen, Lieber, und Ort und Zeit verschwimmen ins Träumerische. Nichts ist mehr bindend, was nur heute ist. Nur was immer war, hat Gültigkeit.

Da ist die Luft – dies von Leder, Druckerschwärze, Zigarrenrauch und herber Eau de Cologne bestimmte Aroma, von dem wir als Kinder gesagt haben, daß es «echt zaubererhaft» sei. Da ist Dein Kopf, der schmale, dunkle, mit dem weichen, sehr kurz gehaltenen Haar, beim Vorlesen, im Lichtkegel der Lampe, sehen wir ihn genauer als irgend sonst – anläßlich der kurzen Mahlzeiten, oder wenn es Konzert gibt nach dem Abendessen – «Fülle des Wohllauts» – und Du den Apparat betreust. Da sind Deine Hände – nicht sehr schmal, kräftig, aber schlankfingerig – und das Manuskript, das sie halten. Es sieht aus wie immer, Dein Manuskript – viele weiße Seiten, sehr säuberlich beschrieben, mit deutschen Buchstaben und Wörtern, deren jedes eine Neigung zeigt, unter die Zeile abzusinken, während doch ihr Gesamtbild streng im Horizontalen bleibt. Du liest noch nicht lange. Die Zigarre brennt noch. Wenn sie ausgeht – was sie bald genug tun wird – drückst Du sie aus, ohne Dich zu unterbrechen. Der Messingbecher, in dem sie verschwindet, ist türkischer Herkunft und weder gut noch böse, aber dazugehörig, wie die Empire-Leuchter auf Deinem Schreibtisch und wie das schwarz lackierte Zigarettenkästchen, das russische mit der gemalten Troika, das Du nützlich findest, ohne es doch jemals zu füllen.

Wer ist zugegen? Einige «Kinder» – je nach den Läuften, – vielleicht auch – nicht notwendiger Weise – der eine oder andere Gast. Vor allem und unter allen Umständen ist «Mielein» da, an deren Seite, mit deren Hilfe und unter deren Schutz Du siebzig geworden und die es mitzufeiern gilt, heute und wann immer wir ein Fest begehen. Wie sie zuhört! Dabei ist es mög-

Brief an meinen Vater   263

lich, daß sie dies alles schon kennt, daß sie es Dich gar mehrmals schon hat lesen hören, vor im übrigen wechselndem
Kreise. Ihrer Aufmerksamkeit, ihrem lebhaft teilnehmenden
Mienenspiel, ihrem Lachen, wenn Du komisch bist – und Du
kannst erschütternd komisch sein – ist davon nichts anzumerken. Sie ist Dein bestes und durchaus nicht Dein unkritischstes
Publikum.

Was liest Du? Ist es Adrian, den Du sprechen läßt – der Musiker, der Deutsche? Aber er spricht mit Josephs Stimme; mit
Hans Castorps; mit Aschenbachs; oder mit der von Tonio Kröger. Nicht als ob er, der erstaunliche Held Deines neuen und
erstaunlichsten Buches, diesen anderen ähnlich wäre! Ohne ihnen irgend zu gleichen, ist er ihr Bruder, wie etwa Jaakob, der
geschichtenschwere, in aller Unvergleichbarkeit und über die
Jahrtausende hinweg ein Bruder ist des Geschichtsprofessors
Abel Cornelius und Tony Buddenbrook-Grünlich-Permaneder
eine Schwester der Hofrätin Kestner, geborene Buff. Was sie
alle verbindet, wird zum Greifen deutlich im Klang Deiner
Stimme. Motive werden laut, die wir als Kinder gehört. Damals war wie von einem einzelnen, sehnsüchtigen Instrument
impressionistisch hingewischt, was heute in voller Orchestrie-
rung wiederkehrt – vertieft, erweitert, vom Melancholisch-Be-
sonderen ins Repräsentativ-Menschheitliche erhoben, großartig abgewandelt, aber sich selbst zum Staunen treu.

Wenn Du eine Weile gelesen hast, hältst Du inne. «Na»,
sagst Du, ohne abschließend die Stimme gesenkt zu haben,
«genug!» Da wir widersprechen, blätterst Du, überschlägst ein
paar Seiten und springst zum Schluß des Kapitels, einem vorläufigen Finale.

Wo sind wir? Im Arbeitszimmer! Aber in welchem? Im
«Tölzhaus», hinter dem der Tannenwald dunkelt und von dessen offener Veranda man den schönen Blick hat auf die Schnee-
kuppen der Karwendelberge? Vielleicht. Nur, daß es doch eben
abhanden gekommen ist, das Ferienparadies der Kindheit, verkauft und in ein wenig Kriegsanleihe verwandelt, als es anfing,

264   Essays, Statements, Kommentare

schlimm zu stehen um Deutschland, im ersten Weltkrieg. In München, also, an der Isar? Aber das Haus, in dem wir aufgewachsen und in dem Du alt zu werden meintest, ist nicht mehr. Es war uns versunken, lang ehe die Nachricht eintraf, die Schreckenskunde, der wir denn auch nichts als ein wehmütiges Gelächter entgegenzusetzen hatten. «Our house», ließ sie wissen, «repeatedly bombed structure fairly intact, interior previously changed, now completely destroyed.» Sie war bitterlich drollig, die Mitteilung in ihrer bündigen Präzision. «Our house!» Aber es war das unsere gar nicht, von dem da die Rede ging, sondern ein Heim – irgendeines – für das, was dort drüben «Hitlerbräute» hieß, ein Geburtsplatz für uneheliche und dem «Führer» geweihte Kinder. «Previously changed!» Freilich doch! Den Nazi-Damen wäre nicht wohl gewesen, in Deinem Arbeitszimmer!

Uns ist wohl, wo wir sind. Und wo sind wir? Im «Niddenhaus» auf der kurischen Nehrung? Der Gedanke läge nahe (wir sind offenbar daheim, und es ist sommerliche Meerluft, die durchs offene Fenster hereinkommt!), gäbe es da nicht diesen deutschen Gefangenen und seinen Bericht. Auch unser Niddenhäuschen – versichert der Bursche – hat man unkenntlich gemacht. Es ist viel stattlicher jetzt als früher, prächtig ausgebaut, umgeben von Stallungen, Dienerschaftsgebäuden und gepflasterten Promenaden. Trotzdem stand das Ganze meist leer. Der Herr – ein munterer Jägersmann und hinter unsern Elchen drein – war anderweitig beschäftigt. Er hätte Zeit, jetzt, wenn freilich nicht mehr viel. Sein Name? Hermann Göring.

Nein, es ist klar, wir sind, wo wir bleiben werden, zuhaus, in Pacific Palisades. Der Weg war lang. Als wir aufbrachen, stand das Unwetter, das über Deutschland niedergegangen war, schwarz und drohend am Himmel Europas. Hätte es sich früher entladen, es hätte den Sintflut-Charakter nicht anzunehmen brauchen, der ihm schließlich bestimmt war. Daß wir dies wußten – wir und wer immer von «dort» kam und kein Dummkopf war – und die Möglichkeit nicht hatten, unser Wissen

Speech re finis Doktor Faustus   265

nutzbar zu machen, war das eigentlich Schlimme. Wir haben –
Du, Lieber, hast vor allem – das Mögliche zu tun versucht. Wir
sind oft getrennt gewesen in diesen Jahren – zu oft. Da wir aber
in der gleichen Richtung gingen, haben – mir sehr zum Trost –
lange Strecken uns vereint gesehen. Wieviele Leben haben wir
gemeinsam gekannt, seit es ein Ende hatte mit dem alten? Das
Leben in Sanary, das in Küsnacht und das auf den Lecture-
Podien, in den Hotels und den Schnellzügen der Vereinigten
Staaten; das in Princeton auch und schließlich das, was nur
eben erst begonnen, das Leben im neuen Haus. Die Luft, die
uns umgab und die bis zum Ausbruch des Krieges unatembarer
wurde mit jeder Stunde, ist sehr viel reiner geworden, seither.
Und wenn sie gewiß noch das Verschiedenste zu wünschen übrig läßt, so ist es eben dies, was ich Dir wünsche: Eine Welt, in
der es sich lohnt, achtzig zu werden.
                           Leb wohl und sei umarmt. Sehr die Deine:
                           Erika

                           Aus: «Aufbau», New York, 8. Juni 1945.

Speech im Familienkreis
re finis Doktor Faustus

Liebe Freunde, – liebster Z.,
ich habe in meinem langen Leben schon viele lange Reden gehalten und in vieler Herren Länder. Dennoch ist dies eine Premiere. Denn an Deinem, unserem Tisch habe ich mich noch nie
zum Worte gemeldet. Es wird kurz sein, dies Wort, und will
nichts als meiner großen Freude Ausdruck geben, der töchter-
lich-privaten und der literarisch-allgemeinen (aber wer hält die
beiden auseinander?) darüber, daß Doktor Faustus, die Geschichte des deutschen Tonsetzers Adrian Leverkühn, erzählt
von einem Freunde, mit heutigem Tage das Licht dieser närrischen Welt erblickt hat.

Das Wort, literarisch, übrigens ist unzulänglich. Denn während dies Buch gewiß das ist, was bei Hauptmann, ich glaube in Schluck und Jau, «sehr kinstlich!» heißt, während es de facto einen artistischen tour de force erster Ordnung darstellt, eignet ihm überdies etwas sonderbar und aufregend Direktes; die ergriffene Atemlosigkeit des guten Serenus teilt sich dem Leser mit; vermutlich weil sie kein erzählerisches Kunstmittel ist, sondern die künstlerische Nutzbarmachung Deiner eigenen ergriffenen Atemlosigkeit angesichts des Schicksals, von dem Du handelst, Adrians Schicksal, das deutsche Schicksal.

Noch nie, hast Du gelegentlich gesagt, habe ein Buch Dich so sehr mit- und hergenommen, und dem Erscheinen keines anderen habest Du mit solcher freudiger Beklommenheit entgegengesehen. Als Du krank wurdest – aber das ist lange her – und Dein leidenschaftliches Tun für ein Weilchen unterbrechen mußtest, meintest Du, doch halb im Ernst, das Buch habe Dich krank gemacht.

In meinem Herzen habe ich – gleich damals, die Kunde vom bevorstehenden Eingriff in Händen, dem Faustus eine freundlichere Rolle zugewiesen. Es schien kein Scherz, was die Onkels da mit Dir vorhatten, und, besonders aus der Ferne, hätte ich mich, schreckhaft, wie ich bin, leicht ein wenig verängstigen können. Daß ich dies beinah gar nicht tat, verdanke ich dem Buch. Die Vorstellung, Du möchtest Adrian sitzen lassen – oder den guten Serenus mit Adrians unvollendeter Geschichte, war absurd. Anzunehmen war vielmehr, daß Du Dich nicht sehr lange würdest aufhalten lassen, in Chicaglingen, sondern ehetunlichst, ein schnell entschlossen Genesender, heimkehren würdest in den Kreis Deiner Figuren und den unseren. Der Faustus scheint mir hat Dich nicht krank, sondern kerngesund gemacht und bereit zu neuen Wagnissen auf dem Papier. Daß wir ihn feiern, verdient er auch aus diesem Grunde. Freilich möchte ich, daß er die Ehren des Abends teilte mit einer, die auf den sonderbaren Namen Katia Mielein hört. Daß und aus wievielen zwingenden Gründen sich dies ziemt, weiß er so genau wie ich. Auf das Wohl der beiden, also, – möchten sie es gut haben!

Gehalten am 17. Oktober 1947,
dem Tag des Erscheinens von «Doktor Faustus».
Gedruckt zuerst in: «Erika Mann, Briefe und Antworten Bd. I»,
hg. von Anna Zanco Prestel, München 1984, S. 228 f.

Die heimische Stadt
Thomas Mann und München

«Tief ist der Brunnen der Vergangenheit.» So lautet der erste Satz des ersten Bandes der väterlichen «Josephs»-Tetralogie – und so läutet es mir in Herz und Sinn beim Anblick dieser Bilder. Das Brunnenwasser scheint klar und durchsichtig in unserem Fall. Weit drunten im Gewesenen, nahe schon dem Grunde, ist deutlich der dreijährige «Tommy» zu sehen, und wenn zuzugeben ist, daß er sich ein wenig verändert hat, seither, so lassen doch Stirn und Blick Thomas, den Späteren, erkennen. Es ist ein Zimmer zu Lübeck an der Trave, darin das Bübchen mit Bruder Heinrich, der schon sieben ist, sich dem Photographen stellt, – zwei kleine Hanseaten und nordische Patriziersöhnchen, deren Herkunft zeitlebens unverwechselbar bleibt. Was übrigens den Jüngeren betrifft, so haben die Bücher, die seinen Namen bekannt machten («Die Buddenbrooks» vor allem, und «Tonio Kröger»), Lübeck nicht nur zum Schauplatz, sie sind so durchaus «lübeckisch» von Essenz und Charakter, daß man nie aufgehört hat, diesen Schriftsteller vor dem Hintergrund seiner Vaterstadt zu sehen. Daß er volle 40 Jahre – die entscheidenden – in München verbracht, wie gern er dort gelebt und wie sehr schließlich die Wahlheimat ihm zur echten geworden, weiß von seinen Lesern eine Minorität.

Unser Haus, «die Poschi», – da ist sie wieder, – das helle

268 Essays, Statements, Kommentare

Wasser des Brunnens läßt sie mich schauen. Wie hübsch es war, unser «Kinderhaus», und wie stolz freute der «Zauberer» sich an diesem Besitz. Wenn abends die grünen Samtportieren vor den hohen Fenstern und der Terrassentür geschlossen waren und dafür die Flügeltüren offen standen zwischen «Arbeitszimmer» und Diele, zeigte der Hausherr sich immer aufs neue entzückt. Denn es gewährte dies Arrangement, wie er häufig verkündete, einen «äußerst herrschaftlichen Durchblick».

Wir lebten in München nicht viel anders als später – in Sanary, Küsnacht, Princeton, Pacific Palisades, oder wo immer das organisatorische Genie unserer Mutter uns zeitweise zu einem Haus oder Häuschen verhalf.

War nicht überall «das Arbeitszimmer» Zentrum des Ganzen? Sah ein «Arbeitszimmer» dem anderen und nächsten nicht ungemein ähnlich? Und galt nicht allerorts die Einteilung des Tages, die der Arbeit des Vaters am zuträglichsten ist? Doch, dem allen ist so. Aber daß unser Münchener Leben sich nicht grundsätzlich unterschieden hätte von all unseren späteren Existenzen, trifft dennoch nicht zu. Daß unsere Mutter und wir Kinder alle sechs hier geboren sind und daß wir aufwuchsen im «Kinderhaus», ist wichtig, ohne entscheidend zu sein. Entscheidend ist, daß unser Vater teilnahm an «München»; daß die «Ehre» der Stadt und ihr guter Name ihm Herzenssache waren; daß er hier den «Rotariern» angehörte; daß er den «einheimischen» Gastgeber machte, wenn aus dem «Ausland», – aus Dresden etwa, oder Berlin, – Reisende kamen; daß hier jede gelungene Theateraufführung, jedes schöne Konzert ihn hochstimmten, nicht nur um ihrer selbst willen, sondern weil München wieder einmal das seine geleistet hatte im Kulturellen; daß die «Anlagen» des Herzogsparks und seine sumpfigen Jagdgründe die Landschaft waren, in der «Herr und Hund» sich ergingen, und «Unordnung und frühes Leid» das «Kindchen» befielen; daß wir «Zauberers» Fünfzigsten feierten im Neuen Rathaus und in die «Poschi» der Nobel-Preis wehte.

40 Jahre, – und der Siebenundsiebzigjährige, der sie hier verlebt, sollte die tiefste Anhänglichkeit nicht spüren für dieses München?

Er spürt sie. Und wenn immer sein Blick in den «Brunnen der Vergangenheit» die weite Reise tut, rastet er lang und gern in der heimischen Stadt.

Erstdruck, nach einem Typoskript im Erika-Mann-Archiv, München.
Titel von den Herausgebern des vorliegenden Bandes.
Eine erheblich gekürzte Version wurde – zusammen mit einigen
Photographien aus der Familiengeschichte der Manns – publiziert in:
«Süddeutsche Zeitung», München, 25. Oktober 1952
(dort unter dem vermutlich von der Redaktion gewählten Titel:
«Ich komme jetzt öfter mal vorbei...»).
Thomas Mann besuchte München im Oktober 1952 zum letzten Mal.

Thomas Mann verfilmt
«Königliche Hoheit» uraufgeführt

Ein Telegramm traf ein und lautete: «Königliche Vorstellung am 19. Dezember». Es folgte die Unterschrift eines Bevollmächtigten der Filmaufbau G.m.b.H., Göttingen.

Und dann kam wahrhaftig der Film – «Königliche Hoheit – frei nach dem Roman von Thomas Mann». Noch vor der Frankfurter Uraufführung (am 22. Dezember) rollte verabredungsgemäß der bunte Streifen einmalig hier ab, und es waren sowohl der Regisseur (Harald Braun) als auch der Produzent (Hans Abich) hochgemut zur Stelle, um der Feuertaufe beizuwohnen. Schon hatte das Werklein allerlei «Zensurstellen» passiert, – war als «jugendfördernd» im allgemeinen, sowie, insbesondere, als zuträglich der evangelischen Jugend (West-) Deutschlands empfohlen worden. Schon gut, – recht angenehm zu wissen. Aber meinerseits hatte ich zwei turbulente Monate in Göttingen verbracht, um – während der Aufnahmen – das fertige Drehbuch, mit dem ich mich konfrontiert fand,

270 Essays, Statements, Kommentare

nach Stil, Form, Psychologie, Strich und Faden bestmöglich dem Roman anzugleichen, – ein Unterfangen, das umso klippenreicher schien, als an der Besetzung rein gar nichts mehr zu ändern war.

Trotzdem verlief die Arbeit erfreulich. Die Filmautoren Hömberg und Hurdalek hatten dramaturgisch – in der Auswahl und Sequenz der Szenen – Erhebliches bereits geleistet. Vor allem aber zeigte Dr. Braun, ein Regisseur von großer Sicherheit in sämtlichen Dingen des Films, sich als ein Mann von Geschmack und Sensitivität, auch, wo es ums «Literarische» ging, – um die Führung der Dialoge, der Figuren und des Geschehens, – vom Standpunkt des Dichters gesehen. Und wenn ich freilich – als seine Vertreterin – von 100 zivilisiert geschlagenen Schlachten etwa 30 verlor (bei ungefähr 70 denn doch gewonnenen!), so trug die Schuld nicht nur der späte, beängstigend späte Zeitpunkt, zu dem man mich «zugezogen», sondern (zu größeren Teilen, vielleicht!) die Kürze, die – wie sehr entgegen den Gesetzen des Epischen! – der Film nun einmal für sich fordert. – Und dann, – einen Roman «verfilmen», heißt das nicht eo ipso, die nackte Handlung in den Vordergrund rükken und den geistigen Gehalt (soweit der überhaupt hinüberzuretten ist ins neue Medium!) auf die knappste, die simpelste und drastischste Formel bringen, so daß er dem Hans und der Grete nur ja «eingehe» und leichtest verständlich sei?

Unter allen Büchern meines Vaters, soviel ist richtig, leistet «Königliche Hoheit» der Übertragung ins Filmische scheinbar den geringsten Widerstand. Ich sage «scheinbar», weil dies Liebesmärchen, dieser «Versuch eines Lustspiels in Romanform», wie der Autor es genannt hat, seine besondere, nur ihm eigene Gefahr in sich trägt. Anders etwa als «Der Zauberberg» oder «Lotte in Weimar», die völlig zu verkitschen und trostlos zu «popularisieren» schwer hielte, wäre es ein Leichtes und gewiß Verlockendes gewesen, nur eben die schlichte Handlungssubstanz dieses Werks in einen Farbfilm zu verwandeln, der nichts wiedergab als die Geschichte vom jungen Prinzen Klaus Heinrich und der kleinen Imma, die, reizend, spröde und millionenschwer, aus Amerika «zu uns» kam, um, nach einigem Hin und Her, den prinzlichen Freier zu erhören und auch noch die leere Staatskasse zu füllen –, zum sehr «happy end».

So, nun, haben wir's zu Göttingen keineswegs getrieben, sondern den ernsthaften Versuch unternommen, den Inhalten des Romans auf ihren verschiedenen Ebenen «filmisch» beizukommen und ihnen tunlichst gerecht zu werden.

Trotzdem, und obgleich ich T. M. im voraus von vielem erzählt hatte, was ihm «fehlen», und von manchem, das ihn stören würde, – wiewohl ich also den Autor gewarnt wußte, war es doch in einiger Beklommenheit, daß ich jetzt dem sich öffnenden Vorhang zuschaute.

Siehe aber da: je weiter sie fortschritt, diese kleine «Command Performance», desto sorgloser ward mir ums Herz; denn ich spürte wohl, daß nicht nur T. M. (dankbarstes «Publikum», das er – unter fast allen Umständen – ist und bleibt), sondern auch die anwesenden kritischen Freunde sich das Spiel gefallen ließen, wobei die schönen, künstlerisch und technisch gelungenen Bilder, die taktvolle, mit leichter Hand geführte Regie, die «Echtheit», bis ins Detail, der Bauten und Intérieurs, die angenehme, unaufdringlich-zweckdienliche Musik, das genaue Zusammenspiel der Akteure, der persönlich gefärbte Reiz der Imma-Spielerin (Ruth Leuwerik), – besonders aber die erstaunlich «stimmige» Darstellung des Prinzen Klaus Heinrich durch Dieter Borsche, – wobei dies alles, mit- und ineinanderwebend, bunt, heiter, gelegentlich rührend und von gewinnender Unschuld, den Beschauer für sich einnahm.

Freilich, – der deutschen Passion für Helmbüsche und militärisches Treiben jedweder Art wird hier einiger Vorschub geleistet, und wichtige «Meter» fielen einem Schnitt zum Opfer, der die «Ablösung der Schloßwache» und einschlägige Exerzitien in voller Länge konservierte.

Daß aber – in seiner Gesamtheit – dieser Film hübsch und

ansprechend ist und daß er – soweit ich sehe – in Deutschland bisher seinesgleichen sucht, scheint außer Frage.

Zu Weihnachten hat T. M. sein Buch von Königlicher Hoheit mit freundlichen Inschriften dem Regisseur, dem Produzenten und den beiden Hauptdarstellern geschenkt. In Dieter Borsches Exemplar steht die Widmung:

«Meinem wahren und wirklichen, echten und rechten Klaus Heinrich, wie er im Buche steht, mit Dank und Glückwunsch. Thomas Mann, Erlenbach, den 20. Dezember, 1953.»

Aus: «Aufbau», New York, 8. Januar 1954.
Hier gedruckt in der unwesentlich abweichenden Typoskript-Fassung der Autorin, Erika-Mann-Archiv, Monacensia, München.

Meine Mutter, Frau Thomas Mann

Es gibt – gewiß erinnert man sich – ein kleines Gedicht von Christian Morgenstern, das lautet:

Palma Kunkel ist mit Palm verwandt,
doch im Übrigen sonst nicht bekannt.
Und sie wünscht auch nicht bekannt zu sein,
lebt am liebsten ganz für sich allein.

Über Muhme Palma Kunkel drum
bleibt der Chronist vollkommen stumm.
Nur wo selbst sie aus dem Dunkel tritt,
teilt er dies ihr Treten treulich mit.

Doch sie trat bis jetzt noch nicht ans Licht,
und sie will es auch in Zukunft nicht.
Schon, daß hier ihr Name lautbar ward,
widerspricht vollkommen ihrer Art.

Meine Mutter, Frau Thomas Mann 273

Dieser einnehmende Nonsens kam mir als erstes in den Sinn, als zum 70. Geburtstag meiner Mutter «Annabelle» einen Beitrag bei mir in Vorschlag brachte. Denn weitgehend trifft, was hier von Palma gesagt ist, auch auf die Jubilarin zu, und der Chronist mußte sich fragen, ob ein 70. Geburtstag allenfalls als unabsichtlich-unvermeidbarer «Tritt ins Licht» gelten und ihm derart die Zunge lösen könne.

Merkwürdig bleibt es jedenfalls, daß «die Welt», das lesende Publikum vieler Länder, kaum je aufmerksam wurde auf die Frau, unter deren Regie und unentbehrlichem Schutz ein Lebenswerk entstand, das doch seinerseits einige Beachtung gefunden.

Katia Mann, Gattin von Thomas Mann (genannt «der Zauberer») und Mutter von sechs Kindern, die auf die eine oder andere Art sämtlich «aus dem Dunkel traten», beschloß, «im Übrigen sonst nicht bekannt» und nur in aller Stille äußerst wirksam zu sein. Nie hat sie das geringste «von sich her gemacht»; immer ist sie zurückgetreten, auch hinter der eigenen Leistung; und für sich selbst hat sie überhaupt nichts gewollt, – weder in der Öffentlichkeit noch sonst. Füge ich hinzu, das Wohlergehen der ihren und die Gewißheit, ihr Bestes getan zu haben, so oft von draußen ihre Hilfsbereitschaft aufgerufen wurde, sei alles, woran ihr wirklich liege, so sage ich die Wahrheit und gebe gleichzeitig ein, wenn nicht falsches, so doch bedenklich irreführendes Bild.

Denn «das Mielein» (wie Kinder, Enkel und viele Freunde sie nennen) ist das genaue Gegenteil des «wertvollen Menschen» und wandelnden Edelmuts, die man kennt. Blitzgescheit, schnell von Witz und Verstand, ist sie «gut», wie die Neger braun sind, – auf die natürlichste, selbstverständlichste Art von der Welt. Überhaupt würde es schwer halten, ein natürlicheres und direkteres Wesen aufzuspüren als sie. Eine belebte Landschaft mit vielfach wechselnder Beleuchtung, spiegelt ihre Miene – ein zeitlos kindliches Gesicht – all ihre Gedanken, und die leichte Kunst des Lügens hat sie nie erlernt. Ihrer Klugheit wegen könnten Unbelehrte sie für eine «Intellektuelle» halten; und auf Grund ihrer ungemeinen Belesenheit (bei vorzüglichem Gedächtnis!) möchten fremde Toren gar versucht sein, einen «Blaustrumpf» in ihr zu sehen.

«Kleine Gelehrte» freilich haben wir das Mielein als Kinder genannt. Zu ihrem Kummer eher klein von Statur, hatte sie nicht nur das Abitur gemacht (eine zu ihrer Zeit für Mädchen ganz ungewöhnliche Leistung), sondern auch noch Mathematik studiert und beim «echten» Röntgen im Kolleg gesessen. Als wir sie körperlich schon überragten, blieb sie uns weit überlegen in jedweder Wissenschaft, und einmal – wie genau erinnere ich mich! – hat sie mir in gerechtem Zorn ein Buch an den Kopf geworfen, weil dieser sich mit jenem nicht zu befreunden vermochte und ich gar so «schlecht» war in der sphärischen Trigonometrie.

Eine gewisse Ungeduld – zur Steuer der Wahrheit sei es festgestellt, und damit dies doch eine Art von Porträt werde, ein «profile», und kein festlich stilisiertes Jubiläumsbild – eine gewisse Ungeduld also eignet dem Mielein überhaupt. Zwar hat sie so viel zu tun, daß sie immer in Eile und nie befugt ist, Zeit irgend zu verschwenden. Daß aber langsame Verkäuferinnen imstande sind, sie bis zu Tränen zu reizen; daß es sie physisch quält, wenn auf der Landstraße ein Gefährt sich nicht überholen läßt; daß die Begriffsstutzigkeit eines Gesprächspartners sie ernstlich zu verstimmen vermag, – all dies sind Zeichen reiner, konstitutioneller Ungeduld, die sie freilich aufs geschwindeste zu tilgen trachtet, wenn «der andere» im geringsten gekränkt erscheint.

Wie nebenbei, als tue sie alles gern, nichts falle ihr schwer und nichts könne sie je ermüden, wird das Mielein den hundert Pflichten gerecht, die jeder Tag vor ihr auftürmt. Heute etwa, wie immer, ist sie um 7 Uhr 30 aufgestanden – gleichzeitig mit dem Zauberer; auf der «oberen Diele» haben die beiden den «frühen Kaffee» genommen. Während er sich rasiert, schreibt sie geschwind zwei wichtige Briefe, – einen an Tochter Medi

Meine Mutter, Frau Thomas Mann   275

(Elisabeth Borgese), die irgendeines Rates bedarf, den anderen an den südamerikanischen Verleger, dessen Abrechnung überfällig ist. Nach dem Frühstück im Eßzimmer gibt sie telephonisch mehrere Telegramme auf, ehe sie beginnt, zahllose Bleistiftzeichen vom Stenogrammblock aufs Briefpapier und ins allgemein Leserliche zu übertragen. Gestern, nach dem Tee, hat der Zauberer ihr diktiert, und nun will also getippt sein; ohnedies hat seine Korrespondenz eine Neigung, sich schreckenerregend zu akkumulieren und ins Uferlose, gar nicht mehr zu Bewältigende auszudehnen. Leider wird sie keineswegs fertig mit dem Pensum von gestern. Sie muß in die Stadt. Technisch eine glänzende Fahrerin, ängstigt sie uns gelegentlich durch übertriebenes Gottvertrauen. Der Mann vor ihr, denkt sie, wird *nicht* ganz plötzlich und ohne ein Zeichen zu geben nach links abbiegen; und wer aus der Seitenstraße kommt, wird an der Ecke klüglich verlangsamen. – In der Stadt kauft sie ein, – für den Haushalt, für den Zauberer (Rasierklingen, Zigaretten, und der wichtigste Schlafrock ist vom Reiniger zu holen), für eines der «Kinder», das nächstens Geburtstag feiert, und irgendwelche Leute, die irgendetwas erbeten haben. Ziemlich viel Zeit verbringt sie dann auf der Post. Täglich wollen umfangreiche Konvolute in alle Welt gesandt werden, – zurück an die Damen und Herren, die, unaufgefordert, dem Zauberer ihre literarischen Versuche zugeschickt, – «nur» zur Prüfung, oder damit er die Drucklegung ermögliche, etwa vermittels eines Vorwortes, das zu schreiben ihm gewiß ein Geringes sein würde. Viele von den Manuskripten, die sie jetzt zur Post trägt, hat das Mielein gelesen, um dem Zauberer einen vorläufigen Eindruck und Überblick vermitteln zu können. Manches allzu offenbar Mißglückte wird fein säuberlich verpackt und verfrachtet, ohne daß der überbürdete Gatte damit geplagt worden wäre.

Um punkt halb eins wird sie daheim erwartet, denn dies ist des Zauberers Ausgehzeit. Per Auto verfügen die beiden sich an einen der Punkte, von denen die Lieblings-Spazierwege abzweigen. Auf diesen Gängen, besonders, spricht er ihr von seiner

276 Essays, Statements, Kommentare

Arbeit und den Schwierigkeiten, vor die sie ihn stellt. Kaum je ohne Nutzen vertraut er sich ihr an, und zum wenigsten ist es doch immer ein etwas ermutigter Zauberer, der heimkommt aus den Wäldern.

Am Mittagstisch sitzt ein Gast. Er gehört zur großen Schar der «Durchreisenden», die, typisch für Zürich, auch unser Erlenbacher Häuschen charakteristisch belebt. Aber hier, wie überall, ist für das Mielein Wachsamkeit geboten. Der Zauberer, eher zart von Natur und sehr leicht ermüdbar, darf nicht überanstrengt werden. Geht er abends ins Theater, ist Mittagsgeselligkeit zu vermeiden, und haben wir Teebesuch, wäre auswärts zu dinieren ein Fehler.

Nach Tisch (wir halten noch immer beim heutigen Mittagsmahl) sollte das Mielein sich ein wenig hinlegen. Dies nun tut sie keineswegs. Vielmehr geht sie alsbald zurück an die Arbeit. Das «Diktat» – es war persönlicher oder literarischer Natur – ist bald übertragen. Doch die gesamte und verzweigte «Geschäftskorrespondenz» – mit Verlegern, Agenten, Amtsstellen und was da nicht alles einschlägig ist – führt das Mielein allein. Zwei hochspezialisierte Privatsekretäre, die gar nichts zu tun hätten als eben dies, würden sich füglich als stark beschäftigt bezeichnen.

Ich erzähle von heut' und heutzutage. Dabei gälte es, der Zeiten zu gedenken, da wir Kinder waren – unser vier erst, und dann sechs, und ganz «leicht zu haben» nicht eins –, der Jahre des ersten Weltkrieges, zum Beispiel, in denen wir gesund und munter heranwuchsen, – beinah rätselhafterweise; denn Patriotismus sowohl wie mangelnder Wohlstand hielt uns den «schwarzen Märkten» fern, und es bedurfte Mieleins ganzer Umsicht, Erfindungsgabe und unermüdbarer Tüchtigkeit, um die Hungerrationen hinlänglich zu «strecken» und halbwegs genießbar zu machen. Eigentlich kochen konnte sie damals noch nicht. Äußerst verwöhntes Geschöpf aus großem Hause, hatte die Zarte, Schöne und Kluge im entferntesten nicht gefaßt gewesen sein können auf die Um- und Zustände dieser abenteuerlichen Zeit. Aber wie gefaßt sie ihnen begegnete! Meist war das Ärgste aus dem Wege geschafft, kaum, daß der Zauberer der Kalamität noch ansichtig geworden war.

Schwer zu sagen, wann das Mielein das Erstaunlichste geleistet. War es nicht zu Beginn der Emigration, als nach Verlust all unserer Habe, inmitten des Untergangs unserer eigentlichen Existenz, uns ihr Genie eine neue schuf, und wir hatten ein Heim, und wieder, wie immer, oblag von neun bis halb eins der Vater seinem erlösend absorbierenden Tun?

Und Amerika? War es nicht dort, daß sie sich selbst übertraf? Denn jetzt erst waren wir wirklich in der Fremde, und die rechte Mischung zu brauen aus Adaptation (ans nunmehr Gebotene) und Bewahrung (des allezeit Nötigen) war ein Kunststück von Rang. Während sie aber noch «braute», begann sie auch schon zu kochen (richtig, am Herd!), und bald war sie imstande, den dunklen Mädchen, die uns dort betreuten, die kompliziertesten europäischen Speisen einzustudieren, oder, waren wir unbetreut (was sehr häufig geschah!), selber am Herde zu werkeln. Und nie hat das Essen uns besser geschmeckt als ebendann.

Was sie jedem ihrer Kinder bedeutet, davon rede ich nicht. Als ich aber nach einer Operation im «Santa Monica Hospital» lag, wollte die Nurse es durchaus nicht glauben, daß ich überhaupt Geschwister hätte. Mit so viel liebender Sorge, meinte sie, umgebe man nur ein einziges Kind.

Ist es wahr, daß jedermann die eigene Mutter für unvergleichlich prächtig, einen Ausbund an erlesensten Tugenden hält? Und daß also dieser Versuch eines «profiles» notwendig der Objektivität ermangelt, ohne die Autorität unerreichbar bleibt?

Es ist nicht nur nicht wahr, sondern läppisch unwahr, was viel mehr besagt. Weit davon entfernt, in sie vernarrt zu sein, sind «Kinder» die kritischsten Beobachter und genauesten Kenner ihrer Altvorderen, – wie ja denn überhaupt wahre Liebe nicht blind macht, sondern sehend.

278 Essays, Statements, Kommentare

Wer aber das Mielein gesehen hat, wie sie ist und wie ich sie – sehr unvollkommen – hier dargestellt, der wird der Siebzigjährigen Gutes wünschen: nach so vielen, mit solcher Tapferkeit bestandenen Stürmen einen heiteren Himmel, unter dem ihr vergönnt sei, noch lange weiterzuwirken, zum Segen der ihren, zur Freude der Freunde, Fremden zum Nutzen und unsichtbar für «die Welt». Denn was Palma recht ist, bleibt dem Mielein billig, und

> *«Schon, daß hier ihr Name lautbar ward,*
> *widerspricht vollkommen ihrer Art.»*

Aus: «Annabelle», Zürich, Mai 1954.

Professor Zauberer

«Der Zauberer» – so haben wir Kinder ihn früh genannt, nicht ganz sicher, warum. – Sein «Privatleben»? «Diszipliniert» ist das Wort. Und «geregelt» bis zur Pedanterie. Im Künstler, meint er, steckt genug «Aufruhr», und soviel, innerhalb seiner, hat er laufend zu sichten, und zum Werk zu ordnen, daß, äußerlich wenigstens, alles seinen festen Platz haben muß – die Gegenstände im Raum wie das Tun in der Zeit. Seine Tageseinteilung ist – und war immer – wie folgt: Acht Uhr Aufstehen und «früher Kaffee». Neun Uhr Frühstück. Von halb zehn bis halb eins Arbeit (an der jeweiligen «Hauptaufgabe»). Dann Spaziergang mit Hund und, womöglich, Frau Katia. Essen um halb zwei. Anschließend Lektüre, Siesta, Tee, etwaige «Nebenaufgaben» und Korrespondenz. Nach dem Abendessen, halb acht, Musik und wieder Lektüre – teils schon im Bett, bis gegen Mitternacht. Schläft, mit geringer Nachhilfe, nicht schlecht. Raucht zwölf Zigaretten und zwei leichte Zigarren pro Tag. Trinkt wenig: Bier zu den Mahlzeiten (mit Vorliebe Münchner Dunkles) und nachher ein winziges Gläschen Likör («Vieille

Professor Zauberer 279

Cure» – kommt aus Frankreich, schmeckt nach Kräutern).
Zieht sich gut an, «konservativ», aber sorgsam. Muß dennoch
manchmal korrigiert werden, da er grün nicht von blau unterscheiden kann. – Von Geschäften versteht er nichts, so durchaus nichts, daß er weder weiß, wieviel (lies «wenig»!) Geld er
hat, noch wo es ist, noch, wer ihm – was – schuldet. Seinerseits
Schulden zu machen, war er von jeher psychisch außerstande.
Und sonst? Die Scheu und äußerste Zurückhaltung, die ihn in
Gesellschaft oft «steif», «überkonventionell» oder gar «hochmütig» erscheinen ließen, sind im Alter verschwunden. Er gibt
sich frei und natürlich – auch herzlich, wenn ihm entsprechend
ums Herz ist. Unter den schönen Künsten stehen ihm die bil-
denden relativ fern. Hübsche Dinge mag er – lieber noch hübsche Menschen und am liebsten «wohlgeratene Jugend». Er
führt eine Musterehe, woran freilich die Gattin hochgradig
schuldig ist. Denn natürlich ist er «schwierig» und nicht selten
«zu Tode betrübt». Dabei lacht er ums Leben gern, kann selbst
sehr komisch sein, ist ungemein «amüsabel» (eins seiner Lieb-
lingswörter – stammt von Goethen) und ist das dankbarste
«Publikum» der Welt. Als er, Anno 1929, den Nobelpreis erhielt, verschenkte er Zehntausende an wildfremde Leute, nur,
weil sie brieflich versichert hatten, es ohne einen Vorstehhund,
eine Ziehharmonika, Bruthenne oder Rasenmähmaschine
plötzlich nicht mehr aushalten zu können. Was übrigblieb,
ging vor die Nazis. Wo irgend möglich, hat er auch dann noch
geholfen. Und selbst heute, da es spät und seine Zeit unersetzlich ist, opfert er täglich bis zu zwei Schreibstunden, um andere
zu beraten, sie zu empfehlen, ihnen, vielleicht, etwas wohlzu-
tun. – Er ist ein guter Mann.

Aus: «Münchner Illustrierte», 2. Oktober 1954.

280 Essays, Statements, Kommentare

Das Wort im Gebirge
Ein Sketch zum achtzigsten Geburtstag
Thomas Manns

Herr Roßgoderer: Hier ist die Radiostation «Das Wort im Gebirge», Roßgoderer sprechend. Meine lieben Hörer und Hörerinnen, mir ha'm da heute jetzt eine Feierstunde – ne'woa,
denn es stellt sich heraus, daß ein hoher Geburtstag ist, von
einem deutschen Dichter, naa', also a Dichter ist er eigentlich
nicht, also ein Schriftsteller is' er – mit dem Namen, dem im
Ganzen also ziemlich wohlbekannten Namen: Thomas Mann.
Ich darf da gleich am Anfang amal einen Druckfehler – äh –
feststellen, richtigstellen, der sich in unsere Zeitungen einge-
schlichen zu haben scheint – jedenfalls in der, die wo ich halte;
da ist drin gestanden, daß dieser Mann jetzt heute am 6. Juni
achtzig Jahre alt wird, also das stimmt nicht. Ich habe da diesen
Thomas Mann zufällig selbst auf meinem Fernsehschirm,
hab'n ferng'sehen vor einiger Zeit, und da hat sich herausge-
stellt, daß das ein Mann von Ende sechzig ist, also, so daß das
heut' der siebzigste Geburtstag sein dürfte und nicht der achtzigste. Also mir feiern den siebzigsten Geburtstag von diesem
Thomas Mann. Jetzt sin' ja mir «Das Wort im Gebirge», wie
Sie wissen, liebe Hörer und Hörerinnen, mir sind ja also kein
Buchradio, nicht! Mir sind ja keine Bücherwürmer und eigentlich keine literarische Radiostation, aber natürlich in einem solchen Fall muß man doch eine Ausnahme machen und die Sache
also würdig begehen, und infolgedessen habe ich mich hin-
g'setzt zusammen mit der Frau Motzknödel, gell, Frau Motzknödel?
Frau Motzknödel: Ja, natürlich Herr Roßgoderer, wir hab'n
uns zusammengesetzt, gell? 's hat sich gelohnt auch, und telefoniert hab'n wir.
Herr Roßgoderer: Ja, das wollt' ich grade sagen. Mir haben also
auch telefonisch noch einige Kunde eingezogen, weil mir selber
da nicht so genau auf'm Laufenden war'n, und ha'm also da

Das Wort im Gebirge   281

hoffentlich die richtigen Sachen jetzt drin, so daß wir also
jetzt diese Feierstunde würdig begehen können. Ich fang jetzt
an und erzähl a bissel was von den Werken, ne'woa, von den
Schriften und Werken von diesem siebzigjährigen Thomas
Mann. Also der hat seinen ersten großen Bucherfolg, einen
Romanerfolg hat er g'habt mit einem Buch, einem zweibändigen Buch, einem Roman namens «Puddenbruch – Abfälle
einer Familie». Und es ist ja nur zum Bewundern, wie eigentlich so ein Schriftsteller hergeht, ne'woa, und aus den Abfäl-
len von einer einzigen Familie dann einen zweibändigen Roman macht und auch noch einen Erfolg damit hat.
Frau Motzknödel: Ja, ich weiß nicht, Herr Roßgoderer, wenn
man sich denkt eigentlich, was so eine einzige Familie in Jahren also für Abfälle z'samm'bringt, net, da kann man schon
mit a bissel a Dingn dann, so a Ding, a Einbildungskraft, gell,
a Phantasie, kann man da wahrscheinlich schon . . .
Herr Roßgoderer: Ich sag's ja, ich sag's ja, muß es ja; es war ja
ein erfolgreiches Buch, also ich nehme an, daß dieses «Puddenbruch – die Abfälle der Familie» also ein schön geschriebe-
nes, phantasievolles Buch ist. Fernerhin hat er dann – kurz
darauf, glaub' ich, war das – hat er ein sehr nettes Mädchenbuch geschrieben, des heißt: «Lotte Kröger». Und da sagt mir
die Frau Motzgoderer, die Frau – äh – Motzknödel, ich bitte
sehr um Entschuldigung, ich bin da natürlich mit einer literarischen Sendung bin ich a bissel verlegen jetzt, da versprech
ich mich leicht, weil ich ja kein Bücherwurm also wie gesagt
nicht bin. Also die Frau Motzknödel, die sagt mir, sie hat das
Mädchenbuch «Lotte Kröger» hat sie gelesen und 's hat ihr
gut . . .
Frau Motzknödel: Nein, ich hab's nicht selber gelesen; ich
hab Ihnen nur g'sagt, daß also meine Damen, die ich gefragt
hab' drüber, ham g'sagt, das ist ein sehr nettes Buch, also so
ungefähr wie Lotte und Grete Bachs Brausejahre, net, oder
«Der Trotzkopf» oder so, also ein sehr hübsches Buch soll's
sein – «Lotte Kröger».

282 Essays, Statements, Kommentare

Herr Roßgoderer: Ja, also offenbar hat auch das einen schönen Erfolg eingebracht. Fernerhin ha'm wir dann zu vermelden eine größere Erzählung, die auch einiges Aufsehen aufgewirbelt hat, die heißt «Der Tod in Weimar». Ich persönlich habe keine Ahnung, was in dem Ding also da drinsteht, aber . . .

Frau Motzknödel: Ja, ich hab's schon gehört, ich weiß da schon bissel mehr, Herr Roßgoderer. Und zwar also hab' ich g'hört, grad die Novelle, die sei also äußerst – Ding, net – also schwül, schwül.

Herr Roßgoderer: Was verstehen Sie unter schwül, äh, Frau Motzknödel?

Frau Motzknödel: Ja, des ist nur so ein Ding, so ein Fachausdruck. Ich weiß natürlich net, ob ich ihn ganz richtig beisammen hab', aber das ist ein anderes Wort, net, für – eh, Ding – für . . . für homoerotisch.

Herr Roßgoderer: Ja, verzeihen Sie, verzeihen Sie, Frau Motzknödel – wollen Sie andeuten, daß unser Jubilar, also der jetzt nunmehr siebzigjährige Thomas Mann, also da ein Ding geschrieben hat, ein . . . ein . . . ein perverses Buch?

Frau Motzknödel: Ja, pervers – mein Gott, also ich mein, natürlich – es is' halt Ding . . . es is' eben halt schwül, net. Also die Geschichte ist glaub' ich die, hab' ich mir sag'n lassen, daß ein blutjunger Bub, net wahr, verliebt sich also wie verrückt, also zum Sterben verliebt er sich in einen älteren Herrn, einen Schriftsteller . . .

Herr Roßgoderer: Ach –

Frau Motzknödel: . . . und zwar so sehr, also dermaßen, daß das Kind, der Bub, der blutjunge, schließlich dann also an der Beulenpest stirbt.

Herr Roßgoderer: Ja, Frau Motzknödel, ich kann mir nicht vorstellen, daß Sie sich da richtig haben berichten lassen, denn um Gottes Willen, also wenn schon so 'was Furchtbares vorkommt, daß sich ein so blutjunger Bub in einen älteren Herrn verliebt, einen Schriftsteller, wie kommt er denn dann noch zur Beulenpest? Das ist ja äußerst unwahrscheinlich, das ist ja gar nicht recht glaubwürdig. Also wirklich nicht glaubwürdig, Frau Motzknödel.

Frau Motzknödel: Ja, ich mein, glaubwürdig muß er's selber gemacht haben dann in der Geschichte, «Tod in Weimar», denn ich hab das gehört, und das Buch ist ja erfolgreich.

Herr Roßgoderer: Ja, ja, also der Erfolg natürlich zählt, und wenn es so ist, wie die Frau Motzknödel sagt, dann müss' mer's eben dabei bewenden lassen, dann hat sich also der blutjunge Bub in den alten Mann verliebt und ist dann also aus diesem Grunde tatsächlich an der Beulenpest gestorben. Da kamma aa' nix mach'n.

Jetzt das fernere Buch, das er g'schrieben hat, was mich auch schon im Titel etwas seltsam anmutet, ein Roman isses, das heißt: «Königliche Roheit». I' woaß net, was er da g'meint hat, was für einen König er überhaupt im Sinn g'habt hat, denn also so viele Könige, die so roh sind, des hammer ja gar nicht g'habt. Also mindestens mir in Bayern ham's nicht g'habt.

Das führt mich aber nun zu seinem nächsten Werke, und das war also ein prachtvolles Buch, nämlich das bayerische Heimatepos «Der Bergzauber». In zwei Bänden. Gell? Und da also, da kann ich überhaupt nur loben, da gibt's nix wie zu loben, das ist ein nobles Buch, ein feines Buch, ein sehr nobles Buch – und infolgedessen, weil das Buch so nobel war, hat er daher auch sofort diesen Noblpreis, gell, den bekannten Noblpreis, hat er für dieses Buch «Der Bergzauber» auch gewonnen.

Frau Motzknödel: Ja, verzeihen Sie, Herr Roßgoderer, ich weiß nicht, ich kenn mich schon nicht g'nau aus, aber sicher unsere lieben Hörer und Hörerinnen auch nicht genau – der Noblpreis, wo kommt denn der her und wo besteht er denn drin, was kriegt man da, wenn man den Noblpreis kriegt, für ein nobles Buch?

Herr Roßgoderer: Ja, Geld kriegt ma', Geld, Frau Motzknödel! Aber wo's herkommt, kann ich Ihnen jetzt a net g'nau sag'n; ich glaub, daß das eine Stiftung ist, die also da in Finnland oder so wo droben halt gemacht worden ist, daß also Leute mit no-

284 Essays, Statements, Kommentare

blen Werken da ausgezeichnet werden, net? Und da hat er also
an Haufen Geld 'kriegt. Und dieses Geld – also, ich finde, eine
Feierstunde soll man nicht machen, ohne daß man auch die
Nachteile aufzählt, ehrlich, immer ehrlich, nicht? Also dieser
Noblpreis scheint unseren Schriftsteller da ziemlich, also ziemlich – äh – wie soll ich sagen also erledigt zu haben. Denn dann
danach hat er eigentlich sechzehn Jahre lang, wenn Sie das bedenken, sechzehn Jahre lang, hat dieser Thomas Mann überhaupt fast gar nix g'macht. Das heißt, er hat sich also hingesetzt, net, und hat eine ganz kurze Passage, net, a ganz a kurzes
Paragräphlein aus der Bibel hat er nacherzählt. Und i' bitt' Sie
um ois in der Welt, da hat er sechzehn Jahre g'braucht, um
Joseph hat sich's gehandelt, ich kenn die Passage selber, es ist a
ganz a kurzes Dingerl, und mir kennen's ja alle aus unseren
Schulzeiten noch, wie also diese Nacherzählungen uns ja auch
dann mit einiger Übung flott von der Hand gegangen sind. Und
wenn da also ein gelernter Schriftsteller wie der Thomas Mann
sechzehn Jahre nichts weiter tut wie diese kleine Nacherzählung anfertigen, dann muß man schon sagen, das ist ein
Schneckentempo, daß es einem also beinah' leid tun könnte.
Auf der anderen Seite bin ich überzeugt davon – ich hab's nicht
gesehen, ne'woa – bin ich überzeugt davon, daß er mit größter
Gewissenhaftigkeit vorgegangen ist, denn wie könnte er sonst
für diese kleine Nacherzählung also sechzehn Jahre gebraucht
hab'n? Aber er hat auch sonst einiges geschrieben, was uns lieb
und wert ist und zu sein hat. Äh, zum Beispiel die Novelle
«Herr Tonio und Hund», scheint's ein sehr liebes Geschichtchen. Fernerhin die berühmte Boxer-Erzählung «Schwere
Runde», wo er mit unerhörter Meisterschaft also zeigt, wie der
Boxer es also in einer bestimmten Runde im Ring, ne'woa, im
Boxring besonders schwer g'habt hat. Ferner auch die Erzählung «Der Gewählte» . . .
Frau Motzknödel: Ja, ja, da hab' ich auch – da hab ich mir auch
meine Überlegungen gemacht, hab' ich mir gedacht, ob das
nicht, Herr Roßgoderer, ob das nicht vielleicht eine ziemliche

Selbstbeschreibung ist, weil er doch so gewählt schreibt, net, daß er sich selber also da dargestellt hat, net, wenn er sagt: «Der Gewählte».

Herr Roßgoderer: Ja, das ist sehr leicht möglich, natürlich, das ist durchaus einleuchtend, Frau Motzknödel, durchaus einleuchtend, äh – genau so wie schon früher, ne'woa, die viel frühere Geschichte, die geheißen hat, also die den Titel getragen hat: «Wälzerblut». Die dürfte auch wie man sagt autobiographische Züge tragen, insofern als er offenbar das Blut g'habt hat zu Wälzerschreiben, net; sowohl «Die Puddenbruch» als auch das bayerische Heimatepos «Der Bergzauber» sind ja zweibändige Romane, also ziemliche Wälzer. Und wenn er da das Ding «Wälzerblut» g'schrieben hat, da hat er sicher auch sich selber dabei im Auge g'habt. Ich darf aber jetzt berichten, meine lieben Hörer und Hörerinnen, daß er außer diesen Wälzern und allgemein bedeutenden Dichtungen bzw. Schriftstellererzeugnissen, hat er auch also sehr schöne allgemeingültige – äh – Maximen gemacht, wie man sagt: Apersus, hat er g'macht . . .

Frau Motzknödel: Apersus?

Herr Roßgoderer: Ja, ich sag's ja g'rad, Maximen; Sie wissen doch, was a Maxime ist, Frau Motzknödel, das wissen Sie doch?

Frau Motzknödel: Ja, nicht genau, aber was hat er denn zum Beispiel . . .

Herr Roßgoderer: Ja, zum Beispiel neulich hat er zum achtzigsten Geburtstag von dem berühmten Theodor Körner hat er doch in Wiesbaden eine Rede gehalten, ne'woa, die war sehr schön, und da zum Beispiel kommt das berühmte Apersu vor, was schon jetzt allgemein im Volksmund übergegangen ist, das heißt: Regen sei mein Segen. Ein sehr tiefgründiges und schönes und wirklich also der Menschheit auch nützliches Apersu. Ja –

Frau Motzknödel: Ja woas, wirklich? Schön isses natürlich schon, man merkt schon, daß es sehr tiefgründig ist, Herr Roßgoderer; aber was heißt das denn – «Regen sei mein Segen»? Ich mein, ich versteh . . .

286 Essays, Statements, Kommentare

Herr Roßgoderer: Das is ja grad des! Des verstehen Sie scheint's nicht, Frau Motzknödel. Denn hier ist ja grad die Geschichte, daß natürlich ein Apersu nicht gleich an der Oberfläche so verständlich ist; es muß also tiefgründig sein, ne'woa, vielleicht sogar vielschichtig, und also unter Umständen so, daß man halt mehrere Auslegungen, die beide gleich tief und gleich schön sind, ne'woa, daß man die zur Verfügung hat. In dem Fall also auf der einen Seite kann man ganz einfach sagen, was auch für den Landmann erfreulich ist, daß der Regen natürlich mein Segen sei, das ist ja klar – der Landmann kann ja ohne Regen überhaupt nicht auskommen; und das ist also in jedem Fall sein Segen. Und auf der anderen Seite kann man sich auch sagen, daß also das Müßiggehen, ne'woa, ist also kein Segen, sondern ein Fluch, und also Regen ist dann im Gegensatz dazu mein Segen bzw. es enthält sogar die Forderung, ne'woa, den kategorischen Imperativ: «Regen sei mein Segen!» Wodurch die ganze Sache noch besonders also wirklich nützlich und tiefgründig gemacht wird. Fernerhin hat also auch unser Meister sehr schöne Artikel geschrieben und Vorträge gehalten, zum Beispiel den berühmten kleinen Vortrag, also ein essayistisches Werk: «Vom künftigen Krieg der Demokratie». Da hat er also offenbar schon in prophetischer Weise hat er schon den Präventivkrieg im Auge gehabt, ne'woa, der ja gegen den Russen nunmehr vollkommen unvermeidlich ist.

Frau Motzknödel: Ja, da hab' ich auch schon davon gehört, «Vom zukünftigen Krieg der Demokratie». Aber was mich noch mehr interessiert, ich glaub', das ist auch kürzlicher, Herr Roßgoderer, das ist die Sache, der hat doch das Kriminalfragment geschrieben, gell, «Krulls Geständnis».

Herr Roßgoderer: Ja, ja, das hat er aa' g'schrieben. Und das ist sogar ein ungewöhnlicher Erfolg gewesen, damit hat er scheint's das genau getroffen, was die Leute wissen ...

Frau Motzknödel: Ja, ich weiß schon warum, ich weiß schon warum, Herr Roßgoderer! I' weiß schon, denn ich hab' also g'hört, paß'n S' auf, Herr Roßgoderer, ich hab g'hört, daß also

Das Wort im Gebirge   287

da in dem Kriminalfragment «Krulls Geständnis», daß er da
sehr, also, Ding, net, sehr also obszön –

Herr Roßgoderer: Frau Motzknödel, obszön? Wie können
denn Sie sowas sag'n, noch dazu von einem siebzigjährigen
alten Herrn? Das ist ja vollkommen undenkbar! Das einzige
wär' noch höchstens, daß er natürlich in dem Alter, ne'woa,
kann er sich ja gewisse Lizenzen herausnehmen –

Frau Motzknödel: Ja, gibt's des?

Herr Roßgoderer: Ja, was meinen Sie – gibt's des? Natürlich
gibt's des, daß sich einer Lizenzen herausnimmt –

Frau Motzknödel: Meinen's, man kann sich da eine Lizenz
nehmen? Gibt's da ein Amt, Herr Roßgoderer, wo man die
Erlaubnis kriegt, daß man dann obszön und unanständig –

Herr Roßgoderer: Aber geh – des is' ja doch – schau'n S' zua,
Sie sollten nicht so daherreden. Wenn S' so Sachen nicht verstehen, dann sollten Sie's grad am Radio «Wort im Gebirge»,
sollten Sie's überhaupt gar net anschneiden, ne'woa. Was ich
Ihnen sag', es wird nicht so obszön gewesen sein, und gewisse
dichterische Lizenzen kann sich ein so älterer Herr schließlich
herausnehmen.

Frau Motzknödel: Is' scho' recht, natürlich, mich freut's ja nur,
weil ich sag, den Leuten hat das sehr, also sehr eingeleuchtet,
grad dieses Kriminalfragment, weil's halt unanständig ist, net,
Herr Roßgoderer?

Herr Roßgoderer: Frau Motzknödel, ich möchte nicht diese
Feierstunde mit diesen törichten Anmerkungen von Ihnen
schließen. Wir möchten jetzt noch einen Moment über die Person, ne'woa, dieses Schriftstellers sprechen, der sein siebzigstes
Jahr jetzt also in vollkommener geistiger Frische erreicht hat.

Frau Motzknödel: Ja, wie ist es denn mit der Person? Ich mein,
hat er sich immer, so daß man sagen kann – ist er immer ein
guter Ding g'wesen, ein guter Deutscher, und alles?

Herr Roßgoderer: Ja, also da muß man auch wieder der Wahrheit die Ehre geben und muß sagen, er war ein sehr guter Deutscher im Ersten Weltkrieg, ne'woa, ausgezeichnet, hat er da

mit der Ding, mit der Feder sich hingestellt und hat 'kämpft, net; und dann aber leider Gottes hat er sich nicht vertragen mit unserm Kanzler Hitler und ist infolgedessen fort von seiner Heimaterde, ne'woa; und hat dann leider Gottes vom Ausland her den Zweiten Weltkrieg entfacht. Und das ist natürlich eine schwere Verantwortung, die er auf sich geladen hat und die er auch womöglich mit seinen ganzen Werken nicht ganz also wieder tilgen kann bzw. nicht sühnen kann, eine solche Sache.

Frau Motzknödel: Ja, na vielleicht doch, wenn er jetzt dann recht brav –

Herr Roßgoderer: Ja, das ist wieder das Schlimme, schaun S' zu, des is ja die Sache, daß er jetzt aa' net so brav ist; denn jetzt – man sagt sich mit Recht immer, das ist einer von den besten Apersus und Maximen: aller guten Dinge sind drei, net – und jetzt, wo wir den Dritten Weltkrieg wirklich brauchen, wo's darauf ankommt, ne'woa, daß ma den Russen wirklich amal ausrotten, jetzt steht er da und sagt: i mog nimmer. Jetzt, natürlich, kann man sich auch wieder sagen: das ist ein Zeichen seines Alters, ne'woa, der alte Mann kann jetzt nicht mehr kämpfen, net, er mag jetzt den Krieg nimmer, und mit der Feder mag er a nimmer kämpfen – jetzt sagt er halt: keinen Dritten Weltkrieg! Da müssen wir nicht so sehr drauf achten, denn schließlich, auf was es hauptsächlich hier ankommt, is' ja der Schriftsteller, ne'woa, der Künstler, und nicht so sehr der Politiker. Und da kann ich nur noch wiederholen, nicht wahr, daß seine Werke, also «Puddenbruch», nicht wahr, und «Tod in Weimar» und «Lotte Kröger» und diese anderen Sachen –

Frau Motzknödel: Ja, insbesondere auch «Tod in Weimar» – eben wegen der . . .

Herr Roßgoderer: Nicht insbesondere, sondern auch «Tod in Weimar» mit dem Ding, mit dem blutjungen Bub, und all das andere, und das Kriminalfragment «Krulls Geständnis» . . .

Frau Motzknödel: . . . mit den obszönen Dingen, ja, ja . . .

Herr Roßgoderer: . . . nein! Also ich sag nur, daß die Werke halt das persönliche Verhalten von unserem Schriftsteller

1 – Thomas Mann mit seiner Tochter Erika, 1906

2 – Thomas und Katia Mann mit ihren Kindern Klaus
(vorn links) und Erika, dem Schriftsteller Karl Vollmoeller und
dem Verleger Samuel Fischer, 1911

3 – Das Haus in der Poschingerstraße, München

4 – Das Landhaus der Familie Mann in Bad Tölz

5 – Katia Mann mit ihren sechs Kindern, 1919. V. l. n. r.: Monika, Golo, Michael, Klaus, Elisabeth und Erika

6 – Thomas und Katia Mann mit ihren beiden ältesten Kindern, Mitte der zwanziger Jahre

7 – Familienbild, München 1927: Monika, Michael, Golo, Katia, Thomas, Elisabeth, Erika und Klaus Mann

8 – In der Poschingerstraße, Oktober 1932: Klaus, Elisabeth, Michael, Katia, Thomas und Erika Mann

9 – Thomas Mann auf der Terrasse des Hauses in Küsnacht, Juni 1935

10 – Anzeige aus den «Basler Nachrichten», 31. Oktober 1933

11 – Erika Mann bei einer Vorstellung der «Pfeffermühle»

12, 13, 14 – Rechts: Überfahrt nach Amerika, April 1937

15 – Das Haus am San Remo Drive in Pacific Palisades, Kalifornien – Wohnsitz der Familie Mann 1942 bis 1952

16 – In Santa Barbara, Juli 1942: Thomas Mann, die Sängerin Lotte Lehmann, Bruno Walter und seine Frau Elsa, dahinter stehend Klaus und Erika Mann

17 – Thomas Mann in Pacific Palisades, 1947.
Auf dem Regal ein Foto von Erika aus der «Pfeffermühlen»-Zeit,
beim Vortrag des Gedichts «Die Kälte»

18 – Erste Europa-Reise nach dem Krieg: Ankunft auf dem Flughafen Zürich-Dübendorf, Mai 1947. V. l. n. r.: der Verleger Emil Oprecht, Thomas Mann, sein Enkel Toni, Emmie Oprecht, die Schwiegertochter Gret Mann, deren Sohn Frido, Katia und Erika

19 – Zürich-Dübendorf, Mai 1947: Gret Mann, Katia, Erika, Toni, Emil Oprecht, Thomas Mann und sein Lieblingsenkel Frido

20 – Oxford, Mai 1949: Thomas Mann wird zum Ehrendoktor der Universität ernannt. An seiner Seite: die Tochter Erika

21 – Feier zum 75. Geburtstag Thomas Manns im Zunfthaus Zürich, Juni 1950: Thomas Mann, Erika, Fritz Strich und Katia Mann

22 – Während eines Europa-Aufenthalts, vermutlich 1950: Katia und Thomas Mann mit ihren Kindern Erika und Golo

23 – Letzter Besuch Thomas Manns in München, Oktober 1952

24 – Erika und Thomas Mann während der ersten Vorführung des Films «Königliche Hoheit», Dezember 1953

25 – «Fülle des Wohllauts»: Katia, Erika und Thomas Mann hören Schallplattenmusik im Kilchberger Haus, 1954

26 – Die letzte Adresse: das Haus in Kilchberg am Zürichsee,
Alte Landstraße 39

27 – Erikas Zimmer im Kilchberger Haus

28 – Juni 1955: Feier zum 80. Geburtstag Thomas Manns im Conrad-Ferdinand-Meyer-Haus, Kilchberg. In der Mitte Thomas und Erika Mann; links hinter dem Jubilar seine Frau Katia; rechts von Erika: Golo Mann

29 – Eine Szene aus der Verfilmung des «Felix Krull», 1957: rechts Horst Buchholz in der Titelrolle, am Tisch sitzend Heidi Brühl als Miß Twentyman, links Erika Mann als deren Zofe

30 – Erika Mann

Thomas Mann bis zum hohen Grade, wenn nicht überhaupt vollständig entschuldigen und daß wir von der Radiostation «Das Wort im Gebirge» – äh – diesem Schriftsteller deutscher Sprache für sein neues Jahrzehnt, ne'woa, das achte, also alles Gute wünschen. Mit diesen Worten darf ich schließen – *Frau Motzknödel:* Ja, ich schließe mich an mit dem Ding – *Herr Roßgoderer:* Jawohl, Sie schließen sich an, die Frau Motzknödel schließt sich da auch an, und ich schließe hiermit, nicht wahr, also unsere Feierstunde für den siebzigjährigen Schriftsteller Thomas Mann, Schriftsteller deutscher Sprache. Hier ist die Radiostation «Das Wort im Gebirge» – Roßgoderer sprechend!

Erstveröffentlichung.
Die «Sendung» führte Erika Mann als Tonbandaufnahme
im Familienkreis der Manns zum achtzigsten Geburtstag
ihres Vaters (6. Juni 1955) vor; beide Rollen hatte sie selbst gesprochen.
Später wurde mit Hilfe der Tonbänder eine private
Schallplattenaufnahme produziert;
die vorliegende Druckfassung basiert auf einer Abschrift dieser
Plattenaufzeichnung, ein Typoskript ist nicht erhalten.

Einleitung zur Neuausgabe
der «Betrachtungen eines Unpolitischen»

Dem Vorhaben des Verlages, nach einer Pause von achtunddreißig Jahren die «Betrachtungen» neu aufzulegen, hat mein Vater aus drei Gründen zugestimmt:

Erstens, das Buch ist «historisch» geworden, ein persönliches Dokument aus abgelebter Zeit, das als gültigen Beitrag zum heutigen Tag zu verstehen der Leser kaum versucht sein wird. «Ein Dokument ... liegt vor», heißt es im Vorwort, «nicht unwert, ... sogar von Späteren gekannt zu sein, wenn auch allein um seines zeitlich symptomatischen Wertes willen ...»

290 Essays, Statements, Kommentare

Zweitens, das Buch ist charakteristisch für eine Phase in der Entwicklung seines Autors, und im Sinne autobiographischer Vollständigkeit sollte es nicht ausgeschlossen bleiben aus den Gesammelten Werken.

Drittens, das Buch ist vielfach ins Gerede gekommen, so, als handle es sich dabei um ein Vulgärprodukt deutschen Machtwillens und reaktionär-nationalistischer Verstocktheit. Gelegentlich wurde wohl auch behauptet, T. M. habe in einer späteren Auflage Entscheidendes weggelassen und das Werk seinen neuen demokratischen Überzeugungen angepaßt.

Derlei Irrmeinungen zu zerstreuen war leicht; nichts tat not als das Wiedererscheinen des Werks in der Urform, die nur um ein Minimes, um ein paar Seiten nur, inhaltsreicher war als die «gereinigte» Version des Jahres 1922. Was diese vermissen ließ – der Vergleich würde es lehren – war einiges Persönliche – allzu Persönliche, – Äußerungen, die, nach der Versöhnung mit seinem Bruder Heinrich (dem «Zivilisationsliteraten» der «Betrachtungen») und dessen Kreis, mein Vater aus menschlichen Erwägungen wie aus Gründen des Geschmackes nicht mehr in Druck gehen ließ. Am Gesamtbild der Schrift, ihrer Haltung, ja an nur einem ihrer Inhalte und Akzente änderten diese Auslassungen nichts. Und so würde der Neudruck klärend wirken, – *auch* den Vorwurf betreffend, T. M. habe irgend Wesentliches je unterdrückt. Vor allem aber würde er über die wahren Qualitäten eines Buches belehren, in welchem die großen Themen des Thomas Mannschen Werkes – von den «Buddenbrooks» bis zum «Doktor Faustus» – fast vollzählig versammelt sind und mit dem, im Geistig-Künstlerischen, der Autor sich nichts vergab.

Soweit, so gut. Des weiteren aber plante T. M., der Publikation neben der originalen «Vorrede» eine neue Einleitung beizugeben, über deren Was und Wie er noch nichts hatte verlauten lassen. Doch besteht wenig Zweifel, daß er gedachte, jedem *möglichen* Mißverständnis ausdrücklich vorzubeugen. *Niemand* sollte einen Augenblick glauben dürfen, es werde

«Betrachtungen eines Unpolitischen»

hier zur Gegenwart gesprochen und fixierte, endgültige Urteile und Meinungen stellten sich zur Diskussion. Die Jugend, besonders, war in diesem Sinne zu warnen. Außerdem aber galt es, die Rolle aufzuzeigen, welche innerhalb des Gesamtwerks diese Hervorbringung gespielt, eine Rolle, deren Unentbehrlichkeit dem Verfasser immer bewußt blieb, weshalb er denn die «Betrachtungen» niemals verleugnet hat.

Sind freilich Mißverständnisse «möglich» einem Buch gegenüber, das – in der «Vorrede» schon – so viel härteste Selbstkritik, so viel Einschränkung, ja Zurücknahme enthält wie dieses? Nein und ja. Hauptsächlich aber ja, – und zwar, weil in ihrer Vielfalt und Verschränktheit die Motivik des Werks nicht immer ganz durchsichtig erscheint, weil hier ein im politischen Denken noch Ungeübter in verwirrend jähem Wechsel nach außen und gegen sich selbst polemisiert und – last not least – weil alle Einsicht in die Fragwürdigkeit seines Tuns den Autor denn doch nicht an der Herausgabe des Bandes hinderte.

Verstößt es gegen die Spielregeln, aus dem, was der Leser gleich vor Augen haben wird, ein paar Stellen, nein Formulierungen nur, vorweg zu zitieren? Aber es erscheint uns notwendig in Hinsicht eben auf die Verschränktheit und das erregte Hin und Wider, das zu den Eigenheiten besonders der «Vorrede» gehört. Ehe die Schrift ihren Weg in die Öffentlichkeit noch angetreten, wie ist das Verhältnis ihres Autors zu ihr? Meint er, ein Lehrbuch geschrieben zu haben, oder auch nur ein Buch überhaupt? Hören wir:

«Ein Buch? Nein, davon kann nicht die Rede sein. Dies Suchen, Ringen und Tasten, . . . dies dialektische Fechten in den Nebel hinein . . ., ungewohnter Mangel an Stoffbeherrschung, wovon auch das deutliche und beschämende Bewußtsein immerfort rege war und aus Instinkt durch eine leichte und souveräne Sprechweise verhehlt werden sollte . . . Erzeugnis einer gewissen unbeschreiblichen Irritabilität gegen geistige Zeittendenzen . . . eine rein literarische Streitbarkeit oder Streitsucht, . . . zur erbosten Einseitigkeit nur allzu entschlossen, – ohne

daß bei alledem die kritische Erkenntnis hinlänglich bewußt-
seinsfähig, ... intellektuell reif genug wäre, um auf essayisti-
sche Erledigung ernstlich hoffen zu können.»

Das ist unmißverständlich, – man wird es mir zugeben. An
und für sich und ohne die Kontrapunktik, für die an Ort und
Stelle reichlich gesorgt ist, wäre es schlüssig. Und zudem gehört es zum Stärksten, was T. M. je gegen die «Betrachtungen»
hat verlauten lassen. Später, bei größerem Abstande von diesem Werk, beurteilt er es ruhiger, will sagen, gerechter. Die
Invectiva aber, die, sechs oder sieben Monate nach Abschluß
des eigentlichen Manuskripts, der Autor gegen sich selber
schleudert, bezeichnen den Stand seiner Einsicht zur Zeit des
Erscheinens, der übrigens schon während der Arbeit so hoch
war, daß er ihm die Polemik nicht wenig erschwerte. So, wenn
der Verfasser leidend feststellt: «Der Fortschritt [zur Demo-
kratie] hat alles für sich ... Der erhaltende Gegenwille [sein
eigener] ist es, ... der sich in der Verteidigung befindet, und
zwar in einer, wie er genau weiß, aussichtslosen Verteidigung.»

Der Gegner aber, der deutsche Träger des demokratischen
Gedankens, welch letzterer – wie irrig! – als das «Triumphierend Neue» empfunden wird, kurz, «der Zivilisationsliterat»
gilt ihm vornehmlich als «Mann der seelischen Geborgenheit».
Denn «das Bewußtsein, den ‹Fortschritt› für sich zu haben, zei-
tigt offenbar eine sittliche Sicherheit und Selbstbewußtheit, die
der Verhärtung nahekommt ... Wir, die wir uns moralisch weniger geborgen fühlen, sind notwendig furchtsamer».

Ist es Hohn, was da spricht? Es versucht, sich diesen An-
schein zu geben, ohne doch die Nebengefühle schwermütigen
Neides verbergen zu können, von denen der zu «aussichtsloser
Verteidigung» Verdammte heimgesucht ist. Und verdammt,
verloren, von Leben und Geschichte verurteilt deucht ihn alles,
woran er hängt, – das Liebste noch, oder vielmehr gerade dieses. Von den schönsten Abschnitten des Buches ist einer Hans
Pfitzners Oper «Palestrina» gewidmet, einem Erzeugnis natio-

nal gestimmter Spätromantik, das in seiner «Mischung aus Musik, Pessimismus und Humor» damals seine tiefste Zuneigung besitzt. Dieser Abschnitt schließt so: «. . . der ‹Palestrina› ist der Grabgesang der romantischen Oper. Und die nationale Idee? Wer wollte mit ganz fester Stimme der Behauptung widersprechen, daß sie in diesem Kriege *verbrennt* – in einem Feuer freilich, so riesenhaft, daß noch in Jahrzehnten der ganze Himmel davon in Gluten stehen wird? Das neunzehnte Jahrhundert war national. Wird auch das zwanzigste es sein? Oder ist Pfitzners Nationalismus, auch er, – ‹Sympathie mit dem Tode›?»

«Mit ganz fester Stimme», dies ist festzuhalten, wird nirgends in den «Betrachtungen» gesprochen. Sei es, daß jene «unbeschreibliche Irritabilität» an des Autors Stimmbändern zerrt, sei es, daß der Kampf auf wankendem Grunde und für eine Sache, von deren Lebenswürdigkeit der Kämpfer nicht hinlänglich überzeugt ist, seinem Organ die Festigkeit raubt, – sie fehlt jedenfalls, – alle ruhig-überzeugende Sicherheit fehlt durchwegs und von Anfang an.

Als er sich das Buch von der Seele geschrieben, kann selbst ihn die deutsche Kriegslage wohl nicht mehr täuschen. Und die armen, wie atemlosen Siegesprophetien der «Betrachtungen»? Gleichviel. Die Frucht dieser Jahre – «aber ich nenne das keine ‹Frucht›, ich rede besser von einem Residuum, einem Rückstand und Niederschlag . . . – das *Bleibsel* dieser Jahre also», – nun sollte es ans Licht. Nicht ganz «umsonst» wollte der Dichter gekämpft und so bitter gelitten haben unter der «schädlichen und kompromittierenden Galeerenfron dieses Buches». Sein Leiden war einsam gewesen, aber stellvertretend: er litt für sein Volk, und ihm das Leidensbuch zu Füßen zu legen, mußte er wünschen. Gleichzeitig, freilich, galt es, deutlich zu machen, daß der Autor der «Betrachtungen» derselbe nicht mehr war, als der er die Niederschrift begonnen; daß er fortgeschritten war mit dem Fortschreiten des Bandes und den Zweifel kannte, nicht sowohl an der Vortrefflichkeit seiner Sache, als vielmehr daran, ob es die seine noch sei.

«Man kümmert sich nicht in diesem Maßstabe», erklärt er, «um etwas . . ., was einen nichts angeht, weil man . . . nichts davon in sich selbst, *im eigenen Blute* hat . . .» Und die Frage, die folgt, trägt ihre Antwort – eine *bejahende* Antwort! – mit aller Deutlichkeit in sich:

«Wäre es so», fragt der «Unpolitische», «daß ich selbst mit einem Teil meines Wesens den Fortschritt Deutschlands zu dem, was in diesen Blättern . . . ‹Demokratie› genannt wird . . ., zu fördern bestimmt war und bin? Und was für ein Teil wäre denn das? Vielleicht das *literarische?* Denn die Literatur . . . ist demokratisch und zivilisatorisch von Grund aus; richtiger noch: sie ist *dasselbe* wie Demokratie und Zivilisation . . .»

Dasselbe also! Und der da schreibt, wer ist es? Einer, dem die Literatur ein Nebending wäre, eine Angelegenheit, der er nur mit einem Teil seines Wesens angehörte? Aber der da schreibt, ist der Literatur *verschrieben*, und wenn sie denn *identisch* ist mit Zivilisation und Demokratie, dann ist eo ipso dieser Schriftsteller ein Demokrat, der rechte und wahre Bruder des geschmähten «Zivilisationsliteraten».

Ganz so einfach, freilich, lagen die Dinge nicht und liegen sie nie, wo reiche, komplexe Geistigkeit dem Würdigen und Guten auf der Spur ist, ohne sich um Parteilinien zu scheren. Über die Kehrseite auch und selbst seines wirklichen und reifen Demokratismus hat T. M. im Alter Auskunft gegeben, und die Gefahr, neuerdings Verwirrung zu stiften, darf uns nicht schrekken angesichts unserer Verpflichtung, nicht weniger redlich zu sein, als der Verewigte es war.

«Unleugbar», schreibt er in «Der Künstler und die Gesellschaft» (1952), «hat ja das politische Moralisieren eines Künstlers etwas Komisches, und die Propagierung humanitärer Ideale bringt ihn fast unweigerlich in die Nähe – und nicht nur in die Nähe – der Platitude. Das habe ich erfahren; und wenn ich vorhin gesellschaftlich-reaktionäre Neigungen eines Schriftstellers als ein Paradoxon hinstellte, gewissermaßen als einen Widerspruch zwischen seinem Beruf und seiner Art, ihn auszuüben, – so war ich mir wohl bewußt, daß diese Paradoxie und dieser Widerspruch hohen geistigen Reiz besitzen können, daß sie geistig dankbarer sind und einen unvergleichlich besseren Schutz vor dem Banalen bilden, als die politische Gutmütigkeit.» – Die Frage, meint er schließlich, ist nur, «ob es in politischen Dingen, im Umgang mit menschlicher Bedürftigkeit, so sehr auf Interessantheit ankommt und nicht vielmehr auf Güte».

Nun, die «Betrachtungen», so dringlich auch sie schon das Gute wollen, basieren auf genau der «Paradoxie», von der oben die Rede ist, und so sind sie, bei «hohem geistigen Reiz», «gut» weit eher im ästhetischen als im moralischen Sinn dieses Wortes. Darin und darin allein liegt die Einzigartigkeit ihrer Position innerhalb des Gesamtwerks, soweit es politisch bestimmt ist. Und einen Wendepunkt bilden sie schon insofern, als, auf politischer Ebene, alles Spätere der Überzeugung unterstellt ist, daß es in der Tat «im Umgang mit menschlicher Bedürftigkeit» auf Interessantheit weniger ankommt als auf Güte.

Im Herbst 1918 erscheint die Streitschrift. T. M. bringt sie heraus in genau dem Augenblick, da sie der längst verlorenen «Sache» definitiv nichts mehr nützen, nur ihm selbst außerordentlich schaden kann. Aber ein «aussichtsloses» Unternehmen war dies Buch ja von je, und seine Publikation in den Tagen des deutschen Zusammenbruchs rückt den edelmütigen Abersinn des Verfassers in um so helleres Licht, als der Typus des «Zivilisationsliteraten» nunmehr den «Endsieg» in der Tasche zu haben scheint. –

Wie kam der Dichter, dessen hohe künstlerische Reife so früh manifest geworden, zu diesem Abersinn, diesem verzweifelten Trotz? Er kam dazu *als* Dichter, tief erfahren in den Provinzen, aus denen sein Künstlertum wuchs, doch provinzlerisch fremd in einer politischen Realität, um deren Gegebenheiten er sich bis dato gar nicht gekümmert. Denn selbst «Buddenbrooks» war nicht vom Politischen oder Soziologischen her zu begreifen. Musikalisch, romantisch, metaphysisch, ästhe-

296 Essays, Statements, Kommentare

tisch, kurz, «deutsch» gestimmt, hatte T. M. von Deutschtum nur gehandelt, indem er zuerst und zuletzt sich selbst erforschte und die komplexe Problematik der eigenen Existenz. Und erstmalig im August 1914 wußte der «disziplinierte Träumer» (Klaus Mann) sich wahrhaft eins mit seiner Nation. Deutschland war angegriffen, – dies glaubte das Volk. Sehr anders als im Jahre 1939, durfte es dies allenfalls glauben, und selbst nüchtern-harte, politisch hochversierte Geister wie Max Weber glaubten es mit ihm. Nimmt es wunder, daß auch der Unerfahrene, in politischer Sphäre Unbehauste teilhatte an der allgemeinen Erhebung durch die allen gemeine nationale Gefahr? Nun erst wirklich in die Irre geführt, läßt der «verirrte Bürger» sich willig ergreifen von diesem, seinem ersten politisch-historischen Erlebnis. *Einmal* dazugehören! Einmal doch – wenn auch auf persönlichste Art – teilhaben dürfen an den «Wonnen der Gewöhnlichkeit»! Die Versuchung war groß; sie war um so größer, als, zur weiteren Legitimierung des mächtig Gegenwärtigen, Kronzeugen zur Verfügung standen, große Historiker und Staatsphilosophen der Vergangenheit, auch anderer Nationen (Burke), aus deren Werken man Mut und Bestätigung zog.

T. M. schrieb. Ungewohnterweise war es kein Kunstwerk, woran er «die besten und würdigsten», die Stunden des frühen Vormittags wandte. Eine «Kunstschrift» entstand; «in ihrer Unselbständigkeit, ihrem Hilfs- und Anlehnungsbedürfnis, ihrem unendlichen Zitieren und Anrufen starker Eideshelfer und ‹Autoritäten›» war sie – dem Autor zufolge – anders kaum zu benennen, man zöge denn die Bezeichnung «Künstlerwerk» vor.

Er schrieb, und der Zweifel, von jeher lebendig, gewann mählich die Oberhand. Dann siegte er. Und was folgte, was mit großer Langsamkeit und unter tausend Gewissensskrupeln sich schließlich vollzog, brachte den Dichter der «Betrachtungen» in den Geruch des Wankelmutes, ja selbst der Verräterei. Man hielt im Spätherbst 1922. Nach nur vier Jahren der

Herrschaft sah das «Triumphierend Neue» sich im innersten bedroht. Wellen des Aufstandes, des Terrors gingen über das Land. Demokratische Politiker waren schändlich ermordet worden, Rathenau, der Beste – T. M. kannte ihn gut – unter ihnen. Das deutsche Bürgertum, unwillens, die Folgen des verlorenen Krieges als solche anzuerkennen, hielt die junge Republik verantwortlich für alles Elend.

T. M.s großer Essay «Von Deutscher Republik» (1922), sein plötzliches Bekenntnis zu dieser in der Stunde ihrer Not, und als «Schritt» sein inopportunster seit den «Betrachtungen», erschien um diese Zeit und wirkte, als hätte der Autor sich eine Brandbombe ins eigene Haus geworfen. Selbst die «Kunstschrift» hatte meinem Vater so viel Schimpf nicht eingebracht. Die scharfe «Linke» – nach dem Zusammenbruch vorübergehend auch geistig am Ruder – war sehr viel duldsamer gewesen als die radikale «Rechte», die sich nun als so mächtig erwies. T. M. aber redete nicht nur zum Guten, wo Schlechtes an der Tagesordnung war, der leidige Mahner stellte sich der Menge überdies als «Abtrünniger» dar, – der «Unpolitische» hatte sich gewandelt.

Hatte er sich gewandelt?

«Bloße vier Jahre nach dem Erscheinen der ‹Betrachtungen›», sagt er in «Meine Zeit» (Vortrag in Chicago, 1950), «fand ich mich als Verteidiger der demokratischen Republik, dieses schwachen Geschöpfes der Niederlage, und als Anti-Nationalist, ohne daß ich irgendeines Bruches in meiner Existenz gewahr geworden wäre, ohne das leiseste Gefühl, daß ich irgend etwas abzuschwören gehabt hätte. Gerade der Antihumanismus der Zeit machte mir klar, daß ich nie etwas getan hatte – oder doch hatte tun wollen –, als die Humanität zu verteidigen. Ich werde nie etwas anderes tun.»

In der Sicht des Autors, also, konnte von «Bruch» oder Wandlung nicht die Rede sein. Und doch hatte – im handfest technischen Sinn – sein Urteil über das politisch Wünschbare sich fraglos geändert. Wie erklärt sich diese Änderung, und wie ist es zu verstehen, daß, angesichts ihrer, mein Vater nicht meinte, «irgend etwas» abschwören zu müssen? Es erklärt und versteht sich folgendermaßen: das für ihn Entscheidende in den «Betrachtungen» war nun und blieb die Tatsache, daß er sich in diesem Buch (zu dem die gleichgestimmte Schrift, «Friedrich und die große Koalition» eine Art Vorspiel gewesen war) erstmalig gehalten sah, politisch Stellung zu nehmen. Und wenn es zunächst eine Gegenstellung war, – für Kultur und Humanität, gegen Politik, so kam entwicklungsmäßig der falschen Scheidung geringe Wichtigkeit zu, verglichen mit der richtigen Überzeugung von der Unabdingbarkeit menschlicher Verpflichtung in Fragen der Politik. Von dieser Einsicht bis zum Wissen um die Unteilbarkeit des Humanen war nur ein kleiner Schritt, – als Fortschritt freilich entscheidend. So hat T. M. es empfunden und seither verstanden. Daß seine Gegner vorzogen, es anders zu sehen, daß sie das echteste, biographisch bekennende Element ignorierten, die Möglichkeit natürlicher Entwicklung ausschlossen und sich statt dessen an das techni- sche Ergebnis der Urteilsrevision hielten, darf nicht verwun- dern. Dafür waren sie Gegner.

«Es scheint», schreibt einunddreißig Jahre später der Autor der «Betrachtungen» im Vorwort zu dem Band «Altes und Neues», «daß der politische Instinkt, ist er nur einmal aus sei- nem Schlummer in reiner Torheit gewaltsam erweckt worden, wie es mir durch die Erschütterung der Jahre 1914 bis 1918 geschah, sich rasch mit der sonst gewährten persönlichen Intel- ligenz ins Gleiche setzt. Jedenfalls habe ich die grauenhaften Gefahren, mit denen das, was sich National-Sozialismus nannte, Deutschland, Europa, die Welt bedrohte, früh schon, zu einer Zeit, als das Unwesen noch leicht hätte ausgetreten werden können, mit quälender Klarheit durchschaut und bin ihm auch da, und gerade da, so gut ich konnte, warnend und wissend entgegengetreten, wo es, als schöner Tiefenkult, ‹kon- servative Revolution› und geistiger Edel-Obskurantismus vermummt, dem Unheil den Weg bereitete. Sie waren keine ‹reinen Toren›, diese chthonischen Veruntreuer des Geistes, sie wußten, was sie taten und wem sie halfen, sie waren Politiker, und ich war es nun auch, – bis ins Exil hinein ...»

Ja, er war es nun auch, wenn freilich zunächst auf wenig praktikable Art. Bei aller dialektischen Gewiegtheit ist der skandalisierende Aufsatz des Jahres 1922 von einer gutgläubigen Treuherzigkeit, die in Erstaunen setzt, angesichts der Leserschaft, an die er sich wendet und die er ausdrücklich aus den Rängen der ultranationalistischen Reaktion rekrutiert sehen will. Für seine Beichte so wenig wie für sein Werben hatte man Ohr, Herz und Verstand in jenen Kreisen, die gellend Verrat schrien, – ganz, als hätten die «Betrachtungen» ihnen je etwas bedeutet, und ungeachtet der Geradheit und Klarheit der Rechenschaft, die man ergreifend vor ihnen abgelegt.

Er habe, berichtet mein Vater, in den «Betrachtungen» «Kunde gegeben von dem Geheimnis seines Herzens», habe «dargetan, wie das rührende und große Erlebnis der Erziehung, aus autobiographisch-selbstbildnerischem Bekennertum ungeahnterweise erwachse; mit der pädagogischen Idee die Sphäre des Sozialen erreicht sei und der Mensch, vom Sozialen angerührt, der unzweifelhaft höchsten Stufe des Menschlichen, des Staates nämlich, ansichtig werde ...» Als habe die eigene Aussage ihn verblüfft, ja schockiert, hält hier der Schreibende inne. «Die unzweifelhaft höchste Stufe des Menschlichen –», wiederholt er rhetorisch, «der Staat! Als Anfänger des Lebens hätte ich mir nicht träumen lassen, daß ich jemals so sprechen würde. Wer aber so spricht», erklärt er und tut es jetzt mit durchaus «fester Stimme», «der ist Republikaner, er möge auch außerdem und nebenbei noch wie Novalis den politisch-entheistischen Glauben bekennen.»

«Soll ich erzählen», fährt er fort, «wie es weiterging? Es kam der Tag (ein wichtiger Tag für mich, persönlich gesprochen), da ich in einem offenen Brief über Whitman ... die Einerleiheit von Humanität und Demokratie proklamierte; da ich feststellte, das erste sei nur ein klassizistisch altmodischer Name

für das zweite, und nicht Anstand nahm, den göttlichen Namen
von Weimar in einem Atem zu nennen mit dem des Donnerers
von Manhattan, mit dem Namen dessen, der gesungen hatte:
Für dich dies von mir, o Demokratie, dir zu dienen,
     ma femme,
Für dich, für dich schmettre ich diese Lieder.»
Die Einerleiheit von Humanität und Demokratie – kämpfend
hatte er sie entdeckt, und in dem verpflichtenden Wunsch, sie
seinem Volk deutlich und akzeptabel zu machen, versucht er
anschließend – auf dem Wege über Novalis –, die deutsche Romantik hinüberzuretten in die deutsche Demokratie. Friedrich
von Hardenberg lebt, wie sich zeigt, mit dem «Donnerer von
Manhattan» in fast brüderlicher Nachbarschaft, wo immer
«soziale Erotik», das Leben und Denken «en masse» gemeint
ist, eine Formulierung, aus der Novalis «nicht mehr und nicht
weniger als eine mystische Formel macht». – Und während
T. M. fortfährt, die Kluft zuzuschütten, die, ihm zufolge, zwischen Whitman und Novalis nur sehr scheinbar gähnt, sucht
mit passioniertem Scharfsinn der Autor der «Betrachtungen»
nachzuweisen, daß keinerlei politischer Widerspruch bestehe
zwischen Demokratismus und Romantik. «Denn», fragt er,
«die Republik in Beziehung setzen zur deutschen Romantik –
hieße das nicht, sie auch stutzigen und trutzigen Volksgenos-
sen plausibel machen?»
    Ach, *die* stutzige Trutzigkeit ist ihm noch fremd, der in Güte
und Vernunft rein gar nichts plausibel zu machen ist und die
übrigens von deutscher Romantik im Grunde so wenig weiß
wie von Humanität, einem Begriff, dessen bloßen Wortlaut sie
verabscheut.
    Dem Aufsatz «Von Deutscher Republik» folgt (1924) der
«Vorspruch zu einer musikalischen Nietzschefeier», ein kurzes, äußerlich «unpolitisches» Stück Arbeit, das dennoch eine
neue Stufe darstellt in der politischen Entwicklung des Autors.
Nicht mehr, wie vor Monaten, hält er politisch fest an der
«Sympathie mit dem Tode» (die zwar nicht «die ganze Roman-

tik» ist, aber «nichts als Romantik»). Er warnt vor ihr. Doch tut er es in Worten, die, deutlicher noch als der Essay, zeigen, bis zu welchem Grade T. M. als «Politiker» dort verwurzelt ist, wo der «Unpolitische» wohnte.

«Er hat», heißt es da von Nietzsche, «die Musik geliebt wie keiner . . . Keine andere Kunst stand seinem Herzen nahe wie diese . . . Über bildende Kunst hat er sich kaum geäußert und offenbar keine seiner großen Stunden mit ihr gefeiert. Sprache und Musik waren das Feld seiner Erlebnisse, seiner Liebes- und Erkenntnisabenteuer und seiner Produktivität. Seine Sprache selbst ist Musik und bekundet eine Feinheit des inneren Gehörs, eine Meisterschaft des Sinnes für Fall, Tempo, Rhythmus der scheinbar ungebundenen Rede, wie er in deutscher Prosa, und wahrscheinlich in europäischer überhaupt, bisher ohne Beispiel war . . . Sein Verhältnis zur Musik war das der Leidenschaft, der Passion. Was aber ist . . . es, was Liebe *leiden* macht? – Es ist der Zweifel . . . Wir fragen weiter. Woher die prophetisch erzieherischen . . . Gewissenszweifel, die seiner Liebe zur Musik den Stachel des Zweifels und der Problematik gaben? Daher, versuchen wir zu antworten, daß er – sehr deutsch – das Musikalische fast gleichsetzte dem Romantischen und daß es . . . die Sendung seines Heldentums war, sich an diesem seelischen Machtkomplex voll höchsten Zaubers, dem Musikalisch-Romantischen – und also beinahe dem *Deutschen* – zu bewähren. Sein Heldentum aber hieß *Selbstüberwindung*.»

Ist es noch Nietzsche, von dem hier die Rede ist, oder ist es nicht recht eigentlich Thomas Mann? Mögen doch beide es sein, – fest steht, daß jener «Vorspruch» Bekenntnischarakter trägt, wie überhaupt – bei aller Stimmigkeit im Objektiven – T. M.s Essayistik ungemein viel Subjektives unterzubringen weiß und des Dichters Züge oft deutlicher spiegelt, als sein Romanwerk dies tut. – Hören wir weiter:

«Ich weiß wohl», konzediert der «Vorspruch», «wie viel in Ihnen, in uns sich – trotz Nietzsche, trotz Goethe selbst – dagegen wehrt, das Romantische als das Lebenswidrige und Kranke

302 Essays, Statements, Kommentare

zu empfinden. Ist es nicht das Gemütlich-Gesundeste von der
Welt, das Liebenswürdige selbst, geboren aus innigsten Tiefen
des Volksgemüts? Ja, ohne Zweifel! Allein das ist eine Frucht,
die, frisch und prangend gesund diesen Augenblick und eben
noch, außerordentlich zur Zersetzung und Fäulnis neigt und,
reinste Labung des Gemütes, wenn sie im rechten Augenblick
genossen wird, vom nächsten unrechten Augenblick an Fäulnis
und Verderben in der genießenden Menschheit verbreitet. Es
ist eine Lebensfrucht, vom Tode gezeugt und todesträchtig. Es
ist ein Wunder der Seele, – das höchste vielleicht vor dem
Angesicht gewissenloser Schönheit ..., jedoch mit Mißtrauen
betrachtet ... vom Auge verantwortlich regierender Lebensfreundschaft und Gegenstand der Selbstüberwindung nach
letztgültigem Gewissensspruch ... Selbstüberwindung aber
sieht fast immer aus wie Selbstverrat und wie Verrat überhaupt. Auch Nietzsches große, stellvertretende Selbstüberwindung ... sah so aus.»

Nicht willkürlich – nun zeigt es sich – haben wir uns das
Wort «stellvertretend» beifallen lassen, im Zusammenhang
mit des Autors Leiden an den «Betrachtungen». T. M. litt –
oder meinte zu leiden – im Sinne nationaler Stellvertretung,
und im gleichen Sinne vollzog er die Selbstüberwindung, dieselbe, die – «fast immer» und «auch» bei Nietzsche – aussah
wie Verrat. Der «letztgültige Gewissensanspruch» aber, von
dem hier feierlich die Rede geht, blieb in der Tat sein letzter.
Mit ihm ist T. M.s politische Entwicklung abgeschlossen, und
er liegt allem zugrunde, – dem ganzen politischen Tun und
Trachten meines Vaters seither und bis zum Ende.

Im übrigen bedient der «Vorspruch» sich einer Ausdrucksweise, die bekannt anmutet, obwohl sie es 1924 noch nicht war.
Es ist die Sprache des «Zauberbergs», die da erstmalig aufklingt
in «verantwortlich regierender Lebensfreundschaft». Und
wollte man den Roman vom Außerkünstlerischen her bestimmen, so ließe sich sagen, daß er das erste Erzählwerk darstellt,
in dem T. M.s «neue Gesinnung», die den «Betrachtungen»

abgerungene Haltung, sich manifestiert. De facto hat mein Vater – in einer «Einführung in den Zauberberg, für Studenten der Universität Princeton», im Jahr 1939 – auf diese Zusammenhänge hingewiesen: «Ich schrieb in jenen Jahren», erzählt er den jungen Leuten, «die ‹Betrachtungen eines Unpolitischen›, ein mühseliges Werk der Selbsterforschung und des Durchlebens der europäischen Gegensätze und Streitfragen, ein Buch, das zur ungeheueren, Jahre verschlingenden Vorbereitung auf das Kunstwerk wurde, das eben zum Kunstwerk, zum Spiel, wenn auch zu einem sehr ernsten Spiel, nur werden konnte durch die materielle Entlastung, die es durch die vorangegangene analytisch-polemische Arbeit erfuhr ... ich hätte nicht ... spielen können, ohne vorher seine [des Zauberbergs] Problematik in blutiger Menschlichkeit durchlebt zu haben, über die ich mich dann als freier Künstler erhob. Das Motto der ‹Betrachtungen› lautet: ‹Que diable allait-il faire dans cette galère?› Die Antwort lautet: den ‹Zauberberg›.»

Man sieht: weit davon entfernt, die Leidenschaft zu verleugnen, erinnert er sich ihrer ausdrücklich, ja mit Dankbarkeit. Was nicht heißen will, er hätte es ihr gegenüber an kritischer Objektivität je fehlen lassen.

Der Vortrag «Meine Zeit» – in diesen Blättern bereits herangezogen – enthält den wohl aufschlußreichsten, weil umfassendsten Kommentar des Autors zu den «Betrachtungen»:

«Ich hatte», berichtet er da, «persönlich-familiäre Erfahrungen zum Roman [«Buddenbrooks»] stilisiert, ... ohne eigentliches Bewußtsein davon, daß ich, in dem ich die Auflösung eines Bürgerhauses erzählte, von mehr Auflösung und Endzeit, einer weit größeren kulturell-sozialgeschichtlichen Cäsur gekündet hatte. Wie hätte ich sonst vierzehn Jahre später, als die Weltgeschichte selbst mit ihrer groben, blutigen Hand das Ende, die Wende, die große Cäsur markierte, mich zu der donquijotesken und weitläufigen ... Verteidigung romantischer Bürgerlichkeit, des Nationalismus, des deutschen Krieges angehalten fühlen können, die unter dem Namen ‹Betrachtungen

eines Unpolitischen› unliebsam bekannt geworden ist? Die
‹rückwärtigen Bindungen›, von denen ich sprach, . . . machten
sich nun mit negativem Effekte geltend: sie machten mich
zum Reaktionär oder ließen mich doch einen Augenblick so
erscheinen. Denn das Buch war im innersten weit mehr Experi-
mental- und Bildungsroman als politisches Manifest; es war,
psychologisch genommen, eine lange *Erkundung* der konser-
vativ-nationalen Sphäre in polemischer Form, ohne den
Gedanken an eine endgültige Festlegung. Kaum war es fertig,
1918, so löste ich mich von ihm, – eine Lösung, die mir auf alle
Weise erleichtert wurde: durch die stumpfe Ablehnung des Buches von seiten der Deutsch-Konservativen, denen es viel zu
europäisch und zu liberal war; durch gewisse persönliche Be-
rührungen mit diesen Kreisen in ihrer politischen und geistigen
Realität, die mir den Schrecken ins Gebein jagten; und durch das
Heraufkommen jener Welle von revolutionärem Obskurantis-
mus im Geistigen und Wissenschaftlichen, einer mir grundun-
heimlichen Bewegung, welche Nationalität gegen Humanität
stellte, und diese als das Absinkende, Zurückbleibende trak-
tierte, – kurz, durch das Heraufkommen des Faschismus.»

Dem ist nichts hinzuzufügen: was schließlich der Autor der
«Betrachtungen» von diesem Buche gedacht, könnte klarer
nicht umrissen sein. Doch anzumerken bleibt, daß in den an-
gelsächsischen Ländern die Streitschrift weder «unliebsam»
noch überhaupt «bekannt geworden» und daß also für T. M.
keinerlei äußerer Anlaß bestand, ihrer Erwähnung zu tun. Der
Antrieb war innerer, ja innerster Natur, er war Protestantis-
mus.

Meines Vaters Bekennertum, – nie hat es mich tiefer gerührt
als zur Zeit der höchsten historischen Rechtfertigung all seiner
Warnrufe und Prophetien durch die Ereignisse, zur Zeit der
deutschen «Höllenfahrt».

«Deutschland und die Deutschen», ein Vortrag wieder, auf
englisch gehalten in Washington im Juni 1945, muß jeden
eines Gerechteren belehren, der da meint, es habe der Dichter

«Betrachtungen eines Unpolitischen» 305

sich je das Geringste zugute getan auf sein «Besserwissen», sein augenscheinlich Anders-und-besser-Sein als jene, die ihm die Heimat gestohlen:

«Was ich Ihnen in abgerissener Kürze erzählte», resümiert der Vortragende, «. . . ist die Geschichte der deutschen ‹Innerlichkeit› . . . Eines mag diese Geschichte uns zu Gemüte führen: daß es nicht zwei Deutschland gibt, ein böses und ein gutes, sondern nur eines, dem sein Bestes durch Teufelslist zum Bösen ausschlug . . . Darum ist es für einen deutsch geborenen Geist auch so unmöglich, das böse, schuldbeladene Deutschland ganz zu verleugnen und zu erklären: ‹Ich bin das gute, das edle, das gerechte Deutschland im weißen Kleid, das böse überlasse ich euch zur Ausrottung.› Nichts von dem, was ich Ihnen über Deutschland zu sagen oder flüchtig anzudeuten versuchte, kam aus fremdem, kühlem, unbeteiligtem Wissen; ich habe es auch in mir, ich habe es alles am eigenen Leibe erfahren.»

Erkennen wir nicht diesen Satz? Dieses Eingeständnis äußerster Aufrichtigkeit, ist es uns nicht heute schon begegnet? «Man kümmert sich nicht», hieß es in den «Betrachtungen», «. . . um etwas, was einen nichts angeht, . . . weil man nichts davon in sich selbst, im *eigenen Blute* hat.» – Der Kreis schließt sich. Aber diesmal ist es nicht der «Fortschritt», das «Triumphierend Neue», dem man zögernd bescheinigt, daß man ihm im Grunde zugehört. Es ist das Barbarisch-Alte, das Rückfällig-Viehische, das zu kennen, ja zu erkennen man vorgibt, und zwar aus persönlichem Erleben. Woran denkt hier Einer, der nie in Wahrheit – es sei denn als Opfer – teilgehabt hat an der Schande? Kaum nachzufühlen für den Kenner des Buches, – doch die «Betrachtungen» müssen, nur sie können es sein, was ihm da vorschwebt. Vergißt er denn, daß – noch in seinen schwersten Irrtümern – dies Werk nichts gemein hat mit der Gemeinheit, – und übrigens nicht mißbrauchbar war? Daß es «blutigen Kaffern» nichts sagte? Oder gedenkt er der allgemeinen Wahrheit, der zufolge *jeder alles* «in sich hat», – jeder

306 Essays, Statements, Kommentare

Mensch jede menschliche Missetat, jeder Deutsche alles deutsche Unwesen? Sei dem, wie immer. Nicht das leere Potential ist lebendig. Was lebt und wirkt ist die Auslese, das tätig Gewollte und wirklich Getane, – auch das ernstlich Gewünschte. Und was – hörte man *ihn* – von den «Betrachtungen» bleiben und Bestand haben würde, hat – schon zur Zeit des Erscheinens – der Autor mitgeteilt. Es ist nicht der kranke Zorn des vom Kriege verwundeten Dichters, dem er Dauer wünscht oder woran er hängt. Wir lesen im Schlußwort. Da heißt es: «Manche dieser Seiten sind schön; es sind die, wo Liebe sprechen durfte. Dorthin, wo Hader und bittere Scheidung herrscht, werde ich nie wieder blicken.»

Aus: «Thomas Mann,
Betrachtungen eines Unpolitischen». Frankfurt a. M. 1956.

Erika Mann meint: Ja
Die Tochter des Schriftstellers zur
Verfilmung seiner Werke

Mit großer Insistenz wird diese Frage seit Monaten durch Presse und Rundfunk diskutiert; auch «Die Welt» hat sich beteiligt – mit zwei Beiträgen gleichen Sinnes: Nein, sagt «Die Welt» und nochmals nein!

Zunächst war es Herr Pfeiffer Belli, der sich – auf höchster Ebene – zutiefst beunruhigt zeigte. Aus reiner «Noblesse», meinte er, habe mein Vater die Verfilmung von «Königliche Hoheit» über sich ergehen lassen. Bitter genug. Wenn aber nun, da der Dichter wehrlos ist, mehrere seiner Hauptwerke gleichfalls der «Branche» verfielen, dann dürfe und könne der Edle nicht länger an sich halten. So oder doch ungefähr so Herr Pfeiffer Belli, dem das Folgende zu erwidern ist:

1. T. M. war nicht nur ein Filmfreund, er hielt überdies dafür, der Film stehe dem Epischen näher als dem Dramatischen

oder, anders gesagt, es sei tunlicher, einen Roman (besser noch eine Novelle) zu verfilmen als ein Stück. Daß freilich ein «Streifen», für dessen Ablauf zwei bis allerhöchstens zweieinhalb Stunden zur Verfügung stehen, ein zweibändiges Erzählwerk nicht «wiedergeben» kann, wußte er so gut wie Herr Pfeiffer Belli, meinte nur, Hans und Grete wüßten es auch und würden also kein Urteil fällen über ein Buch, das ihnen nur «als Film» bekannt geworden. An dem «Königliche-Hoheit-Film» hat übrigens mein Vater das lebhafteste Vergnügen gefunden und ihn sich dreimal angesehen: zunächst «privat», um festzustellen, ob er es verantworten könne, dem Produkt seinen Namen und den Titel seines Buches zu überlassen; dann – völlig «freiwillig» – bei den Premieren in Zürich und Amsterdam.

2. Durchaus irrt Herr Pfeiffer Belli, wenn er annimmt, mein Vater habe der Verfilmung der «Buddenbrooks», des «Zauberberg» und des «Krull» nicht zugestimmt. Er hat. Schriftlich und in aller Form.

3. Die Einspruchsrechte, die in jedem dieser Film-Fälle der Autor für sich in Anspruch nahm, sind, soweit ich sehe, unpräzediert. Mag sein, die «Branche» hätte uns solche Rechte ganz ohne weiteres eingeräumt. Mag anderseits sein, man verhielt sich nachgiebig in diesem Punkt, weil wir unserseits im Finanziellen ein Einsehen hatten. Dabei hätten wir uns sagen dürfen, daß selbst ein schlechter Film ein gutes Buch nicht aus der Welt schaffen kann. Auch Herr Pfeiffer Belli darf sich dies sagen.

*

Was anderseits Herrn Hans Neumann betrifft, den zweiten «Neinsager» der «Welt», so prophezeit er mit bewundernswerter Sicherheit das absolut Schlimmste: «Ein ‹Zauberberg›-Film», spricht er, «wäre daher in meinen Augen eine der größten Filmkatastrophen, die ich mir vorstellen kann.» Entschlagen wir uns angesichts des Vorstehenden jedweder Stilkritik und fragen wir lieber: Wer ist Herr Hans Neumann? Von ihm selbst erfahren wir nur, daß er ein in Berlin-Zehlendorf ansäs-

308 Essays, Statements, Kommentare

siger «Filmmann» ist und als solcher «die starke Möglichkeit
eines ‹Buddenbrooks›-Films» vor einigen Jahren bereits erkannte. Er spricht auch von «unseren Produktionsplänen», und
so ist wohl anzunehmen, daß wir es hier nicht mit einem Gar-
derobier oder Maskenbildner (Filmmänner, auch sie!), sondern
mit einem Unternehmer zu tun haben.

Wenn es aber schon befremdet, die geistigen Hüter der Nation in Wehgeschrei ausbrechen zu hören, sobald ein bestimmter Film oder mehrere bestimmte Filme auch nur als geplant
angekündigt werden, so ist es doppelt bestürzend zu lesen, was,
auf Grund solcher Planung, ein Filmunternehmer dem anderen
öffentlich unterstellt und gräßlich voraussagt. Gibt es dergleichen – ja, wäre es auch nur denkbar auf einem anderen Gebiet?
Man stelle sich den Architekten vor, der, um die Wohlfahrt der
Konkurrenz besorgt, drucken ließe, ein von dieser geplantes
Haus wäre in seinen Augen eine der größten Baukatastrophen,
die er sich vorstellen könnte! Gleichviel. Die Produzenten in
spe der genannten Filme mögen sich zur Wehr setzen oder
nicht.

*

Für meinen Teil, werter Herr Neumann, bin ich nur gehalten,
einer Ihrer Irrmeinungen mit allem Nachdruck entgegenzutre-
ten: die («ostdeutsche») DEFA, erklären Sie, wünsche «die
westdeutsche Filmwelt dazu zu bringen, mit ihr einen ‹antika-
pitalistischen› Film herzustellen», und so liege die Initiative zu
der geplanten Koproduktion von «Buddenbrooks» sehr natürlich bei der DEFA. Aber Sie irren, Herr Neumann, Sie irren
gewaltig. Zu der Zeit nämlich, da Ihre Firma «die starke Möglichkeit eines ‹Buddenbrooks›-Films» hellsichtig erkannte,
ohne sich freilich um die Rechte irgend zu bemühen – zu jener
Zeit also, da auch im übrigen keinerlei «westdeutsches» Angebot meinem Vater vorlag, bewarb die DEFA sich mit wahrem
Feuereifer um eben diese Rechte. Obwohl aber die Abgesandten der DDR nicht nur entschlossen schienen, das Buch in ten-

denzloser Werktreue zu verfilmen, sondern sich auch erboten, die Vertrauensperson des Autors mit allen erdenklichen Vollmachten zu versehen und für das Drehbuch zu verpflichten, lehnte mein Vater ab. Genau dieses Buch – das «deutscheste» wohl unter seinen Werken – wünschte er für den Film weder dem «Osten» noch dem «Westen» zu überlassen. Nur als Koproduktion würde das Projekt seine Zustimmung finden – punktum und Streusand drauf.

Hier könnte ich schließen, läge mir nicht so sehr daran, Ihnen, meine Damen und Herren, noch eine persönliche Bitte zu unterbreiten. Die Filme, von denen die Rede war – eines Tages wird es sie wirklich geben, sie werden «anlaufen» und gut sein oder weniger gut, sich bewähren oder mißfallen. Bis zu jenem fernen Zeitpunkt aber – und dies ist meine Bitte an Sie – wollen Sie doch Urteilen kein Gehör schenken, die notwendig Vorurteile sind und überdies auf falschen Voraussetzungen beruhen. «In dubio pro reo», befiehlt das Gesetz: «Im Zweifelsfall entscheide man zugunsten des Angeklagten!» Sitzen wir – wir alle, die wir uns um gute Thomas-Mann-Filme vorbereitend mühen, schon auf der Anklagebank? Vielleicht? Doch – leider ist dies möglich. Der Zweifelsfall aber sollte bis auf weiteres gegeben sein. Finden Sie nicht?

Aus: «Die Welt», Hamburg, 31. März 1956.

Ein Toter vor Gericht
Ein Plädoyer

Einen Toten vor Gericht zu zitieren, ist an sich nicht üblich. Heißt aber der Heimgegangene Thomas Mann, der Kläger John (alias Hans) Kafka, und bezichtigt dieser jenen des Plagiats an einer siebenundzwanzig Jahre alten short story aus seiner Feder, dann nimmt die Veranstaltung einen recht makabren, wo nicht phantastisch-unglaubwürdigen Charakter an. Dennoch soll sie stattfinden: am 5. September und zum zweitenmal, will sagen, in zweiter Instanz. In der ersten hatte das Gericht den Kläger schlankerhand abgewiesen. Dabei gab die Wunderlichkeit der gegnerischen Behauptung, mein Vater habe anno 30 ein Geschichtchen des Herrn Kafka («Welt und Kaffeehaus») in der «Münchner Illustrierten» gelesen, um daraus – anno 53! – «wichtige Handlungselemente» seinem «Felix Krull» einzuverleiben, keineswegs den Ausschlag. Nein – es waren vornehmlich zwei erdrückende Beweise, die, mühelos erbracht, die Klage in erster Instanz erledigten.

Erstens: Nachweislich und mehrfach beschworenerweise hatte Thomas Mann den weiteren Verlauf des «Krull-Fragments» im Kopf, ehe noch Herr Kafka (Hans oder John) seinen Namen zum erstenmal gedruckt sah. Meines Vaters Pläne bezüglich des «Krull» reichen zurück bis in den Juni 1909, zu welchem Zeitpunkt bereits er meiner Mutter den Fortgang der Erzählung entwickelte. Weitere Zeugen haben unter Eid erklärt, daß in den zwanziger Jahren – nach Erscheinen des «Fragments» – der Dichter ihnen die inkriminierten «Handlungselemente», als für den «Krull» vorgesehen, namhaft machte.

Zweitens: Die fraglichen «Handlungselemente» (Kellner auf Weltreise, statt eines anderen, der, eines Mädchens wegen, reisen soll und, genau dieses Mädchens wegen, nicht reisen will) stellen überhaupt keine literarische «Erfindung» dar, an der ein «Plagiat» zu verüben wäre. Um irgendwelche «Mesalliancen» zu verhindern, schickten um die Jahrhundertwende – sowie vorher und nachher – vornehme Familien ihre Söhne vielfach auf Reisen, die, dazu bestimmt, die betreffenden Sprößlinge ihren Liebchen endgültig zu entfremden, von einiger Dauer sein mußten und daher häufig zu Weltreisen wurden.

Auch der «Einfall», der fragliche junge Herr möchte ganz einfach einen Ersatzmann ins Weite schicken, stammt so wenig von Herrn Kafka wie von Thomas Mann, da hier gleichfalls das Leben eine Reihe nachweisbarer und nachgewiesener Präzedenzfälle geschaffen hat und überdies – lange vor Kafka – der österreichische Dichter David dies Thema literarisch heranzog.

So weit, so gut. Aber gegen ihre Abfuhr haben die Kläger Berufung eingelegt, und nun, wie eingangs vermerkt, sehen wir Thomas Mann neuerdings des geistigen Raubes bezichtigt.

«Ein Toter vor Gericht.» Nicht von ungefähr wählten wir diesen Titel. Denn den lebenden Thomas Mann zu verklagen, *hätte* Herr Kafka nicht nur nicht gewagt, – er *hat* es nicht gewagt. Der Roman «Bekenntnisse des Hochstaplers Felix Krull» erschien im Herbst 1954, und zugegebenermaßen hat Herr Kafka ihn damals gelesen. Im Handumdrehen war das Buch zum «Bestseller» geworden; sehr möglicher-, ja wahrscheinlicherweise würde ergo der Film danach greifen. Dies mußte Herrn Kafka klar sein. Aber Thomas Mann lebte. Der Film griff nach dem «Krull»; die Filmaufbau-Gesellschaft, Göttingen, erwarb die Rechte, und die Nachricht ging durch die Weltpresse. Sie kann dem Filmschriftsteller Kafka nicht entgangen sein. Aber Thomas Mann lebte. Solange er dies tat, kam von Herrn Kafka kein Laut. Erst den Heimgegangenen zitiert er vor Gericht. Erst ihn wagt er zu beschuldigen.

Zu sagen bleibt: Der kaum zu bemessende Unterschied zwischen dem «movie writer» John Kafka und dem Dichter Thomas Mann, zwischen der short story «Welt und Kaffeehaus» (einem Stückchen Unterhaltungsliteratur von wenigen Schreibmaschinenseiten) und dem Roman «Bekenntnisse des Hochstaplers Felix Krull» – diese absolute Inkommensurabilität allein läßt die Vorstellung, mein Vater könne Herrn Kafka bestohlen haben, ebenso anstößig wie grotesk erscheinen. Hinzu aber kommt: nie, im Laufe eines langen und an Anfeindungen aller Art wahrlich nicht armen Schriftsteller-Daseins, ist gegen Thomas Mann der Vorwurf des Plagiats erhoben worden – auch unter Hitler nicht. Es blieb Herrn Kafka vorbehalten, den Verewigten dieses Vergehens zu zeihen.

312 Essays, Statements, Kommentare

Daß man sie anhören wird – zum zweitenmal anhören! –, hat «forensisch» gewiß seine Richtigkeit. Mögen sie also streiten und hadern nach Herzenslust. Über dem Grab in Kilchberg herrscht Friede.

Aus: «Stuttgarter Zeitung», 3. September 1957.

Dorniger Weg
zum Buddenbrooks-Film

Lang und dornenvoll ist der Weg vom Buch zum Film. Je besser aber das Buch, desto schwieriger der Weg.

Nehmen wir an, der Roman «Die Buddenbrooks» von Thomas Mann sei ein gutes, ein sehr gutes Buch. Und zwar sei es dies – unter anderem –, weil hier eine ganze Welt, die versunkene Welt des gebildeten deutschen Großbürgertums, für uns lebendig gemacht wird. So lebendig, daß wir ihren mählichen Verfall als Schicksalstragödie empfinden.

Ganz anders aber als die Schicksalstragödie der Antike – und die große Mehrzahl aller Dichtwerke tragischen Charakters überhaupt – wissen die «Buddenbrooks» ohne jedes Pathos auszukommen. Mehr: das Buch ist überreich an äußerst komischen Partien und an Figuren, über die aber Millionen von Lesern – deutsche und nichtdeutsche – seit nunmehr 58 Jahren lachen. Die Humoristik der «Buddenbrooks» ist einprägsam. Gewisse Formulierungen und motivisch wiederkehrende Wendungen haben sich fortgeerbt von Generation zu Generation, so daß sie heute zum eisernen Scherzbestand zahlloser Familien gehören, deren jüngere und jüngste Mitglieder das Buch selbst gar nicht kennen.

Nicht genug aber mit dieser unverwechselbaren Mischung aus Tragik und Komik, Pessimismus und Ironie, Naturalismus und auch Romantik, Psychologie und Musikalität, basiert der Roman auf einem philosophischen Fundament, ohne das er nicht zu denken wäre.

Dorniger Weg zum Buddenbrooks-Film 313

Und aus diesem vielschichtig-bedeutungsvollen, prophetisch vorwegnehmenden Buch soll nun also ein Film entstehen? Ein guter Film am Ende gar und einer, der seiner Vorlage so treu bliebe, wie dies innerhalb der filmischen Gegebenheiten möglich wäre.

«Hoffen wir es», heißt es bei Christian Morgenstern, «sagen wir es laut, daß ihm unsere Sympathie gehört ...»

Womit die «Einschlägigkeit» dieses Zitats freilich erschöpft ist. Die Zeilen sind – man erinnert sich – dem Gedicht vom Huhn entnommen, welches «In der Bahnhofshalle, nicht für es gebaut» hin und her läuft, und dem wir das Allerbeste wünschen. «Selbst an dieser Stelle, wo es stört!»

Mutig schreibe ich auch die Endzeile noch nieder, wohl wissend, daß manche der Meinung sein werden, die «Buddenbrooks» seien «nicht für es (fürs Filmische) gebaut», und «an dieser Stelle (nämlich auf der Leinwand) störten» sie ganz einfach.

Nun, derlei will ins Auge gefaßt und in Kauf genommen sein. Zu sagen aber ist:

1. Mein Vater kannte den Plan dieser Verfilmung; er billigte ihn nicht nur, sondern freute sich herzlich auf seine Realisierung. Überdies kannte er in den Hauptlinien die Konzeption, die den beiden Drehbüchern zugrunde liegt.

2. An den Drehbüchern ist drei volle Jahre lang gearbeitet worden, und erst als bei allen Verantwortlichen die Überzeugung gereift war, jetzt endlich sei die (innerhalb der filmischen Gegebenheiten) bestmögliche Gesamtlösung gefunden und auf jedes Detail angewendet, ging man ans Verwirklichen.

Lang und dornenvoll ist der Weg vom Buch zum Film. Je besser das Buch, desto schwieriger der Weg. Wer ihn aber gegangen ist, wird es nicht bereuen, so atemlos und vielfach geschunden er auch eingetroffen sein möge an dem Punkt, der ihm zum Ziel gesetzt war und an dem er die Stafette weitergeben darf. Denn wie bunt ist sie gewesen, die Landschaft, durch die er sich den Weg bahnte, wie reich an überraschenden

314 Essays, Statements, Kommentare

Durchblicken und Einsichten! Immer aber trug ihn ein guter
Wind, und immer spürte er, tröstlich, mahnend und urver-
traut, den sanften Anhauch der Dichtung.

Aus: «Weser-Kurier», Bremen, 5. September 1959.

Die Buddenbrooks im Film

Zunächst und vor allem galt unsere Sorge dem Drehbuch.
Kaum hatte der Plan dieser Verfilmung irgend Gestalt angenommen, fand auch schon die erste Drehbuchbesprechung
statt. Zahllose weitere Diskussionen folgten, und die eigentliche Arbeit an den beiden Büchern verschlang – einige Unterbrechungen und Atempausen eingerechnet – nicht weniger als
drei Jahre.

Daß unser Film zweiteilig würde sein müssen, darüber wurden wir uns klar, als wir zum erstenmal beisammensaßen.
Denn der Roman enthält eine solche Fülle von Handlungsele-
menten, daß ein einziger «Streifen», sollte er auch nur das Al-
ler-Unentbehrlichste enthalten, keinen Raum hätte bieten
können für Psychologie, Atmosphäre, geistigen Gehalt,
sprachliche Charakteristik – und was immer eine angemessene
Verfilmung außerdem verlangt. Zwei abendfüllende Teile
also! Aber wie war der Stoff überhaupt zu bändigen? Eine
ganze Welt, die versunkene Welt des gebildeten deutschen
Großbürgertums, war getreu dem Roman heraufzubeschwö-
ren.

Die entscheidenden Fragen, die wir uns im Lauf unserer
Gespräche zu stellen hatten, lauteten:
– Welche Figuren des Romans sind für den Film unentbehr-
lich?
– Welche Figuren des Romans wären zusätzlich für den Film
von Nutzen?
– Welche Zeitstrecke soll im Film zurückgelegt werden, das

Die Buddenbrooks im Film 315

heißt, im Laufe wie vieler Jahre soll das verfilmte Schicksal der Buddenbrooks sich erfüllen?

– Welche Szenen des Romans scheinen danach unbedingt erforderlich und auch besonders geeignet für die Übertragung in den Film?

– Erfordert – und gestattet – diese Übertragung außer den gebotenen Raffungen irgendwelche Umstellungen innerhalb des Handlungsablaufs?

– Ist es erlaubt, die Handlung selbst gelegentlich dahin zu beeinflussen, daß sie zwar auf dasselbe hinausläuft wie im Roman, sich aber anderen Ortes und auf andere Weise zuträgt?

– Können Personen oder Szenen, die im Roman nur erwähnt, aber nicht dramatisch gestaltet werden, dem Film vielleicht zu erhöhter Wirkung verhelfen?

– Bis zu welchem Grade ist die Sprache der Buddenbrooks auf der Leinwand vorzustellen? Sind gewisse Dialogstellen wörtlich zu übernehmen? Welche? Und soll oder muß der Versuch gemacht werden, sämtliche Dialoge dem Stil des Romans bestmöglich anzupassen?

– Sollten gewisse, rein geistige Erlebnisse und Abenteuer der Hauptfiguren im Film nicht darstellbar sein – was dann? Sind wir gehalten, das Unmögliche möglich zu machen?

Einige dieser Fragen habe ich mit meinem Vater noch besprochen – sehr zur Erleichterung meines Gewissens. Thomas Mann zeigte sich den Forderungen, die der Film nun einmal stellen muß, sehr aufgeschlossen. Umstellungen des Handlungsablaufs, die gelegentliche Beeinflussung der Handlung zugunsten filmischer Wirksamkeit, Änderungen als Konsequenzen des unerläßlichen Raffungsprozesses und die dramatische Verwertung von Figuren und Vorfällen, die der Roman im Hintergrund des Geschehens beläßt, erklärte er, ohne mit der Wimper zu zucken, als durchaus gerechtfertigt. Sie durften nur dem Geist des Romans nicht strikt zuwiderlaufen.

Um aufzuzeigen, welcher Art die «Operationen» waren, die wir schließlich vornahmen, setze ich hier zwei Beispiele her:

316   Essays, Statements, Kommentare

Im Roman überlebt der kleine Johann seinen Vater. Dieser, Thomas Buddenbrook, stirbt, lange ehe Hanno, der zarte Spätling und letzte Sproß seines Geschlechts, weniger dem Typhus als dem Wunsch erliegt, einem Leben, dem er sich nicht gewachsen weiß und das er als gemein empfindet, den Rücken zu kehren. Der Film will es, daß Hanno als erster dahingeht. Denn nicht nur treibt sein früher Tod einen weiteren Nagel in den schon gezimmerten Sarg des Vaters; Hannos Angst vor der Schule, den schlechten Zeugnissen und dem Nichtversetztwerden, ja seine ganze Lebensangst ist auf der Leinwand nur dann verständlich zu machen, wenn die liebevoll gefürchtete Respektsperson des Vaters ihren Schatten wirft auf die Existenz des Jungen.

Eine andere Gestalt, die der Film mehr als der Roman in den Vordergrund stellt, ist die einstige Soubrette Aline Puvogel. Thomas Buddenbrooks Bruder, Christian, der Außenseiter in der Familie, ehelicht diese sogenannte Dame. Der Roman beläßt sie im Hintergrund. Aline Puvogel gehört nicht zu den Charakteren des Buches, die der Dichter in voller Phantasie erstehen läßt. Auch die Szene, in der Aline ihren närrischen Christian in der Nervenklinik abliefert, nicht weil er wirklich verrückt wäre, sondern weil sie seiner müde ist, gelangt im Buddenbrook-Roman nicht zur «Aufführung». Nun aber bietet die Gestalt der Aline und auch die Irrenhausszene Möglichkeiten typisch filmischer Natur. Der Film darf sie sich nicht entgehen lassen. Weshalb denn auch das bunte Mädchen sowie die trübe Heilanstalt auf der Leinwand zu sehen sein werden.

Wie nicht anders zu erwarten gewesen, kosteten die beiden Drehbücher ein wahres Übermaß an Sorge, Mühe, Arbeit, erneuter Sorge und weiterer Liebesmüh'. Eine knappe Inhaltsangabe, filmisch skizziert von Jacob Geis, machte den Anfang. Darauf schrieben Geis und ich die erste Rohfassung des Films. Schließlich kam Harald Braun, der vorgesehene Regisseur, zum Zuge und dichtete, seinerseits gestützt auf unsere Bücher, seine persönliche Leinwandversion der Buddenbrooks.

Die Buddenbrooks im Film   317

Nicht leichter war es mit den Figuren des Films, die ja ihren Vorbildern im Roman gerecht werden sollten. Es dauerte lange, bis feststand, wie sich diese oder jene Person auf der Leinwand verhalten sollte und wie viele Filmmeter und Drehtage sie absolvieren mußte. Dazu kam die Frage, wer wen darstellen sollte. War es notwendig, daß der Schauspieler dem Vorbild aus dem Roman optisch glich, oder durfte man auch unähnliche, aber trotzdem überzeugende Darsteller einsetzen?

Man entschied sich für das Sowohl-als-auch. Schwerwiegende Entscheidungen waren natürlich für die Hauptpersonen zu treffen, zu denen die Tony Buddenbrook gehört. Tony, im Roman in erster Ehe mit dem bankrotten Bendix Grünlich verheiratet, in zweiter Ehe mit dem gemütlichen Permaneder, der betrunken einem Dienstmädchen nahetritt und seine Frau deshalb zur Flucht veranlaßt, ist eine der wenigen unerschütterlichen Figuren des Romans. Sie wurde mit Liselotte Pulver besetzt. Den Thomas Buddenbrook hat Hansjörg Felmy darzustellen.

Liselotte Pulver ist für die Tony wie geboren. Außer Talent und Können bringt sie alles mit, was der guten, ewig kindlichen, unfreiwillig drolligen und, trotz vielen Verwundungen, letztlich unverwundbaren Antonie nottut. Hansjörg Felmy, auf der anderen Seite, ist von Natur gewiß kein Thomas. Dieser letzte Chef des Hauses Buddenbrook, vom Geiste gezeichnet und bei aller Urbanität, allem überlegenen Charme und aller Beliebtheit ohne rechten Kontakt zu Familie und Umwelt, sieht auf den ersten Blick dem jungen Felmy sehr unähnlich. Felmy aber ist ein Schauspieler, und schon die ersten Probeaufnahmen erwiesen, daß er sich ins Fremde nicht nur zu versetzen weiß, sondern daß es ihn anzieht und seine nachbildnerischen Kräfte wachruft.

Am 9. Juli 1959 flog ich zu einer abschließenden Beratung mit Harald Braun von Zürich nach München. Für den 12. Juni waren wir in Hamburg verabredet. Am 11. Juni erreichte mich ein Telephonat der Filmaufbau in München. Inhalt: Harald

Braun schwer erkrankt, mußte Regie der Buddenbrooks niederlegen. Und das genau sieben Tage vor dem geplanten Drehbeginn! Kummer, Sorge und Mitgefühl für unseren Patienten durften uns nicht daran hindern, auf der Stelle einen anderen Regisseur dingfest zu machen.

Mitten im Unglück wollte es das Glück, daß Alfred Weidenmann verfügbar war. Natürlich gab es auch mit ihm die verschiedensten Hindernisse zu überwinden. Zudem stand er dem Stoff, mit dem Harald Braun seit so vielen Jahren gerungen hatte, ganz fremd gegenüber. Der Drehbeginn verschob sich um elf Tage, und selbst dann noch war es nicht eigentlich ein Buddenbrooks-Kenner, der die schwierige Verfilmung unternahm. Daß er sie freilich unternahm, zeugt nicht nur für seinen Mut – es spricht überdies für die Annahme, daß ihn (wie Felmy) das Fremde reizte und anzog.

Bei all diesen Schwierigkeiten begannen die Dreharbeiten in Lübeck etwas verspätet, aber sie begannen. Und wenn immer und überall Leute zusammenlaufen, sobald gefilmt wird – diese Verfilmung in dieser Stadt zog Menschenmassen auf sich, wie ich sie bei ähnlichen Anlässen bisher nicht gesehen habe. Die Polizei funktionierte prächtig. Dennoch aber wurden immer wieder die Absperrungen durchbrochen, und die Aufnahmen im ehrwürdigen Senatssaal des Lübecker Rathauses müssen sämtlich synchronisiert werden, da die Jugend der Stadt nicht davon abzuhalten war, von außen die Fenster zu erklettern und die Vorgänge drinnen laut lachend, begeistert oder kritisch zu kommentieren.

Dieselben Lübecker, die dem Dichter der Buddenbrooks dies Buch jahrzehntelang nicht verziehen, sind heute stolz auf ihren Einzug in die Weltliteratur.

Aus: «Münchner Illustrierte», 12. September 1959, S. 6–10.

Einleitung zum ersten Band
der Briefe Thomas Manns

Dies hier ist ein Auswahlband, – der erste von zweien.

Die Auswahl zu treffen, war schwer. Nicht nur galt es, aus Tausenden die vorliegende Anzahl von 422 Briefen herauszukristallisieren; nicht nur wollte der Gefahr begegnet sein, daß T. M.'s ständig wachsende Korrespondenz mit Trägern großer Namen unbillig überwöge; und nicht etwa durfte es uns darum zu tun sein, die «schönsten» und effektvollsten Briefe in einem Band zu vereinen, mittels dessen der Schreiber sich aufs vorteilhafteste präsentierte. Es sollte vielmehr ein Buch entstehen, das – soweit eine Briefsammlung hierzu irgend imstande ist – ihn zur Gänze wiedergab, – ein Zeugnis seiner zarten, zähen, bei aller Konzentration auf «die Hauptsache» (die Arbeit), auch anderwärts so vielfach engagierten, gewissenhaft und neugierig-schweifenden Existenz.

C. F. Meyer, dessen Grab in Kilchberg dem seinen so nahe liegt, hat von sich gesagt:

> «Ich bin kein ausgeklügelt Buch,
> Ich bin ein Mensch mit seinem Widerspruch.»

Nun, T. M. ist gleichfalls nichts weniger gewesen als «ein ausgeklügelt Buch», und unbeschadet der Folgerichtigkeit, ja, Zwangsläufigkeit all seines Trachtens und Tuns steht er vor uns – «. . . ein Mensch mit seinem Widerspruch».

Ihn galt es zu zeigen, – die reichen Facettierungen seines Geistes, sein äußerst vielschichtiges, höchst variables Ich. Sämtlich sollten sie da sein: der Schriftsteller, der er vornehmlich war und der gelegentlich drohte, Verwirrung zu stiften in unserer Collection. Gar zu leicht konnte im Spiegel dieser Briefe der Künstler zur absoluten Vorherrschaft gelangen, so daß blaß und schattenhaft blieb, was doch gleichfalls so lebendig, so wach, so unverwechselbar gewesen: der Zeitgenosse, der Kollege, der Freund, der Streiter, der Polemiker auch, der Helfer, der Bruder, der Gatte und Vater.

Um die Gatten-Briefe steht es, wie folgt:

Als, am 11. Februar 1933, T. M. und seine Frau München verließen, – nicht etwa um Deutschland zu verlassen, sondern um eine Vortragsreise anzutreten, sah es daheim schon sehr unheimlich aus. Trotzdem hielt – wie er dies von eh und je getan, – T. M. all seine Manuskripte sorglos in seinem Schreibtisch verwahrt. Von der Erzählung «Gefallen», über die frühen Novellenbände, über «Buddenbrooks», «Tonio Kröger», «Königliche Hoheit», «Betrachtungen», «Zauberberg», und was immer zwischen diesen Werken entstanden sein mochte, – alles befand sich zu Haus in der Poschingerstraße.

Dann, nach Hitlers Erhöhung zum Diktator, war an Heimkehr nicht mehr zu denken, und all unser Hab und Gut stand in Gefahr, eingezogen zu werden. Doch gab es da einen vertrauenerweckenden Münchner Anwalt, Dr. Valentin Heins, der sich prompt erbot, die Handschriften bei sich zu bergen. Auf schweizerischem Boden und «zu treuen Händen» übermachte T. M. ihm seine Schlüssel und damit nicht nur die Manuskripte, sondern außerdem sämtliche Briefe, die er, erst als ein Werbender an Katja Pringsheim, und schließlich, im Laufe von 29 Jahren, an seine Frau geschrieben. «Katja» war, besonders im ersten Jahrzehnt ihrer Ehe, von anfälliger Gesundheit und verbrachte, ihrer Lunge wegen, zweimal je ein halbes Jahr im schweizerischen Hochgebirge. Allwöchentlich schrieb damals T. M. seiner Frau, erzählte, was immer erzählenswert war – von sich, seiner Arbeit, den Kindern, dem Haushalt, – seinem Leben.

Auch sonst schrieb er oft. Der Band hier zeigt, wie vielfach T. M. unterwegs war, – auf «Tournée», in Deutschland und anderswo; und auf Fahrten, die der laufenden Arbeit galten und versprachen, die erworbenen Spezialkenntnisse mehr und mehr mit Leben zu durchtränken.

In ihrer Gesamtheit stellten die Gatten-Briefe eine Art von

Autobiographie dar, die 29 Jahre seines Daseins – wo nicht umfaßte, so doch reich illustrierte und in zahlreichen Details ausführlicher und genauer war, als ein rückblickender Autobiograph dies je zu sein vermöchte. Die Sammlung war unersetzlich. Doch wußten wir sie ja gesichert. Selbst, als das Erwartete geschehen und unser Besitz konfisziert worden war, tröstete uns der Gedanke an die «treuen Hände» des Dr. Heins.

Dieser ließ uns denn auch nicht im Stich, wußte vielmehr private Loyalität mit staatsbürgerlicher Legalität geschickt zu verbinden und schlug sich wacker im Papierkrieg um die Freigabe unseres Eigentums.

Früher als er erkannten wir seinen Kampf als sinnlos und ergriffen also die erste, wahrhaft beste Gelegenheit, der Handschriften wieder habhaft zu werden. Versehen mit einem feierlichen Schreiben von T. M. sowie – wichtiger! – mit einem ausländischen Diplomatenpaß, stellte unser Bote sich im Bureau des Anwalts ein, – nur, um unverrichteter Dinge zu uns zurückzukehren. Dr. Heins, so berichtete er, habe sich strikt geweigert. T. M.'s Vermögen sei beschlagnahmt, und da die Manuskripte einen wertvollen Teil dieses Vermögens darstellten, würde er sich gefährlich strafbar machen, wollte er sie ausliefern.

Nun galt ja bekanntlich den Nazibehörden der Schriftsteller T. M. als volksfremder Asphaltliterat, wo nicht zudem als Kulturbolschewist, und so war «offiziell» Dr. Heins nicht nur berechtigt, sondern gezwungen, dem Geschreibsel jedweden Wert abzusprechen. Warum also dem dringenden Wunsch seines Klienten nicht nachkommen? Einzige Erklärung (nur, daß sie keine war!): die Machthaber kannten den Wert der Handschriften auf dem Weltmarkt und planten, früher oder später Kapital daraus zu schlagen. Aber wußten sie denn von ihrer Existenz im Bureau des Juristen? Hätten sie von ihr gewußt, – ohne Zweifel befänden Manuskripte wie Rechtsanwalt sich längst in sicherem Gewahrsam. Das Ganze war unbegreiflich.

In schwindelerregender Weise mehrten sich zu jener Zeit die Dinge, die zu begreifen unmöglich schien. Angesichts des Fürchterlichen, das sich vollzog, schien unser neuer Verlust ohne jede Schwere.

Als um so gewichtiger, freilich, empfanden wir die Überraschung, die uns unmittelbar nach dem Kriege zuteil wurde. Sogleich fragten wir damals dem Verbleib der Handschriften nach und erhielten die erfreulichste Auskunft: Unser Mann lebte. Sein Bureau, zwar, war den Bombardements der Innenstadt zum Opfer gefallen und niedergebrannt. Doch hatte in weiser Voraussicht der Inhaber seine zentral gelegenen Arbeitsräume rechtzeitig evakuiert. Und wenn denn von dem, was wir einst besaßen, nichts sich wiederfände, die Handschriften waren gerettet, sie, die uns nun als das Wichtigste erschienen, da sie doch *zu* T. M. gehörten, statt ihm nur zu gehören, und Zeugnis ablegten für die Kontinuität seines Lebens und Schaffens. Ihrer neuerdings habhaft zu werden, würde ein Fest sein.

Das Fest fand nicht statt. Erstaunliches hatte sich begeben. Was immer Dr. Heins zur Zeit der Evakuierung bei sich verwahrt hielt, – Akten, Akten, Akten; Schriften, Schriften, Schriften, – es wurde geborgen. Nur die Manuskripte nicht. Nur die Briefe nicht, – Hunderte von Thomas-Mann-Briefen an seine Frau, fein säuberlich nach Jahrgängen geordnet und liebevoll mit Bändchen versehen, – die rätselvollerweise der Anwalt den Flammen preisgab.

Seit dem Tage aber, da T. M. und seine Frau emigrierten ohne es zu wissen, haben die beiden sich nicht mehr getrennt, und so gibt es keinen Brief mehr seit jenem Tage.

Doch waltete, wie so häufig, wo T. M. betroffen war, Glück im Unglück. Mit der Niederschrift von «Königliche Hoheit» beschäftigt, wünschte der junge Ehemann sich der Episteln zu bedienen, die er im Lauf seines «Werbejahrs» (1904) an «Katja» gerichtet. Leihweise überließ meine Mutter ihm das fragliche Bündel, und T. M. exerpierte. Was er aber einmal zu Papier gebracht, das warf er nicht weg, und so fanden jene Abschriften sich vollzählig in seinem Nachlaß. Unser Band enthält sie zur Gänze, und wir meinen, daß er ohne sie an Licht und Wärme entscheidend verloren haben würde.

Anderes fehlt und wäre wichtig gewesen, weshalb der fraglichen Lücken ausdrücklich gedacht sein will:

Von jung auf korrespondierte T. M. natürlich mit S. Fischer, seinem verlegerischen Entdecker und väterlichen Freund. Bei der unvermeidlich eiligen und überstürzten Teil-Evakuierung des Verlages gelang es nicht, die Briefe zu retten.

Sehr viel jünger als T. M. und in der Frühzeit sein «Schüler», zählte der Schriftsteller Bruno Frank schon bald zu seinem liebsten Umgang. Frank besaß eine Fülle von Briefen. Sie sind ausnahmslos dem «Anschluß» zum Opfer gefallen.

Ähnlich erging es der reichen Sammlung des Dichters und Übersetzers Hans Reisiger, der gleichfalls zu den – wenigen – «Intimen» gehörte. Auch seine vielen, zutraulich-lustigen und hochpersönlichen Thomas-Mann-Briefe haben die Ereignisse unter sich begraben.

Des weiteren fehlt die ganze, vor 1933 zeitweise dichte und durchwegs interessante Korrespondenz mit Emil Preetorius, soweit T. M. sie geführt. Kommentar: nachweislich im Kriege verbrannt.

Abgängig – in diesem Bande – sind schließlich die Briefe, die T. M. jedem seiner Kinder geschrieben. Erklärung: während der allzu vielen Wanderungen, der jähen Abreisen, auf der Flucht verloren.

Die von der Herausgeberin beigesteuerten Stücke – eine Auswahl, natürlich, auch sie – hat ein freundlicher Zufall geschützt.

«Auswahl», – den Begriff sollte man nie aus dem Sinne verlieren. Auf Grund räumlicher Grenzen, die im Laufe der Arbeit – einer Arbeit von Jahren – bereits erheblich überschritten wurden, hieß es auf vieles verzichten, was uns am Herzen lag. In jedem Zweifelsfall entschied die Verpflichtung, eine möglichst stimmige Gesamtcharakteristik zu liefern, und wir meinen, nicht ganz fehlgegangen zu sein.

Im übrigen – falls er mehr, falls er alles wissen möchte – tröste sich der Leser: die Historisch-Kritische Gesamtausgabe, die geplant ist, – wenn freilich viele Jahre vergehen werden, ehe sie vorliegt – wird mehr, wird alles enthalten, auch, was die Briefe betrifft. Und da die nötige zeitliche Distanz dann geschaffen sein wird, soll kein Satz entfallen. Die Tagebücher, allerdings, dürfen nach dem Willen des Dichters frühestens zwanzig Jahre nach seinem Tode entsiegelt werden.

Einige Hinweise noch zur leichteren Handhabung unseres Bandes, wie zur Erläuterung verschiedener Entscheidungen, die Verlag und Herausgeberin getroffen:

Um den Leser im Laufe der Lektüre nicht immer wieder anzuhalten oder gar zu irritieren, hat man davon abgesehen, den Text mit Ziffern zu durchsetzen. Doch ist der Anmerkungsteil des Anhangs nach Briefdaten unterteilt.

Natürlich erhob sich die Frage, welche Namen einer Anmerkung bedürften. Wie suchten sie zu lösen, – nicht, indem wir entschieden, was als bekannt vorausgesetzt werden dürfe. Das Prinzip, dem wir folgten, forderte vielmehr, daß – bekannt oder unbekannt – «angemerkt» werde, wer immer im Leser den Wunsch nach genauerer Auskunft zu wecken versprach.

Historisch gesehen, figurieren im Anhang die Namen derer, die mit ihrer physischen Existenz noch in das Leben von T. M. hineinragten. Als dieser geboren wurde, war – um nur ein Beispiel zu nennen – Balzac tot. Tolstoi aber lebte. Ergo findet letzterer sich mit seinen Daten im Anhang, während ersterer fehlt.

Mögen es persönliche Erfahrungen sein, die hier mitsprachen, – sie verlieren, ihres «intimen» Charakters wegen, nicht unbedingt an Gültigkeit. Das Exempel, das folgt, steht für manche seiner Art:

Es war am Nachmittag des 2. August 1914. Soeben erst hatte in unserem Tölzer Landhaus die Nachricht vom Ausbruch des

Krieges eingeschlagen. Wir Kinder – im Alter zwischen vier und acht Jahren – waren im Garten gewesen; nun liefen wir schleunigst zu den Eltern, um anzufragen, was denn das für ein Krieg sei, und wann wir ihn gewinnen würden. Wir fanden die beiden auf der Veranda, ungewohnt schweigsam. Unsere Fragen überhörten sie. Aber T. M., den in sich gekehrten Blick ins Weite gerichtet, sagte schließlich: «Nun wird auch gleich ein blutiges Schwert am Himmel erscheinen.» Wir glaubten ihm aufs Wort und verstanden gar nicht, wieso das Schwert auf sich warten ließ. Was er dann behauptete, klang ebenso überzeugend, obgleich es uns völlig unverständlich war: «Merkwürdig», erklärte er, «aber wenn der Alte noch lebte, – er brauchte gar nichts zu tun, nur da zu sein, auf Jasnaja Poljana, – dies wäre nicht geschehen – *es hätte nicht gewagt*, zu geschehen . . .» – Tolstoi war anno 1910 gestorben.

Um wieviele Jahre war Gustav Mahler älter als Thomas Mann? Die beiden kannten einander: nach der Generalprobe zu einem Mahler-Konzert nahmen Mahler und seine Gattin den Tee mit T. M. und seiner Frau. Auf dem Heimweg, so berichtet letztere, hat T. M. gesagt, es sei dies das erstemal in seinem Leben, daß er das Gefühl habe, einem wirklich großen Manne begegnet zu sein.

Dann, aus Anlaß der Münchner Uraufführung von Mahlers Achter (12. September 1910), kam T. M. von Tölz in die Stadt. Der Brief, der diesem Erlebnis gilt, ist hier enthalten. Wie unverwischbar aber die Persönlichkeit des Musikers auf T. M. einwirkte, wird später erst deutlich. Angesichts der Nachricht von Mahlers Sterben (18. Mai 1911) setzt er ihm in aller Stille einen Stein: Gustav von Aschenbach trägt nicht nur den Vornamen des Dahingegangenen, – äußerlich hat der Dichter des «Tod in Venedig» ihm auch die Züge Mahlers verliehen.

Ob, wie im Falle Mahler, T. M. einen bedeutenden Zeitgenossen kannte, oder, wie im Falle Tolstoi, ihn sehr wohl noch hätte kennen können und seine Existenz ihm lebendig, nicht «historisch» war, ist also nicht ohne Interesse. Daher die Handhabung berühmter Namen in den Anmerkungen.

Gelegentliche Kürzungen innerhalb der Texte sind so zu verstehen:

Wo immer, innerhalb eines kurzen Zeitintervalls, T. M. verschiedenen Korrespondenten über dasselbe Vorkommnis berichtet oder das gleiche Ereignis kommentiert, geschieht dies in Sätzen und Wendungen, die miteinander so gut wie identisch sind. Was er einmal schriftlich fixiert und formuliert hatte, das blieb, wie es war. Denn nicht nur wußte er das Gesagte ganz einfach besser nicht auszudrücken, und es haftete als gültig in seinem Sinn, sondern – dies vor allem! – er dachte im entferntesten nicht an die mögliche Veröffentlichung seiner Briefe. Daher die häufigen, unbekümmert auftretenden wörtlichen Wiederholungen, die auszumerzen unerläßlich war.

Auch allzu Privates, – Dinge, auf welche die Öffentlichkeit – noch! – kein Anrecht hat, galt es zu eliminieren. Doch war T. M. nicht der Mann, Intimstes brieflich preiszugeben, und so bilden derlei Fortlassungen eine in ihrer Geringfügigkeit kaum greifbare Minorität.

Alle Kürzungen sind im Text durch Punkte zwischen eckigen Klammern bezeichnet [. . .].

T. M. war nicht leicht zu «kennen». Eine Weltscheu, die ihn in der Jugend – sei es hochmütig, sei es steif erscheinen ließ, wandelte sich bei wachsendem Erfolg und auf Grund wachsender Erfahrung im Umgang mit Menschen zu unverbindlicher Liebenswürdigkeit, höflicher Freundlichkeit. Sein Gespräch wirkte angenehm, da es vor allem den Interessen und Sorgen des «Anderen» Rechnung trug. Häufig aber erweckte er das Gefühl, als sei er nicht völlig anwesend oder wahre eine, gewiß ungewollte, doch kaum überbrückbare Distanz. In Ausnahmefällen nur verflüchtigte sich der Abstand. Wenn es um seine Arbeit ging, wenn er – wiederum, ohne es zu wissen – dafür gesorgt hatte, daß «Einschlägiges» zur Sprache kam und für «das Laufende» etwas «heraussprang», wurde er lebhaft und direkt und entschlüpfte der Konvention, die ihn meist in Gesellschaft wie eine Schutzhülle umgab. Auch, wenn er lachte, wenn der «Andere» zum Lachen *war* – ein guter Komiker, ein echtbürtiger «Dalberer», jemand, der treffend nachzuahmen oder erheiternd zu formulieren wußte, fielen die Schranken.

Im übrigen geschah dies, der «Welt» gegenüber, nur auf dem Podium. Wer ihn gehört hat, weiß, daß er sprach und vorlas, als sei er zu nichts anderem geboren. Alles «wirkte»; jede Pointe «saß»; jeder «Lacher» kam; und die ergriffenste Stille herrschte, wann immer der Mann auf dem Podium dies so wollte.

An Angeboten und dringenden Aufforderungen fehlte es nicht, und T. M., der ohnedies ungern nein sagte, neigte in solchem Zusammenhang besonders zu rascher Zusage. Als er siebzig war und fünfundsiebzig und älter, taten wir, was wir konnten, um die Zahl der anstrengenden Engagements zu limitieren. Besonders entsinnt die Herausgeberin sich eines Projekts, dessen Verwirklichung ihr so strapaziös erschien, daß sie dringend bat, man möchte die betreffende Einladung refüsieren.

Ach, nein, meinte nach flüchtigem Zögern T. M.; erstens seien die Einladenden sehr nette Leute; außerdem aber bereite das Auftreten ihm einfach Spaß. «Denn im Salon», fügte er hinzu, «mache ich eine ganz farblose, langweilige Figur; auf dem Podium, dagegen, bin ich ‹eine magnetische Persönlichkeit›.» Er lachte, wie er über sich zu lachen pflegte, mit einem leichten Achselzucken und indem er einem gerade ins Gesicht sah, als wolle er erkunden, ob die Selbstpersiflage auch unmißverständlich gewesen.

Es ist vorbei. Nie wieder wird sie uns anziehen und gefesselt halten, jene «magnetische Persönlichkeit». In der Hauptsache, – indirekt und ins Künstlerische transformiert, – steht das Werk für sie ein. Doch gibt es eine Sphäre – diejenige der Briefe –, in der sie fortfährt, sich aufs direkteste zu äußern. Und wenn es gleich der Mann auf dem Podium nicht sein kann, der Artist auf schwankendem Seile, den wir da antreffen: in den Briefen gibt er sich, wie er war; dort «geht er aus sich heraus»; dort lebt er uns wieder.

Aus: «Thomas Mann, Briefe 1889–1936».
Hg. von Erika Mann. Frankfurt a. M. 1961.

Einleitung und Nachwort zum zweiten Band der Briefe Thomas Manns

Einleitung

Unser Vorwort zu den Briefen 1889–1936 begann: «Dies hier ist ein Auswahlband, – der erste von zweien.» Jetzt heißt es, mit einem Dementi beginnen: Was vorliegt, ist ein Auswahlband, – der zweite von dreien. Erst die Arbeit zeigte, wie sehr – während seiner letzten neunzehn Jahre – T. M.s Korrespondenz angeschwollen war, wie unaufhaltsam die Forderungen wuchsen, denen seine Gewissenhaftigkeit nachzukommen suchte. Dem bloßen Umfang nach war natürlich das Material längst eingeschätzt. Die Überraschung lag im Inhaltlichen, will sagen, darin, daß allzuviel Bezeichnendes, autobiographisch und zeitgeschichtlich Wichtiges entfallen wäre, hätte man sich auf nur einen weiteren Band beschränkt.

Nach einer «groben» Schätzung des Zürcher Thomas Mann-Archivs gibt es etwa 15 000 handgeschriebene Briefe, oder es hat sie doch gegeben. Unsererseits halten wir diese Ziffer für nicht hoch genug und meinen, es müßten über 20 000 solcher Handschreiben hinausgegangen sein. Die unberechenbare Masse des Diktierten kommt hinzu. Von dem Gesamtbestand aber des Vorhandenen, Zugänglichen und Kennenswerten entfällt ein relativ hoher Prozentsatz auf die Jahre 1938–1955. Das hat seine Gründe, selbst wenn man davon absehen will, daß sehr frühe Briefe nur in geringer Zahl erhalten und spätere, vor 1937 datierte, vielfach den Umständen zum Opfer gefallen sind. Auch die wachsende Verbreitung seines Ruhmes und die daraus resultierende Zunahme seiner Korrespondenz liefert keine hinlängliche Erklärung. Das Kennwort heißt «Amerika».

Dorthin, in die USA, übersiedelt er anno 1938, und wenn in der Frühzeit seine Briefe sich fast ausschließlich an Deutsche richteten, um nur mählich das nicht-deutsche Europa und ganz gelegentlich außer-europäische Adressaten mit einzubeziehen, so beginnt jetzt, mit einem Schlage, ein neuer, unersättlich-neugieriger Kontinent seine Ansprüche zu stellen an den Epistolographen T. M. Die Schicksalsgemeinschaft des Exils in transatlantischer Fremde tut ein weiteres. Sie verstärkt den brieflichen Kontakt mit den Freunden, zieht Unbekannte herbei und bestimmt ihn, sich im Interesse beider Gruppen immer und immer wieder an Personen und Instanzen zu wenden, von denen er Hilfe erhofft.

Schließlich und insbesondere ist es dort drüben eine neue Begegnung, die jahrelang entscheidend auf seine Korrespondenz einwirkt.

Mrs. Agnes E. Meyer, geborene Amerikanerin, doch von deutschen Eltern, liest deutsch mühelos und hatte T. M.'s Werk in der Ursprache kennen und lieben gelernt, lang ehe sie ihn persönlich traf. Als Gattin des Zeitungs-Besitzers und Herausgebers Eugene Meyer, der politisch wie gesellschaftlich in Washington eine bedeutende Rolle spielte, war Mrs. Meyer meist an die Hauptstadt gebunden, wohin T. M. nur selten kam. So tauschte man Briefe. Dieser klugen, hilfsbereiten und leidenschaftlich engagierten Verehrerin teilte er sich immer häufiger mit. Und so entstand ein Briefwechsel, wie T. M. ihn in solcher Dichtigkeit weder vorher noch nachher geführt.

Von den rund 300 Briefen, die Mrs. Meyer bewahrt und der «Thomas Mann Collection» der Universität Yale gestiftet hat, enthält unser Band 110. Sie ergeben eine Art von Geschichte, einen kleinen Roman in sich selbst, verwoben mit einem Ganzen, das, ziffernmäßig fragmentarisch wie es sei, nichts anderes

330 **Essays, Statements, Kommentare**

darstellt als die Lebensgeschichte des späten T. M. im Niederschlag seiner Briefe.

Dies wollte vorweg gesagt sein. Was überdies zu sagen wäre
– zur leichteren Handhabung des Bandes und zur Klärung gewisser essentieller und technischer Probleme –, so scheint uns,
es müsse der Leser nicht gleich eingangs damit befaßt werden.
Er will Briefe lesen. Wünscht er sich dann genau zu informie-
ren: Nachwort und Anhang geben Auskunft.

Nachwort

Von 1938 bis 1952 lebte T. M. in den Vereinigten Staaten. 1944
wurde er amerikanischer Bürger. Seinen neuen Landsleuten
aber galt er längst als Amerikaner. Anders als die Mehrzahl
seiner Schicksalsgenossen – auch der berühmtesten (Einstein,
zum Beispiel) – nahm er aktiv teil am Leben der Nation. Durch
sein Wirken in der breiten Öffentlichkeit machte er sich viele
Freunde und manchen Feind, vor allem aber zog er sich Briefe
zu – Tausende von englisch geschriebenen Briefen im Verlauf
jener vierzehn Jahre. Da er, englisch vortragend, das Land be-
reiste, nur zu häufig gehalten war, Interviews zu geben, und bald
mühelos englisch sprach, nahm man an, er schreibe es ebenso
mühelos. Dies war irrig. Das Schreiben im fremden Idiom
wurde ihm sauer, kostete ihm unverhältnismäßig viel Zeit, und
sich halbwegs differenziert und fehlerfrei darin auszudrücken,
fand er unmöglich. Um der amerikanischen Korrespondenz
dennoch gerecht zu werden, nutzte er drei Möglichkeiten:

1) Das Gros aller Antworten wurde deutsch ins Stenogramm
diktiert und vom jeweiligen Sekretär übersetzt. War die Arbeit
getan, entledigten die damit Betrauten sich der Stenogramme,
und so ist von den deutschen Originalen nicht eines erhalten
geblieben.

2) Kurze Briefe schlichten Inhalts diktierte oder schrieb
T. M. auf englisch. Aus der Gruppe dieser Verlautbarungen,
die er unter Umständen durchsehen und korrigieren ließ, enthält unser Band eine Reihe von Beispielen.

3) War ein Brief ihm besonders wichtig oder zur Veröffentlichung bestimmt, und wünschte er ihn also nicht zu diktieren, so übergab er dem Sekretär die Handschrift und erhielt
sie mit der Übersetzung zurück. Die Manuskripte fanden sich
in seinem Nachlaß und wurden zu guten Teilen in unsere
Auswahl aufgenommen. Für die Übersetzung geschriebene
Briefe sind dem Leser ohne weiteres erkennbar. T. M. bedient
sich darin der englischen Anredeform und flicht gelegentlich
englische Redewendungen ein. Wo ungewiß blieb, ob ein
Brief abgegangen sei, ist dem Schreiben die Bezeichnung
«Konzept» beigefügt.

Von einer vierten Möglichkeit, mit geborenen Amerikanern zu korrespondieren, hat T. M. – wie in der Einleitung
vermerkt – reichen Gebrauch gemacht. Doch ist es nicht Mrs.
Agnes E. Meyer allein, der er sich in der Muttersprache mitteilte. Ein oder der andere seiner amerikanischen Freunde und
Bekannten las gleichfalls deutsch und bereicherte so unseren
Band.

Von dem Ausmaß und der geradezu komischen Buntheit
der amerikanischen Korrespondenz auch nur andeutungsweise ein Bild zu geben, war trotzdem nicht möglich. Weder
ließ ein deutscher Briefband englische Beiträge in erheblichem
Maße zu, noch schienen Rückübersetzungen statthaft. Angesichts dieser Sachlage will erwähnt sein, daß es kaum eine
Schicht der Bevölkerung gab, mit deren Vertretern T. M.
nicht korrespondierte. Was uns vorlag, reichte von der literarischen, allgemein künstlerischen und politischen Prominenz
des Landes über die interessierte Leserschaft bis in Kreise, denen der Name T. M. nur aus Zeitungsüberschriften bekannt
war und die sich in den entlegensten Fragen an ihn wendeten.
In ihrer Gesamtheit entfielen die meist ausführlichen und
wichtigen englischen Briefe an Alfred A. Knopf, T. M.'s amerikanischen Verleger, dem er sich bis zum Ende in dankbarer
Freundschaft verbunden fühlte.

Eines besonderen Hinweises bedürfen die brieflichen Ver-

332 Essays, Statements, Kommentare

suche, den Schicksalsgenossen behilflich zu sein, sie physisch zu retten, ihre Einreise zu ermöglichen, ihnen Stellungen, Verträge, Stipendien, finanzielle Unterstützung zu verschaffen. Dabei handelte es sich nicht nur um Deutsche, Österreicher, Tschechen, sondern um Flüchtlinge aus allen von Hitler überrannten Ländern. Diese einander ähnelnden Bemühungen geben wir in relativ äußerst geringer Anzahl wieder.

Je mehr T. M.'s Korrespondenz anwuchs und je häufiger sie Personen betraf, die, auf dem Kontinent und über die Erdteile verstreut, einander nicht kannten oder außer Kontakt miteinander waren, desto zahlreicher sind die Wiederholungen in seinen Briefen. Was er von sich selbst erzählt, von seinen Plänen und von dem, was er kürzlich erlebt, gedacht, gelesen und geschrieben, ist natürlich an einem Montag nichts wesentlich anderes als am nächsten oder übernächsten. Gewissen Gedankengängen folgt er immer wieder – auch über längere Zeiträume hinweg. «Leiden an Deutschland», so heißt die einzige Sammlung von Tagebuchblättern, die er je publizierte. Und «Leiden an Deutschland», so wären die gesammelten Briefstellen zu benennen, die «Deutschland und die Deutschen» zum Gegenstand haben. Der zehrende Gram über das deutsche Unheil verläßt ihn keinen Augenblick, es sei denn während der künstlerischen Arbeit. Zu wechselnden Ereignissen nimmt er wechselnd Stellung, doch der Gram bleibt derselbe, und so findet sich besonders in diesem Zusammenhang unzumutbar Wiederholsames.

Unsere Kürzungen, die durch drei Punkte in eckigen Klammern [...] gekennzeichnet sind, betreffen zu etwa 95 Prozent derlei Wiederholungen. Letztere haben uns auch veranlaßt, mehrere große Collectionen aufs sparsamste zu behandeln. Die verbleibenden fünf Prozent unserer Streichungen sind Sache der Diskretion und eliminieren Briefstellen, auf welche die Öffentlichkeit noch kein Anrecht hat. Alle «Empfänger», deren Briefe gekürzt werden mußten, bitten wir um Einsicht und Entschuldigung.

Zu den Briefen Thomas Manns 333

In den Briefen an die «Kinder» gab es für unsere Zwecke sehr wenig zu beanstanden. Dies Wenige aber war zu intim-familiärer Natur, als daß wir jeweils die Aufmerksamkeit des Lesers auf das bloße Vorhandensein der Kürzungen hätten lenken dürfen. Doch zeigt schon die Flüssigkeit auch dieser Briefe mit ihren logisch fundierten Übergängen, wie geringfügig unsere «Eingriffe» waren.

Briefe an Katja Mann lagen uns nicht vor. Seit dem Tage, da sie mit dem Gatten Deutschland verließ, gab es keine Korrespondenz mehr zwischen den beiden – sie waren unzertrennlich.

«Deutschland und die Deutschen», wir haben den Titel erwähnt. Er benennt den Vortrag, den der Siebzigjährige in Washington hielt (Library of Congress), unmittelbar nach dem deutschen Zusammenbruch. Es war ein kühnes, wo nicht tollkühnes Unternehmen, da ja die Hitler-Greuel eben erst in vollem Umfang bekannt, das Inferno der «Lager» eben erst Gegenstand weltweiten Entsetzens geworden. Er sagte:

«Was ich Ihnen in abgerissener Kürze erzähle, meine Damen und Herren, ist die Geschichte der deutschen ‹Innerlichkeit›. Es ist eine melancholische Geschichte – ich nenne sie so und spreche nicht von ‹Tragik›, weil das Unglück nicht prahlen soll. Eines mag diese Geschichte uns zu Gemüte führen: daß es nicht zwei Deutschland gibt, ein böses und ein gutes, sondern nur eines, dem sein Bestes durch Teufelslist zum Bösen ausschlug. Das böse Deutschland, das ist das fehlgegangene gute, das gute im Unglück, in Schuld und Untergang. Darum ist es für einen deutsch geborenen Geist auch so unmöglich, das böse, schuldbeladene Deutschland ganz zu verleugnen und zu erklären: ‹Ich bin das gute, das edle, das gerechte Deutschland im weißen Kleid, das böse überlasse ich euch zur Ausrottung.› Nichts von dem, was ich Ihnen über Deutschland zu sagen oder flüchtig anzudeuten versuchte, kam aus fremdem, kühlem, unbeteiligtem Wissen; ich habe es auch in mir, ich habe es alles am eigenen Leibe erfahren.»

334 Essays, Statements, Kommentare

Wenn unser Band manches enthält, was als hart oder lieblos empfunden werden könnte und was wir, der Wahrheit zu Ehren, dennoch aufnahmen, so bedenke man, daß gerade die verwundete Liebe – mehr: daß die Solidarität, ja Selbstidentifizierung mit *allem* Deutschen solchen Äußerungen zugrunde liegt.

Im übrigen sind es zwei Briefstellen, auf die wir abschließend hinweisen möchten:

«‹Sobald man spricht, beginnt man schon zu irren›», zitiert er und fährt fort: «Das sollte das Motto sein für alles direkte Reden.» Hat er aber «direkt» gesprochen in seinen Vorträgen, Aufsätzen und Radiobotschaften, um wieviel direkter gibt er sich in den Briefen, an deren Veröffentlichung er nie – oder doch nur in Einzelfällen – gedacht.

Was ihn dagegen immer dringlicher beschäftigte, war der Klang seines Namens im Nachher – nicht auf Erden und bezüglich seiner Bücher, vielmehr im Sittlich-Religiösen und in der Transzendenz. Am «Doktor Faustus» arbeitend, teilt er mit:

«Gestern las ich die Apokalypse, da Adrian ein Oratorium daraus machen wird. Ich war tief ergriffen von dem Wort: ‹Du hattest eine kleine Kraft und hast mein Wort behalten und hast meinen Namen nicht verleugnet!› – Wohl dem, der das als Epitaph verdient!»

Aus: «Thomas Mann, Briefe 1937–1947».
Hg. von Erika Mann. Frankfurt a. M. 1963.

Einleitung zum dritten Band der Briefe Thomas Manns

Auch dem dritten und letzten Auswahlband der Briefe von Thomas Mann seien einige Hinweise beigegeben, die im voraus zu kennen dem Leser dienlich sein könnte.

Mit zunehmendem Alter wuchs die Abneigung des Dichters gegen alles Diktieren. Schriftstellerische Arbeit – selbst die ge-

Zu den Briefen Thomas Manns   335

ringste, eine Botschaft etwa an einen Kongreß oder ein Glück-
wunschtelegramm, das verlesen werden sollte – hatte er im Leben nicht diktiert. Nun aber sperrte er sich auch bezüglich der
Korrespondenz gegen das Diktat. Noch in Kalifornien – spätestens seit 1951 – ließ er die Sekretärin nicht mehr täglich kommen. Sie erschien einmal die Woche. Was bei diesen Sitzungen
nicht erledigt werden konnte, wurde handschriftlich beantwortet. Es folgte die Heimkehr nach Europa (Sommer 1952), und
an das Engagement einer neuen, fremden Sekretärin war nicht
zu denken. Gelegentlich diktierte nun T. M. der Gattin ins Stenogramm; seltener noch wurde die Herausgeberin befaßt. Für
die Übersetzungen ins Englische war diese zuständig, während
Frau Katja die französischen Versionen besorgte. Wo also unseren Texten das Wort «Konzept» voransteht, handelt es sich
meist um Briefe, die die betreffenden Empfänger jeweils in ihrer Sprache erhielten, die uns aber im deutschen Original vor-
lagen. In anderen, wenigen Fällen ist nicht mehr nachweisbar,
ob ein vom Epistolographen «aufgesetzter» Brief ihm schließlich noch behagte und er ihn daher abschreiben und abgehen
ließ. Auch solche Einzelstücke tragen den Vermerk «Konzept».

Unsere Kürzungen, durch Punkte in eckigen Klammern [...]
gekennzeichnet, eliminieren auch diesmal das Wiederholsame,
oft wörtlich Wiederholte, und zwar in etwa fünfundneunzig
Prozent aller Fälle. Die restlichen fünf Prozent sind Sache der
Diskretion, der Rücksicht auf lebende Personen etc. Auf T. M.
selbst wurde nie und nirgends in diesen drei Bänden «Rücksicht» genommen. Völlig unretouchiert geht sein Bild aus den
Briefen hervor.

Soweit erhalten, wurden die Briefe an Kinder und Enkel vollzählig aufgenommen. Für sich – wie für andere – mußte die
Herausgeberin es bei einer Auswahl bewenden lassen. In den
Familienbriefen sind unsere «Eingriffe» zwar äußerst geringfügig, doch betreffen sie Dinge zu privater Natur, als daß auch
nur ihre Placierung durch Auslassungsklammern zulässig gewesen wäre.

336 Essays, Statements, Kommentare

In der «Nachlese» werden Briefe vorgelegt, die für die
Bände I und II (1889–1936 und 1937–1947) noch nicht greifbar waren. – Wo immer, besonders in der Frühzeit, eine Anmerkung erwünscht wäre, aber abgängig ist, konnten die betreffenden Zusammenhänge nicht mehr ermittelt werden.
Dies galt auch für etwaige Anmerkungslücken im Hauptteil
unseres Bandes, wie, allgemein, für das gesamte Briefwerk. –
Berühmte Namen figurieren in den Anmerkungen nur, wenn
ihre Träger noch lebten, als T. M. geboren wurde (1875), und
dieser sie noch als zeitgenössisch empfand.

Bis zum Ende und allen Ehrungen zum Trotz wurde T. M.
immer wieder als «Kommunist» angegriffen. Wie er in Wahrheit zu dieser Kirche stand, erhellt eindeutig aus den Briefen.
Zu sagen bleibt, daß er am Spätabend seines Lebens die drei
damals existenten, großen Geldpreise kommunistischer Pro-
venienz in aller Stille refüsierte. Angetragen waren ihm: der
«Nationalpreis» der DDR, der «Stalinpreis» und der «Welt-
Friedenspreis», der, obgleich nicht östlicher, sondern pariseri-
scher Herkunft, als kommunistisch finanziert und kontrolliert
hinlänglich ausgewiesen war. Den Vertretern oder Emissären
der Preis-Kommissionen erwiderte T. M. dem Sinne nach wie
folgt: Herzlich freue er sich der ihm zugedachten Ehrungen
und bedaure es umso aufrichtiger, sie ablehnen zu müssen, als
er sich die Menschenzukunft ganz ohne kommunistische
Züge längst nicht mehr vorstellen könne. Vor allem aber gehe
es ihm um Entspannung und Frieden, und wie leicht immer
sein gütlich Wort wiegen möge in der großen Waagschale, se-
henden Auges würde er es jedweden Gewichts berauben,
wollte er sich der «Freien Welt» nun auch noch als «bezahlt»
präsentieren.

Es war insgesamt eine halbe Million Franken, die er da zurückwies, – ungeachtet der Entwertung sehr viel mehr als der
Nobelpreis, der zur Zeit der Verleihung 160 000 Mark betragen
hatte und den man ihm, nebst all seiner Habe, 1933 gestohlen.
Erst der überraschende Erfolg des «Krull» hatte ihn finanziell

Zu den Briefen Thomas Manns 337

halbwegs wieder «saniert». Freilich: hinterlassen würde er nun nichts und war doch «Bürger» genug, echter Nachfahr seiner lübischen Ahnen, der Kauffahrteiherren, um sich deshalb ein wenig zu grämen. Geschwankt aber hatte er keinen Augenblick.

Wer – rückblickend auf die drei Auswahlbände – nach einem Thema suchte, das, neben der Literatur (eigener, bewunderter, befreundeter und fremder), als dominierend zu bezeichnen wäre, der stieße schnell genug auf das Thema «Deutschland». Und wenn, auch in diesem Bande wieder, Worte fallen, die als hart oder gar als lieblos empfunden werden könnten, so gedenken wir des deutschen Sängers, der – eben als solcher – T. M.s Herzen am nächsten stand: August von Platen.

Unter den zwei- oder dreihundert Gedichten, die er zur Gänze auswendig wußte, waren fünfzig gewiß von Platen. Und unter diesen wieder galt seine Liebe besonders den klangschönen Versgebilden, in denen, besessen und verfolgt von seinem Gegenstande, der «wandernde Rhapsode» *seinem* «Leiden an Deutschland» Ausdruck verleiht.

T. M.s Stimme – wie genau wir sie hören. Sie spricht Verse von Platen, ein Sonett (es ist das XXXVII.), und nur der leiseste Unterton von Ironie, nein, von Selbst-Ironie schwingt allenfalls mit. Wir befinden uns im Exil, unter kalifornischem Himmel. Die beiden Vierzeiler sind verklungen. In ihnen hat aufs neue der Unstete ein Vaterland besungen, in dem er nicht leben kann, und das ihn dennoch nicht los-, nicht «ziehen» läßt. T. M. kommt zum Schluß, hebt unvermutet den Kopf, und, während sein heller Blick über uns hinweg ins Weite geht, sind nun in seiner Stimme alle Innigkeit und Wehmut, aller Glanz und Stolz, deren wir dies erstaunlich variable Organ fähig wissen. Die Stimme sagt:

> «Ich lieb' es d'rum in keinem Sinne minder,
> Da stets ich mich in seinem Dienst verzehre,
> Doch wär' ich gern das fernste seiner Kinder.

338   Essays, Statements, Kommentare

> Geschieht's, daß je den innern Schatz ich mehre,
> So bleibt der Fund, wenn längst dahin der Finder,
> Ein sichres Eigenthum der deutschen Ehre.»
>
> Aus: «Thomas Mann, Briefe 1948–1955 und Nachlese».
> Hg. von Erika Mann. Frankfurt a. M. 1965.

Das Rätsel um Rudi

Qualen

Wieder waren es Tausende – mehr als dreitausend, sollte ich denken –, und auf seine Art schien fast jeder Brief lesenswert. Wieder aber galt es zu wählen. Nur ein Siebtel etwa des Vorhandenen (441) konnte Aufnahme finden. Scheiden, sagt zu Recht das Volkslied, tut weh. Nun, Ausscheiden tut um so weher, als man sich schuldig vorkommt angesichts all dessen, was man verworfen hat, nicht weil es schlecht, sondern nur weil es überzählig war.

Die T.-M.-Briefe kamen aus allen Erdteilen. Anno 1956 bereits hatte die weltweite Suchaktion des S. Fischer Verlages die Empfänger veranlaßt, uns Photokopien zu übermachen. Außerdem standen natürlich Durchschläge von Diktiertem zur Verfügung sowie handschriftliche Konzepte, alles in hellen Haufen. Und wenn es schon qualvoll war, so rigoros mit den väterlichen Beständen zukehr zu gehen, die Kränkung der guten, eifrigen Empfänger bereitete noch bösere Gewissensbisse.

Da saßen sie nun, in Sydney und Bochum, in Jerusalem, Magdeburg und Rio, und warteten. Mochten sie immerhin Familien haben und Berufe, reale Sorgen und Freuden aller Art, aus den Begleitschreiben der Fremden schien doch hervorzugehen, daß sie in der Hauptsache dem Erscheinen ihrer Briefe entgegenharrten – ach, vergebens, in der großen Mehrzahl der Fälle. Wer aber Aufnahme fand, der mußte angemerkt und also zunächst einmal gefunden werden. Denn fast alle waren sie verzogen – unbekannt, wohin. Selbst die Einwohnerämter, mit denen ich rege Korrespondenz unterhielt, wußten nichts von ihrem Verbleib, und die Privatdetektei, die ich monatelang verkörperte, war kafkaesk – will sagen alptraumhaft *und* komisch.

Während des Krieges, in New York, hatte ich einmal ein Institut besucht, das barockerweise damit befaßt war, Blinde zu Krankenpflegern heranzubilden. Zunächst brachte die Leiterin den Studierenden die Grundregel bei: «First *find* your patient!» – Leider benahm ich mich anstößig und lachte kaum verhaltene Tränen über dies erste Gebot, an das ich denken mußte, während ich blindlings den Empfängern von T.-M.-Briefen nachjagte.

Deren Zahl, übrigens, schwankte bis zum Schluß. Das Gespinst, um das ich mich mühte, mußte dicht sein. Zugegebenermaßen eine Auswahl, sollte es doch den Eindruck der Vollständigkeit erwecken und nichts weniger darstellen als die Autobiographie des späten T. M.

Auch gab es innerhalb der einen großen Story viele kleine, die in sich geschlossen sein mußten. Manchmal lagen Jahre zwischen dem ersten Federstrich und dem letzten. Ein Brief etwa aus dem November 1948 konnte nur versuchsweise aufgenommen werden – für den Fall, daß später einmal die Fortsetzung kam, die nötige Ergänzung. Im Mai 1953 tauchte sie auf und wollte erkannt sein – aus dem Gedächtnis? Kaum möglich.

Um weit voneinander getrennte Anschlußbriefe finden und Wiederholsames vermeiden zu können, hatte ich knappe Inhaltsverzeichnisse sämtlicher Briefe angefertigt, die mit «Ja» oder «Vielleicht» markiert waren. Tausend Eintragungen im großen Schulheft, immer und immer wieder zur Gänze durchstudiert, bis ein neues Geschichtchen entstanden und ein neuer Empfänger dingfest zu machen war. – Qualen!

340   Essays, Statements, Kommentare

Ziele

Worauf wollte ich hinaus? Drei Hauptziele waren es, die ich mir gesetzt hatte:

1. Den *ganzen* T. M. sollte die Auswahl spiegeln, und durchaus unretouchiert sollte sein Bild hervorgehen aus den Briefen. Keineswegs waren es besonders «schöne» und geglückte Episteln, die ich auszuwählen hatte. Charakteristisch mußten sie sein, und von allen Seiten sollten sie ihn zeigen. Die beiden Schreckgespenster, die ich dabei nie aus dem Auge verlor, hießen Elisabeth Förster-Nietzsche und Cosima Wagner. Sie gaben, die königlichen Fälscherinnen, das glänzendste Beispiel ab dafür, wie man in Nachlaßdingen nicht verfahren darf.

Trat also T. M., der erstaunlich weitblickende, auf den Plan, so hatte der offenbar irrende gleichfalls zu figurieren. Dem Treuen und Konsequenten mußte der elbisch Ungreifbare und irrlichternd sich Widersprechende gegenüberstehen, dem gütig Duldsamen der zornig Aggressive – der er freilich nur in der Defensive war –, dem Gefeierten der Beschimpfte, dem durch und durch und willentlich Deutschen der Weltbürger amerikanischer Nation. Das Ziel war weitgesteckt und machte doch nur eines aus von den dreien, denen ich zustrebte.

2. Möglichst hell mußte es sein in T. M.'s Werkstatt. Der Arbeit, die er in diesen Jahren – 1948 bis 1955 – getan, war viel Platz einzuräumen; was immer er in solchem Zusammenhang mitteilte über seine Pläne und Zwecke und über den Stand des jeweiligen Unternehmens, wollte herausgeschält sein aus der Unmasse. Noch geistert der «Doktor Faustus» (erschienen 1947) in den Briefen. Aber schon beginnt T. M. nach dem «Erwählten» auszuschauen und zieht über ihn, den Heiligen Sünder, überall Erkundigungen ein.

Es folgen «Die Betrogene» und der «Felix Krull», den er vor vierzig Jahren hatte liegenlassen, ein munteres Fragment, dessen parodistischer Tonfall – so schien ihm damals – auf die Dauer nicht durchzuhalten war. Jetzt suchte er das alte Manuskript wieder hervor – auf allen Wanderschaften hat es ihn

Das Rätsel um Rudi 341

begleitet! – und begann aufs neue, in eben der Zeile, die einst die letzte gewesen war. Das Papier stammte von Prantl, am Münchner Odeonsplatz, und nun saß man am Pazifischen Ozean.

Dem Erscheinen des «Krull» sah er wenig vertrauensvoll, ja mit Widerwillen und beinahe ängstlich entgegen. Am 4. Mai 1954 schreibt er an Emil Preetorius: «Es hängt übrigens auch viel davon ab, wie ich dastehen werde, wenn im September die Bekenntnisse Felix Krulls, ‹Der Memoiren erster Teil›, erschienen ist. Gibt es einen skandalösen Durchfall, so verlasse ich Haus und Garten nicht mehr.»

Immer war er zutiefst verwundert gewesen, wenn die Erzeugnisse seiner Einsamkeit Anklang fanden in der Welt. Aber der turbulente Erfolg seines «Felix» verblüffte ihn über die Maßen. Auch blieb er in einem Kernpunkt beunruhigt: durchaus durfte das Schelmenbuch nicht das Letzte gewesen sein, das von ihm kam. Etwas «Würdigeres» hatte zu folgen, und es traf sich günstig, daß das Schillerjahr 1955 ihn vor die Aufgabe stellte, für Stuttgart und Weimar die große, repräsentative Schillerrede auszuarbeiten. Viele Monate lang rang er mit der Überfülle des Stoffes, und der «Versuch über Schiller», der schließlich vorlag, war fünfmal so lang, wie die Rede es sein durfte. Die Briefe erzählen das alles. Wenn ich mich nicht «verhauen» habe, ist die Werkstatt nun hell.

3. Die Zeitgeschichte wollte einbezogen sein in die Auswahl, die politischen Ereignisse jener Jahre, soweit sie ihn betrafen und bewegten – und das taten sie alle, wenn es auch vornehmlich die Entwicklungen in Deutschland und Amerika waren, die ihm zu schaffen machten.

In den US, der Wahlheimat, deren Bürger er geworden, hatte er bitter zu leiden unter dem alles beherrschenden «McCarthyism». Von diesem System zum Kommunisten oder – bestenfalls – zum «Fellow Traveller» gestempelt, begann er sich ungut zu fühlen in seinem hübschen Haus in Pacific Palisades. Vor allem aber, seit der «Wiedereröffnung» Europas,

342 Essays, Statements, Kommentare

drängte es ihn heim, zur alten Erde, in der er schließlich zu ruhen und wo er den Spätabend seines Lebens zu verbringen hoffte.

Er ging. Wieder einmal ging er, aber anders als im Jahre des Unheils 1933 war seine Ankunft festlich. Die Schweiz, die damals dem politischen Emigranten mit höflichem Mißtrauen begegnet war, öffnete nun weit ihre Arme; gleich erhielt er die vielbegehrte «Niederlassung», und hätten nicht die Schrecken des Kalten Krieges, hätten nicht die unentwegten persönlichen Angriffe, die aus Deutschland kamen, ihre Schatten geworfen auf seine Tage, er wäre glücklich gewesen. Ganz zum Schluß, im Ernte- und Todesjahr 1955, war er es wohl, soweit seine zum Leiden prädestinierte Natur dies zuließ. Die «Schillerfahrt» durch Deutschland, dessen geistige Einheit zu demonstrieren ihm vergönnt war; die endgültige Versöhnung mit der immer geliebten Vaterstadt, Lübeck, die ihn zum Ehrenbürger machte; der achtzigste Geburtstag, begangen mit den Freunden und einer freundlich gestimmten Welt – das alles war schön und findet in den Briefen seinen Niederschlag.

Nie freilich, bis zum Ende nicht, hat er sich der quälenden Sorgen entschlagen um die Zukunft der Menschheit, die ihm dringlicher am Herzen lag als das eigene, trotz allem begnadete Schicksal. – Zeitgeschichte, ein Drama in Briefen: das Stück werkgetreu zu inszenieren, war mein drittes Ziel.

Überraschungen

«Tief ist der Brunnen der Vergangenheit.» Zu tief, als daß er für die Bände I und II alles wieder hergegeben hätte, was einst in ihn gesenkt worden war. Es fehlte an Briefen aus der Frühzeit, nur sehr schattenhaft ging der Jüngling T. M. aus der Sammlung hervor. Plötzlich aber fiel Licht in die Brunnentiefe, längst Verlorengeglaubtes wurde greifbar, und es entstand die «Nachlese» des dritten Bandes.

Da ist er, der junge Mensch, der an «Buddenbrooks» arbeitete – noch im 19. Jahrhundert – und derweil alles, was ihn bewegte, seinen liebsten Freunden mitteilte, dem Brüderpaar

Carl und Paul Ehrenberg. Nie wieder hat er sich brieflich so rückhaltlos gegeben wie im Umgang mit diesen beiden. Carl war Musiker, und ein wie leidenschaftlicher Zuhörer war «Tommy», wenn auf dem Klavier ganze Opern reproduziert wurden, nächtelang, vor allem «Tristan» und abermals «Tristan».

Paul Ehrenberg, der Maler, geigte überdies vorzüglich, auch T. M. war ein guter Geiger, und so musizierte man selbdritt. Gedichte aber, kindlich-zutrauliche, dabei ungelenke Verse, schrieb T. M. nur für Paul. Und fünfzig Jahre später hat er ihn «verwendet». Im «Doktor Faustus» gibt es einen sehr reizvollen jungen Violinvirtuosen, «Rudi Schwerdtfeger». Vom Teufel abgesehen ist dieser sonnige Charmeur die einzige Figur, mit der Adrian Leverkühn, der Held des Buches, sich wirklich einläßt. Da im übrigen der Figurenbestand des «Faustus» fast ausschließlich aus der Wirklichkeit rekrutiert ist, war bis dato viel Rätselraten um jenen «Rudi». Auch meinerseits hatte ich mich häufig nach ihm erkundigt. «Ach, der ...», war T. M.'s Antwort, «den habe ich wohl erfunden oder irgendwie zusammengesetzt ... Ich wüßte wirklich nicht ...»

Aber, aber! «Tief ist der Brunnen ...», doch so tief nicht, daß «Rudi» nicht erkennbar würde auf seinem Grunde – die Person, wohlgemerkt, nicht die Funktion, die der Autor des «Faustus» ihr angedichtet.

Indiskretionen? Gewiß. Aber macht es nicht den Reiz aus und den Neuigkeitswert jeder rechten Briefsammlung, daß in ihr – anders als im dichterischen oder essayistischen Werk – der Mensch erscheint, ganz wie er war, ohne künstlerische Stilisierung und indirektes Licht? «Quaeritur», pflegte T. M. zu schreiben – «ich frage ja bloß».

Aus: «Der Spiegel», 8. Dezember 1965.
Dort mit der zusätzlichen Überschrift: «Erika Mann
über Thomas Mann: ‹Briefe 1948–1955 und Nachlese›».

Die letzte Adresse

Ein Haus, ein eigenes Haus überm Zürichsee, das war – mehr oder weniger geheim – sein Wunsch gewesen, seit langem. Bis er ihn aber hegen, geschweige denn verwirklichen konnte, mußten Jahrzehnte vergehen.

«Ich habe sehr viel Unglück mit meinen Müttern», sagt Don Carlos, und wir, die Familie T. M., hatten «sehr viel Unglück» mit unseren Häusern. Eines nach dem anderen blieb auf der Strecke, entschwand uns in den mißfarbenen Schwaden dessen, was man «Weltgeschichte» nennt.

Mit «Tölz» fing es an. Erbaut anno 1908, war unser liebes «Tölzhaus» anspruchsloser Natur, doch auffallend hübsch und umgeben von einem Garten, der uns Kindern unabsehbar erschien. Hinter seinen Wiesen, Büschen und Bäumen verschwand das einzige Nachbarhaus, und nach vorn hatte man den Blick frei auf die zackigen Gipfel des Karwendelgebirges. Wir verbrachten jeden Sommer in Tölz, dazu manchen tiefverschneiten Wintermonat des ländlichen Arbeitsfriedens wegen, den T. M. sich ertrotzen konnte, solange wir noch klein und die Fesseln der Schule zerreißbar waren.

Als der Krieg kam, waren wir in Tölz, sein Ende aber erlebten wir «tölzlos» – das hübsche Haus war dahin. Sein Verkauf war genau das, was T. M., hätte er damals klar gesehen, «ein Stück aus der Tollkiste» genannt haben würde. An den «Betrachtungen eines Unpolitischen» arbeitend, verzweifelt patriotisch gestimmt und entschlossen, sein bestes Scherflein zum Siege beizutragen, tauschte er im Sommer 1917 unser Tölzhaus gegen ein wenig Kriegsanleihe ein. Bald genug, auf den wilden Wellen der Inflation, begann jene «Flucht in die Sachwerte», die wir uns weder leisten konnten noch nötig gehabt hätten, wäre das «Landhaus Thomas Mann», wie es stolz-bescheiden auf dem restlichen Briefpapier hieß, uns nur erhalten geblieben.

Unser zweites Haus, «die Poschi», lag im Münchner Herzogspark, Ecke Poschingerstraße und Föhringer Allee, der heu-

Die letzte Adresse **345**

tigen Thomas-Mann-Allee. Wir hatten es früh im Jahr 1914 bezogen und hielten daran fest, total verarmt, wie wir nun waren – die «Villenproletarier» aus «Unordnung und frühes Leid». Im Falle der «Poschi» nahm die Weltgeschichte es etwas gemächlicher. Neunzehn Jahre lang erfreuten wir uns des schönen, gediegenen, übrigens «unverbaubaren» Besitzes – neunzehn Jahre lang glaubte T. M., seine arbeitsamen Tage dort beschließen zu dürfen. Auch hatte er es, nach der Währungsreform und mit Hilfe des «Zauberbergs», wieder zu einigem Wohlstand gebracht, einer Affluenz, die der Nobelpreis (1929) noch wesentlich verstärkte. Sie war es denn auch, die uns ermutigte, neuerdings zu bauen. Ein zweites Landhaus entstand – in etwas unpraktischer Ferne diesmal – in Nidden, auf der Kurischen Nehrung. Immer noch gab es Kinder, die sich im Ferienparadies tummelten: Medi und Bibi, will sagen, Elisabeth und Michael, waren jetzt etwa so alt, wie Klaus und ich es im letzten Tölzer Sommer gewesen, und wenn uns fast Erwachsenen das Nidden-Häuschen wenig bedeutete, verglichen mit dem versunkenen und eben dadurch verklärten ‹Tölz›, so kannten «die Kleinen» es nicht anders, als daß man des Sommers in Nidden daheim war, an Sund und Meer, zwischen den hellen und hohen Dünenbergen und bei den Elchen, die zutraulich herantraten, wohl wissend, daß sie auf einer Elchschonung lebten.

Eine «Menschenschonung» freilich (gesetzt, es hätte dergleichen je gegeben), war Deutschland schon lange nicht mehr. Der Nazismus marschierte, von T. M. seit jeher leidenschaftlich bekämpft. Wie eindringlich der «Unpolitische» aber auch warnte, an die «Machtergreifung» vermochte er im Grunde noch weniger zu glauben als an die deutsche Niederlage im großen Kriege. Als sie kam, befand er sich zufällig im Ausland. Einer Vortragsreise zu Ehren Richard Wagners, dessen 50. Todestag man beging, schloß sich ein Erholungsaufenthalt im schweizerischen Hochgebirge an. Dorthin, nach Arosa, telephonierten wir den Eltern. Das Wetter, erklärten wir vorsich-

346 Essays, Statements, Kommentare

tig, sei ganz abscheulich, und ihre Heimkehr deshalb für den Augenblick nicht geboten. Zunächst wollte T. M. nicht verstehen. Auch in Arosa, sagte er, sei die Witterung ungünstig, und so bestehe kein Anlaß, die geplante Abreise zu verschieben. Wir versicherten, dafür bestünden die zwingendsten Gründe – allein schon das große Stöbern in der «Poschi» und die furchtbare Unordnung im Hause verbiete die elterliche Anwesenheit. Da verstand er, entschloß sich, zunächst einmal «abzuwarten», und ehe er sich's versah, war er Emigrant.

Unaufhaltsam verfielen derweil unsere Häuser dem Feind, weit direkter als «Tölz» dies in grauer Vorzeit getan. In der staatlich konfiszierten «Poschi» gab es schließlich eine Niederlassung des «Lebensborn e. V.», während das Niddenhäuschen gebührend um- und ausgebaut, von Reichsforst- und Jagdmeister Göring in Besitz genommen wurde. Ach, über die schönen, ahnungslosen Elche.

T. M., seiner gesamten Habe beraubt, trauerte nicht so sehr seinem Vermögen – inklusive Nobelpreis – wie seinen Häusern nach. Ein eigenes Dach überm Kopf, das gehörte nun einmal zu den Grundbedingungen der Existenz, die er sich geschaffen und die nun zertrümmert war.

> «Ich wünsche mir eine hübsche Frau,
> die nicht alles nähme gar zu genau,
> doch aber zugleich am besten verstände,
> wie ich mich selbst am besten befände.»

Das ist Goethe, doch dem Inhalt nach könnte es ebensowohl Thomas Mann sein. Freilich, als er mit der geduldigsten Leidenschaft um die «Märchenbraut» warb, das verwöhnte Kind aus großem Hause, da wußte er's nicht anders, als daß er verzaubert war und verzweifelt sein würde, falls das holde Ziel unerreichbar blieb. Untergründig aber wünschte er sich zweifellos eine hübsche Frau ..., die es am besten verstände, wie er sich selbst am besten befände, und einer in diesem Falle untrüglichen Intuition hatte er es zu verdanken, daß der Wunsch sich aufs genaueste erfüllte. Immer hat sie es so einzurichten gewußt, daß er unter den bestmöglichen Arbeitsbedingungen lebte, hat ihm – soweit es irgend anging – alles ferngehalten, was sein Schaffen hätte beeinträchtigen können, und war ihm Stab und Stütze sein langes Leben lang. Daß es gesegnet blieb, dies Leben, auch während der ärgsten Emigrationsjahre, verdankt er ihr, die ihm in aller wirtschaftlichen Bedrängnis eine Heimstätte nach der anderen schuf. Es waren gemietete Häuschen oder Häuser, erst im südfranzösischen Sanary-sur-Mer, dann in Küsnacht bei Zürich, wo man fünf gute, fruchtbare Jahre verlebte. Nach dem «Anschluß» kam die Berufung als Gastprofessor an die Universität Princeton, New Jersey. An dem Haus 65 Stockton Street ist neulich eine Steinplatte angebracht worden: «Thomas Mann lived here 1938–1941.» Zweieinhalb Jährchen nur waren wir dort ansässig gewesen, aber dreiundzwanzig Jahre, nachdem wir verzogen, sollte rührender- und großartigerweise der kurze Aufenthalt «Ereignis» werden.

Die Lehrtätigkeit am «Institute for Advanced Study», dem Einstein bis ans Lebensende verbunden blieb, kostete Zeit. Milde, wie die Verpflichtungen waren, glaubte auf die Dauer T. M. sich den Zeitverschleiß nicht leisten zu dürfen und, finanziell aufs neue sehr ungesichert, wandte er sich mit den Seinen gen Westen, zur pazifischen Küste, «wo die linden Lüfte wehen». Ein Grundstück, wie gewohnt, das schönste weit und breit – ward bald gesichtet und erworben. Wie gleichfalls gewohnt, war es durchaus erschwinglich, da die Gegend, der sogenannte «Riviera District» von Pacific Palisades, einem Örtchen unfern des Ozeans, noch nicht eigentlich erschlossen und kaum «gefragt» war. Sollte man bauen? Aber man wollte unbedingt – Umstände hin oder her. Es war sehr schwierig, diesmal. T. M., der es haßte, Schulden zu haben, baute von gepumptem Geld – «ein federal loan», Vorschüsse auf seine Arbeit und freundliche Leihgaben ermöglichten das Unterfangen.

Ein solches war es um so deutlicher, als der Eintritt Amerikas in den Krieg offensichtlich bevorstand.

Am 7. Dezember 1941 war es soweit, aber da war auch das Haus schon unter Dach und wurde im kommenden Februar bezogen. Sieben gewaltige Palmen und einen kleinen Zitronenhain hatte man vorgefunden, und was man zusätzlich pflanzte, gedieh aufs üppigste unter diesem Himmel. Das Haus, bungalowartig und nicht unterkellert, entsprach dennoch sehr wohl den Bedürfnissen des Bauherrn, dem es zehn Jahre lang als Heimstätte diente. Dann, 1952, war es spät in der politischen Entwicklung, die nach Roosevelts Tod in Amerika eingesetzt hatte und seither Giftblüten trieb. Längst waren die Staaten das Land nicht mehr, in das T. M. emigrierte und dessen Bürger er geworden. Der «McCarthyism» florierte. Vom Politischen abgesehen, sehnte mit zunehmenden Jahren T. M. sich ganz einfach heim, nach Europa, in deutsches Sprachgebiet, in die Kultur, der er entstammte. Von der Europafahrt, die wir, wie fast jährlich seit 1947, unternahmen, kehrten wir nicht zurück. In Eile also und ungünstig genug hatten wir uns des kalifornischen Hauses zu entäußern.

Immer wenn T. M. sehnsüchtig der europäischen Heimat gedacht und gewünscht hatte, schließlich dort begraben zu sein, war es die Schweiz gewesen, die er im Herzen trug, Zürich besonders und die Umgebung am See. Nur dort wollte er sein Leben beschließen, wo irgend möglich auf eigenem Grund. Aber schon waren die Grundstückspreise ins Unsinnige gestiegen, und überdies: wieder bauen, das fünfte Mal, als Siebenundsiebzigjähriger – wäre es nicht hybride gewesen? Man schwankte, suchte, bezog ein Mietshäuschen, das man als mesquin empfand und dessen kleine Räume zu niedrig waren für die schönen Empireschränke, das Lübecker Erbgut, das wir, wie ein paar andere Erbstücke und wie den Schreibtisch, mitgeführt hatten auf der langen Wanderschaft. In aller Stille und mit größter Zähigkeit ging nun «Katja», die Unermüdliche, auf die Jagd nach einem Haus, das man etwa erwerben konnte. Daß es

Die letzte Adresse 349

sich fand, bleibt erstaunlich. Glückhafterweise war überdies ein launenhafter Brasilianer soeben zurückgetreten von einem Handel, den die Eigentümer beschleunigt abzuschließen wünschten und der sich daher für uns aufs glimpflichste vollzog.

Rein äußerlich mußte die gediegene Kilchberger Villa an der Alten Landstraße dem künftigen Besitzer einleuchten. Geradezu patrizisch nahm sie sich aus und war so praktisch, wie reizend gelegen mit ihrer Aussicht auf See, Stadt und Berge – das ewig verschneite Glärnischmassiv. Acht Autominuten nur trennten das Haus vom Zentrum Zürichs. Dabei ging es ländlich hier zu. Schräg gegenüber, der schöne alte Bauernhof, war keine Attrappe. Schafe, Hühner und anderes Kleinvieh gehörten zu einem Bild, das um so erfreulicher war, als keine Mietskaserne, keinerlei moderne Wohnsiedlung, keine Tankstelle es verunzierten.

Von außen, also, durfte T. M. sich «Kilchi» besehen. Nur eintreten ließen wir ihn nicht. Zuviel war dort noch zu ändern, und zu leicht empfand er, was er sah, als definitiv gegeben. Die Phantasie, die dem Dichter so natürlich zu Gebote stand – im praktischen Leben mißtraute er ihr, und so mußten wir ihn denn bitten, sich auf die Gediegenheit der Unseren freundlichst zu verlassen.

Es war eine lustig-aufregende Hölle, in der ich die nächsten Wochen verbrachte, einrichtend, die Arbeiten überwachend. «Die letzte Adresse», so hatte T. M. gesagt, als er, gleich nach dem Kauf, das neue Briefpapier bestellte. Jetzt sollte er zufrieden sein, dort, sich endgültig geborgen fühlen und keinem der Häuser mehr nachtrauern, das die Weltgeschichte ihm weggefressen. Während ich werkelte, wohnten die Eltern im Hotel, aber täglich kam meine Mutter, überzeugte sich von dem oder jenem Fortschrittchen, lobte, kritisierte, legte selber mit Hand an. Nicht, ehe alles fertig war, jeder Teppich gelegt, jedes Bild gehängt, an seinem Platze jeder Gegenstand, jedes Buch, durfte der Einzug erfolgen.

350 Essays, Statements, Kommentare

Ein eigenes Haus überm Zürichsee – der alte Traum war erfüllt.

Von den fünf Räumen des Erdgeschosses bildeten drei eine schmucke Suite. Bei geöffneten Flügeltüren ging ein Zimmer ins andere über. Dem Arbeitszimmer benachbart, gab es die Bibliothek mit dem Ausgang zum Garten. Und von der geräumigen Wohndiele ging es bequem hinauf zu den oberen Stockwerken, in deren erstem T. M.s Schlafzimmer gelegen war. Alles «paßte» wie angemessen, und gleich schien es, als hätten wir hier schon lang, schon immer gewohnt, oder als sei genau dies Haus uns vorbestimmt gewesen von Anbeginn. «Ich freue mich», erklärte denn auch der Hausherr; «jeden Morgen, wenn ich zwischen meinen Zimmern unterwegs bin, freue ich mich über die ‹Kilchi›, die so sehr das Richtige ist, das *einzig* Richtige!» Und de facto waren erstmalig die entschwundenen Häuser zur Gänze verschmerzt, «die Kilchi» ersetzte sie sämtlich.

Auch nahm die Gemeinde Kilchberg die neuen Einwohner aufs herzlichste auf. Selbst zum Bauernhof gegenüber knüpften sich die Fäden, da doch Adèle – so hieß eleganterweise die Bauernhündin – Freundschaft schloß mit Boris und Nico, unserem Schäfer und Pudel, und das Trio es liebte, sich gegenseitig die Mahlzeiten wegzufressen.

Im Februar 1955 begingen wir in der «Kilchi» die goldene Hochzeit meiner Eltern, und schon stand T. M.s achtzigster Geburtstag bevor, eine Festivität, die drei Tage lang währte und hohe Anforderungen stellte an den Jubilar und sein Haus. Am Tage selbst, dem 6. Juni, gab es in den unteren Räumen ein Menschengewimmel, wie wir es in solcher Dichtheit kaum je bei uns gesehen. Wundersamerweise kam es damals sogar zu einer Begegnung zwischen den Delegierten aus der Bundesrepublik und denen aus der DDR und, siehe, alles blieb friedlich.

Friedlich blieb alles bis zum Ende, das so nahe war. Wie er im Frühjahr 1933 von einer Vortragsreise, die ihn auch in die Niederlande geführt, nicht mehr nach Haus kam in die «Poschi», kehrte er nicht heim von der Hollandfahrt des Sommers 1955.

Wenige Wochen nur nach dem hohen Lebensfest wurde der plötzlich in Nordwijk Erkrankte per Flugzeug nach Zürich verbracht. Dort, im Kantonsspital, schlief er am 12. August hinüber in die ewige Heimat.

Sein Lieblingsspaziergang hatte vorbeigeführt am alten Kilchberger Friedhof, wo Conrad Ferdinand Meyer begraben liegt. Zwischen Feldern und sanften Hügeln schaut man hinunter auf den See.

Sein Hügel – ein Ehrengrab der Gemeinde – wurde vielen zum Ziel. Und fast immer finden wir Blumen dort, die fremde Freunde niedergelegt.

«Jedes stärkere Leben», schrieb er in einem Brief, «weckt sich Feinde.» Und dann wieder, Goethe zitierend: «Wohlwollen unserer Zeitgenossen, das ist zuletzt erprobtes Glück.»

Er hat sie beide bis zur Neige «erprobt», bitterste Feindschaft und weltweites «Wohlwollen». Schließlich aber, wo so viel Gnade geherrscht hat, wie in jenem «stärkeren Leben», siegt mit Sicherheit die Liebe über den Haß. Und so ist seine letzte Ruhestatt in Kilchberg eine Zuflucht geworden der Liebe.

> Aus: «Schöner Wohnen», August 1965.
> Dort mit dem zusätzlichen Titel: «Erika Mann
> schreibt über die Häuser ihres Vaters».

Wer läutet?

Mit dieser Frage als Kapitelüberschrift beginnt T. M.s kleiner Legenden-Roman, «Der Erwählte».

Unsererseits verfolgen wir eine bestimmte Absicht, indem wir die Frage an den Kopf einer Untersuchung stellen, die, so scheint uns, bisher nicht angestellt worden und also vielleicht der Mühe wert ist. Ehe wir aber in medias res gehen, sei uns verstattet, auf jenen Romanbeginn zurückzugreifen, ja, ihn wörtlich zu zitieren:

«Glockenschall», heißt es da, «Glockenschwall supra urbem, über der ganzen Stadt, in ihren von Klang erfüllten Lüften!

352 Essays, Statements, Kommentare

Glocken, Glocken, sie schwingen und schaukeln, wogen und wiegen ausholend an ihren Balken, in ihren Stühlen, hundertstimmig, in babylonischem Durcheinander. Schwer und geschwind, brummend und bimmelnd, – da ist nicht Zeitmaß noch Einklang, sie reden auf einmal und alle einander ins Wort, ins Wort auch sich selber: an dröhnen die Klöppel und lassen nicht Zeit dem erregten Metall, daß es ausdröhne, da dröhnen sie pendelnd an am anderen Rande, ins eigene Gedröhne, also daß, wenn's noch hallt ‹In te Domine speravi›, so hallt es auch schon ‹Beati, quorum tecta sunt peccata›, hinein aber klingelt es hell von kleineren Stätten, als rühre der Meßbub das Wandlungsglöcklein.

Von den Höhen läutet es und aus der Tiefe, von den sieben erzheiligen Orten der Wallfahrt und allen Pfarrkirchen der sieben Sprengel zu seiten des zweimal gebogenen Tibers. Vom Aventin läutet's, von den Heiligtümern des Palatin und von Sankt Johannes im Lateran, es läutet über dem Grabe dessen, der die Schlüssel führt, im Vatikanischen Hügel, von Santa Maria Maggiore, in Foro, in Domnica, in Cosmedin und in Trastevere, von Ara Celi, Sankt Paulus außer der Mauer, Sankt Peter in Banden und vom Haus zum Hochheiligen Kreuz in Jerusalem. Aber von den Kapellen der Friedhöfe, den Dächern der Saalkirchen und Oratorien in den Gassen läutet es auch. Wer nennt die Namen und weiß die Titel? Wie es tönt, wenn der Wind, wenn der Sturm gar wühlt in den Saiten der Äolsharfe und gänzlich die Klangwelt aufgeweckt ist, was weit voneinander und nahe beisammen, in schwirrender Allharmonie: so, doch ins Erzene übersetzt, geht es zu in den berstenden Lüften, da alles läutet zu großem Fest und erhabenem Einzug.

Wer läutet die Glocken? Die Glöckner nicht. Die sind auf die Straße gelaufen wie alles Volk, da es so ungeheuerlich läutet. Überzeugt euch: die Glockenstuben sind leer. Schlaff hängen die Seile, und dennoch wogen die Glocken, dröhnen die Klöppel. Wird man sagen, daß *niemand* sie läutet? – Nein, nur ein ungrammatischer Kopf ohne Logik wäre der Aussage fähig. ‹Es läuten die Glocken›, das meint: sie werden geläutet, und seien die Stuben auch noch so leer. – Wer also läutet die Glocken Roms? – *Der Geist der Erzählung.* –»

Er hat, dieser Geist, dem Dichter ein prächtiges Glockenkonzert eingegeben, das der Leser zu hören vermeint in der ganzen Vielfarbigkeit der Instrumentation, der ganzen serenen Feierlichkeit der gewaltigen Wirkung. Hat nun, so mag man fragen, «der raunende Beschwörer des Imperfekts» in Worte gefaßt, was er einst leibhaftig vernommen, an Ort und Stelle, und was seiner prägsamen Jugend zum unauslöschlichen Erlebnis wurde, oder entspringt vielmehr diese «Musik» der Phantasie, der Vorstellungskraft des Dichters, der ja soeben – anno 1947 – den «Doktor Faustus» abschloß, ein Werk, das an die musikalische Imagination des Autors noch ganz andere Forderungen stellte als der «Glockenschwall supra urbem»?

Weder, noch. Beide Antworten sind falsch, und die Lösung der Frage, wenngleich aus dem «Brunnen der Vergangenheit» gefischt, liegt keineswegs in Rom, sondern im Münchner «Prinzregenten-Theater», wo an einem Juni-Vormittag des Jahres 1917, vor wenigen geladenen Gästen, die Generalprobe stattfindet zu Hans Pfitzners «Palestrina». T. M., versteht sich, ist anwesend; Bruno Walter, Dirigent dieser Uraufführung, hat ihn hergebeten, und hingenommen lauscht der Verfasser der «Betrachtungen» dem «spröden und kühnen Produkt», das er sich in schneller Folge dreimal zu Gemüte führt und das ihm «merkwürdig rasch und leicht zum Eigentum, zum vertrauten Besitz» wird.

Und nun bitten wir um Pardon. Denn wieder müssen wir zitieren, noch ein wenig ausführlicher diesmal, da es ums Ganze, will sagen, um den Gesamtsinn der Untersuchung geht, von der wir sprachen. Die fragliche Stelle aus den «Betrachtungen» steht in dem «Von der Tugend» genannten Kapitel:

354 Essays, Statements, Kommentare

«Ich überblicke», schreibt T. M., «die weitläufige, aber künstlerisch dicht gefüllte Szenenflucht des ersten Aktes und finde, daß sie ungewöhnlich schön und leicht, in glücklicher Notwendigkeit gefügt ist. Dem Gespräch der Knaben folgt der bewegte Auftritt zwischen Palestrina und dem Prälaten, schon ist die fahle, von Geisterlauten der Vergangenheit erfüllte Szene der ‹Vorgänger› da, diese innige Vision, die tiefe nächtlich ringende Unterredung eines Lebenden, fromm und vornehm Überlieferungsvollen mit den Meistern ... Sie schwinden, aus Not und Finsternis schreit der Einsame nach oben, da schwingt die Engelsstimme sich erschütternd im Kyrie empor, die Gnadenstunde des Müden bricht an, er neigt sein Ohr zum Schattenmunde der verstorbenen Geliebten, die Lichtgründe öffnen sich, die unendlichen Chöre brechen aus in das Gloria in excelsis, zu all ihren Harfen singen sie ihm Vollendung und Frieden ... Dann löst sich die Überspannung, alles verbleicht, erschöpft hängt Palestrina in seinem Sessel, und nun? Sollte es möglich sein, diesen Akt, der ein wahres Festspiel zu Ehren schmerzhaften Künstlertums und eine Apotheose der Musik ist, nachdem er zu solchen Gesichten emporgeführt, ohne Ermatten zu schließen? Noch eine Wirkung hervorzubringen, die solche Steigerung wohl gar überböte? Welche Lust, zu sehen, wie das möglich wird, wie solche Möglichkeit mit jener köstlichen, erlaubten, ja gebotenen und begeisterungsvollen Klugheit, Umsicht und Politik der Kunst von langer Hand her zubereitet wurde! Gebt acht! Durch das Fenster von Palestrinas Arbeitsstübchen gewahrt man die Kuppeln von Rom. Ganz früh, am Ende der ersten Szene schon, als Silla, der hoffnungsvolle Eleve, der's mit den Florentiner Futuristen hält, hinausblickt, hin über Rom, und sich in gemütlich ironischen Worten von dem konservativen alten Nest verabschiedet, geht im Orchester, nach dem majestätisch ausladenden Motiv der Stadt, ein mäßig starkes, monotones Leiern in Sekunden an, das nicht enden zu wollen scheint, und dessen Sinn vorderhand unerfindlich ist. Die Leute tauschten verwunderte und lächelnde

Blicke bei dieser sonderbaren Begleitung, und da war niemand, der einem so schrullenhaft nichtssagenden Einfall irgendwelche dramatische Zukunft prophezeit hätte. Ich sage: gebt acht! Seit damals ist in Wirklichkeit eine reichliche Stunde, illusionsweise aber eine ganze Nacht vergangen, und eine Welt von Dingen hat sich ereignet. Die schwindende Engelsglorie hat irdische Morgendämmerung zurückgelassen, rotglühend und rasch hebt sich der Tag über die Kuppeln draußen, das ist Rom, sein gewaltiges Thema wird breit und prunkend verkündet im Orchester, – und da, wahrhaftig, kommt auch das vergessene Leiern von gestern abend wieder in Gang, es gleicht einem Läuten, ja, das sind Glocken, die Morgenglocken von Rom, nicht wirkliche Glocken, nur nachgeahmt vom Orchester, doch so, wie hundertfach schwingendes, tönendes, dröhnendes Kirchenglockenerzgetöse überhaupt noch niemals künstlerisch nachgeahmt wurde, – ein kolossales Schaukeln von abenteuerlich harmonisierten Sekunden, worin, wie in dem vom Gehör nicht zu bewältigenden Tosen eines Wasserfalls, sämtliche Tonhöhen und Schwingungsarten, Donnern, Brummen und Schmettern mit höchstem Streichergefistel sich mischen, ganz so, wie es ist, wenn hundertfaches Glockengedröhn die Gesamtatmosphäre in Vibration versetzt zu haben und das Himmelsgewölbe sprengen zu wollen scheint. Es ist ein ungeheurer Effekt! Der seitlich im Stuhle schlummernde Meister, die heilige Stadt im Purpurschein, der durchs Fenster hereinfallend die ärmliche Stätte nächtlicher Schöpferekstase verklärt, und dazu das mächtige Glockengependel, das nur zurücktritt, während die ausgeschlafenen Knaben die im Zimmer verstreuten Notenblätter sammeln und ihre paar Repliken wechseln, und das dann seinen gewaltigen Gang wieder anhebt, bis der Vorhang zusammenfällt.»

Stellenweise wörtlich – der Leser hat es bemerkt – ist in der Schilderung des Pfitznerschen Glockengeläuts das enthalten, was, dreißig Jährchen später, im «Erwählten» neuerdings ertönt. Und so hätte denn «der Geist der Erzählung» nicht «wirkliche Glocken» produziert, auch nicht solche, «nachgeahmt vom Orchester», vielmehr jene, die in grauer Vorzeit T. M. dem Orchester nacherzählte. Und damit ist des Merkwürdigen noch lange kein Ende. Wenig später im Kapitel «Von der Tugend» fallen Worte, die uns in ihrer vorwegnehmenden Bedeutsamkeit geradezu unheimlich anmuten. Wenn wir auch diese Worte noch hersetzen, so bitten wir abermals um Verzeihung. Jetzt nämlich exzerpieren wir ausschließlich für intime Kenner des späten T. M., für «Faustus»-Leser und andere, die sehr genau Bescheid wissen um die Lebensstimmung eines Mannes, der reif wurde in der Atmosphäre *eines* Zeitalters und dann plötzlich ein neues antreten sah, dem er ebenfalls mit einem Teil seines Wesens angehörte. (Indirektes Zitat.) Palestrina – T. M. zufolge – war so ein Mensch, ganz wie schließlich er selbst es war, der freilich – anders als der «alte, todesmüde» Komponist – sich weit entfernt wußte von dessen «Wunsch und Vorsatz»:

«Mit off'nen Augen in des Lebens Rachen
Will flieh'n ich aus der Zeit –,».

«Wenn», schreibt aber T. M., «Palestrina krank ist in seiner Seele – und das ist er wohl –, so ist seine Melancholie doch mit einem Selbstbewußtsein verbunden, das ihn aus dem Munde der ‹Vorgänger› die Worte vernehmen läßt:

Der Kreis der hochgestimmten ist voll Sehnen
Nach Jenem, der ihn schließt: Erwählter Du!

Denn nicht wahr: weder diese Szene der Vorgänger noch die darauf folgende der englischen Inspiration sind wir geneigt als reines Legendenmirakel und katholischen Theaterzauber zu empfinden; uns bedeuten diese Gesichte ein Anschaulichwerden des Ethisch-Innerlichsten, und für uns hat also der

Zuruf ‹Erwählter Du!› dasselbe Ich zur Quelle, wie die Antwort:

> Nicht ich – nicht ich –; schwach bin ich, voller Fehle,
> Und um ein Werden ist's in mir getan.
> Ich bin ein alter, todesmüder Mann
> Am Ende einer großen Zeit.
> Und vor mir seh' ich nichts als Traurigkeit –
> Ich kann es nicht mehr zwingen aus der Seele.»

Da haben wir es nun, und nicht von ungefähr, auch nicht unbewußt hat T. M. die große römische Glockensymphonie seiner eigenen Schilderung in den «Betrachtungen» entnommen. Zweifelsohne: er hatte dies Buch in Händen, ehe er sich hinsetzte und den Titel «Der Erwählte» niederschrieb, und fast möchten wir uns dafür verbürgen, daß er lächelte bei diesem Tun, träumerisch zugleich und verschlagen, und sich fragte: «Wird man es merken? Wird es ‹aufkommen›, – wann und durch wen?» – «Weistu was so schweig», mag er sodann gedacht haben. Denn fest steht ja, daß er in den «Bemerkungen zu dem Roman ‹Der Erwählte›» («Altes und Neues», 1953) mit keiner Silbe der engen Beziehungen gedenkt, die – das glauben wir nachgewiesen zu haben – walten zwischen dem alten Kriegsbuch und dem kürzlich abgeschlossenen Legendenspiel. Immerhin und ersatzweise schließt er jene «Bemerkungen» wie folgt:

«‹Der Erwählte› ist ein Spätwerk in jedem Sinn, nicht nur nach den Jahren seines Verfassers, sondern auch als Produkt einer Spätzeit, das mit Alt-Ehrwürdigem, einer langen Überlieferung sein Spiel treibt. Viel Travestie – nicht lieblos – mischt sich hinein. Höfische Epik, Wolframs ‹Parzival›, alte Marienlieder, das Nibelungenlied klingen parodistisch an, – Merkmale einer Spätheit, für die Kultur und Parodie nah verwandte Begriffe sind. Amor fati – ich habe wenig dagegen, ein Spätgekommener und Letzter, ein Abschließender zu sein und

glaube nicht, daß nach mir diese Geschichte und die Josephs-
geschichten noch einmal werden erzählt werden. Als ich ganz
jung war, ließ ich den kleinen Hanno Buddenbrook unter die
Genealogie seiner Familie einen langen Strich ziehen, und als
er dafür gescholten wurde, ließ ich ihn stammeln: ‹Ich dachte
– ich dachte – es käme nichts mehr.› Mir ist, als käme nichts
mehr. Oft will mir unsere Gegenwartsliteratur, das Höchste
und Feinste davon, als ein Abschiednehmen, ein rasches Erinnern, Noch-einmal-Heraufrufen und Rekapitulieren des
abendländischen Mythos erscheinen, – bevor die Nacht sinkt,
eine lange Nacht vielleicht und ein tiefes Vergessen. Ein
Werkchen wie dieses ist Spätkultur, die vor der Barbarei
kommt, mit fast fremden Augen schon angesehen von der
Zeit. Aber wenn es das Alte und Fromme, die Legende parodistisch belächelt, so ist dies Lächeln eher melancholisch als fri-
vol, und der verspielte Stil-Roman, die Endform der Legende,
bewahrt mit reinem Ernste ihren religiösen Kern, ihr Chri-
stentum, die Idee von Sünde und Gnade.»

Bei den vorstehenden, ungebührlich ausgedehnten Exzerp-
ten könnten wir es bewenden lassen, und dies umso eher, als
ohnehin dem Leser, dessen Interesse wir – vielleicht – geweckt
haben, anzuraten ist, er möchte sich des weiteren ein wenig
umsehen auf den «Palestrina»-Seiten des Kapitels «Von der
Tugend». Er wird dort – gerade dort! – noch manches «Einschlägige» finden, – vieles, was ungemein bezeichnend ist,
nicht sowohl für den Dichter des «Erwählten», wie für T. M.
überhaupt, für das Ethos seines Lebens, das «Leistung!» hieß.
«‹Dein Erdenpensum, Palestrina›, fordern die Meister, ‹dein
Erdenpensum schaff'!›» Und der «ironische Konservativis-
mus», von dem die Rede geht und dem «ein Stolz und eine
Freiheit» innewohnen, «die eher der ‹neuen Zeit› angehören»,
weshalb denn «der Priester am Ende wirklich findet, daß es in
seiner (Palestrinas) Nähe nach Schwefel riecht», dieser «Kon-
servativismus», macht er nicht letztlich den ganzen T. M.
aus?

Schluß! Schleunigst müßten wir Schluß machen und tun es de facto. Ein einziges Sätzchen noch – in eigener Sache – sei uns vergönnt: «... warum», fragt am Ende des Vorworts zu «Altes und Neues» T. M., «warum sollten wir uns da nicht der Philologie zuvorkommend erweisen?»

Und warum wirklich sollten wir da nicht? Den Versuch wenigstens haben wir unternommen. Möge die hohe Wissenschaft ihrerseits uns großmütig Quartier geben!

Aus: «Fischer-Almanach auf das 80. Jahr»,
Frankfurt a. M. 1966, S. 48–55.

Unser Vater

Als wir noch Kinder waren, – welcher Art ist unser Vater gewesen?

Er war anders als andere Väter. Dies wußten wir früh, denn wir waren nicht dumm und konnten vergleichen. Andere Väter frühstückten mit der Familie, gingen ins Geschäft, ins Bureau, in die Fabrik. Den unseren sahen wir erst beim Mittagessen. Inzwischen war er nirgends hingegangen – höchstens spazieren. Er arbeitete im Arbeitszimmer. Er war Schriftsteller und als solcher berühmt. Das Arbeitszimmer war heilig, – ein Raum, den man nur betrat, wenn man eingeladen wurde, und das wurde man nur, wenn «Der Zauberer» (dies unser Name für ihn) vorlesen wollte, und das wollte er nur, wenn er Zeit für uns hatte, – manchmal, «nach dem Tee». Er las herrlich, – Märchen von Andersen, Hauff, den Brüdern Grimm. Später las er dann Sachen, die er selbst geschriftstellert hatte, und jetzt wußten wir wenigstens, was er so trieb. Es gefiel uns sehr. Auch, daß er so fleißig war, machte uns Eindruck. Niemand zwang ihn dazu, er hatte keinen Vorgesetzten, auffallender Weise *wollte* er fleißig sein; er *mußte*, offenbar und von innen heraus, immerzu schreiben oder – mindestens – nachdenken.

Deshalb war er oft zerstreut und konnte sich um uns nicht viel kümmern. Wenn er schrieb oder nachdachte, brauchte er Ruhe, und wir hatten leise zu sein. Wenn wir das vergaßen, wurde er fuchsteufelswild. Sonst nie. Schlechte Noten störten ihn nicht. Waren wir faul oder ungezogen oder lügenhaft gewesen, dann merkte er's erst, falls unsere Mutter uns verpetzt hatte. Und das wieder tat sie erst, wenn es nötig geworden war, daß er persönlich uns schimpfte. Also selten. Denn er schimpfte höchst ungern, und noch ungerner veranlaßte unsere Mutter ihn zu etwas, das er ungern tat.

Wie gern dagegen feierte er Feste! Weihnachten liebte er besonders, aber jedes Fest war ihm recht, jeder Geburtstag, jedes Lämmerhüpfen. «Er ist halt», sagte das Kinderfräulein, «eine echte Künstlernatur.»

Ja, das war er wohl. Und deshalb, wenn er mit uns ins Theater ging, war er womöglich noch aufgeregter als wir. Vorher erklärte er uns alles, – nicht nur die Handlung, auch die Musik und die Leitmotive und was sonst noch passierte – im «Fliegenden Holländer» oder im «Lohengrin». Wagner war sein Liebling. Er konnte ihn auswendig, das gesamte Gesamtkunstwerk. Vieles pfiff er uns vor. Überhaupt pfiff er prächtig, – etwa im dunklen Zimmer, während draußen auf der Diele das Christkind – oder sonstwer – die Kerzen entzündete, und wir sangen. Das gab dann ein veritables Konzert. Mit den hübschesten Flötentönen – mal eine Terz tiefer, mal eine höher – umspielte er unser sprödes Gesinge, er pfiff Figuren und Koloraturen, und zwischen den Liedern erzählte er von Weihnachten in Lübeck, wo er ein kleiner Junge gewesen war. «Wie unendlich lange», sagte er, «ist das her!» Aber draußen beim Lichterbaum war er derselbe kleine Junge wieder und spielte mit seinen Weihnachtssachen, wie wir mit den unseren. Waren andere Väter auch so? Wir bezweifelten es.

Andere Väter . . .

Denke ich an den unseren, so weiß ich: Vorbildlich war er

nicht, – er war «nur» ein Vorbild. *Das* Vorbild, sollte ich sagen –
und damit

Schluß.

> Erstdruck. Geschrieben im Juli 1968
> für die Zeitschrift «Eltern», aber dort nicht veröffentlicht.
> Gedruckt nach einem Typoskript im Erika-Mann-Archiv,
> Monacensia München. Titel von den Herausgebern dieses Bandes.

Vorwort zu Thomas Mann, «Autobiographisches»

T. M.'s autobiographische Schriften einmal gesammelt vorzu-
legen, erschien reizvoll. Dabei galt unsere Aufmerksamkeit vor
allem den kleineren, bisher weithin verstreuten Stücken, die
dem spezialisierten Kenner bekannt, dem freundlichen Leser
aber neu oder doch willkommen sein mögen. Auch ergeben in
ihrer Zusammenfassung diese Skizzen eine Art Selbstporträt
und Ersatz für die nie geschriebene, eigentliche Autobiographie.

Warum hat ein Autor, dessen Gesamtwerk – bis tief in die
Essayistik hinein – soviel indirekte Selbstdarstellung enthält,
den direkten Weg wo nicht gemieden, so doch nur aus besonderem, meist äußerlichem Anlaß, über kurze Strecken hin,
beschritten? Seine Antwort, eine spärliche, nicht durchaus
überzeugende Auskunft, liegt vor.

«Von meiner Zeit», sagt der Fünfundsiebzigjährige, «will ich
zu Ihnen sprechen, nicht von meinem Leben. Ich habe geringe
Neigung oder gar keine, Ihnen einen autobiographischen Vortrag zu halten. Der Wunsch, ich möchte einmal, nach so vielen
Büchern, die ich aus meinem Leben gemacht, *ein* Buch daraus
machen und meine Lebensgeschichte erzählen, ist wohl zuweilen an mich herangetreten, aber nur sehr gelegentlich und fragmentarisch, nur in sehr beschränktem Rahmen bin ich der An-
regung nachgekommen, nur indem ich den Freunden und mir
selbst wohl einmal die Entstehungsgeschichte eines oder des

anderen Werkes erzählte. Vielleicht liebe ich mein Leben nicht genug, um zum Autobiographen zu taugen.»

«Die Entstehung des Doktor Faustus», an die er hier vornehmlich denkt, ist, sowohl gesondert wie mit dem Roman kombiniert allgemein zugänglich. Zudem konnte der «beschränkte Rahmen», den auch wir uns gespannt, diese größere Schrift nicht fassen.

Im übrigen aber unterschätzt der Verfasser des Vortrags «Meine Zeit» die Summe dessen, was er uns «sehr gelegentlich» erzählte. Der Leser wird sehen. Und er wird das «vielleicht» erwägen, das T. M. der Behauptung beigab, er habe sein Leben nicht genug geliebt ...

Hat er denn etwa seine «Helden» nicht geliebt? All die Hanno und Tonio, Klaus Heinrich, Aschenbach und Hans Castorp, die Jaakob, Adrian und Felix, die doch sämtlich die Züge ihres Schöpfers variieren, – gehörte ihnen nicht seine ganze Zuneigung? Und hat man ihm nicht vorgeworfen, selbst sein Essaywerk sei so egozentriert, daß es weit weniger auf exakte Analyse der Objekte hinauslaufe als auf kaum verkappte Selbstdarstellung?

Nun, nicht von ungefähr hat T. M. seinen literaturkritischen Bemühungen den Sammeltitel «Huldigungen und Kränze» gegeben. Es waren lauter von ihm verehrte, geliebte Geister, denen er sich zuwandte, – natürlich nicht, weil sie ihm fremd und unzugänglich gewesen wären, sondern auf Grund einer als stark empfundenen Affinität. Nicht am Gegensätzlichen versuchte und entzündete er sich. Die Nähe zog ihn an, und wenn er nahezubringen wußte, so eben deshalb.

Mangelnde Liebe also zur eigenen Existenz kann kaum als Erklärung gelten für seine autobiographische Enthaltsamkeit. Was sie motivierte, war vielmehr eine eigentümliche Scheu und ängstliche Diskretion, wo es um Innerstes ging, der Horror des Künstlers, der sich im Indirekten doch immer preiszugeben hat, vor allem direkten, persönlichen Exhibitionismus.

Freilich, da sind die versiegelten Tagebücher. T. M.'s Willen

Thomas Mann, «Autobiographisches»   363

gemäß dürfen sie zwanzig Jahre nach seinem Tode (12. August 1975) erst geöffnet werden. Was aber ist von ihnen zu erwarten? Kennen wir den Schreiber recht, so geht es da um knappe Notizen, die Wichtiges wie Nebensächliches festhalten; um heute und kürzlich Erlebtes, Geplantes, Gedachtes, Geträumtes, – nicht um gültig Geprägtes, inhaltlich und stilistisch irgend Gerundetes. Auch tragen die drei in Kalifornien verschnürten Pakete die Aufschrift «Without literary value». Das vierte Bündel, am Zürichsee entstanden, ist gleichfalls verpackt und versiegelt, ganz, als habe T. M. die Hollandreise am 30. Juni 55 angetreten, wohl wissend, daß sie die letzte sei.

«Literarisch wertlos», – nun gut. Und sonst? Wie weit in der persönlichen Preisgabe mögen sie gehen, diese Aufzeichnungen, die er stets hinter Schloß und Riegel hielt? Irren wir nicht, so sind es Wachstuchhefte, deren er sich bediente bei seinem flüchtig-intensiven Tun. Trat man gegen Abend oder später unvermutet bei ihm ein und betraf ihn dabei, so schien er betroffen, – fast ärgerlich. Kaum emigriert – das heißt, «draußen geblieben» –, verlangte er dringlich nach einem bestimmten Koffer, der nachzusenden sei (unsere Habe war noch nicht konfisziert), und die Mitteilung einer getreuen Angestellten, der ungetreue Nazi-Chauffeur habe hinterrücks eben dies Gepäckstück ins «Braune Haus» geliefert, versetzte ihn in einen unpräzedierten Erregungs-, ja, Verzweiflungszustand. Es ging, wie schließlich erhellte, vor allem um die Tagebücher, die er nicht nur endgültig verloren, sondern dem Todfeind in die Hände gefallen glaubte. In seiner unerforschlichen Dummheit gab dieser den völlig intakten Koffer sehr bald wieder frei, und T. M., von nun an fluchtbereit und nicht gewillt, Ähnliches erneut zu riskieren, verbrannte bei erster Gelegenheit eine Menge Papier. Eine große Menge, wie Einer von uns, Zufallszeuge der Einäscherung, ungesehen beobachtet hat. Daß es freilich *alles* war, die gesammelten Tagebücher bis 1933, ahnten wir nicht und haben es angesichts der nachgelassenen Pakete erst erfahren. Damit aber steht wohl fest, daß er im Exil und in der Folge

364 Essays, Statements, Kommentare

«anders» schrieb, vorsichtiger, weniger rückhaltlos als zu der Zeit, deren intimste Erzeugnisse er vernichtete. Waren sie «kompromittant», diese braven Schulhefte? Mag immerhin sein. Kein Lebensbau ohne «Blaubartzimmer». Hofmannsthal, als er den noch jungen T. M. kennen gelernt hatte, soll geäußert haben, der ganze Mensch mache einen ungemein gepflegten, großbürgerlich-soliden, diskret-eleganten Eindruck. Auch sein Haus stelle man sich so vor: sehr fein und reichhaltig, mit kostbaren Tapisserien, dunkelnden Ölgemälden, Clubsesseln, hellen Schlafräumen etc. pp. «Nur», fügte der Dichter hinzu, indem er auf seine Nägel blickte, – «in irgend so einem Nebenzimmerl liegt dann plötzlich – eine tote Katze . . .»

Denkbar also, daß es ein oder die andere «tote Katze» war, die da verheizt wurde. Eigentlich «Anstößiges» muß dennoch nicht im Spiele gewesen sein. Enthielten diese zahllosen Seiten nur irgendwelche Dinge, die T. M. im Leben nicht ausgesprochen haben würde, so waren sie ihm tabu, und der Gedanke, irgendwer – selbst die Nächsten – könnte je Einblick in sie gewinnen, erweckte ihm Grauen.

Selbst die Nächsten . . .

War er autobiographisch mitteilsam, im Umgang mit ihnen? Ließ er sie etwa teilhaben an den wichtigsten Erlebnissen seiner Kindheit und Jugend?

Er erzählte gern und machte sehr komisch nach. Da gab es zum Beispiel den Mathematiklehrer mit seinen Zins- und Zinseszinsrechnungen, Aktien und Obligationen. Um den Unterricht zu beleben, gab der Mann vor, er selbst sei im Besitz zahlreicher Wertpapiere, deren eines er nunmehr zu verkaufen gedenke, natürlich nicht, ohne vorher mit den Schülern errechnet zu haben, wieviel es ihm im Laufe der Jahre gebracht. War der Betrag, ein hübsches, unrundes Sümmchen, am Tage, so leckte der lübische Professor sich die Lippen. «Ond dann», rief er genüßlich, «dann *neehm* Ich mein Pepier und *hoole* mir mein Geld!» Man sah ihn förmlich, wie er federnden Schrittes zur Bank eilte, wo das Seine appetitlich für ihn bereit lag.

War es derselbe Pädagoge, der T. M. gelegentlich beim Schwindeln ertappte? Lübisch jedenfalls sprach auch er, und auch er genoß, was da zu sagen war. «Hast mich *wieder* betrügen wollen», nickte er erfreut, «kriechst *natürlich* Deine Rüge. Und wenn Du nachher kommst und *fleehst*, wird sie Dir *necht* wieder erlassen!»

Auf dem Heimweg trieb der Gerügte sich oft noch auf dem alten Rathausplatz herum, besonders, wenn an gewissen Markttagen allerlei fremdes Gelichter seine Waren und Künste dort zeigte. Nichts hatte «Tommy» – der kleine wie der erwachsene, reife und späte – lieber als «Darbietungen», und den ältlichen Exoten mit der Zwergmenagerie, den er da einst beobachtet, hat er im Leben nicht vergessen. Wie seine Tiere, war der Wanderaussteller klein, von unbestimmbarer Herkunft und überraschender Behendigkeit. Während nun eins seiner Schauobjekte ein Dressurstückchen vorführte, entschlüpfte ein anderes, hüpfte zwischen den Beinen der Zuschauer davon und war verschwunden. Gleichfalls hüpfend nahm schließlich der arme Alte die Verfolgung auf. Im ersten Schrecken aber lieferte er noch eine Zusatzdarbietung, die Tommy viel schöner fand als die eigentliche und die er mit Vorliebe für uns Kinder reproduzierte. In alttestamentarischem Jammer und mit größter Ausdruckskraft warf «der Zauberer» beide Arme in die Höh'. «We-he, mein Wüstenspringer!» rief er und genoß die Alliteration; gleich, dachten wir, würde er gebückt zur Tür hüpfen.

Nun, das sind Schnurren, und schnurrig war auch die Sache mit dem Gebet, das folgende Zeilen enthielt:

> Gib mir und allen denen,
> Die sich von Herzen sehnen ...

Als T. M. so zu beten lernte, galt das benachbarte Dänemark den Lübeckern durchaus noch als Feind, und da sie «Dänen» wie «denen» aussprachen, ging dem patriotischen Tommy der fromme Wunsch gründlich gegen den Strich. Mochten die Besiegten sich doch sämtlich und von Herzen nach den verlorenen Gebieten sehnen. Durch Einschaltung des lieben Gottes deren Rückgabe zu effektuieren, durfte «unsere» Sache nicht sein.

Derart erzählte T. M., und unsererseits haben wir die Geschichtchen hergesetzt, weil sie in ihrer harmlosen Äußerlichkeit typisch sind für die Kindheitserinnerungen, die er preisgab. Anderes, «Innerlicheres» und gewiß weniger Harmloses verschwieg er oder berührte es unzureichend am Rande. So wurde nur eben erwähnt, daß er einmal mit Bruder Heinrich ein ganzes Jahr lang kein Wort wechselte. Im Elternhaus teilten sich die Buben in ein Zimmer. Dort schliefen, arbeiteten, spielten sie, – letzteres meist getrennt, zu gesonderten Zeiten. Woher aber dann jählings diese anhaltende Vereisung? Wir wissen es nicht, haben vielleicht verabsäumt, danach zu fragen, weil von T. M. eine schlüssige Antwort kaum zu erwarten war. «Ach, das ergab sich wohl so . . .», hätte er vermutlich gesagt; «Heinrich konnte sehr kränkend sein.»

Zweifellos litt Tommy unter der Überlegenheit des Älteren, und zwar nicht so sehr auf Grund der vier Jahre Unterschied. Weich, verwundbar, liebebedürftig und «voll liederlichen Hohns über das Ganze» nur in Notwehr gegen die Gemeinheit des Lebens, hatte der Knabe T. M. keine Waffe gegen den kühlen Hochmut, der den – im Grunde gleichfalls prinzlich-lebensängstlichen – Heinrich quasi auszeichnete und schon auf Kinderbildern deutlich genug hervortritt. Mit ein paar hingeworfenen Sätzen, wenigen Worten vermochte der Große den Bruder aufs Blut zu verletzen. Ganz, wie später die knappen Anspielungen in Heinrich Manns «Zola»-Essay genügten, um – diesmal auf viele Jahre hinaus – völlige Vereisung herbeizuführen. Menschlich wehrlos wie eh und je, war freilich T. M. jetzt schriftstellerisch gewappnet. Der durch den Ersten Weltkrieg aus «unpolitischem» Schlummer Geschreckte hätte sich wohl keinesfalls genügt in «Friedrich und die große Koalition – Ein Abriß für den Tag und die Stunde». Irgendwelche «Betrachtungen» waren wohl jedenfalls zu gewärtigen. Dennoch:

der ganze dicke Band, wie wir ihn kennen (dieser «Rückstand und Niederschlag», die «Leidensspur – das *Bleibsel* dieser Jahre»), stellt eine einzige, nicht abreißen wollende Antwort dar auf ein paar hingeworfene brüderliche Schnödigkeiten. Und er beweist, daß nichts sich geändert hatte an der prekärsten, seltsamsten, verzwicktesten aller uns bekannten Bruderbeziehungen.

Und dann hat Heinrich das Buch nicht gelesen.

Wenn Erotik unter anderem «Reiz» bedeutet, – im Doppelsinn des Wortes, so war, unter anderem, diese Beziehung eminent erotischer Natur. Bis zur Lebensmitte – bis zu Bruch und Versöhnung – war Thomas der Liebende (weil Leidende) gewesen. Schließlich, gegen Ende, stand es umgekehrt. Heinrich liebte. Wahrscheinlich litt er. Ihre Brüderlichkeit aber stand fortan im Zeichen der Vorsicht, einer fast ängstlichen Rücksichtnahme aufeinander. Nach außen hin wirkte das geradezu absurd, wie denn auch ein T. M.-Sekretär berichtet, er habe seinen Augen kaum getraut, angesichts des Zeremoniells, das da waltete und an zwei hochgestellte Diplomaten weit eher denken ließ als an ein Brüderpaar.

Ein paar Worte noch zu unserem Bande, der einer «Einleitung» nicht eigentlich bedarf. Was wir auf den vorstehenden Seiten zu geben versuchten, war Ergänzung, nicht Analyse und Kommentar.

Eines der hier aufgenommenen Stücke heißt «Pariser Rechenschaft», – und «Rechenschaft», so hätten wir die ganze Sammlung nennen können, gäbe es da nicht die intimen Erinnerungen. «Das Bild der Mutter», «Kinderspiele», «Süßer Schlaf», «Katja Mann zum siebzigsten Geburtstag», – das sind Rückblicke sehr privater Natur, frei vom Gedanken an eine Öffentlichkeit, der man irgend «Rechenschaft» schuldig wäre. Auch, was T. M. «Im Spiegel» gesehen haben will und im Theater – zu Lübeck und München – gesehen hat und «raunend» heraufholt, aus dem bewußten «Brunnen», ist freies

368 Essays, Statements, Kommentare

Spiel, träumerischer Umgang mit liebevoll Bewahrtem, und hat nichts von der streng-besonnenen Haltung dessen, der aus gewichtigem Anlaß Auskunft gibt über sein Leben, Denken und Tun.

So verschiedenartig nach Ton und Inhalt die Beiträge aber seien, die dies Buch ausmachen, – eines eignet ihnen allen: die absolute Treue des Autobiographen zu sich selbst, die unbedingte Redlichkeit des Geistes und Menschen T. M. Nichts hier ist je erfunden, gefärbt, schonend verschleiert, wirkungsvoll arrangiert. Was er nicht sagen will, verschweigt er. Was er sagt, ist wahr.

Zögernd nur und nicht bedenkenlos haben wir den Selbstzeugnissen des Vaters den Tochter-Bericht «Das letzte Jahr» beigefügt. Unsere Rechtfertigung liegt – so hoffen wir – in der Gewissenhaftigkeit der Wiedergabe, der Genauigkeit, mit der festgehalten wurde, was T. M. erlebt hat und was alles ihm widerfuhr, in seinem «Ernte- und Todesjahr».

Frei von literarischem Anspruch und wohl wirklich «Without literary value», trachtet die Schrift eine Biographie abzuschließen, deren Endkapitel der Autobiograph T. M. nicht mehr einbeziehen konnte in die hier gesammelten Skizzen. Als Ergänzung also – wie dies Vorwort – möge sie Eingang finden in unseren Band.

Aus: «Thomas Mann, Autobiographisches /
Erika Mann, Das letzte Jahr». Frankfurt a. M. 1968.

«Lotte in Weimar»

Spät erst – 61jährig – hat T.M. sich erzählerisch an eine Figur gewagt, die ihn seit sehr langem tief beschäftigte und der er schon so manchen essayistischen Versuch gewidmet: Goethe. Dessen überragende Gestalt mit allen Licht- und Schattenseiten einmal hinzustellen, ihn reden und denken zu lassen, an seinem Beispiel zu zeigen, wie schwer die Größe – noch die besonnteste – es mit sich selber hat und wie furchtbar schwer sie es der Umwelt macht, das war eine Aufgabe von ungemeinem Reiz, gerade für einen Schriftsteller, der so groß war in der Bewunderung seiner Vorbilder und Leitsterne. Bewunderung schließt Kritik nicht aus. Täte sie's, sie wäre ohne Erkenntnis und also wertlos, – bloße Schwärmerei. T. M. war kein Schwärmer und kein «Fan». Je unbedingter er bewunderte, desto leidenschaftlicher schürfte er, desto dringlicher war er auf volle Kenntnis, Erkenntnis, Gerechtigkeit bedacht.

Goethen gerecht werden, – kann man das überhaupt? Ein Goethe-Roman – höchst riskantes Experiment, – dessen war T. M. sich nur zu genau bewußt. Er erzählt denn auch nicht frisch von der Leber weg. Mit seinem Helden hält er lang hinterm Berg. Er umkreist ihn, – von weitem zunächst, dann in immer enger werdenden Zirkeln. Und zwar so:

Die Hofrätin Kestner, Charlotte Kestner, geborene Buff, – kurz, «Werthers Lotte», trifft in Weimar ein, angeblich zum Besuch ihrer dort verheirateten Schwester. Wirklich aber wünscht die Gute nichts sehnlicher, als endlich den Jugendfreund wiederzusehen, der es in der langen Zwischenzeit zu so ungeheuerlichem Ruhm und Glanze gebracht hat. 44 Jährchen sind verstrichen seit Erscheinen des «Werther», und nichts, was der deutsche Dichterfürst seither der Welt gegeben, hat so die Herzen entflammt wie dies erstaunliche Frühwerk. Kein Wunder also, daß «Lottes» Ankunft das Städtchen in helle Aufregung versetzt. Eine Legende ist da. Nebst Tochter und Zofe ist sie ganz einfach abgestiegen im Gasthof zum Elephanten, vor dem bald die Menge sich staut, in der vergebenen Hoffnung, sie möchte auf dem Balkon erscheinen.

Derweil empfängt Charlotte einen Besuch nach dem anderen. Wer sich einfindet, schützt gesellschaftliche Artigkeit, wohl auch Wißbegier vor, tut's aber in Wahrheit aus dem Bedürfnis nach Aussprache. Eine Fremde – und darf dennoch ältere, unverbrüchlichere Rechte geltend machen als irgendein

Hiesiger. Welche Chance! Der Frau kann, ihr muß man sich anvertrauen. Sie wird man höchst aufgeschlossen, verständnisvoll, dabei unbefangen finden, angesichts des bemühenden Gegenstandes, um den es hier geht: Goethe.

Und T. M. zieht seine Kreise.

Die Besucher sind sehr verschiedenartiger Natur und stehen zu Seiner Excellenz in sehr verschiedenartiger Beziehung.

Dr. Friedrich Wilhelm Riemer, vertrauter Sekretär und Reisebegleiter, ein hochgebildeter Mann, ist nicht ohne eigene Verdienste. In der Hauptsache aber betreut er den Meister und preist sich glücklich, ihm dienen zu dürfen. *Ist* er glücklich? Wie vorsichtig immer er sich ausdrückt, wie ehrlich er offenbar bewundert, – einige Bitterkeit ist nicht zu überhören. Mehr: dem Manne scheint daran gelegen, sie deutlich zu machen. Das Genie ist tyrannisch. Es weiß seine Leute auszubeuten, daß es eine Art hat. Bezaubernd ist es und beängstigend, ein Seelenfänger, – unschuldig, ruchlos, ein faszinierendes Monstrum.

Gebannten Herzens lauscht Charlotte. Allzugern bezweifelte sie Manches von dem, was sie hören muß, doch liegt es im Wesen der Wahrheit – selbst der kompliziertesten –, daß sie den, der sie sucht, alsbald überzeugt. Und Lotte sucht ja, – unbedingt möchte sie lernen, um zu begreifen.

Riemers «Beichte» wird unterbrochen, sobald T. M. diesen weitesten Kreis geschlossen sieht.

Es ist *Demoiselle Schopenhauer*, Adele mit Namen, Arthurs Schwester, die sich nun melden läßt und deretwegen Dr. Riemer das Feld räumt. Die junge Dame zählt zu Weimars geistiger Elite. Im literarischen Salon ihrer Mutter verkehrten Wieland, Grimm, die Brüder Schlegel, – lauter «Onkels» für die Kleine, – nur Goethen hat sie nie so genannt, – «es fügte sich nicht». Auch, daß heutzutage der große Alte von dem Musenverein erfahre, dem Adele so schwärmerisch angehört, will sich nicht fügen. Oder, besser: man täte äußerst unklug, ihn mit derlei zu behelligen. Uhland? E. T. A.

Hoffmann? Schon recht, – Goethe will sie ja leben lassen, auch wenn sie seinetwegen gewiß nicht zu dichten brauchten. Daß aber seine Bewunderer, sein eigenster Hofstaat sich an ihren Schreibereien delektieren, – daran würde er möglicherweise den zornigsten Anstoß nehmen. Vielleicht auch nicht. Man wußte ja nie. Dabei war er nicht eigentlich ein Tyrann, – der Absicht nach nicht. Ginge es nach der, er wäre ein Menschenfreund reinsten Wassers und größten Formats. Alles an ihm ist ja so schrecklich groß, und er selbst ganz selten nur schrecklich. Wie reizend er sein kann und wie kindlich, und wie gern er die Leute zum Lachen bringt, – ein besonders menschenfreundlicher Zug!

Sie spricht viel und gut, die kluge Demoiselle, und wieder trachtet Charlotte vergebens, leise Zweifel zu setzen in das Gehörte. Der Klang der Wahrheit ist unverkennbar. Und der zweite Kreis ist geschlossen.

Der letzte Besucher, den die Hofrätin heute empfängt, ist kein anderer als *Herr Kammerrat von Goethe*, – August ist es, der ungebärdige und unglückliche Sohn, – ausgeschickt, um Madame willkommen zu heißen und sie, nebst Verwandtschaft, einzuladen ins Haus auf dem Frauenplan, – «in drei Tagen von heute, um halber 3 . . .».

Wir wollen's kurz machen: Auch August leidet; er liebt, bewundert, dient, verzehrt sich in Stolz und Kleinmut; weit intimer noch als Riemer und Adele kennt er Größe und Unmenschentum, Zauber und Abscheulichkeit, Güte und Mißgunst des Genies, das sein Vater ist und dem er sich unterwirft, wie alle dies tun. «Was kann ich meinem Vater sein?» ruft er; «Ich bin ein aufs Praktische gestellter Durchschnittsmensch . . .» Und doch ist er Sohn genug, Verse aus dem «Persischen Divan», die vorerst nur er besitzt, so zu charakterisieren: «Sie sind von ungeheurer, von unaussprechlicher Merkwürdigkeit. Es gab nie dergleichen . . . Nenne ich sie geheimnisvoll, so bin ich zugleich genötigt, sie kindlich klar zu nennen. Es ist – ja, wie es mitteilen – die Esoterik der Natur. Es ist das Persönlich-

372 Essays, Statements, Kommentare

ste mit den Eigenschaften des Sterngewölbes, so daß das All ein Menschenantlitz gewinnt, das Ich aber mit Sternenaugen blickt. Wer will das aussagen!»

Der dritte und engste Kreis ist geschlossen. Die gute Charlotte – und mit ihr der Leser – weiß und begreift nun unendlich viel mehr von Wesen und Unwesen der gewaltigen Existenz, der sie einst nahe stand. Niemand, so scheint es, vermöchte heut' noch, den Abstand zu überwinden, den – willentlich oder nicht – Goethe geschaffen hat zwischen sich und den Menschen. «Mit Sternenaugen» blickt er auf sie herab, und wenngleich in ihm «das All ein Menschenantlitz gewinnt», – so recht heimelig wird keinem zumute sein, der seine Nähe sucht.

T. M. sucht – und findet sie. Denn nun kommt «Das siebente Kapitel». Ausdrücklich heißt es so, während im übrigen die Abschnitte nur mit «Erstes», «Zweites Kapitel», etc. überschrieben sind. «Das siebente» freilich stößt vor ins Zentrum der Kreise.

Goethe erwacht früh an irgendeinem Morgen. Nun erst, da wir ihn schon zu kennen meinen, liefert T. M. ihn uns selbst. Es ist sein Innenporträt, das er uns zeigt, – ein Bild, im Stil etwa gewisser Impressionisten, – hingetupft, scheinbar zufällig oft und zerfließend, doch in Wahrheit äußerst konzentriert, exakt und folgerichtig.

Der große Gedankenmonolog ergreift eine Vielzahl von Dingen, die Goethe gesagt, notiert, geschrieben – und andere, die er sehr wohl hätte sagen können, – die seines Geistes sind, zugehörig seiner Welt. Das träumt, webt, assoziiert, plant, verwirft, erinnert sich; es zürnt, liebt, bewundert (selten) und verachtet (häufiger); es fühlt, genießt, weiß um die eigene Größe, trauert dem Freund nach, dem längst verlorenen, – Schiller, der gleichfalls groß war und als Einziger *alles* verstand, – ach, jede geheime Absicht, jedes arge Versagen; und es dichtet, immer dichtet es, – dies Leben ist Dichtung, und Dichtung ist Opfer – Lebensopfer. Der da sinniert, weiß das, und der Augenblick wird kommen, da er es ausspricht.

Am Ende unseres Romans steht ein Gespräch, – geisterhaft, unwirklich, doch von tiefer Glaubwürdigkeit. Noch einmal, wie vor Zeiten, scheint Goethe nah. Es ist Lotte, zu der er spricht. «Du brachtest», sagt er, «ein Gleichnis, das mir lieb und verwandt ist vor allen, und von dem meine Seele besessen seit je: das von der Mücke und der tötlich-lockenden Flamme. Willst du denn, daß ich diese sei, worin sich der Falter begierig stürzt, bin ich im Wandel und Austausch der Dinge die brennende Kerze doch auch, die ihren Leib opfert, damit das Licht leuchte, bin ich auch wieder der trunkene Schmetterling, der der Flamme verfällt, – Gleichnis alles Opfers von Leben und Leib zu geistigster Wandlung. Alte Seele, liebe, kindliche, ich zuerst und zuletzt bin ein Opfer – und ich bin es, der es bringt ...»

Geisterhaft, doch versöhnlich, in zärtlich verschwebenden Moll-Harmonien schließt unser Buch. Was vorangeht – die Geselligkeit bei Goethe – hat Kälte verbreitet, und, aller Vorbereitung zum Trotz, die Besucherin bitter enttäuscht. Daß der Ausklang schön ist, und das Wahre gültiger als das Wirkliche, bedeutet ihr – und uns – wahres und wirkliches Glück.

Aus dem Band: «Thomas Mann, Eine Auslese».
Hg. von Erika Mann. Wien 1969.

Ein Menschheitslied
Über den Joseph-Roman

«Ein humoristisches Menschheitslied», «ein verschämtes Menschheitslied», – so hat T. M. seinen vierbändigen Joseph-Roman genannt. Das Werk umfaßt beinah 2000 Seiten, und 16 Jahre lang (mit ausgedehnten Unterbrechungen freilich) hat er daran gearbeitet. Er schrieb langsam. Zwei Seiten täglich, – mehr war es nie, was er durchschnittlich zu Papier brachte. Da er dies aber jeden Tag tat, den Gott ihm schenkte, und überdies Sorge trug, daß das Geschriebene dann auch wörtlich bleiben konnte, wie es war, kam so langsam wie sicher ein Gesamtwerk zustande, welches – allein dem Umfang nach – groß ist als Produkt eines einzigen Menschenlebens. Ob es groß sei auch nach Qualitätsgraden gemessen, – sein Schöpfer wußte es nicht. Kein Welterfolg, keine Auszeichnung, selbst der Nobelpreis nicht, die höchste Ehrung, hat ihn je sicher, mit sich zufrieden, seines Nachruhms gewiß gemacht. «Unzufriedenheit mit sich selbst bildet ein Grundelement jedes echten Talentes.» Das stammt von Anton Tschechow, dem bedeutenden russischen Erzähler und Dramatiker. Doch nicht zufällig hat T. M. – in einer seiner letzten Arbeiten – den Satz zitiert. Es ist ein doppelbodiger Satz, da – einerseits – jene «Unzufriedenheit» echt und ursprünglich sein muß, um voll ins Gewicht zu fallen, während, andererseits, schon das Wissen um die Bedeutung ebensolcher «Unzufriedenheit» ihren Wert herabsetzen könnte.

«Nur die Lumpe sind bescheiden», – das Goethe-Wort widerspricht dem Tschechow-Satz nur scheinbar. Was Goethe da meint, ist – vor allem – ein leichtes Sich-Bescheiden, einen Mangel an höherem Ehrgeiz und dem Wunsch nach Vollendung. Und «Lump» in diesem Zusammenhang hat zwar die hergebrachte Bedeutung von «Tunichtgut», «Nichtsnutz», «Verräter» wohl auch, meint aber insbesondere eine «Lumpigkeit», welche das eigene Talent verriete, nicht genug aus ihm machte, «bescheiden» darauf verzichtete, das Äußerste anzustreben.

Dies Äußerste hat T. M. zeitlebens gewollt und war also sehr unbescheiden in seinen Anforderungen an sich selbst. Das schloß tiefe Bescheidenheit in der Beurteilung des eigenen Werkes nicht nur nicht aus, – es bedingte sie geradezu. Wer viel will, ist ungenügsam und macht es sich schwer.

Wie «Buddenbrooks» und «Der Zauberberg» war die Josephsgeschichte zunächst als knappe Erzählung geplant. Und wieder wollte das Werk es anders. «Das eigensinnig auf sich bestehende Produkt», so charakterisiert T. M. die Tetralogie, –

Über den Joseph-Roman 375

«70 000 geruhig strömende Zeilen, welche die Urvorkomm-
nisse des Menschenlebens, Liebe und Haß, Segen und Fluch,
Bruderzwist und Vaterleid, Hoffart und Buße, Sturz und Erhebung kündend dahintragen ...», – und, wirklich: nichts
Menschlich-Urmenschliches scheint vergessen oder ausgespart
in diesen vier Bänden. Die Absicht der Dichtung – nicht des
Dichters! – war es von Anfang an, hinunterzusteigen in den
«Brunnen der Vergangenheit», das Mythische heraufzuholen,
nahezubringen, durchsichtig zu machen, zu *vergegenwärti-
gen*. Es hatte aber diese Absicht durchaus nichts zu tun mit
Dingen scheinbar verwandter Natur. Wenn etwa G. B. Shaw
oder Jean Giraudoux – um nur zwei bedeutende Beispiele zu
nennen – mit modernen Mitteln tief Vergangenes ins Rampen-
licht hoben, so ging es um relativ oberflächliche Wirkungen, –
um die Komik, den Witz, den Effekt der Gegensätzlichkeit.
Julius Caesar in feierlicher Toga – und spricht wie unsereiner, –
nein, viel brillanter, schlagender, ungezogener, – nämlich wie
Shaw! Und Jupiter, der majestätische Obergott, – auftretend
mit der eleganten Lässigkeit, dem pariserischen Charme und
der ganzen Anmut von Jean Giraudoux, – ein Heidenspaß!
Ebendies ist das Josephs-Lied *nicht*. Der Bibel entnommen,
verpflichtet bereits der Stoff zu Religiosität. Während aber
Gott, der alleinzige, lebendige, eifersüchtige Gott, den einst
Abraham grübelnd und deutend hervorgebracht und mit dem
er den Bund schloß, die unendlich überragende, Größtes wie
Kleinstes durchdringende Rolle spielt, die Ihm zukommt, steht
doch der Mensch im Zentrum der göttlichen Schöpfung. Denn
ohne ihn, den Menschen, könnte Gott nicht sein, – so wenig,
wie jener sein könnte ohne diesen.
Religion, Religions-Geschichte und -Philosophie, – natürlich sind sie unabdingbar für «Joseph und seine Brüder». Dennoch geht es essentiell um *den Menschen*, wie er – immer
schon – war und – immer wieder – sein wird, weil Gott ihn so
und nicht anders geschaffen. Mag sein (T. M. nimmt dies an),
der Mensch ist «ursprünglich», er ist «damals» deutlicher ge-

wesen, dem Typ nach, – es gab Leute, die waren *vornehmlich* genäschig, neugierig, gutmütig oder schlau. Daneben aber, – neben dem Hauptmerkmal ihres Typs, – hatten sie bereits sämtliche Eigenschaften, die uns Heutige ausmachen, auszeichnen oder im Wert herabsetzen. Und die Josephsgeschichte der Bibel, – kurz und bündig, wie sie dort wiedergegeben ist, – enthält im Keim schon alles, was ein moderner Erzähler brauchte, um sich ein «verschämtes», dabei «humoristisches Menschheitslied» daraus zu machen.

Faßt man T. M.'s Hauptwerke ins Auge, – die drei mit Abstand umfangreichsten Romane, – so ergibt sich folgender Aufbau: «Buddenbrooks», – das war nach Stoff und Idee ein kerndeutsches Buch. Auch verrät schon der Untertitel, «Verfall einer Familie», die «Bescheidenheit» der Konzeption: Um einen Einzelfall sollte es gehen, um die Geschichte *einer* Familie, – der eigenen. – Quellenstudium? Da war alles schön beieinander, – Mutter und Geschwister, Stammbäume, Chroniken, Familienpapiere und die Archive der Vaterstadt gaben erschöpfend Auskunft, und wenn freilich von Anfang an feststand, daß der Melancholie des «Verfalls», der Todesnähe, viel Komik beigesellt sein müsse, so wußte der Autor, daß genau diese Mischung ihm eingeboren war. Der «Sympathie mit dem Tode» hat er schließlich entsagt. Ohne Humor aber kam er nicht aus, – im Leben so wenig wie im Dichten, – selbst wo in der Dichtung nachtschwarze Tragik den Grundton abgab.

Daß «Buddenbrooks» das Buch nicht wurde, welches dem Autor vorgeschwebt hatte; daß es weit über sich hinauswuchs ins «Repräsentative», wissen wir schon. Der «Verfall einer Familie» war prophetisch zum Verfall geworden – nicht nur des deutschen, sondern des Bürgertums überhaupt. – Dennoch: dieser erste große Roman, den unkluge Kritiker damals für ein Stück «Heimatkunst» hielten, war noch durchaus «deutsch» konzipiert.

Anders «Der Zauberberg», der gleich aufs Europäische hinauswollte. Schon der Ort der Handlung, «Das internationale

Sanatorium Berghof», bestimmt den Charakter des Buches, dessen junger Held, – ein Deutscher immerhin, – sich von «Ausländern» umgeben sieht und von solchen verführt, beraten, umkämpft wird. Nicht mehr, wie in «Buddenbrooks», steht deutsche Gemeinschaft im Mittelpunkt. Europa war visiert, und die ganze Dialektik des Abendlandes wird ins Spiel gebracht, – ein Spiel, welches denn auch mit dem «Donnerschlag», dem Ausbruch des Krieges von 1914 endet.

Wieder anders – ganz anders – die Josephs-Tetralogie. Unbeirrbar zieht T. M. seine Kreise, – um ein Land, einen Erdteil, einen Stern. War es erst das Deutschland des späten 19. und frühen 20. Jahrhunderts, das er «einfing», um in der Folge das Europa der Vorkriegsjahre zu umfassen, so ist es nun die Menschheit, die er besingt, und zwar nicht die Erdbevölkerung einer bestimmten, historisch genau belegbaren Epoche, vielmehr den Menschen der Frühe, ihn, den kein Historiker kannte und der vom Dichter dingfest gemacht, hingestellt, beseelt sein wollte.

«Beseelung», – T. M. liebte das Wort so sehr, weil alles Dichten ihm darin enthalten schien. Und wenn es ihm gelang, im «Joseph» den Mythos zu *beseelen*, so war er – für diesmal – am Ziel seiner Wünsche.

Aus dem Band: «Thomas Mann, Eine Auslese».
Hg. von Erika Mann. Wien 1969.
Titel von den Herausgebern des vorliegenden Buches.

Das schwierige Sonntagskind
Porträt meines Vaters

Hochzeit in der Münchner Arcisstraße. Ein berühmter Schriftsteller – wie jung er noch ist! – führt Katja heim, – weg aus dem elterlichen Palais und fort von den Brüdern. Sie hat deren vier, – der jüngste ist ihr Zwilling, und gerade er, so hört man, ist für diese Heirat gewesen. Die Mutter übrigens auch. Nur der

Vater wollte nicht so recht, obwohl gegen den Freier rein gar nichts einzuwenden war. Alfred Pringsheim, Königlicher Universitätsprofessor, Kunstsammler von Rang und aktiver Richard-Wagner-Enthusiast, liebt nur einfach sein Töchterchen zu sehr, um es *irgend* einem Freier anzuvertrauen. Wozu denn auch hat die Kleine als erste Münchnerin das Abitur gemacht (nach privater Vorbereitung – ein Mädchen-Gymnasium gab es längst noch nicht), wozu studierte sie so erfolgreich, – Mathematik beim Papa und Physik beim großen Röntgen, – wenn sie nun alles hinwerfen und Hausfrau werden sollte? Ein Glück nur, daß dieser «Tommy» von Wagner soviel verstand. Ganz wie der Professor konnte er die Opern auswendig; mühelos unterhielt man sich in Wagner-Zitaten. – Die Mutter – Hedwig, geborene Dohm, – ist so schön, daß sie immerzu gemalt wird, – Lenbach und Kaulbach überbieten einander in portraitistischen Glanzstücken. Aber auch Katja ist reizend – und nun will sie fort.

Der Bräutigam stammt aus dem Norden. Sein Vater, Patrizier, Chef der ehrwürdigen Firma Johann Siegmund Mann – Getreide Import und Export – ist zu Lübeck Senator gewesen. Die Mutter freilich kam aus Brasilien, eine dunkle Schönheit spanisch-portugiesischen Typs, der man den deutschen Vater nicht ansieht. Tommy, der Viertelsportugiese, könnte gleichfalls Südländer sein, hätte er nicht den hellen Blick seiner nordischen Ahnen.

Als er – an einem Sonntag! – zur Welt kam, war Bruder Heinrich schon da. Zwei Schwestern, Julia und Carla, folgten bald, während Viktor, das Nesthäkchen, sich Zeit ließ. Bei seiner Geburt war Thomas fünfzehn, ein verträumter junger Herr und miserabler Schüler, der nicht nur nichts verstand von Getreide Import und Export, sondern auch nichts davon verstehen wollte. Um Heinrich war es nicht besser bestellt. Kühl hatte er dem Vater erklärt, die Firma übernehme er keinesfalls, – er sei zum Künstler geboren. So weit ging Tommy nicht. Doch der Senator wußte: auch dieser Erbe gab keinen Firmenchef ab –,

Das schwierige Sonntagskind 379

und der jüngste lag in der Wiege. Schweren Herzens verfügte er testamentarisch die Liquidierung des alten Handelshauses. Dann starb er, – überraschend zwar, aber kaum völlig ungewollt. Immer hatte er am Rand seiner Kräfte gelebt, – nun war er fertig.

Mit Kind und Kegel zog die Witwe nach München. Dort trat Tommy, der «Brävere», in eine Versicherungsgesellschaft ein, während Heinrich bereits als freier Schriftsteller lebte. Carla, schön, blond und üppig, wollte zur Bühne. Die zarte Julia dagegen mußte wohl heiraten, – eine Vorstellung, zu «wirklich», um den Geschwistern lieb zu sein. Welt und Wirklichkeit standen sie mit gelindem Mißtrauen gegenüber. «Der Ernst des Lebens», – gewiß, er würde hereinbrechen. Was vorläufig zählte, waren Spiel, Traum, Spott, Erinnerung, Sehnsucht und das Mann'sche Familien-Lachen, das ihnen allen gemein war.

Ganz unbegründet – das hat sich gezeigt – war sie nicht, die Abwehr-Haltung dieser Manns dem praktischen Leben gegenüber. Carla, deren Talent nicht hinreichte, ging früh in den Tod, und freiwillig machte auch Julia sich davon. Ein wenig geliebter Gatte war ihr vorangegangen. – Als völlig «normal», ein bayerischer Lausbub, wuchs nur Viktor heran. Und dann hat selbst er, Bankbeamter in mittleren Jahren, plötzlich ein Buch geschrieben, das Aufsehen erregte. Doch da war der Autor schon tot.

Fast schien es, als habe alle Kraft, die der Familie geblieben war, sich in den beiden Ältesten geballt. Woher freilich kam den Nachfahren so vieler Kaufmannsgeschlechter das eklatante Schriftsteller-Talent? Sie meinten es zu wissen: die Blutmischung war es, die sie zu Künstlern machte – und ihre menschliche Problematik bedingte. «Zwischen den Rassen», so heißt ein früher Roman von Heinrich, und auch bei Thomas findet das reizvoll schillernde Thema sich vielfach angespielt.

Tommy «versicherte» wenig und schrieb desto mehr. Frühe Erzählungen erschienen in literarischen Zeitschriften und gefielen. 1898 gab er bei S. Fischer einen ersten Novellenband heraus, «Der kleine Herr Friedemann», und machte sich flugs an einen Roman. Ihn nannte er «Buddenbrooks. Verfall einer Familie». Drei Jahre wandte er an das Buch, welches, endlich bei Fischer eingeliefert, als zu umfangreich abgelehnt wurde. Oder nein: eine Ablehnung lag eigentlich nicht vor. «Nur» um die Hälfte sollte das Ding gekürzt werden. Handlich, übersichtlich und preiswert, wie es dann sein würde, wollte der Verlag es gern in Druck geben. Der junge Autor – knapp fünfundzwanzigjährig – weigerte sich standhaft. «Ganz oder gar nicht!», ließ er wissen. Nicht nur brauche eine lange Geschichte durchaus nicht langweilig zu sein, – erst ihre Ausführlichkeit mache sie – unter Umständen – interessant, – dann nämlich, wenn sie zum Wesen gehöre eines Buches, dem durch Kürzungen der denkbar schwerste Schaden zugefügt würde, etc. pp.

S. Fischer gab nach, und zwei Jahre später war Werk wie Autor berühmt.

Man brauchte die «Buddenbrooks» nur gelesen zu haben, um eine Menge zu wissen über den Verfasser und seine Herkunft. Denn daß der Roman die Vaterstadt meinte und die eigene Familie im Mittelpunkt stand, war unverkennbar, auch wenn keine Ich-Figur deutlich wurde. Die fand sich dafür in der großen Novelle, die T. M. folgen ließ, – «Tonio Kröger». Hier sprach – fast unverhüllt – der Autor von sich selbst. Wer diese Erzählung gelesen hatte, der war im Bilde.

Katja war im Bilde. Daß sie es nicht ganz leicht haben würde an der Seite des Erwählten, wußte sie. Er war ein schwieriges Sonntagskind, – vom Schicksal begünstigt, doch nicht geneigt, sich auf sein Glück zu verlassen, – entschlossen vielmehr zu strenger Leistung, äußerster Hingabe an sein künstlerisches Tun.

Heiter und prächtig verlief die Hochzeit. Man schrieb den 11. Februar 1905, und neun Monate später war auch das Kind schon da, das erste von sechsen. Sie nannten es Erika. Ich war nun auf der Welt.

Des Vaters Schnurrbart kitzelte, – das ist meine früheste

Erinnerung. Er trug mich herum und zeigte mir die Bücher. «Das grü-ne Buch», sagte er eindringlich, «und das ro-te Buch!». Aber damals gab es das Brüderchen bereits, das Klaus hieß oder «Klausi», woraus ich «Aissi» machte. Besser konnte ich's nicht.

Wann fingen wir an, zu begreifen, daß der Vater ein Schriftsteller und daß er berühmt war? Ziemlich früh, will mir scheinen, – mit Hilfe der Leute.

Die Leute waren dumm. Sie sprachen unsere Kinderfrau an, – die Anna mit den blauen Backen, – nannten uns «Dichterkinder», fanden uns «apart» und wollten wissen, ob der Papa wieder was Schönes schreibe. Wir schwiegen trotzig, aber der blauen Anna gefiel dies alles. Sie war stolz.

Der Papa spielte mit uns. Und er zeichnete. Warum war er nicht Maler geworden? Und warum haben wir nicht besser aufgepaßt auf die Karikaturen, die da so leichthin entstanden? Weg sind sie, – «Der brasilianische Gesandte», dämonisch aber flott, mit gepflegtem schwarzem Spitzbart, und «Ein Ballherr feinster Art», betörend elegant, mit Monokel und herrlich sitzendem Frack. Tja, meinte der Künstler, natürlich hätt' ich *gekonnt*, aber ich mußte nicht, und schreiben, das mußte ich leider. – Wie schön auch hat er Geige gespielt! Musiker? «Natürlich», – auch das hätte er werden können. Nur mußte er nicht, und wer in der Kunst nicht unbedingt muß, der soll die Finger davon lassen! Gefälligst bleibe er Versicherungsbeamter oder werde sonst was Rechtes, – *verstanden?* – Entzückt beschauten wir uns die Zeichnungen. Und er hätte, dachten wir, *doch* Maler werden sollen. Oder Musiker . . .

Der Papa erzählte. Wann war es, daß er von Italien berichtete, wo er ein Jahr mit dem Onkel Heinrich verbrachte und anfing, die «Buddenbrooks» zu schreiben? Wir waren unser schon vier, – Golo und Moni, «die Kleinen», hatten sich eingefunden, – und wir erfuhren, wie lustig es war, im Örtchen Palestrina. Der Hund (immer gab es einen Hund) hieß Titi oder wurde so genannt. In Wahrheit hieß er «Titino Fraß von Forschertrieb Hyäne». Er hatte nette dunkle Augen, – weshalb ich ihm ähnlich sah und meinerseits häufig «Titi» hieß. Das hat sich dann später gelegt. – Der Papa und der Onkel hatten sehr wenig Geld. Wenn sie gar keins mehr hatten, mußten sie telegraphieren. Ihre Mama (unsere Omama) war hilfsbereit. «Gräßlich auf den Hinterkopf geschlagen erbitten sofort Mark einhundert.» Die arme Mama. Sie glaubte und schickte, – obwohl doch kaum einzusehen war, wozu zwei junge Menschen so viel Geld benötigten, nur, weil sie auf den Hinterkopf geschlagen waren, – gräßlich oder nicht. Nun, sie hätte wohl jedenfalls geschickt.

Die Beziehung zwischen den Brüdern – das wurde uns später erst klar – war immer prekär gewesen. Als Buben teilten sie ein Zimmer, aber schon die vier Jahre Altersunterschied hätten eine gewisse Distanz gesetzt, auch wenn Heinrich sich weniger kühl, kritisch und überlegen gegeben hätte. Und dann haben sie einmal ein ganzes Jahr lang kein Wort miteinander gewechselt. Woher plötzlich diese Vereisung? Wir erfuhren es nie, – vermutlich, weil wir nie danach fragten. Und warum fragten wir nicht? Weil schlüssige Antwort kaum zu erwarten war. «Das ergab sich wohl so», hätte der Vater gesagt; «Heinrich konnte sehr kränkend sein.»

Der Onkel, so schien uns, war nicht kinderlieb. Er besuchte uns oft, – in München, auch in unserem Tölzer Landhaus, aber um uns Kinder kümmerte er sich nicht. Da hatten wir ganz andere Onkels, – die Brüder meiner Mutter oder solche, die gar nicht verwandt waren. Diese Onkels, – der Bruno Frank etwa oder der Hans Reisiger oder der herrliche Bruno Walter, der große Dirigent und Generalmusikdirektor, – die waren richtig. Der Onkel Heinrich dagegen, – na ja. Daß auch er ein bedeutender Schriftsteller war, wußten wir immerhin. Und als einer von uns – es war der Klaus – seinerseits zu schreiben begann, da blieb der Onkel nicht ohne Einfluß auf ihn. Daß er überdies äußerst nett und hilfsbereit sein konnte, merkten wir schließlich gleichfalls.

Die Tageseinteilung des Vaters, den wir «Zauberer» nannten, änderte sich nie. Alle Vormittage verbrachte er am Schreibtisch, wandte «die besten und würdigsten Stunden» an die jeweilige «Hauptsache», das Werk, dem sein Trachten vornehmlich galt. Von neun bis zwölf oder halb eins wurde geschrieben, unter allen Umständen, auch Sonn- und Feiertags und auch, wenn der Schreibende krank war. Nur Fieber oder eine gebrochene Schulter (die rechte!) konnte die Arbeit unterbrechen, und als er, siebzigjährig, erstmals im Krankenhaus lag (eine Lungenoperation war nötig geworden), erstaunte er alle Welt durch die Behendigkeit, mit der er gesund wurde. *Das Buch* («Doktor Faustus») wartete, – man mußte sich eilen!

Er schrieb langsam. Zwei druckreife Seiten täglich, – mehr war es nicht, was er sich lieferte. Auf jeden Satz kam es an, jedes Wort wollte gewogen und verantwortet sein.

Mittags kam der Spaziergang, – ein bis anderthalb Stunden lang. Mit Hund. Dann wurde gegessen, dann gelesen und dann geruht. Von vier bis halb sechs war Siesta – unter allen Umständen. Anschließend gab es Tee, und die Zeit bis zum Abendessen gehörte kleineren Arbeiten, – «Nebendingen», und einer Korrespondenz, die aus bescheidenen Anfängen unbarmherzig ins Weltweite wuchs. Nach Tisch wieder Lektüre, Quellenstudium oder, in späteren Jahren, Plattenkonzert.

Lebte man ungesellig? Nein. Nur, daß es galt, hauszuhalten mit der kostbaren Zeit. Gäste erschienen zum Essen oder kamen zum Tee, und ihre Besuche wurden erwidert. Nächtliches war zu vermeiden. Wollte jemand sich ergiebig aussprechen, wünschte er einen schwierigen Rat, dann nahm man ihn mit auf den Spaziergang – opferwilliger Weise. Denn nun war diese Zeit der Arbeit verloren: Planen, konzipieren, verwerfen, ausmalen, – dies tat man am besten beim Wandern. Bewegung und frische Luft wirken anregend, und der Hund belustigt, ohne zu stören.

T. M. ließ sich gern belustigen. Ich, zum Beispiel, brachte ihn oft zum Lachen, und die Schwäche, die er für mich hatte,

384 Essays, Statements, Kommentare

verdanke ich nicht zuletzt meiner Albernheit. Mochte ich widerspenstig sein und schlecht in der Schule, – ich machte Lehrer und Mitschüler nach, – auch die Gäste, – sprach in vielen Dialekten, mit fremden Akzenten und ersann Narreteien, die ihn ergötzten. «Man könnte die Leute wohl amüsieren, wenn sie nur amüsabel wären!» – das ist Goethe, T. M. aus dem Herzen geschrieben. «Amüsabler» als er konnte man nicht sein.

Erfreulich also, daß er sich so gut mit sich selbst unterhielt. Noch sehe ich uns in seinem Münchner Arbeitszimmer. Es ist «nach dem Tee», und er hat uns Kinder gerufen, – die vier «Großen», – die beiden Jüngsten sind noch zu klein. «Mielein» (so nennen wir die Mutter) ist natürlich dabei, und «Der Zauberer» liest vor. Sobald er einen Abschnitt fertig hat, tut er dies. Er liest glänzend. Wenn es aber komisch wird, dann kann er nicht weiter. Vor Lachen. Wir alle haben losgelacht, vorsichtig prustend, doch er lacht aus dem Vollen und so, als sei er völlig überrascht und überrumpelt von dem, was da steht.

Nur während des Ersten Weltkriegs entfielen diese Stunden. Was er damals schrieb, die «Betrachtungen eines Unpolitischen», – ein höchst politisches Buch, war ungeeignet, – zu schwierig für Kinder und übrigens (soviel wußten wir) irgendwie gegen den Onkel Heinrich gerichtet, mit dem wir jetzt verkracht waren. Der Onkel war nicht nur Pazifist (schlimm genug!), er gab auch uns Deutschen Schuld am Kriege und hielt es heimlich mit Frankreich (ungeheuer schlimm!). Kein Wunder, daß der Zauberer zornig war. Um die bereits versalzene Suppe vollends zu verderben, hatte, in einem Aufsatz über Emile Zola, Heinrich sich sehr beleidigend über den Bruder geäußert. Der Name, versteht sich, war nicht genannt, der Angriff aber «saß». Man kannte das ja: Heinrich konnte sehr kränkend sein. Wie in grauer Vorzeit hatte Vereisung eingesetzt und wollte lange nicht weichen. Erst als anno 1922 Heinrich auf den Tod lag, erschien Thomas mit Blumen am Krankenbett. Von nun an war und blieb man gut Freund.

In München, Südfrankreich und der Schweiz, im Osten und Westen Amerikas, – überall auf den großen Wanderschaften, die es zu bestehen galt, wurde vorgelesen. Durch die Jahrzehnte klingt die väterliche Stimme, – sonor, nicht eigentlich kräftig, aber äußerst wandlungsfähig und reich nuanciert. Geschichten und Essays; «Der Zauberberg» und «Joseph»; «Lotte in Weimar», «Doktor Faustus», «Felix Krull», – dies alles entstand unter unseren Augen, wir hörten es entstehen. Freilich: wir hatten unsere eigenen Aufgaben zu lösen, unsere Leben irgendwie zu zwingen, – oft fern vom häuslichen Herd. Derweil hexte der Zauberer weiter, und kaum fanden wir uns wieder zusammen, wurde nachgeholt, – Abend für Abend ertönte die Stimme, schien Ordnung zu bringen in die wirren und blutigen Läufte, brachte «höhere Heiterkeit» in die Mühsal und Kontinuität in die Zerrissenheit. Es war gut, ihr zu lauschen.

Je älter er wurde, desto zugänglicher, ja weicher schien er. Hatte seine schwierige Jugend «Kühle» vorgetäuscht, und war noch der Mann scheinbar fern gewesen, steif oft und konventionell (aus Scheu!), so gab er sich jetzt gelockert, konnte sehr «nah» und zärtlich sein. Auch hatte die Emigration neuartige Beziehungen geschaffen und die Freundschaft mit den Kollegen vertieft. Werfel und Alfred Neumann; Feuchtwanger, Döblin und Leonhard Frank; Wilhelm Speyer, Ludwig Marcuse und Theodor Adorno, – sie alle lebten an der kalifornischen Küste und bildeten einen Kreis, wie er «daheim» kaum denkbar gewesen wäre. Bruno Frank hatte immer zu den Nächsten gehört, Bruno Walter desgleichen, und Bert Brecht, obwohl er sich abseits hielt, war doch einer der Unseren. Andere, die im Osten des Landes hausten, – Annette Kolb, Martin Gumpert, Fritz von Unruh, Oskar Maria Graf, um nur einige zu nennen, traf man alljährlich in New York, wechselte Briefe mit ihnen und erhielt den Kontakt lebendig.

Viele waren erst 1940, nach dem Fall von Frankreich, zu uns gestoßen, – Heinrich vor allem, der aus Nizza kam. Die Flucht, – zu Fuß über die Pyrenäen und durch das gefährliche Spanien, wo der Franco-Faschismus herrschte, war keine Kleinigkeit gewesen, – zu schweigen davon, daß niemand Geld hatte, auch wir nicht. Wo der heimische Markt entfällt, lebt der Schriftsteller von dem, was die Übersetzungen bringen, und das reicht – günstigsten Falles – knapp für den eigenen Bedarf. Aber andere hungern, man muß ihnen helfen, und ach, man wird ständig überschätzt. Auf Pump hat man sich ein Haus gebaut, von Vorschüssen lebt man, – auch von den Vorträgen, die soviel Kraft kosten. Man schreibt sie auf deutsch, läßt sie übersetzen, studiert sie mühselig ein, wobei zahllose Zeichen anzubringen sind, der Aussprache wegen. Am Ende wirkt das Lese-Exemplar wie ein verschlüsseltes Geheimdokument. Und dann tut man, als sei alles ganz leicht. Mit Bravour legt man die Rede hin, bewundert vom Publikum, beneidet von solchen, die nicht englisch lernen, sich nicht abstrapazieren, nicht eindringen wollen in die Fremde. Es gibt ihrer viele.

Manche verdienten beim Film oder lehrten. Der große Rest bedurfte der Unterstützung, und fast immer war es T. M., auf den gezählt wurde. Da hieß es denn sammeln, betteln, Aufrufe erlassen, «parties» geben, bei denen gesammelt, gebettelt, aufgerufen wurde. Ein Faß ohne Boden, ein leckes Schiff im Sturm, – das war die Emigration.

Sie war nicht gut. Und doch – selbst sie hatte lichtere Seiten. Viele Länder und Völker, – der Exilant lernt sie kennen, sehr anders als der Tourist. Der Reisende und der Flüchtling – ein Gegensatzpaar. Allbeliebt der eine, zur Not geduldet der andere. Der Erste mit seinem Land im Rücken, der Zweite mit dem Rücken gegen eine Eiswand, von der nicht abzugleiten ein Dauer-Kunststück ist. Begegnet dem Flüchtling Güte, wie hoch weiß er sie zu schätzen. Und findet er draußen Freunde, wie dankbar ist er!

T. M. war dankbar. Das schwierige Sonntagskind wußte: Ich habe es schwer gehabt, doch über meinem Leben hat Gnade gewaltet. – Sie lag, diese Gnade, in seiner – trotz der Schule – glücklichen Jugend; in seinem Talent und darin, daß er – trotz

Das schwierige Sonntagskind   387

großer Erschöpfbarkeit – die Kraft aufbrachte, das Äußerste
daraus zu machen; darin, daß er die Frau fand, ohne deren
schützende Liebe, zarte Tüchtigkeit, tapfere, gescheite und heitere Gegenwart den Ansprüchen kaum zu genügen war, die er
an sich stellte; auch darin, daß er seine Kinder liebte und keins
ihm mißraten schien; und darin, daß er schließlich heimfand
nach dem alten Europa und am Ende in der Schweiz ein nettes
Haus besaß, überm Zürichsee, – «die letzte Adresse», nach so
vielen, die nicht dauern konnten.

Sein Ende war sanft. Sein Grab liegt in Kilchberg. Und seinen Nachlaß, – die Manuskripte, Briefe, Bücher, den Schreibtisch, ja das ganze Arbeitszimmer, – haben wir verschenkt. Das
Zürcher Thomas Mann-Archiv, der Eidgenössischen Technischen Hochschule angegliedert und befindlich im ehrwürdig-
patrizischen «Bodmerhaus», ist zur höchst lebendigen Stu-
dienstätte geworden für junge Leute aus vieler Herren Länder.
Wie sehr hätte ihn dies erfreut!

Aus dem Band: «Thomas Mann, Eine Auslese».
Hg. von Erika Mann. Wien 1969.
Das Porträt war das einführende Kapitel des genannten Bandes.
Titel von den Herausgebern des vorliegenden Buches.

Teil III

DAS LETZTE JAHR

**Bericht über meinen Vater
(1956)**

Ich will erzählen, – nur dies: von ihm, seinen Plänen, seinem letzten Jahr, den letzten Tagen und Stunden.

«Wenn man alt ist und sterben soll», hat er – noch in Kalifornien – zu mir gesagt, «gibt es so vieles, was einen bedrückt . . . Es liegt eine große Bangigkeit und Melancholie über meinen späten Tagen.»

Das war dort und damals, aber schließlich – das meine ich zuversichtlich – war es vergangen, wie der Abendnebel, der sich löst und lichtet, wenn der Himmel es freundlich meint mit der Nacht. Und das Wort Prosperos, das ihm das Herz zerschnitt im Hinblick auf das eigene Ende – zuletzt haben wir es nicht mehr von ihm gehört, dies schreckliche «And my ending is despair».

Ihm ist der Tod gnädig gewesen, und schon sein Todesjahr war durchglänzt und erwärmt von der Gnade, derselben, die Josephs Teil war, sein Leben lang; die den ‹Erwählten› krönte und die endlich auch ihm gewährt wurde, weil er treu gewesen und sich ganz erfüllt hatte. Die Gnade war spürbar. Wer immer ihn gesehen hat, gegen Ende, wer in Stuttgart dabei war oder in Weimar; in Lübeck, Kilchberg oder Zürich; in Amsterdam oder im Haag, hat sie gespürt, die Helligkeit, die von ihm kam und die jede seiner Wirkungen bestimmte. Er war – man weiß es – ein vorzüglicher Sprecher, ein Könner von hohen Graden. Doch weder durch Talent, noch Können, noch durch die Summe beider erklärt sich die ungemeine Ergriffenheit, die er auslöste, besonders in der letzten Zeit. Was da die Menschen berührte und sie fast ausnahmslos für sich einnahm, war die Persönlichkeit mit ihren Rätseln, deren tiefstes und höchstes im Falle dieses Achtzigjährigen nicht anders zu benennen ist als ‹Gnade›.

Sein letztes Jahr, – ein Gnaden- und Erntejahr, trotz unentwegter Arbeit, unendlicher Mühe und Sorge, – begann im August 1954 im Engadin. Wieder einmal waren wir im Waldhaus Sils-Maria abgestiegen und trafen Hesses dort an, die Stammgäste waren. Früher, als wir aus Kalifornien sehr gelegentlich nur herüberkamen, hatte man sich häufiger gesehen als jetzt, seit unserer ‹Heimkehr› in die Schweiz. Montagnola, das war immer ein wichtiger Zielpunkt gewesen unserer Europafahrten, und ungezählte Stunden verbrachten wir in Hermann Hesses fester Burg überm Luganer See. Nun aber waren wir ‹ohnedies› im Lande, und so hatte das gute Bewußtsein ständiger Nachbarschaft aufzukommen für manche Begegnung.

Um so erfreulicher war uns jetzt dies sommerliche Beisammensein, – «in den Ferien», wie die Schweizer sagen. Mein Vater liebte den Ausdruck, der jedem Erholungsaufenthalt von der traumhaften Herrlichkeit wirklicher Knabenferien etwas mitteilte und an das Meer denken ließ, die heimische Ostsee in der Bucht von Travemünde.

De facto hat, seit er schrieb, T. M. keine ‹Ferien› gekannt. Nur auf Vortragsreisen oder wenn er bettlägerig, will sagen, fiebrig war, unterbrach er die Arbeit, die nun, in Sils, seinen Tag bestimmte, so gut wie zu Haus.

Die ‹Korrekturfahnen› zum ‹Krull› trafen laufend ein und kosteten Zeit. Aber die frühen Vormittagsstunden gehörten der «Hauptsache», die im Augenblick ‹Versuch über Tschechow› hieß. Als sie fertig war, las er sie uns vor, in seinem schönen Eckzimmer mit der Balkonloge und dem Blick schräg hinunter, auf die Chasté, und hinauf, gegen das Fextal.

Anton Tschechow, der russische Meister der ‹short story›, der Verfasser von ‹Onkel Wanja› und ‹Die Möwe›, – hätte man gedacht, daß T. M. sich sein Leben und Werk so zu Herzen nehmen könnte, wie dies im ‹Versuch› geschieht? Die natürlichste Zuneigung spricht aus diesen Blättern, die über ihren Autor kaum weniger besagen, als über ihren Gegenstand.

«Ich will aussprechen», heißt es da endlich, «daß ich die Zeilen hier mit tiefer Sympathie geschrieben habe. Dies Dichtertum hat es mir angetan. Seine Ironie gegen den Ruhm, sein Zweifel an Sinn und Wert seines Tuns, der Unglaube an seine Größe hat von stiller, bescheidener Größe so viel. ‹Unzufriedenheit mit sich selber›, hat er gesagt, ‹bildet ein Grundelement jedes echten Talents.› In diesem Satz wendet die Bescheidenheit sich denn doch ins Positive. ‹Sei deiner Unzufriedenheit froh›, besagt er. ‹Sie beweist, daß du mehr bist, als die Selbstzufriedenen, – vielleicht sogar groß.› Aber an der Aufrichtigkeit des Zweifels, der Unzufriedenheit ändert er nichts, und die Arbeit, die treue, unermüdliche Arbeit bis ans Ende, in dem Bewußtsein, daß man auf die letzten Fragen ja doch keine Antwort wisse, mit dem Gewissensbiß, daß man den Leser hinters Licht führe, bleibt ein seltsames Trotzdem.»

Unversehens ist hier aus dem ‹er› ein ‹man› geworden, und wenn dieses sich nicht endlich zum ‹ich› wandelt, so entfällt die Re-Personifizierung nur im Grammatikalischen; inhaltlich ist sie vollzogen.

«Es ist nicht anders:», schließt mein Vater; «Man ergötzt mit Geschichten eine verlorene Welt, ohne ihr je die Spur einer rettenden Wahrheit an die Hand zu geben. Man hat auf die Frage der armen Katja [in Tschechows ‹Eine langweilige Geschichte›]: ‹Was soll ich tun?› nur die Antwort: ‹Auf Ehre und Gewissen, ich weiß es nicht.› Und man arbeitet dennoch, erzählt Geschichten, formt die Wahrheit und ergötzt damit eine bedürftige Welt in der dunklen Hoffnung, fast in der Zuversicht, daß Wahrheit und heitere Form wohl seelisch befreiend wirken und die Welt auf ein besseres, schöneres, dem Geiste gerechteres Leben vorbereiten können.»

Später einmal – im Vorfrühling 55, hat T. M. den ‹Versuch› öffentlich vorgelesen (für den Zürcher Schriftsteller-Verein). Vor mir liegt sein Lese-Exemplar mit den Kürzungen in roter

Tinte und ein paar roten Unterstreichungen, deren eine im letzten Satz dem Wörtchen ‹fast› zugute kommt: «*fast* in der Zuversicht . . .» Es war ein Bestandteil der Gnade, die er erfuhr, daß ihm die Silbe schließlich entbehrlich gewesen wäre; statt sie zu unterstreichen, hätte er sie austauschen dürfen gegen ein ‹ja›.

Der ‹Versuch über Tschechow›, auf dessen kaum verhüllten Bekenntnischarakter wir nicht gefaßt gewesen waren, rührte uns sehr. Dabei ließ mein Vater die eigene Anteilnahme nicht merken. Ergriffenheit – bis zu dem Punkt, wo die Stimme unsicher wird – beim ersten, ‹privaten› Lesen hat er sie, glaube ich, im ganzen dreimal gekannt: beim Leiden und Sterben des Kindes Echo im ‹Faustus›; bei der Rede zum siebzigsten Geburtstag meiner Mutter; und Friedrich Schiller zu Ehren, dem seine letzte große Bemühung galt, der ‹Versuch›, zu dem er Anstalten machte, sobald der über Tschechow abgeschlossen war.

Er fühlte sich wohl in Sils. Von der Lungenoperation, die vor neun Jahren sein Leben bedroht hatte, war er längst so völlig wiederhergestellt, daß die 1800 Meter Höhe ihm nichts anhatten und er mit der Gefährtin stattliche Spaziergänge unternahm, zu immer neuen «Lieblingspunkten».

Waren die Eltern aus, lag ich schreibend auf seinem Balkon, wo ich ihn zu anderen Stunden nicht stören mochte. Ich hörte, wie sie unten gingen und kamen, immer im Gespräch und so froh und angeregt, wie zwei Vertraute, die sich nach längerer Trennung gewaltig viel zu sagen haben. Aber so war es von je: sie haben sich, diese beiden, während der über fünfzig Jahre ihres gemeinsamen Lebens nicht einen Augenblick miteinander gelangweilt.

Im Speisesaal saßen Hesse und seine Frau nicht weit von uns, doch war es stillschweigend beschlossene Sache, daß man die Mahlzeiten gesondert einnahm. Erst nach Tisch, abends, kam man zusammen, und obwohl gewiß manches ernste Gespräch geführt wurde, sind diese Stunden mir als vorwiegend heiter und beschaulich in Erinnerung. Hesse lacht gern, kann auf eine bäurisch geruhsame Art und mit ausführlichen, exakt illustrierenden Handbewegungen selbst sehr drollig sein, und mein Vater war das dankbarste Publikum. Auch seinerseits erzählte er, packte Schulgeschichten aus und hegte die Asche seiner Zigarre, während Hesse ein weiteres Schöppchen roten Landweines kommen ließ. Urgemütlich und plauderhaft, gesellig, ja galant, so kennen wir den ‹Steppenwolf›, dessen Weltscheu und Einsamkeitsbedürfnis verfliegen, sobald er mit Freunden um den Tisch sitzt. Und Freunde waren sie, Hesse und mein Vater, Brüder im Geiste, die nichts aufeinander kommen ließen und sich mannhaft zur Wehr setzten, sobald man den einen gegen den anderen ausspielen wollte.

Das Wetter schlug um, gegen Ende unseres Silser Aufenthaltes. Regenstürme peitschten die Seen, und ein wenig höher fing es an zu schneien. Die Paßhöhe lag tief im Schnee, die Straße war gesperrt. Ein paar zusätzliche Tage ‹überwinterten› wir im Waldhaus. Dann hatte der Spätsommer sich so weit wieder hergestellt, daß wir fahren konnten, die altvertraute Strecke über den Julier, hinunter nach Tiefencastel, nach Lenzerheide hinauf, ganz hinunter nach Chur, und wieder steil in die Höhe auf den Kerenzerberg. Ich fuhr, mein Vater saß neben mir; und, wie immer auf unseren Reisen, nahm meine Mutter im Fond das bißchen gefährdeten Raums ein, das unser getürmtes Gepäck ihr ließ. Er reiste gern im Auto, lieber als in jedem anderen Fahrzeug, und das Gefühl wohliger Geborgenheit, das ihn ankam, sobald der Wagen sich in Bewegung setzte, übertrug sich sehr angenehm auf den Fahrer, dem er kindlich vertraute.

Zum letzten Mal: Sils, Hesses, die liebe Bergfahrt, das immer erneute Staunen und leichte Grauen angesichts der Mond- und Kraterlandschaft auf höchster Höhe, die Einkehr in Lenzerheide, – alles zum letzten Mal. Es war nicht vorzustellen, damals; nichts sprach dafür, kein Zeichen oder Anzeichen bereitete darauf vor.

Im Herbst erschien der ‹Krull›. Und zum ersten Mal – auch

das gab es also noch – hatte T. M. innerlich etwas abhängig gemacht von der Aufnahme, die ein Werk von ihm finden würde. Das Buch, meinte er, müßte den Leuten Freude machen, es müßte sie unterhalten und zum Lachen bringen; nur wenn es dies täte, verdiente es, fortgesetzt zu werden. Anderenfalls bleibe es eben Fragment, – punktum und Streusand drauf.

Es ist Fragment geblieben. Doch am Erfolg lag es nicht: der setzte schneller ein, war unwidersprochener und ziffernmäßig geschwinder als der aller früheren Bücher. Wenn gleichwohl, und trotz dem dankbaren Vergnügen, mit welchem T. M. den Glücksweg seines Felix verfolgte, nicht eine Zeile der Fortsetzung vorliegt, so tragen Arbeitspläne die Schuld, die er mir – in einem Brief vom 7. Juni 54 – vorerst wie folgt skizziert hatte.

«Mir schwebt etwas vor, wie eine kleine Charakter-Galerie aus der Reformationsepoche, Momentbilder von Luther, Hutten, Erasmus, Karl V., Leo X., Zwingli, Münzer, Tilman Riemenschneider, und wie da das Verbindende der Zeitgenossenschaft und die völlige Verschiedenheit der persönlichen Stand- und Blickpunkte, des individuellen Schicksals, bis zur Komik gegen einanderstehen ...»

In dieser Form schlug er sich die «Galerie» bald aus dem Sinne, einem Theaterstück zuliebe, in welchem freilich manches «Momentbild» aus der Reformationszeit unterzubringen war. Luthers Hochzeit, ein Stoff, den schon Wagner (anstelle der ‹Meistersinger›) in Aussicht genommen hatte, war dafür bestimmt und hat meinen Vater bis zum Ende beschäftigt.

Das Theater, – er hat es sein Leben lang geliebt und immer gehofft, seinen Forderungen eines Tages gerechter werden zu können, als der Neunundzwanzigjährige dies vermochte, der ‹Fiorenza› schrieb. Wieviel und mit welcher Hingabe an jeden Augenblick hatte er seither gesehen! Wie genau hatte er sie alle beobachtet, die Diener und Bevollmächtigten des Theaters, und war ihren Wirkungen auf den Grund gegangen, – auch und besonders denen der Dramatiker. Wie man ein handfestes

Stück zimmert, – er meinte es endlich zu wissen. Unter seinen Vorbildern schien Shaw ihm besonders förderlich. Noch in seine letzten ‹Ferien›, nach Noordwijk hatte er mehrere Bände der deutschen Gesamtausgabe mitgenommen und las mit wirklichem Vergnügen in der oft gelästerten Übersetzung von Siegfried Trebitsch.

Nur eine Woche, nach der Heimkehr von Sils, verbrachten die Meinen daheim. Dann kam die Fahrt ins Rheinland, die erste seit dem Anbruch der Nazi-Zeit.

In Köln war es der Internationale Sommerkurs der Universität, dem T. M. einige ‹Krull›-Rosinen vorsetzte. Auch eine Diskussion mit den Studenten gab es dort, eine ‹question-period› nach amerikanischem Muster. – Anschließend ließ er sich in Düsseldorf hören. Es gibt Bilder von dieser Reise, ‹snap shots›, ihm in zwei stattlichen Alben zum Geschenk gemacht. Wer sie durchblättert, meint einen Film zu sehen, so lebhaft und unmittelbar ist die Präsenz des ‹Helden›, der alles andere als ‹gezeichnet› anmutet, auf diesen Seiten.

Dem Tschechow-Aufsatz war ein Essay über Kleist vorausgegangen. Für einen Band Gesammelter Erzählungen, vermittels dessen Kleist in Amerika vorgestellt werden sollte, hatte mein Vater diese Einleitung geschrieben, und im Spätherbst 1954 trat er damit vor die Studenten der ETH (Eidgenössischen Technischen Hochschule) in Zürich.

Der Vortrag erweckte Stürme der Begeisterung, und zwar gewiß nicht so sehr um des schwierigen Gegenstandes und seiner literarischen Betreuung willen, als vielmehr auf Grund seiner selbst, – des *Vortrags* wegen, einer Kunstausübung, in der T. M. seinesgleichen nicht kannte. Es war ein seltsames Phänomen und verdient, als solches, registriert zu werden: Ein betagter Dichter, der nicht etwa geschlossene Proben hinreißender Lyrik, sondern bloße Bruchstücke einer eigenwillig spröden Prosa bietet, – wer hätte je gehört, daß ein solcher so zu begeistern vermöchte?

Die Arbeit am ‹Versuch über Schiller› ging weiter, – oder

vielmehr waren es die Vorarbeiten, die meinen Vater noch immer beschäftigten und von denen er sich so bald nicht losreißen würde. Er las, excerpierte, versenkte sich mit wahrer Leidenschaft – nicht nur in alles, was Schiller je geschrieben, erlebt und geplant, sondern überdies in alles dem Gegenstand irgendwie Benachbarte oder damit Befaßte. Am Ende waren es mehrere Bücher, die er hätte schreiben mögen. Und was, unter Schwierigkeiten, wie er sie nicht oft gekannt, langsam Gestalt annahm, – die Schrift, der ‹Versuch› umfaßte 120 Schreibmaschinenseiten, statt der 22, die für den Vortrag das Maximum darstellten. Schiller stand ihm nahe, – hatte dies von jeher getan. Und nichts, – beinahe nichts – hätte es ihn gekostet, ohne jede ad-hoc-Lektüre, frei und aus dem Stegreif ein Stück Arbeit hinzulegen, mit dem er sich durchaus hätte hören lassen können, in Stuttgart wie in Weimar. Er wollte nicht, – konnte wohl gar nicht wollen. Der *ganze* Schiller mußte es sein! Waren, in all ihren Aspekten, Mensch und Künstler, Leben und Werk nicht einzubeziehen in einen räumlich begrenzten ‹Versuch›, – nun, so hatte in ihrer Ganzheit die Gestalt hinter der Schrift zu stehen und zwischen ihren Zeilen lebendig zu sein. Keine Eigenheit, keine Brechung des Lichts in dem Strahlenkranz, der mit neuer Leuchtkraft sein Haupt umgeben sollte, kein Zug in diesem adlig-stolzen, dabei unsagbar rührenden Antlitz durfte vergessen sein.

Monate verflossen. Als ahnte er, daß es ums Letzte ging, rang T. M. mit der Überfülle des Stoffes. «Ach», seufzte er aus tiefster Brust, «die Arbeit macht mir *solche Sorge!*» – Gab man ihm dann zu bedenken, daß *jede* Arbeit dies noch getan habe und daß er noch mit einer jeden fertig geworden sei, so meinte er, diesmal sei es besonders schwer. «Dabei», fügte er hinzu und lächelte auf eine zugleich zärtliche und wie um Entschuldigung bittende Art, – «dabei ist die Arbeit doch meine einzige Freude!»

Sie *war*, wenn freilich nicht seine einzige, so doch diejenige Freude, die jede andere bedingte. Die Arbeit, das Gefühl, damit vorwärts zu kommen und das Begonnene laufend auf gleiche Höhe zu bringen mit der Konzeption, – dies war es, was die *Möglichkeit* abgab *jeder* «Freude», die er erfuhr. Jene vorausgesetzt, war er die Empfänglichkeit selbst. Musik, Theater, hübsche Menschen und Dinge, ein schöner Tag, ein Kind, ein nettes Tier, – er wußte dem allen so viel Freude abzugewinnen, – *vorausgesetzt* immer, daß die Arbeit ihm zur Zeit welche machte. Ohne sie, – «das heißt, ohne tätige Hoffnung», – hätte er nicht zu leben gewußt; und die furchtbarste Erniedrigung hätte ein Leben ihm bedeutet, in dem er, bei reduzierten Kräften, dem eigenen Anspruch Entscheidendes hätte schuldig bleiben müssen. Ja, Peeperkorns Todesangst vor dem Versagen des Gefühls – er konnte sie spürbar machen, weil eine verwandte Angst ihm nur zu nahe lag: die Angst des schöpferischen Menschen vor dem Versagen seines Bildnertums. «. . . unsere Verpflichtung», sagt Peeperkorn, «unsere *religiöse* Verpflichtung zum Gefühl. Unser Gefühl, verstehen Sie, ist die Manneskraft, die das Leben weckt. Das Leben schlummert. Es will geweckt sein zur trunkenen Hochzeit mit dem göttlichen Gefühl . . . Der Mensch ist nichts als das Organ, durch das Gott seine Hochzeit mit dem erweckten und berauschten Leben vollzieht. Versagt er im Gefühl, so bricht Gottesschande herein, es ist die Niederlage von Gottes Manneskraft, eine kosmische Katastrophe, ein unausdenkbares Entsetzen –».

Nun, das ist eine Denk- und Ausdrucksweise, wie sie dem gewaltigen «Format», der «Persönlichkeit» mit der «Ehrenpuschel» zustehen, – nicht ihrem Schöpfer. Daß aber diesem die Verpflichtung auferlegt war, die *religiöse* Verpflichtung, die schlummernde Materie mit Geist zu durchdringen, sie zu beseelen und Gestalt werden zu lassen, dessen hielt T. M. sich zutiefst überzeugt. Und wenn er freilich nicht der Mensch war, der in Dingen der Kunst – und nun gar seiner eigenen – den Mund so voll genommen hätte, daß von «Gottesschande» und «kosmischer Katastrophe» die Rede hätte sein können: jedes Versagen seiner Manneskraft vor dem Auftrag, das Wort zum

Leben zu erwecken, und schöngestaltet ans Licht zu heben, was formlos im Dunkel lag, hätte ihn gleichwohl mit «unausdenkbarem Entsetzen» erfüllt.

Um die Weihnachtszeit war der ‹Versuch› abgeschlossen. «Friedrich Schiller in Liebe», – schon die Zueignung kennzeichnet den Essay, den der Ironiker dem Pathetiker gewidmet und auf dessen Gipfelpunkten er sich jeglicher Ironie begibt. – Die Arbeit hatte ihn mitgenommen. Höchste Zeit, daß zu seiner Erholung etwas geschah.

Am 16. Januar verließen wir Zürich, Richtung Chur, – per Eisenbahn diesmal, da die verschneiten Bergstraßen für Automobilisten wenig einladend waren. Daheim hatte Nebel geherrscht. In Arosa strahlte makellos der Himmel, und glitzernd warf der Schnee die Sonnenstrahlen zurück ins Blau. Die winterliche Luft war geruchlos; so schien sie noch reiner als die des Engadiner Sommers, mit ihrem Aroma aus warmem Fichten- und Lärchenduft. Konnten Mikroben hier gedeihen, Krankheitserreger, die Virusinfektionen zeitigten, – was immer zu verstehen sei unter der geflissentlich vagen Benennung? Mag sein, der Virus, der meinen Vater in der vierten Nacht unseres Aufenthaltes anfiel, kam unbegreiflich aus der reinen Luft. Mag andererseits sein, die Überanstrengung durch die Arbeit hatte ihn aufnahmelustig dafür gemacht, so daß er ihn latent in sich trug, und das Höhenozon, so gut es ist *gegen* die Krankheit, erwies sich, wie im ‹Zauberberg›, als ebenso *gut* für diese. Mein Vater, jedenfalls, wurde krank. Es begann mit Schüttelfrost, hohem Fieber und größtem Übelbefinden. Starke Dosen verschiedener Antibiotica jagten innerhalb weniger Stunden die Temperatur von 39,4 hinunter auf 36,5 und den Blutdruck von einigen 180 auf 90. Das war nicht gut. Zu jäh war der Sturz gewesen, als daß er das Herz nicht gefährden und den Patienten nicht übermäßig hätte ermatten sollen. «Ich bin beunruhigend ruhig!» meldete dieser denn auch mehrmals.

Seit unserer Rückverpflanzung aus Kalifornien war er wiederholt krank gewesen, und schon zum zweitenmal waren es die lieben ‹Ferien›, die ihm anscheinend nicht bekamen. Im Vorjahr – nach Beendigung des ‹Krull› – hatte er sich in Taormina eine häßliche Grippe geholt; und jetzt, kaum war der ‹Schiller› bewältigt, hütete er das Bett bei «Denen hier oben». Mir schien bei alledem immer, als ob die Spannung, in der er lebte, während eine ihm wichtige Arbeit entstand, Krankheitspfeile von ihm abprallen ließ, als trüge er einen Panzer. War aber das ‹Finis› geschrieben, und trat – ohne daß er dies beabsichtigt hätte – ein Zustand der Entspannung ein, so rächte sich die überbeanspruchte Natur, indem sie Giften Aufnahme gewährte, denen sie ‹normaler› Weise nicht zugänglich war. Nur im Falle des ‹Faustus› war das anders gewesen. Ob nun, wie der Autor wohl meinte, das Buch selbst ihn krank gemacht hatte, oder ob der Keim in ihm lag, ehe er zu schreiben begann, – er sah sich neuartigerweise gezwungen, die Arbeit krankheitshalber zu unterbrechen. Was aber die Genesung anging, die nach Tempo und Vollständigkeit unsere (und der Ärzte) kühnsten Hoffnungen weit übertraf, so besteht wenig Zweifel, daß wir sie dem Roman verdankten.

«Der Roman», schreibt er denn auch in ‹Die Entstehung des Doktor Faustus›, «ich trug ihn fest im Herzen . . . Mein Wohlverhalten als Patient, die meinem Alter kaum zustehende Behendigkeit im Genesen, die ich zeigte, dies ganze Bestehenwollen und glatte Bestehen einer späten und unerwarteten Belastungsprobe meiner Natur, – hatte es nicht alles ein heimliches Wozu?, stand es nicht in dessen Dienst, und brachte ich es nicht aus dem ‹Unbewußten› auf, um hinzugehen und *dies* fertig zu machen?»

Oft, wenn ich in Arosa an seinem Bette saß, war ich dieser Zeilen eingedenk und fragte mich nicht ohne Bangigkeit, wie er sich denn diesmal aus der Affäre ziehen würde, da er doch nichts «im Herzen trug», was an Dringlichkeit dem ‹Faustus› vergleichbar gewesen wäre. Freilich durfte ich mir sagen – und tat es natürlich –, daß auch die Krankheit mit der Heimsuchung des Jahres 46 nicht in einem Atem zu nennen war, und daß überdies neuerdings ‹Belastungsproben› in Aussicht standen, die zu bestehen er gewiß zutiefst entschlossen war.

Das Herz hielt durch. Der Infarkt, den wir hatten befürchten müssen, blieb aus, und nach Verlauf einer Woche konnte der Patient per Ambulanz hinunterverbracht werden, nach Chur, ins Kantonsspital. Abgesehen von einer so verständlichen wie vorübergehenden Schwächung des Gesamtorganismus durch die Krankheit, förderte dort ein gewissenhafter ‹Over-All-Checkup› irgend Bedenkliches nicht zutage.

Meine Mutter, natürlich, war bei ihm. Ich blieb in Arosa. Nicht nur hätte meine Begleitung ihm den Eindruck erwecken können, es stehe ernster um ihn, als es de facto stand, – ihm lag an der Arbeit, mit der ich zur Zeit befaßt war, und sie in Ruhe und Konzentration zu Ende zu führen, war vor allem geboten.

«Ich», hatte er gesagt, als er mir den ‹Schiller› zur Kürzung übergab, «sehe nicht, wie Du es *diesmal* schaffen sollst.»

Ich lachte. «Deine Sachen kann ich!» erklärte ich zuversichtlich, und wirklich war mir nicht angst um das schließliche Gelingen. Ein wenig Begabung und viel Liebe zur Sache vorausgesetzt, macht auf diesem bescheidenen Gebiet Übung in der Tat den Meister. Und wenn ich mich freilich nur darin geübt wußte, T. M.'s Essays fürs Mündliche um ein Drittel oder – schlimmstenfalls – auf die Häfte zu kürzen, nicht aber ein bloßes Fünftel zur Rede zu destillieren, wie es jetzt meine Aufgabe war, so bestand ein Unterschied doch ausschließlich nach Graden und nicht dem Wesen nach. Nicht zwanzigmal also, wie frühere Aufsätze, – fünfzig- oder sechzigmal würde ich den ‹Versuch› lesen müssen, zur Gänze erst, wobei für den Vortrag offensichtlich Entbehrliches zu eliminieren war, und dann wieder und wieder in all den Übergangsformen, deren jede mir neue, bisher ungeahnte ‹Verknappungen› ermöglichte.

Mit ‹Kilchberg› telephonierte ich fast täglich, erstattete Bericht über den Gang meiner Arbeit, die als «destruktive Qual» zu schildern ich denn doch nicht umhin konnte, und ließ mir erzählen, wie die Genesung fortschritt.

Am 11. Februar begingen wir die Goldene Hochzeit meiner Eltern. Da der ‹Achtzigste› bevorstand, zu dem wir uns vollzählig einfinden würden, hatten von den ‹Kindern›, außer mir, nur Elisabeth (‹Medi›) und Golo sich freigemacht. Vor allem aber war Nico da, – der schwarze Pudel, das wollige Festgeschenk, welches wir dem Jubelpaar zum ersten Frühstück kredenzten, mit einem Halsband aus florentinischem Goldleder und goldenen Flitterfransen, wo immer sie sich hatten anbringen lassen. Nico, – so hatte ein sehr liebenswerter und altersweiser Vorgänger geheißen, der uns in Amerika überfahren worden war. Seit langem träumte der ‹Zauberer› von einem neuen Nico, und dies war er nun: völlig überraschend trugen wir den Zappelnden ins ‹Teezimmer›, wo die freundlichsten Beziehungen sich alsbald herstellten zwischen Herr und Hund.

Ersterer konnte als gesundet gelten, – trotz einigem Gewichtsverlust, der noch nicht ganz hatte wieder eingebracht werden können. Aber schon seit der Heimkehr aus Chur war der Normaltag neuerdings in seine Rechte getreten. Er stand im Zeichen Luthers, dem fortan T. M.'s Arbeitsgedanken vornehmlich galten. 46 Oktavseiten, eng und klein beschrieben, zu durchschnittlich 340 Wörtern die Seite, zeugen von der Durchdringung, die der Lutherstoff, ‹Die Hochzeit›, bereits erfahren hatte, als mein Vater die Feder aus der Hand legte. Die Notierungen – all diese Excerpte, Hinweise, Vermutungen, Konklusionen, historischen Namen, Daten und Fakten – sind vielfach rot unterstrichen, ein Bild leidenschaftlich schürfenden Fleißes, das einen gewissen Begriff gibt, wenn auch nicht von dem geplanten Stück, so doch, scheint mir, von der Einkreisungstaktik, mittels derer (wie im Falle von ‹Lotte in Weimar›) der Dichter seinen Helden zu ‹stellen› und dingfest zu machen plante.

Die Korrespondenz, durch die Krankheit ins Hintertreffen geraten, verschlang damals viel Zeit. Spazierengehen mußte man auch – im eigenen wie in Nicos brennendem Interesse –, und was von den Tagen übrigblieb, war kleineren Arbeiten vor-

behalten. Das letzte Jahr zeitigte unter anderem: den Glück-
wunsch für den 70jährigen Hans Reisiger und den zum 85.
Geburtstag von Siegfried Trebitsch; die Einführung in ‹Kleine
Menagerie› von Alexander M. Frey (mit Holzschnitten von
Hans Arp im Limes-Verlag, Wiesbaden, erschienen); den
Nachruf auf Ernst Penzoldt, das Gedenkwort zum zehnten To-
destag von Bruno Frank und, anläßlich seiner Ernennung zum
Ehrenbürger, die ‹Lübecker Ansprache›.

Anfang März ging die Schiller-Rede – noch immer nicht die
endgültige Version, sondern eine Vorläuferin von 34 Seiten –
nach Bonn, zum Bundespräsidenten, und nach Stuttgart, zur
Schiller-Gesellschaft. Professor Heuss hatte den Wunsch geäußert, das Manuskript frühestmöglich einzusehen, um in
seinem eigenen Vortrag Wiederholungen vermeiden zu können. Und bei der Schiller-Gesellschaft hatte man schon begonnen, die Beiträge aller Mitwirkenden zum Gesamtbild der Feier
zu komponieren.

T. M. war ziemlich guter Dinge um diese Zeit. Obwohl er –
«später einmal» – den ‹Krull› fortzusetzen gedachte, fühlte er
sich bis auf weiteres frei von den «epischen Riesenlasten», die
zu tragen er sich so früh gewöhnt hatte. ‹Die Hochzeit› aber, –
so sehr gewiß auch sie ihn beschäftigen und präokkupieren
würde: rein räumlich schon durfte das Bühnenstück ein gewis-
ses Maß nicht überschreiten, und so waren auch die Mühen
wohl abzusehen, die das Drama ihn kosten würde. Zudem befand er sich ja noch in den Vorarbeiten, und zwar in dem Sta-
dium, in welchem fast alles ‹Einschlägige›, irgend ‹zur Sache›
Gehörige wichtig, dienlich und brennend interessant erscheint
und das sich noch nichts träumen zu lassen braucht von den
Qualen der Wahl und des Verzichtes.

Als ich mit dem ‹Schiller› bei 28 Seiten hielt, brachte ich ihm
die ‹eingestrichene› Kopie.

«Erledigt?» fragte er erfreut.

«Ich? Ja! Die Rede? Nein!» Und ich erklärte, von jetzt an
könne kein Abschnitt mehr ‹in sich› gekürzt werden, ohne sei-

ner Funktion verlustig zu gehen. Eine ganze Passage, sechs Seiten lang, – die, etwa, oder jene – müsse geopfert werden, wobei freilich die Herstellung eines ‹Brückchens› unvermeidbar sein werde, einer knappen Überleitung zu dem, was folge.

Mittags, nach Tisch, war ich bei ihm gewesen. Siesta und Tee folgten wie gewöhnlich. Aber zwischen Tee und Abendessen gab es heute keine Korrespondenz.

Sieben ganze Seiten des ‹Schiller› verfielen derweil dem roten Tintenstrich ihres Autors; und ich war froh, hier und da ein paar Sätze wieder einfügen zu dürfen, deren Verlust mir gar zu nahe gegangen war.

Natürlich war trotzdem T. M. nicht glücklich mit der Rede. Bedachte er, *was* hier zu sagen war und was – seinem Empfinden nach – selbst der ‹Versuch› nur andeutungsweise berührte, so schien die Rede ihm arm, und es ängstigte ihn die Vorstellung, die Zuhörer möchten finden, sie seien zu kurz gekommen und «hinters Licht geführt» worden. Dies letztere Gefühl hatte Tschechow nie umhin gekonnt, für seine Leser zu befürchten. Und hatte dennoch geschrieben: «Unzufriedenheit mit sich selber bildet ein Grundelement jedes echten Talents.» Nun, in dem «Talent» meines Vaters war dies Grundelement von jeher äußerst wirksam gewesen. Und die «Aufrichtigkeit seines Zweifels» stand angesichts der bevorstehenden Schiller-Feiern so wenig in Frage wie bei ungezählten früheren Anlässen, deren einen – in grauer Vorzeit – ‹Der Tod in Venedig› bildete. Die Erzählung war der ‹Neuen Rundschau› zugedacht, ja, für sie geschrieben. Als sie aber abgeschlossen war, hielt T. M. sie zurück. Die Novelle, meinte er, sei für die ‹Rundschau› nicht gut genug. Erst der liebevoll empörte Widerspruch meiner Mutter stimmte ihn um.

Er war – dies ist anzumerken – von einer natürlichen, ganz ungewollten, ja unbewußten Bescheidenheit, die ihn häufig vergessen ließ, welches Gewicht, im Guten und weniger Guten, jedem seiner Worte in der Öffentlichkeit zugemessen wurde.

«Ich habe an X geschrieben», konnte er mitteilen, «und mir dabei kein Blatt vor den Mund genommen.»

Wir wendeten ein, daß man den Brief hätte kopieren sollen, ehe er abging. ‹X›, das war ein Journalist; der Brief war halb und halb für die Veröffentlichung bestimmt, und mindestens müßte man gegebenenfalls nachprüfen können, ob die Wiedergabe wörtlich erfolgte. Auch erschreckte es uns ein wenig, daß T. M. so unbekümmert vorgegangen sein wollte. Ob denn, fragten wir, dieser Brief an X auch geeignet sei, auf die Goldwaage gelegt zu werden.

«Niemand», erklärte zuversichtlich mein Vater, «wird das tun; denn fast niemand liest den ‹Feldhuter Boten›.»

So war er. Daß es gar keine Rolle spielte, von welcher Plattform er sprach und ob es ein obskurer ‹Feldhuter Bote› war, dem er sich anvertraute, da doch in gewissen Zusammenhängen alles, was er äußerte, von den internationalen Nachrichtenagenturen aufgegriffen und in alle Hauptstädte der Welt gefunkt wurde, dessen war er bis zuletzt nicht eigentlich gewahr. Ein schnelles Wort, hin und wieder, eine Formulierung, die Mißverständnissen offen stand: was solchen Improvisationen zugrunde lag, war nichts als die gutgläubige Bescheidenheit, die da – allen Gegenbeweisen zum Trotz – immer noch meinte, man könne T. M. heißen und werde weder Aufsehen noch Feindseligkeit erregen, indem man nach ‹Feldhut› schrieb, ohne sich «ein Blatt vor den Mund zu nehmen».

Als er, im Vorfrühling 1955, für den Zürcher Schriftsteller-Verein las (den ‹Versuch über Tschechow›), baten ihn die Veranstalter, in die Wahl eines großen Saales zu willigen. Er aber erinnerte sich an die Vorlesung eines jüngeren Kollegen für eben diese Gruppe, der er im Gesellschaftsraum eines Zürcher Hotels beigewohnt. Dort, fand er, war es sehr nett, intim und anheimelnd gewesen, und genau wie den Verlauf jenes Abends wünschte er sich denjenigen des eigenen. Vergebens protestierten die Abgesandten, er blieb bei seinem Wunsch, – mit dem Resultat, daß nicht nur das vorgesehene Sälchen und ein

Bericht über meinen Vater   407

benachbartes, das sich einbeziehen ließ, überfüllt waren, sondern ungezählte Interessenten abgewiesen werden mußten. Die Luft war zum Schneiden dick, Hitze und Menschendunst erschwerten das Atmen. Den Sprecher störte das nicht. Nachdem er aufgehört hatte, sich zu verwundern und enttäuscht zu sein, weil alles sich so anders anließ als beim Kollegen Y., verblüffte er seine Zuhörerschaft durch die unverwüstlich durchhaltende Lebendigkeit seines Vortrags. Noch war die ‹Arosa-Krankheit› nicht lange überstanden, und man hatte fürchten müssen, dies Ganze möchte zuviel für ihn sein. Als es glücklich vorüber und aufs beste verlaufen war, gedachte meine Mutter den ‹Zauberer› heimzufahren, ihm dort noch eine Tasse Schokolade zu kochen (das hatte er gern, wenn es spät geworden war, draußen, «in der Welt») und ihn endlich dem Bett zu überlassen. Weit gefehlt! Zwei volle Stunden noch verplauderte er mit den Kollegen, unten, im Restaurant des Hotels, und auch am nächsten Tage machten keinerlei Übermüdungserscheinungen sich geltend.

So geschehen, wenige Monate vor seinem achtzigsten Geburtstag, – doch registriert, weniger, um seiner erstaunlichen Leistungsfähigkeit ein Dank- und Loblied zu singen, als vielmehr der Bescheidenheit wegen, von der das Vorkommnis zeugt und die sich mit der nötigen Selbstachtung und dem verpflichtenden Gefühl der eigenen geistigen Würde so wohl vertrug.

Auch die tiefe Sorge, mit der er den kommenden Schiller-Feiern entgegenblickte, basierte – neben der obligaten Unzufriedenheit des Talents mit sich selber – auf jener Bescheidenheit. Und es war sein lauterer Ernst, wenn er – in Rede wie ‹Versuch› – einleitend fragte: «Wer bin ich, daß ich das Wort führen soll zu seinem (Schillers) Preis, vor meinen Augen die Gebirge kundiger Würdigungen und Erörterungen seines Lebens und Bildens, welche in anderthalb Jahrhunderten die gelehrte Forschung aufgetürmt hat?»

«Kundige Würdigungen», – «die gelehrte Forschung»: es

war ohne jede Spur von Schalkhaftigkeit oder Koketterie, daß er, seinerseits so vieler Dinge «kundig» und so erz-«gelehrt» auf so vielen Gebieten, sich vor Professoren neigte. Jeder fachlich hochgezüchtete Verstand, jede trainierte Berufs-Intellektualität fand ihn bereit, sie nicht nur als solche zu schätzen, sondern sich von ihr über-beeindrucken, ja einschüchtern zu lassen. «Das ist alles dermaßen *gescheit*!», sagte er, während er etwa die neueste Nummer einer hyperintellektuellen, Soziologie, Musik und Philosophie zu einem schwer genießbaren Eintopfgericht verkochenden Zeitschrift aus der Hand legte; «*Angst* könnte einem dabei werden!» – Und es war ihm *ernst* mit derlei Feststellungen.

Fragte man mich nach den drei wichtigsten Zügen im Altersbild meines Vaters, ich zögerte nicht, Bescheidenheit, Güte und Humor als die wesentlichsten zu nennen. Dabei bin ich mir natürlich der Untrennbarkeit von ‹Mensch› und Künstler bewußt; weiß auch, daß ohne eine Unzahl zusätzlicher Attribute der eine so wenig wie der andere zu denken gewesen wäre. Trotzdem, und obwohl es scheinbar ein Aggregat von unstimmiger Schlichtheit ist, das sich mir da zusammenfügt, bleibt es bei meiner Antwort.

Den Humor betreffend, so liegt uns wohl kein Buch von ihm vor, in dem er nicht spürbar wäre. Noch sein düsterstes Werk, der ‹Doktor Faustus›, besitzt ihn die Fülle. Und wer dem ‹Zauberer› nun gar nahestand, seine eigenen, vorzüglichen «Dalbereien» kannte, und ihn Tränen hat lachen sehen über die Komik anderer (von der er nicht genug bekommen konnte), der weiß es doppelt, eine wie zentrale Rolle der Humor in seinem Dasein gespielt.

Seine Bescheidenheit habe ich mit einer Reihe von Beispielen zu belegen versucht; sie könnte ad infinitum fortgesetzt werden. Ich lasse es genug sein, wiederhole nur, daß man sehr hoch hinaus wollen und dennoch sehr bescheiden sein kann.

Und T. M.'s Güte? Manche haben sie am eigenen Leibe erfahren. Vielen ist sie aus seinen Schriften vertraut, und sie entsinnen sich seines ausdrücklichen Bekenntnisses zu ihr, an die er glaubte, obwohl – oder vielmehr *weil* – «sie ohne Glauben bestehen und geradezu als Produkt des Zweifels sein kann». Sie erhellt, diese Güte, und durchwärmt ein Künstlertum, dem vornehmlich darum zu tun war, «ein wenig mehr Freude, Erkenntnis und höhere Heiterkeit zu verbreiten unter den Menschen».

Er liebte die Menschen und hat es wohl verdient, was Hermann Hesse ihm nachgerufen hat, in den Tod. «In tiefer Trauer» nahm Hesse Abschied «von ... dem lieben Freund und großen Kollegen, dem Meister deutscher Prosa, dem trotz allen Ehrungen und Erfolgen viel Verkannten. Was hinter seiner Ironie und seiner Virtuosität an Herz, an Treue, Verantwortlichkeit und Liebesfähigkeit stand, jahrzehntelang völlig unbegriffen vom großen deutschen Publikum, das wird sein Werk und Andenken weit über unsere verworrenen Zeiten hinaus lebendig erhalten.»

Und es ist wahr: auf eine treue und verantwortungsbewußte Weise liebte er die Menschen und tat es überdies im Zeichen der *Solidarität*. «Beruht nicht», hat er etwa gesagt, «alle Liebe zum Menschen auf der sympathievollen, brüderlich-mitbeteiligten Erkenntnis seiner fast hoffnungslos schwierigen Situation? Ja, es gibt einen Menschheitspatriotismus auf dieser Basis: man liebt den Menschen, weil er es schwer hat – und weil man selbst einer ist.»

«Menschheitspatriotismus» – das Wort könnte von Schiller sein, «dessen Herz, gleich dem des Marquis Posa, ‹der ganzen Menschheit schlug, der Welt und allen kommenden Geschlechtern›». – Daß man freilich den Menschen liebe, «weil er es schwer hat und weil man selbst einer ist», wäre Schiller kaum beigefallen. Es ist reiner T. M., – unpathetisch, redlich und bescheiden auch wieder, da aller Sonderproblematik hier abgesagt ist, angesichts der «fast hoffnungslosen Situation» des Menschen überhaupt. –

Der 7. Mai, Tag unserer Abreise und ein Sonntag, war im

Anzug. Je näher er kam, desto angelegentlicher suchte mein Vater mich zu versichern, daß er nicht etwa mir die geringste Schuld zumesse an der «Dürftigkeit» «unserer» Rede.

«Du», sagte er, «hast weißgott das Deine getan – und übrigens *kann* man wohl in 55 Minuten *viel mehr* keinesfalls sagen.»

Doch blieb er zu Zweifeln geneigt hinsichtlich des ‹Schiller› und geriet mehr und mehr in den Bann einer stillen Erregung, wie wir sie bis dato kaum an ihm gekannt. Wir begriffen: zu sehr hatte er sich verausgabt für den geliebten Gegenstand, «diesen in Lichtesspuren wandelnden Beglückergeist», der «unserer kranken Zeit zum Seelenarzt werden könnte, wenn sie sich recht auf ihn besänne»; zu tief wußte er sich verpflichtet, aufrüttelnd beizutragen zu solcher Besinnung, und zu unüberhörbar – vielleicht? – war in irgend einer Schicht seines vielschichtigen Wesens das Geraune von der Letztmaligkeit des Bevorstehenden, als daß er in Ruhe hätte der Dinge warten können, die da kamen. Tage, ja Wochen schon im voraus ergriff ihn das Reisefieber, und schließlich stand er in Mantel und Mütze, Schirm und Stock in der Hand, und das Plaid überm Arm in unserer Diele bereit, ehe mit dem Aufladen des Gepäcks auch nur begonnen worden war.

Der Tag war bedeckt, doch nicht unfreundlich, und die Jahreszeit (‹seine›, so gut wie die der ‹Betrogenen›) sorgte für eine wechselnde Fülle von hübschen und holden Eindrücken. Alles blühte, alles war frühlingshaft hell, bunt und erfrischt.

In Rottweil unterbrachen wir die Fahrt, um zu Mittag zu essen. Schon vorher hatten wir auf offener Landstraße für ein paar Minuten gehalten, des Aperitifs wegen, den wir mit uns führten. Gewohnheitsmäßig nahm vor Tisch T. M. ein Gläschen Vermouth zu sich, und von den flachen Zwillingsflaschen im schmucken Lederetui, die uns auf allen Reisen begleiteten, war mindestens eine immer mit Cinzano gefüllt.

Rottweil kannten wir nicht, oder hatten doch vergessen, wie reizend und verwunschen es ist. Gegenüber unserem Gast-

Bericht über meinen Vater   411

haus, die alte Apotheke konnte einen glauben machen, man habe ‹Die Galoschen des Glücks› an den Füßen und befinde sich in einem gründlich anderen Jahrhundert.

Genau hier aber scheint der Punkt mir erreicht, an dem ich zu diesen Aufzeichnungen – den vorstehenden wie den folgenden – etwas Grundsätzliches anmerken wollte. Was ich da schreibe, erhebt keinerlei Anspruch. Es will nichts sein als ein treuer Bericht, der nur allenfalls den Ehrgeiz kennt, Wichtiges mit weniger Wichtigem, Ungewöhnliches mit Alltäglichem, Unvergeßliches mit leicht zu Vergessendem auf ähnliche Art zu mischen, wie Zeit und Leben dies tun. Überdies ist der Schrift freilich die Hoffnung inhärent, es möchte der Leser nicht prätentiös schelten, was nur eben genau ist, und nicht folgern, es halte die Verfasserin im Zusammenhang mit T. M. noch das Gleichgültigste für hochinteressant. Dergleichen liegt ihr fern; da aber Vollständigkeit nicht angestrebt werden kann, erscheint proportionale Stimmigkeit um so gebotener. Und somit zurück, nach Rottweil, – oder vielmehr ‹heim›, ins Auto.

Nach Tisch, auf der Weiterfahrt, wurde zunächst geruht. Der Gepäckbau im Fond des Wagens war so angelegt, daß er den rechten Vordersitz ein wenig überragte und als Stütze dienen konnte für das kleine Luftkissen im Nacken und unterm Hinterkopf des Ruhenden. Wir fuhren schnell. Wo Bauarbeiten, ein Bahnübergang oder die vorübergehende Unmöglichkeit, einen Lastwagen zu überholen, uns zu verlangsamen, wenn nicht gar zu halten zwangen, meinte ich jedesmal, mein Vater würde aufschreckend wissen wollen, was es denn gäbe. Er merkte aber gar nicht auf die Wechselfälle der Reise. Mit geschlossenen Augen ruhte er unbekümmert und tief. Einiges Reisefieber vor der Abfahrt und entspanntes Wohlbefinden, kaum war man unterwegs: den Wechsel kannten wir an ihm. Aber diesmal war es, nach überstandenem Aufbruch, nicht nur das ihm so liebe Durch-die-Lande-Rollen, das ihn besänftigt hatte. Vielmehr lag alles enervierende Warten nun hinter ihm, – ‹es› hatte angefangen, und die stille Erregung der Vorwochen war der Zuversicht gewichen, daß gut enden werde, was so erfreulich begonnen.

Im Hof des Stuttgarter Parkhotels blühte der Flieder. Von seinen weißen und blaßvioletten Dolden stieg ein leichter Duft in unsere Zimmer. Erstaunlicher und rührender Weise nahm er es siegreich auf mit den Auspuffgasen der Autos, die drunten in Mengen aus- und einfuhren.

Eine Nachricht des Bundespräsidenten besagte, daß er meinen Vater, den er persönlich nicht kannte, noch heute zu treffen wünschte, und so stieg, nach dem Tee, T. M. ins untere Stockwerk, um Professor Heuss seine Aufwartung zu machen. Die Begegnung, berichtete er wenig später, sei in den freundlichsten Formen verlaufen; auch wir würden übrigens im Laufe des morgigen Tages wiederholt Gelegenheit haben, mit dem ‹westdeutschen› Staatsoberhaupt zusammenzutreffen.

Den Vorabend der Schiller-Feier verbrachten wir mit einigen wenigen Freunden. Hans Reisiger, ‹Reisi›, der Dichter und Übersetzer, der sich mit seiner Lebensgefährtin in Stuttgart niedergelassen hatte, war bei uns; und aus Frankfurt waren die Chefs des S. Fischer Verlages herübergekommen, Bermanns (Dr. Gottfried Bermann Fischer und seine Frau) und Dr. Rudolf Hirsch. An einem Nachbartisch, zu dem der ein' oder andere von uns gelegentlich hinüberwechselte, saß Siegfried Trebitsch, trotz seiner 85 Jährchen aus Zürich herbeigeflogen. Wir aßen Möweneier und freuten uns an der frühlingshaften Zartheit ihrer Färbung und Substanz (bei den hartgekochten bleibt das Weiße ein wenig glasig, und die ‹Gelbs› haben einen Einschlag von Rosa).

Man ging früh auseinander. Alle waren heute gereist, und morgen stand Anstrengendes bevor. «Wir sehen uns auf dem Felde der Ehre», sagte zum Abschied T. M.

Der 8. Mai war ein idealischer Tag. Die Luft, in sich noch kühl, absorbierte die Strahlen einer sommerlich starken Sonne, ohne sich zu erhitzen, und die schwarz-rot-goldene Fahne des ganzen Deutschland, die man, dem Bundespräsidenten zu Eh-

ren, am Parkhotel aufgezogen hatte, war in sanfter, windge-
triebener Bewegung.

Wir fuhren sehr rechtzeitig ins Theater, früher als Heuss,
den vorm Hotel eine stattliche Menschenmenge erwartete.

An Ort und Stelle wurde meine Mutter zu ihrem Platz geleitet, während ich, wie fast immer, ehe er sprach, meinem Vater
nicht von der Seite wich. Zunächst bat man uns in die Balkonloge des Präsidenten, der bald nach uns eintraf. Nachdem die
obligaten Presseleute ihrer Pflicht genügt und unter wildem
Geblitze die beiden Hauptredner des Tages auf ihre Filme ge-
bannt hatten, nahmen die Herren (Heuss, der Württembergi-
sche Ministerpräsident Dr. Gebhard Müller, Dr. Wilhelm
Hoffmann, Vorsitzender der Deutschen Schiller-Gesellschaft,
und T. M.) ihre Vordersitze ein. Dicht hinter ihnen hatte Dr.
Walter Schäfer, Generalintendant der Württembergischen
Staatstheater, seinen Platz.

Die Feier begann mit Musik. Es war die Ouverture in D-Dur
von Bach, die, unter der Leitung von Generalmusikdirektor
Ferdinand Leitner, durch das Orchester der Württembergischen Staatstheater sehr wirksam zu Gehör gebracht wurde.
Die Akustik des Hauses ist gut, und noch die Pianissimo-Töne
der Streicher verhauchten hörbar in der stillen Weite. Es folgten die einleitenden und begrüßenden Worte der Doktores
W. Hoffmann und Gebhard Müller. Gegen Ende dieser kurzen
Ansprachen bedeutete der Hausherr, Generalintendant Dr.
Schäfer, meinen Vater, es sei Zeit, sich auf die Bühne zu bege-
ben. –

Von meinem Posten zwischen den linken Seitenvorhängen
hörte ich dem ‹Zauberer› zu und verfolgte gespannt die Reaktionen der mir unsichtbaren Zuhörerschaft. T. M. ‹hatte› die
Leute vom ersten Augenblick an. Ohne Stimme und Aussprache zu denaturieren, trug ein vorzüglicher Lautsprecher jedes
seiner Worte in die entlegensten Winkel des großen Raumes.
Kein Knarren der Stühle, kein Husten in den Hinterreihen der
Ränge, – das hieß: keinerlei Schwierigkeiten im Auffangen des

Gesagten, noch im Verstehen des Gehörten. Aber außerdem hieß es: Spannung, Hingabe und Ergriffenheit. Nichts davon war freilich zu denken, ohne daß auch, oder vielmehr vor allem, der Vortragende sich in Ergriffenheit hingegeben hätte. Was immer er investiert hatte in diese Arbeit, nun holte er es wieder heraus: wissende Liebe, gerührte Zuneigung und eine Erkenntnis, ehrfürchtig und tief genug, um sie in unbeschönigter Treue erstehen zu lassen, die Gestalt dessen, der vor 150 Jahren eingegangen war in die Heimat seiner Unsterblichkeit.

«Nur der Körper eignet jenen Mächten,
Die das dunkle Schicksal flechten;
Aber frei von jeder Zeitgewalt,
Die Gespielin seliger Naturen,
Wandelt oben in des Lichtes Fluren
Göttlich unter Göttern die *Gestalt*.»

«Unsere Rede», – ich konnte sie auswendig, Wort für Wort, und hörte doch zu, nicht weniger inständig als die fremde Menge dort unten. Kaum je, schien mir, hatte der ‹Zauberer› so gesprochen, kaum je so haargenau die Mitte gefunden, in der Erleben und Gestalten eins werden, ein Ganzes, dessen Geburt man beizuwohnen meint.

Genug! Oder gar schon zuviel? Zu sagen bleibt, daß mit der Schiller-Rede T. M. stärker zu wirken vermochte als irgend zuvor mit einer persönlichen Kundgebung. Wie ein Mann erhob sich am Ende die Zuhörerschaft von den Sitzen; Unbekannte, die am Radio gefolgt waren, gestanden später in Briefen, sie hätten beim Hören geweint; andere schrieben, sie seien entschlossen gewesen, dies Ganze abzulehnen, da sie nicht nur überhaupt wenig übrig gehabt hätten für den Redner, sondern ihn insbesondere völlig außerstande meinten, Schillers Genius gerecht zu werden. Diese baten um Entschuldigung eines Mißtrauens wegen, von dem T. M. doch gar nichts gewußt. Es war außerordentlich. – Meines Vaters Schwanengesang! Hätte mir nicht ängstlich ums Herz werden müssen, während er so ergreifend ertönte? Aber ich war glücklich. Und glücklich – das Wort ist nicht zu stark – glücklich war auch mein Vater, als er geendet und ich ihn nach seinem letzten ‹Abgang› auf der Hinterbühne in Empfang genommen hatte.

Im Theaterrestaurant war eine kleine Erfrischung für ihn bereit. Dann bezogen wir gemeinsam die vertraute Loge. Unten sprach Heuss, T. M. folgte aufmerksam und mit spürbarem Interesse. Er saß sehr still; Friede war mit ihm, – die tiefe Befriedung dessen, der sein Bestes getan und gewiß sein darf: dies Beste war gut genug.

Geselligkeit, Theater, Fahrt ins Museum (das Schiller-Nationalmuseum in Marbach), Menschen, Menschen, – die Tage waren voll bis zum Rande, und untunlich will es mir scheinen, hier berichtend ins Detail zu gehen. In bloßen Stichworten handelt mein Tagebuch vom weiteren Verlauf unserer ‹Schiller-Reise›, und ich darf mich darauf beschränken, von diesen Notizen eine Auswahl herzusetzen. Ich eliminiere also, ergänze wohl auch hier und dort einen Namen, – ändere aber kein Wort.

8. Mai

... Mittagessen beim Ministerpräsidenten (Dr. Müller). Hübsches kleines Palais, erbaut 1912, – mit reizend gelegenem parkartigen Garten ... Essen vorzüglich. Sitze neben Dr. Schütz (Dr. Werner Schütz), Kultusminister von Nordrhein-Westfalen. Schütz überrascht mich durch genaueste Kenntnis von Z.'s Sachen. Macht mir halb scherzhafte Vorwürfe, wegen meiner Striche im ‹Faustus›; weiß aus der ‹Entstehung›, daß ich «einen ganzen Professor mitsamt seinem Kolleg hinausgeworfen»; kann auch sonst vieles auswendig, – ganze Passagen aus dem ‹Krull› ... Wiedersehen – nach 26 Jahren! – mit Dr. Neinhaus (Dr. Karl Neinhaus, Präsident des Landtages von Baden-Württemberg), Oberbürgermeister von Heidelberg jetzt, wie anno 29, als Z. dort die Festspiele eröffnete (‹Rede über das

Theater›) . . . Kaffee im Garten. Sitze ein Weilchen bei Heuss, der gutgelaunt und jovial. Z. glücklich, angeregt, anscheinend unermüdet . . . Abends ‹Maria Stuart›. Aufführung ordentlich für heutige Verhältnisse, – aber was besagt das? Elisabeth (Flikkenschildt) wirklich gut. Pause mit Heuss. Nachher Geselligkeit bei ihm in seinem Hotelsalon. Sohn (Ludwig Heuss, Fabrikant in Lörrach) und Schwiegertochter lunchten in Rottweil am Nebentisch. Was mögen wir geredet haben? Nichts Schlimmes, Heuss betreffend. Aber sonst?? Heutiges Zusammensein von sehr deutscher Gemütlichkeit. Heuss erzählt Anekdoten. Freut sich seiner Popularität . . . Mache mich vorzeitig aus dem Staub, da morgen früh auf Band diskutieren muß (Süddeutscher Rundfunk: ‹Die glücklichen Zwanzigerjahre – Mythos und Wirklichkeit›) . . .

9. Mai
Dies erst ist wirklich der Todestag . . . Z. angetan, weil die verschiedenen Treffen mit Heuss so erquicklich verlaufen. Dergleichen in Weimarer Republik wohl undenkbar. Hängt freilich auch jetzt an Person des Onkels an der formalen Spitze. Immerhin: ‹Kult›-Minister und -Senatoren, soweit uns bisher – in kleiner Anzahl – bekannt, gleichfalls Vertrauen erweckend . . . Elterlein nach Marbach . . . Nachmittags großer Empfang bei Pechel (Dr. Rudolf Pechel). Gott und die Welt zugegen: meine Partner von heute früh (Rundfunk); der vorzügliche Eberle (Dr. Josef Eberle, Stuttgarter Zeitung); Hermann Kasack, Hoffmann natürlich, dessen Verdienste um Feier erheblich. Heuss – zu offenbar aufrichtigem Leidwesen – auswärts verpflichtet. Sonst alle da oder doch beinah alle.

10. Mai
Fahrt nach Kissingen. Schnell und hübsch, Straßen teilweise skandalös. Gut, daß hier ein paar Tage haben. Z. needs a rest.

11. Mai

Wetter ungut. Kurgarten zierlich und angenehm. Essen mäßig. Auf allen Balkons fehlen die vorgesehenen Blumenkästen. Trister Anblick, – kaum vereinbar mit Idee von ‹Wirtschaftswunder›. Z. schlechter ‹Ausruher›. Drängt im Grunde ständig «weiter, weiter!», wie auf amerikanischen ‹lecture tours›. Erinnert sich (in diesem Zusammenhang) – und lacht wieder – an mein Trosttelegramm zum Beginn solcher Reise: «Keine Folter, es ist nur – Eine schöne lecture-tour!» Hat «Hinkel (Gockel und Gackeleia)» immer zärtlich geliebt . . .

12. Mai

Jankas zum Abendessen (Walter Janka, Chef des Aufbauverlags, ‹Ostberlin›). Gut so. Werden uns morgen ‹lotsen›. Zonengrenze auf Autokarte falsch vermerkt. Dort vorgesehene Zufahrtstraße außer Betrieb. Zustände! . . .

13. Mai

Bechers (Minister Johannes R. Becher und seine Frau) mit großem Cortège in Wartha zur Begrüßung. Volksauflauf. Banner über der Straße. Konnte alles noch ‹gestellt› sein. Fahren weiter, unfreiwillig langsam, in stattlichem ‹Convoy›. ‹Bevölkerung›, die von allen Seiten herbeiläuft, zeigt wirkliche Freude. Auf Z. deutend: «Das *is* er, das *is* er», – in prächtigem Sächsisch. Keinerlei ‹Potemkinsche Dörfer›. Keine Sprechchöre. Keine Spur von ‹Drill›. Z. sagt, 49 war das noch anders. Natürlich auch ‹Belegschaften› zur Stelle. Kinder, viele Hunderte, wenn nicht Tausende, im Laufe der Stunden! Rotbackig, lustig, zureichend gekleidet, viele auf eigene Faust herbeigesprungen. Schulklassen mit Lehrern. Lehrer und Bürgermeister Reden haltend. Weiß uniformierte Verkehrspolizisten uns voran. Stoppen nach beiden Richtungen allen Verkehr, damit er unsere Kolonne nicht behindere. Betrachte eindringlich die Mienen der Aufgehaltenen – neugierige Gesichter, – auch belustigte, – keine verdrossenen oder heimlich wütenden . . . Mit-

418 Das letzte Jahr

tagessen in Eisenach. Wie lange wir gebraucht haben für das Stückchen Weges! Z. geduldig wie immer. Hat sich auch diesmal über frohes Getriebe und phantastischen Blumenregen gefreut ... Weimar geflaggt ... Abends mit Bechers. Seine Anhänglichkeit an Z. ehrlich und ‹eingeweiht›. Stadt überfüllt mit ‹Schiller-Gästen›, – viele von weither: Wallfahrer aus Ost und West ...

14. Mai
Auch dies glücklich vorüber. Nach Musik (d-Moll-Quartett von Schubert, erster Satz), zunächst Becher, kurz, zweckdienlich, richtig. Z. durch mäßigen Lautsprecher leicht behindert. Huster im Publikum. Zu wenig Studenten? Verlauf und Gesamtwirkung dennoch quite satisfactory. Zum Schluß nochmals Musik (Beethoven, F-Dur-Quartett, erster Satz). Becher vorher und nachher rührend darauf bedacht, Z. möglichst zu schonen ...

Beim Weggehen Theaterplatz (mit dem Schiller-Goethe-Denkmal) schwarz von Leuten, die Übertragung gehört. Großer Applaus. Menschen an allen Fenstern; viele mit Operngläsern und altertümlichen Feldstechern. Derlei nicht inszenierbar ... Bankettartiges Lunch im ‹Elephanten› – ganz ohne Mager * ... Einige Russen zugegen. Z. erwähnt sie in seinem Dankesspruch als «Ihre sowjetischen Freunde». Wird ihm von linientreuen Atlantikpaktlern zweifellos als «*meine* sowjetischen Freunde» angekreidet werden. Macht nichts ... Abends: ‹Jungfrau›. Niveau der Aufführung: siehe ‹Stuttgart›. Karl VII. (Horst Schulze) wirklich gut ... Z. nun doch müde. Gehen vor Schluß.

---

* So heißt das Kellner-Factotum des ‹Elephanten› in Thomas Manns ‹Lotte in Weimar›.

15. Mai
Während ich packe und nach Wagen schaue, wird Z. im Schloß zum Ehrendoktor promoviert. Sein siebzehnter? (Nachschauen!) Professoren der Friedrich Schiller-Universität – mit Rektor an der Spitze – sämtlich aus Jena herübergekommen. Alles in feierlicher Amtstracht. Germanist (Professor Joachim Müller) spricht auffallend gut. Hätte, sagen Elterlein, chez nous gleichfalls größte Ehre eingelegt. Z. dankt aus dem Stegreif, – auch für Gründung eines «T. M.-Archivs» im Rahmen der Berliner Akademie (Deutsche Akademie der Wissenschaften) – Bandaufnahme . . . Unmittelbar vor Abfahrt erzwingt John (Dr. Otto John) durch leidige Insistenz noch ein kurzes, übrigens gegenstandsloses Treffen mit Z., dem ich beiwohne. Unsicher wirkender Mann, leicht ‹verdruckst›, auch wohl zu ‹hübsch›, – mit zu kleinen Händen . . .*

Legen vorgestrige Strecke (nach Wartha) diesmal auf Autobahn zurück. Bechers, Jankas, andere bilden Vorhut. Ich erbitte beschleunigtes Tempo, da in Göttingen erwartet werden. Becher: «Wie schnell?» Ich: «Neunzig?» Er: «Mehr vertrag' ich auch nicht!» Dann fährt er hundertfünfundzwanzig oder läßt doch Fahrer so fahren. Hofft gewiß, mich scherzeshalber abzuhängen. Kindskopf. – Lachend und erhitzt finden wir uns an Zonengrenze zusammen. Beim Abschied Becher merkwürdig ergriffen, hat Tränen in den Augen . . . ‹Westzöllner› freundlich, finden offenbar ‹nichts dabei› . . .

Göttingen: Abendessen in «Alter Krone» mit Wegeleben, Thiele, Roth (Gottfried Wegeleben, zweiter Produzent, Rolf Thiele, künstlerischer Leiter, und Ekkehard Roth, Dramaturg der ‹Filmaufbau›, – Gesellschaft, die ‹Königliche Hoheit› hergestellt); die Knaben laden uns ein. Berechnen, daß zu dritt ganz wenig älter als Z. allein. Abich (Hans Abich, Produzent) verreist . . .

* Wenig später veröffentlichte Dr. John ein ‹Gespräch mit Thomas Mann›, das im wesentlichen aus der Luft gegriffen war. Meines Vaters Dementi erfolgte umgehend – durch die ‹United Press›.

16. Mai

Roth und Wegeleben früh im Hotel. Netterweise mit gesamtem Gepäck zur Bahn. Unsere Fahrt dorthin. Z. traurig, aussteigen zu müssen. Schwanke plötzlich, ob nicht doch Lübeck kutschieren soll. Wäre sinnlos, da Autoreise Lübeck–Zürich für Elterlein zu anstrengend, und selbst schleunigst heim muß. Ein- und Aussteigen (in Göttingen) immer gräßliche Angstpartie. Zug hält gewohnheitsmäßig zu kurz. Reihenfolge der Wagen nicht, wie auf plakatiertem Plan vorgesehen. Träger steht also falsch. Wir bei ihm. Rennen alle nach vorn. Elterlein nebst Gepäck nur eben drin, ich, Fuß auf Trittbrett, will Adieu sagen. Zug fährt. Keine Warnung vorangegangen. Werde beinahe um- und mitgerissen. Widriges Charakteristikum von Göttingen, das im übrigen freundlich ...

Wie von den Eltern, trenne ich mich hier von den Tagebuchnotizen. Ehe ich die Meinen wiedersah oder von ihnen hörte, brachten die Zeitungen mehr oder weniger ausführliche Berichte über T. M.'s Besuch in Lübeck, die endgültige Versöhnung zwischen ihm und der Vaterstadt, seinen Dank für die Ernennung zum Ehrenbürger. Die Rede war launig gewesen, – beinahe übermütig, auf einem Untergrund von Ergriffenheit. Besorgt, er möchte sich zuviel zumuten, hatte ich versucht, ihn von dieser Reise abzuhalten, doch gleich bemerkt, daß ihm ungemein an ihr lag. Seine Treue, unwandelbar überhaupt, war desto lebendiger, je tiefer ihre Wurzeln reichten, und keine Entfernung – in Raum, Zeit oder Gesinnung – hatten ihn der Landschaft und dem Menschenschlag dort oben je wirklich entfremden können. Wie er, von allen Weltreisen des Gedankens, im ‹Faustus› schließlich heimgekehrt war in die ‹Buddenbrooks›-Stadt (denn sie ist es, auch wenn sie jetzt «Kaisersaschern» heißt!), so stand er nun, ein Heimgekehrter, im Rathaus zu Lübeck, eben dort, wo man seinen Vater zum Senator gewählt und wo dieser gewirkt und ‹regiert› hatte. Der letzte Chef der alteingesessenen Firma Mann, der in Dingen der ‹Dis-

ziplin› dem Sohn immer vorbildlich geblieben war, hätte gewiß
seine verwunderte Freude gehabt an der Genugtuung, die dem
ins Künstlertum Entlaufenen heute zuteil wurde, und dies zu
wissen vertiefte und erhöhte die Dankbarkeit, mit der T. M.
den Ehrenbürgerbrief in Empfang nahm. Auch seiner eigenen
Freude, übrigens, fehlte es nicht an Verwunderung. Daß man
im Stadttheater, wo der Vierzehnjährige zuerst den ‹Lohengrin› gehört, jetzt das ‹Lohengrin›-Vorspiel für ihn spielte,
hatte von traumhafter Wunscherfüllung zuviel, als daß ihm
nicht sonderbar hätte zu Sinn werden sollen. Er selber hatte
gelesen, – zu wohltätigem Zweck –, und eine erkleckliche
Summe – die Gesamteinnahme des Abends – konnte an das
ehrwürdige ‹Spital zum Heiligen Geist›, ein Altersheim, abge-
führt werden. Die Vorlesung dauerte anderthalb Stunden,
doch schien sie das Publikum so wenig zu ermüden wie den
Lesenden.

Lübeck, – kleine, hochwichtige Station auf der Fahrt durch's
Ernte- und Todesjahr, du trägst keine Schuld an dem Unglück
vom 12. August, – du so wenig wie sonst eine Stelle, an der er
sich verweilt und verausgabt. Seine Uhr, – dies hochdifferen-
zierte, bei aller Zartheit und Empfindlichkeit widerstands-
fähige, in allen Fährnissen treulich funktionierende und scheinbar unversehrte Instrument, – war unmerklich in beschleunig-
tem Ablauf begriffen, und keine ‹Vorsicht›, keine Schonung
hätten vermocht, Aufschub oder Abhilfe zu schaffen.

Nicht ganze zwei Wochen trennten ‹Lübeck› vom achtzigsten Geburtstag, einem «Lebensfest», das mein Vater nicht
ohne Unruhe herankommen sah.

«Der gestrige Tag», schrieb er mir am 7. Juni 1954, «ist unter
Blumen und einem süßen Regen von Briefen und Telegrammen aufs freundlichste vergangen – ein schwacher Vorgeschmack doch nur des närrischen Trubels, der sich nächstes
Jahr erheben wird und dem ich mit einigem Bangen entgegensehe ...»

Man könnte – und wird gewiß – einwenden, niemand sei

gezwungen, sich feiern zu lassen, da doch jedem freistehe, abzureisen und aus sicherem Verstecke den «närrischen Trubel» zu belächeln, der etwa dennoch aufkäme.

Aber T. M. versteckte sich nicht. Ob es nun galt, eine gute Sache zu vertreten oder eine schlechte zu attackieren; anderen zu huldigen oder sie zu betrauern; sich einem Angriff zu stellen oder einer Ehrung: er «reiste nicht ab», er entzog sich nicht, und nur, wer ihn völlig verkannte, mochte der Ansicht sein, er habe sich in Eitelkeit bereit gefunden, drei volle Tage lang den Jubilar zu spielen.

«Es gibt», sagte er anläßlich seines fünfzigsten Geburtstags, «verschiedene Arten, sich an Jubiläumstagen zu verhalten ... Man hört von Jubilaren, die an solchen Tagen auf dem Lande verschwinden, sozusagen in die Wüste gehen, um sich ‹den Ehrungen zu entziehen›; und das wird wohl als Zeichen der Bescheidenheit und der Abneigung gegen äußeren Tand gewürdigt. Sie sehen, ich habe es nicht so gemacht; und zwar nicht aus einem unüberwindlichen Verlangen, mich feiern und hudeln zu lassen, habe ich es nicht so gemacht, sondern weil ich finde, daß man ... dem Leben gehorsam sein und darin seinen Mann stehen und auch die Feste feiern soll, wie sie fallen.»

So hat er es gehalten bis zum Ende und hat «seinen Mann gestanden», einer, der wohl Bangigkeit, Zweifel und die tiefste Niedergeschlagenheit kannte, nicht aber die Furcht. Mit reinem Gewissen schreibe ich es hin: T. M. war furchtlos, – war es bis zu einem Grade, der erstaunen mochte, bei einem Menschen seiner nervösen Konstitution, seines leicht erregbaren Vorstellungsvermögens.

Nie vergesse ich – zum Beispiel – unseren Flug von Schweden über Holland nach England, im September 1939, kurz nach Ausbruch des Krieges. Meine Eltern saßen nebeneinander, ich hatte jenseits des Mittelganges meinen Platz; mein Vater, versteht sich, nahm den Fenstersitz ein. Auf ein englisches Gespräch, das meine Mutter und ich mit der Stewardeß führten, achtete er kaum und hatte es wohl nicht apperzipiert, was sie uns sagte, – daß nämlich während der letzten Tage Flieger der ‹Luftwaffe› wiederholt unser Flugzeug zu verlangsamen gezwungen und aus großer Nähe durch die Fenster gestarrt hätten, offenbar, um etwaige Nazifeinde unter den Fluggästen aufs Korn zu nehmen. Wir erschraken. Daß T. M. zum Internationalen PEN Club Congress nach Stockholm gefahren und nun bemüht sein mußte, sich ‹heim› zu verfügen, nach Amerika, war in Hitlerdeutschland natürlich so gut wie sonstwo bekannt. Und nur zu wahrscheinlich schien es, daß ihm besonders die Aufmerksamkeit jener Flieger galt.

Mein Vater las. Meine Mutter unterbrach ihn, indem sie verwunderlicherweise den Wunsch äußerte, nun ihrerseits am Fenster zu sitzen. Mit hochgezogenen Brauen überließ er ihr seinen Platz. Schräg gegenüber hatte ein dicker Herr offenbar gehört, was die Stewardeß sagte. An der schräggestellten Rückenlehne seines Stuhles entlang war er halbwegs zu Boden geglitten, stöhnend, Schweißtropfen auf der Stirn. Die Stewardeß betreute den Ärmsten.

«Dem ist übel», sagte mein Vater; «dabei schwankt es fast gar nicht.»

Soweit hatte er recht. Aber selbst wenn die Mitteilungen der Stewardeß ihn nicht erreicht hatten: daß dies ein höchst prekärer und gefährdeter Flug war, mußte er wissen. Wußte auch, daß wir den Plan, per Schiff zu reisen, aufgegeben hatten, weil, im Zusammenhang damit, sein Name in der Presse erschienen war. Und wußte vollends, daß in Malmö ein Deutscher sich zu uns gesellt hatte, nur, um die Maschine in Kopenhagen bereits wieder zu verlassen. Zwischen Malmö und Kopenhagen aber war die Fähre das einzig gängige Transportmittel: eine so geringe Distanz per Flugzeug zurückzulegen, ließ kaum jemand sich beifallen, es sei denn, er hätte auf genau dieser Strecke, in genau diesem Aeroplan etwas Bestimmtes zu tun oder zu suchen.

Nichts von alledem schien meinen Vater zu kümmern. Er las, schwatzte mit uns beiden, ließ sich das Essen schmecken.

Tags darauf, während des gleichen Fluges, kam ein amerikanischer Ingenieur sinnlos ums Leben. Der – den Nazis – völlig ‹uninteressante› Schwager des New Yorker Verlegers Huebsch wurde, durchs Fenster, von einem deutschen Flieger erschossen. Nur zu wahrscheinlich, daß der Mann gar nicht ‹gemeint›, T. M. vielmehr das eigentliche Ziel gewesen war. Letzterer nahm die Nachricht mit großem, zornigen Bedauern, doch ohne jede ich-bezogene Erregung hin: der Reiter über den Bodensee verspürte auch nachträglich keinen Schrecken.

Dies nebenher, und nur, weil absolute Furchtlosigkeit zum Wesen gehörte dessen, über den ich berichte. Er, der so verwundbar, so leicht zu kränken und herabzustimmen war, achtete Lebensgefahr für nichts. Er hing am Leben, weil er an der Arbeit hing, – auch in all den Jahren, die er «dahier» verbracht, «eine gewisse Anhänglichkeit gefaßt (hatte) an diese grüne Erde». – Wenn es aber sein sollte, so würde er sterben, ohne viel Aufhebens davon zu machen. Er *ist* so gestorben.

Der achtzigste Geburtstag stellte große Anforderungen – an seine Kräfte, seine Nerven, seine geistige Präsenz. Immer wieder galt es, sich zum Wort zu melden, kleine Ansprachen zu improvisieren und Dank zu sagen für das Überviele, was diese Tage ihm brachten.

Auf allen Möbelstücken häuften sich die Zeitungen mit den Glückwunschartikeln, in die er übrigens nur sehr flüchtig blickte: «Lob», sagte er, «ist eine merkwürdig widerstehsame Speise; sie schmeckt wohl süß, doch hat man schnellstens genug davon.» Bedenke man, fuhr er fort, wie nachhaltig der Kummer sein könne, der einem aus hämischen und schlechtgesinnten Kommentaren mitunter erwachse, so erscheine es doch betrüblich, daß man sich so wenig zu machen vermöchte aus festlicher Anerkennung.

Was nicht heißen will, er hätte sich nicht von Herzen gefreut über die zahllosen Beweise der Sympathie, die ihn erreichten. Alle halbe Stunde brachte der Briefträger Stöße von Telegrammen, und schließlich schrieb die Kilchberger Post, «die erbauliche Telegraphenarbeit» dieser Woche «reize» nun auch sie, dem Adressaten ausdrücklich zu gratulieren. T. M. erwiderte umgehend. Durchaus, sagte er, könne er begreifen, daß man auf der Post nachgerade «gereizt» sei. Um so erfreulicher seien ihm die postalischen Glückwünsche.

Die Feier der Gemeinde Kilchberg (am vierten nachmittags, im Conrad-Ferdinand-Meyer-Haus) erhielt ihre besondere Prägung durch die Anwesenheit und Ansprache des Schweizerischen Bundespräsidenten, Dr. Max Petitpierre. Seit Menschengedenken, versicherte man uns, habe es sich nicht ereignet, daß das Staatsoberhaupt zu einer Gemeinde gekommen sei, um einen der Ihren auszuzeichnen. Artiger und freundlicher Weise bediente Dr. Petitpierre, ein liebenswürdiger Westschweizer, sich bei seiner Rede des Deutschen. Nur das sinnig gewählte Gide-Zitat am Schluß ‹brachte› er auf französisch, und während er vorher gut und flüssig gesprochen hatte, war es nun doch, als sei ein Fischlein, das sich irgendwo nur eben leidlich befunden habe, beseligt ins reine Wasser geglitten. Wem immer das Französische Muttersprache ist, der wird (wie oft ist dies mir deutlich geworden!) sich an kein anderes Idiom – selbst im Mündlich-Gesellschaftlichen – je völlig gewöhnen, es sei denn, man habe ihn früh verpflanzt oder er wäre zweisprachig erzogen. Im Französischen daheim sein, das heißt eine Heimat haben, neben der eine andere nicht aufkommen kann.

Anläßlich der Kilchberger Feier erntete überdies mein Vater einen neuen Ehrendoktor, – ‹neu›, nicht nur im Sinne von ‹zusätzlich›, sondern auch und vor allem als ‹neuartig› zu verstehen! Professor Dr. Karl Schmid, Rektor der ETH, promovierte den Jubilar zum Doktor h. c. der Naturwissenschaften und verlieh ihm so den ersten eidgenössischen Titel seines Lebens, wie das erste Doktordiplom, das auf keine der humanistischen Disziplinen Bezug nahm.

Im Zürcher Schauspielhaus (am Abend des fünften) war es vornehmlich die Mitwirkung von Bruno Walter, die meinen

Vater ergriff. Daß sein lieber Freund und erklärter Lieblingsdirigent, dieser größte Mittler zwischen ihm und der Musik, den Ozean überquert hatte, seinem Geburtstag zu Ehren, und daß nun «die himmlische Ratio Mozarts in vollkommen reiner Strenge und Lieblichkeit sich aussang unter seinem Stabe» (Walter dirigierte die ‹Kleine Nachtmusik›), das war ein Festgeschenk von ungewöhnlichem Rang. Und des ‹Ungewöhnlichen› gab es überhaupt soviel, daß diese Aufzeichnungen nicht Raum dafür bieten. Nicht nur Walter, auch Alfred A. Knopf, der Verleger und Freund, war aus Amerika herübergekommen und nahm den herzlichsten Anteil an jeder Feier, jeder Rede, – völlig unverständlich, wie doch die deutschen Laute ihm waren.

Dem Zürcher Schauspielhaus war T. M. seit langem für so manchen genußreichen Abend verbunden. Nun verpflichtete das Institut sich ihm besonders, indem es in klug gewählten Ausschnitten sein Werk Revue passieren ließ, – bis zu dem Augenblick, da er selber, eingeführt von Fritz Strich, die Bühne betrat, um nach all den Proben hochvermögender Sprechkunst den Anwesenden «etwas vorzustümpern». Strich, der bedeutende Literarhistoriker und Germanist, war es auch gewesen, der verbindend zwischen den Schauspielern und ihren T. M.-Texten stand, Überleitungen schaffend, – anmutige und genau gezeichnete «Vignetten», denen er schließlich in knapper Form das geistige Porträt des Achtzigjährigen folgen ließ. Strich war gleichfalls ein Freund aus Münchner Tagen, und seine Teilnahme, wie die von Bruno Walter und von Therese Giehse, mögen hauptsächlich schuld gewesen sein an der ‹Fehlleistung›, die in seinem Dankesspruch T. M. unterlief. Immer, so sagte er den Zürchern, habe er die intelligente Aufnahmefreudigkeit des Münchner Theaterpublikums sehr zu schätzen gewußt ... Und nicht nur die Schauspielhausbesucher jenes Abends, auch eine Unzahl von schweizerischen und ausländischen Radiohörern machten, soviel wir wissen, gute Miene zu einem Spiel, das freilich offenkundig alles andere als ‹böse› war. München – dort war vierzig Jahre lang T. M. zu Hause gewesen, und wenn er sich nun in Zürich so sehr daheim fühlte, daß in einem gegenwartsfrohen Augenblick voll rückwärts gewandter Nachdenklichkeit die beiden ‹Heimstädte› sich ihm verschmolzen, so konnte das am Ende einer jeden recht sein.

Bei der großen Gratulationscour in unserem Hause (am sechsten, vormittags) war der ‹Osten› Deutschlands wie der ‹Westen› vertreten. Walter Janka, Stephan Hermlin und Professor Gustav Seitz erschienen im Namen der ‹DDR›; die ‹West›-Delegation formten die ‹Kult›-Senatoren W. Dehnkamp (Bremen) und Dr. H. H. Biermann-Ratjen (Hamburg) sowie Minister Arno Hennig (Hessisches Ministerium für Erziehung und Volksbildung).

Und alle brachten Geschenke: die monumentale Büste, zu der mein Vater dem Bildhauer, Professor Seitz, im Spätherbst ‹gesessen› (bei uns in Kilchberg), – nun war sie fertig und stand riesenhaft inmitten des ‹Aufbaus›. Überdies präsentierten die Abgesandten der ‹DDR› ihre zwölfbändige Gesamtausgabe, die – eben erst fertig geworden – T. M.'s Lebenswerk wirklich fast vollständig enthält. – Für seine Kollegen in allen ‹bundesdeutschen› Ländern sprach Senator Dehnkamp (damals Präsident der ‹Ständigen Konferenz der Kultusminister›), da er nun meinem Vater von der ‹T. M.-Spende› Mitteilung machte, der Summe, die in seinem Namen an begabte, verdiente und bedürftige Schriftsteller verteilt werden sollte. 50 000 DM, – diesen Betrag hatten zu diesem Zwecke die Länder aufgebracht, und über seine Verwendung sollte T. M. in erster Linie bestimmen dürfen. – Das war schön, und da galt es, zu danken, – immer wieder zu danken.

Kinder und Enkel waren da und feierten den ‹Zauberer› gehörig. Bermann Fischers gaben einen großen Empfang; die Schweizer Freunde (Emmie Oprecht, Richard Schweizer und Georges Motschan) ein reizendes Abendessen; Knopf lud zu erlesenem Lunch, das Telephon stand nicht still, die Vasen reichten nicht hin und nicht her, und von den Geschenken sind mehrere erst ganz kürzlich wieder aufgetaucht aus dem mächtigen Strudel, in den sie damals geraten.

Über seine Gaben freute mein Vater sich aufs kindlichste. Wiederholt, wenn ich nachts noch hinunter ins Erdgeschoß ging, um mir ein Glas Sodawasser zu holen, brannte Licht in der Bibliothek. Dies war aber der Raum, in welchem der ‹Aufbau› sich befand, und da der ‹Zauberer› sich im übrigen dort nicht aufhielt, – es sei denn, um ein Buch zu ‹entlehnen› oder zu versorgen – so stand mir fest, daß zu später Stunde T. M. ‹mit seinen Sachen gespielt› und am Ende vergessen hatte, das Licht zu löschen.

Vor allem hatte der Ring es ihm angetan, – unser Hauptgeschenk, das einem langgehegten Wunsche Rechnung trug. Er liebte es, in klare Steine zu blicken – besonders bei der Arbeit –, und hatte es oft gesagt, daß er gern einen schönen Ring besäße, mit einem makellosen Stein, – rot, vielleicht, – oder nein, – vorzugsweise grün. So waren wir denn auf die Suche gegangen. Erstklassige Smaragde erwiesen sich als so schwer zu finden wie zu erschwingen. Der Turmalin dagegen, den wir schließlich erstanden, hielt sich innerhalb unserer Grenzen, – ein Exemplar von großer Reinheit, männlich im Schliff, und auch der Ring, den er schmückte, erschien wie gemacht für den künftigen Träger.

Mein Vater, wie gesagt, freute sich sehr und konnte es kaum erwarten, bis er mit meiner Mutter zur Stadt fahren und sich Maß nehmen lassen konnte für den Ring, der ihm ein wenig zu weit war.

«Sind Sie zufrieden?» fragte der Juwelier.

«Aber sehr!» versicherte mein Vater. «Und dann: es ist ja auch wirklich merkwürdig, wie so ein Stein zustande kommt und was er alles enthält, – etwas Chlor, zum Beispiel, und ...» Der Verkäufer blinzelte verdutzt. Ihm war anzusehen, daß er keine Ahnung gehabt hatte von dem Chlorgehalt seines Turmalin und sich die Belehrung von dieser Seite nicht hatte träumen lassen. T. M. aber hatte ‹nachgeschlagen›, sobald er den

Stein sein eigen nannte. Er wollte ihn ganz besitzen und den Durchsichtigen auch wirklich durchschauen in all seinen Eigenheiten und Bestandteilen.

Der ‹Achtzigste› hatte meinen Vater nicht übermäßig mitgenommen. Wir anderen Festteilnehmer, jedenfalls, schienen kaum weniger ermüdet.

Große Mühe und Sorge bereiteten die Danksagungen. Am 7. Juni bereits gingen die Karten in Druck, die der großen Mehrzahl der Gratulanten zugedacht waren. Der Text lautete, wie folgt:

«Ich habe viel zu danken, viel zu viel, als daß die physische Möglichkeit bestände, es mit eigener Hand, von Person zu Person zu tun. Aus aller Welt sind mir in diesen Tagen, da ich mein achtzigstes Lebensjahr vollende, Kundgebungen der Sympathie, der rührenden Anteilnahme an meiner Existenz, meinem Streben und Wirken in Form von Briefen, Telegrammen, herrlichen Blumen und sinnigen Geschenken in so unglaublicher, noch heute unübersehbarer Fülle zugekommen, daß es mich verwirrt, beschämt, beglückt, und daß ich zu dem summarischen Mittel dieser Druckzeilen greifen muß, um jedem, der mich grüßte, meine Freude darüber zum Ausdruck zu bringen, daß es mir vergönnt war, meinem Sein und Tun, dessen Unvollkommenheit ich kenne, meinem Werben im Wort um das Gute und Rechte, doch so viele Freunde zu gewinnen. ‹Wohlwollen›, sagt Goethe,

> ‹Wohlwollen unserer Zeitgenossen
> Das bleibt zuletzt erprobtes Glück›.

Jeden Empfänger dieser Karte bitte ich, das Summarische daran zu vergessen und meinen Dank aufs direkteste an ihn – oder sie – gerichtet zu verstehen.»

Soweit irgend tunlich, wurden die Karten signiert; häufig fügte T. M. den «Druckzeilen» noch ein paar geschriebene hinzu; und überdies galt es, einer Vielzahl von Freunden handschriftlich zu danken. Alle Nachmittage, die folgten, manchen Abend und gelegentlich sogar einen Vormittag wendete mein Vater an diese Arbeit. Dennoch war bald vorauszusehen, daß sie bei weitem nicht bewältigt sein würde, wenn wir – am 30. Juni – nach Holland flogen.

Nun, den dortigen Strapazen würden die ‹Ferien› folgen, die man sich diesmal besonders eklatant verdient hatte, und am Strand von Noordwijk würde sich Zeit finden für alles, – Zeit fürs Danken wie für die Arbeit, die «tätige Hoffnung», – Zeit aber auch von jener anderen, tief vertrauten Art, Meereszeit, grenzenlos und ohne Ausdehnung, in welcher «dort ist wie hier, vorhin wie jetzt und dann; in ungemessener Monotonie des Raumes ertrinkt die Zeit, Bewegung von Punkt zu Punkt ist keine Bewegung mehr, wenn Einerleiheit regiert, und wo Bewegung nicht mehr Bewegung ist, ist keine Zeit». So steht es im ‹Zauberberg›, in jenem ‹Strandspaziergang› überschriebenen Kapitel, auf das noch zurückzukommen wir uns vorbehalten möchten. Gegenwärtig, freilich, herrscht Erdenzeit, die aufs genaueste eingeteilte Zeit des ‹Flachlandes›, das – für den Augenblick – Holland heißt.

Meines Vaters Auftreten in Amsterdam und Den Haag stellte seinen Beitrag dar zum ‹Holland Festival›, welches in diesem Sommer – zum ersten Mal seit dem Kriege – eine deutsche Aufführung bot (‹Kabale und Liebe›) und auch durch das Engagement von T. M. das ‹Schillerjahr› einbezog.

Für den Morgen des ersten Juli hatten die Veranstalter im Amstelhotel (wo wir, wie immer, abgestiegen waren) eine Pressekonferenz anberaumt. Über eine Stunde lang beantwortete T. M. die kunterbunten Fragen einer ganzen Armee von Reportern, die sich übrigens bereit erklärt hatten, das Deutsche als ‹Verhandlungssprache› gelten zu lassen. Dies war auffallend. Denn es herrschte hier – aus der Okkupationszeit überkommen – eine decidierte Reizbarkeit gegen alles Deutsche, eine leidende Dünnhäutigkeit, die schon den Klang unserer Sprache als verletzend empfinden konnte.

Nichts davon war während der Konferenz zu spüren. Und was nun gar den Abend betraf, T. M.'s Schillerabend in der Aula der schönen alten Universität, so hätte er besser, harmonischer, glücklicher gar nicht verlaufen können. Ein Publikum, das sich fast ausschließlich aus Holländern zusammensetzte, folgte der Rede so leicht und willig, war so schnell und dankbar im Auffassen jeder zartesten Pointe und noch der flüchtigsten scherzhaften Wendung, daß man hätte meinen können, es werde hier in der Landessprache einem heimischen, höchst geliebten Genius gehuldigt. Statt dessen feierte ein Deutscher einen Deutschen, und es war Schiller, um den es ging, der «sonderbare Schwärmer» (wie Philipp von Posa sagt), dessen Pathos und passionierte Intellektualität der Gefühls- und Denkweise dieser Zuhörerschaft denkbar fern standen.

Eingeleitet durch Professor Dr. N. A. Donkersloot, war der Vortrag gefolgt von einer kurzen Ansprache des holländischen Außenministers, Dr. J. W. Beyen, der im Namen der Königin dem Gast eine hohe holländische Auszeichnung verlieh. Das Ordenskreuz von Oranje-Nassau (im Kommandeursrang), das der Minister meinem Vater um den Hals hängte, ist ein so ehrenvolles wie dekoratives Schmuckstück, schön in Gold und Email gearbeitet. Und dermaßen enthusiastisch applaudierten die Anwesenden dem Vorgang, daß T. M. lange nicht zu Worte kam. Dann sagte er:

«Exzellenz, – nehmen Sie meinen ergriffenen Dank für Ihre so freundlichen Worte, wie für die hohe Ehre, welche die holländische Regierung mir erweist und die mich sehr stolz macht. Ich würde Sie bitten, meinen Dank auch Ihrer Majestät, der Königin, zu übermitteln, aber ich nehme mir vor, ihn ihr, wenn sich die Möglichkeit dazu bietet, persönlich darzubringen.

Nicht in der Sprache dieses Landes schreibe ich, und leider spreche ich sie nicht einmal. Und doch ist es dieses Land, von dem ich eine solche Auszeichnung empfange. Nicht aus Eitelkeit freue ich mich ihrer, sondern weil ich Sinn für Symbole habe und weil dieser Orden mir ein Symbol niederländischer Sympathie sein wird, – einer Sympathie, die ich von Herzen erwidere. Ich habe Holland geliebt und bewundert von jung auf, nicht nur seine Kultur, seine Literatur und Kunst, nicht nur seine trauliche Landschaft, sondern auch seine rein menschlichen, moralischen Eigenschaften, die sich besonders bewährten, als ein furchtbar entstelltes Deutschland, dem ich kaum den deutschen Namen zuerkennen möchte, auch den Niederlanden, und gerade ihnen, entsetzliches, schwer vergeßliches Leid zufügte. Der heroische, unbrechbare Widerstand, den damals das holländische Volk in treuer Einigkeit mit seinem Königshaus dem Übel leistete, hat mich wie alle Welt begeistert. Er war ein starker Trost für uns, die wir damals Deutschland mieden, weil es nicht mehr Deutschland, sondern nur eine Medusenfratze davon war. Ehre zu empfangen von einem Land, das so viel Leid getragen, ohne sich zu beugen, ist *hohe* Ehre, die mir bis ans Ende meines Lebens zum Stolz und zur Freude gereichen wird.»

Es war das letzte Mal, daß ich ihn öffentlich sprechen hörte. Und wie frisch, wie unermüdet – nach dem langen Vortrag – klang seine Stimme!

Im Haag, die beiden ‹Ruhetage›, verliefen alles andere als ruhig. Dem Abendessen und Empfang beim deutschen Botschafter (Dr. Mühlenfeld) etwa schloß sich – sehr genußvoll – ein später Theaterbesuch an: wir hörten zwei Akte der ‹Italienerin in Algier› (Rossini). Ungemein frech und lustig inszeniert, war diese Aufführung der ‹Scala Milano›, geleitet von ihrem jungen Stardirigenten Carlo Maria Giulini und unter Mitwirkung, übrigens, des holländischen ‹Residentie›-Orchesters und des ‹Nederlands Kamerkoor› wohl die erfolgreichste des ‹Holland Festival›.

Besuche fanden sich ein. Ausländische Pressevertreter wollten empfangen, und von den zahllosen Sehenswürdigkeiten der liebenswerten, leider stark beschädigten Stadt doch einige neuerdings besichtigt sein.

Wie schon in Amsterdam (und wie überall, wo meinem Vater der Abend gehörte) hatte ich den Saal inspiziert, die große Kirche, in der er sprechen sollte. Nun berichtete ich von den technischen Anordnungen, die ich getroffen, durfte aber nicht verschweigen, daß der Raum sehr viel breiter als tief und also «schwierig» sei: wer dort sein Publikum im Auge behalten wollte, hatte vielfach den Kopf zu drehen und sich – unter Berücksichtigung des unbeweglichen Mikrophons – abwechselnd nach links, vorn und rechts zu wenden. Trotz Lautsprecher, schien überdies die Akustik nicht zum besten.

«Wird schon gehen», sagte unbekümmert der ‹Zauberer›. «Schade nur, daß du weg mußt. Wann fliegst du?»

Ich flog gegen vier. Wir konnten also noch gemeinsam essen und erneut das Projekt besprechen, zu dessen Förderung mein Vater mich nun nach London schickte.

Der Plan war nicht von gestern. Wir hatten ihn lange erwogen, – seine Grundidee und das ungefähre ‹Wie› seiner Ausführung. Alles weitere sollte nach Beratung und in Zusammenarbeit mit der Gruppe geschehen, die T. M. seinem Vorhaben zu gewinnen hoffte.

Die Absicht war dies: eine kleine Anzahl führender Geister – Dichter, Historiker, Philosophen, Träger großer Namen auf humanistischer Ebene – sollte gemeinsam einen Appell und Warnruf richten an die Regierungen und Völker der Erde. Mit der physischen Fortexistenz der Species Mensch – dies war festzustellen – stand die Ehre der Menschheit, die moralische Berechtigung ihres Seins auf dem Spiel. Würde durch des Menschen Schuld dem Leben hienieden ein gewaltsames Ende gesetzt, so wäre alles zuschanden, – jedwedes Verdienst, das er in seiner ganzen Geschichte sich erworben und unter seinen Werken durch die Jahrtausende noch die höchsten, reinsten, dem Vollkommenen am glücklichsten angenäherten.

«In tiefster Seele», schreibt mein Vater, «hege ich die Vermutung, daß es bei jenem ‹Es werde›, das aus dem Nichts den Kosmos hervorrief, und bei der Zeugung des Lebens aus dem anorganischen Sein auf den Menschen abgesehen war und daß mit ihm ein großer Versuch angestellt ist, dessen Mißlingen durch Menschenschuld dem Mißlingen der Schöpfung selbst, ihrer Widerlegung gleichkäme. – Möge es so sein oder nicht so sein, – es wäre gut, wenn der Mensch sich benähme, als wäre es so.»

Dies der Grundton oder doch einer der Grundtöne, auf die das geplante Manifest abzustimmen war. Dabei durfte es natürlich beim Ethischen nicht bleiben. Rein Praktisches war einzubeziehen, ja gehörte in einen Vordergrund, für den das Beste, Schönste, Schrecklichste, Ernsteste, Ermutigendste und Gewinnendste, was in solchem Zusammenhang und solcher Gruppierung gesagt werden konnte, vielleicht eben gut genug war. Ein Stück Prosa, so kurz wie eindringlich, war zu entwerfen – mit dem Ziel, den Einzelnen, die vielen Millionen von Einzelnen, die der Ruf erreichte, nicht nur zu warnen vor der finalen Gefahr (gewarnt waren sie längst), sondern sie zur Stellungnahme, zur Tat zu bestimmen, auf Grund der Verantwortung, die wir alle tragen und zu deren Unabdingbarkeit das Manifest sich bekennen sollte.

Auf den greifbaren Erfolg einer solchen Aktion setzte natürlich mein Vater keine übertriebenen Hoffnungen. Aber selbst wenn sie scheinbar gar nicht verfing und ohne jede nachzuweisende Wirkung blieb, – konnte sie nicht dennoch ihren stillen Einfluß üben auf die Gemüter? Und, angenommen sogar, jedwedes Resultat versagte sich ihr, – war es nicht gut und richtig, – ja, war es nicht *nötig*, daß zu dieser Weltenstunde der humanistische Geist (oder doch eine leidlich repräsentative pars pro toto) gesammelt von sich hören ließ und Stellung bezog, *die* Stellung, die unbedingt zu verteidigen ihm aufgetragen war?

Die Liste derer, die T. M. vorerst heranzuziehen hoffte, war kurz. Alphabetisch geordnet, sah sie aus, wie folgt: Pearl S. Buck (USA), William Faulkner (USA), E. M. Forster (England), Hermann Hesse (Schweiz), François Mauriac (Frankreich), Gabriela Mistral (Chile), Lord Bertrand Russell

(England), Albert Schweitzer (Lambarene), Arnold Toynbee (England). Noch fehlten wichtige Namen. In Deutschland, Italien, Spanien, Portugal, den nordischen Ländern und anderen großen Gebieten hatte T. M. bisher nicht gefunden, was er suchte. Doch war seine Umschau keineswegs beendet, und mit der Hilfe der ersten Teilnehmer würden allseitig geeignete ‹Kandidaten› gewiß auch dort schließlich zu ermitteln sein. Die Sowjetunion und ihre Alliierten sollten grundsätzlich aus dem Spiele bleiben. Wie denn auch unter den Repräsentanten der ‹westlichen› Nationen das kommunistische Element auszuschließen war. *Einmal* doch sollte, diesseits der ‹roten› Grenzen, zum Frieden aufgerufen werden, ohne daß gewisse Vorkämpfer der ‹Co-Katastrophe› (oder wie die wackeren Streiter im Kampf gegen die ‹Co-Existenz› nun zu nennen seien) Gelegenheit hätten, den Aufruf als kommunistisch kommandiert, inspiriert oder infiltriert zu brandmarken und das Wort Friede zwischen jene Anführungszeichen zu setzen, mittels derer jeder Begriff kostenlos in sein Gegenteil zu verkehren ist.

Dies, also, war ungefähr der Plan. Seine Realisierung brieflich vorzubereiten, schien ein gar zu langsames und kompliziertes Verfahren. Und so flog ich denn – zunächst – nach England, um die britischen Teilnehmer in spe dem Unternehmen womöglich zu gewinnen.

Durch meines Vaters Tod ist hinfällig geworden, was immer ich dort erreicht oder nicht erreicht. Der Ordnung halber sei dennoch verzeichnet, daß Lord Russell und E. M. Forster sich nicht nur zur Mitarbeit freudig bereit fanden, sondern auch gleich einiges vorzuschlagen wußten, was der Aktion dienlich gewesen wäre. Professor Toynbee lehnte ab. Ohne T. M.'s Vorhaben irgend rügen zu wollen, war er der Ansicht, «der Geist» solle sich nicht in Dinge mischen, für die er – beruflich – nicht zuständig sei und die er also in keinem «Ernstfall» würde zu verantworten haben. Sei es nicht, fragte der große Historiker, «somewhat cheap», die praktisch Verantwortlichen ungefragt beraten oder sie doch indirekt (auf dem Wege über die ‹öffentliche Meinung›) beeinflussen zu wollen?

Das war enttäuschend; doch hatten wir auf den ein' oder anderen Fehlschlag schließlich gefaßt sein müssen. Auch lag uns für genau diesen ‹Kandidaten› bereits ein Ersatzmann im Sinn. Ohne sich des gewaltigen Magnetismus zu erfreuen, mittels dessen ‹Professor Know-All› in Amerika die Seelen an sich zieht, war in England der nunmehr Visierte nicht weniger angesehen als der Ausgeschiedene und verfügte, wie dieser, über die nötige Weltgeltung.

Übrigens hatte mein Vater sich weder an ihn noch an einen der anderen schon wenden können, als, am 20. Juli, der Arzt ihn zu Bett schickte.

Diesen Juli über war in Noordwijk das Wetter ungewöhnlich schön. Wo Kälte, Dauerregen und ein unwirtlich erregtes Meer dir auch im Hochsommer nur zu häufig die ‹Erholung› erschweren, folgte jetzt ein blauer Sonnentag dem anderen, und T. M. genoß den Aufenthalt aus ganzer Seele.

Er arbeitete im Strandstuhl. Um ihn bauten schwatzend und rufend Kinder ihre Burgen; Mütter kamen, um nach ihrer Brut zu sehen; Väter schritten, quietschende Knäblein führend, in die Brandung hinein; den Schreibenden störte das nicht. Die Unendlichkeit des Meeres schluckte, wie es schien, jedes ‹endliche› Geräusch, und inmitten all des ‹Ferien›-Lärms oblag er in Ruhe seinem einsamen Tun.

Während der beiden Wochen, die meine Eltern nun bereits in Noordwijk zugebracht, hatte mein Vater für den ‹Weser-Kurier› in Bremen ein Geleitwort zu ‹Fiorenza› geschrieben. Die dortigen ‹Kammerspiele› schickten sich an, das Stück neu herauszubringen, und T. M. erfüllte gern die Bitte der Redaktion. Kaum war der Beitrag geliefert, als mein Vater die Einleitung in Angriff nahm, die er dem Kurt Desch Verlag für seine Anthologie ‹Die schönsten Erzählungen der Welt› versprochen hatte. Er arbeitete stetig, – nur zweimal abgelenkt durch auswärtige Verpflichtungen. Am 8. Juli wohnten meine Eltern in

Amsterdam der holländischen Premiere des ‹Königliche Hoheit›-Films bei, – akklamiert von einem großen, nicht spezifisch ‹literarisch› gestimmten Kinopublikum, das im Theater sowohl wie auf der Straße dem ‹Vremdeling› die lebhafteste Sympathie bezeigte.

Wenig später (am 11. Juli) war der Besuch bei der Königin fällig, den in seiner Dankesrede T. M. in Aussicht genommen hatte.

Die Audienz fand in Soestdijk statt, dem Königlichen Sommersitz, unweit Amsterdam. Man kennt die demokratischen Traditionen der holländischen Dynastie und wird also mit dem Wort ‹Audienz› nicht den Begriff höfischer Steifheit verbinden. Doch ist offenbar die Visite meiner Eltern bei Königin Juliana – selbst innerhalb der zivilen Umgangsformen dort zu Hofe – von bemerkenswert unzeremoniellem, ja gemütlichem Charakter gewesen. Fünfviertelstundenlang plauderte man aufs animierteste. Es gab Kaffee, – eine Bewirtung, die in Holland zu jeder Tageszeit und also auch zwischen elf und zwölf Uhr vormittags gereicht wird. Als, nach etwa fünfzig Minuten, die Gäste Anstalten machten, sich zu verabschieden, erklärte die Königin, was sie angehe, so habe sie keine Eile, und man blieb noch ein wenig beisammen. Ihre Majestät erzählte von ihren Töchtern, T. M. von seinen Enkeln, und gemeinsam erinnerte man sich der langen Jahre des Exils. – Prinz Bernhard war abwesend, – leider. Die Meinen hätten dem deutschen Prinzen, der sich unter schwierigsten Umständen durch Takt, Charme, Mut, Gescheitheit und die unverbrüchlichste Loyalität die Herzen der Niederländer erobert, gern die Hand gedrückt.

Am 18. Juli sprach T. M. meiner Mutter erstmalig von dem ziehenden Schmerz im linken Bein, der ihm kürzlich «angeflogen» und nun begann, ihm lästig zu fallen. Gelegentliche rheumatische Beschwerden, freilich, waren ihm nicht fremd, und so maß er dem Ärgernis keinerlei Gewicht bei.

Am 20. erschien er leicht verspätet bei Tisch, – übrigens in bester, ja heiterster Stimmung.

«Das Vorwort ist fertig!» teilte er mit. «Es hat mir Spaß gemacht, – besonders die Stelle über ‹Billy Budd›. Aber heute ist das Steigen (vom Strand, über die Dünenhügel, hinauf zum Hotel) mir tatsächlich ein bißchen sauer geworden. Dieser alberne Rheumatismus ...»

Das genügte. Ganz in der Nähe bot ein Spezialinstitut für Gicht, Arthritis und verwandte Leiden seine Dienste an, und nach dem Lunch telephonierte meine Mutter mit dem Arzt. T. M. war nicht einverstanden. Das amerikanische Mittel – ein ‹compositum›, vom Arzt eigens zusammengestellt –, das ihm bei früheren Anlässen so gutgetan, konnte hier nicht erhältlich sein, und mit der Zeit würden überdies gewiß die Schmerzen von selbst vergehen.

Der Doktor erschien, besah sich das Bein, fand es hochgeschwollen und erklärte, um Rheumatismus handle es sich hier keineswegs. Sofort solle mein Vater sich zu Bett begeben und nicht aufstehen, ehe der Professor aus Leiden, – ein namhafter Internist, der umgehend zu benachrichtigen sei, die Diagnose gestellt. Er selbst sei durchaus nicht zuständig; doch wolle er den Professor anrufen und ihn vorerst ins Bild setzen.

Nach kurzem meldete Professor Mulder sich am Telephon. «Ihr Gatte», sagte er meiner Mutter, die am Krankenbett saß, «hat eine Thrombose.»

Es war einer der Augenblicke, in denen alle Kraft und der ganze Mut ihres Herzens sich aufgerufen fanden. Ohne den schweren Schock, den sie soeben erlitten, im geringsten spüren zu lassen, erklärte sie ruhig, der Arzt befürchte eine Venenentzündung, und möglicherweise werde mein Vater längere Zeit das Bett hüten müssen.

T. M. war sehr niedergeschlagen, doch tröstete er sich damit, daß der Doktor das kranke Bein ja noch gar nicht gesehen habe und, nach erfolgter Untersuchung, dem Patienten gewiß erlauben werde, wenigstens hier oben ein wenig herumzugehen und auf der Terrasse zu liegen. Vom Bett aus war das Meer nicht zu sehen, und dieses: daß er krank sein und – für die Dauer der

Krankheit – das Meer nicht mehr sehen sollte, schien ihm unbillig hart.

Zum Tee hatte Paul Citroen sich angemeldet. Einer kleinen Sammlung von Porträt-Skizzen, die er im Laufe der Jahre von T. M. gemacht hatte, hoffte er heute eine weitere hinzuzufügen. Sollte man dem Maler absagen?

Mein Vater sah dazu keinen Anlaß. Eigentlich krank, meinte er, sei er ja nicht, und wenn denn Citroen ihn zeichnen wolle, obwohl er im Bett liege, so finde er nichts dagegen zu erinnern.

«Aber inzwischen», bat er meine Mutter, «gib mir doch meinen schönen Ring. Ich will ihn anlegen und eine Weile in den Stein blicken, – das wird tröstlich sein.» Citroen kam. Die Kohlezeichnung, die er diesmal anfertigte, erwies sich als sein mit Abstand gelungenster Versuch – hinsichtlich dieses Vorwurfs. Nur die Unterlippe ist (rechts) seltsam verzeichnet, so, als habe das Modell einen Teil der Oberlippe über sie gezogen oder beiße darauf. Der Kopf, – ernst und schmal, mit halb niedergeschlagenem, nach innen gekehrtem Blick, stellt das letzte Abbild dar, das von meinem Vater vor seinem Tode entstand und ist – von Photographien abgesehen – wohl das beste, das wir haben.

Der Vormittag des 21. brachte endlich den Besuch des Professors aus Leiden. Er erschien in Begleitung meiner Mutter, die ihn draußen erwartet und dahin bedeutet hatte, es sei psychisch ratsam, auf ‹Venenentzündung› zu diagnostizieren. Dies geschah zwar; doch erklärte der Arzt, absolute Ruhe, bei kompletter Stillegung des Beins, sei so dringend geboten wie die vorsichtige Verbringung (per Ambulanz) meines Vaters in eine Klinik, – etwa die in Leiden, der er vorstand – oder ein Zürcher Hospital. Ja, – auch die letztere Möglichkeit bestehe. Sobald durch ein Mittel, das während der kommenden Tage so und so oft verabreicht werden müsse, das Blut hinlänglich verdünnt und der Gefahr des Gerinnens vorgebeugt sei, könne der Patient heimfliegen, – liegend, wie sich begreife; denn aufste-

440 **Das letzte Jahr**

hen dürfe er nicht, überhaupt nicht und unter gar keinen Umständen.

Ohne weiteres entschied man sich für den Flug. Aber was für ein ausgesuchtes Pech aus heiterem Himmel schien dies Ganze! Seiner Lebtage hatte T. M. mit den Venen nichts zu tun gehabt. Woher kam ihm plötzlich diese ‹Entzündung›? Vielleicht, meinte meine Mutter und suchte sich selber zu trösten, – vielleicht hatte er sich in den letzten Monaten doch zuviel zugemutet. All die Reisen, – und immer wieder hatte er stundenlang gestanden, und womöglich war auch das Gehen im Sand ihm unzuträglich gewesen . . . So sprach sie und wünschte inständig, so denken zu können. Doch im Aufbrechen hatte der Professor etwas gesagt, was ihr schrecklich einging. Alles, hatte er mitgeteilt, möchte wieder gut werden, wenn die Thrombose nur eben sie selber sei und keine Sekundär-Erscheinung darstelle eines Leidens, welches, wenngleich jetzt nicht feststellbar, sehr wohl die eigentliche, die primäre und schlimme Krankheit ausmachen könne.

Für meinen Vater, natürlich, war die Bemerkung des Arztes nicht bestimmt gewesen, und er wußte nichts von ihr. Aber auch seine ‹Venenentzündung›, diese für einen Mann seines Alters jedenfalls nicht unbedenkliche Erkrankung, schien ihm keinerlei Sorge zu bereiten. Was ihm naheging, war ausschließlich die erzwungene Verkürzung seiner ‹Ferien› und die Unmöglichkeit, vom Bett aus das Meer zu sehen. Letztere betreffend, so wäre ihr allenfalls abzuhelfen gewesen, ehe der ärztliche Urteilsspruch fiel. Doch hatte, vor der Visite des Professors, der Patient mit einer gewissen, bescheidenen Bewegungsfreiheit ja noch gerechnet, und so unterblieb die Umstellung des Bettes, die jetzt, da jede Erschütterung zu vermeiden war, nicht mehr vorgenommen werden konnte.

Der Flug, am 23. Juli, verlief glimpflich.

Im Zürcher Kantonsspital (Privatabteilung Professor Löffler), war, wie uns allgemein versichert wurde, der Patient vorzüglich aufgehoben. Auch reagierte seine gute Natur über alles

Bericht über meinen Vater   441

Erwarten auf die Behandlung, und nach knapp zwei Wochen konstatierten die Ärzte, gegenüber der Norm seien ‹wir› im Heilprozeß um zehn Tage ‹voraus›.

Meinerseits hatte ich mich im Anschluß an meine England-fahrt in ein Luzerner Sanatorium verfügt, – eines anfälligen Magens und der chronischen Schlaflosigkeit wegen, die mir seit langem zu schaffen machten. Obwohl ich aber – da meine Mutter aus dem Noordwijker Krankenzimmer telephoniert hatte – vorerst an die ‹Venenentzündung› glaubte, war ich zu-tiefst erschrocken und selbst angesichts der ermutigenden Fortschritte, die laufend zu verzeichnen waren, außerstande, an meines Vaters Rettung und Genesung zu glauben. Daß ich meinen Kuraufenthalt unverzüglich abzubrechen wünschte, versteht sich. Aber wieder einmal galt es, ihn über den Grad meiner Besorgtheit bestmöglich zu täuschen. Und da er über-dies Wert darauf legte, daß ich das einmal Begonnene zu Ende führte und mich gründlich ‹auskurierte›, blieb ich zunächst, wo ich war. Am 23., nach seiner Ankunft, hatte ich mit ihm tele-phoniert; dann fuhr ich urlaubsweise nach Zürich, um ihn am Morgen des 24. besuchen zu können.

Sein Aussehen war zufriedenstellend; Wind und Sonne hat-ten ihn gebräunt; er war frei von Schmerzen, klagte auch nicht über Übelbefinden, trauerte nur aufs innigste der Zeit nach, – «den *schönen* zehn Tagen», die er in Noordwijk noch vor sich gehabt und um die er geprellt worden war. «Ich habe mich dort *so wohl* gefühlt, – so wohl wie –»; hier unterbrach er sich, um schließlich anzufügen: «wie ich mich überhaupt fühlen kann.» Den halben Zusatz brachte er zögernd vor, ohne rechte Über-zeugung und so, als habe er ursprünglich etwas anderes, viel Stimmigeres sagen wollen, sich aber im letzten Augenblick eines Schlechteren besonnen. Mir ist kaum zweifelhaft, was da ungesagt blieb und warum er dies tat. Nur als Kind, meinte in Wahrheit mein Vater, habe er je das Meer mit solcher Hingabe genossen wie diesmal wieder; und wie damals der Junge, sehne er sich nun zurück . . .

«Sausende Öde, voll herber Feuchte, von der ein Salzgeschmack auf unseren Lippen haftet. Wir gehen, gehen auf leicht federndem, mit Tang und kleinen Muscheln bestreutem Grunde, die Ohren eingehüllt von Wind, von diesem großen, weiten und milden Winde, der frei und ungehemmt und ohne Tücke den Raum durchfährt und eine sanfte Betäubung in unserem Kopfe erzeugt, – wir wandern, wandern und sehen die Schaumzungen der vorgetriebenen und wieder rückwärts wallenden See nach unseren Füßen lecken. Die Brandung siedet, hell-dumpf aufprallend rauscht Welle auf Welle seidig auf den flachen Strand, – so dort wie hier und an den Bänken draußen, und dieses wirre und allgemeine, sanft brausende Getöse sperrt unser Ohr für jede Stimme der Welt. Tiefes Genügen, wissentlich Vergessen . . . Schließen wir doch die Augen, geborgen von Ewigkeit!» – Es ist der ‹Strandspaziergang›, an den wir erneut erinnern. Von der sehnenden Liebe, der, fern vom Meer, sein Autor so beredten Ausdruck verlieh, hatte der 49jährige Ernstliches noch nicht zu fürchten. «Liebe zum Meer», konnte er sagen, «das ist nichts anderes als Liebe zum Tode.»

Nimmt es aber wunder, daß der Kranke im Zürcher Kantonsspital nach seinen Worten sah und schon den Gedanken Zügel anlegte, die diesen letzten Aufenthalt am Meer zusammenreimen wollten mit den frühesten, – vielleicht gar dem ersten, – und die überdies jenen Satz von der ‹Liebe› in die Welt gesetzt?

Augenblicksweise – dies schien mir unverkennbar – war er unheimlich berührt und angeweht von dem, was er hatte sagen wollen. Und erst als ich dem Gespräch eine andere Richtung gegeben, erholte und erheiterte er sich. Eine Vorstellung des Zirkus Knie, der ich kürzlich beigewohnt, gab mir Gelegenheit, ihn durch allerlei Albernheiten zum Lachen zu bringen, und im ganzen waren die Eindrücke eher günstig, die ich mitnahm von meinem Besuch.

Auch die täglichen Telephonate, die ich, nach Luzern zurückgekehrt, mit meiner Mutter unterhielt, brachten irgend

Beängstigendes nicht zutage. Die Untersuchungen, die man angestellt, ließen auf eine zusätzliche Krankheit – oder vielmehr auf die ‹eigentliche›, von der die Thrombose nur ein Symptom, eine ‹Sekundär-Erscheinung› gewesen wäre, durchaus nicht schließen. Und wenn es zwar unratsam gewesen war, dem Patienten die Anstrengung gewisser ‹tests› zuzumuten, so lieferte sein Zustand doch keinerlei Anhaltspunkte für Befürchtungen der erwähnten Art.

Warum nur wollte meine Angst nicht vergehen? Vergebens hielt ich mir vor, daß – unter anderem – ein bloßes Gespinst mich schreckte, – eine Ausgeburt meiner eigenen phantastischen Gedanken. Von diesen stand freilich nicht fest, wie rein ‹phantastisch› sie waren und ob sie nicht vielmehr, ‹sympathisch› geleitet, auf eine geheime und untergründige Art den Weg zu Bezirken gefunden hatten, die ihnen ‹normaler› Weise versperrt blieben.

Vierzehn Monate war es her, – da hatte ich meinen Vater sterben sehen, – in einem Wachtraum, dem ersten und einzigen meines Lebens, – dessen mich nun in jeder Einzelheit immer wieder zu erinnern ich nicht umhin konnte.

Ich befand mich (de facto) in einem Krankenhaus und unter dem Einfluß eines Schlafmittels, das seine Wirkung auf mich so gründlich verfehlte, daß es die furchtbarste Erregung zur Folge hatte und einen Zustand zeitigte, in dem ich, gegen zwei Uhr morgens, die halbe Klinik in Aufruhr versetzte. Weinend stürzte ich treppauf und treppab, rief nach den Ärzten und war bei all meinem Tun so geschwind und ungebärdig, daß die Nachtschwester, entsetzt hinter mir dreineilend, meiner nicht habhaft werden und mich nicht zur Rückkehr in mein Zimmer bewegen konnte. Schließlich weckte sie den Arzt vom Dienst. Nachdem dieser sich längere Zeit mit mir befaßt, ließ er einen zweiten Doktor aus dem Schlafe holen und zwar, wie ich vermute, weniger, weil er allein nicht mit mir hätte fertig werden können, als weil er die Wildheit und verzweifelte Eindringlichkeit meines Halluzinierens klinisch so fesselnd fand, daß er das Phänomen seinem Kollegen nicht vorenthalten mochte.

Mein Vater, soviel war mir schrecklich sicher, lag im Sterben. Als ob aber damit des Furchtbaren nicht genug gewesen wäre, schienen die Ärzte (nicht die, zu welchen ich sprach, sondern irgendwelche Chirurgen, in deren Hut er sich augenblicklich befand) entschlossen, dem Sterbenden beide Beine abzunehmen, – ein Vorhaben, dessen grausige Sinnlosigkeit ich durchschaute, während doch die Chirurgen mir unauffindbar waren und ich also die ansässigen Ärzte zu beschwören, ja anzuflehen hatte, sie möchten das Unsägliche verhindern. Es sei ein *Durchbruch*, versicherte ich immer wieder, – ein *Durchbruch*, woran er sterbe und dem auf keine Weise abzuhelfen sei. Nichts könne man tun, gar nichts als das Geplante vereiteln und sie im letzten Augenblicke verhüten, die zweck- und hoffnungslose Untat der Amputation! Meine Ärzte versprachen alles. Wieso denn aber, wollten sie wissen, ich so genau im Bilde sei?

«Ich *sage* es Ihnen ja», wiederholte ich weinend: «weil ich ihn gefunden habe, und weil es ein Durchbruch ist – nur nach einem Durchbruch sieht man so aus!»

Ich sei im Irrtum, versicherten die Ärzte. Ihrer Kenntnis nach sei gar nichts geschehen.

«*Nichts geschehen!?*», schrie ich. «Er stirbt, ach, wo ist er, – wohin hat man ihn gebracht, – es ist ein Durchbruch, – ich schwöre Ihnen, daß es ein tödlicher Durchbruch ist ...»

Der Wachtraum war von unbeschreiblicher Schrecklichkeit, – von einer *Dichtigkeit* des Entsetzens, wie das wache Leben sie schon deshalb nicht kennt, weil, bei aller Konzentration auf das schwerst Erträgliche, der Mensch doch immer noch Wahrnehmungen macht, die ohne Bezug sind auf die Heimsuchung oder Bedrohung, unter deren Eindruck er steht. Wer träumt, hingegen, – einen Alptraum träumt, – ist dem Grauen, das er sich selbst geschaffen, ausgeliefert, ohne daß ihm die leiseste Linderung käme aus der ‹neutralen› Welt, – dem Empfinden dafür, daß es heiß ist, oder windig, der Gegenwart Dritter, dem nahenden Ende des Tages oder der Nacht. Der Träumende weiß und spürt *nichts* als die Furchtbarkeit seines Alps. Und *nichts* wußte und spürte ich damals, als: er stirbt! Mein Gott, ein Durchbruch! Nicht die Beine abnehmen, – nicht die Beine! –

Die Beine, die seinen leichten Körper so weit und treulich getragen, und deren eines jetzt doch, mit alkohol-getränkten Lappen umwickelt, unter dem kleinen Gitterzelt lag, dem, anstelle des kranken Gliedes, das Gewicht der Decke aufgeladen war! Es ist richtig, an ‹Amputation› war im entferntesten nicht zu denken. Auch befand er sich ja täglich besser, fast täglich ging die Schwellung ein wenig zurück, und schon war von Aufstehen die Rede, – womit nicht das Hinüberwechseln von Bett zu Lehnstuhl gemeint war, das er bereits mehrmals exekutiert hatte, sondern ein veritabler kleiner Spaziergang auf dem Korridor.

Mir aber wollte jenes Grauen nicht aus dem Sinn, und gewisse Eindrücke und Erwägungen schufen mir zusätzlich Angst.

Da war – zum Beispiel – die Zahlensymmetrik im Leben meines Vaters. Daß er am 6. VI. 75 (einem Sonntag) zur Welt gekommen, inmitten des Jahres, mit welchem das Jahrhundert in sein letztes Viertel trat; daß er fünfundzwanzig war, als die ‹Buddenbrooks› erschienen, und im fünfzigsten stand (will sagen, 49 – ist gleich 7 mal 7 – Jahre zählte), bei Abschluß des ‹Zauberberg›; daß er mit fünfundfünfzig den Nobelpreis erhalten und – nach seiner eigenen Prophezeiung – mit siebzig gestorben wäre, hätte nicht der ‹Faustus› ihn am Leben erhalten; daß er sein Münchner Haus unmittelbar vor Ausbruch des ersten Weltkrieges, und sein kalifornisches scharf vor dem Eintreten Amerikas in den zweiten unter Dach gebracht; daß er sechs Kinder in die Welt gesetzt, – eine höchst symmetrisch geordnete Gruppe, die sozusagen paarweise aufgetreten war: 1905 ein Mädchen, ein Jahr später ein Bub; 1909 ein Bub, ein Jahr später ein Mädchen; 1918 ein Mädchen, ein Jahr später ein

Bub; daß er nun achtzig war, – um genau zehn Jahre älter als zu der Zeit, für die er seinen Tod vorausgesagt.

Hinzu kam: daß der prächtige Erfolg des ‹Krull› ihn nicht dazu vermocht hatte, den zweiten Band in Angriff zu nehmen; daß er sich statt dessen dem Theater zugewendet, einer Welt, in der er unbehaust war und die ihm die Heimat gewiß nicht ersetzen konnte, die jedes seiner Erzählwerke ihm bedeutet; – und daß er – meiner Mutter zufolge – nicht *fragte*, – weder nach dem Fortschreiten des Neubaus unter unseren Parterrefenstern, noch nach Nico, noch nach den kleinen Ergänzungen und Verbesserungen, die, wie er wußte, derweil vorgenommen worden waren in seinem geliebten Haus: die neuen Büchergestelle auf der ‹obersten Diele›; das Wandbrettchen in seinem Arbeitszimmer; der Extraständer für seinen ‹Geburtstagsstock› (das exotische Rohr mit der empfindlichen Elfenbeinkrücke). Vielleicht war dies das Schlimmste und Beängstigendste in meinen Augen: daß er nicht *fragte*.

Am Montag, dem 8. August, kehrte ich heim aus Luzern, – nach einem Kuraufenthalt, der lange genug gewährt hatte, um, meinem Vater gegenüber, als abgeschlossen gelten zu können.

Ich fand den Patienten – gegen neulich – verändert. Er hatte sichtbar abgenommen (völlige Appetitlosigkeit gehörte zu seinen, im übrigen durchaus erträglichen, Beschwerden), und die Sonnengebräuntheit seiner Haut war einer Blässe gewichen, die freilich durch den langen Mangel an frischer Luft und Bewegung hinlänglich erklärt schien. Wie zu erwarten gewesen, ließ er es bei ein paar matten Erkundigungen nach meiner Kur bewenden. Aber sein Blick, der plötzlich *blau* war, – ein großer und blauer Blick aus grau-grünen Augen, – schien, unabhängig vom Gang des Gesprächs, eine Frage zu enthalten, die zwar gewiß der Blickende nicht stellen würde und die er wohl nicht einmal ausdrücklich bei sich erwog, von der ich aber glaube, daß sie in ihm gelegen hat: die Frage nach der Meinung dieser Krankheit, und ob er es denn lebend werde verlassen dürfen, dieses, sein Krankenzimmer, (oh letzte Zahlensymmetrie!) sein Zimmer, also, Nummer 111.

Nicht, als ob er im übrigen verzagt oder untätig gewesen wäre! Er las: das Mozartbuch von Alfred Einstein, – von A bis Z und mit großem Interesse; in Somerset Maughams ‹The Summing Up›, worin er es freilich noch nicht weit gebracht hatte, als sein Zustand sich plötzlich verschlechterte. Er schrieb Briefe, deren einen (in seinen Anfängen) wir bewahren, da zu meines Vaters lebhaftem Kummer die Anschrift des Adressaten rätselvoll abhanden gekommen war. Ein gewisser Herr Kassbaum, der auf dem Lübecker Katharineum zeitweise T. M.'s Klassenkamerad gewesen, hatte sich anläßlich des achtzigsten Geburtstags in Erinnerung gebracht, und mein Vater war gleich entschlossen gewesen, diesem Gratulanten handschriftlich zu danken. Bisher war er nicht dazu gekommen, hatte aber ‹Kassbaums› Brief immer mit sich herumgetragen und sich eben an die Beantwortung gemacht, als Brief und Absender verschwunden waren. Ob sie sich nun unter den Stößen von Zeitungen und Zuschriften befanden, die täglich der Papierkorb aufzunehmen hatte, oder sonst einen falschen, nicht verfolgbaren Weg genommen hatten, – die Unersetzlichen waren fort, und schließlich verzichtete der Kranke auf die Weiterführung seines Briefes. «Es sieht mir so gar nicht *ähnlich*!» sagte er bekümmert; «Kassbaum, – *natürlich* erinnere ich mich! Und was *soll* der Mensch von mir denken?!»

Andere Korrespondenzen wickelten sich reibungslos ab. Aus dem Nachbarraum hatte ein fremder Ko-Patient ihm Blumen geschickt, – schöne, orchideenartige Lilien, für die er sich schriftlich bedankte: «Herrn Konrad Kahl – im Nebenzimmer.» – «Die Leutchen» (so nannte T. M. die Familie seines Sohnes Michael) hatten vollzählig aus Ischia geschrieben, – auch und besonders Frido, der Lieblingsenkel, an dessen ausführlich-zutraulichem Geplauder «der Opapa» seine zärtliche Freude hatte. Er erwiderte prompt, schrieb überdies, weil der ihm gerade besonders «fällig» schien, an Erich von Kahler, den alten Freund, und – in einer akuten, dabei uneiligen Angelegenheit – an Werner Weber, den Feuilletonchef der ‹Neuen Zürcher Zeitung›. Für diesen begabten, hübschen und eifrigen Menschen hatte er besonders viel übrig, und ihm von seinem Ergehen zu erzählen, war der eigentliche Zweck eines Briefes, der im Sachlichen sehr wohl hätte warten können. Die letzte Handschrift, die von meinem Vater überhaupt existiert, besitzt Lavinia Mazzucchetti, seine italienische Übersetzerin und Herausgeberin der ‹Opera Omnia›. Ihr gegenüber erwähnt, unter dem Datum des 10. August, T. M. einiger kleiner gesundheitlicher Verdrießlichkeiten, die ihn plagten, meint aber, er habe durchaus kein Recht, sich zu beschweren, da die eigentliche Krankheit ja beinahe vorüber sei.

Sie *war* beinahe vorüber. Rationalerweise und ohne Ansehen der Unwägbarkeiten, die mich persönlich herabstimmten, durfte er – durften wir alle – guten Mutes sein.

Besuche kamen. Erich Katzenstein, der befreundete Arzt, und Richard Schweizer fanden sich ein. Noch am 10. August ließ Dr. Flinker sich melden (Dr. Martin Flinker), der Herausgeber und Verleger der schönen, einzigartigen Schrift (‹Hommage de la France à Thomas Mann›), mittels derer das geistige Frankreich den Achtzigjährigen geehrt.

Neun Stunden täglich saß meine Mutter am Bett des Patienten. Wenn er las oder schrieb, war sie ihrerseits still im Krankenzimmer beschäftigt. Wollte er aber plaudern oder Musik hören, so unterhielt sie ihn auf die ein' oder andere Art, wobei der Langspielapparat eines Freundes, den sie in die Klinik gebracht, und eine kleine Auswahl von ‹Lieblingsplatten› gute Dienste leisteten. Übrigens vertrug er um diese Zeit Musik nur in kleinen Dosen: zwanzig bis fünfundzwanzig Minuten davon, und er hatte übergenug.

Meine täglichen Visiten versuchte ich möglichst heiter zu halten. Doch gelang es mir nur noch ganz ausnahmsweise, den Kranken zum Lachen zu bringen. Und wenn ich ihm nun gar von Plänen sprach, deren Ausführung in einiger Zukunft lag, so horchte er wie auf etwas theoretisch Interessantes, was ihn aber im Grunde nichts anginge.

Auch seine Wahl in die Friedensklasse des ‹Pour le Mérite›, von der er in diesen Tagen verständigt wurde, berührte ihn wenig. Es war von ihr so lange die Rede gegangen; immer wieder hatten ‹Eingeweihte› ihn versichert, diese Ehrung stehe für die Stuttgarter Schiller-Feier oder, spätestens doch, für den Geburtstag bevor. Daß sie ausblieb, hatte er ohne Enttäuschung hingenommen. Und so ließ ihr spätes Eintreffen, das in den Rängen der ‹Ritterschaft› für allerlei erst kürzlich beigelegte Zwietracht sprach, ihn entsprechend gleichmütig und kühl. Übrigens hat nur die offizielle Benachrichtigung, nicht der Orden selbst ihn zur Not noch erreicht.

Seine Tage waren gezählt. Immer größer und blauer erschien der fragende Blick seiner grau-grünen Augen. Und doch hat er wissentlich den Tod bis zum Schluß nicht erwartet. Der Tod, dem er von je so innig verbunden gewesen, dem seine «Ursympathie» gehörte und dem er so spät erst – «um der Liebe und des Lebens willen» – die Macht entzogen hatte über seine Gedanken, – nun, da der dunkle Freund sich über ihn neigte, erkannte er nicht seine Züge. Er fürchtete ihn nicht. Und wäre seine große Nähe ihm deutlich geworden, – er hätte es gesagt. Meiner Mutter doch hätte er es gesagt und Abschied von ihr genommen, später, während er ging. Daß er dergleichen nichts getan, zeugt von der Unschuld seines Denkens, wenn es auch nichts verrät über Ahnen und Fragen in den tieferen Schichten seines Seins.

Am 10. August war er von einer Magenverstimmung wiederhergestellt, die ihn am 9. geschwächt hatte. Ich fand ihn erfrischt und war zum ersten Mal geneigt, meine heillosen Ängste zu Hirngespinsten zu degradieren. Am 11. aber kehrte ich aufs neue tief beunruhigt aus der Klinik zurück.

«Es steht nicht gut», klagte ich meinem Bruder (Golo); «nein, nichts Bestimmtes ... nur, wie er schaut, und als ich ihm

450   Das letzte Jahr

Feuer gab, hat seine Hand gezittert, – seine ruhige Hand ...»
Am 11. abends, kurz vor halb acht, läutete das Telephon, wie es
dies übrigens seit der Erkrankung meines Vaters besonders
häufig tat.

«Sie kommt nicht zum Essen», sagte ich, noch ehe ich den
Hörer abgenommen; «es ist etwas geschehen.»

Die Stimme meiner Mutter klang ruhig. Mit jenem ersten
Korridorspaziergang, der heute gegen Abend hätte stattfinden
sollen, war es nichts geworden. Noch im Stuhle sitzend, hatte
mein Vater einen kleinen (freilich unerklärlichen) Schwäche-
anfall gehabt, eine Art kurzer Ohnmacht. Er liege nun und sei
leidlich wiederhergestellt, – der Blutdruck, vor allem, sei wieder normal. Doch wolle sie ihn vorläufig nicht allein lassen, –
sie komme später, wenn er am Einschlafen sei. –

Frühmorgens fragte sie telephonisch nach dem Verlauf der
Nacht. Er war nicht gut, sagte die Schwester, weshalb denn
heute sie und nicht der Patient persönlich Auskunft erteile. Er
fühle sich zu schwach, um zu telephonieren.

Meine Mutter fuhr sofort in die Klinik. Dort hatte inzwischen mein Vater kollabiert. Es war ein völliger Zusammenbruch, aus dem er nicht wieder erwacht wäre, hätten nicht
die Ärzte – sogleich zur Stelle – ihn mit sämtlichen Mitteln
ihrer Wissenschaft vorläufig ins Leben zurückgerufen. Kein
‹Mehr› an Besserung war freilich zu verzeichnen. Zahllose In-
jektionen, die tropfenweise Zufuhr von Kraftlösungen ins
Blut und zwei Bluttransfusionen, – dies und alles, was zusätzlich geeignet schien, dem Verfall der Kräfte Einhalt zu gebieten, vermochte nicht, seinen Zustand selbst vorübergehend
zu heben. Die ärztliche Kunst versagte, – sie verfing nicht;
die stärksten Anwendungen blieben ohne Reaktion; der Blutdruck, der im Kollaps des Morgens unter das Meßbare gesunken war, blieb unnachweisbar, und der Kranke, obgleich
bei Bewußtsein, befand sich in einem so durchaus reduzierten Zustand, daß er kaum begreifen konnte, wie ihm geschah. Bloß, daß dies ein unfaßlich abscheulicher Vormit-

tag war, wußte und kommentierte er, wobei es ihm nicht unlieb zu sein schien, daß zwei Ärzte und eine Reihe von Schwestern sich ununterbrochen an ihm zu schaffen machten. Sehr gelegentlich nur fragte er – bei geschlossenen Augen – einer Vorkehrung nach. Was denn nun geschehe, wollte er wissen, während ein neues Präparat ihm ins Blut tropfte. Er habe, erwiderte beruhigend, ja heiter, meine Mutter, doch so lange nichts gegessen, und da im Augenblick sein Magen ein bißchen schwach sei, flöße man ihm eben etwas Nahrhaftes in die Venen, – das sei nur verständig, und werde ihm gut tun. Er nickte. «Sicher», sagte er, «und es ist ja auch nicht weiter unangenehm.»

Wie mit meiner Mutter verabredet, kam ich erst gegen Mittag. Ich würde nicht länger im Zimmer sein als gestern oder vorgestern. Das unabwendbar ‹Anormale›, dem er sich gegenüber sah, sollte in seinem Bewußtsein keine Verstärkung erfahren durch eine auffallend verlängerte Visite meinerseits. Ich war auf Arges gefaßt gewesen. Trotzdem verschlug sein Anblick mir den Atem, – und *zwar nicht*, weil, was ich sah, mir fremd gewesen wäre, sondern weil ich es *kannte* und *er*kannte, dies unsäglich veränderte Gesicht. Der Durchbruch!, dachte ich, – mein Gott, es ist der Durchbruch.

Dann berührte ich leicht seinen Arm. «Ich bin's», sagte ich. Er öffnete nicht die Augen. «Ich kann mich», sagte er mühsam, «auf Besuch jetzt nicht einlassen, – ich bin sehr schwach.» Es war das letzte, was er zu mir sagte, und es ergriff mich um so schrecklicher, als er also meinte, sich dafür entschuldigen zu sollen, daß ihm – für den Augenblick – nach Plaudern nicht zumute war. «Ich bin sehr schwach», – und das glaubte er mir sagen zu müssen und war offenbar entschlossen, all seine stetig schwindenden Kräfte zusammenzunehmen und die Schwäche zu überwinden, die ihn so unerklärlich angefallen, – unerklärlich, nicht nur ihm und uns, – auch den Ärzten, die noch immer machtlos vor einem Rätsel standen. Auf dem Gang sprach ich zu einem von ihnen, – Dr. E., dem Oberarzt. «Sehen Sie denn nicht?» sagte ich; «es geht zu Ende; quälen Sie ihn nicht länger mit Ihren Spritzen und Transfusionen, – geben Sie ihm etwas Erleichterndes.»

Der Arzt schüttelte erregt den Kopf. «Ich kämpfe», sagte er, «und muß weiter kämpfen. Es geht um ein volles Menschenleben: der Mann, der hier vor drei Wochen eingeliefert wurde, war kein Greis, und auch der war keiner, der gestern nachmittag dort drinnen im Stuhl saß. Wir wissen ja nicht, was geschehen ist, aber wir müssen tun – weitertun, was wir können.»

Ich verstummte und meinte doch zu wissen, daß die Leiden und Kämpfe dieses Tages vergeblich, daß sie sinn- und nutzlos seien.

Gegen vier Uhr setzte Atemnot ein. Golo und ich, auf dem Korridor, sahen, wie der Sauerstoffapparat hineingerollt wurde in Zimmer 111. Um halb fünf öffnete die Tür sich wieder, und eine Schwester schob den Apparat neuerdings auf den Gang.

Meine Mutter trat zu uns. «Er atmet leichter», sagte sie; «und er ist die ganze Zeit bei Bewußtsein gewesen.»

Zwischen halb sechs und halb sieben verabfolgte Dr. E. mehrere Morphium-Injektionen. Der Zustand des Patienten ließ der Hoffnung, – einer medizinisch begründeten, – wohl keinen Raum mehr, und so war nichts ‹riskiert› mit der lindernden Gabe. Nicht ganz undenkbar dagegen, nicht völlig ausgeschlossen, daß auf Grund wohliger Beruhigung und Entspannung der rätselhaft versagende Organismus einen Teil seiner Tätigkeit doch wieder aufnehmen möchte.

«Er schläft», meldete eine Stunde später meine Mutter. «Nein, geht nicht hinein, – ihr könntet ihn wecken. Aber vorhin hat er noch mit dem Arzt gescherzt und französisch und englisch mit ihm gesprochen. Und schließlich hat er nach seiner Brille verlangt und ist erst eingeschlafen, als er sie hatte. *Vielleicht*, – es könnte ja sein ...»

Wir gingen. Es habe, sagte meine Mutter, keinen Sinn, daß

wir die Nacht auf dem Korridor verbrächten. Sobald eine Änderung eintrete, werde sie anrufen; aber vorläufig schlafe er ja.

Zu Hause hatten wir die nassen Regenmäntel noch nicht abgelegt, als die Telephonglocke schrillte.

«Ich muß», sagte der Arzt, «Ihnen mitteilen, daß Ihr Vater soeben gestorben ist.»

Die Uhr zeigte zehn Minuten nach acht.

Er war schlafend hinübergegangen. Die Ärzte hatten meine Mutter mit ihm allein gelassen. Er bewegte sich nicht, änderte nicht die Lage des ruhenden Körpers. Nur den Kopf kehrte er kaum merklich zur Seite, und der Ausdruck wechselte, wie dies auch im Traum hätte geschehen können. Es war sein ‹Musikgesicht›, das er nun meiner Mutter zuwandte, das Gesicht dessen, der auf eine zugleich versunkene und tief aufmerksame Art dem Vertrautesten und Liebsten nachhorcht. «Atmet er nicht», fragte meine Mutter den eintretenden Assistenzarzt, «ein bißchen besser?»

Der Arzt neigte sich über ihn.

«Ein *bißchen*», sagte er und ging, um den Oberarzt zu holen. Es war zu Ende.

Was war geschehen? Woher, bei so gutem Fortgang des Heilprozesses, dieser Zusammenbruch? Und woher das Versagen, die völlige Wirkungslosigkeit noch der schwersten, der gewaltsamsten Mittel?

Erst die Obduktion brachte die Antwort, – eine Lösung, die wohl nahegelegen hätte, bei einem Patienten, dessen physischer und geistiger Habitus sie nicht auszuschließen schien.

Das Schreiben, in welchem Professor Löffler den finalen Befund mitteilte, lautet auszugsweise wie folgt:

«Hiermit möchte ich Ihnen berichten über die Befunde, die wir noch erheben konnten und die uns eine absolut schlüssige Erklärung der so eigenartigen und komplizierten Situation geben. Ich bin froh für Sie und Ihre Familie, daß Sie uns zum Nachsehen dieser Befunde ermächtigt haben, und ich bin froh für uns, weil sie uns erklären, weshalb zum vorneherein, nicht

454   Das letzte Jahr

nur vom Augenblick des Kollapses an, Heilmaßnahmen zur Unwirksamkeit verurteilt waren, so daß es außerhalb medizinischer Möglichkeiten gelegen hatte, dem Zwischenfall vorzubeugen.

Die entzündlichen Veränderungen der Venen, Thrombophlebitis, die scheinbar ohne Ursache aufgetreten war, war zwar, wie wir angenommen hatten, in Ausheilung begriffen. Die Ursache der Thrombose lag aber in der schweren Verkalkung der großen Bein-Arterien; an einer Stelle der Arterienwand, die normalerweise der Vene dicht anliegt, war die sehr brüchig gewordene Arterienwand durchgescheuert. Dieser Prozeß hatte auf die Venen übergegriffen und zunächst einmal die Thrombose verursacht. Die Arterienveränderungen sind aber keineswegs zum Stillstand gekommen, sondern die durchgescheuerte Wand hat zunächst wohl sehr wenig, dann immer mehr Blut durchgelassen, bis schließlich ein kleiner Riß in der Arterie entstand. Durch die kleine Öffnung, nicht größer als ein Reiskorn, war die Blutung in das umgebende Gewebe erfolgt, und langsam wurden auch die Nerven und besonders die Geflechte des Sympathicus außer Funktion gesetzt. Dieser Prozeß hat sich im Laufe von Stunden entwickelt und war wohl noch nicht abgeschlossen bei Eintritt des Todes. Der Prozeß ist schmerzlos verlaufen, weil hier glücklicherweise keine Empfindungsfasern verlaufen. – Man kann sagen, daß diese Einwirkung eigentlich einer Ausschaltung des sympathischen Systems gleichkommt. Dies erklärt, warum die ganze Medikation, die im wesentlichen auch im sympathischen Nervensystem angreifen soll, wirkungslos bleiben mußte. – Und nun die Grundkrankheit, die dieses Ereignis herbeigeführt hat: Die Arteriosclerose der in Frage stehenden Arterie und auch der übrigen Äste war in ganz ungewöhnlich hohem Maße entwickelt und hat im wesentlichen wohl nur die Arterien des Gehirns verschont ... Dieses Verhalten ist das glücklichste, was man sich im hohen Alter wünschen kann. Sie kennen wohl den Ausspruch Marc Aurels: ‹Schrecklich ist es, wenn die Seele in einem Leben eher ermüdet als der Leib.› Wäre nicht am Freitag der Zwischenfall eingetreten, so wären mit Sicherheit in absehbarer Zeit in anderen Gefäßgebieten Störungen erheblicher Art aufgetreten, die vielleicht mit erheblichen Schmerzen verbunden gewesen wären, so daß man, medizinisch gesehen, sagen muß: wenn ein derartiges Ereignis schon eintreten mußte, so ist es in der schonendst möglichen Form erfolgt . . .»

So also verhielt es sich. Und niemand – selbst angesichts des Sterbenden – hatte vermuten können, daß es sich so verhielt.

T. M., dem, noch in der Krankheit, sein Alter kaum zu glauben war, der so jugendlich elastisch, beweglich, ja behende schien; dessen heller Geist so rege, so unerschöpflich produktiv, so vielseitig engagiert, so energisch und unermüdbar war, – in ihm, in den Gefäßen seines Körpers hatten heimlich Kalkmengen sich abgesetzt, die zunächst das Blutgerinnsel im Bein, die Thrombose, verursacht und schließlich die tödliche Blutung herbeigeführt hatten, den ‹Durchbruch›, das Ende. Er war unaufhaltsam gewesen, dieser Prozeß, und wie ein Wunder, ein wunderbarer Sieg des Geistes über die Materie, mutete es an, daß Leben und Leistung des Menschen, in dessen Innerem er statthatte, nicht abnahmen und sich nicht neigen wollten.

Hätte er sich ‹geschont› und mit sich gespart in seinem Ernte- und Todesjahr, der ‹Durchbruch› wäre gleichwohl erfolgt, – früher, vielleicht, da er doch jede ‹Absage› als *Versagen* empfunden und, auf dem Wege über das Psychische, fast unfehlbar auch physisch Schaden genommen hätte, indem er ‹sich entzog›.

Konnte der Bericht des Professors uns Trost bedeuten in allem Jammer? Ach, ‹Trost› war nirgends, war nicht verfügbar, es gab keinen Trost. Daß aber Gnade gewaltet hatte – über diesem Tode, wie über diesem Leben, – dessen waren wir dankbar gewahr. Was denn, wäre er bei uns geblieben, hätte kommen können, kommen müssen? Die Arteriosclerose, deren sämtliche Manifestationen ihn verschont hatten, – wäre sie nicht schließlich ausgebrochen, um ihn zu peinigen, – im Körperlichen nicht nur, auch im Geistigen? Und was er einzig fürchtete, stand es ihm nicht endlich bevor: das Versagen seines Bildnertums, – «unausdenkbares Entsetzen»?

Lieber, geliebter Zauberer, Du warst gnädig geführt bis zum Ende, und still bist Du fortgegangen, von «dieser grünen Erde», um deren Schicksal Du so lange liebend gebangt. Drei Tage noch lag Deine Hülle, – der leichte Körper, mit dem strengen, kühnen, wächsern verfremdeten Haupt in der Abschiedskammer der Klinik. Dein Ring, der «schöne», war an Deiner Hand. Der Stein leuchtete dunkel. Wir haben ihn mit Dir begraben.

Zuerst erschienen: Frankfurt a. M. 1956,
als selbständige Schrift im S. Fischer Verlag.

Nachwort der Herausgeber

«Klaus ist vielleicht einmal ein Dichter, jetzt ist er noch unreif, aber Erika ist ein Mensch und hat irgendwo etwas Tragisches. Ihr Vater liebt sie sehr, aber er ist auch recht besorgt um sie.»[1] So schrieb im Mai 1927 Hedwig Fischer und charakterisierte mit wenigen Worten eine Vater-Tochter-Bindung, die schon von Zeitgenossen als durchaus ungewöhnlich wahrgenommen wurde. Sei es, daß man den politischen Einfluß der Tochter auf den Vater mißbilligte, sei es, daß man des Vaters Bereitschaft, wichtige Entscheidungen der Tochter zu überlassen, nicht verstehen konnte – offenkundig war, daß zwischen dem großen, unnahbaren Dichtervater und der vielseitig begabten, wenngleich ein wenig verrückten Tochter eine Verbundenheit besonderer Art bestand. Es war Bruno Walter, der im August 1955 nach Thomas Manns Tod an Erika Mann schrieb: «Selten wohl hat es ein schöneres, lebensvolleres, fruchtbareres Vater-Tochter-Verhältnis gegeben als das Eure, und für Euch beide fühlte ich mich glücklich, wenn ich daran dachte.»[2]

Was bei Zeitgenossen Bewunderung, Erstaunen, Ärger oder auch schlichtes Unverständnis ausgelöst hat, was im Familien- und Geschwisterkreis oft Anlaß zu Neid und Konflikten bot, das hat auch der am Werk Thomas Manns interessierten Nachwelt nicht selten Probleme gemacht. Denn nach dem Tod ihres Vaters im Jahre 1955 war es Erika Mann, die über den Nachlaß und die Rechte am Werk Thomas Manns mit scharfem Auge wachte, die zusammen mit ihrer Mutter Katia häufig für Schlagzeilen sorgte, wenn es galt, Werk und Person Thomas Manns vor falschen Vereinnahmungen und gegen angebliche Fehldeutungen zu schützen, und die dabei vor unpopulären

458 Nachwort der Herausgeber

Entscheidungen oder prozeßfreudigen Reaktionen keineswegs zurückschreckte.

Über die Jahre hin sei seine «Bewunderung» und seine «Liebe» für dieses Kind stetig gewachsen, schrieb Thomas Mann an Ernst Bertram 1934[3] aus Anlaß einer «Pfeffermühlen»-Vorstellung, und von Bewunderung, Rührung, ja emotionaler Anteilnahme, wie man sie gegenüber seinen anderen Kindern und seiner Frau Katia schwerlich findet, zeugen zahllose Tagebuch-Eintragungen Thomas Manns.

Die Mitteilung von Erikas Geburt indes, die er seinem Bruder Heinrich am 20. November 1905 zukommen ließ, klang ein wenig anders: «Es ist also ein Mädchen: eine Enttäuschung für mich, wie ich unter uns zugeben will, denn ich hatte mir sehr einen Sohn gewünscht und höre nicht auf, es zu thun. Warum? ist schwer zu sagen. Ich empfinde einen Sohn als poesievoller, mehr als Fortsetzung und Wiederbeginn meinerselbst unter neuen Bedingungen.» Immerhin, so räumt der Vater dem Bruder gegenüber ein, könne die Tochter ihn vielleicht «innerlich in ein näheres Verhältnis zum ‹anderen› Geschlecht» bringen, «von dem ich eigentlich, obgleich nun Ehemann, noch immer nichts weiß».[4] Viele Aufgaben hat Erika Mann im Laufe ihres Lebens für den Vater übernommen, als Bearbeiterin seiner Werke, als Beraterin in praktischen und politischen Dingen, als Begleiterin auf zahllosen Reisen und schließlich in seiner ständigen Nähe seit der Rückkehr aus Amerika 1952. Ob sie auch des Vaters Verhältnis zum «anderen» Geschlecht verändert und wohl gar positiv beeinflußt hat, mag dahingestellt bleiben. Tatsache ist, daß ihr in dieser Hinsicht wie in allen Bereichen erlaubt war, was niemand sonst in der Familie gewagt hätte: der spöttische Ton, die freche, wiewohl treffende Pointe, die respektlose, aber stets liebevolle Kommentierung der väterlichen Empfindlichkeiten und des dichterischen Repräsentationsbedürfnisses.

Aus der Zeit des Ersten Weltkrieges stammt die Anekdote, die für Erika das geflügelte Wort abgab und die der Bruder Golo zum 60. Geburtstag seiner Schwester, am 9. November 1965, publik machte. «Die Eri muß die Suppe salzen», lautete der Wahlspruch in unterschiedlichsten Lebenslagen der Familie Mann seit jenem folgenreichen Mittagessen: «Die Familie, minus Erika, saß ratlos um den Mittagstisch; es gab ein kostbares Gericht, eine Pilzsuppe, aber sie schmeckte sonderbar, und die kummervolle Inklination war, sie lieber wegzuschütten. Erika, verspätet aus der ‹höheren Töchterschule› eintreffend, wurde über die Lage informiert, kostete und entschied: ‹Da fehlt Salz.› Es stimmte; ein paar Löffel Salz ließen die Suppe schmecken, wie Pilzsuppen zu schmecken haben.»[5]

Oft kam sie verspätet zum Essen, und immer war sie es, die ins ritualisierte, schweigsame, den Erfordernissen des väterlichen Dichtertums vollständig unterworfene Familienzeremoniell Leben brachte. Sie nannte sich selbst in ihren autobiographischen Schilderungen gern einen «Aff» und beschrieb den Vater als einen begeisterten Anhänger von Jux und Albernheit, der zur Entfaltung der eigenen Neigungen des ungestümen Temperaments der Tochter bedurfte. Wenn Erika ihre Lehrerinnen aus der Schule imitierte, wenn sie Neuigkeiten aus dem Freundes- und Bekanntenkreis karikierte, so war es um den Ernst des Vaters geschehen. Tränen konnte er lachen über ihre Späße, zumal Erika sich mit einer Perfektion des bajuwarischen Idioms bediente, zu der es niemand sonst in der Familie brachte. Auch hier gibt es eine lebenslange Kontinuität: So wie ihn die Vierzehnjährige mit albernen Imitationen amüsierte, so unterhielt die vierzigjährige vielbeschäftigte Kriegskorrespondentin der amerikanischen Armee den unter seinen Vortragsverpflichtungen stöhnenden Vater mit albernen Reimereien: «O Jesu, Jesu hetze / Mich weiter um die Erd. – / Wohin ich immer setze / setz ich aufs falsche Pferd!» (S. 170 dieses Bandes) Sie tröstete ihn mit verrückten Träumen (S. 236), sie gratulierte zum 80. Geburtstag mit einer bayerischen Parodie seines Gesamtwerks, dem «Wort im Gebirge» (S. 280–289). Seine stille und eher verbal bekräftigte Leidenschaft für das

460   Nachwort der Herausgeber

Theater fand Bestätigung und Entsprechung im praktisch-komödiantischen Talent der Tochter.

Daß er sehr gut und sehr gern vorlas – aus eigenen, aber in der Kinderzeit auch aus fremden Werken –, mag man sich gut und gern vorstellen; daß er hingegen ausufernd und übermütig mit seinen Kindern gespielt haben soll, wie Erika gern und bisweilen eifrig behauptete, paßt nur schwer ins Bild. Deutlich ist, daß zwischen der Tochter, die eigentlich ein Sohn hätte sein sollen, und dem Vater eine Verständigung möglich war, die auch schweren Konflikten – und deren gab es nicht wenige – standhielt; einem nahezu kongenialen Verständnis für Person und Werk des Vaters von ihrer Seite entsprach eine singuläre Mischung aus Liebe und Sorge auf seiner Seite. Zeigte er sich immer wieder affiziert von ihrer «dunklen Unversöhnlichkeit», der anderen Seite ihres komischen Talents, von ihrer praktisch-zupackenden, bisweilen übersteigerten Geschäftigkeit, so rührte ihn andererseits das «kühne, herrliche Kind» und besorgte ihn dessen «turbulente Einsamkeit».[6]

Vieles hatte auf seiner Seite wohl mit ihrer Stimme und mit ihren Augen zu tun. Letztere, so zeigen die Bilder sehr deutlich, sind den seinen sehr ähnlich, und ihre Stimme, dunkel, klingend und früh der Würde des gesprochenen Wortes verpflichtet, hat ihn veranlaßt, sie vorlesen zu lassen: Briefe; aus der Zeitung; später aus ihren Artikeln, Aufsätzen und Büchern. Auch in akustisch-musikalischer Hinsicht muß ein Einverständnis zwischen Vater und Tochter bestanden haben, das sich schon früh öffentlich vernehmen ließ. Erstmals wohl 1926 traten beide gemeinsam vor das Mikrofon: in der «Berliner Funk-Stunde» sprach Thomas Mann über Joseph Conrad, und Erika Mann las ein Kapitel aus dem «Zauberberg».[7] Noch viele gemeinsame Auftritte sollten folgen: in Rundfunkstudios, Pressekonferenzen und Vortragssälen. Immer war Erika Mann später die Begleiterin und Beraterin; in Amerika dolmetschte sie für den Vater, inszenierte in den question periods nach des Vaters Vorträgen ein kleines Privattheater. Denn zum Schein

Nachwort der Herausgeber 461

flüsterte der Vater ihr zu, was sie antworten sollte. Auch das
Englische, das sie schnell und perfekt beherrschte, übte sie mit
ihm, mit wenig Erfolg, wie sie zugab.

In vielen Texten dieses Bandes schildert Erika Mann den All-
tag im Hause Thomas Manns, das Leben in der Poschingerstraße in München, in Küsnacht seit 1933, in den verschiedenen Häusern in Amerika und wieder in der Schweiz seit 1952.
Was sie dabei nicht erzählt: Häufig war sie selbst diejenige, die
die Häuser und Aufenthaltsorte, die Umzüge und Einrichtun-
gen zu organisieren hatte. Übrigens gab es in diesen Häusern
stets auch ein Zimmer für sie, die seit 1933 nie eine eigene
Wohnung hatte, sondern entweder in Hotels oder bei den Eltern wohnte und – ähnlich wie Klaus – regelmäßig finanzielle
Unterstützung durch die Eltern erhielt.

Dem Bedürfnis Thomas Manns nach einem repräsentativen
Ambiente, nach würdigen Formen und ehrenvollen Auftritten
hat die Tochter selbstbewußt und selbstverständlich zu ent-
sprechen gewußt; zugleich hat ihm ihre Neigung zu respektlo-
sen Inszenierungen, zum charmant-nonchalanten Spiel mit
Würde und Repräsentation ein Erlebnis «höherer Heiterkeit»
verschafft. Was er der Welt mit seinem Werk glaubte ermöglichen zu können, das ermöglichte Erika ihm im eigenen Leben.

Die Kinder hatten es mit der «Muttermilch» aufgesogen:
beide Eltern sprachen miteinander «sehr komisch»; auch die
Sprechweise unter den Geschwistern und zwischen Eltern und
Kindern war davon geprägt. Erika und Klaus Mann haben diesen Stil «hochgestochener», ironisierender Plauderei als Ausdruck skeptischen Humors selbst diagnostiziert.[8] Im Dialog
zwischen Vater und Tochter, in den Briefen vor allem, schlägt
er sich nieder, und womöglich war es die Meisterschaft Erikas,
diese Sprechweise nicht nur zu beherrschen, sondern sie dem
Vater in solchen Situationen und Konstellationen vorzufüh-
ren, da sie ihm nicht zur Verfügung stand. Ihm selbst, dem an
Zeremoniell, Etikette und strengem Glück so unbedingt gelegen war, blieb der private respektlos-ironische Umgang mit

462 Nachwort der Herausgeber

den Ritualen der Öffentlichkeit stets Bedürfnis; und offenbar war es Erika, die eine für ihn adäquate Mischung aus Respekt und Frechheit, Würde und Ironie, Ernst und Heiterkeit im Leben aufbrachte, wie er sie in seinem Werk gestaltete, an der es ihm aber im Leben nicht selten fehlte.

Der dreiundzwanzigjährigen Schauspielerin Erika Mann ist Ludwig Marcuse 1928 begegnet, und in seinen Erinnerungen schreibt er, sie habe die «Thomas-Mann-Sprache fließend» beherrscht. «Der Schöpfer dieses bekannten deutschen Dialekts schrieb ihn nur, die Tochter aber sprach ihn und trieb so viel Allotria damit, daß er sie gewiß beneidete.»[9]

Tatsächlich trieb Erika Mann viel, manchmal allzuviel «Allotria» mit dem väterlichen Namen und ihrer Herkunft aus berühmter Familie; in den «wilden» zwanziger Jahren, als Erika mit Klaus Mann und dessen frühen dramatischen Versuchen, den Stücken «Anja und Esther» und «Revue zu Vieren», auf Tournee ging und von weiteren Dichterkindern, Pamela Wedekind und Mopsa Sternheim, begleitet, für Theaterskandale und zweifelhaftes Presseecho sorgte, da kam es den Vater bisweilen schwer an. Auch später während ihrer ersten Weltreise zögerten die Geschwister nicht, von ihrem berühmten Namen ausgiebig Gebrauch zu machen und als «literary Mann twins» in Amerika, Japan oder der Sowjetunion Vortragshonorare zu kassieren. «Gott wecke ihnen den Verstand mit der Zeit», hatte 1922 Thomas Mann über seine «schlimmen, instinktlosen Kinder»[10] gestöhnt, denen kein Abenteuer ausgefallen genug, keine Frechheit zu schamlos war; man hatte es mit Landerziehungsheim und Reformpädagogik versucht, widerwillig hatten sich die beiden Ältesten durch die Schule geschleppt, um anschließend – als Theaterkritiker der eine, als Schauspielschülerin die andere – in Berlin ihr Glück zu versuchen. Den Eintritt in Max Reinhardts Berliner Schauspielschule hatte ein väterliches Empfehlungsschreiben für Erika erleichtert; ob Klaus dergleichen Unterstützung durch den Vater je erhalten hat, darf bezweifelt werden. Wie denn insgesamt die Vorbehalte mensch-

Nachwort der Herausgeber 463

licher, künstlerischer und emotionaler Art, denen Klaus Mann
bei seinem Vater lebenslang begegnete, in krassem Gegensatz
zur vorbehaltlosen Zuneigung stehen, die Erika ihrem Vater zu
entlocken wußte.

Gewiß lag das auch daran, daß sie nicht um seine Liebe
kämpfen mußte, daß sie sich nicht in seinem Schatten fühlte.
Sie liebte und bewunderte ihn, sein Ruhm als Künstler war ihr
weder Hypothek noch Bedrohung. Daß sie einen großen Teil
ihrer Lebenskraft ihm und seinem Werk widmete, war keineswegs Ausdruck weiblicher Opferbereitschaft oder mangelnden
Vertrauens in die Qualität der eigenen Arbeit. Es war eine von
Souveränität und Leidenschaft bestimmte Entscheidung und
nicht – wie Hans Mayer behauptete – Indiz für «ein Leben der
Heteronomie, der Fremdbestimmung».[11] Erika Manns eigen-
willigem Naturell waren Unterwerfung und Anpassung zutiefst fremd – dies galt uneingeschränkt auch für ihr Verhältnis
zum eigenen Vater, so daß von Fremdbestimmung schwerlich
die Rede sein kann.

Die Nähe zwischen Vater und Tochter, die Thomas Mann
später als «Verwandtschaft der Naturen» (S. 238) bezeichnen
und die Erika Mann dazu veranlassen wird, sich als Thomas
Manns «public relations officer» zu bezeichnen, während er
vom «Wotanskind» und der «Tochter-Adjutantin» spricht[12],
diese Nähe ließ die Tochter sich schon früh dem Werk Thomas
Manns in besonderem Maße zuwenden. Vor der Emigration
hatte es noch eher episodischen Charakter, wenn Erika Mann
eine Pointe oder einen Figurenentwurf im Werk des Vaters be-
einflußte oder dessen stets zu lang geratene Aufsätze und Vorträge auf die zulässige Länge herunterkürzte. Nach 1933 und
insbesondere seit Thomas Mann und seine Frau sich 1938 endgültig in Amerika niedergelassen hatten, entstand Erika Mann
hier eine wesentliche Aufgabe. Der «letale Ausgang» von «Mario und der Zauberer», so berichtet Thomas Mann am 12. Juni
1930 an Otto Hoerth[13], gehe auf Erikas Reaktion zurück, die
Thomas Manns Erzählung von den Ereignissen in Forte dei

Marmi und vom Verhalten des Zauberkünstlers gegenüber dem Kellner Mario mit dem Satz kommentiert habe: «Ich hätte mich nicht gewundert, wenn er ihn niedergeschossen hätte.» Knapp zwei Jahre später war es Thomas Mann, der Erika, als sie im Familienkreis nach einem Namen für ihr Kabarett suchte, die «Pfeffermühle» vorschlug und damit seinen Teil zum wohl berühmtesten Exilunternehmen der Tochter beitrug. Für ihr 1938 erschienenes Buch «Zehn Millionen Kinder» schrieb er ein einfühlsames Vorwort; alle ihre Aktivitäten verfolgte der Tagebuchschreiber nicht nur aufmerksam, sondern mit großer innerer Anteilnahme.

Wohl anläßlich der Goethe-Feiern im Jahr 1932 hatte Erika Mann sich erstmals als Bearbeiterin der väterlichen Manuskripte versucht. Was mit «Goethes Laufbahn als Schriftsteller» begann, wurde bei den Essays über Schopenhauer und Nietzsche fortgesetzt und erreichte 1955 seinen Höhepunkt. Diesmal waren es die Feiern zum 150. Todestag Schillers, für die Thomas Mann als Festredner nach Stuttgart und Weimar eingeladen worden war. Der entsprechende Vortrag wuchs auf über hundert Seiten an, aber nur zwanzig waren für die sechzigminütige Rede möglich. Die «Künstlerin der Auslassung» lieferte trotz ihres schwierigen Geschäfts dem Vater immer wieder ein «Meisterstück literarischer Regie», was dieser brieflich und literarisch stets dankbar vermerkt. Im Roman des Romans, «Die Entstehung des Doktor Faustus», begegnet sie als «geschickte Dämpferin alles pedantischen Zuviels». Art und Umstände der gemeinsamen Arbeit am Faustus-Manuskript schildert der Vater-Erzähler dort ausführlich.[14]

Die «Ratssitzungen mit Erika» gab es auch über den Roman des Romans, in diesem Fall aber verliefen sie keineswegs konfliktfrei und harmonisch. Ging es doch vor allem darum, daß Erika, die darin auch von Katia Mann unterstützt wurde, den Anteil an der Entstehung des «Doktor Faustus», den Thomas Mann Theodor W. Adorno einräumte, als zu weitgehend empfand. Mühsam und sichtlich verärgert hat Thomas Mann sich

Nachwort der Herausgeber   465

auf die Kürzungsprozedur an den «Adorno-Bekenntnissen» eingelassen, die Mutter und Tochter aus Gründen des «autobiographischen Taktes» bzw. wegen der «Gefahr unnötiger Desillusionierung» dringend gewünscht hatten. Erst Thomas Manns Tagebücher geben Aufschluß darüber, daß der Anteil Adornos an den musikalischen Kompositionen Adrian Leverkühns weit größer ist, als die «Entstehung» mitteilt und als es Erika Mann die Öffentlichkeit wissen lassen wollte.[15]

Gegen Ende seines Lebens wird – so zeigt vor allem der letzte Band seiner Tagebücher – die Tochter dem Vater unentbehrlich. Am künstlerischen Wert seiner Werke und an der Möglichkeit fortdauernder Produktivität zweifelte Thomas Mann in seinen letzten Lebensjahren wie nie zuvor. Die Arbeit am «Krull», die Pläne für ein Luther-Erasmus-Drama, der Essay über Tschechow und der große Schillervortrag, alle Arbeiten der letzten Jahre kommentiert er im Tagebuch als unendlich mühevoll; Unlust und Überdruß am eigenen Werk prägen Inhalt und Ton der täglichen Notate wie selten zuvor. Unüberhörbar ist dagegen die Rolle Erikas als Trösterin, als stets aktive, ungebrochen einfallsreiche und insofern eben auch einflußreiche Beraterin. Wichtige Streichungen und Umarbeitungen im «Krull» und in der Novelle «Die Betrogene» gehen auf ihr Konto[16]; daß sich der Vater dann doch immer wieder mit verhaltener Zuversicht an die Arbeit machte, war auch ihren Ermunterungen und heiteren Zureden geschuldet.

Dabei war sie selbst – im Umgang mit Mutter und Geschwistern ohnehin nie sonderlich ‹pflegeleicht› – seit der Rückkehr in die Schweiz, aber auch schon in den letzten Jahren in Amerika häufig tief «herabgestimmt» (vgl. S. 157). Als Schauspielerin und Gelegenheitsjournalistin, als Kinderbuchautorin und vor allem als Kabarettistin hatte Erika Mann seit Mitte der zwanziger Jahre und bis in die ersten Jahre des Exils erfolgreich Karriere gemacht. Auch nach dem Ende der «Pfeffermühle» zeigte sich, daß der Vater mit seiner öffentlichen Prognose für die Tochter recht behalten sollte. «I think she will be a success»,

466 Nachwort der Herausgeber

hatte er über Erika in einem Werbeartikel für die amerikanische «peppermill» behauptet.[17] Als lecturer hatte Erika Mann zwischen 1937 und 1949 wie wenige andere Vortragsredner in Amerika Erfolg. Große Resonanz fand sie auch als Buchautorin und als Essayistin.[18] Die Nachkriegsentwicklung in Amerika allerdings, McCarthyismus und Kalter Krieg, hatten das berufliche Aus der zuvor erfolgreichen und populären politischen Publizistin bedeutet. Schwere persönliche Schläge kamen hinzu. Am 21. Mai 1949 beging Klaus Mann Selbstmord. Über Jahre hatte Erika Mann gegen die Todessehnsucht des Bruders angekämpft, ihn – wie die Briefe an den Vater bezeugen – mit z. T. gewagten Methoden in seiner Zeitschrift «Decision» unterstützt. Den Verlust des Bruders sollte sie ihr Leben lang nicht verwinden; und einen weiteren Verlust mußte sie hinnehmen: ihre seit Anfang der vierziger Jahre bestehende Liebe zu Bruno Walter, sorgfältig geheimgehalten und stets bedroht, scheiterte nach Kriegsende endgültig.

Gesundheitliche Probleme, durch hohen Alkohol- und Nikotingenuß bedingt, fast ständige Schlaflosigkeit und ein hartnäckiges Hautleiden machten Erika Mann zusätzlich zu schaffen und haben Thomas Manns Entscheidung, Amerika zu verlassen und in die Schweiz zurückzukehren, erheblich beeinflußt, wenn nicht gar letztlich ausgelöst. «Erika. Sie verkümmert hier, was mir am Herzen nagt», heißt es am 24. November 1951 in Thomas Manns Tagebuch, das in diesen und in den folgenden Jahren wiederholt die den Vater bedrückende «Bitterkeit» und «Reizbarkeit» der Tochter vermerkt, die sich gegen politische und persönliche Verhältnisse gleichermaßen richte. Vor allem Erikas wegen sei ein weiteres Verbleiben in Amerika «ganz unmöglich», und «großer Kummer über dies Darniederliegen so schöner Energien» befällt ihn immer wieder angesichts ihres physischen und psychischen Zustands.[19] Die Übersiedlung in die Schweiz vermochte daran nichts wirklich und nachhaltig zu ändern, auch die letzten Tagebuchaufzeichnungen Thomas Manns sind von Kummer und Sorge

über des geliebten Kindes «Gereiztheit, krankhaftes Mißtrauen, beständiges auf dem Qui vive, ja Haß auf die Geschwister» bestimmt. Selbst gelegentliche Zweifel an der «Zukunft
unseres Zusammenlebens»[20] schleichen sich ein.

So groß der Gram über diese Seite von Erikas Wesen, so groß
ist doch auch der Schmerz, wenn sie für einige Wochen außer
Haus sein, der Vater auf ihre stets belebende Anwesenheit verzichten muß. Es scheint, als hätten der an Arbeit und künstlerischer Produktivität tief verzweifelte Thomas Mann der letzten Lebensjahre und die mit dem politisch begründeten Ende
ihrer beruflichen Karriere bitter hadernde Tochter noch einmal
in einer tiefen Verbindung gestanden; in einem seiner letzten
Briefe an die Tochter, vom 7. Juni 1954, hat Thomas Mann dies
direkt zum Ausdruck gebracht.

Es war die Antwort auf einen langen Brief Erika Manns zum
Geburtstag des Vaters, der ein kleines Feuerwerk an witzigen
Einfällen enthält, um dem Vater zu gratulieren und zugleich
den eigenen Sanatoriumsaufenthalt zu ironisieren. Der Vater
traf in seiner Antwort etwas durchaus Richtiges; viele von
Erika Manns Briefen, nicht nur diejenigen an den Vater, zeugen von dem Bemühen, «aus der Trübsal heraus» Heiterkeit
und Freude zu ermöglichen, und zwar zu gleichen Teilen für
beide Briefpartner. (S. 238)

Noch in einer anderen Hinsicht hat Thomas Mann hier wohl
das Richtige getroffen, heißt es doch in dem erwähnten Brief
weiter, ohne Arbeit, d. h. ohne «tätige Hoffnung» wüßte er
nicht zu leben. Immer war dies eine Arbeit, die am und mit dem
Worte, mit höchster Anstrengung für eine wahrhaft geschlif-
fene und präzise Sprache erfolgte; auch darin erkennt man Vater und Tochter in ihrer Verwandtschaft, und hier mag die Ursache dafür zu finden sein, daß die Tochter vor Kürzungen und
Bearbeitungen der väterlichen Arbeit niemals zurückschreckte,
sondern sie ausgesprochen gern übernahm. Zugleich war die
Frag- und die Sorglosigkeit, mit der Erika sich an diese Arbeit
machte, dem Vater eine freimütig eingestandene Wohltat, die

ihn die häufig gereizte Atmosphäre zwischen Mutter und Tochter, Erikas bisweilen radikale und ungerechte Ausfälle gegen Geschwister oder Gäste im Hause vergessen bzw. hintanstellen ließ.

Häufig finden sich in den Tagebüchern Thomas Manns seit 1949 Hinweise auf das durchaus komplizierte Zusammenleben mit der Tochter, der nach beruflichen und persönlichen Rückschlägen vom Vater im Februar 1948 gleichsam zu einem neuen und für die Zukunft unkündbaren Beruf verholfen wurde. Als «Sekretärin, Biographin, Nachlaßhüterin, Tochter-Adjutantin»[21] avanciert sie zum weiblichen «Eckermann» Thomas Manns, der sie in dieser Rolle nicht nur gern sieht, sondern auch dringend benötigt; immer wieder indes schmerzen ihn ihr «irrationaler Gram», ihre «leidenschaftliche Schwierigkeit, Übertreibung, Hypochondrie», unter der die Mutter Katia Mann zu leiden hat. Aber «zuviel Charakter macht ungerecht»[22], diagnostiziert der Vater liebevoll und weiß sich im Grunde auch von Erikas «dunklen» Seiten durchaus angezogen.

Schon aus der Zeit vor der Emigration gibt es dafür viele Zeugnisse; im Tagebuch, in Briefen an Dritte und selbst in Briefen an Erika aus Anlaß großer Konflikte zwischen Vater und Tochter begegnet des Vaters Faszination durch das leidenschaftliche, «schmerzlich ernste» Erleben der Tochter. Die väterliche Faszination sollte geradezu zum Argument werden in einem Konflikt, dessen Höhepunkt, brieflich ausgetragen, zwar nur vierzehn Tage dauerte, der aber während dreier Jahre allmählich eskalierte und erst mit Thomas Manns berühmter Antwort auf den Offenen Brief des Feuilleton-Chefs der «Neuen Zürcher Zeitung» vom 3. Februar 1936 endete. Hintergrund und Anlaß dieses großen Streits zwischen Vater und Tochter, der zwischendurch die Form eines echten Zerwürfnisses annahm, war Gottfried Bermann Fischer, der sich mit seinem Verlag nicht zur Emigration hatte entschließen können.[23] Privat hatte Thomas Mann diese Entscheidung zwar bedauert, auch er selbst war aber nur aufgrund dringender Telefongespräche mit seinen ältesten Kindern im März 1933 von einer Vortrags- und Urlaubsreise nicht nach Deutschland zurückgekehrt.

«Uns ist bei unserer Jugend eine große Verantwortung aufgeladen in Gestalt unseres unmündigen Vaters»[24], hatte Erika Mann frech und ein wenig bitter bereits im August 1933 an ihren Bruder Klaus geschrieben und dabei auf die Tatsache angespielt, daß Gottfried Bermann Fischer nicht nur versuchte, Thomas Mann zur Rückkehr nach Deutschland zu bewegen, sondern auch wünschte, er möge mäßigend auf Verhalten und politisches Auftreten seiner ältesten Kinder einwirken. Deren Verhalten und auch die scharfen Töne Heinrich Manns gegen die neuen Machthaber in Deutschland schadeten, so Bermann Fischer, dem Verlag und gefährdeten das Erscheinen des «Joseph»-Romans. Für den Oktober 1933 war der erste Band «Die Geschichten Jaakobs» angekündigt, und Thomas Mann setzte ganz auf die subversive, ja oppositionelle Wirkung seines Romans. Erika Mann konnte die Absichten ihres Vaters durchaus verstehen, sie teilte auch seine Hoffnungen auf eine entsprechende Wirkung seines Werkes in Deutschland. Hingegen erschien ihr der moralische Preis, den er zu zahlen bereit war, schon im Herbst 1933 entschieden zu hoch. In Briefen und mündlichen Gesprächen setzte sie ihrem Vater mächtig zu, sie fand seine Konzessionsbereitschaft gegenüber Gottfried Bermann Fischer und dem Verlag unwürdig und überdies politisch unklug.

Auf Drängen des Verlags hatte sich Thomas Mann bekanntlich vom Exilunternehmen seines Sohnes Klaus, der «Sammlung», distanziert, als deren prominenter Mitarbeiter er zunächst angekündigt worden war.[25] Eine Entscheidung, die Klaus sehr verletzte, zumal Thomas Mann ein ähnliches Ansinnen im Falle der «Pfeffermühle» empört zurückwies. Auch hier war der Vater durch seinen Verleger gebeten worden, auf Distanz zu gehen bzw. «mit Rücksicht auf das Werk, *größt-*

möglichste Vorsicht walten zu lassen»[26]. Mit seltener Schärfe hat Thomas Mann Hedwig Fischer im April 1934 geantwortet: «Erika ist eine achtundzwanzigjährige Frau von ungewöhnlicher Intelligenz und starkem Charakter. Ihre Produktion, mit der sie viele Herzen gewinnt, ist ein Ausdruck ihrer Gesinnung, die ich hochachte und in viel zu hohem Maße teile, als daß ich mich ihr in den Weg stellen könnte. Das könnte ich auch gar nicht, sondern es bliebe mir nichts übrig, als mich öffentlich von ihr loszusagen. Aber auch das würde nichts helfen. Denn danach wäre mein Sohn, der die ‹Sammlung› herausgibt, der Versöhnung mit dem heutigen Deutschland im Wege, und wenn auch er es nicht mehr wäre, dann und am meisten mein Bruder. Mir das Verlangen zu stellen, ich möchte all die Meinen verleugnen, nur um es diesem schändlichen Unheilsstaat recht zu machen, wäre doch übertrieben.»[27]

Dies waren private Äußerungen, die Erika kannte, die den drohenden Konflikt jedoch kaum verhindern, im Gegenteil ihn befördern mußten, denn bis zum Frühjahr 1936 zögerte Thomas Mann mit einer öffentlichen Äußerung gegen die nationalsozialistischen Machthaber. Zuvor allerdings hatte er eine öffentliche Erklärung gegen einen Emigranten und für seinen Verleger Gottfried Bermann Fischer abgegeben. Die dramatischen Umstände mit ihren exiltypischen Übertreibungen, Empfindlichkeiten und moralischen Empörungen sind oft dokumentiert worden.[28] Es begann mit der verleumderischen Behauptung Leopold Schwarzschilds im «Neuen Tage-Buch», Gottfried Bermann Fischer und sein Verlag wollten sich nun doch als «getarnter Emigrantenverlag» im Ausland niederlassen, das geschehe mit Zustimmung der deutschen Behörden, und also sei Bermann Fischer «ein Schutzjude des nationalsozialistischen Verlagsbuchhandels». Dagegen protestierten Thomas Mann, Hermann Hesse und Annette Kolb mit einer öffentlichen Ehrenerklärung zugunsten Bermanns, und dies wiederum nahm Schwarzschild zum Anlaß, in einem großen Artikel mit Thomas Mann und seiner zögernden Haltung

Nachwort der Herausgeber 471

scharf ins Gericht zu gehen und ihn zu einem deutlichen Wort gegen den Nationalsozialismus und für die Emigration aufzufordern. Gegen diesen Artikel schrieb Eduard Korrodi im Feuilleton der «Neuen Zürcher Zeitung» eine heftige Erwiderung, mit der er Thomas Mann verteidigte und die Qualität der Emigrationsliteratur rundheraus bestritt. Eine Gertrud von Le Fort, einen Hans Carossa oder deutsche Lyrik im Stile Rudolf Alexander Schröders habe die Exilliteratur nun einmal nicht aufzuweisen, emigriert sei doch überwiegend die «Romanindustrie». Als Unterstützung für Thomas Mann gedacht, mußten solche Argumente seinen Widerspruch und eine entschiedene Klarstellung herausfordern. Mit seiner Antwort an Korrodi, am 3. Februar 1936 in der «Neuen Zürcher Zeitung» erschienen, ist beides erfolgt. Mit deutlichen Worten bekannte sich Thomas Mann nun zur Emigration und ihrer Literatur und erklärte öffentlich, was seine private Überzeugung seit 1933 gewesen war, «daß aus der gegenwärtigen deutschen Herrschaft nichts Gutes kommen kann, für Deutschland nicht und für die Welt nicht».[29] Die Folge dieses Offenen Briefes war, daß Thomas Mann in Deutschland ausgebürgert wurde und daß die Bonner Universität ihm die Ehrendoktorwürde aberkannte.

Soweit die öffentliche Seite der Auseinandersetzung, die für Thomas Mann noch einen weiteren, einen privaten Schauplatz hatte. Gemeint ist die große briefliche Kontroverse zwischen Erika und ihrem Vater anläßlich seiner Ehrenerklärung für Gottfried Bermann Fischer. Der «Familienzwist um Bermann»[30], der sich seit 1933 angekündigt hatte und der nun Anfang 1936 seinen Höhepunkt erreichte, hat vor allem Erika mächtig erregt. Aber auch dem Vater setzte er zu, denn von ihrer «Rigorosität» war er durchaus angezogen, ihre Kritik an seiner zögernden, schwankenden Haltung konnte er verstehen; auch zögerte er nicht, seine «Lage und Haltung» als «schief und unklar» zu bezeichnen, sah darin aber die Folge der «Einmaligkeit meiner Situation». Lange lebte er in dem Zwiespalt, Rücksicht auf Bermann nehmen und Enttäuschung unter

den Emigranten auslösen zu müssen. Immer wieder war es
Erika Mann, die ihm die Unhaltbarkeit dieses Zwiespalts vor
Augen führte und schließlich in den Briefen von Januar 1936
rundheraus mit Liebesentzug drohte, denn seine Haltung sei
ihr dermaßen «traurig und schrecklich», daß sie ihm fürs erste
nicht werde unter die Augen treten können. Der Vater war von
den heftigen Worten der Tochter sichtlich bewegt. Über Tage
saß er an einer Antwort, die schließlich zwölf Seiten lang
wurde und deren Fertigstellung er im Tagebuch sorgsam vermerkt: «Schrieb den (...) Brief an Eri zu Ende, für sie und für
die Nachwelt.»[31]

Auf dem Höhepunkt griff auch die Mutter Katia in den Konflikt ein. Sie möchte die Wogen glätten, empfindet die Reaktion der Tochter als ein wenig übertrieben, hätte indes auch die
Erklärung zugunsten Bermanns gern verhindert. Im übrigen
mahnt sie zur Geduld und mag nicht recht glauben, daß Erika
einen «Abschiedsbrief für immer» geschrieben hat. Auch Thomas Mann glaubt dies nicht, seine Antwort, klug, liebevoll und
in der Sache ganz entschieden, bedient sich der Vater-Tochter-
Bindung als Argument: Es gehörten zum Sich-Überwerfen
doch immer noch zwei; seine Beziehung lasse dergleichen gar
nicht zu: «Meine Ergriffenheit bei Deiner Pfeffermühlen-Produktion beruht immer zum guten Teil auf dem väterlichen Gefühl, daß das alles eine kindliche Verlängerung meines eigenen
Wesens ist, – ich bin es nicht gerade selbst, es ist nicht meine
Sache, das zu machen, aber es kommt von mir her. So kommt
im Grunde auch Dein Zorn auf mich kindlich von mir her; er ist
sozusagen die Objektivierung meiner eigenen Skrupel und
Zweifel.» (S. 102)

Dem persönlichen folgt das politisch-moralische Argument.
«Man muß Geduld mit mir haben, ich selbst muß sie haben,
meine eigentliche moralische Leistung bestand immer in ihr»,
erklärt Thomas Mann seiner Tochter und der Nachwelt. Beide
Argumente hat Erika weitgehend ignoriert; souverän macht
sie ihn darauf aufmerksam, daß sich in seiner Zurückhaltung,

seiner moralisch begründeten Empfehlung zur Geduld sehr
viel Hochmut verberge, ja daß er sich gründlich täusche, wenn
er glaube, weiter «durchschlüpfen» zu können. Im übrigen
könne es sich die Emigration nun einmal nicht leisten, «auf
Dich zu verzichten, und Du darfst es Dir nicht leisten, uns zu
verraten». (S. 106)

Mit der Erklärung vom Februar 1936 war alles ausgestanden;
persönlich, politisch und moralisch war der Konflikt bereinigt.
Für die Rolle, die Thomas Mann künftig als Repräsentant des
Exils und des «anderen» Deutschland spielen sollte, war nunmehr auch Erikas Part vorgezeichnet. Als seine Beraterin verfaßte sie öffentliche Erklärungen, schrieb Briefe in seinem Namen, formulierte Entwürfe für Stellungnahmen, die er dann
veröffentlichen ließ. Nach seinem Tod – so Hans Sahl – wurde
sie seine «Statthalterin auf Erden»; zu seinen Lebzeiten, seit
1936 insbesondere, war sie sein «politisches Gewissen, die
letzte Instanz, an die der ewig Zaudernde und Zögernde sich
wandte, wenn er nicht weiter wußte».[32]

Zeitgenossen, selbst Beamte des FBI[33], haben Erikas Einfluß
auf den Vater registriert, sie hingegen hat stets den Eindruck zu
erwecken versucht, Thomas Mann entscheide in allem auto-
nom und souverän. Zu ihrer Rolle gehörte auch, daß sie am
öffentlichen Erscheinungsbild Thomas Manns mitwirkte und
damit vor allem am Bild des Künstlers und Repräsentanten, der
über den Parteien steht, sich für parteipolitische Zwecke nicht
vereinnahmen und zur ideologischen Zeugenschaft nicht mißbrauchen läßt.

Aus ihren politischen Ansichten, ihrer heftigen Kritik am
Amerika McCarthys, an der Politik des Kalten Krieges und der
Mentalität der Adenauer-Gesellschaft hat Erika Mann keinen
Hehl gemacht; in vielem zeigte sich Thomas Mann auch darin
mit ihr einig. In den Nachkriegsjahren verfaßte sie häufig für
ihn politische Stellungnahmen. Sein «Bekenntnis zur west-
lichen Welt»[34] ist von ihr formuliert, und noch kurz vor seinem
Tode fuhr sie nach London, um Thomas Mann in einem von

474 Nachwort der Herausgeber

ihm angeregten Komitee zu vertreten, das die Weltöffentlichkeit vor der Gefahr eines atomaren Krieges warnen sollte.[35]

Einmal noch war es in den vorangegangenen Jahren zwischen Vater und Tochter zu einer politischen Meinungsverschiedenheit gekommen, die an die Konflikte der ersten Emigrationsjahre erinnert. Anläßlich des 200. Geburtstages von Goethe hatte man Thomas Mann 1949 eingeladen, in Frankfurt die Festrede zu halten; auch den Goethe-Preis sollte er dort in Empfang nehmen. Für die in Weimar geplante Goethe-Feier erhielt Thomas Mann ebenfalls eine Einladung. Der Dichter entschied sich, nach Deutschland zu reisen und an den geplanten Feiern teilzunehmen – im Westen und im Osten. Es war sein erster Deutschlandbesuch nach sechzehn Jahren. Erika Mann plädierte aus zwei Gründen strikt gegen diese Reise: zum einen wollte sie die östlichen Feiern nicht durch die Anwesenheit Thomas Manns aufgewertet sehen, zum anderen empörte sie der im Westen öffentlich ausgetragene Streit darüber, ob Thomas Mann als «Emigrant» überhaupt ein würdiger Preisträger und Festredner sein könne. Seit er im Herbst 1945 Walter von Molos Aufforderung, nach Deutschland zurückzukehren, abgelehnt hatte, war Thomas Mann in der Presse der Westzonen immer wieder heftig angegriffen worden.[36] Schon im September 1945 hatte Erika Mann die Eltern vor einem Besuch in Deutschland gewarnt. Nachdrücklich argumentierte sie auch 1949 gegen die Entscheidung Thomas Manns, die Reise anzutreten. Sie begleitete ihre Eltern im Mai 1949 zwar nach London und Stockholm, fuhr aber nicht mit zu den Frankfurter und Weimarer Festlichkeiten. Wieder gab es zwischen Vater und Tochter scharfe Wortwechsel und – so notierte der Vater im Tagebuch – heftige und unversöhnliche Auftritte Erikas im Familien- und Freundeskreis.[37]

Thomas Mann hatte – trotz durchaus bestehender Zweifel – die Entscheidung für diesen Deutschlandbesuch selbst getroffen. Als er sechs Jahre später, 1955, aus Anlaß der Feiern zum 150. Todestag Schillers von der Schweiz aus wiederum beide deutsche Staaten besuchte, um in Stuttgart und Weimar seine berühmte Schiller-Rede zu halten, hat Erika Mann ihn und ihre Mutter begleitet, die Eltern z. T. selbst chauffiert. Die triumphalen Begleitumstände dieser letzten gemeinsamen Reise sind in ihrem Bericht über Thomas Manns «letztes Jahr» ausführlich geschildert.

Die Begleiterin, Beraterin und Betreuerin war in Thomas Manns letzten Lebensjahren unermüdlich aktiv. 1952 begann sie, als Drehbuchautorin an der Verfilmung der väterlichen Romane mitzuwirken. Mit großem Elan warf sich die ehemalige Schauspielerin auf diese Arbeit, die nicht immer konfliktfrei verlief. Nicht nur die Drehbücher lagen in ihrer Hand, auch auf Rollenbesetzung, auf Regie und Ausstattung versuchte sie Einfluß zu nehmen. In «Königliche Hoheit» (1953) und im «Felix Krull» (1957) sieht man sie zudem selbst als Schauspielerin in Nebenrollen. Die Pläne für eine Hollywood-Verfilmung des «Joseph» allerdings scheiterten an den Kosten. Auch die 1959 endlich realisierten «Buddenbrooks» hatten eine schwierige Vorgeschichte. Thomas Mann wünschte ursprünglich eine west-östliche Gemeinschaftsproduktion der DEFA unter der Regie von Max Ophuls; bundesrepublikanische Stellen hatten dies mit der Unterstellung verhindert, die DEFA wolle im Westen «kreditfähig» werden und anschließend mit politischen «Tendenzfilmen» neue Wege «kommunistischer Infiltration» erproben.[38] Auch als rein westliche Produktion löste «Buddenbrooks» schon im Vorfeld publizistische Kontroversen aus, auf die Erika Mann mit verschiedenen Erklärungen über Thomas Manns Verhältnis zum Kino antwortete. (S. 306–318) Nach «Königliche Hoheit», «Felix Krull», den die Tochter sich ursprünglich unter Visconti als deutsch-italienische Koproduktion gewünscht hatte, und nach «Buddenbrooks» folgten «Herr und Hund» (1962), «Tonio Kröger» (1964) und «Wälsungenblut» (1964). «Nicht die Bohne von Schlüsselnovelle», wurde Erika Mann im «Spiegel» zu dieser letzten Filmarbeit zitiert.[39]

Amüsant, wiewohl ein wenig übertrieben wirkt die juristi-
sche Auseinandersetzung mit Hans Kafka über den «Krull»-
Film (S. 309–312). Eher scharfe Töne fielen hingegen in einem
zweimaligen öffentlichen Schlagabtausch Erika Manns mit
Robert Neumann.[40] Hatte die Dichtertochter sich zunächst
dagegen verwahrt, daß Robert Neumann 1961 seinen Roman
«Olympia» als Fortsetzung von Thomas Manns «Krull» ankün-
digte, was in den Augen der Thomas-Mann-Erbengemeinschaft
«illegal» und ein «Einbruch in die Persönlichkeitsrechte einer
Mann'schen Romanfigur» war, so mußte sie sich einige Jahre
später heftige Kritik Neumanns an ihrer Edition der väterlichen
Briefe gefallen lassen.

Mit der Kritik an dieser dreibändigen Ausgabe, die zwischen
1961 und 1965 erschien und aus ca. 10 000 Briefen eine Auswahl
von knapp 1300 Stücken brachte, stand Robert Neumann allerdings nicht allein. Neumanns Kritik bezog sich «nur» darauf,
daß die Editorin einen prekären Brief Thomas Manns an Hanns
Johst, den späteren Präsidenten der Reichsschrifttumskammer,
aus dem Jahre 1920 in ihre Ausgabe nicht aufgenommen hatte.
In jenem Brief hatte Thomas Mann den späteren Nazi-Dichter
seiner Sympathie versichert und sich über die «gallojüdische-
internationalistische ‹Geistigkeit›»[41] seiner Zeit beklagt. Ob
Erika Mann, wie sie behauptete, den Brief nicht kannte, ob sie
ihn, wie Robert Neumann konterte, als Thomas-Mann-Exper-
tin aber hätte kennen müssen, blieb offen. Überzeugend konnte
Erika Mann zu ihrer Verteidigung allerdings anführen, daß im
ersten Band der Ausgabe der Thomas Mann der Weltkriegszeit,
der antirepublikanisch-zivilisationskritische Autor, angemessen dokumentiert werde. Auch habe sie nach Thomas Manns
Tod als erstes die «Betrachtungen eines Unpolitischen» neu
herausgegeben, womit die konservativ-demokratiefeindliche
Phase Thomas Mannschen Denkens ausgiebig dokumentiert
sei. Das Vorwort, das Erika Mann der Neuausgabe dieser heftig
umstrittenen Schrift Thomas Manns voranstellte, zeigt, wie
schwer es sich die Tochter gemacht hat. (S. 289–306)

Nachwort der Herausgeber 477

Zugleich wird ein Anliegen deutlich, das die Edition der Briefe, die von ihr verantwortete Teilausgabe Thomas Mannscher Schriften, die Schallplatten- und Rundfunkproduktionen seiner Werke bestimmen sollte. Sie wollte den «ganzen» Thomas Mann präsentieren, die «Dramatik seiner Existenz» in Briefen und Schriften verfolgen, und sie wollte selbst als diejenige erscheinen, die ihn aus der Nähe kannte. Für Letzteres trug sie sich schon seit Ende der vierziger Jahre mit dem Gedanken, eine Biographie des Vaters zu schreiben. Seit 1960 – nach dem großen Erfolg ihres Bändchens über das «letzte Jahr» – gab es dafür einen Vertrag mit dem Fischer-Verlag. Nur handschriftliche Vorarbeiten sind entstanden. Die Briefausgabe, die Ausgabe der «Betrachtungen», des Bandes mit «Autobiographischem», die Auswahlausgabe «Eine Auslese – Thomas Mann für Jugendliche» und ihre jeweiligen Vor- und Nachworte sowie die anderen in unserer Ausgabe dokumentierten Essays über den Vater lassen sich auch als eine Art Biographie-Ersatz lesen.

Bisweilen nannte sich Erika Mann in ihren letzten Lebensjahren einen «bleichen Nachlaßschatten», und tatsächlich hatte die Arbeit für das Werk des Vaters zur Folge, daß sie eine vom Verleger Berthold Spangenberg gewünschte Autobiographie und ein von anderer Seite vorgeschlagenes Buch über ihr Kabarett «Die Pfeffermühle» nicht schrieb. Sosehr sie die Arbeit für den Vater in Anspruch nahm, so intensiv bemühte sie sich zugleich um das Werk des Bruders Klaus. Sie suchte und fand einen Verlag für ihn; bis zu ihrem Tode war sie mit den juristischen Auseinandersetzungen um das Wiedererscheinen des «Mephisto»-Romans befaßt.[42] Klaus Mann sollte als begabter, bedeutender und durch die Umstände der Nachkriegsentwicklung sträflich mißachteter Schriftsteller wieder entdeckt werden. Thomas Mann, dessen Werk trotz der Auseinandersetzungen um seine politischen Äußerungen nach 1945 weitgehend unangefochten dastand, sollte als «Mensch in seinem Widerspruch» sichtbar werden.

Als eine Autobiographie des Vaters in Briefen hat sie ihre dreibändige Edition seiner Korrespondenz verstanden, aber nicht nur in einem Falle – Hanns Johst – wurde das editorische Konzept kritisiert. Um Wiederholungen und wiederkehrende stilistische und rhetorische Figuren zu vermeiden, nahm sie Striche vor. Immer sollte der Vater «originell» erscheinen, schöpferisch selbst in den Briefen, die konventionelle Anlässe hatten. Den Strichen fiel indes auch anderes zum Opfer. Briefliche Hinweise auf seine homoerotischen Neigungen ließ die Tochter dem Vater nicht durchgehen, und obwohl schon im ersten Band zehn Briefe des Vaters an die Tochter-Herausgeberin gedruckt wurden, fehlten diejenigen, die den heftigen politischen Streit zwischen Erika und ihrem Vater aus dem Jahre 1936 zum Gegenstand hatten. Manche politische und persönliche Spitze hat sie aus den Briefen Thomas Manns kurzerhand eliminiert. Auch die Anmerkungen verärgerten die Kritiker, man nannte Erika Manns Editionsarbeit dilettantisch und empfahl ihr die Unterstützung durch einen erfahrenen Philologen.

Es fehlte andererseits nicht an Lob und Respekt für die enorme kompositorische Leistung; Hermann Hesse schrieb nach der Lektüre des ersten Bandes, was die Absichten der Tochter und Herausgeberin nur bestätigen konnte: «Mit Genuß finde ich überall die überlegene, bald zeremonielle, bald versteckt mokante Höflichkeit wieder, die sein Panzer gegen die Roheit und Plumpheit der Welt war, da ist er herrlich, oft ganz königliche Hoheit, oft spitzbübischer Spötter, immer die Seele durch Rolle und Maske verhüllt und beschützt.»[43]

In welchem Ausmaß trotz ihrer «Enthüllungen» auch noch Thomas Manns Tagebücher von dem verzweiflungsvollen Versuch bestimmt sind, schreibend «die Seele durch Rolle und Maske» zu verbergen und zu schützen, konnte Erika Mann nicht wissen. Sie kannte diese Tagebücher nicht; wußte zwar von ihrer Existenz, glaubte jedoch nicht, daß von ihnen etwas zu erwarten sei. «Kennen wir den Schreiber recht, so geht es da um knappe Notizen, die Wichtiges, wie Nebensächliches festhalten; um heute und kürzlich Erlebtes, Geplantes, Gedachtes, Geträumtes – nicht um gültig Geprägtes, inhaltlich und stilistisch irgend Gerundetes.» (S. 362 f.) So heißt es im Vorwort zum 1968 erschienenen Band «Autobiographisches», und man darf vermuten, daß Erika Mann einer Edition dieser Tagebücher, noch dazu einer lückenlosen, entschieden widersprochen hätte.

Sosehr sie das Disharmonische, das Zerrissene des Vaters als Tochter kannte, sowenig sie sich davon erschrecken oder gar einschüchtern ließ, so deutlich ist doch, daß der öffentlich als Mensch und Künstler in Erscheinung tretende Vater alle Züge des «inhaltlich und stilistisch Gerundeten» tragen sollte. Das Menschliche an Thomas Mann, das die Tochter der Öffentlichkeit zeigte, war immer überhöht vom Künstlerischen. Die Vision des Harmonischen, des ganzen Thomas Mann war Produkt einer erzählerischen und einer editorischen Komposition, Produkt der Arbeit der Tochter. Das Thomas-Mann-Bild, das auf diese Weise entstand, durfte sich durchaus der Zustimmung des Vaters, der Übereinstimmung mit Thomas Manns der Welt gezeigtem Selbstbild sicher sein. Und auch das Bild, das Erika Mann als Tochter und Editorin durch ihre Arbeit von sich entwarf, stimmte mit dem überein, das der Vater von ihr zu zeichnen pflegte. Belebend in ihrer Streitlust und anregend in ihrer Radikalität, an ihn und sein Werk trotz aller Konflikte und kritischen Phasen bedingungslos gebunden, hat Thomas Mann vor allem in seinen letzten Jahren in Erika die eigentliche Stütze seines Lebens gesehen; sie indes, die ihm – nach einem Wort Hans Sahls – mit einer «aus Liebe und Achtung gemischten Nonchalance» begegnete[44], sah sich nach seinem Tod noch stärker als zuvor selbst auf den Grundsatz verwiesen, den sie in ihrem Buch «Das letzte Jahr» als Lebensmaxime Thomas Manns zitiert hatte: Arbeit sei eine «tätige Hoffnung».

Das ungewöhnliche Vater-Tochter-Verhältnis, das die Texte dieses Bandes dokumentieren, zeigt sich naturgemäß in den Briefen anders als in Erika Manns Essays, Interviews oder dem Bericht über Thomas Manns «Letztes Jahr». Seit den vierziger Jahren trifft man in Erika Manns öffentlichen Äußerungen über ihren Vater auf gewisse stereotype Muster, insbesondere wenn es um Thomas Manns Arbeitstag, seine Lebensgewohnheiten und seinen Charakter geht. Dem steht der durchweg private Ton der Briefe gegenüber; in ihnen sieht man Vater und Tochter aus der Nähe. Der witzig-amüsante, bisweilen boshafte Erzählstil Erikas, der auch antijüdisch anmutende Ausfälle nicht scheut, und der häufig temperamentvolle Gestus ihrer Briefe entlockt dem Vater nicht selten überraschende Reaktionen. Über weite Teile liest sich die Korrespondenz zwischen Vater und Tochter selbst dort wie ein Gespräch, wo die Gegenbriefe fehlen. Im Unterschied zu der eher inszenierten Nähe der Essays teilt sich dem Leser die tiefe Neigung und Verbundenheit zwischen beiden in den Briefen ganz direkt mit. Die Korrespondenz mit der Tochter spiegelt Leben und Werk des Schriftstellers Thomas Mann aus einer vertraulichen Distanz, die er sonst fast niemandem gestattete. Insofern ist dieser Briefwechsel Teil einer unzensierten, alltäglichen Kommunikation – und gerade darum ein zeit- und kulturgeschichtliches Dokument von besonderem Rang.

Anmerkungen

Zu den verwendeten Kürzeln vgl. das Siglenverzeichnis auf S. 486.

1 Samuel und Hedwig Fischer, Briefwechsel mit Autoren. Frankfurt a. M. 1990, S. 741.

2 Zanco II, S. 40 f.

3 TM, Briefe I, S. 346–349, hier S. 348.

4 Thomas Mann–Heinrich Mann, Briefwechsel 1900–1949. Hg. von Hans Wysling. Frankfurt a. M. 1984, S. 62.

Nachwort der Herausgeber 481

5 Zanco II, S. 240 f.

6 TM, Tb 1949–1950, S. 234; TM, Briefe II, S. 716; S. 510 f.

7 TM, Briefe I, S. 258 f.

8 Vgl. zum Beispiel Erika Mann im Gespräch mit Roswitha Schmalenbach, S. 15 in diesem Band.

9 Ludwig Marcuse, Mein zwanzigstes Jahrhundert. Auf dem Weg zu einer Autobiographie. Zürich 1975, S. 115.

10 TM–HM, Briefwechsel, a. a. O., S. 145.

11 Hans Mayer, Des Zauberers Tochter und Gehilfin. Erinnerungen an Erika Mann. In: «Frankfurter Allgemeine Zeitung», 8. 11. 1975.

12 EM an Lotte Walter, 26. 5. 1947, in: Zanco I, S. 221–223; TM, Tb 1946–1948, S. 219.

13 TM, Briefe I, S. 299.

14 TM, Die Entstehung des Doktor Faustus. GW XI, S. 216, 225, 281 f., 300 f.

15 TM, Tb 1946–1948. S. 322, 334, 338. Die auf diese Weise ausgeschiedenen Passagen aus der «Entstehung des Doktor Faustus» sind im Anhang der Tagebücher 1946–1948 als No. 47–50 und No. 55–62 abgedruckt.

16 TM, Tb 1953–1955, S. 416, 568 sowie 725. Siehe dort auch Dok. 3 und 4, S. 797 ff.

17 TM, Die Pfeffermühle. In: GW XI, S. 456–458. Der Artikel entstand im Spätherbst 1936.

18 Über EM im amerikanischen Exil vgl. v. d. L., S. 126 ff.

19 TM, Tb 1951–1952, S. 140, 172, 190.

20 TM, Tb 1953–1955, S. 195.

21 TM, Tb 1946–1948, S. 219.

22 TM, Tb 1949–1950, S. 30, 67; sowie Tb 1953–1955, S. 192.

23 Friedrich Pfäfflin / Ingrid Kussmaul (Hg.), S. Fischer, Verlag. Von der Gründung bis zur Rückkehr aus dem Exil. 2. Aufl. Marbach 1986, S. 424 f. Zu TMs Überlegungen und Entscheidungen im Jahre 1933 vgl. Peter de Mendelssohn, Der Zauberer, Bd. II, Frankfurt a. M. 1992, S. 99–272.

24 Unveröffentlichter Brief von EM an KM vom 10. / 11. 8. 1933 (EMA).

25 Zum Streit um die «Sammlung» vgl. Fredric Kroll, Klaus-Mann-Schriftenreihe Bd. 4 / I, Wiesbaden 1992, S. 64–148.

26 Samuel und Hedwig Fischer, Briefwechsel mit Autoren, a. a. O.,
   S. 455 f.

27 Ebd., S. 456.

28 Die Dokumente der öffentlichen Kontroverse in: H. L. Arnold
   (Hg.), Deutsche Literatur im Exil 1933–1945. Bd. I, Frankfurt
   a. M. 1974, S. 95–124. Die folgenden Zitate aus den Artikeln
   L. Schwarzschilds bzw. E. Korrodis dort S. 95 und S. 106. Die
   «privaten» Briefe in der Angelegenheit finden sich auf S. 91–110
   des vorliegenden Bandes.

29 TM, Briefe I, S. 413.

30 KM, Tagebücher 1936–1937, München 1990, S. 16.

31 TM, Tb 1935–1936, S. 246.

32 Hans Sahl, Das Exil im Exil, Frankfurt a. M. 1990, S. 41.

33 Vgl. Alexander Stephan, Im Visier des FBI. Deutsche Exilschrift-
   steller in den Akten amerikanischer Geheimdienste, Stuttgart–
   Weimar 1995, S. 92–135 und 174–193.

34 Vgl. GW XII, S. 971–973; sowie TM, Tb 1953–1955, S. 370 und
   S. 847.

35 Vgl. die Darstellung in «Das letzte Jahr», S. 433–436 im vorliegenden Band; abweichend davon TM, Tb 1953–1955, S. 693 f.

36 Klaus Schröter (Hg.), Thomas Mann im Urteil seiner Zeit. Dokumente 1891–1955. Hamburg 1969, S. 334 ff.

37 TM, Tb 1949–1950, S. 67.

38 TM, Tb 1953–1955, S. 861 ff., sowie Gabriele Seitz, Thomas
   Mann und der Film. In: Der Zauberberg. Ein Film von H. W.
   Geißendörfer nach dem Roman von Thomas Mann. Frankfurt
   a. M. 1982, S. 31.

39 Vgl. «Der Spiegel», Nr. 34/1964, S. 67 f.

40 Wegen der ausufernden, heute kaum mehr interessierenden Details wurde der Streit zwischen EM und Robert Neumann in den
   vorliegenden Band nicht aufgenommen. Die Kontroverse ist detailliert beschrieben in: v. d. L., S. 266 ff.

41 Der Wortlaut des Briefes war erschienen in: Kurt Ziesel, Das verlorene Gewissen, München 1957, S. 197 f.

42 Eberhard Spangenberg, Karriere eines Romans. Mephisto, Klaus
   Mann und Gustaf Gründgens. München 1982, S. 204 ff.

43 Zanco II, S. 101.

44 Hans Sahl, Das Exil im Exil, a. a. O., S. 44.

Editorische Bemerkungen

Der vorliegende Band zeichnet die Geschichte einer außergewöhnlichen Vater-Tochter-Beziehung nach. Zum erstenmal werden die wichtigsten Äußerungen Erika Manns über ihren Vater im Zusammenhang dokumentiert: Essays, Statements, Kommentare und ein ausführliches, bisher ungedrucktes Rundfunk-Interview. Über diese für die Öffentlichkeit bestimmten Texte hinaus – und zum Teil als Kontrast dazu – wurden wesentliche Teile des Briefwechsels zwischen Erika und Thomas Mann in die Edition aufgenommen. Diese Korrespondenz ist nicht nur Dokument und Ausweis einer Briefkultur auf höchstem Niveau; sie ermöglicht zugleich einen vertraulichen Einblick in die Geschichte einer Familie, die an literarischen und politischen Entwicklungen unseres Jahrhunderts in einigen entscheidenden Phasen maßgeblich beteiligt war.

Unser Buch enthält alle erhaltenen Briefe und Telegramme, die Erika Mann an ihren Vater oder an beide Eltern gemeinsam schickte. Von den Antworten Thomas Manns wurden vierundzwanzig ausgewählt, die direkt Bezug nehmen auf Schreiben von Erika oder besonders charakteristisch über politische, literarische und familiäre Ereignisse Auskunft geben. Ergänzend haben die Herausgeber zwei Briefe von Katia Mann an Erika aufgenommen sowie ein Schreiben Erikas an die Mutter: hier handelt es sich um Dokumente, die zentrale Aspekte der Vater-Tochter-Beziehung berühren und zur Komplettierung des Bildes beitragen. (Der umfangreiche Briefwechsel zwischen Katia und Erika Mann mußte ansonsten in der vorliegenden Edition unberücksichtigt bleiben; eine gesonderte Publikation ist geplant.)

Sämtliche Briefe werden ungekürzt veröffentlicht (mit einer Ausnahme, die in den Anmerkungen erklärt ist). Dieses Prinzip verdient ausdrückliche Betonung, da Erika Mann selbst in ihrer dreibändigen Edition der Briefe des Vaters erhebliche Kürzungen vorgenommen

484 Editorische Bemerkungen

hat; zum Teil sogar, ohne dies kenntlich zu machen. Auch die zweibändige Ausgabe mit Briefen Erika Manns, die Anna Zanco Prestel 1984/85 herausgab, enthält gravierende Auslassungen; immerhin wurden dort die Lücken durch drei Punkte in eckigen Klammern markiert. Ein Vergleich der Originalbriefe mit den gekürzten Abdrucken zeigt, daß dort keineswegs nur Redundanzen eliminiert oder Passagen aus Rücksicht auf lebende Personen herausgenommen wurden – vielmehr hat man auch manche Formulierungen von inhaltlichem Gewicht ungedruckt gelassen. Selbst die große Kontroverse Anfang 1936 um Thomas Manns Stellung zur Emigration ist bisher in sämtlichen Editionen nur mit Auslassungen innerhalb einzelner Briefe publiziert worden! Insofern sind die ungekürzten Versionen aller Briefe im vorliegenden Band eine besonders aufmerksame Lektüre wert.

In den Abschnitt «Essays, Statements, Kommentare» wurden gedruckte wie ungedruckte Texte Erika Manns über ihren Vater aufgenommen. Vollständigkeit konnte hier nicht angestrebt werden: zu oft hat die Tochter in ihren zahlreichen Äußerungen über Thomas Mann wiederholt und variiert, was sie bereits an anderer Stelle gesagt oder geschrieben hatte. Von daher mußte für die Textzusammenstellung dieses Abschnitts eine repräsentative Auswahl getroffen werden. Nicht aufgenommen wurde das Porträt «Bildnis des Vaters», das Erika Mann gemeinsam mit ihrem Bruder Klaus für das Buch «Escape to Life» (1939) schrieb: dieser Text ist erstens eine Gemeinschaftsarbeit, ohne daß Erikas Anteil exakt ermittelt werden kann; zweitens ist das Buch «Escape to Life/Deutsche Kultur im Exil» jederzeit greifbar.

Der Essay «Das letzte Jahr» wurde als eigener Abschnitt plaziert, schon weil er dem Umfang nach aus dem Kontext der anderen Aufsätze Erika Manns herausragt. Auch enthält er das durchgefeilteste, nuancierteste Porträt ihres Vaters, das Erika Mann geschrieben hat, und verdient insofern einen hervorgehobenen Platz.

Die Essays von Erika Mann werden im vorliegenden Band gedruckt nach den jeweils angegebenen Quellen, in der Regel also dem Erstdruck. Im Briefteil wurden die Original-Manuskripte bzw. -Typoskripte aus den Archiven zugrundegelegt; dabei wurden Eigenwilligkeiten der Orthographie und der Zeichensetzung in der Regel beibehalten, sofern es sich nicht um offenkundige Flüchtigkeitsfehler handelte.

Der besondere Dank der Herausgeber gilt Cornelia Bernini, Martina Peter, Yvonne Schmidlin und Thomas Sprecher vom Thomas-Mann-Archiv in Zürich sowie Ursula Hummel und Gabriele Weber vom Erika-Mann-Archiv in München: sie haben durch freundliche und sachkundige Kooperation das Zustandekommen dieses Buches vielfältig unterstützt. Für Rat und Hilfe sei außerdem Roswitha Eichenwald-Schmalenbach (Basel), Gisela Gaebel (Berlin), Heribert Hoven (München), Helga Keiser-Hayne (München), Fredric Kroll (Freiburg), Cornelia Kubitz (Berlin) und Anita Naef (München) von Herzen Dank gesagt.

Quellennachweis und rechtliche Hinweise

Abbildungen
Sammlung Anita Naef, München: 1, 4, 8, 26
Erika-Mann-Archiv in der Monacensia, Stadtbibliothek München: 2, 3, 5, 6, 7, 10, 11, 12, 13, 14, 16, 18, 19, 20, 21, 22, 23, 24, 27, 28, 29, 30
Thomas-Mann-Archiv der Eidgenössischen Technischen Hochschule Zürich: 9, 15, 17
Bilderdienst Süddeutscher Verlag, München: 25

Texte
Der Abdruck des Essays «Das letzte Jahr» und der Briefe Thomas Manns erfolgt mit freundlicher Genehmigung des S. Fischer Verlags, Frankfurt a. M.

Für die Erlaubnis zum Abdruck der zwei Briefe Katia Manns bedanken sich Verlag und Herausgeber herzlich bei Frau Elisabeth Mann Borgese, Halifax / Kanada.

Frau Roswitha Eichenwald-Schmalenbach, Basel, gab freundlicherweise die Zustimmung zum Abdruck ihres ausführlichen Interviews mit Erika Mann, das den vorliegenden Band einleitet.

Anmerkungen

Folgende Siglen werden verwendet:

EM = Erika Mann
HM = Heinrich Mann
KM = Klaus Mann
TM = Thomas Mann
GBF = Gottfried Bermann Fischer
EMA = Erika-Mann-Archiv in der Monacensia, Stadtbibliothek München
TMA = Thomas-Mann-Archiv der Eidgenössischen Technischen Hochschule Zürich
Briefe I, II, III = Thomas Mann: Briefe. 3 Bände. Hg. von Erika Mann. Frankfurt a. M. 1961, 1963, 1965
GW = Thomas Mann: Gesammelte Werke in 13 Bänden. Frankfurt a. M. 1974
Tb = Thomas Mann: Tagebücher. 10 Bände. Bd. 1–5 hg. von Peter de Mendelssohn. Bd. 6–10 hg. von Inge Jens. Frankfurt a. M. 1977–1995
Zanco I, II = Erika Mann: Briefe und Antworten. 2 Bände. Hg. von Anna Zanco Prestel. München 1984, 1985
v. d. L. = Irmela von der Lühe: Erika Mann. Eine Biographie. Frankfurt a. M. / New York [2]1994
NZZ = «Neue Zürcher Zeitung»

MEIN VATER THOMAS MANN
GESPRÄCH MIT ROSWITHA SCHMALENBACH (1968)

vier Kinder: neben Erika die Geschwister Klaus (1906–1949), Golo (1909–1994) und Monika (1910–1992).

die ganz Kleinen: Erikas Geschwister Elisabeth (geb. 1918) und Michael (1919–1977).

Christa Winsloe: Schriftstellerin, 1888–1944; in dem nach ihrem Bühnenstück gedrehten Film «Mädchen in Uniform» (1931) spielte EM in einer Nebenrolle mit.

«Die Jungen»: Erstdruck in KMs Prosaband «Vor dem Leben», 1925.

Landerziehungsheim: von Ostern 1922 bis zum Frühsommer desselben Jahres besuchten Erika und Klaus Mann gemeinsam die Bergschule Hochwaldhausen (Rhön).

«Bilderbuch für artige Kinder»: das Buch ging 1933 verloren, nur einige Zeichnungen sind erhalten. Vgl. Thomas Mann, Ein Leben in Bildern, hg. von Hans Wysling und Yvonne Schmidlin, Zürich 1994, S. 82–85.

Carla: TMs jüngste Schwester, Schauspielerin, 1881–1910.

Großmutter mütterlicherseits: Hedwig Pringsheim, geb. Dohm, 1855–1942.

Quellenmaterial: die Forschung hat inzwischen die Quellen TMs zum «Zauberberg» (wie zu seinen anderen Werken) recht genau ermitteln können; vgl. als Überblick: Thomas-Mann-Handbuch, hg. von Helmut Koopmann, Stuttgart 1990, S. 397–422.

Handschrift vom «Joseph» (...) zu retten: die Geschichte der Rettung des «Joseph»-Manuskripts hat EM oft erzählt, allerdings in verschiedenen Varianten. Ihre Version, sie sei unter Lebensgefahr nach München zurückgefahren, um das Manuskript zu holen, ist möglicherweise eine Erfindung. In einem vermutlich 1938 geschriebenen

488 Anmerkungen

Aufsatz «The Artist in Exile and Action» (Fahnenabzug im EMA) berichtet sie sehr viel weniger dramatisch, sie habe am 12. März 1933 aus dem Münchner Elternhaus mit dem Vater in Arosa telefoniert und ihm dringend geraten, in der Schweiz zu bleiben. Anschließend habe sie ihre Koffer und das «Joseph»-Manuskript genommen und Deutschland für immer verlassen. Vgl. zu den einzelnen Versionen dieser Vorgänge: v. d. L., S. 78–80. Laut Peter de Mendelssohn galt zudem Erikas Rettungsaktion dem noch unvollendeten dritten Band des «Joseph»-Romans; die Manuskripte der ersten beiden Bände seien bereits beim S. Fischer Verlag in Berlin gewesen (Anm. in TM, Tb 1933–1934, S. 605).

Alles, was er hatte (...) wurde ihm weggenommen: vgl. dazu die Anmerkungen zum Essay «Professor Zauberer» im vorliegenden Band S. 542.

Rede zum siebzigsten Geburtstag meiner Mutter: vgl. GW XI, S. 521–526.

Herrn Rothmund: Dr. Heinrich Rothmund, damals Chef der Fremdenpolizei in Bern.

Emergency Rescue Committee: unter Federführung des Amerikaners Varian Fry organisierte das im Juni 1940 gegründete Komitee die Einreise von mehreren hundert europäischen Hitler-Gegnern in die USA. Der Vorsitz lag bei Frank Kingdon, die Gründung erfolgte unter dem Eindruck der Niederlage Frankreichs. Vgl. Hans-Albert Walter, Deutsche Exilliteratur 1933–1950, Band 3, Stuttgart 1988, S. 318–342.

diesen ganzen Leuten (...) Minimum-Verträge mit dem Film verschafft: durch befristete Arbeitsverträge mit den großen Filmfirmen Hollywoods wurde u. a. den Schriftstellern Friedrich Torberg, Alfred Döblin, Heinrich Mann, Walter Mehring, Alfred Neumann, Leonhard Frank, Alfred Polgar, Wilhelm Speyer und Jan Lustig geholfen, in den USA Fuß zu fassen. Unterstützung für Exilautoren organisierte außerdem der European Film Fund, als dessen Präsident Ernst Lubitsch fungierte und in dessen Ausschuß EM aktiv mitarbeitete.

Lord Kilmarnock: zu EMs Rolle bei der Entstehung des «Krull»-Romans vgl. die Briefe im vorliegenden Band, S. 217–234. Vgl. auch Hans Wysling, Narzißmus und illusionäre Existenzform. Zu den Bekenntnissen des Hochstaplers Felix Krull, Bern 1982, S. 88 und 522–536.

Anmerkungen 489

eine Reihe von deutschen Stimmen: Aufsehen erregten vor allem ein Offener Brief des Schriftstellers Walter von Molo an TM (August 1945) und eine Polemik von Manfred Hausmann (Mai 1947); vgl. Thomas Mann im Urteil seiner Zeit, hg. von Klaus Schröter, Hamburg 1969, S. 334–352 und 519f.

All mein Tun und Streben …: Zitat aus TM, «Bekenntnis zur westlichen Welt», GW XII, S. 971–973.

Teil I

BRIEFWECHSEL MIT KATIA UND THOMAS MANN

VON THOMAS MANN, 26. 7. 1919   63
Erstdruck in: Briefe I, S. 167f. Original im TMA.

Mielein: Katia Mann, geb. Pringsheim, 1883–1980.
Tante Lula: Julia Mann, verh. Löhr, 1877–1927, Schwester TMs.
Pielein: TMs Name bei seinen Kindern.
Arcissi-Konzert: Hauskonzert bei den Schwiegereltern TMs in der Münchener Arcisstraße.
Mäunchen: Kinderausdruck für «Mäulchen»:
Moni: Monika Mann, verh. Lányi, 1910–1992.

AN THOMAS MANN, 6. 6. 1922   64
Erstdruck in: Zanco I, S. 9f. Original im TMA.

Zauberer: Thomas Mann.
Bergkinder: Schüler der auch von EM und KM 1922 besuchten Bergschule Hochwaldhausen (Rhön).
Steche: Professor Steche, Schulleiter in Hochwaldhausen.
Liefmanns: Emil Liefmann, 1878–1955, Frankfurter Arzt, häufiger Gast bei TM.
K.: Klaus Mann, 1906–1949, ältester Sohn TMs.
Ofei: EMs Großvater, Alfred Pringsheim, 1850–1941. Mathematikprofessor und Kunstsammler in München.
Alex Leroi: Mitschüler von EM und KM in Hochwaldhausen.
Karl Geffcken: Freund EMs aus München.

490 Anmerkungen

65 VON THOMAS MANN, 19. 9. 1924
Erstdruck (gekürzt) in: Briefe I, S. 215–217. Original im TMA.

Biber: auch Bibi, Michael Mann, 1919–1977, jüngster Sohn TMs.
Heiermanns: TMs Hausarzt Dr. Leo Hermanns, von Elisabeth und
Michael «Heiermanns» genannt.
Rosen: Karl Rosen, geschäftlicher Leiter der Berliner Reinhardt-Büh-
nen, wo EM als Schauspielerin engagiert war.
Daniel: Oskar Daniel, Stimmbildner in Berlin, der EM unterrichtete.
Johanna: EM hatte auf die Hauptrolle in der deutschen Erstauffüh-
rung von G. B. Shaws «Die heilige Johanna» gehofft.
Fackelkraus: Karl Kraus, 1874–1936, Schriftsteller und Literaturkri-
tiker, Herausgeber der «Fackel».
Harden, Kerr: die berühmten Literaturkritiker der Weimarer Repu-
blik, Maximilian Harden, 1861–1927, und Alfred Kerr, 1867–1948.
R. Hoffmann: Gründer und Leiter einer Akademie für Schriftsteller
und Philosophen in Erlangen.
Das Duell: Das Duell zwischen Naphta und Settembrini im Kapitel
«Die große Gereiztheit» von TMs «Zauberberg».
Der alte Yeats: William Butler Yeats, 1865–1938, irischer Dichter.
Erhielt 1923 den Nobelpreis; TM bekam den Nobelpreis im Jahre
1929.
üsis: Begriff aus der Kindersprache der Manns für rührend, unschul-
dig, hilflos.
Territet: Ort in der französischen Schweiz.
Mädi: auch Medi, Elisabeth Mann, geb. 1918, TMs jüngste Tochter.
jenen bekannten hauptstädtischen Kritiker: KM.

67 VON THOMAS MANN, 6. 11. 1925
Erstdruck in: Briefe I, S. 248–250. Original im TMA.

Hamburger Fest: Uraufführung von KMs erstem Theaterstück «Anja
und Esther» am 22. 10. 1925 in Hamburg.
Timm Klein: Tim Klein, Münchener Theaterkritiker.
Wilhelm Michel: Essayist und Literaturkritiker, 1877–1942.
Jessica und Käthi: Rollen aus Shakespeares «Kaufmann von Venedig»
bzw. Wilhelm Meyer-Försters «Alt-Heidelberg», die EM seinerzeit
einstudierte.

Anmerkungen 491

VON THOMAS MANN, 23. 12. 1926   68
Erstdruck in: Briefe I, S. 260–262. Original im TMA.

G. G.: Gustaf Gründgens, 1899–1963, Schauspieler und Regisseur.
1926–1929 mit EM verheiratet.
Kürzl: Marie Kurz, Hausdame und Erzieherin bei der Familie Mann.
alten Fays: Familienbezeichnung für Katia Manns Eltern, Alfred und
Hedwig Pringsheim.
Babüschleins: Katia Manns Bruder, Peter Pringsheim, 1881–1963,
und dessen Frau Emilia.
Fränkchen: der Schriftsteller Bruno Frank, 1887–1945, und dessen
Frau Liesl.
Speyer: Wilhelm Speyer, 1897–1952, Schriftsteller.
Der Joseph: im August 1926 hatte TM mit Vorarbeiten zum Joseph-
Roman begonnen; im Dezember schrieb er an der Einleitung zu «Jo-
seph in Ägypten».
Gustl Waldau: Gustav Waldau, Münchener Schauspieler, 1871–1955.
Gneisenau: Schauspiel von Wolfgang Goetz, 1885–1955.
Eissiknabe: Eissi = Klaus Mann.

VON THOMAS MANN, 19. 10. 1927   70
Erstdruck in: Zanco I, S. 16–18. Original im TMA.

Eurer Landung: EM und KM waren am 7. 10. 1927 zu einer Weltreise
aufgebrochen, die ein Dreivierteljahr dauerte und die Geschwister zu-
nächst nach New York führte.
Frau Bassermann: Ehefrau des Schauspielers Alfred Bassermann,
1867–1952.
«Zinsen» von Shaw: Das Schauspiel «Die Häuser des Herrn Sarto-
rius» von G. B. Shaw, 1856–1950.
Pamela: Pamela Wedekind, 1906–1986, Schauspielerin, Tochter des
Schriftstellers Frank Wedekind. Mit EM und KM befreundet.
Dohm: Willi Dohm, 1898–1948, Schauspieler.
Amphitryon-Aufsatz: TMs Essay «Die große Szene in Kleists ‹Am-
phitryon›». Erstdruck in: Vossische Zeitung vom 16. 12. 1927. Die
erweiterte Fassung in: GW IX, S. 187–228.
Kayser: Rudolf Kayser, 1889–1964, Redakteur der im S. Fischer Ver-
lag erscheinenden Zeitschrift «Die neue Rundschau».

492 Anmerkungen

Kläuschen Heuser: Klaus Heuser, geb. 1910, Sohn des Direktors der Düsseldorfer Kunstakademie, Werner Heuser; TM empfand für Klaus Heuser eine tiefe Zuneigung.

72 VON THOMAS MANN, 6. 6. 1929
Erstdruck (gekürzt) in: Briefe I, S. 293 f. Original im TMA.

«Tumult»: Lustspiel des österreichischen Schriftstellers Alexander Lernet-Holenia, 1897–1976.
Vergesset-Reffisch: vermutlich eine Verballhornung Lernet-Holenias, unter Anspielung auf den Dramatiker Hans José Rehfisch.
W. Süskind: der Journalist und Schriftsteller W. E. Süskind, 1901–1970, mit EM und KM befreundet.
Papen: Alfons Pape, 1924–1932 Direktor der Münchener Staatlichen Bühnen.
Fiesta: der Roman «The Sun Also Rises» von Ernest Hemingway.
Fränkls: vermutlich das Ehepaar Bruno und Liesl Frank.
Sternheim: der Schriftsteller Carl Sternheim, 1878–1942. Seit 1930 in dritter Ehe mit Pamela Wedekind verheiratet.
Pamela: Pamela Wedekind, vgl. Anm. zum Brief vom 19. 10. 1927.
Alexander: Titel des 1929 erschienenen Romans von KM.
Stahlhelm: 1918 gegründeter Bund der Frontsoldaten, Sammelbekken reaktionär-nationalistischer Gegner der Weimarer Republik.
Ilse D.: Ilse Dernburg, Cousine Katia Manns.
Herzchen: Ida Herz, 1894–1984, Nürnberger Buchhändlerin, mit der TM seit 1925 korrespondierte.
Offi: TMs Schwiegermutter, Hedwig Pringsheim, 1855–1942.
an den beiden Stracheys: Romanbiographien des englischen Schriftstellers Lytton Giles Strachey, 1880–1932.
Gunnarsson: Gunnar Gunnarsson, 1889–1975, isländischer Schriftsteller.
Von Heidelberg: TM hatte sich bei den Heidelberger Sommerfestspielen um eine Rolle für seine Tochter bemüht.
Euer Zauberer: TM unterzeichnet hier mit dem «Buchstaben Hesch», den er selbst erfunden hatte und häufig in der Korrespondenz mit seinen Kindern gebrauchte.

VON THOMAS MANN, 25. 5. 1932   74
Erstdruck (gekürzt) in: Briefe I, S. 317–319. Original im TMA.

Simmel: Georg Simmel, 1855–1918, Philosoph und Soziologe.
Platen: der Schriftsteller August von Platen, 1796–1835.
Byron: George Gordon Byron, 1788–1824, englischer Schriftsteller.
Pate Bertram: Ernst Bertram, 1884–1957, mit TM befreundeter
Schriftsteller und Professor für Literaturgeschichte.
Rikki's große Ungezogenheit: Der Freund EMs und KMs, Ricki Hall-.
garten, hatte am 5. Mai 1932 Selbstmord begangen.
Hündchen: die Pazifistin Constanze Hallgarten, 1881–1969, Mutter
Ricki Hallgartens.
Litz: Grete Litzmann, Literaturhistorikerin und Ehefrau des Litera-
turprofessors Berthold Litzmann, 1857–1924. Freunde und Nachbarn
TMs in München.
Herterich: Hilde Herterich. Seinerzeit Schauspielerin am Bayeri-
schen Staatstheater.
Pape: Alfons Pape, Schauspieldirektor an den Staatlichen Bühnen in
München, wurde 1932 wegen eines «moralischen Fehltritts» entlas-
sen. Frau Litzmann war in die Angelegenheit verwickelt.
der Keke: Käthe Rosenberg, Cousine Katia Manns.
Knappi: Hans Knappertsbusch, 1888–1965, Generalmusikdirektor in
München.
ein sehr gewandtes Feuilleton: KMs Artikel «Zwei Filme», in «Neue
Freie Presse», Wien, 23. 5. 1932 (über Frans Masereel, «Die Idee», und
Jean Cocteau, «Le sang d'un poète»).
L. Schwarzschild: Leopold Schwarzschild, 1891–1950, Schriftsteller;
Hg. des «Tagebuch», seit 1933 in Paris des «Neuen Tage-Buch».

AN THOMAS MANN, 28. 5. 1932   77
Erstdruck in: Zanco I, S. 24f. Original im TMA.

Babs: der Münchener Schauspieler Bert Fischel.
Litzsau: vgl. Anm. zum Brief vom 25. 5. 1932.
Brunon: Bruno Frank, 1887–1945. Sein Stück «Sturm im Wasser-
glas» (1930) war ein großer Bühnenerfolg.

494 Anmerkungen

78 AN THOMAS MANN, 4. 6. 1933
Erstdruck in: Zanco I, S. 39–41. Original im TMA.

Heiner: Heinrich Mann, 1871–1950, TMs älterer Bruder.
Herr Münzenberg: Willi Münzenberg, 1889–1940, kommunistischer
Politiker und Zeitungsverleger.
Herr Katz: Otto Katz (Pseudonym André Simone), 1893–1952, poli-
tischer Journalist, Mitarbeiter Münzenbergs.
Die dumme Anpflaumung: in der von W. Münzenberg herausgege-
benen Zeitschrift «Der Gegen-Angriff» war am 15. 5. 1933 ein Leitar-
tikel unter der Überschrift «Schlimm» erschienen. Er enthielt polemi-
sche Attacken auf HM und TM.
Annemarie: Annemarie Schwarzenbach, 1908–1942, Schweizer
Schriftstellerin, stammte aus begüterter Familie und war seit Ende der
zwanziger Jahre mit EM und KM befreundet.
Zeitschrift: KMs Zeitschrift «Die Sammlung» wurde von A. Schwar-
zenbach unterstützt.
Weltbühne: als Exilzeitschrift «Die neue Weltbühne» 1933–1937 in
Prag erschienene Weiterführung der 1905 von Siegfried Jacobsohn
gegründeten und seit 1927 von Carl von Ossietzky geleiteten «Welt-
bühne».
Griese und Ziese: Friedrich Griese, 1890–1975, und Maxim Ziese,
1901–1955, Vertreter der «Blut-und-Boden»-Literatur.
Giehse: Therese Giehse, 1898–1975, Schauspielerin, Freundin EMs.
Unsere Pläne: für eine Fortsetzung von EMs Kabarett «Die Pfeffer-
mühle» im Exil.
Pierre: der französische Germanist Pierre Bertaux, 1907–1986.
Gölchen: Golo Mann, 1909–1994, Sohn TMs.
Tutt: Brigitte Bermann Fischer, 1905–1991, Tochter des Verlags-
gründers Samuel Fischer, verh. mit Gottfried Bermann Fischer,
1897–1995.
B.: Berlin.
Levy und Müller: der Stuttgarter Verlag hatte 1932 EMs Kinderbuch
«Stoffel fliegt übers Meer» herausgebracht.
mit meinem kleinen Muck: EMs zweites Kinderbuch «Muck der Zau-
beronkel» erschien 1934 im Philographischen Verlag, Basel.
Landshoff: Fritz H. Landshoff, 1901–1988, Verleger und im Exil Lei-
ter der deutschen Abteilung des Amsterdamer Querido-Verlages.
Freund KMs.

Anmerkungen 495

Seppl: Landshoff und sein Verlag bemühten sich darum, TMs Josephs-Roman zu verlegen. Der erste Band erschien im Oktober 1933, der zweite im April 1934 im S. Fischer Verlag, Berlin.
Suhrkamp: Peter Suhrkamp, 1891–1959, Redakteur und Verleger.
in der Poschinger: das Münchner Haus der Familie Mann, 1933 von den Nazis beschlagnahmt.

AN KATIA UND THOMAS MANN, 11. 9. 1933   81
Erstdruck in: Zanco I, S. 43–45. Original im EMA.

das andere Haus: in Küsnacht, Schiedhaldenstr. 33; dort wohnte TM mit seiner Familie von Ende September 1933 bis zur Übersiedlung in die USA 1938.
Star der Modenschau: EM hatte, während sie in Zürich die Wiedereröffnung der «Pfeffermühle» betrieb, die künstlerische Leitung einer Modenschau des Warenhauses «Globus» übernommen.
die kleinen Meinen: das Ensemble der «Pfeffermühle».
Korrodi: der Feuilletonchef der «Neuen Zürcher Zeitung», Eduard Korrodi, 1885–1955.
M.N.N.: «Münchner Neueste Nachrichten».
Affa: Josepha Kleinsgütl, frühere Haushälterin der Mann-Familie, die wegen Diebstahls entlassen worden war und anschließend einen Prozeß gegen die Familie gewonnen hatte.

AN THOMAS MANN, 28. 9. 1933   84
Bisher unveröffentlicht. Original im TMA.

Bermann: der Leiter des S. Fischer Verlags Gottfried Bermann Fischer, 1897–1995, hatte TM veranlaßt, sich öffentlich von der Zeitschrift KMs «Die Sammlung» zu distanzieren. Vgl. Bermanns Brief an TM vom 19. 9. 1933 in: TM, Briefwechsel mit seinem Verleger Gottfried Bermann Fischer, Bd. 1, Frankfurt a. M. 1975, S. 43.

AN THOMAS MANN, 16. 8. 1934   85
Erstdruck in: Blätter der TM-Gesellschaft 14, 1974, S. 9f. Original im TMA.

Querido: Emanuel Querido, 1871–1943, Leiter des gleichnamigen

496 Anmerkungen

holländischen Verlags, in dessen 1933 aufgebauter deutscher Abteilung zahlreiche Werke der Exilliteratur erschienen.
Essayband: der schließlich bei S. Fischer erschienene Band «Leiden und Größe der Meister».
Döblin: Alfred Döblin, 1878–1957, Schriftsteller, emigrierte 1933 nach Frankreich, 1940 in die USA.
Roth: Joseph Roth, 1894–1939, österreichischer Erzähler, 1933 über Ostende nach Paris emigriert.
Wassermann: Jakob Wassermann, 1873–1934, Schriftsteller.
Deutsche Blätter: «Neue Deutsche Blätter», in Prag 1933–1935 erschienene Exilzeitschrift.
Rascher: der Zürcher Verlag Rascher bemühte sich ebenfalls um die Rechte am Werk TMs.
Engelberg-Abend: Vorstellung der «Pfeffermühle» in Engelberg/Schweiz.

87 AN THOMAS MANN, 6. 2. 1935
Bisher unveröffentlicht. Original im EMA.

Serkin: Rudolf Serkin, 1903–1991, Pianist, verheiratet mit Irene Busch, Tochter des Geigers Adolf Busch, 1891–1952.
Gottfried Keller: der Schriftsteller Gottfried Keller, 1818–1890; sein 1878 entstandenes Gedicht «Die öffentlichen Verleumder» fiel beim Prager Gastspiel der «Pfeffermühle» der Zensur zum Opfer.

89 AN THOMAS MANN, 20. 4. 1935
Erstdruck in: Zanco I, S. 66 f. Original im EMA.

des gehaßten Firmenschildes ungeachtet: EM hatte gewünscht, daß der Band nicht bei S. Fischer in Deutschland, sondern im Amsterdamer Querido Verlag erscheinen sollte.
Widmungsverslein: das EM gewidmete Exemplar von «Leiden und Größe der Meister» befindet sich nicht im EMA.
Wolf Frank: Wolf Franck, 1902–1937, Publizist und Essayist.
Olden: Rudolf Olden, 1885–1940, Jurist und Schriftsteller, emigrierte 1933 über Prag nach Paris und anschließend nach England. Ertrank bei der Versenkung der «City of Benares» durch ein deutsches U-Boot.

Anmerkungen 497

Rede und Antwort: Titel der 1921 erschienenen Essaysammlung TMs.

Die nordische Sache: die geplante Tournee der «Pfeffermühle» nach Kopenhagen, Stockholm und Oslo kam nicht zustande.

AN THOMAS MANN, 19. 1. 1936   91
Erstdruck (gekürzt) in: Blätter der TM-Gesellschaft 15, 1975, S. 5 f.
Original im TMA.

«Protest in der N.Z.Z.»: die am 18. 1. 1936 in der «Neuen Zürcher Zeitung» abgedruckte Protesterklärung TMs, H. Hesses und A. Kolbs gegen einen von L. Schwarzschild am 11. 1. 1936 im «Neuen Tage-Buch» veröffentlichten Artikel. In diesem hatte Schwarzschild G. Bermann Fischer als «Schutzjuden» des Propagandaministeriums verleumdet und behauptet, GBF werde im Ausland einen «getarnten» Emigrantenverlag gründen.
Bassessen: Gemeinheiten (von frz. bas = niedrig, niederträchtig).
Hesse: Hermann Hesse, 1877–1962, Schriftsteller.
Annette: Annette Kolb, 1870–1967, Essayistin und Erzählerin.
Appell für Ossietzky: der Schriftsteller und Pazifist Carl von Ossietzky, 1889–1938, seit 1933 im KZ. Im Herbst 1935 hatte TM Ossietzky dem Friedenspreis-Komitee in Oslo als Nobelpreisträger vorgeschlagen. TMs Brief war nicht zur Veröffentlichung vorgesehen und erschien erst im Juli 1936 in einer schwedischen Übersetzung.
Hamsun: der norwegische Schriftsteller Knut Hamsun, 1859–1952, sympathisierte offen mit den Nazis und hatte gegen die vorgeschlagene Verleihung des Friedensnobelpreises an Ossietzky protestiert. Heinrich Mann antwortete darauf in einem Artikel im «Pariser Tageblatt».
Kesser: der Journalist Armin Kesser, 1906–1965, schrieb in der NZZ vom 24. 11. 1935 einen Verriß von Heinrich Manns Roman «Die Jugend des Henri Quatre».
Privatbrief: vgl. TM, Briefe I, S. 404 f.

VON KATIA MANN, 21. 1. 1936   93
Erstdruck in: Zanco I, S. 75–77. Original im EMA.

498   Anmerkungen

Göring-Widmung: das 1933 bei S. Fischer erschienene Buch von Heinrich Hauser, 1901–1955, «Ein Mann lernt fliegen» war Hermann Göring gewidmet.
Schickele: René Schickele, 1883–1940, Schriftsteller.
Kessler: Harry Graf Kessler, 1868–1937, Diplomat und Schriftsteller.
Klöti: Emil Klöti, 1877–1963, sozialdemokratischer Stadtpräsident von Zürich.
Artikel von Bernhard: Georg Bernhard, 1875–1944, Chefredakteur der «Vossischen Zeitung» und Reichstagsabgeordneter. Emigrierte nach Paris, dort Leiter des «Pariser Tageblatts» bzw. der «Pariser Tageszeitung». Sein Artikel «Der Fall S. Fischer» erschien dort am 19. 1. 1936.
Franks: das Ehepaar Bruno und Liesl Frank.

96   AN KATIA MANN, 23. 1. 1936
Erstdruck in: Zanco I, S. 78–80. Original im TMA.

Hedwig: Hedwig Fischer, geb. Landshoff, 1871–1952, Frau des Verlagsgründers Samuel Fischer, emigrierte 1939.
Nazibodmer: Hans Bodmer, 1891–1956, Arzt und Musiker. Freund und Gönner H. Hesses.
Emil Ludwig: Schriftsteller und Biograph, 1881–1948.
Feuchtwanger: Lion Feuchtwanger, 1884–1958, Schriftsteller, emigrierte 1933 nach Südfrankreich, 1940 in die USA.

98   VON THOMAS MANN, 23. 1. 1936
Erstdruck in: Schweizer Monatshefte 63, 1983, S. 618–621. Original im TMA.

Widmung an Göring: vgl. Anm. zum Brief vom 21. 1. 1936.
Broch: Hermann Broch, 1886–1951, österreichischer Schriftsteller, emigrierte 1938 über London in die USA.
Gumpert: der Arzt und Schriftsteller Martin Gumpert, 1897–1955, emigrierte 1936 nach New York, Lebensgefährte EMs in Amerika.
Essayband: TM, «Leiden und Größe der Meister», Berlin 1935.
Oprecht: der Zürcher Verleger und Buchhändler Emil Oprecht, 1895–1952.
Niehans: Max Niehans, 1890–1966, Zürcher Verleger.

Anmerkungen 499

G. Bernhardt: G. Bernhards Artikel vom 19. 1. 1936 im «Pariser Tageblatt».

Brief nach Oslo: TMs Brief an das Nobelpreis-Komitee erschien streng vertraulich und in numerierter Auflage in einem Werbe-Zirkular unter dem Titel «Den Friedens-Nobelpreis in das Konzentrationslager! Carl von Ossietzky, Kandidat 1936».

Die für Nizza bestimmte Rede: TMs im März 1935 geschriebene Rede für die Tagung der Völkerbundkommission für geistige Zusammenarbeit in Nizza erschien unter dem Titel: «La formation de l'homme moderne». Deutsch im «Neuen Wiener Journal» im Februar 1936 als «Achtung Europa!»; vgl. GW XII, S. 766–778.

Wassermann-Vorwort: Geleitwort TMs zu Marta Karlweis, «Jakob Wassermann. Bild, Kampf und Werk». Amsterdam 1935.

Kampf- und Zeit-Schrift: TMs Plan aus dem Jahre 1934, ein Buch über Deutschland zu schreiben, wurde nicht verwirklicht. Seine Gedanken dazu sind dokumentiert bei Hans Wysling, Dichter über ihre Dichtungen, Bd. 14, II, München / Frankfurt a. M. 1979, S. 431–435.

AN THOMAS MANN, 26. 1. 1936   104
Erstdruck (gekürzt) in: Blätter der TM-Gesellschaft 15, 1975, S. 6–8.
Original im TMA.

Brief an Rudolf Olden: vermutlich der in Auszügen in: Matthias Wegner, Exil und Literatur, Frankfurt a. M. 1968, S. 114 f. veröffentlichte Brief TMs an Olden vom 14. 5. 1934.

Stefan Zweig: der österreichische Schriftsteller Stefan Zweig, 1881–1942, emigrierte 1938 nach England, von dort über die USA nach Brasilien.

Heinemann: GBF verhandelte im Januar 1936 mit dem Verlag William Heinemann in London im Hinblick auf eine Fusionierung beider Verlage.

«Pfeffermühle-N.Z.Z.»: die im November 1934 von den nationalsozialistischen Schweizer «Frontisten» in Zürich ausgelösten Krawalle um die «Pfeffermühle» hatten in der Presse ein unterschiedliches Echo ausgelöst. Die NZZ druckte zwar einen zweispaltigen Bericht über die Vorstellungen der «Pfeffermühle», weigerte sich aber, einen von EM verfaßten Verteidigungsartikel zu den Ereignissen abzudrucken.

500 Anmerkungen

108 AN THOMAS MANN, 29. 1. 1936
Erstdruck in: Schweizer Monatshefte 63, 1983, S. 624 f. Original im
TMA.

Deine «Antwort»: TM schrieb an einer öffentlichen «Antwort» auf
den am 26. 1. 1936 in der NZZ erschienenen Artikel Eduard Korrodis
«Deutsche Literatur im Emigrantenspiegel». Einzelheiten im Nachwort zu diesem Band, S. 468–473. TMs Antwort ist gedruckt in:
Briefe I, S. 409–413.
Lasker-Schüler: Die Dichterin und Dramatikerin Else Lasker-Schüler, 1869–1945, emigrierte 1933 in die Schweiz, 1937 nach Palästina.

109 AN THOMAS MANN, 6. 2. 1936
Telegramm; Erstdruck in: Zanco I, S. 90. Original im TMA.

109 AN KATIA MANN, 11. 2. 1936
Erstdruck in: Zanco I, S. 91 f. Original im EMA.

Tschechentournee: EM gastierte mit ihrem Kabarett im Februar 1936
in der Tschechoslowakei.
Mimi: Maria Mann, geb. Kanova, 1886–1946; erste Frau Heinrich
Manns.
Vortrag: am 10. Februar 1936 hielt EM im Prager «Pritonmost»-Club
den Vortrag «Unterwegs mit der Pfeffermühle. Über Herkunft und
Hoffnung des kleinen Zeittheaters». Typoskript im EMA.
Zwergin: Therese Giehse.
Goslarmäuschen: Lotte Goslar, geb. 1907, Tänzerin im Ensemble der
Pfeffermühle.
Stroh läßt grüßen: der Berliner Essayist und Kritiker Heinz Stroh,
1899–1952, lebte seit 1933 im Prager Exil.
Zauberers Großartiges: TMs «Offener Brief an E. Korrodi» vom 3. 2.
1936.
Z., K.: Zürich bzw. Küsnacht.
Davidle Frankfurter: der Medizinstudent David Frankfurter hatte am
4. Februar 1936 den Landesgruppenleiter der NSDAP in der Schweiz,
Wilhelm Gustloff, erschossen.

Anmerkungen 501

AN THOMAS MANN, 2. 6. 1936   110
Erstdruck in: Zanco I, S. 95 f. Original im TMA.

Gollette: Golo Mann.
Herzchen: die Nürnberger Buchhändlerin Ida Herz; sie rettete 1933
einen Teil von TMs Bibliothek.
Brentano: der Schriftsteller Bernard von Brentano, 1901–1964; emigrierte 1933 in die Schweiz.
Treuberg: der emigrierte Friedrich Franz Graf Treuberg gehörte während ihres Sommeraufenthalts auf Mallorca zum Bekanntenkreis von
EM und KM.
Hergesell: Figur aus TMs Erzählung «Unordnung und frühes Leid».
Gatte der Giehse: Auf Vermittlung Wystan Audens, mit dem EM seit
1935 eine Paßehe führte, hatte John Frederick Hampson-Simpson am
20. 5. 1936 Therese Giehse geheiratet, um ihr die englische Staatsbürgerschaft zu ermöglichen.

AN KATIA UND THOMAS MANN, 8. 11. 1936   112
Telegramm; bisher unveröffentlicht. Original im EMA.

Truppe abgereist: zusammen mit KM war EM im September 1936
nach Amerika gefahren, um dort Vorbereitungen für eine Tournee
der «peppermill» zu treffen. Das Ensemble der «Pfeffermühle» kam
Mitte November nach.

AN THOMAS MANN, Ende November 1936   113
Erstdruck in: Zanco I, S. 105 f. Original im TMA.

für den ungewöhnlich guten Band: der im Oktober 1936 erschienene
dritte Band des Joseph-Romans «Joseph in Ägypten».
Schreibst Du schon?: TM hatte im Oktober 1936 mit Vorarbeiten zu
«Lotte in Weimar» begonnen.
Weltreise: 1927/28 hatten die Geschwister EM und KM eine neun-
monatige Weltreise unternommen, deren Erlebnisse in dem 1929 erschienenen gemeinsamen Buch «Rundherum» verarbeitet wurden.
Thomas Wolfe: der amerikanische Erzähler Thomas Wolfe,
1900–1938, dessen Roman «Look Homeward, Angel» 1929 erschienen war.

502 Anmerkungen

Schiedhaldi: die Familie Mann lebte seit September 1933 in der Schiedhaldenstraße in Küsnacht / Zürich.

neuer Aufsatz: vermutlich der geplante, aber nicht erschienene Aufsatz «Von geistiger Ehre». Vgl. TM, Tb 1935–1936, S. 206 und 545.

114 AN THOMAS MANN, 1. 2. 1937
Erstdruck in: Zanco I, S. 107 f. Original im TMA.

Mühlen-Aufsätzchen: TM, Die Pfeffermühle. Einführung für die Pfeffermühle in Amerika. In: GW XI, S. 456–458.

Herr Mollier: Professor Siegfried Mollier hatte der Familie Mann einst sein Haus am Chiemsee gezeigt und bemerkt, er beneide sich selbst darum.

unsere drei letzten Galavorstellungen: EMs Kabarett hatte in New York ein sehr schlechtes Presseecho; die drei erfolgreichen Gastspiele in der «New School for Social Research» konnten am Scheitern der «Pfeffermühle» in Amerika nichts ändern. Ende 1937 löste sich die Truppe auf.

Achtung Europa: TMs gleichnamiger Vortrag erschien am 15. und 22. 2. 1936 im «Neuen Wiener Journal»; GW XII, S. 766–778.

Briefwechsel mit Bonn: Offene Antwort TMs an den Rektor der Universität Bonn nach der Aberkennung der Ehrendoktorwürde im Dezember 1936. Als Buchausgabe erschienen im Zürcher Oprecht Verlag, 1937. Vgl. GW XII, S. 785–792.

der unermeßlich Reiche: der damals mit EM befreundete New Yorker Bankier Maurice Wertheim, dem die liberale Wochenschrift «The Nation» gehörte.

Medidulala: Elisabeth Mann-Borgese.

Michael: Michael Mann lebte seit 1937 als Musikstudent in Paris.

Eternal Road: Vertonung von Franz Werfels Drama «Der Weg der Verheißung» durch Kurt Weill, 1900–1950.

116 VON THOMAS MANN, 9. 3. 1937
Telegramm; Erstdruck in: Briefe II, S. 17 f. Original im TMA.

Auftreten vor dem American Jewish Congress: als Vertreterin ihres Vaters und als Rednerin mit eigenem Beitrag sprach EM bei der ersten Massenversammlung des AJC gegen den Nationalsozialismus. Die

Anmerkungen 503

Veranstaltung am 15. 3. 1937 fand vor über 20 000 Menschen im Madison Square Garden statt. Prominente Redner waren der Rabbiner Stephan Wise, der New Yorker Bürgermeister Fiorello La Guardia und der Gewerkschaftsführer John L. Lewis.
Walt Whitman: amerikanischer Schriftsteller, 1819–1892.

AN THOMAS MANN, 15. 5. 1937   116
Bisher unveröffentlicht. Original im TMA.

Monnile: Monika Mann.
fingiertes Gespräch mit Glöckner: Ernst Glöckner, 1885–1934, George-Anhänger und Freund des mit TM befreundeten Germanisten Ernst Bertram.
Freud: TMs Festrede zum 80. Geburtstag Sigmund Freuds am 8. 5. 1936. Unter dem Titel «Freud und die Zukunft» als Buchausgabe bei Bermann Fischer 1936 in Wien erschienen. Vgl. GW IX, S. 478–501. Der von EM erwähnte Essayband kam nicht zustande.
Alfred und Blanche: das amerikanische Verlegerehepaar Alfred, 1892–1984, und Blanche Knopf, 1894–1966, betreute seit 1924 TMs Werk in Amerika.
Dorothy: Dorothy Thompson, 1894–1961, bedeutende amerikanische Journalistin und Auslandskorrespondentin in Berlin. 1934 wegen nazifeindlicher Berichterstattung ausgewiesen. Mit EM und KM befreundet.

AN THOMAS MANN, November 1937   118
Erstdruck in: Zanco I, S. 124. Original im EMA.

Message: vgl. TMs «Botschaft an die amerikanischen Künstler zu ihrem antifaschistischen Kongreß in New York», in: TM, Tb 1937–1939, S. 867f., sowie TM an EM, 4. 12. 1937, in: Briefe II, S. 34.
Wagnervortrag: TMs am 16. 11. 1937 in Zürich gehaltener Vortrag «Richard Wagner und der ‹Ring der Nibelungen›». Vgl. GW IX, S. 502–527.
Fränkels: Bruno und Liesl Frank.

504 Anmerkungen

119 AN KATIA UND THOMAS MANN, 14. 12. 1937
Bisher unveröffentlicht. Original im EMA.

Edelpamphlete: Erika Mann, Zehn Millionen Kinder. Die Erziehung der Jugend im Dritten Reich. Mit einem Geleitwort von Thomas Mann. Amsterdam 1938.
Annemarie: Annemarie Schwarzenbach.
Message: vgl. Anm. zum Brief vom Nov. 1937.
hierzulande: im Februar 1938 begann TM seine vierte Amerika-Reise. Aufgrund des Einmarsches der Deutschen in Österreich entschloß er sich, in den USA zu bleiben.
Peat: der amerikanische Vortragsagent Harold Peat organisierte TMs Vortragsreisen in den USA.
Schopenhauer-Einleitung: der Cheflektor des New Yorker Verlags Longmans, Green und Co, Alfred O. Mendel, hatte TM um die Einleitung zu einem geplanten Band über Schopenhauer gebeten. EMs Vorschlag, sich zunächst dafür das Honorar zu sichern, ist TM gefolgt. Vgl. TM, Tb 1937–1939, S. 144 und 654.
A.'s Fortesse: Annemarie Schwarzenbachs Fordwagen.
Frau Jakobi: Lotte Jacobi, 1896–1990, Fotografin, emigrierte 1933 in die USA.
Frau Bucki: vermutlich Ehefrau des Radiologen Dr. Gustav Bucky.
Reisi: der Erzähler und Übersetzer Hans Reisiger, 1884–1963, Hausfreund der Mann-Familie seit 1913.

121 AN KATIA UND THOMAS MANN, Februar 1938
Telegramm; bisher unveröffentlicht. Original im EMA.

Übersetzung:
DANKE NOCHMALS FÜR WUNDERBARES FEST BEZAUBERNDE GESCHENKE ENTZÜCKENDEN SCHECK UND DASS ICH EUER GELIEBTES KIND SEIN DARF MRS KLEMKE
Mrs Klemke: vermutlich Anspielung auf eine verschollene literarische Arbeit Martin Gumperts «Memoiren des Artisten Klemke».

121 AN THOMAS MANN, 4. 2. 1938
Erstdruck in: Zanco I, S. 125. Original im EMA.

Anmerkungen **505**

Secretary: nach dem Wunsche TMs sollte EM Generalsekretärin der «American Guild for German Cultural Freedom» werden. TM gehörte dem Präsidium dieser 1935 von Hubertus Prinz zu Löwenstein gegründeten Hilfsorganisation für das exilierte deutsche Geistesleben an, und auch EM hat in zahllosen Fällen ehrenamtlich für die «Guild» gearbeitet. Aus der geplanten Anstellung wurde nichts.
Mrs. Meyer: Agnes E. Meyer, 1887–1970, amerikanische Journalistin, Ehefrau des Bankiers und Besitzers der «Washington Post», Eugene Meyer; Verehrerin TMs.

AN KATIA UND THOMAS MANN, 25. 5. 1938   123
Bisher unveröffentlicht. Original im EMA.

Ehren-Doktoren-Toren: am 1. 6. 1938 sollte TM die Ehrendoktorwürde der Columbia University, New York, verliehen werden.
Henlein: der sudetendeutsche Politiker Konrad Henlein, 1898–1945, trat 1938 offen für den Anschluß des Sudetenlandes an das Deutsche Reich ein. Er wurde nach dem Münchener Abkommen Reichskommissar im Sudetenland und am 1. 5. 1939 Gauleiter und Reichsstatthalter.
Puppe Döl: Golo Mann.
Mr. Kelly: Reisebekanntschaft EMs.
«Kinder»-Buch: die amerikanische Ausgabe von EMs «Zehn Millionen Kinder» erschien 1938 unter dem Titel «School for Barbarians» in New York.
Friederich: der Verleger Fritz H. Landshoff.
Onkel Muck: EMs 1934 erschienenes Kinderbuch «Muck, der Zauberonkel».
Fleischmann: der Kaufmann Rudolf Fleischmann, 1904–1966, hatte 1936 TM und seiner Familie in Proseč in der Tschechoslowakei das Heimatrecht und damit die Voraussetzung für die tschechoslowakische Staatsbürgerschaft erwirkt. Die Gerüchte, TM wolle sich in Amerika niederlassen und die dortige Staatsbürgerschaft anstreben, hatten Fleischmann in Bedrängnis gebracht. Vgl. TM, Tb 1937–1939, S. 225 und 705.
Friedrich und die große Koalition: TMs gleichnamiger Aufsatz aus dem Jahre 1915. GW X, S. 76–134.

506 Anmerkungen

125 AN KATIA UND THOMAS MANN, 1. 6. 1938
Bisher unveröffentlicht. Original im EMA.

Gedicht von Herrn Wolfenstein: Alfred Wolfenstein, 1883–1945, Lyriker und Essayist. Emigrierte 1935 nach Prag, 1938 nach Paris. Sein Gedicht «Europa-Flucht» erschien in Leopold Schwarzschilds «Neuem Tage-Buch» am 28. 5. 1938. Hier und bereits am 7. 5. 1938 wurde der Vorwurf erhoben, TM lasse mit seiner Übersiedlung in die USA die Tschechoslowakei und Europa im Stich. EM antwortete darauf mit ihrem auf S. 252–255 des vorliegenden Bandes gedruckten offenen Brief an Schwarzschild.

Z's Brief an Fleischmann: vgl. Anm. zum Brief EMs vom 25. 5. 1938.

Konsul Laschka: der tschechoslowakische Konsul in Zürich Jan Laška.

aus Deinem Briefe: vermutlich TMs Brief an Laška vom 6. 5. 1938, in dem er die Gerüchte dementierte, er wolle die tschechoslowakische Staatsbürgerschaft aufgeben. Vgl. Hans Bürgin und Hans-Otto Mayer, Die Briefe Thomas Manns – Regesten und Register, Bd. II, Frankfurt a. M. 1980, 38/72.

Sahl: der Schriftsteller und Journalist Hans Sahl, 1902–1993.

Lanyi: Monika Mann heiratete 1939 den ungarischen Kunsthistoriker Jenö Lányi, 1902–1940.

Dulala (...) Frieder: Elisabeth Mann, Fritz H. Landshoff.

Tenni: Richard Tennenbaum, Zürcher Geschäftsmann, kümmerte sich um TMs finanzielle Belange und bemühte sich um die Rückerlangung der Münchener Habe TMs.

Riesern: Ferdinand Rieser, Direktor des Zürcher Schauspielhauses.

Tames: die Hausmädchen TMs in Küsnacht sollten nach TMs Vorstellungen mit nach Amerika kommen.

Militärsache: als tschechoslowakischer Staatsbürger war Golo Mann zum Militärdienst berufen worden; EM und TM bemühten sich darum, ihn zurückstellen zu lassen, da er mit der Familie in die USA übersiedeln sollte.

Berens: der Schriftsteller und Kommentator der Schweizer «National-Zeitung» Eduard Behrens, 1884–1944.

Oprechts: das Zürcher Buchhändler- und Verlegerehepaar Emil, 1895–1952, und Emmie Oprecht, 1899–1990.

Kahler: der Historiker, Soziologe und Kulturphilosoph Erich von Kahler, 1885–1970; mit TM seit 1919 bekannt; seit 1938 enge Freundschaft.

Wiener Vorkommnisse: Annexion Österreichs durch Hitler-Deutschland (sog. Anschluß) im März 1938.

The coming victory: den Vortrag «Vom kommenden Sieg der Demokratie» hatte TM für seine amerikanische Tournee ausgearbeitet. Er erschien als Buchausgabe im Europa-Verlag Oprecht, Zürich 1938. Vgl. GW XI, S. 910–940.

Hardekopf: der Übersetzer Ferdinand Hardekopf, 1876–1954.

Mynona: der Schriftsteller Salomo Friedlaender, 1871–1946, emigrierte 1933 nach Frankreich.

Guild: s. Anm. zum Brief EMs an TM vom 4. 2. 1938.

Walter Mehring: Schriftsteller und Kabarettist, 1896–1981. Mitarbeiter der «Weltbühne» und im Exil des «Neuen Tage-Buch».

Harry Kahn: Schriftsteller und Journalist, 1883–1970.

Martha: vermutlich Marta Wassermann-Karlweis, 1889–1965, zweite Ehefrau des Schriftstellers Jakob Wassermann.

Van Loon: Hendrik Willem van Loon, 1882–1944, in Amerika lebender holländischer Schriftsteller; mit TM seit 1935 befreundet.

Beri-Konferenz: im Juni 1938 kam es zwischen dem aus Wien vertriebenen GBF und den Verlagen Querido und Allert de Lange zu einer Übereinkunft, in der die drei Verlage die Zusammenlegung ihres Vertriebsapparates bei gleichzeitiger Selbständigkeit beschlossen. Schon im Mai 1938 hatte Bermann Fischer TM davon unterrichtet, daß er seinen Verlag mit dem Bonnier Verlag, Stockholm, weiterführen werde. Vgl. Friedrich Pfäfflin / Ingrid Kussmaul (Hg.), S. Fischer, Verlag, Stuttgart 1986, S. 506 ff.

Opi's: Das Verlegerehepaar Oprecht in Zürich.

Bonnier: der Stockholmer Verlag betreute seit 1904 die schwedischen Ausgaben der Werke TMs.

das beiliegende von Christa (...) über die lieben O-Eltern: die mit EM und KM befreundete Schriftstellerin Christa Winsloe-Hatvany hatte KM in einem Brief von ihrem Besuch bei den Großeltern Pringsheim berichtet. Alfred und Hedwig Pringsheim emigrierten 1939 in letzter Minute in die Schweiz.

Giehssky: Therese Giehse.

AN THOMAS MANN, 8. 2. 1939   132
Bisher unveröffentlicht. Original im EMA.

508 Anmerkungen

Stampfer: der sozialdemokratische Reichstagsabgeordnete Friedrich Stampfer, 1874–1957; emigrierte über Prag und Paris 1940 in die USA. Mitglied im Exilvorstand der SPD.

das Geld: aus ihm selbst offenbar unbekannter Quelle war TM 1938 eine größere Summe für den TM-Fonds zugeflossen, die für antifaschistische Aufklärung verwendet werden sollte. Zwischen den verschiedenen politischen Gruppierungen des Exils war es um den TM-Fonds zum Streit gekommen, während TM seinerseits fürchtete, parteipolitisch funktionalisiert zu werden. Zu den Hintergründen vgl. v. d. L., S. 151 ff.

Vorwärts: das Parteiorgan der SPD, das 1933–1938 als «Neuer Vorwärts» von Fr. Stampfer herausgegeben wurde.

Niemöller-Gruppe: der evangelische Theologe Martin Niemöller, 1892–1984, war Mitglied der Bekennenden Kirche und deswegen seit 1937 im KZ.

Simon: der Mitarbeiter Willi Münzenbergs André Simone = Otto Katz.

M. und W.: die 1937–1940 von TM und Konrad Falke herausgegebene Zeitschrift «Maß und Wert».

Meisel und Colin: Hans Meisel, Schriftsteller und zwischen 1938–1940 TMs Sekretär; Saul C. Colin, 1909–1967, Theater- und Filmagent, durch EM und KM mit TM bekannt gemacht. Er bemühte sich in den vierziger Jahren um eine Verfilmung des Joseph-Romans.

Pirandello: Luigi Pirandello, 1867–1936, italienischer Dramatiker.

134 AN THOMAS MANN, 17. 7. 1939
Erstdruck in: Zanco I, S. 133–137. Original im EMA.

Fränkchen: Bruno Franks Beitrag für eine Serie von Broschüren, die als «Botschaft an Deutschland» gedacht war und den geistigen Kontakt zwischen Vertretern der Emigration und den Deutschen im Reich herstellen sollte. Innerhalb von 12 Monaten sollten 24 solcher Broschüren nach Deutschland eingeschleust werden. Die Idee zu diesem Projekt, für das TM u. a. Franz Werfel, Stefan Zweig, Heinrich Mann und Ludwig Renn geworben hatte (vgl. Briefe II, S. 95 f.), stammte von EM.

Bruder: TMs Aufsatz «Bruder Hitler» erschien erstmals in «Das Neue Tage-Buch», Jhg. 7, H. 13, 1939. GW XII, S. 845–852.

ein Gelungenes von meinem Martin: Martin Gumperts Erzählung
«Der Eingriff» erschien in «Maß und Wert» H. 1., Nov. / Dez. 1939.
Renn: der Schriftsteller Ludwig Renn, 1889–1979.
Kingdon: Frank Kingdon, amerikanischer Universitätsprofessor, der
seit 1933 zahllose Hilfsaktivitäten für Emigranten organisierte; z. B.
die «Guild», das «Emergency Rescue Committee». Für das geplante
«Broschüren»-Projekt kümmerte er sich um die Finanzierung.
Dein Reisi: der Schriftsteller Hans Reisiger; im Familienjargon der
Manns Angelegenheiten, die man des Geldes wegen betrieb.
Willert: der Direktor der Oxford University Press, Paul Willert.
Rauschningerl: der ehemalige NS-Politiker Hermann Rauschning,
1887–1982, war 1936 in die Schweiz geflohen, emigrierte über Frank-
reich und England 1941 in die USA.
Schrödinger: Erwin Schrödinger, 1887–1961, österreichischer Physi-
ker, sollte ebenfalls für das «Broschüren»-Projekt gewonnen werden.
K's: die Kommunisten.
Angriff in der «Runa»: die Zürcher «Rundschau-Nachrichten-Agen-
tur» (Runa) hatte eine Äußerung TMs kolportiert, wonach dieser den
Nationalsozialismus als «nichts weiter als ein Stück Bolschewismus»
bezeichnet habe. In diesem Zusammenhang war TM ein «reaktionärer
Ignorant» genannt worden. Der Bericht der «Runa» erregte in linken
Kreisen der Emigration großes Aufsehen, TM bezeichnete ihn als Fäl-
schung. Vgl. TM, Tb 1937–1939, S. 428 und 814.
K.: Klaus Mann.
Dorothy: Dorothy Thompson.
Karenina-Vorwörtchen: TMs Vorwort für die amerikanische Ausgabe von Tolstois «Anna Karenina». Deutscher Separatdruck in:
«Maß und Wert», H. 4, 1940; GW IX, S. 622–639.
bei noch gefährdeten Greisen: Katia Manns Eltern warteten noch auf
ihre Ausreisegenehmigung aus Deutschland, TM und seine Frau hiel-
ten sich bis Anfang August in Nordwijk auf.
Pilsudsky: der polnische Staatsmann Jósef Pilsudsky, 1867–1935; re-
gierte mit diktatorischer Vollmacht.
Benesch: der tschechoslowakische Staatsmann Eduard Beneš,
1884–1948.
der Abhub: Adolf Hitler.
Mariechen: Köchin oder Zimmermädchen (beide hießen Marie) der
Familie Mann in München und dann in Zürich.

510 Anmerkungen

Winfried Wagner: Richard Wagners Schwiegertochter Winifred hatte sich für die Pringsheims, ihrerseits Förderer der Bayreuther Festspiele, verwendet und damit deren Ausreise ermöglicht.

Valeska Hirsch: die mit EM befreundete Pianistin, 1902–1984, hatte dem Ensemble der «Pfeffermühle» angehört.

von der Bartschen: Dora Barth, Frau des Feuilletonredakteurs der NZZ.

Dysing: vermutlich Therese Giehse.

Giehses Irma: die Schwester von Therese Giehse, Irma Gift.

nach der «Versteigerung»: die NS-Regierung hatte von den Pringsheims die Versteigerung ihrer wertvollen und berühmten Majolika-Sammlung verlangt. Diese erfolgte bei Sotheby's in London, 75 Prozent des Devisenerlöses mußten die Pringsheims der Reichskasse überlassen, um im Gegenzug die Ausreisepapiere zu erhalten. Vgl. TM, Tb 1937–1939, S. 808 f.

Opmaus: der Verleger Emil Oprecht.

Friederich: Fritz H. Landshoff.

139   AN KATIA UND THOMAS MANN, 15. 10. 1939
Bisher unveröffentlicht. Original im EMA.

Landauer: der Verleger Walter Landauer, 1902–1944.

Brünschen: vermutlich Bruno Frank.

Dieterle: Wilhelm Dieterle, 1893–1972, Schauspieler und Regisseur.

Bodo Uhse: der Schriftsteller Bodo Uhse, 1904–1963.

mein Vetter Aschermann: der mit Heinrich Manns Tochter Leonie verheiratete Ludvik Aškenazy (Aschermann) hatte, um seine Frau nach Amerika kommen zu lassen, von HM beträchtliche Gelder erschwindelt. Auch TM fürchtete, man könne es mit einem Betrüger zu tun haben.

Wystan: Wystan Auden.

dem Prinzen gekündet: TM trug sich mit dem von EM unterstützten Gedanken, seine Austritt aus der vom Prinzen zu Löwenstein gegründeten «American Guild for German Cultural Freedom» zu erklären wegen fehlender Geldmittel und mangelnder Arbeitseffizienz.

141   AN THOMAS MANN, 26. 11. 1939
Bisher unveröffentlicht. Original im EMA.

Prinzess Dulala den munteren Greis: Elisabeth Mann und Giuseppe Antonio Borgese hatten am 23. 11. 1939 geheiratet.

Stocki: seit September 1938 lebte TM mit seiner Familie in der Stockton Street in Princeton.

amazing family: Titel eines Essays über die Familie Mann von dem Diplomaten und Schriftsteller Harold Nicolson, 1886–1968.

das fürchterliche Gereise: seit Sommer 1937 arbeitet EM als «lecturer» in Amerika; die Vortragstourneen dauerten einige Monate und umfaßten 4–5 Termine pro Woche an unterschiedlichen Orten.

Meiseli: TMs Sekretär Hans Meisel.

Franklin D.: der amerikanische Präsident Franklin D. Roosevelt, 1882–1945.

Garner: der republikanische Politiker und zeitweilige Vizepräsident John Nance Garner, 1868–1967.

Brüll: vermutlich der in Wien lebende Textilindustrielle Oswald Brüll, ein Verehrer TMs.

Broch: der österreichische Schriftsteller Hermann Broch, 1886–1951, 1938 nach New York emigriert.

AN KATIA UND THOMAS MANN, 24. 1. 1940   144
Telegramm; Erstdruck in: Zanco I, S. 150. Original im TMA.

Keine Folter …: Anspielung auf Clemens Brentanos Märchen «Gokkel, Hinkel und Gackeleia»: «Keine Puppe, es ist nur / Eine schöne Kunstfigur.»

AN THOMAS MANN, 19. 8. 1940   144
Erstdruck in: Zanco I, S. 155 f. Original im EMA.

von dieser Reise: EM war auf dem Weg nach London, um dort bei den deutschen Sendungen der BBC zu arbeiten. Angesichts des «Blitzkriegs» um England war TM dieser Reise wegen sehr besorgt.

alle Eulen: Bezeichnung im Familienjargon für Wünsche, Pläne, ausgefallene Ideen.

mein Verleger (…) Machwerkchen: 1940 erschien EMs Erzählzyklus «The Lights Go Down» im Verlag Farrar & Rinehart, New York.

Duff Cooper: Schriftsteller und Politiker, 1890–1954; 1940/41 englischer Informationsminister, mit EM befreundet.

512 Anmerkungen

Heinrich und Golo: über das Schicksal Heinrich und Golo Manns, die in Frankreich interniert waren, herrschte zu diesem Zeitpunkt Ungewißheit.

145 AN KATIA, THOMAS UND KLAUS MANN, 26. 8. 1940
Bisher unveröffentlicht. Original im EMA.

Hull: Cordell Hull, 1871–1955, amerikanischer Außenminister unter Roosevelt.
Wally: vermutlich L. Schwarzschilds Ehefrau Valerie.
Grab: der Prager Musikschriftsteller und Erzähler Hermann Grab, 1903–1949.
Babette Gross: die Lebensgefährtin W. Münzenbergs, 1898–1990.
Toni Kesten: Ehefrau des Schriftstellers und Lektors Hermann Kesten.
Adrienne Thomas: Schriftstellerin und Kinderbuchautorin, 1897–1980.
Speyer: der Schriftsteller Wilhelm Speyer, 1887–1952, emigrierte 1933, zwischen 1936–1940 in Frankreich; dort wie zahlreiche andere der in diesem Brief Erwähnten interniert und mit Hilfe des Emergency Rescue Commitee (ERC) befreit.
Neumann: der Schriftsteller Alfred Neumann, 1895–1952; emigrierte 1933.
meinen Sohn Wolfgang betreffend: Redensart in der Familie für «was mich selbst betrifft».
Flucht-Pläne: Heinrich und Golo Manns Flucht aus Frankreich gelang mit Hilfe des in Marseille unter Varian Fry tätigen ERC.
Walters: die Familie des Dirigenten Bruno Walter.
Master Fridolin: TMs Enkel Frido Mann, geb. 1940.
Konni: Konrad Kellen (Katzenellenbogen), geb. 1913, Freund von EM und KM.

147 AN KATIA UND THOMAS MANN, 16. 9. 1940
Telegramm; bisher unveröffentlicht. Original im TMA.

Übersetzung:
IMMER OKAY IN SCHOENSTER VORFREUDE ERIKA MANN.

Anmerkungen 513

AN KATIA UND THOMAS MANN, 24. 9. 1940 148
Telegramm; bisher unveröffentlicht. Original im TMA.

Übersetzung:
SCHIFF GESUNKEN MONI GERETTET LANYI VERMISST
ABFAHRE DIENSTAG NACH SMITHTON HOSPITAL
GREENOCK SCHOTTLAND UM MONI ABZUHOLEN
BITTE KABELT FUENFUNDSIEBZIG PFUND MAYFAIR
GRUESSE ERIKA AUDEN
Ship sunk: Monika und ihr Mann Jenö Lányi befanden sich auf der
«City of Benares», die am 17. 9. 1940 im Nordatlantik von einem
deutschen U-Boot versenkt wurde. Jenö Lányi kam dabei ums Leben,
Monika Mann wurde gerettet.

AN KATIA UND THOMAS MANN, 27. 9. 1940 148
Telegramm; bisher unveröffentlicht. Original im TMA.

Übersetzung:
MONI BEI GUTER GESUNDHEIT UND SEELISCH RELA-
TIV STABIL OHNE PAPIERE WILL SCHIFF NICHT
NOCHMALS RISKIEREN STOP SCHICKTE SIE UND
FREUNDIN AUS DER STADT WEGEN BOMBENAN-
GRIFFEN SUCHEN VERZWEIFELT PASSAGE NACH LIS-
SABON STOP HOFFE SELBST NACH PLAN ANZUKOM-
MEN UND SIE MITZUBRINGEN BRIEF FOLGT ERIKA
MANN

AN KATIA UND THOMAS MANN, 30. 9. 1940 148
Telegramm; bisher unveröffentlicht. Original im TMA.

Übersetzung:
HOFFE KONTINENTALE VERWANDTE NEHMEN NICHT
BOOT ANFANG OKTOBER WIE HIER VEROEFFENT-
LICHT KANN WILLIAM B NICHT FUER CLIPPERPAS-
SAGE SORGEN STOP KABLE WENN MONIS UND
MEINE ABFAHRT FESTSTEHT GRUESSE ERIKA MANN
William B.: der Literaturagent William B. Feakins.

514 Anmerkungen

149 AN THOMAS MANN, 13. 4. 1941
Erstdruck (gekürzt) in: Zanco I, S. 167–169. Original im EMA.

die Griechen (...) die Engländer: Hitlers Feldzug gegen Jugoslawien
und Griechenland begann am 6. 4. 1941; englische Truppen unter-
stützten die Griechen. Nach der Kapitulation der griechischen Armee
am 21. 4. 1941 zogen sich die Engländer nach Kreta zurück.
Dill: der britische Feldmarschall John Dill, 1881–1944.
Eden: Sir Anthony Eden, 1897–1977, Kriegs- und Außenminister im
Kabinett Churchills.
Aissiklaus: Klaus Mann.
Decision: Anfang 1941 gegründete zweite Exilzeitschrift KMs. «Deci-
sion» hatte erheblich finanzielle Probleme. Sie wurde nach gut einem
Jahr wieder eingestellt.
Herr Strelsin: der amerikanische Geschäftsmann Alfred Strelsin war
zur Finanzierung der Zeitschrift unter der Bedingung bereit, daß TM
als Chefredakteur aufträte.
Lubitsch: der Filmregisseur Ernst Lubitsch, 1892–1947.
Wanger: der Filmproduzent Walter Wanger, 1894–1968.
Onkel Richter: der Münchner Kunsthändler Georg Martin Richter,
1875–1942, mit TM seit 1901 befreundet.
Cukor: der Filmproduzent George Cukor, 1899–1983.
Liesulam: Liesl Frank.

152 AN THOMAS MANN, 22. 4. 1941
Bisher unveröffentlicht. Original im EMA.

Wieners: der Architekt Paul Lester Wiener.
Damen Georg Herrmann: vermutlich die Töchter des Schriftstellers
Georg Hermann, 1871–1943.
Annettli: Annette Kolb war im April 1941 auf abenteuerlichen Wegen
die Flucht aus Frankreich in die USA gelungen.

154 AN THOMAS MANN, 8. 6. 1941
Erstdruck (gekürzt) in: Zanco I, S. 172–175. Original im EMA.

den leidigen Gegenstand: EM hatte beschlossen, im Sommer 1941 ein
zweites Mal nach London zu reisen, um dort an der alliierten Kriegs-
propaganda mitzuarbeiten.

Horch: Franz Horch, 1901–1951, literarischer Agent in New York.
Liberty! P. M.! Permaneder! Grünlich!: für die Nachrichtenmaga-
zine «Liberty» und «P. M.» arbeitete EM als Journalistin. Die Namen
der beiden Ehemänner Toni Buddenbrooks' pflegte diese «wenn sie
gereizt ward, wie (…) kleine Trompetenstöße des Abscheus (…) in
die Luft hinzu verlauten» zu lassen. Vgl. GW I, S. 422.

AN KATIA UND THOMAS MANN, 22. 6. 1941   158
Telegramm; bisher unveröffentlicht. Original im EMA.

Übersetzung:
REISE ANGENEHM FAND FREUNDLICHE JUNGE DAME
ZAHLT FUER ALLE KONTINENTALEN ESSEN UND GE-
TRAENKE STOP AISSIKLAUS GUTEN MUTES DER LAGE
ENTSPRECHEND UND SEHR BEWEGT UND DANKBAR
UEBER UND FUER EURE BEMUEHUNGEN STOP VERSU-
CHE SELBER MEIN PSYCHLI AN MARSHALL FIELD ZU
VERKAUFEN STOP PORTUGIESISCHE VISA SCHWIERIG
ABER WAHRSCHEINLICH ERHAELTLICH STOP HITZE
ENTSETZLICH GUMPI EMPFINDLICH FRIEDERICH
DITO ALLES ANDERE IN ORDNUNG STOP SEHNE
MICH SCHON NACH EUCH KUERZE REISE SO WEIT
WIE MOEGLICH AB STOP BRIEF FOLGT STOP SOLLTE
ICH EUCH NICHT ANRUFEN GANZ EUER KIND E.
Marshall Field: Warenhausbesitzer in Chicago und New York. Grün-
der der «Chicago Sun» (1941), für die EM als Korrespondentin zu
arbeiten versuchte.

AN KATIA UND THOMAS MANN, 25. 8. 1941   159
Bisher unveröffentlicht. Original im EMA.

Ida: Ida Herz.
Ofei: EMs Großvater Alfred Pringsheim war am 25. Juni 1941 gestor-
ben.
Angèle: Golo Mann.
Meyergeld: zur Rettung von «Decision» hatte EM eine «Finanz-Intri-
gue» (TM,Tb 1940–1943, S. 287) eingefädelt, durch die TMs reiche
Verehrerin Agnes Meyer 15 000 Dollar für TM, der sich mit dem Ge-

516 Anmerkungen

danken trug, ein Haus zu bauen, bereitstellen sollte. Ein Teil des Geldes sollte dann zur Finanzierung von KMs Zeitschrift verwendet werden.

Kaula: Das Ehepaar Friedrich und Nelli Kaula, in München Nachbarn TMs, nach London emigriert.

Sternfeld: Wilhelm Sternfeld, 1888–1973, Kaufmann und Journalist, emigrierte 1933 nach Paris, 1935 nach Prag. Dort und seit 1939 in London Sekretär der TM-Gesellschaft, in deren Namen er sich um Hilfe für Hitler-Flüchtlinge bemühte.

Vogerl: spöttische Bezeichnung EMs für die Emigranten.

Hatvanys: der ungarische Schriftsteller Lajos von Hatvany, 1880 bis 1961, und seine Frau Jolan waren seit vielen Jahren mit TM befreundet.

das Geschwätz nach drüben: EMs Rundfunkbeiträge im Deutschen Dienst der BBC.

den süßen B.: vermutlich Eduard Beneš, den die Familie Mann gebeten hatte, bei der Vermittlung einer beruflichen Aufgabe für KM zu helfen.

Brian: vermutlich Brian Howard, 1905–1958, englischer Schriftsteller; mit EM und KM seit den zwanziger Jahren befreundet.

Louis Fischer: amerikanischer Publizist und Auslandskorrespondent, 1896–1970.

Wells: H. G. Wells, Erzähler und Essayist, 1866–1946; sein Essay «The New World Order» erschien 1940. Auf dem vom 10. bis 13. September 1941 stattfindenden XVII. Internationalen PEN-Kongreß in London sprach EM zum Thema «Germany Today and Tomorrow».

die herzliche Hetzschrift: vermutlich TMs Vortrag «The War and the Future».

bosour: lautmalerisch für «bonjour».

Bebé: Golo Mann.

161 AN KATIA UND THOMAS MANN, 8. 12. 1941
Telegramm; bisher unveröffentlicht. Original im EMA.

Übersetzung:
NICHT GEWOHNT AUSBRUCH VON FEINDSELIGKEITEN OHNE ELTERLEIN GEGENUEBERZUTRETEN RECHT EINSAM ABER ZUVERSICHTLICH UND EHER DAFUER. GOTT SCHUETZE UNSER KLEINES HAUS. TAUSEND

DANK FUER BRIEF UND NOBLES GESCHENK. GRUESSE UND KUESSE JEFFERSON HOTEL STLOUIS WEBSTER
outbreak of hostilities: nach dem Überfall auf Pearl Harbor hatte Amerika Japan den Krieg erklärt.

AN THOMAS MANN, 15. 2. 1942   162
Erstdruck in: Zanco I, S. 181–183. Original im EMA.

Neu-Poschi: Anfang Februar 1942 hatte die Mann-Familie das neu errichtete Haus in 1150 San Remo Drive, Pacific Palisades, bezogen.
Consultant der Library: durch Vermittlung von Agnes E. Meyer war TM im Dezember 1941 von der «Library of Congress», Washington, zum «Consultant in Germanic Literature» berufen worden und bezog dafür eine jährliche Rente.
Toni: Redewendung Tony Buddenbrooks.
Coordinator: EM arbeitete kurzzeitig im von Robert Sherwood geleiteten «Office of War Information».
Friedelind Wagner: mit der Enkeltochter Richard Wagners, geb. 1918, führte EM am 13. 2. 1942 ein Rundfunkinterview.
Monstre: Hitler.
Kipnis: Alexander Kipnis, 1891–1978; Wagner-Interpret, seit 1940 an der Metropolitan Opera, New York.
Jannssen: Herbert Jansen, Bariton, 1895–1965, emigrierte 1937.
Melchior: Lauritz Melchior, 1890–1973, Heldentenor.
Doom: Schicksal, Verhängnis. Es folgt die Aufzählung der britischen und amerikanischen Niederlagen bzw. Fehler.
Changheicheck: der chinesische General und Staatsmann Tschiang Kai-schek, 1887–1975.
Kläuschen: Klaus Mann.
Martin: Martin Gumpert.
Friedrich und Bermaus: im Sommer 1941 hatten Fritz H. Landshoff und Gottfried Bermann Fischer einen englischsprachigen Verlag gegründet: L. B. Fischer Inc.
Enemy Aliens: nach der deutschen und italienischen Kriegserklärung an die USA wurden alle Deutschen, Österreicher und Italiener zu «feindlichen Ausländern» erklärt. Den antifaschistischen Flüchtlingen wurde durch Justizminister Francis Biddle ein besonderer Status zuerkannt.

518 Anmerkungen

164 VON THOMAS MANN, 24. 2. 1942
Erstdruck in: Zanco I, S. 183–185. Original im TMA.

Das Monatliche für BBC: TMs monatliche Rundfunkansprachen
«Deutsche Hörer» begannen im Oktober 1940 und wurden bis Mai
1945 fortgeführt.
Muncker: der Literaturkritiker Franz Muncker, 1855–1926.
Thamar-Novelle: fünftes Hauptstück aus dem vierten Band des Jo-
seph-Romans.
Jungele: der Enkel Richard Wagners Franz W. Beidler, 1901–1981;
gehörte zum Zürcher Freundeskreis TMs und lehnte den nazifreund-
lichen Kurs von Haus Wahnfried ab.
Ring-Aufsatz in Decision: TMs Aufsatz «Richard Wagner and the
Ring of the Nibelungen» in: «Decision», Vol. 3, Jan. / Febr. 1942,
S. 7–19.
Meyerin: Agnes E. Meyer.
Archie: Archibald MacLeish, der Direktor der Library of Congress,
hatte TM zum «Consultant» berufen.
Zweig: Stefan Zweig hatte am 23. 2. 1942 Selbstmord begangen.

166 AN KATIA UND THOMAS MANN, 11. 1. 1943
Bisher unveröffentlicht. Original im EMA.

Leigh: EMs lecture-Agent Colston Leigh.
K. (...) das Stück: KMs Theaterstück «The Dead Don't Care».
Unfrieda'n: vermutlich Fritz H. Landshoff.
L. B. Fischers Sache: EM hatte mit dem L. B. Fischer Verlag ein Buch
über Rudolf Hess vereinbart, das nicht zustandekam, da die englischen
Behörden die erforderlichen Informationen nicht freigaben.
Gang of Ten: EMs Kinderbuch «A Gang of Ten», erschienen bei L. B.
Fischer, New York 1942.
bezüglich Pearl's: die amerikanische Erzählerin Pearl S. Buck,
1892–1973. Sie hatte eine politische Rede TMs, in der von «America-
nization of the World» gesprochen wurde, scharf kritisiert. Vgl. TM,
Tb 1940–1943, S. 978.
Ach-Ohm: Katia Manns Bruder Peter Pringsheim.
Urmimchen: Name für EMs Urgroßmutter, die Frauenrechtlerin und
Schriftstellerin Hedwig Dohm, 1833–1919.

Anmerkungen 519

AN THOMAS MANN, 29. 1. 1943   168
Bisher unveröffentlicht. Original im EMA.

Puppe Doel: Golo Mann.
Dr. Männ: Golo Mann, der im College in Olivet, Michigan, unter-
richtete.
Darlan: der französische Admiral und Politiker Jean Louis Darlan,
1881–1942. Anhänger Pétains und Vertreter der Vichy-Regierung in
Nordafrika, wo er gegenüber den anglo-amerikanischen Streitkräften
eine dubiose Rolle spielte.
Peyrouton: der französische Politiker Bernard-Marcel Peyrouton,
1887–1983; 1940/41 Innenminister der Vichy-Regierung.
Harmosan: in der Familie TMs Bezeichnung für F. D. Roosevelt.
Land Lease Abmachungen: Mit dem Leih- und Pachtgesetz war der
amerikanische Präsident ermächtigt, Staaten mit Kriegs- und Versor-
gungsgütern zu unterstützen, deren Verteidigung im Interesse Ame-
rikas lag. Vor dem Kriegseintritt Amerikas bestanden Land-Lease-
Abmachungen mit England, seit 1942 aber auch englisch-amerikani-
sche mit der Sowjetunion.
Maisach-Me: Figur aus dem Joseph-Roman, in der Martin Gumpert
porträtiert ist.
die Buck: vgl. Anm. zum Brief vom 11. 1. 1943.
Houghton Mifflin: Verlag in Boston, der 1939 EMs und KMs Buch
«Escape to Life» herausgebracht hatte und den EM für ihr geplantes
Buch über Hess zu gewinnen versuchte.
Popel L. B.: der Verlag L. B. Fischer Inc., New York.
mit der Lazare'schen: Christopher Lazare, 1912–1988, amerikani-
scher Schriftsteller, Bekannter KMs, Mitarbeiter und zeitweiliger
Mitherausgeber von «Decision».
Appeli: vermutlich der Pianist Kurt Appelbaum, Schwiegersohn Ernst
Cassirers.
Daß Schickel ...: Anspielung auf Hitler (= Alois Schicklgruber) und
den Jahrestag seiner Machtergreifung am 30. 1. 1933.
Konrad: Konrad Kellen.

AN KATIA UND THOMAS MANN, 24. 3. 1943   172
Bisher unveröffentlicht. Original im EMA.

520 Anmerkungen

Dein Ag.: Agnes E. Meyer, die von TM brieflich gebeten worden war, EM in ihrem Haus in Washington Unterkunft zu gewähren.

Eugene: Eugene Meyer, Ehemann Agnes E. Meyers.

F. D. R.: Franklin D. Roosevelt.

Casablanca: Konferenz zwischen Winston Churchill und F. D. Roosevelt, 14.–26. 1. 1943, in der die militärische Strategie der Westalliierten festgelegt und die bedingungslose Kapitulation der Feinde gefordert wurde.

Winnie: Churchill.

Harmosan: vgl. Anm. zum Brief vom 29. 1. 1943.

Litvinov: Maxim Litwinow, 1876–1951, sowjetischer Politiker und Diplomat, 1941–1943 Botschafter in Washington.

Monitor: für die angesehene Bostoner Zeitung «Christian Science Monitor» sollte EM als Kriegskorrespondentin in die Sowjetunion geschickt werden. Der Plan zerschlug sich, EM brach im April 1943 nach Ägypten auf und ging von dort als Korrespondentin der amerikanischen Armee nach Palästina und in den Iran.

L.: Litwinow.

Frederik Prokosch: der amerikanische Schriftsteller und Übersetzer Frederic Prokosch, 1908–1989.

basic training: KM hatte sich im April 1942 freiwillig zur amerikanischen Armee gemeldet, seine Annahme verzögerte sich jedoch. Erst Anfang 1943 begann die militärische Grundausbildung.

dem T. vorgelegte Scheusalsakten: KMs Freund Thomas Quinn Curtiss hatte Kenntnis von dem über KM gesammelten Beobachtungsmaterial des FBI.

Johnny-Affäre: gemeint ist KMs enger Freund John Fletcher; vgl. KM, Tagebücher 1940–1943, München 1991, besonders S. 117 ff.

Morniga: Monika Mann.

Zimmer: der Indologe Heinrich Zimmer war am 20. 3. 1943 gestorben; er war mit Hugo von Hofmannsthals Tochter Christiane verheiratet.

176 AN THOMAS MANN, 20. 1. 1944
Bisher unveröffentlicht. Original im EMA. Der Brief trägt von EMs Hand den Vermerk «Teilweise veraltet».

Book of the Month: der 1926 gegründete Buchclub hatte die amerikanische Ausgabe von «Joseph der Ernährer», die für Herbst 1944 vorgesehen war, zum «Buch des Monats» ausgewählt, was dem Autor eine hohe Auflage und beträchtliche Einnahmen garantierte.

Heiden: der Publizist Konrad Heiden, 1901–1966; seine 1936/37 erschienene Hitler-Biographie wurde im Februar 1944 in englischer Fassung zum «Buch des Monats» gewählt.

Abramowitsch (...) Bromfield: der russische Schriftsteller Maximilian Abramovitsch Ilyin sollte gemeinsam mit dem Romancier Louis Bromfield und TM den Film «The Woman with the Hundred Faces» schreiben.

Morris-Agency: Film-Agentur in Hollywood.

Ofbo: die in New York erscheinende deutschsprachige Wochenzeitung «Aufbau».

Kuzi: der Dirigent Bruno Walter, 1876–1962.

Unhold: nicht ermittelt.

Hold: vermutlich Klaus Mann.

Lotte: Lotte Walter, 1903–1970, verh. Lindt, seit Münchener Tagen Freundin von EM und KM.

wegen des philosemitischen Aufsatzes: EM, The Powder Keg of Palestine. In: «Liberty Magazine», 8. 1. 1944, S. 15 und 58/59.

VON THOMAS MANN, 6. 3. 1945   179
Bisher unveröffentlicht. Original im TMA.

Der Roman (...) nach Abschluß des Teufelsgesprächs: das XXV. Kapitel des «Doktor Faustus» war im Januar 1945 fertiggestellt worden.

«The End»: TMs Artikel erschien im März 1945 in der Zeitschrift «Free World». Vgl. GW XII, S. 944–950.

An Walter: TM an Bruno Walter in: Briefe II, S. 415 f.

die Fürstin: Agnes E. Meyer.

Toscanini: Arturo Toscanini, 1867–1957, italienischer Dirigent; emigrierte in die USA.

Tonio: TM

Liesls Lawemang: Liesl Frank; vgl. frz. lavement (Klistier, Einlauf).

AN KATIA UND THOMAS MANN, 4. 11. 1945   181
Bisher unveröffentlicht. Original im EMA.

Übersetzung:

Liebe und liebste Elterlein, –

gleich nachdem ich zum «Senior» gewählt wurde und aus Rom zurückkehrte, beeilte ich mich, ins Pressecamp der Third Army zu kommen, um meine Post zu holen. Ihr wißt, daß ich noch nie in Wiesbaden war, und könnt Euch vorstellen, daß ich auch niemals dorthin wollte. Nichtsdestotrotz (und das passiert jetzt schon zum zweiten Mal) hatte man es für richtig gehalten, alle meine Briefe an diesen jämmerlichen Ort zu schicken, wo sie dem Verfall preisgegeben wurden. Von der Army zu erwarten, daß sie *irgendetwas* dorthin schicken, wo man sich tatsächlich selbst aufhält, wäre reinster Irrsinn. Ich bin sehr traurig, wütend und beleidigt. Natürlich habt ihr geschrieben und natürlich werde ich nie erfahren, was.

Viel ist geschehen, seit ich mich zuletzt gemeldet habe. K. ist, wie Ihr vielleicht schon gehört habt, in dem Moment nach Rom zurückgeflogen, in dem ich meine Order für den Flug nach Berlin erhielt. Ich sagte sofort alles ab und beantragte einen Flug nach Rom. Fünf schöne und gesellige Tage wurden dort verbracht – ein bißchen zu gesellig und nicht *ganz* so schön, wie ich es mir törichterweise vorgestellt hatte. Mir war nicht in den Sinn gekommen, jemand könne mir die Tatsache, daß ich nicht schreiben konnte, ernsthaft und unnachsichtig vorwerfen. So fühlte ich mich nach den Tadeln, mit denen K. meinen gutgemeinten Besuch empfing und verabschiedete, ein bißchen wie die arme Undine, die nichts als Undank erntet, als sie das Armband aus dem Fluß gefischt hat.

Enfin. Das beiliegende Zeugnis stimmt im wesentlichen mit der Wahrheit überein. Wenn ich es gar nicht erwarten könnte, auf diese Reise zu gehen, *könnte* ich es *vielleicht* erzwingen. Andererseits habe ich letztes Jahr dasselbe getan, und niemand könnte behaupten, daß es mir auch nur im geringsten von Nutzen gewesen wäre. Colston hat genug Geld verdient, um nicht bankrott zu gehen, falls die Einnahmen einer Saison vor die Hunde gehen. Ich plane, so etwa bis zum März auf dem Kontinent zu bleiben und den Rest des Jahres eher mit Schreiben als mit Reisen zu verbringen. Wäre ich als Frühlingsgast in der San Remi willkommen?

Was Valentin anbetrifft, bin ich überzeugt, daß er lügt und daß die Manuskripte der Gestapo übergeben wurden, lange bevor Rolf Nürnberg in München auftauchte. Daß er (Heinsel) sich nicht erinnern kann, ob der Bote einen Brief dabeihatte oder nicht – natürlich hatte er einen dabei –, ist selbst Beweis genug für seine impertinente Unehrlichkeit. Seine finanziellen Ansprüche schreien ebenfalls zum Himmel. Ich habe den Fall an das C.I.C. (Counter Intelligence Corps) weitergeleitet, die ihn zum Verhör mitnehmen werden oder auch nicht. Irgendeine Art von ziviler Vertretung wird bald hier eingerichtet werden, um die Interessen von U.S-Bürgern zu vertreten. Deswegen zögert das C.I.C. zu handeln. Ich würde es jeder zivilen Vertretung vorziehen, die, wie ich fürchte, nicht furchteinflößend genug wäre. Falls die Papiere ausgeliefert wurden, können sie vielleicht noch gefunden werden. Wenn nicht, – dann laßt mich die erste sein, die ihr herzliches Beileid übermittelt. Was für ein Jammer! Und in jeder Beziehung!

Ich habe lustige, wenn auch zeitaufwendige Besuche beim lieben Onkel Vikkof gemacht, der, wie sich jetzt herausstellt, aktives Mitglied im N.S.K.K. (Nazi Kraftwagen Korps) und Gruppenführer bei der Arbeitsfront war. Er wurde sogar für würdig befunden, in die Partei einzutreten, wenn sein Dienst bei der Wehrmacht ihn auch davon abhielt, von dieser Würde Gebrauch zu machen. Unnötig zu erwähnen, daß der Gute gemäß allen Entnazifizierungsvorschriften entlassen werden mußte und auch entlassen wurde. Er schwört – und ich glaube ihm sogar –, daß er an den Mißständen nichts ändern konnte (ganz wie Trebitsch haßte er die Vorstellung, «von sei'm Standard runterzugehen») und daß die meisten sich noch viel schlimmer benommen hätten. Aber die meisten sind entlassen worden und viele sind eingesperrt worden – obwohl manche von den Schlimmsten zu schlau waren, irgendwo beizutreten, und denen geht es immer noch blendend. Ich habe mein winziges Bestes getan, um den närrischen alten Benjamin zu retten, und ihm sogar dazu verholfen, daß er wieder eingestellt wurde. Wenn «Gesetz Nr. 8» (eine noch umfassendere Entnazifizierungsvorschrift) für Banken in Kraft tritt, wird er dennoch gehen müssen. Trotzdem, so sagt er, wird dann praktisch jeder betroffen sein, und wenigstens seine persönliche Ehre ist gerettet.

Ich arbeite fleißig (vor allem für London, aber auch für «Liberty». Für dieses wählerische Organ ist gerade ein größerer Artikel über die Entdeckung der Nazi-Mitgliederkartei für die ganze Welt fertig geworden). Mein Aufenthalt hier nähert sich dem Ende. Dann Wien, Budapest und Prag. Dazwischen vielleicht Nürnberg – zu den Prozessen.

Viele, viele Grüße. Wie, oh wie es Euch nur geht? Sobald ich eine

524 Anmerkungen

Adresse angeben kann, schicke ich ein Telegramm mit der Bitte um
ein Antwortkabel. Es ist wirklich herzzerreißend, nicht die leiseste
Ahnung zu haben, was passiert.

Immer die Eure
E.

returned from Rome: EM befand sich seit Sommer 1945 als Kriegskorrespondentin in Europa; sie hatte Paris und mehrere Städte im
befreiten Deutschland besucht, war im luxemburgischen Bad Mon-
dorf den dort inhaftierten Hauptkriegsverbrechern begegnet und verfolgte in Nürnberg die Eröffnung des Prozesses.
Colston: EMs amerikanischer lecture-Agent Colston Leigh.
Valentin: der Münchener Rechtsanwalt Valentin Heins, 1894–1971,
war von TM mit der Wahrnehmung seiner Ansprüche gegenüber den
NS-Behörden beauftragt gewesen. Die in der Poschingerstraße zu-
rückgebliebenen Briefe und Manuskripte waren ihm zur Aufbewah-
rung übergeben worden.
Rolf Nürnberg: der Journalist Rolf Nürnberg, 1903–1949, war im
Frühjahr 1938 mit einem Empfehlungsschreiben TMs bei Valentin
Heins erschienen, um sich TMs Manuskripte aushändigen zu lassen.
Der Anwalt hatte dies seinerzeit verweigert. Vgl. TM, Tb 1944–1946,
S. 277 und 740.
uncle Vikkof: TMs jüngerer Bruder Viktor Mann, 1890–1949, Volks-
wirt und Bankberater; war als einziger der Mann-Familie nicht emigriert.
Trebitsch: der Schriftsteller und Übersetzer Siegfried Trebitsch,
1869–1956.
foolish old Benjamin: Viktor Mann.
the discover of the Nazi party membership: in einem Brief vom
14. 11. 1945 an General Lucius D. Clay hatte EM auf die Entdek-
kung der NSDAP-Mitgliederkartei hingewiesen. Ihr entsprechender
Artikel für «Liberty-Magazine» ist nicht erschienen. Vgl. Zanco I, S.
212 f.

183 AN KATIA UND THOMAS MANN, 10. 1. 1946
Bisher unveröffentlicht. Original im EMA.

Anmerkungen 525

die Eule: EMs Freundin Betty Knox.
Lion: der Publizist und Redakteur der Zeitschrift «Maß und Wert»
Ferdinand Lion, 1883–1965.
Opis: das Verlegerehepaar Oprecht.
Katzis: vermutlich der Zürcher Arzt Erich Katzenstein.
Harry Kahn: vgl. Anm. zum Brief EMs vom 1. 6. 1938.
mein Kommer: der Theateragent Rudolf Kommer, Freund EMs und
KMs.

AN KATIA UND THOMAS MANN, 24. 3. 1946   187
Bisher unveröffentlicht. Original im EMA.

Übersetzung:
Süsis, –
aus Gründen, die nur ihnen bekannt sind, haben die Press Camp-Ver-
antwortlichen alle meine Briefe (die Ernte zweier Monate, bitte sehr!)
nach Paris (ausgerechnet!) geschickt und damit die liebe, liebe Post
dem Abgrund überantwortet. Es gibt in der französischen Hauptstadt
kein wie immer geartetes Army Post Office mehr. In der Tat glaube
ich, daß jemand vom Aussehen des Päckchens angezogen wurde, es
behielt und das verbleibende bissimoneh einfach wegwarf. Jedenfalls
bekam ich nichts als Deinen letzten Brief vom 5. März, Frau Ohnegleich, der mir sehr zu meiner Beruhigung mitteilte, daß Euer europäisches Abenteuer endgültig abgesagt ist. Gott sei Dank. Es hätte
nicht viel Spaß gemacht und hätte eine Menge schlimmen, schlimmen
Ärger geben können.
   Ich bin gerade aus Unterdeufstetten zurückgekommen, wohin
ich gefahren bin, um die gute alte Freddow meine Rippen beschauen
zu lassen. Ich hatte wieder einen hartnäckigen Husten und überall Schmerzen. Die örtliche Krankenschwester hörte sich mein Ge-
huste an, versicherte, es sei Rippenfellentzündung, eine mir vollkommen uneinsichtige Diagnose, denn weder meine Temperatur
noch mein allgemeines Befinden stimmten mit einem so düsteren
Befund überein. Also fuhr ich zur Doktorin, die fand, daß mein
Zwerchfell entzündet und vom Husten gereizt sei – eine ganz harm-
lose, wenn auch schmerzhafte Sache. Sie verordnete Wärme und
Senfpflaster und sagte, daß ich ansonsten in ordentlichem Zustand
sei. Seht Ihr?

526 Anmerkungen

Bei meiner Rückkehr aus der Schweiz (nach München) schrieb ich Euch einen Brief, der nie abgeschickt wurde. Er betraf Vikkof, das Herrschaftskind, und die merkwürdige Unehrlichkeit seiner Briefe an Euch, eine Unehrlichkeit, der er sich selbst offensichtlich nicht bewußt ist, da er mir alle Durchschläge zeigte. Aber was soll's. Selbstverteidigung und Selbsttäuschung sind eins im heutigen Deutschland, und V. – ein ganz typischer kleiner Teutone – kann die Wahrheit nicht von einem Stück Seife unterscheiden. Ich erwähne den abhanden gekommenen Brief nur, weil ich als Korrespondentin in letzter Zeit so beschäftigt war und Euch nicht glauben lassen wollte, daß ich seit meiner Abfahrt aus Züritown versäumt hätte zu schreiben.

Hier wird es von Stunde zu Stunde gespenstischer. Görings Kreuzverhör hinterließ in mir das Gefühl ohnmächtiger Wut. Kurz vor dem Ende hielt ich es nicht länger aus und sagte Sir David (dem britischen Hauptankläger), was meiner Ansicht nach zu tun sei. Das tat er dann auch. Und das war der erste und einzige kleine Sieg, den wir über den Reichsmarschall davontrugen. Was sind wir doch für eine Bande verrückter Herzchen!

Morgen fahre ich nach Weißenburg, um bei der Eröffnung des ersten Kriegsverbrecherprozesses unter deutschem Vorsitz dabeizusein. Es kann auch nicht schlimmer sein als in Nürnberg und wird wahrscheinlich sogar besser – und sei es nur zu dem Zweck, uns das «wie» zu zeigen. Dann fahre ich, wie schon erwähnt, weiter nach Berlin, Hamburg, Wien, Prag, vielleicht Budapest.

Weil die Russen uns außer über Frankfurt nicht von hier nach Berlin fahren lassen, werde ich vielleicht Angèle sehen, obwohl es wahrscheinlicher ist, daß ich es schaffe, sie zu verpassen. Genauso wahrscheinlich, wie Frau Klaus gerade weg sein wird, wenn ich nach Wien komme. Komme, was da will, ich werde irgendwann im Mai nach Hause fahren. Der Prozeß wird ewig dauern, oder doch zumindest bis Mitte Juli, und ich weiß inzwischen, worum es geht. Sobald ich ein bißchen mehr von Osteuropa gesehen habe, kann ich mir und anderen sagen, daß ich geradezu widerwärtig gut informiert bin, und kann meinem Vortragspublikum guten Gewissens gegenübertreten. W. Colston, dessen Drohungen nichts fruchteten, ist nur zu glücklich, mich wiederzubekommen. Für ihn werde ich im Oktober, November, Januar und Februar plaudern, womit meine Stimme eine wohlverdiente Weihnachtspause bekommt.

Anmerkungen 527

Anstatt diese verstörten Zeilen mit Neuigkeiten über meine eigene schwache Gesundheit zu beginnen, hätte ich, liebster Z., mich nach der Deinen erkundigen sollen, an die ich oftmals denke. Ich war ärgerlich, als ich hörte, daß es Dir nicht gut geht, und bin gespannt zu erfahren, wie es Dir jetzt geht. Die Postsituation ist und bleibt ein Desaster. Bevor ich von hier wegfahre, werde ich ein langes und ernstes Gespräch mit dem verantwortlichen Sergeant führen und ihn anflehen, meine Briefe immer dorthin nachzuschicken, wo er weiß, daß ich mich aufhalte. Also ist das IMT Press Camp, Nürnberg, bis auf weiteres die sicherste Adresse. Ich beabsichtige nicht, irgendwo für längere Zeit zu bleiben, werde aber schreiben oder telegrafieren, wann immer ich kann.

Biddel läßt Euch grüßen. Er ist einer der Richter hier, und wenn er überhaupt spricht, dann nie zur Sache (wie könnte er?), so daß mein Kommentar «too biddel and too late» allgemeine Zustimmung gefunden hat.

Viele Küsse, ich freue mich ungeduldig darauf, Euch zu umarmen. Ihr werdet mich als nachdenkliche, weißhaarige Dame wiedertreffen, der man die Anspannung der Niederlage im Sieg ansieht, die aber hiermit verspricht, in Zukunft an *keinem* Krieg mehr teilzunehmen. Die Deutschen, so viel ist sicher, hegen nur eine Hoffnung: unseren Krieg gegen die Russen, und sie sind zuversichtlich, daß er jeden Moment losgehen wird. Sie zitieren de Gaulles Ausspruch von 1940: «Deutschland hat eine Schlacht verloren, aber nicht den Krieg.» (Einer schrieb das sogar in einem Brief an die «Neue Zeitung»).

Noch mehr Küsse. Ich bin ganz Eure
E.

P. S. – 28. März
Zurück aus Weißenburg, wo sich die Richter genauso verhielten wie in den Kriegsverbrecherprozessen des letzten Krieges. Was für eine lächerliche Farce! Meinem kleinen Zwerchfell geht es viel besser, und ich fühle mich in bestem Zustand. Das umso mehr, als der nahende Frühling das Reisen – und das Leben – vergleichsweise zur reinen Freude macht. Übrigens ist das Essen viel besser geworden, seit ich es das letzte Mal gekostet habe. Es gibt jetzt Eier, etwas Fleisch und Obst und ab und zu sogar ein bißchen Salat. Schicke heute ein Telegramm mit meiner Berliner Adresse. Obwohl die Post heutzutage nur mit Schneckentempo vorankommt – Euer Brief brauchte einen ganzen

528 Anmerkungen

Monat – könntet Ihr es gerade schaffen, wenn Ihr gleich nach Erhalt
des Kabels schreibt. Viele Liebkosungen, und laßt mich bitte alles über
Z.s Genesung wissen!

things here are getting ...: den am 18. 10. in Berlin eröffneten und
seit 20. 11. 1945 in Nürnberg fortgesetzten Prozeß gegen die Haupt-
kriegsverbrecher verfolgte EM als akkreditierte amerikanische Korrespondentin.

bissimoneh: bißchen Geld.

Goering's cross examination: das Verhör fand vom 13. bis zum 21. 3.
1946 statt.

Sir David: der britische stellvertretende Hauptankläger Sir David
Maxwell-Fyfe.

Weißenburg: vermutlich beobachtete EM den am 26. 3. 1946 eröffneten «Prozeß gegen die Teilnehmer an den Judenpogromen 1938»
(Auskunft des Stadtarchivs Weißenburg).

Frau Klaus: Klaus Mann.

Biddel: Francis Biddle, 1886–1968, amerikanischer Anwalt und unter
Präsident Roosevelt Justizminister.

190 VON THOMAS MANN, 26. 10. 1946
Erstdruck (gekürzt) in: Briefe II, S. 511 f. Original im TMA.

Büchlein: TMs Roman «Doktor Faustus»; Ines Rodde und Rudi
Schwerdtfeger sind Figuren des Romans.

Adri: Adrian Leverkühn, Hauptgestalt des «Doktor Faustus».

Nietzsche-Vortrag: TMs Vortrag «Nietzsches Philosophie im Lichte
unserer Erfahrung». Erstdruck in: «Neue Rundschau», Sept. 1947;
vgl. GW IX, S. 675–712.

Hohenberg: der Konzert- und Vortragsagent Arthur Hohenberg.

San Francisco-Leutchen: Michael Mann, seine Frau Gret und deren
Kinder Frido und Toni.

die Kläuse: der Zwillingsbruder Katia Manns, Klaus Pringsheim,
1883–1978, und dessen Sohn Klaus Hubert Pringsheim, geb. 1923,
waren aus Japan in die USA gekommen, wo TMs Schwager auf eine
neue Karriere als Dirigent und Musikpädagoge hoffte.

L. i. W.: TMs Roman «Lotte in Weimar».

German American: die in New York erscheinende Halbmonatsschrift
«The German American». Vgl. TM, Tb 1946–1948, S. 55 und S. 461.

Pieck-fein: Anspielung auf Wilhelm Pieck, 1876–1960, damals Vorsitzender der SED, ab 1949 erster Staatspräsident der DDR.

Alfred Knopf: TMs amerikanischer Verleger.

Henry Wallace: der amerikanische Handelsminister Henry Wallace, 1888–1965, hatte im September 1946 für Aufsehen gesorgt, weil er als Mitglied der Truman-Regierung vor einer offenen Konfrontation des Westens mit der UdSSR warnte.

Eddi's: der Filmproduzent Edwin Knopf, 1899–1981, Bruder von TMs Verleger.

Lowe-Porter: amerikanische Übersetzerin von TMs Werken.

Hulle: der Architekt Paul Huldschinsky, 1889–1947, Freund der TM-Familie.

Hertlog: in der Familie TMs Bezeichnung für den Schriftsteller Wilhelm Herzog.

Ag: Agnes Meyer.

L. Hardt: der Rezitator und Schauspieler Ludwig Hardt, 1886–1947; aus München mit TM bekannt, 1938 in die USA emigriert.

VON THOMAS MANN, 11. 12. 1946   191

Erstdruck (gekürzt) in: Briefe II, S. 516 f. Original im TMA.

Das Schwägerle nebst seinem Sprossen: Klaus Pringsheim, Zwillingsbruder Katia Manns, und dessen Sohn Klaus Hubert Pringsheim.

Nepomuk Schneidewein: Figur im «Doktor Faustus».

D.: Deutschland.

AN THOMAS MANN, 1. 1. 1947   193

Telegramm; in deutscher Übersetzung gedruckt in: Zanco I, S. 219. Original im TMA.

Übersetzung:

GANZE NACHT GELESEN WERDE MIT GEROETETEN AUGEN DOCH GLUECKLICHEN HERZENS INS NEUE JAHR GEHEN MOECHTE NUR WISSEN WIE IN ALLER WELT DU DAS SCHAFFST STOP DANK GLUECKWUENSCHE LIEBE UND LAUTER GUTE WUENSCHE FUER ALLE BRIEF FOLGT E.

Read all night: seit Mitte August 1946 hatte EM ihrem Vater bei der

530 Anmerkungen

Kürzung des «Doktor Faustus» geholfen. Zu Weihnachten 1946 hatte
TM ihr die ersten zehn Kapitel geschickt.

193 AN THOMAS MANN, 1. 1. 1947
Erstdruck (gekürzt) in: Zanco I, S. 219–221. Original im TMA.

Echo: Nepomuk Schneidewein aus «Doktor Faustus».
Sereni: die Erzählergestalt Serenus Zeitblom im «Doktor Faustus».
Meine sehr geringen Vorschläge: die von EM gemachten Änderungs-
vorschläge zum «Doktor Faustus» werden aus Platzgründen hier nicht
gedruckt.

196 VON THOMAS MANN, 29. 1. 1947
Telegramm; Erstdruck in: Briefe II, S. 526. Original im TMA.

Übersetzung:
KUEHNES HERRLICHES KIND MUSS WISSEN DASS
ADRIANS TRAURIGE GESCHICHTE HEUTE ENDGUEL-
TIG ZU EINEM GLUECKLICHEN ENDE GEBRACHT
WURDE OHNE UNTERSCHRIFT
Kuehnes herrliches Kind: Anspielung auf den letzten Akt von Richard
Wagners «Walküre», in dem Wotan Brünnhilde «Du kühnes, herrli-
ches Kind» nennt.

196 AN THOMAS MANN, 31. 1. 1947
Telegramm; Erstdruck in deutscher Übersetzung in Zanco I, S. 221.
Original im TMA.

Übersetzung:
DEINE NACHRICHT WAHRHAFT SENSATIONELL UND
SOWOHL GLUECKLICH WIE NACHDENKLICH MA-
CHEND STOP TAUSEND LIEBEVOLLE GLUECKWUEN-
SCHE BITTE ERHOLE DICH IN DER UEBERZEUGUNG
DASS DER ARME ADRIAN NICHT SEINESGLEICHEN
HAT SEHR DIE DEINE E.

AN THOMAS MANN, 26. 6. 1947   196
Erstdruck in: Zanco I, S. 226 f. Original im EMA.

die Kranken: die Deutschen.
Ferienaufenthalt: TM und seine Frau Katia hielten sich in Flims, Schweiz, auf. Es war TMs erste Europa-Reise nach der Emigration; da TM beschlossen und öffentlich begründet hatte, nicht nach Deutschland zu reisen, hatte es in den Westzonen eine heftige Pressekampagne gegen ihn gegeben. Vgl. TM, Tb 1946–1948, S. 130 und 579 f.
Opi: der Verleger Emil Oprecht.
Becher, Unruh, Seghers: die Schriftsteller Johannes R. Becher, 1891–1947, Anna Seghers, 1900–1983, Fritz von Unruh, 1885–1970. Alle drei waren nach dem Krieg aus der Emigration zurückgekehrt; Becher und Seghers nach Ost-Berlin, Unruh in den Westen.
Fälscher H.: der Schriftsteller Manfred Hausmann, 1898–1986, hatte TM heftig angegriffen und behauptet, dieser habe 1934 in einem Brief Innenminister Frick darum gebeten, nach Deutschland zurückkehren zu dürfen. Es handelte sich allerdings um das in GW XII, S. 96–106, gedruckte Schreiben TMs «An das Reichsministerium des Innern», mit dem er um Verlängerung seines Passes und Freigabe seines Münchener Besitzes gebeten hatte; der Antrag wurde bekanntlich abschlägig beschieden.

AN THOMAS MANN, 26. 8. 1948   198
Bisher unveröffentlicht. Original im EMA.

Dulala: Elisabeth Mann Borgese.
Gemme: die Malerin und Karikaturistin Eva Herrmann, 1901–1978.
Heinrichs Wohnung: HM wohnte seit 1942 in Los Angeles, South Swall Drive, rund eine halbe Autostunde von TM entfernt; im Oktober 1948 mußte er in ein kleineres Apartment in Santa Monica umziehen.
meinen hiesigen Aufenthalt: EM lebte für einige Zeit im Hause Bruno Walters und seiner Tochter Lotte.
L.: Lotte Walter.
Kuzi: Bruno Walter.
Reinhardt: der Regisseur Max Reinhardt, 1873–1943.

532 Anmerkungen

als wir mit unserem K. in der Tinte saßen: KM hatte im Juli 1948 einen Selbstmordversuch unternommen.

201 VON THOMAS MANN, 6. 11. 1948
Erstdruck (gekürzt) in: Briefe III, S. 55 f. Original im TMA.

Die Münchener Affaire: die Münchener Zeitung «Echo der Woche» hatte EM und KM im Oktober 1948 als 5. Kolonne Stalins in Amerika denunziert. Vgl. v. d. L., S. 228 ff.
Eissi's Erwiderung: Klaus Manns Gegendarstellung erschien am 12. 11. 1948 im «Echo der Woche».
Deine Äußerungen über Polen: EMs Artikel «Können die Polen ihren deutschen Landzuwachs verdauen». In: «Sie und Er» vom 10. 10. 1947.
auf Deiner Campaign: EMs lecture-Tour im Winter 1948/49.
der Wahlausgang: Harry S. Trumans Wiederwahl zum amerikanischen Präsidenten am 2. 11. 1948.
Confessions: «Die Entstehung des ‹Doktor Faustus›», 1949; GW XI, S. 145–301.
Frido an Till: TMs Enkel Frido Mann «korrespondierte» mit einer von EM erfundenen Wunschgestalt.

202 VON THOMAS MANN, 8. 2. 1949
Erstdruck in: Briefe III, S. 71 f. Original im TMA.

Goethe-Abschrift: TMs Vortrag «Goethe und die Demokratie».
Närr: der Dirigent Klaus Pringsheim, Zwillingsbruder Katia Manns.
Adorno: der Musiktheoretiker und Philosoph Theodor W. Adorno, 1903–1969.
Horkheimer: Max Horkheimer, Philosoph und Soziologe, 1895 bis 1973.
Toni: TMs Enkel Anthony.
Humm: der Schriftsteller Rudolf Jakob Humm, 1895–1977.
Lebensgefährtin: die amerikanische Kriegskorrespondentin Betty Knox.

Anmerkungen 533

AN THOMAS MANN, 13. 2. 1949   204
Bisher unveröffentlicht. Original im EMA, fälschlich mit Datum vom
13. 1. 1949.

das gute Stück: TMs Vortrag «Goethe und die Demokratie». GW XI,
S. 755–782.
Engländer, Kühe und andere: Anspielung auf eine Stelle im Abschnitt
38 der «Streifzüge eines Unzeitgemäßen» in Friedrich Nietzsches
«Götzen-Dämmerung».
Aber sowohl das «Loeblich» (…) haben soll: Anspielung auf eine Pas-
sage in TMs Vortrag «Goethe und die Demokratie».
unser Schnun: der Literaturhistoriker Fritz Strich, 1882–1963, mit
TM noch aus München gut bekannt.
Gemme: Eva Herrmann.
Jack Benny: amerikanischer Radio-Entertainer.

VON KATIA MANN, 4. 8. 1949   207
Erstdruck in: Zanco I, S. 265–267. Original im TMA.

Amstel: Hotel in Amsterdam.
Aufenthalt: TMs Deutschlandreise aus Anlaß der Goethe-Feiern in
Frankfurt a. M. und Weimar im Juli 1949.
Theres: Therese Giehse.
Heinzchens: Heinz Pringsheim, 1882–1974, Bruder Katia Manns.
P.: vermutlich Lala Pringsheim, Ehefrau von Klaus Pringsheim.
Nelly: die Witwe Viktor Manns.
Becher: der Schriftsteller Johannes R. Becher, Präsident des Kultur-
bundes der Sowjetischen Besatzungszone.
Motschan: Georges Motschan, 1920–1989, begleitete TM auf seiner
Deutschlandreise als «Chauffeur».
Friedrich: Fritz H. Landshoff.
Hirschs: der Kunsthistoriker Rudolf Hirsch, 1905–1996, seit 1948
Lektor im Bermann-Fischer/Querido-Verlag, Amsterdam, 1950 bis
1962 literarischer Leiter bzw. Geschäftsführer des S. Fischer Verlags
in Frankfurt, und dessen Ehefrau.
vor zwei Jahren (…) mit Kläuschen: KM hatte am 21. 5. 1949 Selbst-
mord begangen.
Betsy: EMs Freundin Betty Knox.

534 Anmerkungen

209 AN THOMAS MANN, 26. 5. 1951
Bisher unveröffentlicht. Original im TMA.

Wartewoche: EM hielt sich seit Anfang Mai zur Behandlung eines
Hautleidens im Krankenhaus in Chicago auf.
Dein Brief: TM an EM vom 20. 5. 1951 in: Briefe III, S. 206–208.
«Poor people's stuff»: TM hatte EM in seinem Brief gebeten, auf
Schlafmittel zu verzichten.
Angell: Joseph Warner Angell, 1908–1989, amerikanischer Publizist.

211 AN THOMAS MANN, 28. 1. 1953
Bisher unveröffentlicht. Original im EMA.

es ist vollbracht: EM hatte einen (schließlich nicht abgeschickten)
Brief TMs an den Genfer Korrespondenten der «New York Times»,
Michael L. Hoffman, übersetzt. Vgl. TM, Tb 1953–1955, S. 18 f., 387
sowie 811–813.
Sulzberger: Arthur Hayes Sulzberger, Verleger der «New York
Times».
Mc. Carran: Patrick A. McCarran, demokratischer Senator, Vertreter
einer fremdenfeindlichen Einwanderungspolitik in den USA.
beginne ich (...) wirklich zu werkeln: EMs Kinderbuch «Till bei den
Zugvögeln», der 2. Band der «Zugvögel»-Serie, erschien 1954.
unsere Emmy: Emmie Oprecht; zu dem von EM mitgeteilten Gerücht
vgl. TM, Tb 1953–1955, S. 27 und 398.
Allan Dulles: amerikanischer Politiker und Rechtsanwalt,
1893–1969; Leiter der Nachrichtendienste OSS bzw. CIA
1953–1961.

213 VON THOMAS MANN, 3. 2. 1953
Erstdruck (gekürzt) in: Briefe III, S. 287. Original im TMA.

Arztens: ein Arzt-Ehepaar, das ins Untergeschoß des Hauses einzog.
Peters: das Ehepaar Arno und Anneliese Peters, für deren 1952 er-
schienene «Synchronoptische Weltgeschichte» TM eine Verteidigung
geschrieben hatte. Vgl. TM, Tb 1953–1955, S. 383 und 390, sowie
GW XIII, S. 455 f.
Silone: der italienische Schriftsteller Ignazio Silone, 1900–1978.

Anmerkungen 535

VON THOMAS MANN, 6. 8. 1953   214
Bisher unveröffentlicht. Original im TMA.

Pree: der Graphiker und Bühnenbildner Emil Preetorius, 1883–1973,
gehörte seit Ende des Ersten Weltkriegs zum Freundeskreis TMs.
Muhl: Arthur Muhl, Eigentümer des von TM bewohnten Hauses in
Erlenbach.

AN THOMAS MANN, 8. 8. 1953   215
Bisher unveröffentlicht. Original im EMA.

Emil: Emil Preetorius.
Emmi und Hans: Emmie Oprecht und ihr Schwager Hans Oprecht,
1894–1978, Nationalrat und Direktor der Büchergilde Gutenberg,
Zürich.
Lion: Ferdinand Lion.
Katzenstein: Erich Katzenstein, Arzt und Zürcher Bekannter TMs,
1893–1961.
Hollaender: der Kabarettist und Filmmusiker Friedrich Hollaender,
1896–1976.
Kridwies: Emil Preetorius ist im «Doktor Faustus» als Sextus Kridwiß
porträtiert.
Wieland und Wolfgang: die Enkel Richard Wagners leiteten seit 1951
die Bayreuther Festspiele.
Hertlog: vgl. Anm. zum Brief vom 26. 10. 1946.
bassessen: siehe Anm. zum Brief vom 19. 1. 1936

VON THOMAS MANN, 27. 1. 1954   217
Erstdruck in: Briefe III, 323–326. Original im TMA.

Kapitel 10 und 11: des Romans «Felix Krull».
Ricarda: die Schriftstellerin Ricarda Huch, 1864–1947, ihre Erzäh-
lung «Der letzte Sommer» erschien 1910.
über den neuen Band Fontane-Briefe: TM, «Noch einmal der alte
Fontane», in: «Die Weltwoche», Zürich, 5. 2. 1954. GW IX,
S. 816–822.
Hauskauf: das Ende Januar 1954 in Kilchberg, Alte Landstraße 39,
erworbene Haus wurde TMs «letzte Adresse».

536 Anmerkungen

Schwerinchen: Golo Manns Freund Christoph Graf Schwerin, geb. 1934.
Bollag: Zürcher Augenarzt.
Moulin Rouge: 1953 angelaufener Film von John Huston.
K. H.: die Verfilmung seines Romans «Königliche Hoheit» hatte TM im Dezember 1953 in einer Privatvorführung gesehen.
Feste Zel: Haus in Erlenbach, über dessen Ankauf verhandelt worden war. Wegen seines burgartigen Charakters nannte TM den Bau «die Feste Zel» (vgl. «Joseph in Ägypten», Erstes Hauptstück).

220 AN THOMAS MANN, 31. 1. 1954
Erstdruck (gekürzt) in: Zanco II, S. 16–20. Original im EMA.

in der Rundschau: als Vorabdruck aus dem 1954 in Buchform erschienenen «Felix Krull» waren in der «Neuen Rundschau» erschienen: «Bekenntnisse des Hochstaplers Felix Krull. Zwei neue Romanfragmente». H. 3, 1951, S. 11–23; «Neues aus den Bekenntnissen Felix Krulls». H. 4, 1952, S. 473–493.
Huchin (...) die Novelle: Ricarda Huch, vgl. Anm. zu TMs Brief vom 27. 1. 1954.
Kilchi-Angelegenheit: der Hauskauf in Kilchberg.
Heri: Angestellter des Hauses «Radio Lips» in Zürich.
Orlowski: Dr. Paul Orlowski, Berliner Arzt; vgl. TM, Tb 1953–1955, S. 557–559.

225 AN THOMAS MANN, 10. 2. 1954
Erstdruck (gekürzt) in: Zanco II, S. 21–26. Original im TMA.

Sisyphus-Arbeit: EM hatte die beiden letzten Kapitel des 3. Buches der «Bekenntnisse des Hochstaplers Felix Krull» durchgesehen. Vgl. TM, Tb 1953–1955, S. 181 f. und 568 f.
Fragment: der unter dem Titel «Buch der Kindheit» 1922 erschienene erste Teil des «Krull».
Twentymans: TM folgte dem von EM gemachten Vorschlag; die Episode um die Familie Twentyman erscheint im Roman in erheblich verkürzter Form. Das ursprüngliche Kapitel erschien separat als «Ein nachgelassenes Kapitel aus Felix Krull» in: «Neue Rundschau», H. 2, 1957, S. 181–186.

Anmerkungen 537

der «gestrichene» Lord: auch diesem Vorschlag folgte TM; das Erlebnis Felix Krulls mit dem schottischen Lord Kilmarnock wurde in erweiterter Form aufgenommen.

zu meinem Sohn Wolfgang: Redensart in der Familie für «Was mich selbst betrifft».

Schorchtfilmverleih: Die Filmproduktions- und Verleihgesellschaft Schorcht-International, München.

«Die Judenbuche»: 1842 erschienene Novelle von Annette von Droste-Hülshoff, 1797–1848.

«Herrn Arnes Schatz»; «Fuhrmann des Todes»: Erzählungen der schwedischen Schrifstellerin Selma Lagerlöf, 1858–1940.

Fontanepièce: siehe Anm. zum Brief vom 27. 1. 1954.

AN THOMAS MANN, 11. 2. 1954   231
Bisher unveröffentlicht. Original im EMA.

Der gute Sternfeld: Wilhelm Sternfeld, vgl. Anm. zum Brief vom 25. 8. 1941.

die frechen Tanten: Katia Manns Cousinen Ilse Dernburg, 1880–1964, und Käthe Rosenberg, 1883–1960.

AN THOMAS MANN, 12. 2. 1954   233
Bisher unveröffentlicht. Original im EMA.

F. S.: Frau Süsi = Katia Mann.

VON THOMAS MANN, 15. 2. 1954   234
Erstdruck in: Briefe III, S. 327 f. Original im TMA.

20man's: die Familie Twentyman aus dem «Felix Krull».

daß ich die Blätter aufbewahrt habe: tatsächlich hatte TM die den schottischen Aristokraten betreffenden Passagen aus dem «Krull»-Fragment vernichtet. Vgl. Briefe III, S. 583.

Dieterle: der Hollywood-Regisseur Wilhelm Dieterle bemühte sich um eine Verfilmung des Joseph-Romans; diese kam nicht zustande.

Keller-Doktor: der in Berlin im Keller seiner Villa praktizierende Paul Orlowski. Vgl. Anm. zum Brief vom 31. 1. 1954.

538 Anmerkungen

Marcusen im Aufbau: zum 60. Geburtstag des Schriftstellers Ludwig Marcuse, 1894–1971, erschien im «Aufbau» TMs «Glückwunsch für Ludwig Marcuse». Vgl. TM, Tb 1953–1955, S. 844 f.

235 AN THOMAS MANN, 4. 6. 1954
Erstdruck in: Zanco II, S. 32 f. Original im EMA.

Riten des Hauses: EM befand sich in einer Klinik in Höllriegelskreuth bei München.
Pelz: Geschenk des Ost-Berliner Aufbau-Verlages zu TMs Geburtstag.
Michael: der Sohn des Regisseurs Harald Braun.
Schillinger: Friedrich Schiller.
Interview für die «Unita»: TMs Interview mit der Zeitung der KP Italiens «L'Unità» war am 3. 5. 1954 erschienen. Vgl. TM, Tb 1953–1955, S. 602–604.

237 VON THOMAS MANN, 7. 6. 1954
Erstdruck (gekürzt) in: Briefe III, S. 344–346. Original im TMA.

Zugvogel-Erzählungen: 1953–1955 erschienene Kinderbuchserie EMs.
ein Sendbote Mondadoris, Sign. Federici: Federico Federici war Verlagssekretär im Mailänder Verlag Mondadori, bei dem seit 1933 fast alle italienischen Ausgaben der Werke TMs erschienen.
von Salis: der Schweizer Historiker Jean Rodolphe von Salis und Frau.
Lottchen: Bruno Walters Tochter Lotte Walter, verh. Lindt.
Kuzi: Bruno Walter.
Adenower: der deutsche Bundeskanzler Konrad Adenauer.
die Goldische: vermutlich die Sängerin Delia Reinhardt, 1892–1974.
I. Stern: der Geiger Isaac Stern, geb. 1920.
Glückwunsch-Telegramm: vgl. TM, Tb 1953–1955, S. 235 und 627.

241 AN THOMAS MANN, 23. 6. 1954
Erstdruck (gekürzt) in: Zanco II, S. 34 f. Original im EMA.

Anruhendes: nicht erhalten.
die Fischer von St. Dunstan: Anspielung auf das entsprechende Kapitel in TMs Roman «Der Erwählte».

Anmerkungen 539

Lebensabriß: TMs Vortrag «Meine Zeit», GW XI, S. 98–144.
für Hesse: TM, «Brief an Hermann Hesse». In: «Neue Rundschau», Juli 1952; GW X, S. 529 f.
der Kleist: TM, «Heinrich von Kleist und seine Erzählungen», GW IX, S. 823–842.
«Die drei Gewaltigen»: Essay TMs. Gedruckt unter dem Titel «Goethe, das deutsche Wunder». In: «Der Monat», 1. Jhg. Nr. 11, 1949. GW X, S. 374–383.
Raimund Hofmannsthal: jüngster Sohn, 1906–1974, des Schriftstellers Hugo von Hofmannsthal, Jugendfreund von EM und KM.

VON THOMAS MANN, 7. 11. 1954   243
Erstdruck (gekürzt) in: Briefe III, S. 362 f. Original in TMA.

Der Film Buddenbrooks: der Plan einer Verfilmung der «Buddenbrooks» als Gemeinschaftsproduktion der DEFA und der «Filmaufbau Göttingen» scheiterte.
Ophuls: der Regisseur Max Ophuls, 1902–1957. TM hatte ihm die west-östliche Gemeinschaftsproduktion der «Buddenbrooks» angetragen.
Rodenberg: der Leiter der DDR-Filmgesellschaft «DEFA», Hans Rodenberg, 1885–1978.
Schiller-Manuskript: TMs Vortrag für die Schiller-Feiern des Jahres 1955 «Versuch über Schiller». GW IX, S. 870–951.
Tschechow-Aufsatz: TM, «Versuch über Tschechow». Zuerst in: «Sinn und Form», Jg. 6. H. 5/6, September 1954; GW IX, S. 843–869.
Miss Kallin: Mitarbeiterin der BBC, die eine englische Fassung des Tschechow-Aufsatzes erbeten hatte.
Sieburg: der Schriftsteller und Journalist Friedrich Sieburg, 1893–1964. Er hatte TMs «Krull» unter dem Titel «Auch ein Bildungsroman» in «Die Gegenwart», Jhg. 9, Nr. 20 vom 25. 9. 1954 besprochen. Sieburgs Buch «Die Lust am Untergang. Selbstgespräch auf Bundesebene» erschien 1954.
Stevenson: der amerikanische Politiker und demokratische Präsidentschaftskandidat bei den Wahlen des Jahres 1952, Adlai Ewing Stevenson, 1900–1965.

540 Anmerkungen

245 VON THOMAS MANN, 21. 2. 1955
Erstdruck in: Briefe III, S. 380 f. Original im TMA.

Teil II

ESSAYS, STATEMENTS, KOMMENTARE

249 RUNDFRAGEN (ca. 1930)

Richard Tauber: berühmter Tenorsänger, 1891–1948.

251 RUNDUM DAS HAUS (ca. 1930)

Kinder unserer Kolonie: die «Herzogpark-Clique»; neben Erika und Klaus Mann gehörten u. a. Ricki Hallgarten und Bruno Walters Töchter Lotte und Gretel dazu.
Maximilian Harden: pazifistischer Schriftsteller, 1861–1927. Herausgeber der Zeitschrift «Die Zukunft». 1922 wurde von rechtsradikalen Kreisen ein Attentat auf ihn verübt.
Bruno Walter: Dirigent, 1876–1962. Nachbar TMs im Münchner Herzogpark; 1913–22 Generalmusikdirektor der Oper in München. Die Familien Walter und Mann waren gut befreundet.

252 GERÜCHTE UM THOMAS MANN (1938)
(vgl. dazu Brief von Erika an Katia und Thomas Mann, 1. 6. 1938, Abdruck im vorliegenden Band S. 125–131 und Anmerkungen)

Untat an Österreich: Annexion Österreichs (sog. Anschluß) durch Hitler-Deutschland im März 1938.
tschechoslowakischer Staatsbürger: seit November 1936.
Rede in der «Carnegie Hall»: am 6. 6. 1938; TMs Vortrag «Vom zukünftigen Sieg der Demokratie» erschien in Buchform erstmals 1938 im Verlag Oprecht, Zürich. GW XI, S. 910–941.
Goethe-Roman: «Lotte in Weimar», erschien 1939.
«Maß und Wert»: Exilzeitschrift, erschien vom Herbst 1937 bis Sep-

tember 1940. Herausgeber waren TM und Konrad Falke; die Redaktion hatte bis 1939 Ferdinand Lion, danach Golo Mann.
NTB: «Neues Tage-Buch».

THOMAS MANN UND SEINE FAMILIE (1939)

«Escape to Life»: Erika und Klaus Manns Darstellung der deutschen Kultur im Exil, zuerst erschienen im Verlag Houghton Mifflin, Boston 1939.
wo wir sind, da ist Deutschland: Anspielung auf TMs berühmt gewordenen Ausspruch in einem Interview mit der «New York Times» am 21. 2. 1938 bei der Ankunft in New York: «Wo ich bin, ist Deutschland.»

BRIEF AN MEINEN VATER (1945)

«Fülle des Wohllauts»: zentrales Kapitel im «Zauberberg».
Tölzhaus: Landhaus der Familie Mann in Bad Tölz, 1908–1917.
Geburtsplatz für (…) dem «Führer» geweihte Kinder: das Haus in der Poschingerstraße 1 wurde von den Nazis ab 1937 dem «Lebensborn e. V. zur Zucht rassereinen Ariertums» überlassen.
Niddenhaus: 1930 erbautes Sommerhaus der Familie Mann auf der Kurischen Nehrung.

SPEECH IM FAMILIENKREIS (1947)

TM erwähnt die Rede Erikas in seinem Tagebuch: «Hübsche und rührende Rede Erikas bei Tisch.» (Tb 1946–1948, S. 172)

Als du krank wurdest: Lungenerkrankung TMs im Frühjahr 1946. Die Arbeit am «Doktor Faustus» mußte er für etliche Wochen unterbrechen.
Chicaglingen: Chicago, wo TM im April 1946 an der Lunge operiert wurde.

DIE HEIMISCHE STADT (1952)

«die Poschi»: das Haus in der Poschingerstraße 1, das TM mit seiner Familie von 1914 bis 1933 bewohnte.

542 Anmerkungen

269 THOMAS MANN VERFILMT (1954)

An dem Drehbuch des Films «Königliche Hoheit» hatte Erika Mann als Autorin mitgewirkt. Es war der Beginn ihrer vielfältigen Mitarbeit an Verfilmungen von Werken ihres Vaters. In «Königliche Hoheit» spielte sie zudem selbst mit in der Rolle der Oberschwester Amalie.

272 MEINE MUTTER, FRAU THOMAS MANN (1954)

Erlenbacher Häuschen: das Haus in der Glärnischstr. 12 in Erlenbach bei Zürich, das TM mit den Seinen vom Dezember 1952 an bewohnte, bis sie im April 1954 nach Kilchberg in die Alte Landstraße 39 umzogen.

278 PROFESSOR ZAUBERER (1954)

wieviel (lies «wenig»!) Geld er hat: daß TM eher bescheidene Geldmittel zur Verfügung gehabt habe, gehört zu den Legenden, die EM gern über ihren Vater verbreitete; die Forschung hat inzwischen nachgewiesen, daß der Dichter – spätestens seit dem Erhalt des Nobelpreises – ein reicher Mann war. Er blieb es selbst unter den erschwerten Bedingungen des Exils.

Was übrigblieb, ging vor die Nazis: auch in diesem Punkt muß EM korrigiert werden. Die Nazis konfiszierten zwar große Teile von TMs Vermögen, einschließlich des Hauses in der Poschingerstraße. Laut Thomas Sprecher (Thomas Mann in Zürich, München 1992, S. 45 ff.) hatte TM aber die Hälfte des Nobelpreis-Geldes bereits vor 1933 in der Schweiz angelegt. Vom übrigen Vermögen der Familie konnte Golo Mann im Mai 1933 immerhin noch 60000 Reichsmark aus Nazi-Deutschland herausbringen.

280 DAS WORT IM GEBIRGE (1955)

TM erwähnt den Sketch in seinem Tagebuch: «Erika führte eine sehr komische Geburtstagssendung des ‹Worts im Gebirge› auf.» (Tb 1953–1955, S. 345)

Herr Roßgoderer: eine Figur gleichen Namens hatte EM bereits in ihrem Theaterstück «Plagiat» (1931) eingeführt – allerdings war es dort ein Wachtmeister.

Anmerkungen 543

Frau Motzknödel: auch diesen Figurennamen hatte EM bereits früher verwendet – in dem Sketch «Die Prophetin», den ihr Kabarett «Die Pfeffermühle» 1933 aufführte.

Das Wort im Gebirge: diese fiktive Radiostation hatte EM in den frühen fünfziger Jahren erfunden; sie produzierte auf Tonbändern eine Reihe von satirischen «Sendungen», die sie im Familienkreis vorspielte. Die Sendungen bestanden stets aus Dialogen zwischen Herrn Roßgoderer und Frau Motzknödel, beide gesprochen von EM. Erhalten sind außer dem Sketch zum 80. Geburtstag TMs zwei weitere Aufzeichnungen: eine Sendung über «National Emergency» anläßlich des Korea-Krieges, eine andere zur Rektoratsübernahme Max Horkheimers an der Universität Frankfurt am Main (1951).

EINLEITUNG ZUR NEUAUSGABE DER «BETRACHTUN-
GEN EINES UNPOLITISCHEN» (1956)   289

«gereinigte» Version: die «Betrachtungen eines Unpolitischen» waren erstmals bei S. Fischer 1918 erschienen. 1922 folgte eine vom Autor um über 40 Seiten gekürzte Ausgabe; die Kürzungen betrafen vor allem das Kapitel «Gegen Recht und Wahrheit», aus dem unter anderem einige besonders heftige Angriffe gegen den Bruder Heinrich eliminiert wurden. Der vollständige Text wurde in der mit EMs Einleitung versehenen Edition 1956 erstmals wieder publiziert.

«Wonnen der Gewöhnlichkeit»: Zitat aus TMs Novelle «Tonio Kröger» (1903).

«Altes und Neues»: Dreizehnter Band der Stockholmer Gesamtausgabe von TMs Werken, Untertitel: «Kleine Prosa aus fünf Jahrzehnten»; erschienen 1953.

ERIKA MANN MEINT: JA (1956)   306

zwei Beiträgen gleichen Sinnes: Artikel in der «Welt» von Erich Pfeiffer Belli, 22. 2. 1956, und von Hans Neumann, 13. 3. 1956; beide plädierten gegen die Verfilmung von TMs Werken.

Nur als Koproduktion: TMs Wunsch, daß die «Buddenbrooks» in einer gesamtdeutschen Verfilmung auf die Leinwand kommen sollten, ließ sich am Ende nicht realisieren. Vgl. TM, Tb 1953–1955, S. 658–660 und 861–870.

544 Anmerkungen

309 EIN TOTER VOR GERICHT (1957)

Kläger John (alias Hans) Kafka: im Mai 1957 hatte der Drehbuch-
autor John Kafka beim Westberliner Landgericht eine einstweilige
Verfügung beantragt und gefordert, im Vorspann des Films «Bekenntnisse des Hochstaplers Felix Krull» als Mitautor genannt zu
werden. Thomas Mann habe mit seinem 1954 erschienenen Roman
John Kafkas Erzählung «Welt und Kaffeehaus» plagiiert. Dem Antrag
wurde nicht stattgegeben, im anschließenden Prozeß unterlag John
Kafka.
Dichter David: Julius Jakob David (1859–1906).

312 DORNIGER WEG ZUM BUDDENBROOKS-FILM (1959)

den beiden Drehbüchern: der 1959 uraufgeführte «Buddenbrooks»-
Film wurde in zwei Teilen produziert und gezeigt.

314 DIE BUDDENBROOKS IM FILM (1959)

dies Buch jahrzehntelang nicht verziehen: TM war nach dem Erscheinen der «Buddenbrooks» (1901) in seiner Heimatstadt heftig angegriffen worden, vor allem weil man ihm vorwarf, er habe Lübecker
Bürger in seinem Roman porträtähnlich geschildert und sie verun-
glimpft.

319 EINLEITUNG ZUM ERSTEN BAND DER BRIEFE (1961)

unser Bote: der Journalist Rolf Nürnberg, der sich später Ralph Nun-
berg nannte. Zur Frage nach dem Verbleib von TMs Manuskripten
vgl. auch den Briefeteil im vorliegenden Band, S. 182, und die dazuge-
hörigen Anmerkungen.
*Alle Kürzungen (...) durch Punkte zwischen eckigen Klammern be-
zeichnet:* dies entspricht nicht den Tatsachen; EM hat auch Passagen
aus Briefen ihres Vaters eliminiert, ohne dies zu kennzeichnen.

328 EINLEITUNG UND NACHWORT ZUM ZWEITEN BAND
DER BRIEFE (1963)

Anmerkungen 545

rund 300 Briefen, die Mrs. Meyer bewahrt: inzwischen ist der Brief-
wechsel TMs mit Agnes E. Meyer komplett erschienen, hg. von Hans
Rudolf Vaget, Frankfurt a. M. 1992.
«Leiden an Deutschland»: Tagebuchblätter 1933/34, erschienen 1946
als Privatdruck in Los Angeles.
«Deutschland und die Deutschen»: Titel eines Vortrags von TM in der
Library of Congress, Washington, am 29. 5. 1945. Gedruckt erstmals
in «Die neue Rundschau», Oktober 1945. GW XI, S. 1126–1148.

EINLEITUNG ZUM DRITTEN BAND DER BRIEFE (1965)   334

Nobelpreis, (...) nebst all seiner Habe, 1933 gestohlen: vgl. Anmerkungen zum Essay «Professor Zauberer», S. 542 im vorliegenden
Band.

DAS RÄTSEL UM RUDI (1965)   338

Elisabeth Förster-Nietzsche und Cosima Wagner: die Schwester
(1846–1935) von Friedrich Nietzsche und die Ehefrau (1837–1930)
von Richard Wagner. Beide erlangten zweifelhaften Ruhm, da sie
nach dem Tod des Bruders bzw. des Mannes in der Öffentlichkeit ein
bestimmtes Bild des Verstorbenen zu zeichnen versuchten und dabei
vor Verfälschungen und einseitigen Deutungen nicht zurückschreck-
ten.
«Tief ist der Brunnen der Vergangenheit»: erster Satz von TMs «Joseph»-Tetralogie.
Paul Ehrenberg: die Freundschaft mit dem jungen Maler hatte, wie
TMs inzwischen veröffentlichte Notizbücher und Tagebücher gezeigt
haben, für den Dichter eine intensive erotische Komponente. Als EM
Mitte der sechziger Jahre die Briefe ihres Vaters edierte, waren dessen
homosexuelle Neigungen in der Öffentlichkeit allerdings noch weitgehend unbekannt.

DIE LETZTE ADRESSE (1965)   344

«Unordnung und frühes Leid»: 1925 veröffentlichte Novelle TMs, in
der er das Leben einer deutschen Professorenfamilie im Inflationsjahr
1923 schildert; die jugendlichen Hauptfiguren waren unverkennbar
TMs eigenen Kindern nachgebildet.

546 Anmerkungen

McCarthyism: Verfolgungswelle gegen die politische Linke in den USA in den frühen fünfziger Jahren; federführend war der republikanische Politiker Joseph McCarthy (1909–1957), der einen Senatsausschuß zur Untersuchung «unamerikanischer Umtriebe» leitete. Der Name McCarthy wurde zum Inbegriff für die innenpolitischen Folgen der Hysterie des Kalten Kriegs.

351 WER LÄUTET? (1966)

der raunende Beschwörer des Imperfekts: Zitat aus dem Vorsatz des Romans «Der Zauberberg» (1924).
Brunnen der Vergangenheit: Anspielung auf den ersten Satz von TMs «Joseph»-Tetralogie.

361 VORWORT ZU THOMAS MANN, «AUTOBIOGRAPHI-SCHES» (1968)

«Meine Zeit»: Vortrag, gehalten in der Universität Chicago am 22. April 1950. Erste Buchausgabe im selben Jahr. GW XI, S. 302–324.
versiegelten Tagebücher: inzwischen in insgesamt 10 Bänden erschienen, Frankfurt a. M. 1977–1995.
verbrannte (...) die gesammelten Tagebücher bis 1933: gilt nicht für die Aufzeichnungen 1918–1921, die erhalten geblieben sind und mittlerweile gedruckt vorliegen.
mit Bruder Heinrich ein ganzes Jahr lang kein Wort wechselte: gemeint ist vermutlich die erste tiefgreifende Krise in der Beziehung der Brüder, die durch einen Brief TMs an Heinrich vom 5. 12. 1903 dokumentiert ist (vgl. Thomas Mann – Heinrich Mann, Briefwechsel 1900–1949, Frankfurt a. M. 1995, S. 79 ff.).
Heinrich Manns «Zola»-Essay: 1915 erschienener Aufsatz, der das anti-wilhelminische, republikanische Credo des Autors enthielt; zugleich einer der Anlässe für die große Kontroverse der Brüder, die bis zur Aussöhnung 1922 anhielt. TMs «Betrachtungen eines Unpolitischen» waren nicht zuletzt eine Antwort auf HMs «Zola».
«Friedrich und die große Koalition»: Aufsatz TMs aus dem Jahr 1915.

Anmerkungen 547

«LOTTE IN WEIMAR» (1969) 368

Dieser Beitrag und die zwei folgenden Texte EMs wurden geschrieben für eine TM-Anthologie, die 1969 erschien. Der Band sollte vor allem junge Leser mit Werk und Leben TMs bekanntmachen; EM schrieb eine Reihe von einführenden Zwischentexten und als allgemeine Einleitung ein Porträt ihres Vaters.

EIN MENSCHHEITSLIED (1969) 373

Julius Caesar: George Bernard Shaws Historienstück «Caesar und Kleopatra», uraufgeführt 1899.
Jupiter: Jean Giraudoux' Komödie «Amphitryon 38», uraufgeführt 1929.

DAS SCHWIERIGE SONNTAGSKIND (1969) 377

Viktor (...) ein Buch geschrieben: «Wir waren fünf. Bildnis der Familie Mann». Erstmals erschienen Konstanz 1949.
ein Jahr mit dem Onkel Heinrich: 1896-98 verbrachten TM und HM eine längere Zeit gemeinsam in Italien, vorwiegend in Rom und Palestrina.
kein Wort miteinander gewechselt: vgl. die Anmerkungen zum «Vorwort zu Thomas Mann, ‹Autobiographisches›», S. 546 im vorliegenden Band.

Teil III

DAS LETZTE JAHR

DAS LETZTE JAHR (1956) 389

Prospero: Figur aus William Shakespeares Drama «Der Sturm», 1610/11.
den ‹Steppenwolf›: Anspielung auf Hermann Hesses Roman, 1927.
‹Die Galoschen des Glücks›: Märchen von Hans Christian Andersen.
«Nur der Körper ...»: aus Friedrich Schillers Gedicht «Das Ideal und

548 Anmerkungen

das Leben», 1795; zitiert in den einleitenden Absätzen von TMs «Versuch über Schiller».

‹Hinkel (Gockel und Gackeleia)›: vgl. Anmerkung zum Telegramm vom 24. 1. 1940, S. 511 in diesem Band.

Dr. Otto John: ehemaliger Präsident des Bundesamtes für Verfassungsschutz; gelangte 1954 unter bis heute nicht eindeutig geklärten Umständen in den sowjetischen Sektor Berlins. Ende 1955 kehrte er in den Westen zurück, wurde verhaftet und zu einer mehrjährigen Gefängnisstrafe verurteilt. Vgl. diverse Notate in TMs Tagebüchern 1953–1955 sowie die Anmerkungen der Herausgeberin dazu.

‹Königliche Hoheit› hergestellt: Verfilmung von TMs Roman durch Harald Braun, 1953.

«die himmlische Ratio Mozarts ...»: Zitat aus TM, Für Bruno Walter. Zuerst in: Paul Stefan (Hg.), Bruno Walter. Wien, Leipzig, Zürich 1936. Vgl. GW X, S. 479–483.

«In tiefster Seele ...»: Zitat aus TMs Aufsatz, «Lob der Vergänglichkeit», 1952; GW X, S. 385.

‹Billy Budd›: Kurzroman des amerikanischen Schriftstellers Herman Melville, 1819–1891.

Namenregister

Kursive Seitenzahlen verweisen auf die Anmerkungen

Abich, Hans 269, 272, 419
Abramovitsch → Ilyin, Maximilian Abramovitsch
Ach, Alwin von 65
Ackermann (Lehrer) 64
Adenauer, Konrad 240, 473, *538*
Adorno, Theodor W. 202 f., 385, 464 f., *532*
Affa → Kleinsgütl, Josepha
Aissi → Mann, Klaus
Andersen, Hans Christian 12, 359, *547*
Angell, Joseph Warner 211, *534*
Appelbaum, Kurt 172, *519*
Arp, Hans 404
Arztens *534*
Aškenazy, Ludvik 140, *510*
Auden, Wystan H. 42, 140, *501*, *510*

Bach, Johann Sebastian 413
Baker (Arzt) 209
Balzac, Honoré de 324
Barrès, Maurice 205
Barth, Dora 137, *510*
Bassermann, Albert 70 f., *491*
Bassermann, Else 70 f., *491*
Basso, Hamilton 201
Becher, Johannes R. 197, 207 f., 417–419, *530*, *533*
Becher, Lilly 417–419
Beer-Hofmann, Richard 50
Beethoven, Ludwig van 259, 418

Behrens, Eduard 128, *506*
Beidler, Franz W. 165, *518*
Bellini, Giovanni 75, 77
Beneš, Eduard 137, 161, 254, *509*, *516*
Benny, Jack 206, *533*
Bermann Fischer, Brigitte 80, 412, 427, *494*
Bermann Fischer, Gottfried 84, 91–95, 97, 99–101, 104–108, 130 f., 143, 163, 240 f., *412*, 427, 468–472, *494–497*, 499, *507*, *517*
Bernhard, Prinzgemahl der Niederlande 437
Bernhard, Georg 95 f., 102, *498 f.*
Bertaux, Pierre 80, *494*
Bertram, Ernst 18, 75, 458, *493*, *503*
Beyen, Johan Willem 431
Bibi → Mann, Michael
Biddle, Francis 189, *517*, *527 f.*
Biermann-Rathjen, Hans Harder 427
Bizet, Georges 28
Bodmer, Hans 97, *498*
Bollag, Harry 219, *536*
Borgese, Giuseppe Antonio 141, 143, *511*
Borsche, Dieter 271 f.
Brahms, Johannes 54, 240, 259 f.
Braun, Harald 234, 269 f., 272, 316–318, *538*, *548*
Braun, Michael 236, *538*
Brecht, Bertolt 217, 385

Brentano, Bernard von 111, 185, 501
Brentano, Clemens 52, 118, 252, 417, 511
Broch, Hermann 99, 144, 498, 511
Bromfield, Louis 176 f., 521
Bruckner, Anton 203
Brüll, Oswald 143, 511
Brunner 220
Buck, Pearl S. 167, 170 f., 434, 518 f.
Bucky, Gustav 504
Bucky (Frau) 120, 504
Burke, Edmund 296
Busch, Adolf 87, 496
Byron, George Gordon 75, 493

Caesar, Julius 375, 547
Carossa, Hans 471
Cassirer, Ernst 519
Chamberlain, Neville 146
Chamberlain (Captain) 146 f.
Churchill, Winston 173, 514, 520
Citroen, Paul 439
Clay, Lucius D. 524
Cocteau, Jean 493
Colin, Saul C. 134, 508
Conrad, Joseph 460
Cooper, Duff 145, 155 f., 164, 511
Coward, Noël 43
Cukor, George 151 f., 514
Curtiss, Thomas Quinn 175, 520

Daniel, Oskar 65, 490
Darlan, Jean Louis 169, 519
David, Julius Jakob 311, 544
Dehnkamp, Willy 427
Dernburg, Ilse 74, 233, 492, 537
Dieterle, Wilhelm 140, 234, 510, 537
Dill, John 149, 514
Döblin, Alfred 85, 146, 385, 488, 496
Döblin, Erna 146
Dohm, Hedwig 168, 518

Dohm, Willi 71, 491
Donkersloot, Nicolaas Antho-nie 431
Drössler (Manager) 143
Droste-Hülshoff, Annette von 231, 537
Dulles, Allen Welsh 213, 534

Eberle, Josef 416
Eckermann, Johann Peter 468
Eden, Anthony 149, 514
Ehrenberg, Carl 343
Ehrenberg, Paul 343, 545
Einstein, Albert 84, 249, 330, 347
Einstein, Alfred 447
Eissi → Mann, Klaus
Erasmus von Rotterdam 239, 396, 465
Essellier, André-Ferdi-nand 451–453
Ewers, Hans 56

Fairley, Barker 205
Falke, Konrad 508, 540 f.
Faulkner, William 434
Feakins, William B. 148, 513
Federici, Federico 239, 538
Felmy, Hansjörg 317 f.
Feuchtwanger, Lion 48 f., 98, 102, 234, 385, 498
Field, Marshall 158, 515
Fischel, Bert 77, 493
Fischer, Hedwig 97, 457, 470, 498
Fischer, Louis 161, 516
Fischer, Samuel 34 f., 93, 323, 379 f., 494, 498
Fleischmann, Rudolf 125–127, 505 f.
Fletcher, John 175, 520
Flickenschildt, Elisabeth 416
Flinker, Martin 448
Förster-Nietzsche, Elisabeth 340, 545
Fontane, Theodor 218, 231, 535, 537

Forster, E. M. 434 f.
Franck, Wolf 89, *496*
Franco, Francisco 386
Frank, Bruno 69, 73 f., 78, 96, 118,
  122, 134, 140, 147, 157, 323,
  382, 385, 404, *491–493, 498,
  503, 508, 510*
Frank, Leonhard 385, *488*
Frank, Liesl 69, 73 f., 96, 118, 122,
  140, 147, 151, 157, 159, 180,
  491 f., 498, 503, 514, 521
Frankfurter, David 110, *500*
Freddow 187, *525*
Freud, Sigmund 117, *503*
Frey, Alexander M. 404
Frick, Wilhelm *531*
Friedlaender, Salomo (My-
  nona) 130, *507*
Friedrich II., preußischer Kö-
  nig 298, 366, *505, 546*
Fry, Varian *488, 512*
Furtwängler, Wilhelm 241

Gandhi, Mahatma 163
Garbo, Greta 249
Garner, John Nance 142, *511*
Gaulle, Charles de 189, *527*
Geffcken, Karl 65, *489*
Geis, Jacob 316
Gent (Lehrer) 64
George, Stefan *503*
Gide, André 425
Giehse, Therese 79, 109, 112, 131,
  136, 138, 185, 207, 209, 213,
  426, *494, 500 f., 507, 510, 533*
Gift, Irma 138, 185, *510*
Giraudoux, Jean 375, *547*
Giulini, Carlo Maria 432
Glöckner, Ernst 116, *503*
Goebbels, Joseph 91, 95, 100
Göldel 136
Göring, Hermann 82, 94, 99, 188,
  264, 346, *498, 526, 528*
Goethe, August von 371

Goethe, Johann Wolfgang von 40,
  42, 55, 115, 117, 191, 202–205,
  240, 245 f., 255, 260, 279, 301,
  346, 351, 368–374, 384, 418,
  429, 464, 474, *532 f., 540*
Goetz, Wolfgang *491*
Gorki, Maxim 78
Goslar, Lotte 109, *500*
Grab, Hermann 146, *512*
Graf, Oskar Maria 385
Griese, Friedrich 79, *494*
Grimm, Jacob 12, 359
Grimm, Wilhelm 12, 359, 370
Grob 234
Gross, Babette 146, *512*
Gründgens, Gustaf 69, 217, *491*
Gumpert, Martin 99, 118, 131,
  135, 139, 149, 154, 158, 163,
  170, 178, 385, *498, 504, 509,
  515, 517, 519*
Gunnarsson, Gunnar 74, *492*
Gustloff, Wilhelm *500*

Hallgarten, Constanze 75 f., *493*
Hallgarten, Ricki 75–77, *493, 540*
Hampson-Simpson, John Frede-
  rick 111, *501*
Hamsun, Knut 92, *497*
Hardekopf, Ferdinand 130, *507*
Harden, Maximilian 66, 251 f.,
  490, 540
Hardenberg, Friedrich von
  → Novalis
Hardt, Giulia 191
Hardt, Ludwig 191, *529*
Hatvany, Christa von → Winsloe,
  Christa
Hatvany, Jolan 160, *516*
Hatvany, Lajos (Ludwig) von 160,
  516
Hauff, Wilhelm 359
Hauptmann, Gerhart 249, 266
Hauser, Heinrich 99, *498*
Hausmann, Manfred 198, *489, 531*

552 Namenregister

Haydn, Joseph 240
Heiden, Konrad 176, *521*
Heinemann, William 100, 104 f.,
499
Heins, Valentin 182, 320–322,
522–524
Hemingway, Ernest 260, *492*
Henlein, Konrad 123, *505*
Hennig, Arno 427
Hermann, Georg 154, *514*
Hermanns, Leo 65, *490*
Hermlin, Stephan 427
Herrmann, Eva 199, 206, *531, 533*
Herterich, Hilde 76, *493*
Herz, Ida 74, 111, 159, *492, 501,*
515
Herzog, Wilhelm 191, 217, *529,*
535
Hess, Rudolf *518 f.*
Hesse, Hermann 91 f., 97, 99, 104,
242, 392, 394 f., 409, 434, 470,
478, *497 f., 539, 547*
Hesse, Ninon 123, 392, 394 f.
Hesselteen (Arzt) 209
Heuser, Klaus 71 f., *492*
Heuser, Werner *491*
Heuss, Ludwig 416
Heuss, Marianne 416
Heuss, Theodor 59, 404, 412 f.,
415 f.
Hirsch, Felicitas 208, *533*
Hirsch, Rudolf 208, 220, 412, *533*
Hirsch, Valeska 137, *510*
Hitler, Adolf 46 f., 54, 79 f., 123,
131, 133 f., 137, 142, 149, 163,
172, 217, 264, 288, 311, 320,
332 f., *506, 508 f., 514, 516 f.,*
519, 521, 540
Hölderlin, Friedrich 68
Hömberg, Hans 270
Hoerth, Otto 463 f.
Hoffman, Michael L. 211, 213,
534
Hoffmann, E. T. A. 370 f.

Hoffmann, Rolf Josef 66, *490*
Hoffmann, Wilhelm 413, 416
Hofmannsthal, Hugo von 50, 364,
520, 539
Hofmannsthal, Raimund von 242,
539
Hohenberg, Arthur 190, *528*
Hollaender, Friedrich 217, *535*
Horch, Franz 156, *515*
Horkheimer, Max 203, *532, 543*
Howard, Brian 161, *516*
Huch, Ricarda 217 f., 222–224,
231, *535 f.*
Huebsch, Ben W. 424
Huldschinsky, Paul 191, *529*
Hull, Cordell 146, *512*
Humm, Rudolf Jakob 203, 206 f.,
532
Hurdalek, Georg 270
Huston, John *536*
Hutten, Ulrich von 239, 396

Ilyin, Maximilian Abramo-
vitsch 176 f., *521*

Jacobi, Lotte 120, *504*
Jacobsohn, Siegfried *494*
Janka, Charlotte 417, 419
Janka, Walter 417, 419, 427
Jansen, Herbert 163, *517*
Jens, Inge *548*
Jesus Christus 170, 459
John, Otto 419, *548*
John → Long, John
Johst, Hanns 476, 478
Juliana, Königin der Nieder-
lande 431, 437

K. → Mann, Klaus
Kafka, Hans (John) 309–312, 476,
544
Kahl, Konrad 447
Kahler, Erich von 130, 448, *506*
Kahn, Harry 130, 185, *507, 525*

Namenregister 553

Kallin, Anna 244, *539*
Karl V., Kaiser 239, 396
Kasack, Hermann 416
Kassbaum, Ernst 447
Katz, Otto 78, 133 f., *494, 508*
Katzenstein, Ello 216, 448
Katzenstein, Erich 185, 216, *525,*
535
Kaula, Friedrich 159, *516*
Kaula, Nelli 159, *516*
Kaulbach, Wilhelm von 378
Kayser, Rudolf 71, *491*
Kellen, Konrad 147, 172, *512, 519*
Keller, Gottfried 88, *496*
Kelly 124 f., *505*
Kerr, Alfred 66, *490*
Kesser, Armin 92, *497*
Kessler, Harry Graf 94, *498*
Kesten, Hermann *512*
Kesten, Toni 146, *512*
Kestner, Charlotte, geb. Buff 263,
368–373
Kingdon, Frank 49, 135, *488, 509*
Kipnis, Alexander 163, *517*
Klein, Tim 67 f., *490*
Kleinsgütl, Josepha 83, *495*
Kleist, Heinrich von 72, 242, 397,
491, 539
Klöti, Emil 95, 98, 101, *498*
Knappertsbusch, Hans 76, *493*
Knopf, Alfred A. 117, 191, 331,
426 f., *503, 529*
Knopf, Blanche 117, *503*
Knopf, Edwin 191, *529*
Knox, Betty 185, 203, 209, *525,*
532 f.
Körner, Theodor 285
Kolb, Annette 91 f., 97–99, 104,
154, 385, 470, *497, 514*
Kolumbus, Christoph 65
Kommer, Rudolf 185, *525*
Korn, Jakob 78
Korrodi, Eduard 83, 106, 108, 468,
471, *495, 500*

Kraus, Karl 66, *490*
Kubin, Alfred 24
Kurz, Maria 69, *491*

Lagerlöf, Selma 231, *537*
La Guardia, Fiorella *503*
Lampé, Arno E. 70
Landauer, Walter 140, *510*
Landshoff, Fritz H. 80, 85 f., 124 f.,
127, 130, 138–140, 158, 163,
167, 208, *494, 506, 510, 514,*
517 f., 533
Lányi, Jenö 127, 138, 148, *506, 513*
Laška, Jan 127 f., *506*
Lasker-Schüler, Else 108, *500*
Lazare, Christopher 171, *519*
Le Fort, Gertrud von 471
Leigh, Colston 166, 182, 188, 192,
518, 522, 524, 526
Leitner, Ferdinand 413
Lenbach, Franz von 378
Leo X., Papst 239, 396
Lernet-Holenia, Alexander *492*
Leroi, Alex 65, *489*
Leuwerik, Ruth 271 f.
Lewis, John L. *503*
Liefmann, Emil 64, *489*
Lincoln, Abraham 116
Lion, Ferdinand 185, 215, *525, 535,*
540 f.
Litvinow, Maxim 174, *520*
Litzmann, Berthold *493*
Litzmann, Grete 76, 78, *493*
Löffler, Wilhelm 440, 453–455
Löhr, Josef 20
Löhr, Julia, geb. Mann 20, 63,
378 f., *489*
Löwenstein, Hubertus Prinz
zu 141, *505, 510*
Long, John 258
Long, Lucy 258
Loon, Hendrik Willem van 130,
507
Lowe-Porter, Helen 191, *529*

554 Namenregister

Lubitsch, Ernst 150–152, *488, 514*
Lucy → Long, Lucy
Ludwig, Emil 98, 104, *498*
Lustig, Jan *488*
Luther, Martin 205, 239, 396, 403, 465

MacLeish, Archibald 166, *518*
Mahler, Alma 325
Mahler, Gustav 325
Mahr, August 64
Mann, Carla 24, 378f., *487*
Mann, Frido 147, 190, 202, 239, 447, *512, 528, 532*
Mann, Golo 14, 18, 39, 48f., 80, 110, 121, 124, 127f., 131, 145–147, 159, 161, 164, 168f., 175, 179, 188, 190, 192, 199, 203, 208, 215, 233, 239, 257–261, 268, 273, 276, 323–325, 381, 384, 403, 445, 449, 452, 458, *487, 494, 501, 505f., 512, 516, 519, 526, 536, 541f.*
Mann, Gret, geb. Moser 190, 239, 447, *528*
Mann, Heinrich 23f., 48f., 55, 78, 80, 85, 102, 111, 145–147, 199, 241, 267, 290, 366f., 378f., 381f., 384f., 458, 469f., *488, 494, 497, 500, 508, 510, 512, 531, 543, 546f.*
Mann, Julia, geb. da Silva Bruhns 151, 378f., 382, *489*
Mann, Katia 13–540 passim
Mann, Klaus 14, 16–23, 39, 55f., 64, 67f., 70–73, 76, 79, 84, 86, 88, 95, 99, 106, 112, 119, 127, 136, 139f., 145–147, 149–153, 158–161, 163, 166, 169, 175, 178, 181, 183, 185f., 188, 200–203, 208, 257–261, 268, 273, 276, 296, 323–325, 345, 381f., 384, 445, 457, 461–463,

466, 469f., 477, 484, *487, 489–495, 501, 503, 507f., 512, 514–521, 526, 528, 532f., 539–541*
Mann, Leonie *510*
Mann, Maria, geb. Kanova 109, *500*
Mann, Michael 18, 22, 24, 39, 65f., 72f., 76, 115, 131, 143, 154, 190, 239, 257–261, 268, 273, 276, 323, 345, 384, 445f., 447, *487, 490, 502, 528*
Mann, Monika 14, 18, 39, 63, 72, 116, 127, 138, 148, 151, 157, 159, 164, 168, 172, 175, 190, 192, 215, 257, 268, 273, 276, 323–325, 381, 384, 445, *487, 489, 503, 506, 513, 520*
Mann, Nelly, geb. Kilian 207, *533*
Mann, Thomas Johann Heinrich (Vater von Thomas Mann) 378f., 420f.
Mann, Toni (Anthony) 190, 203, 447, *528, 532*
Mann, Viktor 55, 182f., 188, 192, 378f., *523f., 526, 531, 547*
Mann Borgese, Elisabeth 18, 22–24, 39, 66, 72f., 76, 86f., 96, 115, 121, 127–130, 141–143, 198, 213, 257–260, 268, 273–276, 323, 345, 384, 403, 445, *487, 490, 502, 506, 511, 531*
Marc Aurel 454
Marcuse, Ludwig 235, 385, 462, *538*
Marti, Rolf 87
Marty, Heinrich 56
Masereel, Frans *493*
Maugham, Somerset 447
Mauriac, Francois 434
Maxwell-Fyfe, David 188, *526, 528*
Mayer, Hans 463
Mazzucchetti, Lavinia 448
McCarran, Patrick A. 211, *534*

McCarthy, Joseph 54, 341, 348, 466, 473, *546*
Medi → Mann Borgese, Elisabeth
Mehring, Walter 130, *488, 507*
Meisel, Hans 134, 142, *508, 511*
Melchior, Lauritz 163, *517*
Melville, Herman *548*
Mendel, Alfred O. *504*
Mendelssohn, Peter de *488*
Meyer, Agnes E. 122, 130, 159, 165, 172 f., 175, 180 f., 191, 329, 331, *505, 515–521, 529, 545*
Meyer, Conrad Ferdinand 319, 351, 425
Meyer, Eugene 172 f., 329, *505, 520*
Meyer, Kate 173
Meyer-Förster, Wilhelm *490*
Michel, Wilhelm 68, *490*
Mielein → Mann, Katia
Mistral, Gabriela 434
Möhl 185
Mollier, Siegfried 114, *502*
Molo, Walter von 474, *489*
Mondadori, Arnoldo 239, *538*
Monroe, James 142
Morgenstern, Christian 272, 313
Moser 185
Motschan, Georges 208, 427, *533*
Mozart, Wolfgang Amadeus 59 f., 239, 426, 447, *548*
Mühlenfeld, Hans 432
Müller, Gebhard 413, 415
Müller, Joachim 419
Müntzer, Thomas 239, 396
Münzenberg, Willi 78, 136, *494, 507, 512*
Muhl, Arthur 215 f., *535*
Mulder, Jacob 438
Muncker, Franz 165, *518*
Mynona → Friedlaender, Salomo

Neinhaus, Karl 415
Neumann, Alfred 48 f., 146, 385, *488, 512*
Neumann, Hans 306–309, *543*
Neumann, Robert 476, 482
Nicolson, Harold *511*
Niehans, Max 101, *498*
Nielden 89
Niemöller, Martin 133, *508*
Nietzsche, Friedrich 75, 190, 202, 300–302, 464, *528, 533, 545*
Novalis 299 f.
Nürnberg, Rolf 182, 321, *522, 524, 544*

Ofei → Pringsheim, Alfred
Offi → Pringsheim, Hedwig
Olden, Rudolf 89, 104, *496, 499*
Ophuls, Max 244, 475, *539*
Oprecht, Emil 56, 101, 128, 130, 137 f., 185, 197 f., *498, 506 f., 510, 525, 531*
Oprecht, Emmie 56, 128, 137 f., 185, 213, 215, 239, 427, *506 f., 525, 531, 534 f.*
Oprecht, Hans 215, *535*
Orlowski, Paul 225, 235, *536 f.*
Ossietzky, Carl von 92, *494, 497, 499*

Palestrina, Giovanni Pierluigi da 353–356, 358
Pape, Alfons 73, 78, *492 f.*
Peat, Harold 120, *504*
Pechel, Rudolf 416
Pentman 160
Penzoldt, Ernst 404
Pétain, Philippe *519*
Peters, Anneliese 214, *534*
Peters, Arno 214, *534*
Petitpierre, Max 425
Peyrouton, Bernard-Marcel 169, *519*
Pfeiffer Belli, Erich 306–309, *543*

Pfitzner, Hans 292 f., 353, 355
Pieck, Wilhelm 191, *529*
Pilsudsky, Jósef 137, *509*
Pirandello, Luigi 134, *508*
Platen, August von 75, 89, 337 f.,
   493
Polgar, Alfred *488*
Preetorius, Emil 214 f., 217, 323,
   341, *535*
Pringsheim, Alfred 39, 64, 69, 131,
   137 f., 159, 163, 185, 377 f., *489,*
   491, 507, 509 f., 515
Pringsheim, Emilia 69, *491*
Pringsheim, Erik 377
Pringsheim, Hedwig 26, 39, 69, 74,
   131, 137 – 139, 185 f., 377 f., *487,*
   489, 491 f., 507, 509 f.
Pringsheim, Heinz 207, 377, *533*
Pringsheim, Klaus (Zwillingsbru-
   der Katia Manns) 190, 192, 377,
   528 f., 532
Pringsheim, Klaus Hubert 190,
   192, *528 f.*
Pringsheim, Lala 207, *533*
Pringsheim, Peter 69, 168, 377,
   491, 518
Prokosch, Frederic 175, *520*
Pulver, Lieselotte 317

Querido, Emanuel 80, 85 f., *495 f.*

Rathenau, Walter 297
Rauschning, Hermann 135 f., *509*
Rehfisch, Hans José *492*
Reinhardt, Delia 240, *538*
Reinhardt, Max 200, 462, *490, 531*
Reisiger, Hans 121, 123, 135, 323,
   382, 404, 412, *504, 509*
Renn, Ludwig 135 f., 139, *508 f.*
Richter, Georg Martin 150, *514*
Riemenschneider, Tilman 239, 396
Riemer, Friedrich Wilhelm 370 f.
Rieser, Ferdinand 128 f., 131, *506*
Rodenberg, Hans 244, *539*

Röntgen, Conrad 274, 378
Rommel, Erwin 163
Roosevelt, Franklin D. 43, 49, 102,
   116, 142, 169, 173 f., 348, *511 f.,*
   519 f., 528
Rosen, Karl 65, *490*
Rosenberg, Käthe 76, 78, 233, *493,*
   537
Rossini, Gioacchino 432
Roth, Ekkehard 419 f.
Roth, Joseph 85, *496*
Rothmund, Heinrich 43, *496*
Russell, Bertrand 434 f.
Ruth, Babe 45 f.

Sahl, Hans 127, 473, 379, *506*
Salis, Elisabeth von 239, *538*
Salis, Jean Rodolphe von 239, *538*
Schäfer, Walter 413
Schellberg 63
Schickele, René 94, *498*
Schiller, Friedrich 59, 236, 244 f.,
   341 f., 372, 394, 397 f., 400 – 402,
   404 f., 407, 409 f., 412, 414 – 416,
   418 f., 430 f., 449, 464 f., 474 f.,
   538 f., 547 f.
Schlegel, August Wilhelm von 370
Schlegel, Friedrich von 370
Schmalenbach, Roswitha 11 – 60
Schmeling, Max 249
Schmid, Karl 425
Schnitzler, Arthur 50
Schönberg, Arnold 180, 202
Schopenhauer, Adele 370 f.
Schopenhauer, Arthur 120, 370,
   464, *504*
Schopenhauer, Johanna 370
Schröder, Rudolf Alexander 471
Schrödinger, Erwin 136, *509*
Schubert, Franz 259, 418
Schütz, Werner 415
Schulze, Horst 418
Schwarz 147
Schwarzenbach, Alfred 79 f.

Schwarzenbach, Annemarie 79f.,
119f., 151, *494, 504*
Schwarzenbach, Renée 151
Schwarzschild, Leopold 77–79,
91f., 95, 97, 100–102, 104–108,
125f., 146, 252–255, 470, *493,
497, 506, 511*
Schwarzschild, Valerie 146, *512*
Schweitzer, Albert 435
Schweizer, Richard 46, 427, 449
Schwerin, Christoph Graf 219,
536
Seghers, Anna 197, *530*
Seitz, Gustav 427
Serkin, Irene, geb. Busch 87, 115,
496
Serkin, Rudolf 87, 115, *496*
Serkin, Ursel 131
Shakespeare, William 163, *490,
547*
Sharp 146f.
Shaw, George Bernard 70, 249,
375, 397, *490f., 547*
Sheridan 178
Sherwood, Robert *517*
Sieburg, Friedrich 245, *539*
Silberhorn 70
Silone, Ignazio 214, *534*
Simmel, Georg 74, *493*
Simone, André → Katz, Otto
Smith 156
Spangenberg, Berthold 477
Speyer, Wilhelm 69, 146, 385, *488,
491, 512*
Sprecher, Thomas *542*
Stalin, Josef 336, *532*
Stampfer, Friedrich 132–134, *508*
Steche, O. 64, *489*
Stern, Isaac 241, *538*
Sternfeld, Wilhelm 160, 233, *516,
537*
Sternheim, Carl 73, *492*
Sternheim, Mopsa (Thea) 462
Stevenson, Adlai E. 245, *539*

Stifter, Adalbert 32, 214
Strachey, Lytton Giles 74, *492*
Strauß, Johann 252
Strelsin, Alfred 150–152, *514*
Strich, Fritz 205, 426, *533*
Stroh, Heinz 109, *500*
Süskind, Wilhelm Emanuel 72f.,
492
Suhrkamp, Peter 80, 97, *495*
Sulzberger, Arthur Hayes 211, *534*

Tauber, Richard 249, *540*
Tennenbaum, Richard 128–130,
185, *506*
Thiele, Rolf 419
Thomas, Adrienne 146, *512*
Thompson, Dorothy 117f., 136,
140, 150–152, *503, 509*
Tieck, Ludwig 252
Tolstoi, Leo 109, 324f., *509*
Torberg, Friedrich *488*
Toscanini, Arturo 181, *521*
Toulouse-Lautrec, Henri de 219
Toynbee, Arnold 435f.
Trebitsch, Siegfried 182, 397, 404,
412, *523f.*
Treuberg, Franz Graf 111, *501*
Truman, Harry S. *529, 532*
Tschaikowsky, Peter 241
Tschechow, Anton 244, 374,
392–394, 397, 405f., 465, *539*
Tschiang Kai-schek 163, *517*

Uhland, Ludwig 370
Uhse, Bodo 140, *510*
Ulrich, Konrad 127
Unruh, Fritz von 197, 385, *530*

Valentin, Karl 53
Vergesset-Reffisch 72, *492*
Vermehren, Petra 56
Visconti, Luchino 475

Wagner, Cosima 340, *545*
Wagner, Friedelind 162f., 165, *517*

Wagner, Richard 17f., 32, 117f., 162f., 165, 217, 256, 345, 360, 378, 396, *503, 510, 517, 530, 535, 545*
Wagner, Wieland 217, *535*
Wagner, Winifred 137f., 163, *510*
Wagner, Wolfgang 217, *535*
Waldau, Gustav 70, 76, *491*
Wallace, Henry 191, *529*
Walter, Bruno 17, 59, 147, 178, 180, 198–200, 240, 252, 353, 382, 385, 425f., 457, 466, *512, 521, 531, 538, 540, 548*
Walter, Gretel 252, *540*
Walter, Lotte 151, 178, 200, 239f., 252, *521, 531, 538, 540*
Wanger, Walter 150–152, *514*
Wassermann, Jakob 85, 103, *496, 499, 507*
Wassermann-Karlweis, Marta 130, *498, 507*
Weber, Max 296
Weber, Werner 448
Wedekind, Frank 25, *491*
Wedekind, Pamela 70, 73, 462, *491f.*
Wegeleben, Gottfried 419f.
Weidenmann, Alfred 318
Weill, Kurt *502*

Wells, H. G. 161, *516*
Werfel, Franz 48f., 115, 385, *502, 508*
Wertheim, Maurice 115, *502*
Wessel, Horst 208
Whitman, Walt 116, 299f., *503*
Wieland, Christoph Martin 370
Wiener, Paul Lester 152, *514*
Willert, Paul 135f., *509*
Winsloe, Christa 21, 131, *487, 507*
Wise, Stephan *503*
Wolf, Hugo 259
Wolfe, Thomas 113, *501*
Wolfenstein, Alfred 126f., 253, *506*
Wolfram von Eschenbach 357

Yeats, William Butler 66, *490*

Zanco Prestel, Anna 484
Ziese, Maxim 79, *494*
Zimmer, Christiane, geb. Hofmannsthal 176, *520*
Zimmer, Heinrich 176, *520*
Zola, Émile 366, 384, *546*
Zweig, Stefan 104, 166, *499, 508, 518*
Zwingli, Huldreich 239, 396

Lebensdaten Erika Mann

1905	Am 9. November Geburt in München als erstes Kind von Thomas Mann und Katia Mann, geb. Pringsheim
1912–24	Schulbesuch; Abitur im März 1924
1924	September: Erstes Engagement als Schauspielerin an den Reinhardt-Bühnen in Berlin
1926	Am 24. Juli Heirat mit Gustaf Gründgens (Scheidung am 9. Januar 1929)
1927/28	Weltreise zusammen mit Klaus Mann
1929	Beginn journalistischer Arbeit, vor allem für die Berliner Zeitung «Tempo»
1933	1. Januar – 28. Februar: Kabarett «Die Pfeffermühle» in München
	13. März: Emigration in die Schweiz
	30. September: Wiedereröffnung der «Pfeffermühle» in Zürich
1933–36	Über 1000 Vorstellungen in verschiedenen europäischen Ländern
1935	Juni: Aberkennung der deutschen Staatsbürgerschaft
	15. Juni: Heirat mit Wystan H. Auden; britische Staatsbürgerin
1936	Oktober: Emigration in die USA
1937	Beginn einer erfolgreichen Lecturer-Laufbahn
1938	«Zehn Millionen Kinder»
1939	«Escape to Life» (Zusammen mit Klaus Mann)
1940/41	Aufenthalte in London, Mitwirkung an den Sendungen der BBC für deutsche Hörer
1943/44	Als Kriegsberichterstatterin der US Army u. a. in Ägypten, Persien und Palästina
1945/46	Kriegsberichterstatterin in Europa, u. a. bei den Nürnberger Prozessen
1947	Beginn der engen Zusammenarbeit mit Thomas Mann
1952	Übersiedlung in die Schweiz mit den Eltern
1961–65	Dreibändige Ausgabe der Briefe Thomas Manns
1969	Tod am 27. August im Kantonsspital Zürich